THE RISE AND FALL OF
INTERNATIONAL WRESTLING ENTERPRISE
[ANOTHER EDITION]

国際プロレス外伝

Gスピリッツ編

辰巳出版

Dedicated to

Tetsunosuke Daigo, Bill Robinson, Goro Tsurumi,

Gypsy Joe, Mr.Pogo, Ashura Hara, Mach Hayato

はじめに

これまでプロレス専門誌『Gスピリッツ』（小社刊）の書籍シリーズとして２０１７年11月に『実録・国際プロレス』、２０１９年6月に『東京12チャンネル時代の国際プロレス』が刊行された。

改めて内容を要約すると、前者はGスピリッツの同名連載を書籍化したもので、国際プロレスの元所属選手・スタッフ・関係者など23名のロングインタビューを掲載。後者はレギュラー中継『国際プロレスアワー』（東京12チャンネル＝現・テレビ東京）のチーフディレクターだった田中元和氏の極秘資料「田中メモ」を元に、プロレスライターの流智美氏がこの時期の団体の内情を詳細に検証した書下ろしである。

本書『国際プロレス外伝』はGスピリッツに掲載された国際プロレス関連の記事を加筆・修正&再構成したもので、『実録・国際プロレス』のスピンオフと位置付けることもできるし、『東京12チャンネル時代の国際プロレス』も含めて三部作と捉えていただいても構わない。いずれにしろマニアックな視点、ディープな切り口は前2作を踏襲しており、これを読めば欠けていたピースが完全とは言わずとも少なからず埋まるはずだ。

説明するまでもなく、国際プロレスが活動を停止してから長い月日が流れ、団体関係者の多くは鬼籍に入っている。本書には平成時代の話も多少は出てくるものの、ほとんどが昭和時代の昔話ばかり。しかし、底の見えないプロレスの世界だけに興味深いエピソードはいくらでも出てくるし、それらはすべて1981年8月9日、北海道・羅臼町民グラウンドにおけるラスト興行に向けて収斂していく。

国際プロレスの道程を振り返ると、「一難去って、また一難」という言葉が思い浮かぶ。日本プロレスからの妨害を受けつつ所属レスラーは僅か4人という弱小体制で旗揚げし、資金不足や選手の離脱といった問題を常に抱えながら何とか運営を続け、そんな状況下でマッチメークも迷走を繰り返した。1970年代には全日本プロレスと新日本プロレスの2大メジャーに翻弄され、若手レスラーもなかなか育たず、最後は様々な思惑が入り乱れて乱離拡散という結末。しかし、夢も希望もないような話が頻出するのはこの団体のお約束（?）であり、こうした苦難の上に今の日本のプロレス界は成り立っているのだ。

もちろん、選手によっては団体崩壊後の足跡も追っている。『実録・国際プロレス』のまえがきで力道山から平成元年に旗揚げした日本初のインディー団体・パイオニア戦志まで一本の線で繋がっていると記したが、それは本書を読み終えた後に再認識できるだろう。さらに付け加えれば、メジャー団体の分裂、インディー団体の誕生、そしてプロレス界が多団体化していく流れの中で元国際プロレス勢が果たした役割は決して小さくなかった。そこもまた「マイナー」と称された〝第3団体〟出身者が背負っていた宿命だったのかもしれない。

では、前置きはこの辺にして、本編に進んでいただこう。年号が令和になった今、42年前に消滅した団体に関する500ページ弱の書籍が刊行されるという事実は、どういうことなのか。それはいまだに薄れることのない昭和のプロレスに対する興味、そして昭和のレスラーが持つ強烈な求心力の裏返しである。抗うことなかれ。時代がいくら移り変わろうと、こんな面白い世界から抜け出す必要はない。膨大な活字の海の中で、再び国際プロレスにどっぷり漬かってみませんか？

国際プロレス外伝　目次

［評伝］

国際プロレス設立前の

吉原 功

流 智美＝文
text by Tomomi Nagare

「僕が（力道山）道場に通うようになったのは高校1年の時だったから、昭和28年（１９５３年）だと思います。（中略）吉原さんは、私が道場に通い始めて間もなく日本プロレスに入ってきたんですよ。あの人は早稲田のレスリング部のOBで、大学を卒業した後に人形町の農耕機械を作る会社に勤めていたんですけど、よくボディビルの練習に来ていたんです。いい身体をしていましたよ。だから、力道山が〝お前、レスラーにならないか？〟と」（『実録・国際プロレス』＝長谷川保夫リングアナの証言）

書籍『実録・国際プロレス』の中で吉原功のプロレス入門時について語られているのは上記の部分だけだが、長谷川氏以外の登場人物はすべて国際プロレスが旗揚げされた67年以降のレスラー、関係者なので致し方ないところだろう。

映像としては２０１２年にクエストから発売された『白石剛達伝 苦しい時を突き抜ける決断と行動』というDVDの中で、白石氏が早稲田大学レスリング部で同期だった吉原について述懐する部分がある。

「僕はバンタム級で、吉原はライト級。学生の頃の吉原は70キロ前後だったね。僕は理工学部で、吉原は法学部。よく一緒に新宿に酒を飲みに行ったけど、あいつは気が短くて、すぐ喧嘩になる。喧嘩は強かったよ。あいつが負けたのを見たことがない。僕は身体が小さいから、自分から進んで喧嘩に持ち込むことはなかったが、あいつは違ったね。我々は2人とも昭和27年（１９５２年）の卒業です」

「彼は卒業した後は、普通のサラリーマンになってね（日本橋堀留町の東洋製鋼に就職）。確か北海道にいた親父さんが事業に失敗したとかで、一生懸命仕送りしていたなあ。偉い奴ですよ。国体のアマレスの優勝を目指して、職場から歩いて近い人形町の力道山ジムに行くようになった。力道山のタニマチだった新田建設勤務の小倉さんという友人がいてね。専修大学のアマレス部だった人ですが、彼に〝力道山のジムがあるから行ってみよう〟と誘われたのが最初です。そこで練習していたら力道山に誘われてプロレスに入ったわけだけど、それはサラリーマンをやるより、お金を稼げると思ったからですよ。ただ、レスラーとして入ってしまった後は、〝サラリーマンでいた方が金は稼げたな〟って、こぼしていたけどね」

吉原のアマレス時代からプロレスラー時代にかけて生の試合を最も多く観戦していたのは、日本テレビのプロレス初代解説者だった田鶴浜弘氏である。

田鶴浜氏も早稲田大学出身で、八田一朗氏が日本レスリング協会をスタートさせた時の相談役兼スポンサーでもあり、吉原が日本プロレス入りする時も相談を受けている。拙書『東京12チャンネル時代の国際プロレス』でも書いたが、田鶴浜氏は私のプロレスライターとしての師匠であり、その関係から私が高田馬場の国際プロレス事務所に出入りする契機も作っていただいた。

「それまでアマレスからプロレスに入る人間なんて一人もいなかったからね。力道山のところに入門していくのは、すべて大相撲出身だったので、吉原君が力道山に誘われたと聞いた時は驚いたよ。八田君とも話したんだが、吉原君が強く希望するのだから気持ち良くやらせてやろうという結論に達したんです。やはり早稲田のレスリング部はアマレスのパイオニアであり、エリート意識もあったから、〝プロレスなんて相撲崩れの浪人集団。行ってもロクなことがないよ〟という意見を出すOBも多かった。八田君の強い意見がなかったら、なかなか吉原君も最終的な決断は難しかったね。入門した後は、あの力道山が吉原君にレスリングを教えてくれと頼んだそうだよ。吉原君は力道山の熱心な態度に〝大物なのに腰を低くして教えを乞うのだから大したものです〟と、えらく感激していたね。その話を聞いた時に、〝ああ、吉原君がプロレスに行ったことは正しい選択だったな〟と思ったよ」（田鶴浜）

「出身地」を変更した理由

掲載した57年1月のパンフレットをご覧いただきたい（アデリアン・バイラージョンが参加した日本プロレス

『新春国際戦シリーズ』)。26歳(30年3月2日生まれ)の吉原が写真入りで紹介されているが、ここでは「岡山県出身」と紹介されている。以降のパンフレットは「北海道夕張市出身」に変わっているのだが、この変更の謎についても白石剛達氏が前述のDVDの中で話している。

「岡山は吉原の母親の出身地です。親父は吉原が生まれた時は北海道の鉱山を転々としていて、夕張と樺太を往復していたと聞いたね。生活が厳しくて、吉原は小さい頃から肉体労働を手伝っていたようです。小学校だけで夕張、樺太、北見、福島、浦和(埼玉県)と5つも転校していて、小学校の高学年になって、やっと浦和に落ち着いた。仲が良くなった友達とすぐに別れるのが辛かったと、よく言っていたね。浦和中学の時に柔道部に入って二段を取って、最初は早稲田大学に入った時に柔道部に入るつもりだったらしいよ」

早稲田大学の格闘技といえば、レスリング部が主流であり、新入生の吉原は同部から強い勧誘を受け、それを承諾した。大先輩にベルリン・オリンピックの日本代表だった風間栄一がいて、吉原は彼に傾倒することによって急激にレスリング技術を向上させていったという。「レスリングで最も大事なことは技術で、パワーにあらず」という吉原の信条は、この辺りで生まれている。

その吉原は就職した後、当初は会社員をやりながら〝放課後〟に力道山道場に行っていた。

「力道山が勧誘してくれたといっても会社員と同じ、あるいは上の給料を払ってくれるわけじゃない。確か吉原は2

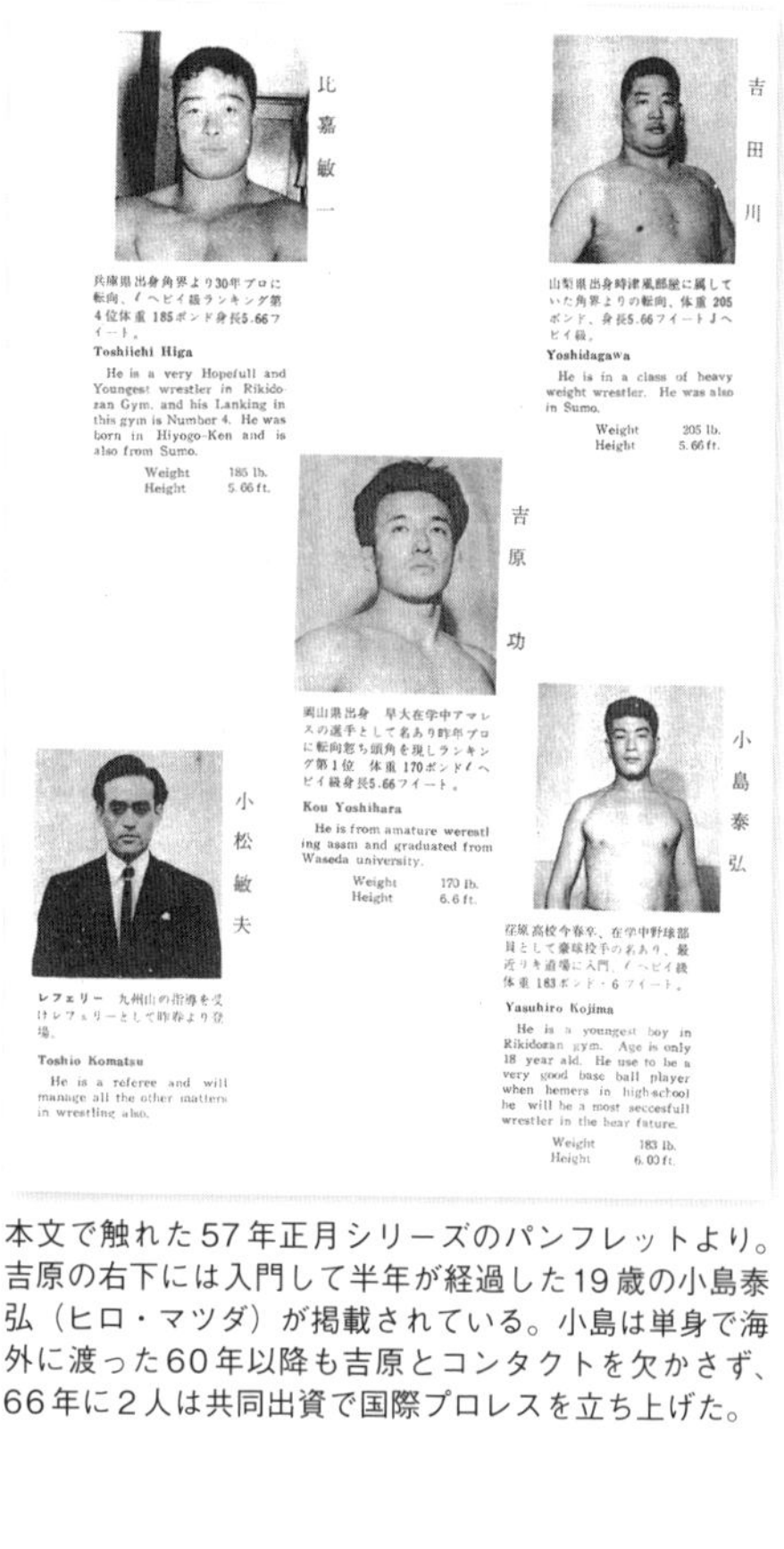

本文で触れた57年正月シリーズのパンフレットより。吉原の右下には入門して半年が経過した19歳の小島泰弘(ヒロ・マツダ)が掲載されている。小島は単身で海外に渡った60年以降も吉原とコンタクトを欠かさず、66年に2人は共同出資で国際プロレスを立ち上げた。

年くらい会社から給料をもらって、平日の夕方と休みの日だけ力道山のところに通っていたね。今で言う〝二股稼業〟ですよ。そこまで頑張らないと、実家に仕送りなんてできないですよ。会社を辞めて正式に日本プロレスに入ったのは、確か昭和30年（55年）じゃなかったかな？〝俺の顔が興行ポスターに掲載されたから、会社に迷惑をかけてはいけないから辞める〟と言っていたね」（白石）

吉原のデビュー戦は東洋製鋼を辞めて半年後、55年7月15日に蔵前国技館の第1試合で組まれている。後に横浜にスカイジムを開いて親友関係になる金子武雄を相手に15分時間切れ引き分けとなった試合がそれだが、蔵前という最高の舞台を用意したところに力道山の吉原に対するリスペクトが感じられる。

ちなみに、この日はセミファイナルに東富士vsジェス・オルテガ、メインは力道山&駿河海vsボブ・オートン&ハーディ・クルスカンプという好カードを揃えて超満員の観客を動員。前者は血ダルマにされた東富士を救出しようと、力道山が颯爽と乱入してオルテガを叩きのめした有名な試合である（〝噛ませ犬〟となった東富士は人気が低下して、4年後に早くも引退）。

「吉原君は75キロ前後の軽量級だから最初の1年は前座の第1試合か、せいぜい第2試合の起用だったね。段々と重量級が出てきて、最後の方にガイジンレスラーが出てくるわけだから、その試合順については仕方がない時代だったよ。その状況を変えたのは、力道山が日本マットを統一しようとして関西の団体を東京に招いて対抗戦をやった時でしたよ」（田鶴浜）

54年12月22日、木村政彦を破って日本ヘビー級王座に就いた力道山は、翌55年11月22日にキング・コングを破りアジア・ヘビー級王座も奪取。すぐさま年末に『ウェイト別日本選手権』の開催を提唱したが、その背景には「国内マット統一」という大きな思惑があった。

まだこの段階では日本プロレス以外にも国内に山口道場、東亜プロレス、アジアプロレスという阪神地区基盤の団体が存在しており、関西で興行を打つ時の大きな邪魔になっていた。さらにそれらの団体には有望な中量級・軽量級の若手がいたことから、彼らを引き抜いてライバル団体を崩壊させることが最大の狙いだった。

『ウェイト別日本選手権』

55年12月20日と26日、日本プロレス内の『ウェイト別日本選手権』代表選手を決める予選が日本橋・浪花町のプロレスセンターで開催された。

山口道場、東亜、アジア勢を招いての決勝大会が翌56年3月に予定されていたために急遽開催されたものだったが、関西の3団体の都合がつかずに決勝大会が10月に延期となり、この「日本プロレス内予選」は無効になっている。

55年暮れの団体内予選で吉原は渡辺貞三には勝ったものの、宮島富男には敗れており、「団体内代表権」をゲットできていなかった。56年10月15日、山口道場、東亜、アジアからの選手を加え、プロレスセンターで改めて「ベスト4を決める予選」が行われたが、この仕切り直しは吉原にとって非常に幸運だった（勝ち残った4名が10月23日の両国大会に進出）。

■56年10月15日 プロレスセンター（マスコミのみで、一般には非公開）

◎ライトヘビー級予選（16選手参加＝20分1本勝負）

吉原功〈日プロ〉（延長1回＝38分20秒、逆腕固め）宮島富男〈日プロ〉

吉原功〈日プロ〉（17分10秒、体固め）東日出雄〈東亜〉

この予選で吉原以外に2試合を勝ち抜いたのは同門の芳の里淳三（当時は淳三でなく、この表記）、山口道場の樋口寛治（ジョー樋口）、アジアの大坪清隆（飛車角）だった。

この10月15日の予選がなぜ観客を入れない「ノーピープルマッチ」状態で開催されたかというと、力道山の命令により〝ガチンコ〟で行われたからだ。ガチンコでやらせることによって関西勢の実力を見極め、「その後、日本プロレスにスカウトする価値の有無」を識別したわけだが、有料観客を入れずにこんな試合を強行した辺りはさすが独裁者・力道山である。

この日はジュニアヘビー級の予選も同時に行われて、日プロの駿河海と阿部修（後の国際プロレスのレフェリー）、山口道場の吉村道明、東亜の大同山又道がベスト4に進出。結局、力道山のお眼鏡に適って年末までに日プロに移籍したのは吉村、樋口、長沢日一（秀幸＝ヘビー級）、大坪の4人だった。山口道場の出口一（ミスター珍）もライトヘビー級の予選に出ていたが、1回戦で敗退。後に個人的なルートで日プロ入りするが、この予選時に力道山に認められた結果ではない。

■56年10月23日 両国・国際スタジアム

◎ライトヘビー級準決勝
芳の里潤三〈日プロ〉(12分5秒、体固め)比嘉敏一〈日プロ〉
吉原功〈日プロ〉(26分25秒、体固め)樋口寛治〈山口〉
◎ライトヘビー級決勝(初代王者決定戦)
芳の里潤三(2－0)吉原功
①芳の里(11分53秒、肩羽がい逆固め)
②芳の里(15分32秒、腕取り固め)

この決勝戦を翌日のスポーツ新聞全紙が詳しく掲載している。芳の里が22貫600(84・8キロ)、吉原が20貫(75キロ)とあるので、同じ階級とはいっても体重差が約10キロもあった。

芳の里は1年後にジュニアヘビー級(87キロ以上)に転向し、60年8月には日本同級王者となる。一方の吉原はライトヘビー級でも軽い方(引退する64年まで80キロを超えず)であり、いくらアマレスの技術で優れていても10キロ差は致命的だった。パワーで勝る芳の里がストレート勝ちして初代の日本ライトヘビー級王座に就いたが、この決勝戦を機に吉原の存在感も一気にアップし、中堅のテクニシャンとしてファンの認知度が急速に高くなっていった。

日本ライトヘビー級王座

57年4月8日、吉原は大阪府立体育会館で芳の里の日本ライトヘビー級王座に挑戦し、1本目をアマレス流の股裂き(グラウンドコブラツイスト)で取って先制したが、2本目、3本目を連取されて逆転負けし、無念の涙を飲む。

この試合を最後に芳の里がジュニアヘビー級に転向したことで王座を返上。ライトヘビー級王座は空位となったが、吉原以外に強いコンテンダーがいなかったこともあって3年以上も王座決定戦が行われないまま放置された。

この辺りの措置を見ると「ヘビー級以外のタイトル管理は杜撰だったのだなあ」という印象を受けるが、現実問題として、あくまでライトヘビー級とジュニアヘビー級のタイトルマッチは「力道山が海外遠征で不在の際に興行の箔付け目的で行われていた程度」だったことは事実である。

■60年10月19日 台東体育館
馬場正平(10分0秒、股裂き)ミスター珍
猪木完至(9分13秒、股裂き)田中米太郎
大木金太郎(5分40秒、逆さ押さえ込み)竹下民夫

60年12月9日、品川公会堂の控室で撮影されたスリーショット。遠藤幸吉（左）と豊登（右）が第2代日本ライトヘビー級王者となり、ガウンを新調した吉原を冷やかしている。

田中政克（15分時間切れ引き分け）林幸一
芳の里（9分51秒、体固め）ユセフ・トルコ
金子武雄（10分23秒、体固め）長沢秀幸
◎日本ライトヘビー級王座決定戦
吉原功（2－1）大坪清隆
①吉原（14分22秒、首固め）
②大坪（2分37秒、逆腕固め）
③吉原（3分3秒、体固め）
※吉原が王座を獲得。
カーチス・イヤウケア（2－1）吉村道明
◎アジア・タッグ選手権
力道山&豊登（2－0）テキサス・マッケンジー&リッキー・ワルドー

馬場、猪木の2人が台東体育館でデビューしたのが60年9月30日。上記の興行は19日後に同じ会場で行われたものだが、まだ後楽園ホールがオープンする2年前なので下町のこの会場がよく使用されており、アジア・ヘビー級、アジア・タッグなどの選手権試合も行われていた。
「吉原君が大坪君に勝った試合は、私も応援の目的で観に行きましたよ。吉原君と大坪君は仲が良くて道場での練習

仲間でもあったから、絶対に負けたくないと思っていたよね。吉原君がアマレス、大坪君が柔道の出身だから異種格闘技みたいなスリルがあって、いい試合でしたよ。あの時、吉原君は39度近い熱があったんだが、気力で勝ったね。レフェリーの九州山から勝ち名乗りを受けるのが精一杯で、試合が終わった後、控室で嘔吐して立てない状態になってしまったので私の車で北浦和の実家に送ってやったのを憶えていますよ」（田鶴浜）

馬場、猪木との対戦成績

当時の日プロは力道山を頂点として、二番手が豊登、三番手が吉村という構図（遠藤幸吉はフリーの立場で契約しており、常時参戦ではない）。その下に吉村のライバルだった芳の里がいて、あとは群雄割拠という感じだった（この時期、鈴木幸雄＝マンモス鈴木は欠場中）。

馬場、猪木の2人がデビューしたことで一気に若手層の活性化が進み、ここから吉原を含む「昭和20年代入門組」は馬場、猪木、大木、鈴木ら若手ヘビー級の壁として連日のように対戦相手になっていった。

馬場は芳の里、鈴木と共に8ヵ月後の61年6月、アメリカ武者修行に旅立っているので吉原との対戦回数は少ない。シングルマッチは一度だけで、これは体格で勝る馬場が体固めで勝利している（60年11月15日＝大阪府立体育会館）。

タッグでは大坪とのライトヘビー級コンビで馬場＆鈴木と3度対戦しており、吉原組の1敗2分。ただし、馬場と吉原は互いにフォールを奪っていない。いくら馬場が新人だったとはいえ、40キロ以上の体重差は如何ともしがたく、

61年2月17日、品川公会堂で行われた芳の里＆吉原＆金子武雄 vs ユセフ・トルコ＆鈴木幸雄＆遠藤幸吉の6人タッグマッチ。吉原が巨体の鈴木に背後から飛び付き、フェイスロックで痛めつけている。

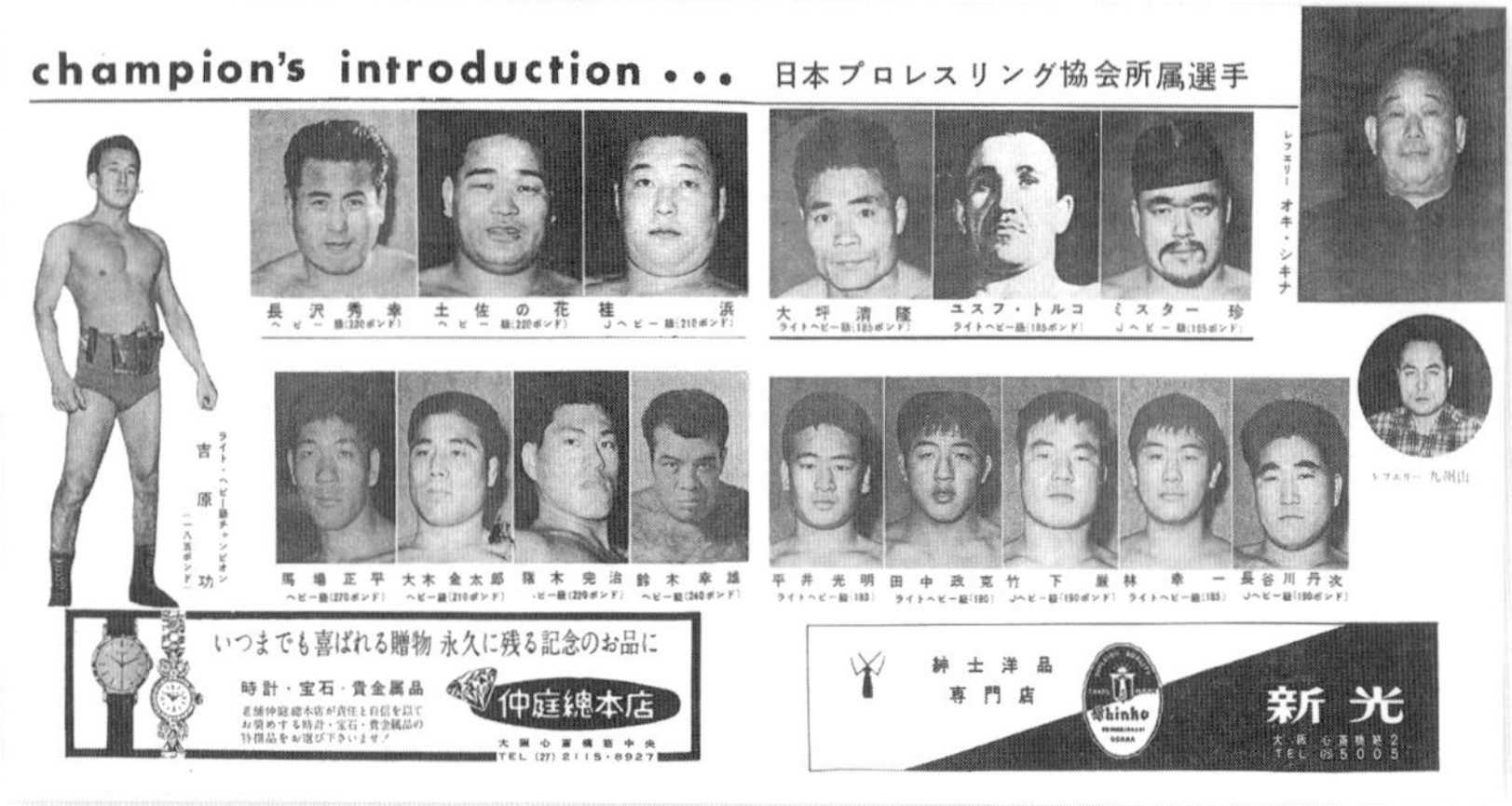

61年5月開幕『第3回ワールドリーグ戦』のパンフより。所属選手紹介ページで日本ライトヘビー級王者だった吉原は、馬場正平、大木金太郎、猪木完至（寛至）、鈴木幸雄の４人よりも扱いが大きい。このページの前で大きく扱われている選手は、力道山、豊登、吉村道明、芳の里、遠藤幸吉の５人のみである。

吉原の得意技であったコブラツイスト、首固めは不発だったようだ。

一方、まだ90キロ前後しかなかった17歳の猪木に対しては大きな壁として立ちはだかった。最初の対戦は猪木がデビューしてから11戦目、60年10月28日の小倉区三萩野体育館で吉原が14分13秒、首固めで勝っている。

以降、翌61年2月までは吉原の5連勝と一方的だった。5月にようやく時間切れ引き分けに持ち込まれたが、その後は再び吉原が2連勝するなど若き猪木にとっては吸収部分の多い相手だったに違いない。

猪木が初めて勝ったのは61年10月7日の三重・尾鷲市小学校校庭大会で、ここまでの対戦成績は吉原の10勝4分。一度勝ったことで自信をつけた猪木は以降は一度も負けることがなく、62年9月7日までの期間に18連勝している。決め技の中には逆エビ固めも多く、吉原が13歳も若い猪木のパワーに屈する光景が目に浮かぶようだ。

2010年9月、猪木の50周年記念DVDで日プロ時代を3時間にわたり振り返ってもらうディスクで私が聞き手を担当した際、「吉原さんとは何度も対戦していますが、新人のうちにアマレスの技術とかコーチを受けたことはありましたか？」と振ってみたことがある。猪木は「何回か

61年9月、仲の良い林牛之助、大坪清隆と一緒に海岸を歩く巡業中の吉原。酒豪として知られる吉原だが、当時の日本プロレスにおいては中くらいのランクだったようだ。

あったが、それほど多くはない。軽量級とのスパーという点では、むしろ大坪さんと多く練習した。大坪さんから柔道の関節技を教わったこともある。基本的には沖（識名）さんに教わった時間が一番多くて基本になっているが、それは馬場さん、大木さん、鈴木さんも同じだと思う」と答えてくれた。体重差があったこともあり、吉原と猪木が道場のスパーリングで肌を合わせる機会は少なかったようだ。

マティ鈴木の回想

■63年9月26日 山形県鶴岡市営体育館
上田馬之助（9分19秒、逆片腕固め）駒角太郎
ミスター鈴木（10分時間切れ引き分け）本間乃久六
大熊熊五郎（10分25秒、体固め）高崎山猿吉
吉原功（15分時間切れ引き分け）星野勘太郎
大坪飛車角（11分25秒、体固め）林牛之助
長沢虎之助（15分45秒、体固め）松岡巌鉄
平井新吾（11分53秒、逆羽がい絞め）ユセフ・トルコ
ジャイアント馬場（12分53秒、両者リングアウト）遠藤幸吉
吉村道明（11分35秒、逆片エビ固め）アントニオ猪木
芳の里（1－1から45分時間切れ引き分け）サニー・マイ

ヤース
力道山&豊登（2－0）ハードボイルド・ハガティ&リー・ヘニング

力道山存命中の日プロには馬場、猪木の後にも続々と入門者が相次いだ。前記の山形大会（全11試合！）に出場している選手だけでも上田馬之助、大熊熊五郎（元司）、駒角太郎（マシオ駒）、本間乃久六（和夫）、高崎山猿吉（北沢幹之）、星野勘太郎、林牛之助（ミスター林）らがそれに該当し、この日に出ていない小鹿信也（グレート小鹿）、山本勝（小鉄）なども含めると10名以上いた。

第2試合に出ているミスター（マティ）鈴木は59年5月のデビューだったが、実家の電機屋を継ぐために一旦プロレスを辞めており、この63年夏から再び日プロに復帰している。重要な証人である鈴木に国際電話を入れて、レスラー時代の吉原について詳しく聞いてみた（オレゴン州ポートランド在住）。

――記録を見ると、63年から64年にかけて鈴木さんは吉原さんとシングルで何回も戦っており、バトルロイヤルでも頻繁に対戦しています。吉原さんは33～34歳だったので、まだまだ強かったと思いますが、どうでしたか？

「私が対戦できるようになった頃は腰痛が常態化していましたが、技のキレは衰えていなかったです。私は一回も勝てませんでしたね。力道山としても吉原さんの腰を悪化させないように気配りして、あまり体重差がある相手とは対戦させていなかったです。相撲の出身者ばかりだったので、まだまだアマレス技術のコーチとして必要だったし、引退されたら困るとも考えていたと思いますよ。大学卒は吉原さんだけだったし、フロントに回すのはいつでもできるから、できるだけ現役でやらせたいと考えていたはずです」

――吉原さんのレスリングというのは、相撲出身者とかなり違うものだったのですか？

「吉原さんは基本的に殴る、蹴るはしなかったです。打撃を嫌っていましたよ。アマレスの延長ですよね。パパッとタックルに来て、バックを取って、関節を極めに来る。フィニッシュはコブラツイストとか回転エビ固めを使っていたなあ。吉村さんがやる形のじゃなくて、相手の股間を巻くように倒してエビに固めるやつ。巧かったですよ、あれは。日本プロレスで、あれを使うレスラーはいなかったですね。私はアメリカに来てから、ちゃっかりと使わせてもらいましたが（笑）」

――先ほどフロント入りと仰いましたが、確かに吉原さんは力道山が亡くなる63年暮れまでは毎日巡業していたのに、年明けの64年1月からは試合数が減っていますね？

「吉原さんは芳の里さんと仲が良かったから、彼にヘルプを頼まれたわけです。吉村さんはまだバリバリの現役だったし、豊登と遠藤幸吉は信用できなかったんでしょう(笑)。私は遠藤さんの付き人をやらされていた時期があるので、その辺りはよく憶えていますよ。選手の数が飽和状態になっていたから、力道山が亡くなった後は自分の引き際も考えていましたよね」

――吉原さんは64年いっぱいで現役を辞めて、フロント入りしています。34歳でしたから、体力的には余裕があったと思いますが。

「私は吉原さんが引退する直前にもシングルでやって、負けています(64年11月16日＝鹿児島県体育館)。吉原さんの引退は近いような予感がしていたので、吉村さんに頼んで組んでもらった試合なので記憶にあります。営業部長になってからも練習には来ていましたから、リキパレスの下の道場では引き続きアドバイスをもらっていました」

――65年にはアマレス界から杉山恒治(サンダー杉山)と斎藤昌典(マサ斎藤)が入ってきますが、これに吉原さんは絡んでいたのですか？

「2人ともプロレス入りの意向は八田一朗さんに相談したので、話は自動的に吉原さんに下りてきましたね。アマレス出身者の入門は吉原さん以来で、しかも東京オリンピックの日本代表ですからね。絶対に嬉しかったと思います。ところが、旧態依然とした相撲の上下関係が幅を利かせて、杉山も斎藤もイジメに遭っていましたね」

――その頃、団体の中に〝吉原派〟みたいな派閥はありましたか？

「強いて言えば、私でしょう(笑)。私は所帯持ちだったから、赤坂の合宿所には寝泊まりしていませんでした。道場で練習が終わると、私と吉原さんは自宅に戻っていましたから、〝ビールを一本だけ飲んで帰るか？〟ということも多くてね。自然に近い関係になりましたよ。相撲出身者とは一線を画すみたいな感じでした。ヒロ・マツダさんと吉原さんが仲良くなったのも元はといえば相撲出身者への反発からですよ」

――吉原さんが引退を表明した64年12月にヒロ・マツダが4年ぶりに一時帰国していますが、この時から鈴木さんも含めて3人で新団体を設立する動きはあったのですか？

「いや、あの時はまだまったくないです。マツダさんを羽田空港に迎えに行ったのは私と吉原さんだけでしたが、他のレスラーから〝何で迎えに行く必要があるのか？　日本プロレスと関係ない人物なのに。ただの里帰りじゃないか〟みたいな批判を受けましたね。私はマツダさんと同じ荏原高校の野球部、2年後輩ですから迎えに行く理由がありました（笑）」

遠藤幸吉の謀略

65年1月から営業部長となってフロント入りした吉原は、翌66年1月17日には取締役に就任した。日プロに辞表を叩き付けたのは同年8月（受理は9月11日）、国際プロレスの会社登記が9月30日だったので、日プロで重役だったのは、ごく短期だったことになる。

この間、一体何が起きて離脱の決意に至ったのか？　その辺りも吉原の側近であった鈴木に聞いてみた。

――吉原さんが日プロを辞めた理由は遠藤幸吉との対立だったと言われています。鈴木さんの意見も同じですか？

「間違いなく、そうです。元々、現役の頃から2人の仲は悪かったですね。力道山が生きている間、遠藤さんは日本プロレスの所属じゃなかった。契約レスラー、完全なフリーですよ。それなのに力道山が亡くなった後に素早く後援者筋の右翼幹部に擦り寄って、うまいこと会社の取締役になってしまった。吉原さんに先にフロントに入られると、自分の立場がなくなると感じたんじゃないですかね。あの人は、我々選手間では〝ド狸（たぬき）〟と陰口を言われていましたからね。太った守銭奴…凄いニックネームでしょ（笑）」

――しかし、1年遅れではありましたが、吉原さんも日プロの取締役になりました。立場は対等になったんじゃないですか？

「対等ではなかったですよ。吉原さんは取締役営業部長という肩書でしたが、遠藤さんは営業、経理、総務を総括する取締役で、役職的には吉原さんの上司になっていましたから。遠藤さんの上には芳の里（社長）さんがいましたが、遠藤さんは何かにつけて吉原さんの悪口を言いふらして社内の立場を悪くしようとしていましたよ。芳の里さんは吉原さんと仲が良かったので、2人の関係を疎遠にしたかったんでしょうね」

――渋谷のリキスポーツパレスの売却を巡る案件が決定的な決裂だったと言われていますが、本当にそうだったのですか？

「リキパレスが売りに出されるという噂は選手の間でも広まっていましたね。毎日のようにそこで練習しているんだから、当たり前ですよ（笑）。リキエンタープライズが多額の借金を背負っていて、それをペイするためにブローカーと話を進めていたんです。遠藤さんは、その案を推進していた。建物に〝リキ〟と付いていたのも気に入らなかったんでしょうし、自分にも手数料が入ることになっていた。噂でしたが、半端じゃない金額の手数料です。逆に吉原さんは売却に反対しました。リキパレスは日本プロレスが買収すべき建物で、その資金は日本プロレスが用意すべきだという主張でしたね。我々所属レスラーにとっては道場がなくなるわけですから、当然、吉原さんの意見を支持しましたよ」

――結果として遠藤さんの意見、つまり第三者への売却案が決定しましたよね。正論を唱えていた吉原さんがなぜ辞表を書くことになったのですか？

「遠藤さんは、〝吉原が営業部長の座を利用して資金集めに奔走しているのはリキパレス買収のためじゃなく、社長を狙っているからだ。会社を乗っ取るつもりだ〟とか、〝（66年1月に）豊登を追放したのは吉原が上に行くための謀略だ〟とか根も葉もない噂を立てていましたよ。社内事情を知っている我々にしたら馬鹿馬鹿しいフェイクニュースでしたが、それを信じてしまう人もいたわけです。吉原さんは馬鹿負けしてしまって、〝もう、いいや。会社を辞めよう〟と思ったんですよ」

――会社に嫌気が差したのと国際プロレス設立の決意は、どちらが先だったのですか？

「ほぼ同時並行だったと思いますね。というのは、あの年の5月でしたか、マツダさんが凱旋帰国して日本プロレスのシリーズに参加したでしょ（66年5～7月『ゴールデン・シリーズ』）。その時にマツダさんと話し合う機会が十分にあったので、〝こうなったら、2人で新しい団体をやってみるか？〟というムードになったわけです。6月に川崎球場で大きな興行があったでしょ（6月18日、観衆1万5000人）。あれはマツダさんの親父さんが買った興行でね。親父さんは鶴見の末吉町で八百屋さんをやっていたから、鶴見の青果市場に頭を下げて切符を売り捌いて満員にしたんですよ。私も手伝いましたが、球場の満員は壮観でしたよね。ほとんどが八百屋さんの関係者でしたよ（笑）。試合後に吉原さん、マツダさん、私、それに関西から来ていた荻原（稔＝ナニワボディビルジム主宰）さん、秋葉原の電機屋社長の藤井さんの5人で乾杯しました。あの乾杯が国際プロレスのキッカケです」

――当時の新聞を見ると、吉原さんが日プロに辞表を提出したのは8月の4日か5日になっています。受理されたのが9月11日でしたが、その間にどのような動きがあったのですか？

「当然、吉原さんの慰留工作です。遠藤さんの企みは成功したわけですが、やはり〝吉原さんが辞職する必要はないだろう。悪いのは遠藤じゃないの？〟という声が多くなった。芳の里さんも慰留側に回りましたが、吉原さんは頑固な性格だから一度書いた辞表を撤回するなんて絶対にしませんよ。もう、新しい団体を創る方に心が傾いていましたしね」

――鈴木さんも同じ時期に日プロを退団しましたが、やはりレスラーの間で〝ミスター鈴木も辞めるんだろうな〟という噂は立っていたのですか？

「私は9月のシリーズ（『ハリケーン・シリーズ』）を最後まで出る約束をしていましたから、それを終えてスッキリと辞めました。同じ三軒茶屋の近所に駒ちゃんが住んでいたので、彼から個人的に慰留されましたけどね（笑）。まあ、私と吉原さんが親しかったのはみんな知っていたから、日本プロレスを辞めるからといって嫌がらせはなかったですよ。退職金は1円も出ませんでしたけどね（笑）」

以上が側近・鈴木の述懐による「吉原功、離脱の真実」である。こうして吉原は約13年在籍した日プロを辞めて、

プロレス第三勢力誕生？

吉原・マツダ中心に

11月下旬に旗上げ

顧問に八田一朗氏

「旗上げは十一月下旬になると思うが、渡米前に正式発表にこぎつけたい」と語る吉原氏

ヒロ・マツダ

日本組 肉弾で圧倒

ボイヤー血の気失う

ダイヤモンド・シリーズ

第3戦

吉原とマツダによる新団体結成を最初に報じた66年9月30日付のデイリースポーツの記事。この9月30日に吉原は渋谷区役所に赴き、会社登記した。

ヒロ・マツダ、ミスター鈴木と共に国際プロレスの設立に動き出した。

［証言］
マティ鈴木

1966年秋、吉原功氏、ヒロ・マツダと共に国際プロレス設立に深く関わったのがミスター鈴木（後のマティ鈴木、本名は鈴木勝義）である。

鈴木は日本プロレスから国際プロレスを経てフリーとなり、単独で渡米して6年にわたり4つの主要マーケットで活躍。73年からは草創期の全日本プロレスに助っ人参戦した。78年に40歳で引退後は実業家として成功し、現在もオレゴン州ポートランドで超一流会社の現役顧問を務めている。

国際プロレス参加の経緯や約1年で離脱した理由はもちろんのこと、日プロ入門前から現役を退いて実業界に転身した時の秘話まで、たっぷりと披露願った。

流 智美＝聞き手
interview by Tomomi Nagare

――鈴木さんは38年（昭和13年）1月15日生まれですが、昔の日本プロレス、国際プロレス、全日本プロレスのパンフレットの紹介欄はすべて39年1月15日生まれになっています。これは何か理由があったんですか？

「サバを読んでると言いたいんでしょ？ 自分でわざとサバを読んだわけじゃなくて、日本プロレスの宣伝担当だった押山（保明）さんが〝馬場さんが同じ昭和13年の1月23日生まれだから、馬場さんより年下の方がいいよね〟という理由で1年若くしたんですよ。よくわからない理由だったけど、私としたら〝まあ、いいかな〟と（笑）。高校はヒロ・マツダさんと同じ荏原高校だったけど、家の商売の手伝いで高校に入るのが2年遅れたので、高校卒業ベースでは2年後輩だったし、その理由もあったと思う。だから、実年齢ベースの学年は馬場さんやマツダさんと同じ。成績が悪くて留年したわけじゃないんですよ（笑）」

――なるほど。プロレスに入る前のスポーツ歴は何だったんですか？

「7歳の時にアメリカ軍の空襲があって、住んでいた世田谷の三軒茶屋付近は焼け野原になってしまった。住んでいたのは今の松濤神社がある辺りだったけど、小学校の時は食べ物がなくてスポーツどころの騒ぎじゃなかったからね。中学に入った頃ですよ、ようやく放課後に運動ができる環境になってきたのは。昭和でいうと、25年くらいかな？実家の店を手伝いながら熱中したのは野球とボディビルだったね。プロレスに入る前、20歳くらいの時に東京都のボディビルコンテストで3位になったこともありますよ」

――ご実家がされていた商売というのは？

「鈴木商事という名義の有限会社で、電気製品の付属品のセールスをする会社の小売りと商品の卸、それと布団で有名な西川産業の販売代理店もやっていました。忙しいなんてものじゃなかった。さっき、荏原高校に入るのがマツダさんより2年遅れたと言ったけど、高校に行けただけでもラッキーだった。一家揃って朝から晩まで働いて、寝る時間が毎日3時間あればいい方だったから」

――都立荏原高校に入って、マツダさんと出会ったわけですね？

「当時のマツダさんは高校球児として有名だったからね。左腕のピッチャーで、荏原高校が甲子園に出ていたら日本中に評判が広がったでしょうね。都の準決勝までは行ったので、惜しかったですよ。2年の時に、すでに大洋ホエールズからスカウトが来ていたらしいから凄いよね。だけど、マツダさんはプロ野球には興味がなくて、在学中から空手もやっていたし、早くからプロレスに入ることを考えていたみたいだね」

――マツダさんは56年3月に荏原高校を卒業して、すぐに日本プロレスに入門しています。鈴木さんもマツダさんの後を追ったわけですね？

「マツダさんが高校3年の時に人形町の力道山道場に通うようになったんですよ。ボディビルで身体を作るためにね。私もボディビルには興味があったから、それを聞いて人形町に行くようになった。高校時代に、マツダさんと一緒に道場に通ったことはないです。そこまで近しい関係ではなかった。でも、プロレスとの出会いは間違いなくそこからでしたよ。当時は一般の人でも月謝を払えば、力道山道場でトレーニングができたんです。月謝も決して高くはなくて、せいぜい100円か200円くらいだったと思うなあ。家の手伝いでもらった金で足りたから、週に2回くらい行きましたね。巡業のない時には道場に力道山がいることがあって、興奮しましたよ」

――高校を卒業してからも鈴木さんは人形町に通ったんですよね。

「そう。力道山は私のことを〝おい、牛乳屋〟と呼んでくれてね。当時、私が三軒茶屋で牛乳配達のバイトをやっていたことを力道山に言ったことがあって、それで憶えてくれた。力道山はシリーズのない時に草野球をよくやっていたので、私はそのメンツとして駆り出されたわけです。高校球児上がりだから他のレスラーに比べたら、かなり上手いわけですよ。しかも私の高校時代のポジションはキャッチャーだったから、レスラー軍団からの代替が利かなかった（笑）。それで力道山に顔を憶えてもらうようになって、他の仲間とも自然に仲良くなりました。田中のマサ（政克＝忠治）や平井（光明＝ミツ・ヒライ）とは同期みたいな関係で、高校卒業後は実家の手伝いをしながら道場通いを継続したわけです。だけど、正式に日本プロレスに入ったわけではなかったんですよ。あくまで実家の商売がメインで、人形町はサブ。練習生と正式な所属選手の中間みたいなポジションだったね」

――鈴木さんのデビュー戦は、59年5月1日の後楽園ジムでした。カードは第1試合で、平井光明と10分時間切れ引き分けに終わっています。高校を卒業して、1年後に21歳でデビューしたことになりますね。

「メインにミスター・アトミックが出た日でね（遠藤幸吉を半殺しにして反則負け）。自分のデビュー戦よりも、アトミックのセコンドに付いて大きなマントみたいなのを畳んでいたことを憶えてるなあ。その後もワールドリーグ戦（第1回）の巡業に付いて行って、アトミックやキング・コング、ジェス・オルテガの世話をしました。オルテガがマッチ棒を擦って自分のケツの穴に持ってきて、オナラで〝ブワーッ〟と火炎状態にする芸を生で見たのは忘れられないよ（笑）。その芸をやるのは夜で当然、部屋の電気を消してやるわけだけど、昼間に大量のイモを食って腸の中に大量のガスを溜めておくわけよ。しかし、あれは凄かったよ。日本に電撃ネットワークという身体を使う危ない曲芸をやるグループがあるでしょ？　あのグループはアメリカでも有名なんだけど、オルテガの芸はあんな感じだったなあ」

――その後、一度現役を辞めていますよね。何が理由だったんですか？

「デビューして1ヵ月経ったくらいに、実家の鈴木商事を経営していた従妹とその家族が交通事故に遭ってしまってね。死亡事故じゃなかったけど、何ヵ月も入院する重傷で、男手がないとやっていけない商売だったから私が戻らないといけない状況になってしまったわけです。力道山に直接話をするなんて地位にはいなかったから、事情を九州山に説明して実家の商売に戻りましたよ。九州山は〝実家の商売が落ち着いたら、また戻ってこいよ〟と言ってくれたので、自分としては引退するという意識はなかったね。まだ21歳だったし、絶対にリングに戻ってやると思っていましたよ」

――戦列に復帰したのは63年1月でしたよね。4年近いブランクは、やはり体力的にキツかったですか？

「実家の商売を軌道に戻して日本プロレスにカムバックした時は、まだ25歳だったからね。その間、リングの上での練習はまったくできなかったけど、商売以外の時間に毎日2時間くらいは必ずトレーニングしていたので心配はなかったですよ。ただ、同期だった平井や田中のマサには差を付けられたので、それを一日も早く挽回しようと必死に頑張りましたよ。猪木の寛ちゃんが力道山の付き人で、毎

63年2月9日、東京体育館における力道山 vs ジェス・オルテガのインターナショナル・ヘビー戦のセコンドとしてミスター鈴木（カメラマンの左）、コーナーポストを挟んでマンモス鈴木、アントニオ猪木の顔が見える。

日のように殴られていた時期だったね」

――鈴木さんは合宿所には寝泊まりせずに、実家から通っていたのですか？

「実家が三軒茶屋にあったし、渋谷のリキパレスは電車ですぐだったから、わざわざ合宿所に入る必要はなかったです。というか、正直言って、あの頃の合宿所は相撲部屋の延長みたいな生活だったから共同生活を敬遠した部分も大きいよね。練習が終わったら、帰宅ですよ。酒は大好きだけど、実家で飲めばいい。巡業中は一緒に寝泊まりするわけだから、レスラーとの共同生活はそれで十分でしょ(笑)」

――鈴木さんは、誰の付き人をやっていたんですか？

「沖識名さんと遠藤幸吉さん。沖さんはハワイに家族がいて、シリーズの合間にはいなかったから楽だったね。若手から〝ド狸〟と呼ばれていた遠藤さんは、人間的にもレスラー的にもいろいろと厄介な方でしたよ(笑)」

――力道山の葬儀を報道した新聞や雑誌の写真に、鈴木さんは何枚か写っています。力道山が刺された時は合宿所周辺が大騒ぎになったので、鈴木さんは翌日になってから連絡を受けたわけですね？

「力道山の最後の試合は浜松でね（63年12月7日＝浜松市体育館）。あの日、力道山は試合が終わった後に宿舎に戻って着替えて、夜行列車で東京に戻ったんですよ。浜松駅のホームまで荷物を持って同行したのが私と大熊だったんだけど、夜行列車は見送りがホームまでずっと付き添っていてはダメな時代で、駅員さんに〝早く出てください！〟と大声で怒られてね(笑)。列車が出発する間際、力道山がイタズラで私の腕に葉巻を押し付けてさ。〝アチ！〟と飛び上がったら、それを力道山がニヤニヤして見ていたんだけど、結局はあれが最後になってしまったなあ。暴漢に刺されたと連絡を受けたのは、駒（厚秀）からの電話でしたね。駒ちゃんの実家も世田谷の近所で、私の家の電話番号を知っていたから連絡をくれました」

――力道山が亡くなった後、一番何が変わりましたか？

「(64年) 1月から、若手のファイトマネーが一気にアップしましたね。それまで1試合＝3000円だったのが5000円になった。これは大きかったですよ。私はこの年の夏に結婚して所帯を持ったので、あのベースアップがなかったらキツかった。女房（ひろ子さん）は証券会社のOLだったけど、結婚した後もそのまま共稼ぎですよ。プロレスだけの収入では、とても家計はやり繰りできなかったからね。所帯持ちは、私の他には吉原さんと大坪さんくらいじゃなかったかなあ。あの頃は大多数が独身だったと思う。吉原さんと仲良くなったのは、2人とも所帯持ちだったことが大きいと思うね。リキパレスの練習が終わった後は吉原さんと渋谷駅の周辺で一杯だけやって、すぐにゴー・ホームだったから（笑）。大学を卒業していたのは吉原さんだけだったし、一緒にいて安心感がありましたよね」

——それでは後に吉原さんが国際プロレスを設立した時、周囲は〝鈴木はどうせ吉原に付いて行くんだろう〟みたいな目で見たわけですか？

「うん。そういう目で見られていたと思いますね。派閥とか軍団とか、そういう感じではなかったけど、私と吉原さんが昵懇だったことはみんな知っていましたからね」

——ところで、鈴木さんが4年ぶりにカムバックしてきた時は猪木さんをはじめ、ほとんどの若手は初めて対面するメンバーでしたよね。若干の戸惑いはありましたか？

「そうだよね。上田、星野、林、大熊、松岡（巌鉄）、平野（岩吉）、本間…みんな、私がブランクだった時期の入門だからね。さっきも言ったように、駒ちゃんは近所で昔から付き合いがあったからプロレスラーになったことは知っていたけど、あとのメンツは知らなかった。出戻りだから、先輩面はせずに若手の仕事をイチからやりました。そこはケジメだから、何があっても我慢しましたよ。〝俺は本当は先輩なんだ〟みたいな態度は取らなかったです。ただ、仲が良かった北沢のさんちゃん（北沢幹之）が〝鈴木さんは実は馬場さんや猪木さんより先輩で、家庭の事情でプロレスができなかっただけだから普通の若手みたいな態度で接するな〟みたいなことを合宿所で言ってくれていたらしいです。その気遣いには感謝しましたよ」

〝レスは三度のメシより好き〟

プロレス 未来の王者 ハイライト

ミスター鈴木選手

一生をマットに

夢は誰にも負けぬ〝悪役〟

事業家の希望も捨てない

64年1月31日付のスポーツ毎夕に掲載された鈴木の紹介記事。本文にアメリカに行ってレスラーとして活躍し、いずれ実業家にも…とあるが、鈴木はこの目標そのままの人生を歩むことになった。

――当時の鈴木さんの試合記録は完璧に残っていますが、東京プロレスができるまでの63～66年に限定すると誰が一番強かったですか？

「これは上ちゃん（上田馬之助）。文句なしのナンバーワンだね。ガチンコでやって、上ちゃんに勝てる若手、中堅はいなかったと思うよ。私も10回くらいシングルでやったけど、一回も勝っていませんよ。逆腕を取る技術が抜群で、腰が重いからバックを取れない。アメリカでも半年くらい一緒に巡業していたけど、人間的にも優しい性格でね。彼とは常にウマが合ったね（笑）。あとは長沢（秀幸）さんだろうね。上ちゃんに近いタイプだったけど、相撲取り独特のパワーは圧巻だったよ。長沢さんと試合を組まれると、勉強になることが多かったね。実戦じゃないけど、マツダさんが一時帰国してリキパレスの道場で若手を指導してくれたことがあったんです（64年12月～65年1月）。あの時にいろいろと裏技を教えてもらったことも後々実戦で役に立ちましたよ」

――記録を見ると、鈴木さんは65年から66年にかけて木村政美（政雄＝ラッシャー木村）に10戦全勝、斎藤昌典に4戦全勝です。2人がデビューして間もない時期でしたが、この辺りには意地でも負けられないポジションでしたか？

「そうだね。特に斎藤はアマレスでオリンピックに出た大物新人だし、意地でも負けられない。引き分けでもダメだよ（笑）。私だけじゃなく、北沢のさんちゃんや星野、山本も同じ気持ちだったと思うね。力道山時代に入っていた連中は、〝負けたら引退〟の覚悟で対戦していたと思うよ」

――初めての海外遠征は66年3月12～20日の韓国でしたが、あれは大木金太郎さんからの招聘だったんですか？

「私と小鹿、それにコミッショナー代理の門（茂男）さんが一緒だったね。2月から3月にかけて来日していたジョー・スカルパ（チーフ・ジェイ・ストロンボー）もいた。前年から韓国でも本格的に国際試合が開催されるようになって、すでに吉村さんや芳の里さん、長沢さんや上田、大熊が行っていたね。我々が呼ばれた時が3度目の国際試合興行だったと思う。大木さんの人気はとにかく凄くて、ソウル、仁川、文山に行った時は1万人くらい入っていたよ。試合がない時は昔の李王朝の宮廷があった秘苑（ピーオン）という場所に行って、韓国の若手をコーチしました。大木さん以外のレスラーは、まだまだ新人ばかりだったからね」

――鈴木さんが韓国で対戦したのは、どういう選手だったんですか？

「基本的に大木さんの試合がメインイベントで、我々はセミファイナル。朴（松男＝パク・ソンナン）とか千（圭徳＝チョン・ギュドク）とやった記憶がありますね。小鹿と組んだタッグマッチはリングサイドの客が騒ぎ出して、暴動みたいになったのを憶えてるね。大木さんとも凄い田舎の広場で一回だけやりましたよ。タッグマッチだったと思うけど、大木さんは私のアキレス腱の部分を思いっ切り〝バチーン〟と蹴ってくるんですよ。あの痛さは、今でも忘れられないね。遠征中、私と小鹿は完全なヒールですよ。試合が終わった後は大木さんのスポンサーに招待されて毎晩キムチを死ぬほど食ったし、美女に囲まれてのキーセンパーティーもあったね（笑）。正直、あの時代の韓国遠征の楽しみはそれでしたよ。あの遠征から、私はキムチが好きになった。今でも毎日のように食べてます」

――鈴木さんたちが韓国から帰国した翌日（3月21日）、日プロを追放された豊登が『第8回ワールドリーグ戦』に凱旋する予定だった猪木さんをハワイで新団体に引き抜いた〝太平洋上略奪事件〟が発覚して団体内は大混乱に陥りました。その時に若手、中堅はどんな反応だったでしょうか？

「トヨさんが日本プロレスを除名されて3ヵ月くらい経っていたし、斎藤、木村や田中のマサ、北沢のさんちゃんがすでに合宿所を出ていたでしょ？　だから、残った選手の間では〝いずれ新しい団体ができるんだろうな〟という感じで驚きはなかったよね。猪木さんも絶対に参加すると思っていたし。今思うと、私と小鹿が韓国に派遣されたのも大木さんと日本プロレスの関係を強くして、トヨさんと大木さんのコンタクトを遮断する目的があったような気もするね」

――鈴木さんが韓国に行っていた辺りの段階で、まだ国際プロレスの話は出ていなかったのですね？

「ない、ない。あの段階ではまったくない。もちろん、リキパレスの売却の話で吉原さんが遠藤幸吉に罵詈雑言を浴びせられていたことは知ってましたよ。こう言ってはなんだけど、遠藤は吉原さんが邪魔だったんだよね。吉原さんは営業担当の専務だったし、経理も強かった。前にも言ったけど、吉原さんはリキパレス売却に反対していたけど、遠藤はそれを〝吉原は日本プロレスを乗っ取ろうとしている〟という風にすり替えて、吉原さんの立場を悪くしようと画策したわけですよ。ひどいもんでしたよ、あれは」

――昵懇だった鈴木さんとしては、いつ頃から吉原さんの独立の〝気配〟を感じましたか？

「これも前に言ったけど、日本プロレスにマツダさんとデューク・ケオムカさんが来たでしょう（66年5～7月『ゴールデン・シリーズ』）。あの時ですよ。吉原さんとマツダさんは、あの時に国際プロレスの基本方針を相談していたね。今でも憶えているのは、マツダさんがジャーマン・スープレックスでサム・スティムボートをフォールした川崎球場の試合ですよ（6月18日）。1万5000人くらい入って、凄い熱気だった。試合後にマツダさんと吉原さんと私、あとは秋葉原で大きな電機屋さんを経営していた藤井さん、大阪でボディビルジムをやっていた荻原さんの5人で川崎駅前のホテルで打ち上げをやったんですが、今思うとあれが国際プロレス旗揚げを決意した〝結団式〟だったね。吉原さんの中で、〝よし、マツダをエースとした団体はイケるぞ〟という自信ができた」

――当時の新聞を見ると、吉原さんは8月上旬に日本プロレスに辞表を出していますが（受理は9月11日）、鈴木さんは10月11日、『ダイヤモンド・シリーズ』中盤（小松市体育館）まで出場しています。この時間差は吉原さんが新団体設立を記者発表したのが10月6日ですから、それまで待ったわけですか？

「そうです。芳の里さんとも9月にそういう約束をしていたからね。日本プロレスとは喧嘩別れしたわけじゃないし、実際、辞める時にシコリはまったくなかったですよ。退職金はゼロだったけど（苦笑）。その証拠に後でも出てくるかもしれないけど、坂口（征二）がフロリダに武者修行に行く時、芳の里さんから〝一緒に行ってくれ〟と同行を依頼されたのは私でしたからね。〝立つ鳥、跡を濁さず〟で、辞める時は綺麗に辞めないとダメです」

――日本プロレスの中堅から、〝鈴木は国際に走る。その前にリンチしてやろう〟みたいな不穏な動きはなかったですか？

「（爆笑）。あるわけないじゃない！　まあ、みんな吉原さんと私の仲は知っていたし、〝鈴木は行くんだろう〟と思っていたよね。あとは自分で言うのもなんだけど、信頼だと思う。団体を離れる前にリンチされるようなレスラーは、普段から仲間の信頼がないから仕打ちを受けるんですよ。私は何も隠す必要がないし、最後まで日本プロレスの中における自分の任務を果たしたからね」

――国際プロレス旗揚げ前に、吉原、マツダ、鈴木の3人はどのように役割分担をされていたのですか？

「簡単に言えば、吉原さんが興行を仕切る総括と資金調達で、テレビ局との交渉やマスコミ対応も含めてやっていた。

マツダさんがガイジンを招聘する役割。私が日本人レスラーを育成するミッションですよ。三権分立（笑）」

——国際の旗揚げは67年1月『パイオニア・シリーズ』でしたが、鈴木さんはその前に東京プロレスの第2弾『チャンピオン・シリーズ』（66年12月14～19日）に全戦出場しています。この特別参加には、何か理由があったのですか？

「11月（2日）にマツダさんと猪木さんが長野の松本の旅館で会って、合同興行の基本合意はできていたんですよ。その席には私もいました。確か菊池（孝＝当時は大阪新夕刊記者）さんもいたなあ、あの旅館に。吉原さんもすでに東京で猪木さんとは会っていました。だけど、具体的な詳細を連絡し合うには吉原さんと猪木さんの間に連絡役が必要だったから、レスラー兼任で私が東京プロレスのシリーズに出ていたというわけです。国際の日本人レスラーはマツダさんと私しかいなかったから、あの段階では東京プロレスとのタイアップは仕方がなかったですよ。国際に小林（省三＝ストロング小林）、井上（末雄＝マイティ井上）、藤井（康行＝ヤス・フジイ）が入ってきたのは年末年始の時期だったので、まだ旗揚げシリーズに出すのは無理だったからね」

——東京プロレスとのタイアップで開催された旗揚げの『パイオニア・シリーズ』は、全20戦でした。国際としてはかなりの赤字が残ったと言われていますが、鈴木さんの感覚としてはどうだったのですか？

「赤字の感覚と言われても困るけど、金額ならハッキリ言えるよ（笑）。この『パイオニア・シリーズ』と夏の『パイオニア・サマー・シリーズ』が終わるまでの間に、私は個人的に600万円の借金をして食い繋いだ。親戚だったり、知人だったり、女房の親族だったりから借りましたよ。小林や井上や藤井の食費、彼らの住むところ、その金は私が払いました。吉原さんの借金は600万円なんてもんじゃなくて、おそらく5000万円以上だったでしょうね。家も抵当に入れていたし。だから、私はとても吉原さんに〝若い衆を育てたので600万円ください〟なんて請求はできなかったですよ。この600万円は、アメリカに渡って1年で完済しましたよ」

——当時の600万円は、今ならば数千万円の借金ですよね？

「だけど、1ドルが360円の時代だからね。アメリカで地獄のようなサーキットに耐えていれば、1年で完済できたわけよ。今の1ドル＝100円台なら、絶対に無理だっ

『パイオニア・シリーズ』第11戦となる67年1月18日、台東体育館でのNWA世界タッグ戦でアントニオ猪木&ヒロ・マツダのセコンドに付く鈴木（挑戦者はジョニー・バレンタイン&エディ・グラハム）。リングサイドには寺西勇、マンモス鈴木、小林省三の姿がある。

たね」

――吉原さんと猪木さんが1シリーズで決裂したことについては、鈴木さんの見解はいかがですか？

「猪木&マツダ組は悪くなかったと思うけど、テレビがないから宣伝が難しかった。吉原さんとは〝何とかシリーズをトントンで逃げ切りたいな〟なんて言っていたんだけど、とても無理だったね。最初の正月シリーズは、マツダさんもほとんどノーギャラで我慢したと思う。ガイジンと猪木さんたちにギャラを払って、それですでに赤字でしたよ。私も当然ノーギャラで、証券会社にいた女房に食わせてもらっていました（笑）」

――旗揚げ第2弾の『パイオニア・サマー・シリーズ』（67年7月27日〜8月16日＝全15戦）までに小林、井上、藤井を鍛えて3人はデビューに漕ぎつけましたが、その間が最も経済的に厳しかったわけですね？

「そうですね。興行がないから収入がまったくないけど、出て行くものだけは、ちゃんと出て行った（笑）。最終戦の蔵前国技館（8月16日）が終わった時に、確か吉原さんが抱えた借金は3000万円くらいだったと記憶していますね。このシリーズだけの決算でね。さっきも言ったように、私も600万円の借金をした。マツダさんは借金はなかったでしょうが、シリーズに参加したファイトマネーはなかったかもしれないし、おそらく吉原さんからしたらエディ・グラハムに払ったブッキング・コミッションと4人のフロリダのレスラー（サム・スティムボート、ビル・ドロモ、ロジャー・カービー、デニス・ホール）に払ったギャラで精一杯だったと思うね。マツダさんからすると、フロリダのボスであるグラハムにいい顔ができないから不満が残ったでしょう。でも、国際プロレスは我々の共同経営会社なんだからノーギャラは仕方がないですよ。儲ける時も損する時も公平でなければダメですからね」

――マツダさんから、実際に吉原さんに対する不満を聞いたことはありましたか？

「蔵前が終わった翌日に、マツダさんは予定を早めてフロリダに帰ってしまったんですよ。当初は8月いっぱい日本にいて、決算や今後の方針をじっくりと打ち合わせる予定だった。ただ、奥さんのジュディさんの出産が早まって、最初の娘さんが蔵前の日だったか、その前日だったかに生まれたんですよ。だから、仕方なかった面もあったんだけど、無事に生まれたんだから、ゆっくり帰国してもいいと思ったね。その時、マツダさんは〝その気になれば、アメリカでいくらでも稼げる〟みたいなことを私に言いましたね。つまり国際プロレスを創ったのに、まったく金が稼げないことへの不満でしたよ。そんな愚痴は聞きたくなかったね、吉原さんや私としては」

――その辺りから吉原さんとマツダさんの間に亀裂が生じていったわけですね？

「結局、ボタンの掛け違いというのかなあ。マツダさんは、日本に『エディ・グラハム・カンパニーの日本支社』を創りたかっただけなんですよ。一方、吉原さんの側からすると、グラハムには義理も何もない。国際プロレスは日本の会社であって、フロリダの会社の支社ではない。招聘してきたガイジンも同じで、マツダさんはフロリダのレスラーだけを呼んだ。それはブッキングが簡単で、しかもグラハムに顔が立つからなんですが、もっと大事なことはリング上のマツダさんをカッコ良く見せてくれたからです。過去に何度も対戦した手の合った選手じゃなければ、グッドマッチを見せられないからですよ。ほら、昔のチャンバラ番組がそうだったじゃない？　刀と刀を大上段に振りかざして何度も斬り合いをする丁々発止というか、そういうプロレスをやりたかったんですよ、マツダさんは。日本プロレスが得意だった流血、場外乱闘じゃなくて、レスリングの攻防だけで客を満足させる試合をね。その辺りの根本的なプロレスの理想像は吉原さんもマツダさんも同じはずだったんですがねえ」

――よく国際プロレスの歴史を扱った本には〝マツダはブッカーをグレート東郷に変えられてしまって手を引いた〟と書かれていますが、鈴木さんの見解はどうですか？

「誤解されている部分があって、ＴＢＳはブッカーを東郷さんに変えた後も〝リング上の日本人エースはヒロ・マツダだ〟と言っていたんですよ。それこそ年末くらいまで、何度もマツダさんに国際電話をして粘り強く交渉していましたよ。〝エースは、あなたしかいない。東郷さんが呼んでくるレスラーを相手に、あなたがＴＢＳのエースとして毎週メインイベントをやってください〟とね。これはグラハム・カンパニー日本支社設立が目的のマツダさんからすると論外なんですが、その辺のプロレス界独特の事情はテレビ局の人間に理解できるわけがなかった。マツダさん的には〝ブッカー兼エース〟じゃないと、国際プロレスに来る意味がない。日本人エースというだけのポジションには、まったく魅力がなかったわけですよ。ファイトマネーだけならば、フロリダにいても十分に稼げますからね」

――グレート東郷を毛嫌いしたというよりも、最後までブッカーとしての職務に固執したわけですね？

「そう。マツダさんが東郷さんを毛嫌いする理由はないもんね。会ったこともないんじゃないかな？　吉原さんは辛かったと思いますよ。マツダさんが呼んでくるフロリダの選手でやりたかったでしょうね。ネームバリューはないけど、素晴らしい動きのできる職人タイプのレスラーで。サム・スティムボートとか本当に最高のレスラーでしたよ」

――グレート東郷という対抗馬は、そもそもどこから出てきたと思いますか？

「力道山のマネージャーをやっていた吉村（義雄）さんですよ。あの人は昔から東郷さんとベッタリだったし、リキボクシングジムの役員もしていて、ＴＢＳが抱えていた世界ジュニアウェルター級チャンピオンの藤猛はリキジムのボクサーだったから彼のマネージメントもやっていた。つまり、当時のＴＢＳ運動部に大きな発言力があったわけ。マツダさんのブッカーがダメとなれば、対抗馬は東郷さんしかいない。おそらくＴＢＳの運動部に吉村さんから提案したんじゃないかな、東郷さんの名前を」

――突飛でもない話かもしれませんが、この後に年末から鈴木さんはアメリカに定着したわけですから、鈴木さんがブッカーをやるという選択肢はなかったですかね？

「全日本プロレスに長くいた間には、同じオレゴンにいたジミー・スヌーカとかハル佐々木さんとかをブッキングしましたよ。でも、それはアメリカに5年間いて実績を作ったからできた話であって、何の実績もなしでアメリカに行っても〝ミスター・スズキ？　誰だ？〟ってなもんで相手にされない。ブッカーというのは、〝顔〟がすべてです。ポッと出のブッカーは、所詮は二流のレスラーしか集められないですよ」

——67年夏の『パイオニア・サマー・シリーズ』が終わった後、鈴木さんが渡米する12月までの間に4ヵ月ありました。退団は、いつ頃に決意しましたか？

「サマー・シリーズをやっている間に、〝近いうちにTBSが付いて、来年の1月に放送が開始される〟と内定が出たんですよ。テレビが付けば大丈夫だと思って、9月に入ってすぐだったかな、吉原さんに〝アメリカに行きたい〟と相談したんですよ。マツダさんと吉原さんのことは、関係ないです。自分がプロレスラーになった時の夢は、アメリカでやることでしたからね」

——当然、吉原さんからは引き止めがありましたよね？

「なかったら、寂しいよね（笑）。もちろん、ありました。でも、長い付き合いだったから私の夢は受け入れてくれましたよ。〝八田一朗（日本レスリング協会会長、当時は参議院議員）さんに会ってから出発しなさい〟と言われて、吉原さんと2人で八田先生の事務所に行って夕飯も御馳走になった。その時に、〝そうだ。アメリカに行ったら何かと大変かもしれないから、川島正次郎（当時の自民党副総裁）さんにも会っておいた方がいい〟という話になって、アメリカに行く2週間くらい前に議員会館の川島先生の部屋にも行きましたよ。川島先生に、〝君はレスラーの顔をしてないね。典型的な商売人の顔だよ。商売をしなさい〟と言われたのを今でも鮮明に憶えてますよ（笑）。40歳でレスラーを辞めて実業界に走った時に、あのシーンをよく思い出したね。まあ、元々レスラー稼業を終えた後は絶対に実業界で成功してみせると思っていたけどね」

——国際を辞めて渡米する段階で、もう子供さんもいらっしゃったんですよね？

「長男は2歳になっていたけど、一緒に渡米するわけにはいかなかった。まずアメリカで落ち着いて、そこで妻と息子を受け入れる態勢を作らないとね。女房は〝とにかく付いて行く〟と言ってくれたから、助かったけど。〝アメリカ？　あなた一人で頑張ってらっしゃい〟と言われたら、どうしようと思っていたよ（笑）」

——先ほども話に出ましたが、67年12月末、フロリダ地区に向けて出発した際に日本プロレスの坂口征二と一緒でしたね。

「その段階では国際を辞めてフリーになっていたから、芳の里さんから吉原さん経由で坂口の同行依頼が来たわけですよ。もう時効だから言ってもいいと思うけど、芳の里さんからブ厚い封筒を渡されてね。〝すまないが、黙ってケオムカさんに渡してくれ〟と言うわけ。ビックリするほど多額のドルが入った封筒だったね。中身は見なかったけどさ（笑）。坂口の面倒費、ガイジンの日本プロレスへのブッキング・フィーだと思うけど、〝失くしたら大変だなあ〟と思ったもんだよ（笑）。残念ながら、日本プロレスから私への餞別は1ドルもなかったなあ（爆笑）。冗談ではなくて、それだけの現金を託されたということは芳の里さんが私を信頼していた証明でしょう。銀行経由だと経理上タックスがかかったり面倒だったんでしょうけど、今なら〝ヤミ金扱い〟とかで問題になるだろうね。封筒がロスの手荷物検査で通過した時は、ドッと汗が出たよ（笑）」

――鈴木さんが遠征先にフロリダ地区を選んだのは、やはりマツダさんがいたからですか？

「それもあったけど、やっぱりケオムカさんがいたからですね。坂口は日本で入団発表してからは、ずっとロスでトレーニングしていたから、他のテリトリーに行く必要があったんだよね。ミスター・モト（日本プロレスの外国人招聘ブッカー）さんとケオムカさんで話が付いて、〝じゃあ、フロリダに行かせよう〟と決まったみたいで、そこで同じフロリダに行く私に話が来たわけですよ。坂口は日本デビュー前の超大物新人だから、やっぱり一人では行かせられないよね」

――タンパでは、どこに住んでいたんですか？

「ロスで坂口と合流して国内便でタンパの空港に降りたら、そこに何とジン・キニスキーが出迎えに来てくれていてさ。驚いたなんてもんじゃないよ。その時、彼はNWAの世界チャンピオンですよ。〝たまたまタンパに来ているから、ユーが来るというから顔を見たくてさ〟と言ってくれて嬉しかったね。キニスキーが日本プロレスに来た時に、私がずっと付き人をやってあげたんですよ。奥さんもいたから、買い物も付き合ってあげたりね。それを感謝してくれていたらしいけど、凄く安心したよね。韓国遠征で一緒だったジョー・スカルパもタンパにいたから、彼も凄く親切にしてくれたよ。その夜からは、ケオムカさんが借りてくれたアパートに坂口と仲良く2人暮らしです（笑）。休みの日は坂口とケオムカ宅の芝刈りですよ。もしくはパット（・タナカ＝ケオムカの三男）の子守（笑）。日曜日以外は坂口とタッグを組んでフロリダ半島を巡業したけど、どこの会場も満員だったよね。サム・スティムボートとかワフー・マクダニエルがいて、とにかくレベルの高いマーケットでしたよ」

――鈴木さんの奥さんと息子さんがアメリカに行かれたのは、いつ頃でしたか？

オクラホマ地区に転戦する前（68年4月）に、フロリダ州タンパのスタジオで撮影された宣材写真。日本から持参したハッピには、「ミスタースズキ」の縫い取りがある。

「4ヵ月くらい経った後、タンパに来ました。空港でタラップを降りてきた時に、女房と息子が物凄く不安そうな顔をしていたのを今でも思い出すよね。息子はワンワン泣いていたっけなあ（笑）」

――坂口さんとフロリダを4ヵ月間サーキットした後、坂口さんはジョージアに行き、鈴木さんはオクラホマに移動しました。あれは誰の判断だったのですか？

「坂口の場合は、ケオムカさんの決定でしたね。マツダさんは現役バリバリでカロライナとフロリダを往復していた頃だし、日本プロレスから頼まれて坂口の修行コースを切るという立場にはなかったですよ。私をオクラホマに送ったのはエディ・グラハムです。グラハムがリロイ・マクガークと話して決めてくれました。マクガークは私が到着する前から、〝マティ・スズキ〟という新しいリングネームを用意して待ってくれていたくらいですから」

――フロリダでは、本名の勝義から取った〝ヨシ・スズキ〟でしたね。

「タルサにあるマクガークの事務所に着いた

ら、すでに何枚かプログラムが印刷されて置いてあってね。〝昔、オクラホマにマティ・マツダ（熊本県八代市出身の松田萬治郎）という軽量級の素晴らしい日本人レスラーがいたんだ。『マッダ』の方はヒロ・マツダが継いだから、君にはファーストネームの『マティ』の方を継いでもらう〟ということでね。いい名前だと思ったので、即決でしたね」

――マクガークは現役時代にNWA世界ジュニアヘビー級チャンピオンでしたから、若い頃にマティ・マツダを生で見ていたのかもしれませんよね。

「何回か会ったと言っていたね。私は正直言って知らなかったんだけど、純粋な日本人レスラーの草分けみたいな存在だったらしいから光栄な名前だよね」

――鈴木さんは、家族もオクラホマに帯同したわけですよね？

「吉幾三のヒット曲に〝電気もねえ、ガスもねえ、車もねえ〟みたいな歌があるじゃない？　まったく、そんな感じでスタートしたよね。小さなアパートに女房と息子を残して月曜から土曜まで毎日サーキットして、日曜日にようやく会えるというサイクルの生活だったけど、女房が車の免許を取るまでは本当に大変な毎日だったよ。オーバージゃなくて、本当に月に2〜3日しかオフがないんだよ。当時、マクガークのところは盛況で、全米でも人気ではピークの部類だったと思う。長いことレスラーをやったけど、働きすぎて血尿が出たのはオクラホマ時代だけ。一度、控室に来た州のコミッションドクターからストップがかかったけど、生活があるから強引に出たことがある」

――日本では70年代後半にビル・ワットが継承した頃に有名になったマーケットですが、鈴木さんがいた時期はもっと広範囲だったと聞いたことがあります。

「支配していたエリアの総面積でいうと、全米で一番広かったと思うね。平均すると、毎日6時間から7時間くらい車を飛ばして会場を回っていましたよ。試合よりもドライブする時間が長くて、厳しい。オクラホマシティとタルサの2都市を中心にして、テキサスのロングビュー、ウィチタフォールズ、ミズーリ州のジョプリン、スプリングフィールド、ルイジアナ州のニューオーリンズ、シュリーブポート、バトンルージュ、アーカンソー州リトルロック、フォートスミス…日本人には想像がつかないと思うけど、地図で確認してもらえれば理解できますよ。車のマイル数だけでいうと、月曜から土曜の間に北海道と九州を車で2往復する感じだったよ。ひたすら試合して運転するだけの毎日だったけど、金はバンバン貯まりましたよ。さっきも言ったように、日本を出発する時に借りていた600万円は1年で綺麗に返したからね」

――鈴木さんがオクラホマにいた初期に、上田馬之助さんが半年くらい同じサーキットにいましたよね。あれは偶然でしたか？

「まったくの偶然。上ちゃんはシャチ横内とタッグを組んでヒールサイド、私はベビーフェースだからシングルでもタッグでも試合したよね。日本プロレス時代に一番仲が良かった親友だから本当は一緒の車でサーキットしたかったけど、ベビーフェースとヒールは絶対に一緒にドライブしてはいけない。そのコード（規律）を破ったら、即座にマクガークからファイア（クビ）宣告です。そこは厳しかったね。上ちゃんも日本から（最初の）奥さんを呼んで生活を始めていたので、ウチの女房がアパートの世話とか買い物とかの面倒を見ていましたよ」

――記録を見ると、上田さんとは普通のシングルマッチ、柔道ジャケットマッチを含めて20回くらいやっていますよね。観客からしたら、〝何で日本人同士がわざわざアメリカに来てまで対戦するのか〟となりませんか？

「その発想が普通だったかもしれないけど、マクガークは違う考え方をしていたよね。つまり、〝グッドマッチを見せることが最優先。無理にベビーフェースとヒールを分けてマッチメークするより、好試合を並べることが大事〟というポリシーだった。そこはオクラホマが他のエリアと違うところだったかもしれないね。アマレスが全米で最も盛んな州だから、オクラホマのファンは流血や場外乱闘はノーサンキュー。レスリングができない連中は、すぐにお払い箱にされていたね。私と上ちゃんの試合は、それだけ観客の満足度が高かったということです」

――鈴木さんはダニー・ホッジのNWA世界ジュニアヘビー級王座に何回も挑戦していますが、これがオクラホマに来るレスラーにとって最高の目標でしたよね？

「確か合計8回、挑戦したよ。ホッジは地元オクラホマが生んだ最強の英雄だから、タイトルマッチの時はさすがに会場全体がホッジの応援だったよね。自分にとって予想外だったのは、ホッジ自身が私を指名してくれたことです。〝スズキは確かなレスリングができる。レスリングの基礎がない奴とはやりたくない〟と言ってくれて、本当に嬉しかった。ホッジが国際プロレスに来た時、何かと身の回りの世話をしていたから、そのお礼も少しはあったかもしれないけど（笑）」

――オクラホマ滞在時代に、鈴木さんが最も高い評価を下せるレスラーは誰でしたか？

「文句なし、断トツでスプートニク・モンローだね。対戦したこともあるし、タッグも50回くらいは組んだと思うけど、動きはもちろん、観客のハートを掴むスキルにかけてはナンバーワン。アメリカでサーキットした長いスパンで回顧してもモンローがベストだったね。あれこそプロのレスラーだと思ったね」

――オクラホマ地区を出たのが69年7月で、すぐにノースカロライナに転戦していますが、これは鈴木さんからの申し入れですか？

「いや、これもマクガークとジム・クロケット（・シニア）の決定だったね。オクラホマに1年3ヵ月もいたし、そろそろサーキットを変える時期には来ていたと思う。クロケットのところに日本人レスラーがいなかったので、〝ぜひオクラホマで評判になっているスズキを欲しい〟と言ってくれたみたいだね。早いケースだと4週間でコロコロ変わるレスラーもザラだった時代ですから、私のオクラホマは異例の長期滞在の部類でしたよ。それと一ヵ所に落ち着いてグリーンカード（永住権）取得の手続きをしたいと思っていたので、シャーロットに行って長期戦でその準備を始めようと思ったのも大きな理由だったね。それをやらないと3ヵ月単位でビザの更新をしない限り、日本に強制送還されたからね。どんなに更新を継続したところでワーキングビザ期間は最大2年の時代で、そうなると一回は日本に戻らないといけない。それは面倒だし、何より収入が途絶える。息子の小学校の時期も近くなっていたし、もう日本に帰って生活するつもりはなかったから、まずは一ヵ所に腰を落ち着けて永住の準備をすることが必要だったわけです」

――ジム・クロケット・シニアは、いわば鈴木さんの〝雇い主〟としてビザ更新に大きな発言力を持っていたわけですね？

「クロケットが経営している会社の社員じゃないから、そこまでの面倒は見てくれないですよ。外国から来たプロレスラーは単なるフリーランスだから、現地の身元保証人みたいな書類はさほど効力を持たないです。もちろん、推薦状は必要なので、エンターテインメント業界の大物であるクロケットには推薦状みたいなものは書いてもらったけどね。移民局は、そんな安易なプロセスで市民権をくれないですよ（笑）。自分でいろいろな書類を揃えて、何度も移民局に通いましたよ。その都度、2時間も3時間も待たされてね。実はグリーンカード取得の時に大きく役立ってくれたのは、ジョー・ルイス（元プロボクシング世界ヘビー級チャンピオンで史上最多の25回連続防衛記録保持者）と並んだ写真だったんですよ。あの頃、ルイスはカロライナのビッグマッチに特別レフェリーとして何度か呼ばれていたので控室で写真を撮ってもらって、偶然にそれを財布の中に携帯していたわけ。その時の移民局の責任者が黒人でね。面接で〝あなたは日本から来たプロレスラーか？　フロリダとオクラホマで2年くらい試合してきたことは立証されているが、これからもアメリカで生計を立てるつもりなのか？〟と聞いてきたから、その席で咄嗟にルイスとのツーショット写真を出したわけですよ。〝ジョー・ルイスは日本でも最高のプロスポーツマンとして尊敬されています。私もルイスが日本に来て試合をした時に感動して、彼のような素晴らしいプロアスリートを目指し、ここで頑張っています〟みたいな内容を言ったら、その黒人の責任者が〝オォー、ジョー・ルイスじゃないか！〟と叫んで、握手してくるわけ。翌週だったか、テンタティブ（仮）・グリーンカードが郵送されてきましたよ。黒人社会にとって、ジョー・ルイスは神様みたいな存在でしたからね。別に意図して出した写真ではなかったんだけど、結果的にあれは私の人生の中で最高に効果的なアドリブでしたよ。移民局の責任者が白人だったら、あれほどスムーズに永住権は取得できなかった」

――それは凄いエピソードですね。まだカロナイナに住んでいる日本人なんて数えるくらいで、イメージも悪い時代だったでしょうから。カロライナ地区のサーキットは、オ

本文中に出てくる鈴木とジョー・ルイスのツーショット写真。ルイスは51年11月14日にシュライナーズ・クラブの招きで来日し、全国各地でエキシビションマッチを披露した（このツアーで力道山がプロレスデビュー）。

クラホマと比較すると楽でしたか？

「オクラホマに比べれば、僅かに余裕があったかなあ。クロケットは常時50人くらいのレスラーを雇っていて、それを南北カロライナとバージニア州の3つのグループに分けて毎日3ヵ所で興行を打っていたから、片道7～8時間かかるようなムチャなコースは切らなかったですね。大体、片道でいうと平均3時間くらい。例えば、夜がサウスカロライナ州チャールストンの試合だと、シャーロットのアパートを午後3時に出て夕方の6時くらいに会場に着く感じかな。シャーロットとチャールストンは330キロだから、日本でいえば東京と豊橋の距離だったね。そこを時速120キロでぶっ飛ばす（笑）。試合を終えて、シャーロットに帰ってくるのが午前2～3時。日帰りで戻れる日が週に何回かあった点では、オクラホマよりも気分的に楽だったね。家族の顔を見られるのと、そうでないモーテル泊とでは気分的にまったく違ったよね」

――ギャラ的には、どうでしたか？

「会場に集まる観客数では圧倒的にカロライナ、バージニアの方が多いし、ギャラも凄く良かったね。昔からタッグマッチを興行の柱にして盛り上がっていたマーケットだから、有名なタッグチームが何組もいましたよ。スカル・マーフィーとブルート・バーナード、ネルソン・ロイヤルとポール・ジョーンズ、ジンとオレイのアンダーソン・ブラザーズ、スコット兄弟（ジョージ＆サンディ）、ブルー・インフェルノス…常時20組くらいのコンビがいたなあ。私はハワイ出身のオニ・ウキ・ウキと組んでいたけど、扱いはいつも上の方でしたよ。カロライナに入って3ヵ月経過した時に長女（あゆみさん）が生まれたんで、ミルク代もバンバン稼がないといけなくなった（笑）」

――当時、日本人選手でクロケット・シニアのところに長く滞在したレスラーは鈴木さんだけなんですよ。大西洋沿岸だから東京スポーツもカバーしていなかったし、ほとんど近況が伝わらなかったエリアでした。

「確かにカロライナにいた3年半に、日本人のレスラーに会ったことはなかったね。日本から帰ったバーナードやロイヤルが『ゴング』とか『プロレス＆ボクシング』を親切に見せてくれたっけなあ。自分が教えた小林や井上が国際プロレスのトップに立っているのを知って、凄く嬉しくなったもんですよ」

――激戦区のカロライナに日本人がいたというのは、お世辞抜きで快挙だと思います。失礼な聞き方ですが、クロケットにとって鈴木さんを長期で抱える特別なメリットがあったのでしょうか？

「失礼な質問だなあ、客を呼べるレスラーだったからですよ（笑）。グリーンカードを取得するまでは私も必死だったし、クロケットにクビにされたら家族が路頭に迷うだけですよ。まあしかし、日本人が私しかいなかったというのは、やっぱり理由としてはあったかもしれないね」

――カロライナの次はオレゴン地区に移動しましたが、これは日本のプロレス事情と何か関連があったのですか？

「72年のクリスマスに、トレーラーを借りて一家4人で大陸横断ですよ。シャーロットからポートランドまで1週間、途中で観光名所に寄って骨休めもしたけど、アメリカに来て初めての観光だったね。ジム・クロケット・シニアとドン・オーエンはNWAができて以来の親友で、頻繁に情報を交換し合っていたらしいです。その中で私の話が出たと言っていたね。クロケットはきちんと私を事務所に呼んでくれて、〝マティ、オレゴンから話が来ているが、どうか？〟と聞いてくれたんですよね。私としてはカロライナが気に入っていたし、他の地区に移動する特別な理由はなかったんだけど、何となく〝この辺で日本に近いエリアに移動しておいた方が引退した後のビジネスには便利かな？〟みたいな直感もしたんですよね。女房に相談したら、やっぱり同じ意見でね。それで決めたわけですよ。日本プロレスとか国際プロレスとかの状況は、まったく関係なかったですよ」

――ドン・オーエンが支配するオレゴン地区はNWAの中で最もサーキットが楽で、その割にはギャラがいいマーケットと評判でしたよね。そういうレスラー間の噂とか情報というのもサーキットを変える決め手になったでしょうか？

「もちろん、それは大きかったね。というか、そういう生の情報が一番信憑性の高い時代でしたよ。ドン・オーエンについての悪口は聞いたことがないし、そもそもジム・クロケットが推薦してくれたことで決心が付いたよね。私がシャーロットを去って間もなく、クロケットが心臓麻痺で急死したんですよ（73年3月31日＝享年64）。その訃報をポートランドで聞いた時に、西海岸に移ったのは天の声だったような気もしたね」

――ポートランド移住の時、ドン・オーエンから〝マティ・スズキには週に何ドルをギャランティーする。その金額でどうか？〟みたいな数字付きのオファーが来たんですか？それともギャラは到着してからの話し合いなんですか？

「もちろん、ギャラの提示がありました。でなければ、一家3人を連れて大陸横断の引っ越しなんて怖くてできないよ（笑）。具体的な数字は憶えてないけど、フロリダ、オクラホマ、カロライナで5年間頑張ってきた実績を認めてくれて、満足の行くオファーだったのを憶えてます。新しい年、73年の元旦からオレゴンのサーキットに入りましたよ」

——鈴木さんは同年3月31日、5年3ヵ月ぶりに凱旋帰国しました。全日本プロレスの『第1回チャンピオン・カーニバル』に出場後、9月まで半年も全シリーズに助っ人として参戦しましたが、これはオレゴンに着いてからの話だったんですか？

「1月に入ってからすぐだったと思うけど、馬場さんから国際電話が来たんですよ。日本プロレスから独立して新しい団体を始めたから、助けてほしいとね。もちろん、ありがたい誘いだったけど、何しろこっちも新しいテリトリーに入ったばかりの大事な時期なので最初は丁重に断ったんですよ。そうしたら、馬場さんが〝ドン・オーエンには、きちんと話をするから〟と言うんです。それでしばらくしたら、オーエンから〝マティ、ババをヘルプしてやれ。帰ってきたら、君の売り出しは改めて考えるから〟と話があった。それならば、ということで承諾したわけですよ。後で聞いた話だけど、ハワイのロード・ブレアースとドン・オーエンは常にレスラーを交換し合う親密な関係で、馬場さんからブレアース経由で話が行ったみたいね。契約？　ポートランドからの往復はビジネスクラスだったのと日本でのギャラはワンマッチ5万円。それだけです。シリーズオフには家族のいるオレゴンに帰っていいという条件で、〝鈴木、とにかく鶴田が一人前になって帰国するまで助けてくれ〟というセリフを馬場さんから何回も言われたね。正直、〝プライドをくすぐられた〟という感じだったな、そのセリフに（笑）」

——鈴木さんは4月1日から9月13日まで4シリーズ全戦（合計88試合）に出場しましたが、馬場さんは約束通り〝全日本の副将〟として特別待遇し、セミやメインの常連に加えていました。ところで、帰国した『第1回チャンピオン・カーニバル』にはヒロ・マツダさんも特別参加していましたが、この時は複雑な心境だったのではなかったですか？

「フロリダを出てから5年以上、一回も会っていなかったし、電話で話したこともなかったですよ。そりゃあ、〝何でフロリダで自分をパートナーにしてくれなかったんだ？〟みたいな感情がまったくなかったと言えば嘘になる。

だけど、アメリカに来た以上、少しでも甘い気持ちがあったら絶対に成功しないですからね。自分の力だけで5年間やってきたことで自信が付いていたし、全日本で再会した時には何もわだかまりはなかったですよ」

――日本を巡業中にマツダさんと2人だけで飲んで、国際プロレス時代を振り返るみたいな場面ってありましたか？

「ない、ない。マツダさんと2人で飯を食ったり酒を飲んだことは一度もないよ。その辺り、マツダさんはいい意味で非常にドライな人間でしたよ。高校の先輩後輩みたいなのはまったく関係ないし、国際で一緒だったのもビジネス関係と割り切っていましたよ。お互い、それで良かったと思いますよ。長いことベタベタ付き合って昔話に花を咲かせるなんてのは、かえって気色悪いよ（爆笑）」

――マツダさんは1シリーズだけでしたが、その後にすぐ大木金太郎さんら日本プロレス勢9人が全日本に合流しましたよね（6月30日から参戦）。あの時、馬場さんからは、どういう説明がありましたか？ 日本人レスラーが急激に増えたので、オーナーの立場的には〝鈴木、悪いけど、助っ人は不要になった。オレゴンに帰ってくれ〟と言い出す可能性は十分にありましたよね。

「日本プロレスが潰れたというニュースは日本ですぐに聞いたけど、本当にビックリしたよね。ましてや、大木さんらが馬場さんの団体に入ってくるなんて、まったく聞かされていなかったしね。あの時、馬場さんはハッキリ私にこう言いましたよ。〝約束通り、9月まではいてくれ。日本プロレスの連中はメインやセミで使わない方針で行く〟とね。馬場さんの下には（サンダー）杉山や駒ちゃん、

73年3月、全日本プロレスの『第1回チャンピオン・カーニバル』に揃って参加した時に羽田空港で撮影された写真で、鈴木によると「フロリダで別れて以来、5年半ぶり」となるマツダとの再会だった。

大熊がいたけど、パートナーとしては役不足だと感じたんじゃないかな？　かといって、大木さんや上ちゃんは意地でも上の方で使いたくなかったわけだよ。それをやったら、〝それ見たことか。やっぱり、馬場は日本プロレスの連中を必要としてるじゃないか。合流したメリットがあるじゃないか〟みたいに言われただろうからね。私をナンバー2で使うことによって日本プロレスの連中を干して、〝お前らは不要なんだが、仕方なく使ってやっているんだ〟みたいな意図が毎日のカード編成で明らかに見えていたよね」

――なるほど、そういう背景だったわけですか。一番仲が良かった上田さんとは、あの時にどういう感じで接していましたか？

「日本プロレスから来た中で私が気を遣ったのは、上ちゃんだけですよ。松岡なんか顔も見たくなかったからね（笑）。上ちゃんとか松岡は試合を組まれるのが珍しいくらいで、出ても前座の第1試合とか第2試合ばかりでね。私はセミとかメインとか上で使われていたから、地方巡業だと上ちゃんは先に着替えて宿舎に戻って、地方のタニマチと酒を飲みに出かけるわけ。たまに上ちゃんが〝鈴木さん、宿舎で待ってるから一緒に飲みに行きましょう〟というのは何回かあったよね。彼の奥さんがオクラホマにいた時に私の女房がお世話したことがあるから、そのお礼がしたいということだったけど、やっぱり馬場さんに冷たくされていたから誰かに愚痴を言いたかったわけですよ。不満を打ち明けられるのは、私しかいなかったでしょうね。全日本の一員だった駒ちゃんや大熊には、絶対に弱気な姿は見せたくなかったと思うよ。上ちゃんは性根の優しいいい奴で、人間的にも好きな男でしたね。〝上ちゃん、前座ばかりだけど、腐るなよ〟と言うと、〝いやいや、鈴木さんが気を遣うことじゃないですよ〟みたいな会話は確かにあったよね」

――鈴木さんと同期のミツ・ヒライさんも前座ばかりで腐っていたと思いますが、会話はありましたか？

「なかったなあ。試合はすべて馬場さんの判断で組まれていたし、その辺りは誰も目立って意思表示しなかったよね。嫌なら辞めるしかない。実際、上ちゃんはすぐに辞めたよね？（73年10月9日の蔵前国技館大会まで出場して、以降は巡業に参加せず渡米）。プライドがあるから、いつまでも前座には耐えられなかったでしょうね」

73年9月、家族のいるオレゴン地区に戻った鈴木は、ジミー・スヌーカ、ダッチ・サベージ、トニー・ボーン、

トーア・カマタらトップグループと抗争に入って本格的なサーキットを再開する。

一方、全日本は年末までに日プロから合流した大木、上田、松岡が離脱し、馬場の元に残ったのは高千穂明久（ザ・グレート・カブキ）、ミツ・ヒライ、グレート小鹿（9月にアマリロ地区に派遣）、桜田一男（ケンドー・ナガサキ）、羽田光男（ロッキー羽田）、伊藤正男の6人だけになったが、10月に凱旋帰国した鶴田友美（ジャンボ鶴田）がナンバー2としての地位を確保したために日本陣営は〝過密〟となって外国人レスラーと対戦できない中堅が溢れる状態が続いた。

鈴木が再び〝助っ人〟として招聘される余地はまったくないように思われたが、意外にも馬場は74年、75年も長期日本滞在を依頼する。

また、鶴田は74年3月22日から4月6日にかけてアメリカの主要マーケットのみを横断する「NWA世界王者並みの豪華ツアー」（ポートランド、バンクーバー、ラボック、アマリロ、アトランタ、コロンバス、タンパ、グリーンズボロ、ニューヨークMSG、セントルイス）が用意されたが、その第1戦のポートランドと翌日のバンクーバーは鈴木がお膳立てしたものである。


――鈴木さんは74年も6シリーズ（4～12月）全戦に特別参加し、75年も2シリーズ（4～6月）呼ばれました。日本陣営は異常なくらい多人数だったのに、なぜ馬場さんは鈴木さんを呼び続けたのですか？

「理由は簡単、鶴田の指導役ですよ。本来は駒ちゃんの仕事だったけど、あの時期から駒ちゃんは体調を崩して試合に出られないこともあった（76年3月に急死）。馬場さんから、そのサポート役を命じられたというわけ。鶴田は引退した後、ポートランド州立大学に来たでしょ？　鶴田はあの時期からいろいろと私を慕って、プライベートなことも相談してくれてね。本当に可愛い後輩でしたよ。それと鶴田がアメリカをサーキットしたことがあって、その時にドン・オーエンに頼んで鶴田の試合を組んでもらったこともあったね」

――先ほど話に出たように、74年には鈴木さんのブッキングでオレゴン地区のレスラーが全日本に招聘されましたよね。

「日系二世のハル佐々木とジミー・スヌーカね。特に佐々木さんには感謝されましたね。両親が日本人だったけど、それまで一度も日本に行ったことがなかったから、レフェリーとして馬場さんに呼んでもらったんですよ。オレゴンは粒の揃ったマーケットでしたから、スヌーカのような未知の素材も他に何人かいたけど、オレゴンで売れっ子になってしまうと、なかなか全日本のシリーズに送るタイミングが難しかったね。ガイジンで思い出したけど、一度、天狗になっていた時期の（アブドーラ・ザ・）ブッチャーが全日本の若手に〝スズキは大したことがない〟と言っているという話を聞いたので、四国に行く連絡船のデッキに呼び出して、ブッチャー本人に〝今夜の試合前にリングで俺とスパーリングしないか？〟と誘ってやったことがあったね。ブッチャーは〝ノーノー、俺はユーの悪口なんか言っていない。誤解だ〟とビビッて釈明したけど（笑）、ナメた態度を取るガイジンにはたまにそういう毅然とした忠告は必要だったよね。馬場さんは知らなかったと思うな、あのブッチャーとの一件は」

――75年6月19日、市原市臨海体育館大会での肥後宗典戦が鈴木さんの日本ラストマッチでした。この時に、馬場さんからはこれで終わりみたいな話はありましたか？

「鶴田も順調に成長していたし、自分の役目は十分に果たしたという満足感もあったから私の方から申し出ました。アメリカを転戦していた時から〝レスラーは40歳まで。そ

74年3月、ジャンボ鶴田がシリーズオフに2週間のアメリカ遠征を敢行した際、最初に入ったのがオレゴン地区のポートランドだった。前年から全日本に助っ人参加していた鈴木はマネージャー的役割で同行したが、その時に鈴木の自宅前で撮影された一枚。

の後は〝ビジネスマン〟と心に決めていたから、引退後の準備にも取りかからなければならない時期に来ていましたよ。それと2人の子供が中学校に行くようになって、半年もポートランドを空けているのは良くないというのが一番大きな理由でしたね」

ポートランドに戻った鈴木は再び同地区の中堅として活躍したが、78年8月19日のジェイク・ロバーツ戦を最後に40歳7ヵ月で現役を退いている。公約通り（？）の40歳引退だったが、その引き際には人知れぬ葛藤があったろう。

筆者は82年7月、一般企業の大阪支店輸入営業部門に勤務していた際に取引先（大阪駅前第4ビルにあったプルーン輸入会社）の待合室で偶然に鈴木の姿を見かけて驚いた。「なぜ今ここに、あのマティ鈴木がいるんだろう？」と思って自分の名刺を手渡し、「この名刺の会社とは別にフリーライターとしてプロレス誌に毎週記事を書いています」と変な自己紹介をしたが、この時は「辞めてからは、プロレスは〝見ざる、聞かざる、言わざる〟と決めています。自分が一人前のビジネスマンになるまでインタビューの申し込みは一切断っているので、悪く思わないでください」と丁重に取材を断られた。

その時点で鈴木はアメリカで通関士の資格を取得し、フォワーディング（日米貿易における甲種仲買人）業界に転身しており、全日本プロレスの関係者とはまったくコンタクトを取っていなかった。

——鈴木さんは最後に全日本に参戦した後、私が大阪でお会いした82年までの7年間、まったく日本に来ていなかったのですか？

「いや、全日本で最後に試合した2年後くらいに一度、女子プロレスのコーチを頼まれて2ヵ月くらい東京に滞在したことがあったね。誰に頼まれたかは忘れたなあ…。既存の団体（全日本女子プロレス）じゃなくて、新しく旗揚げする団体だったけど、そのグループは資金が足りなくて、結局旗揚げには漕ぎつけられなかったと聞いたけどね。それが日本のプロレス団体とは最後のビジネスだったね。その女子をコーチしていた期間に浜松町にある貿易センタービルで毎日、通関士の資格を得る講座を受けていたわけですよ。レター・オブ・クレジット（信用状）を開設して輸出先に連絡するところからスタートして、要するに貿易実務のイロハから学ばなければならなかった。私は高校しか出ていなかったから、あの時の貿易実務講座は大学みたいで新鮮で面白かったよね。アメリカに戻った後、ポートランドで試験を受けて、ようやくトレーダー（貿易商）としての第二の人生が開けたというわけです（笑）」

――大阪駅前ビルで82年に私がインタビューをお願いした時は、すでに西海岸の物産を日本に輸出する商売のフォワーダーをやっていたわけですね。

「そう。あの時期には主としてカリフォルニア産のプルーン、チェリー、オレゴンの松茸とか季節産品を中心に何でも扱っていたね。そっちとは確かミキプルーンさんの事務所で会ったんだったよね？　プロレスの昔話をしたい気持ちはヤマヤマだったけど、まだまだ貿易で勉強することがたくさんあったし、プロレスのことは敬遠していたんだよ。そっちには嫌な印象を与えてしまったかもしれないが、時効だから勘弁してくれよ（笑）」

――いえいえ、とんでもありません。あの時、鈴木さんが私に仰った〝プロレスのことは今は見ざる、聞かざる、言わざるですから〟という言葉は耳裏に強烈に残っています。18年もプロレスをやってきて、まだ40歳という若い年齢で違う分野に転身するとなれば、そのくらいの覚悟がないと成功できないものだということを痛切に教えられました。

「よく〝スパッと辞める〟という表現が使われるじゃない？　プロレスを長くやってきた人間は、そのスパッとがなかなかできないものなんですよ。私に限らず、誰もが〝その気になれば、まだ2～3年はできる〟と思うわけ。でも、40歳を過ぎて、もう一花咲かせるなんてことは無理。肉体的に絶対にできない。だから、どこかで区切りをつけなければいけない。私にとっては、あの貿易センタービルの講座の時がその区切りだったね。それともう一つ、中学に行っていた息子と娘がテレビのプロレス番組に私が出ることを嫌がったというのがあったね。学校で〝お前のお父さんは、あのマティ・スズキだろ？〟と言われるのが嫌だったみたいで、それでプロレスラーに区切りをつけた部分は大いにあったよね。引退して実業に乗り出すという決意は昔から持っていたつもりなんだが、いざそれを実行するってのは大変な決意と忍耐を必要としましたよ。鶴田が全日本を辞めて、すぐオレゴンに来た時に、そのことを口を酸っぱくして言ったんです。〝生半可な気持ちでは、ビジネス界では成功しないぞ〟ってね」

実業家・鈴木の大きな転機は、82年の暮れに訪れた。オレゴン州最大のウール製品の製造・販売業で知られる09年創業の名門『ペンドルトン』の極東販売部門に、ダイレク

ター（役員）待遇で雇用されたのだ。巨大コンツェルンの創業以来のオーナーであるビショップ・ファミリーとの面接に漕ぎつけ、採用された経緯もディープに聞いてみた。

——鈴木さんとは私がサンフランシスコに駐在していた95年にポートランドのご自宅で再会させていただいたのですが、物凄い大邸宅にお住まいなので仰天しました。大阪でお会いした時から13年後でしたが、そこまでにどんな経緯があったのですか？

「そっちは大阪で会った後も、実にしつこく手紙をくれていたからなあ（笑）。もう馬場さんとも元子さんとも連絡を取っていなかったし、人づてにタンパのマツダさんから〝電話番号を教えてほしい〟と言われても断っていたんですよ。プロレス界と二度と接触することはないと思っていたけど、そっちに〝引き戻された〟感じだったよね（笑）。正直、そういう気持ちになったのはペンドルトンという超一流の会社で成功することができたからだったね。フォワーダーの仕事だけを続けていたら、今のような成功は手に入れられなかったと思いますよ」

——ペンドルトンは創業以来、ビショップ・ファミリーによる同族経営で有名な企業ですが、オレゴン州に限らずアメリカでも文句なく業界ナンバーワンの会社ですよね。失礼な聞き方ですが、どのようにして一介の元日本人プロレスラーが採用されたのですか？

「オレゴンに住むようになって10年が経過していて、ペンドルトンの毛織物は本当に素晴らしいと思っていたんですよ。私も女房もペンドルトン製品の大ファンだったわけ。ある時、女房が〝ペンドルトンの製品は日本で売っていないけど、どうして？〟と言ったので、閃いたんですよ。一度、経営幹部に会いに行って、〝日本を含むアジア地区に販路を拡大したらどうか？〟と提言しようと思い立ったわけです」

——押しかけ面接みたいな感じだったわけですね？

「そのものですよ（笑）。最初は営業の部長みたいな立場の人が話を聞いてくれたんですが、しばらくしたら社長秘書から連絡があってね。〝社長のモート・ビショップ・ジュニアがあなたの話を聞きたいと言っている。本社に来てほしい〟と言われたので、意を決してオレゴン州ペンドルトンにある本社に行ったわけ。秘書室にはプロレスが好きな人もいて、私が行くと〝あなた、プロレスラーだったマティ・スズキでしょう？〟と聞かれたけど、否定するわけにもいかない（笑）。社長のモートさんと従弟のブロートさんを前に、ペンドルトンが極東に進出する必要性を長々と説明しましたよ。〝こんな素晴らしいウール製品は日本にはない。ぜひ御社を日本で紹介し、消費者層を拡大したい〟と誠心誠意、訴えました。最初は〝そうはいっても、日本には興味がない。ウチは国内マーケットで十分だ。正直言うと、アメリカ人の顧客だけを大事にしていればいい〟という冷たい態度だったんだけど、その後に何度か呼ばれているうちに〝どうやら、あなたの言っていることは正しい。日本やアジアに輸出するのは会社の将来のために必要だ〟と認めてくれたわけです。それで1年後にようやく正式な社員として採用されたわけですよ。極東マーケティング担当役員待遇だったから、最初から責任重大でしたよ」

――凄い話ですし、プロレスラーを辞めた鈴木さんがアメリカの超一流会社の役員で迎えられたなんて〝ジャパニーズドリーム〟の実現だと思います。

「ただ、実績が伴わないと解雇されるからね。そこはシビアですよ。幸い、日本の代理店を見つけて初年度から順調にマーケットを開拓できたけど、その辺りの人脈作りは日本プロレス時代からの古い付き合いが役に立ったね。アメリカ遠征に旅立った時に借金した相手が〝お前がやるならば〟ということで、また協力してくれたりね（笑）。それはやっぱり借りた大金を1年で約束通りに返済したからです。ダラダラ返済を遅らせたりしていたら、二度と会ってくれなかったでしょうからね。何事もケジメが大事ですよ」

――ペンドルトンの役員待遇で活躍されながらも、それまでのフォワーダーの仕事も継続してやってこられましたよね？

「ボイドコーヒーの極東代理店開発や日本の釣り具販売の全米代理店を任されたり、２０００年以降はとにかく忙しい毎日でしたよ。日本にも毎年3回くらいは必ず行っていたよね。ここ5年くらいはペンドルトンの仕事だけに絞っているけど、仕事で日本に帰った時に井上や渕（正信）、北沢のさんちゃん、坂口親子に会って昔話をしたのが凄く楽しかったね。小林とも日本に行くたびに電話で話しますよ。83歳（取材時）になったけど、まだまだ現役ビジネスマンで頑張れるのは幸せなことです。つくづくプロレスで培った経験があってこその今だと思うんですよ。変な話、毎晩のように夢を見るんだけど、一番多いパターンはね、列車で地方巡業している時の車中なんだよ。しかも、なぜか横の席に座って寝ているのは決まって大熊なんだよね。そんなに仲が良いわけでもなかったのに何で大熊なのか一度、専門家に解析してほしいんだよ、真面目な話（笑）」

オレゴン州内におけるナンバーワン衣料製造＆販売会社『ペンドルトン』の重役陣と一緒に撮影した写真。98年には最優秀社員として社長賞も受けており、社内で元プロレスラー、マティ・スズキの名を知らぬ者はいない。「社長室の横にある大きな応接室には私がオクラホマでダニー・ホッジのNWA世界ジュニアに挑戦した時の大きなポスターが貼られているので本当に光栄なことですよ」。

［評伝］

TBS時代のグレート草津

小泉悦次＝文
text by Etsuji Koizumi

1967年から81年まで存続した国際プロレスは、74年を境目に前半と後半とではまったく違う団体のように思えることがある。

国際の歴史は大雑把に言って、リング上のエースは前半がストロング小林、後半がラッシャー木村。外国人レスラーは前半がヨーロッパやAWAから来るテクニシャンで、後半がカナダから来る流血ファイター。さらにテレビのレギュラー放映は前半がTBS系列、後半が東京12チャンネルといったように二分できてしまうからだ。

結果的に国際のエースを張ることはなく、最後の約1年は怪我のためリングに上がれなかったものの、グレート草津は14年7ヵ月の団体存続期間のすべてを所属レスラーとして過ごした唯一の人物である。

「ラグビー日本一」の称号

グレート草津こと草津正武は42年2月13日、熊本県熊本市に生まれた。

熊本工業高校時代からラグビー選手として活躍。本人の弁によると複数の大学からスカウトされていたが、「お前が行かないと来年以降、ウチの生徒を取ってくれない」とラグビー部担当教諭に説得され、60年に当時社会人ラグビーで国内トップだった八幡製鐵に入社した。

60－61年シーズンは現在の『日本ラグビーフットボール選手権大会』のルーツである『日本協会招待NHK杯争奪ラグビー大会』の第1回が行われた我が国のラグビー史上、

記念すべき年である。この時、八幡製鐵は社会人ラグビー覇者となり、学生王者の日本大学を破ってNHK杯を獲得。62－63年シーズンの第3回大会でも明治大学を破って優勝し、名称を『日本ラグビーフットボール選手権大会』と変えてからの第2回にあたる64－65年シーズンにおいても法政大学を破って日本一となる。

かように、草津は八幡製鐵黄金時代のメンバーの一員だった。その間の63年には、日本代表の一員としてカナダ・ブリティッシュコロンビア州戦にも出場した。

ラグビーは70年代半ば、原進（阿修羅・原）がいた近畿日本鉄道と早稲田大学が日本一を争っている頃から世間的注目度を増し、その後には新日本製鐵釜石の黄金時代の中心人物である松尾雄治が引退後にスポーツキャスターとして、お茶の間の市民権を得る。90年代には、神戸製鋼の平尾誠二がラグビーを超えたカリスマ的存在となっていった。世が世なら、草津は松尾や平尾のような存在になった可能性もあったかもしれない。

65年1月に3度目の日本一を経験した草津だったが、同年7月30日に日本プロレスに入団した。日本代表の一員にもなった草津は体力的にも全盛の23歳という若さで、なぜラグビー界を去ったのか。今で言うパワーハラスメントを社内で受けたという話もあるが、大きかったのは学歴の壁であろう。

社内運動部で全日本レベルの活躍をし、選手としてのキャリアを終えた時、大学出身者には出身校ごとの人脈もあり、例えば協会に残るなり、教員になるなりの「潰し」が利く。しかし、言葉は悪いが、それがなければ「ただの人」である。

日本プロレス時代の戦績

大相撲には、「幕下付け出し」という制度がある。学生相撲などアマチュアで実績があった者には序ノ口からではなく、文字通り幕下からスタートさせる制度だ。

これが力道山死後の日本プロレスで適用された最初の例が65年の全日本柔道選手権で優勝し、67年に入門した坂口征二であった。坂口は入門、即海外武者修行、そして帰国時には前座ではなく、いきなりセミファイナル格として外国人レスラーと当たった。このプロレスにおける「幕下付け出し」制度は、その後も73年のジャンボ鶴田以降、しばしば適用されている。

元ラグビー日本代表の草津は「幕下付け出し」ではなく、

序ノ口、すなわち前座からキャリアをスタートさせた。デビューは65年10月7日、岩手・釜石昭和園グラウンド。相手は本間和夫で、結果は引き分けだった。当時のリングネームは、出身地・熊本の加藤清正にあやかった「草津清正」（命名者は豊登）である。

若手レスラーにはメインイベンターやメインレフェリー、もしくは団体幹部の付き人という仕事も与えられる。草津は豊登と並ぶ団体のエース格、ジャイアント馬場の付き人となった。草津と同じ65年デビュー組には、木村政美、斎藤昌典、杉山恒治がいる。

草津は翌66年5月27日、札幌中島スポーツセンターにおいて平野岩吉との試合で肩を脱臼し、試合放棄で負けとなった。その後、療養のため故郷の熊本に帰る。結果的に、これが日プロ最後の試合になった。

同年8月、元レスラーで取締役営業部長だった吉原功氏が日プロに辞表を提出。新団体設立のためである。吉原氏は若手の草津と杉山にも声をかけ、2人は10月6日に日プロを退団した。

66年5月8日、長野県営体育館で上田馬之助のセコンドに付く日本プロレス時代の草津清正（24歳）。2人はこの10年後、76年5月に国際プロレスのリングで初対戦することになる。

草津の日プロ時代の成績は、25戦して0勝10敗15分。主な対戦相手は斎藤、ミスター鈴木、松岡巌鉄、高千穂明久、小鹿雷三、大熊元司といったところである。

草津、杉山と同期の木村、斎藤は豊登の東京プロレス旗揚げに同調して、すでに同年春に退団していた。65年デビュー組の4人は、揃って66年に日プロを離れたことになる。

フロリダ地区でヒール修行

日プロ退団の翌日となる10月7日、吉原氏はビジネスパートナーであり、新団体のエースでもあるヒロ・マツダとの話し合いのためアメリカのフロリダへ飛ぶ。これに草津と杉山が同行し、同時に2人のアメリカ武者修行が始まった。

同月24日、吉原氏はマツダと共に帰国し、インターナショナル・レスリング・エンタープライズ(IWE＝国際プロレス)の設立と役員人事を発表。それから約1ヵ月半後の12月5日、草津のアメリカデビューの日が来た。場所はフロリダ州フォートマイヤーズ、リングネームは「タキ・ヤマグチ」である。

〝空手の達人〟として登場した草津はマツダとのコンビでメインイベントに登場し、エディ・グラハム&サム・スティムボートを破った。グラハム&スティムボートはフロリダ州だけでなく、南部一帯で世界王者級の扱いを受ける超一流のタッグチームである。そのコンビにいきなり勝たせてもらうほど草津は売り出されたのだ。

一方、杉山のアメリカデビューは草津より2日早い12月3日。フロリダ州タンパでのTVマッチで、デニス・ホールを破った。リングネームは「スギヤマ」。しかし、草津がアメリカデビューした5日のフォートマイヤーズ大会で、杉山は第1試合だった。

このように2人は出だしで差を付けられ、杉山は1ヵ月ほど経ってからデトロイト＝オハイオ地区に転戦することとなる。ここからTBSのレギュラー中継開始に合わせて67年暮れに帰国するまで、杉山は現地で「トーキョー・ジョー」を名乗った。

ここで当時のフロリダ地区についても述べておく。このテリトリーを仕切る興行会社CWF(チャンピオンシップ・レスリング・フロム・フロリダ)は、ペンサコーラなど北部の一部都市を除くフロリダ州全域を回る。そして、以下のように曜日ごとに興行を打つ都市が決められていた(当時、原則的に日曜日は興行を打たないのが北米全域の暗黙の常識)。

月＝オーランド、フォートマイヤーズ
火＝タンパ、ウォーチュラ
水＝マイアミ、サラソタ
木＝ジャクソンビル

フロリダのヒロ・マツダに預けられ、プールサイドでリラックス中の草津と杉山恒治。ここから２人は北米武者修行を開始し、68年正月の『TBSプロレス』発進に合わせて凱旋帰国する。

金＝ベルグレード、フォートローダーデイル（稀にオーランド）
土＝タンパ（TVマッチ）、オカラ、レイクランド

CWFと契約したレスラーはオフィスの指示に従い、試合会場に向かう。前記の通り、複数の都市で同時に興行が打たれるため同じ曜日でも週によっては違う都市で試合をすることもある。また、選手が隣接テリトリーに貸し出されることもあった。

草津はミドルカード以降、杉山はミドルカード以前にマッチメークされることが多く、いずれも登場するコーナーはヒールサイドである。この時期の主要レスラーは、以下の通り。

【ベビーフェース】
エディ・グラハム／サム・スティムボート／エル・グラン・ロザリオ（ホセ・ロザリオ）／ドン・カーティス／ワフー・マクダニエル／レス・ウェルチ／チーフ・クレイジー・ホース（ビッグ・コマンチ）

【ヒール】

ヒロ・マツダ／デューク・ケオムカ／インフェルノス／スプートニク&ロケット・モンロー／ザ・マミー

では、草津の主な戦績を見ていこう。

12月15日、ジャクソンビルで杉山と組み、NWA世界タッグ王者のスティムボート&ロザリオに敗れた。その後、国際のリングで数えきれないくらいに実現した草津&杉山コンビの最初の試合にして、これがアメリカでは唯一のタッグ結成になる。

年が明けて67年2月7日、草津はタンパでセミファイナルに登場し、ルー・テーズと初めて対戦して敗れている。テーズは前年1月にジン・キニスキーに敗れるまでNWA世界ヘビー級王者だった。草津とテーズの対戦といえば、翌68年1月3日の日大講堂における「惨劇」があまりにも有名だが、実はあの時が初対決ではない。

ここで時計の針を1週間戻してみる。1月30日のオーランドで草津はケオムカと組み、ワフー&ロザリオに敗れた。パートナーがケオムカなのは、マツダが国際の旗揚げシリーズ参加により不在だったためである。

この一戦が引き金となったのか、草津とワフーの抗争が始まった。この頃のワフーは、まだアメリカンフットボールとの兼任である。ワフーにとってプロレスのシーズンは『スーパー・ボウル』が終わった後の1月からキャンプに入る7月までで、1週間前の1月23日にプロレスに復帰してきたばかりであった。

フロリダ地区での草津はタッグマッチが多い。しかし、例外はこのワフーとの抗争で、3月中にシングルで5試合を行った。戦績はワフーの3勝（2試合は結果不明）。しかし、3勝とはいっても最初はリングアウト、次は反則で、決着が付いたのは同月30日の最終戦だった。

4月14日、フォートローダーデイルでのワフー&グラハム戦を最後に草津はフロリダ地区を切り上げる。この試合のパートナーはマツダだった（結果不明）。

予定ではマツダはロザリオ、スプートニク・モンロー、さらにはターザン・タイラー、ボブ・オートン、ドン・マクラリティを帯同して日本に飛び、国際の第2弾シリーズを行うはずだった。しかし、1月の旗揚げシリーズで共闘した東京プロレスのアントニオ猪木が古巣・日プロに復帰し、さらにTBSとの放映交渉もまとまらなかったこともあり、シリーズは延期（中止）。そのためフロリダ地区に居残っていたのである。

バンクーバー地区へ転戦

フロリダ地区でのスケジュールを終えた草津は国境を越えてカナダに入り、バンクーバーへと飛んだ。ここでのリングネームは、「ビッグ・クー（Ｂｉｇ Ｋｕ）」である。ここでのサーキットコースと主要レスラーは、以下の通り。

月＝バンクーバー
火＝隔週でビクトリア、チルウォック
水＝バンクーバー郊外のバーナビー（ＴＶマッチ）
木＝米ワシントン州タコマ
金＝ニューウェストミンスター
土＝米ワシントン州シアトル（ハウスショー及びスタジオでＴＶ撮り）

【ベビーフェース】
ロイ&ドン・マクラリティ／ドン・レオ・ジョナサン／ロッキー・ジョンソン／ダッチ・サベージ

【ヒール】
クリス&ジョン・トロス／クライベイビー・キャノン／アブドーラ・ベイ／ジェリー・グラハム

バンクーバー地区での草津の主な戦績を見ていくと、フロリダ地区とは打って変わりミドルカード前にマッチメークされることが多かった。登場するコーナーもベビーフェース側だったり、ヒール側だったりと一定しない。その日のマッチメークの都合で、員数が不足した方のドレッシングルームに入れられていたのだろう。

4月17日、草津の地区デビュー戦は本拠地バンクーバー、相手はレッド・マクナルティである。4年後にニューヨークのＭＳＧでブルーノ・サンマルチノを破りＷＷＷＦ世界王者になるイワン・コロフの若き日の姿だ。

この試合で、草津はマクナルティを一蹴した。同月25日にはビクトリアで、地区のトップの一人であるダッチ・サベージと引き分けている。ここまで見ると、草津は幸先のいいスタートを切ったことになる。しかし、この後は尻すぼみになっていく。

6月23日、ニューウェストミンスターでは同年代のアフリカ系カナダ人、アブドーラ・ベイに敗れた。ベイはデトロイト＝オハイオ地区から転戦してきたばかりで、リングネームも地区入りと共にゼリス・アマラから改名。後のアブドーラ・ザ・ブッチャーである。

この頃のブッチャーはまだ全然売れておらず、懐も寂しかった。デトロイトからバンクーバーまでの交通費にも、こと欠く始末である。そんなブッチャーに手を差し伸べたのは同じ地区で戦っていたトーキョー・ジョー、すなわち杉山だった。杉山はアメリカで買った車にブッチャーを乗せ、デトロイトからバンクーバーまで約4000キロの道のりを運転してきたのだ。

こう書くと、杉山のドライブの本当の目的はバンクーバーにいる草津に会いに来たためと思われるかもしれない。しかし、実生活での2人の不仲は有名であり、杉山がわざわざ草津を訪ねてバンクーバーまで来るだろうか。ナイスフレンドになったブッチャーを乗せてきたら、そこにたまたま草津がいた。おそらく真相はそんなところだろう。

カナダに転戦した草津は、バンクーバーを本拠とするフットボール球団『ブリティッシュコロンビア・ライオンズ』のキャンプに参加。国際プロレスが存続するか否かの局面だっただけに、草津の迷いを一方的に糾弾するのも気の毒だ。

さて、草津の試合記録を見ると、7月1日のシアトルを最後に9月12日のビクトリアまで2ヵ月あまりのブランクがある。この空白期間は草津がプロレス界を離れ、カナディアンフットボール・リーグ（CFL）に属するブリティッシュコロンビア・ライオンズに行っていた時期である。

若干のルールの違いがあるものの、カナディアンフットボールはアメリカンフットボールと似た競技だ。また、レベル的にも世界にいくつもあるリーグの中でもアメリカンフットボール（NFL）に次ぐものを持っている。説明するまでもなく、ラグビー出身の草津には親和性が高い。かつてジン・キニスキー、ウィルバー・スナイダー、ジョー・ブランチャード（タリー・ブランチャードの父親）が所属していたエドモントン・エスキモーズもCFL加盟チームである。

吉原社長にプロレス修行に出してもらった身ながら、なぜ草津はライオンズのキャンプに参加したのか。そもそもフロリダ地区からバンクーバー地区への転戦自体、ライオンズへの参入が目的であった。

これには草津に同情の余地がある。先に書いた通り、国際の4月シリーズが流れた。そして、カール・ゴッチやジャック・ブリスコが来るとされた6月のシリーズも中止となる。いつまでも旗揚げ第2弾シリーズが行われない状況を見て草津は吉原社長がプロレス団体の運営を諦めたと判断し、ならばとライオンズに行ったのだ（草津がリングを離れた7月の下旬に第2弾『パイオニア・サマー・シリーズ』が開幕）。

八幡製鐵時代の63年、草津は日本代表の一員としてブリティッシュコロンビア州戦に出場したことは先に述べた。その際に知り合いになったカナダのラガーがライオンズにいたらしい。さらにフロリダで抗争した現役のアメリカンフットボーラー、ワフー・マクダニエルの存在に刺激を受けたという理由もあっただろう。

アメリカにはワフーだけでなく、アーニー・ラッドや当時引退したばかりのレオ・ノメリーニ、そして戦前のNWA世界王者ブロンコ・ナグルスキーのようにプロレス界とフットボール界の双方でスーパースターとなった者もいる。そんな存在に自分がなることを夢見るのは悪いことではない。

結局、9月になって草津はプロレス界に戻り、バンクーバー地区のサーキットに復帰した。しかし、来た当初よりもスケジュールはスカスカで、勝率も悪い。

この頃になると、国際プロレスは翌68年1月からのTBSによるレギュラー放映が決定していた。10月中旬に来日外国人レスラー物色のため北米を回っていたTBSの森忠大ディレクターは、バンクーバーにも寄って草津に会っている。草津はその時点でもフットボール界に未練を持っていたというが、「天下のTBSが付いている」とファイトマネーの保証を含めて森氏は説得し、帰国を約束させた。

草津の武者修行最後の試合は、10月26日にビクトリアでタイガー・ジート・シンと引き分けた。我々が良く知るタイガー・ジェット・シンの「ジェット」は日本向けの名であり、それ以外でのリングネームは「ジート（Jeet）」である。しかし、このシンは同名異人だと私は確信している。

当時のタイガー・ジェット・シンはカナダ・トロント地区のトップで、ジョニー・バレンタイン、NWA世界王者ジン・キニスキー、WWWF世界王者ブルーノ・サンマルチノ、ボボ・ブラジル、エドワード・カーペンティアといったメンバーと毎週のように戦っていた。そんなレスラーがトロント地区のスケジュールの間隙を縫って、前座試合に出るために4000キロ以上離れたバンクーバーまで来る動機が見当たらないからだ。

テーズ戦の「寝ていろ」説

バンクーバー地区でのスケジュールを終えた草津は67年の11月と12月、まったく試合をしていない。国際プロレスを離脱したマツダに代わり外国人レスラーのブッキングを引き受けていたグレート東郷の家に泊まり込み、トレーニングをしていたのだ。

TBSによる放映開始日は68年1月3日の水曜日、夜7時からの1時間枠と決まった。以後は毎週、同じ時間帯に放映される。レギュラー中継開始に合わせて、旗揚げ第3弾『オープニング・ワールド・シリーズ』もスタートする。開幕戦の会場は、キャパシティーが大きい両国・日大講堂だ。

ブッカーの東郷は元NWA世界ヘビー級王者ルー・テーズ、現NWA世界ジュニアヘビー級王者ダニー・ホッジ、トロント地区のトップだったブルドッグ・ブラワーや〝地獄の料理人〟と恐れられたハンス・シュミットなど豪華メ

67年12月5日、新ブッカーのグレート東郷と共に凱旋帰国した草津はTBSスタジオに報道陣を集めて公開練習。『BCライオンズ』のジャンパーを着て、本人はやる気満々（？）だったが…。

ンバーを集めた。さらに世界王座認定の新団体TWWAをでっちあげ、テーズを初代王者に据えた。そして、その防衛戦をTBS放映開始の目玉にした。テーズへの挑戦者は草津である。

67年暮れになって、草津は杉山と共に東郷に連れられて帰国した。それに合わせてリングネームも一新し、東郷から「グレート」を譲り受け、グレート草津となった。

老舗の日本プロレスは、テレビが地方興行の観客動員に大きく影響することを痛いほどわかっている。「天下のTBS」のマット界参入は脅威だった。そこで予定では68年1月開幕『新春チャンピオン・シリーズ』の外国人陣営のトップはプリンス・イヤウケア（キング・イヤウケア）とビル・ミラーのはずだったが、さらに暮れのシリーズに特別参加させたクラッシャー・リソワスキーを加える。

しかもTBS放映開始日の1月3日に蔵前国技館を押さえて、馬場vsクラッシャーの再戦を組むと共に日本テレビも特別番組枠を確保し、午後5時半から放映することになった。蔵前国技館と日大講堂は間に隅田川を挟んで対峙しており、マスコミはこの興行合戦を「隅田川決戦」と呼んだ。

とはいえ、日プロは三賀日ということもあって午後1時半試合開始の昼の興行とし、国際は生中継に合わせて5時半開始だったため同じ時間帯の興行合戦になったわけではない。蔵前国技館と日大講堂の間は歩いても20分あまりなので、少なくないファンが隅田川沿いをトボトボと歩いてハシゴし、テレビの前の視聴者は5時半から日プロ、7時から国際の中継を1時間ずつ観戦した。

この日のテーズvs草津戦の背景についてはアチコチでいろいろと述べられており、ここでは詳細を割愛する。ただ、本稿ではこの一戦の公式記録について触れておきたい。団体側から発表された試合結果は、以下の通りである。

◎TWWA認定世界ヘビー級選手権 60分3本勝負
ルー・テーズ（2－0）グレート草津
①テーズ（17分50秒、体固め）
②テーズ（試合放棄）
※テーズが王座を防衛。

この試合について草津自身はグレート東郷をテーマにした書籍『悪役レスラーは笑う』（森達也・著、岩波新書）所収のインタビューで、バックドロップを食らった際に東郷に「寝ていろ（Keep stay down）」と言われたので起きなかったと語っている。「やろうと思えば、まだできた」というニュアンスだ。

しかし、この話は少し怪しい。実際の試合内容は1本目、確かにテーズがバックドロップで草津からフォールを取った。そして、この一戦は映像が残されていないが、リアルタイムでテレビ観戦した複数の方に確認すると、2本目開始のゴングは鳴らされたという。

だが、後頭部を打った草津は2本目が始まってもフラフラで足元が定まらず、レフェリーのフレッド・アトキンスにもたれかかるようにして膝をつく。ここで試合が終了し、Tシャツ姿の東郷が飛び込んできてテーズに掴みかかり、乱闘を展開。その後方で草津はダウンしていた。

これらのシーンは残された写真で確認できる。つまり、仮に草津が東郷に「寝ていろ」と言われたのが本当だとしても、それは2本目の開始後だった可能性が高い。

だが、1本目のバックドロップで失神して試合続行不可能になったかのような「記録」が一人歩きし、それに乗じて草津が曖昧な記憶のまま（あるいは、いい加減に）著者に事実と異なる話をしたのかもしれない。特にインターネットを中心に世間的には「バックドロップの直後に〝寝ていろ〟と言われた」が定説となりつつあるので、あえて

68年1月3日、日大講堂におけるルー・テーズ戦で１本目にバックドロップでフォールされた草津は、２本目開始のゴングと同時に戦意は見せたものの、立ち上がれずにTKO負け（レフェリーはフレッド・アトキンス）。セコンドには小林省三の姿がある。

記載した次第である。

かつて日プロの重鎮、吉村道明は言った。

「プロレスラーの育成には時間がかかる。15分1本勝負でも、それがきちんとやれるようになるまでは5年かかる」

この時、草津のキャリアは2年少々。「5年」の半分も行っていなかった。

英国地区王座の謎

TBS側の目論見としてはテーズvs草津の4連戦を組み、1月3日は引き分け、10日、17日も惜しいところまで追い込み、24日に草津が涙の勝利&ベルト奪取だったようだ。

しかし、初戦の醜態で構想は崩れる。したがって、10日の大分県営体育館はサンダー杉山、17日の宮城県スポーツセンターは豊登と挑戦者をすげ替えた。

この時、東郷が24日、台東体育館での挑戦者として選んだのは日プロに所属している大木金太郎であった。東郷の勧誘に大木は17日に仙台まで赴くものの、某マスコミ及び某筋からストップがかかり、強引な移籍は未遂に終わった。結局、24日の挑戦者はダニー・ホッジとなり、テーズに勝利してTWWA世界王座は移動する。


翌週の31日、横浜文化体育館でTBS路線の第2弾シリーズ『ワールド・タッグ・シリーズ』が開幕した。目玉は「TWWA世界タッグ王者」を名乗るアル・コステロ&ドン・ケントのザ・ファビュラス・カンガルーズである。

開幕戦で草津は杉山と組み、カンガルーズに挑戦するも、2人とも1本ずつフォールを取られてストレート負け。2本目を取られたのは草津で、4週間前のスター候補生はこの日、噛ませ犬になっていた。同王座は2週間後の2月14日、大阪府立体育会館で豊登&杉山に移動する。

この『ワールド・タッグ・シリーズ』は地方の興行主からの買いが入らずスカスカの日程だった上に、手打ち興行でも観客動員が振るわず、吉原社長は資金ショートを起こす。当然、約束した期日までに東郷にギャランティーを渡せない。これに対し、東郷は外国人勢に試合をボイコットさせて、2月21日、浦和市小松原男子高校体育館からの生中継は日本人同士の対戦でお茶を濁した。

この件を機に東郷と絶縁した吉原社長は自分の親分である日本アマレス界の重鎮、八田一朗氏に助けを求めた。八田氏が国際交流を続ける中で得た人脈はイギリスのジョイント・プロモーションに繋がっており、翌週の2月28日、足利市足利学園高校のリングにトニー・チャールスら4人のイギリス人レスラーを上げることができた。

4月3日開幕の『日欧チャンピオン決戦シリーズ』は、ビル・ロビンソンが初来日したということで日本プロレス史に残る。しかし、草津にとって重要だったのはシリーズ

68年9月、草津は西部＆南部地区の英国ヘビー級2冠王となる。だが、当時は「日本人がイギリスの地方ベルトを持っていても無意味。現地に遠征して防衛戦を行わないのもおかしい」という批判の声もあった。

第3戦の同月8日、岩国市体育館でチャールスを破って英国西部地区ヘビー級王座を奪ったことだ。

TWWAの本拠地はカナダ・トロントということになっていたが、同世界王座は実際は「国際プロレス認定のタイトル」である。したがって、タッグ王座の防衛戦は組めるが、東郷と共にアメリカに帰ってしまったホッジが持ったままのシングル王座はタイトルマッチが組めない。そこで「草津にシングル王座を」と白羽の矢が立ったのだ。

しかし、タッグとはいえ、TWWAは「世界」、草津が獲ったのは「英国」の、しかも「西部」である。そのため草津が遂にシングル王座を戴冠したにもかかわらず、以後しばらく国際のメインタイトルはTWWA世界タッグ王座という状態が続いた。

4月20日にチャールスとのリターンマッチに勝利した草津は、5月25日にアルバート・ウォール、6月22日にジョン・コックス、9月11日にブル・デービスを破って防衛を続ける。デービス戦は彼の持つ英国南部地区ヘビー級王座とのダブルタイトルマッチで、これに勝った草津は英国地区2冠王となった。

ところで、日本よりも国土が狭いイギリスのプロレス界には本当に「西部」だの「南部」といったタイトルがあっ

たのか。これは実際に存在した。背景にはイギリスの興行事情がある。

国際と提携していたジョイント・プロモーションは、その名の通りイギリス国内の各興行会社を「ジョイント」する組織だった。この頃、イギリスでは国内で週に約40興行が打たれており、タイトルの認定や選手の貸し借りを仕切るのがジョイント・プロの役割である。

週に40興行も打てる状態は、レスラーにとって「明日の試合会場は今日となるべく近い場所」を選べる環境であり、レスラーの地区割ができるのは自然なことだ。そんなわけでイギリスには西部、南部だけではなく東部、北部ごとのサーキットもあり、「地区王座」の需要があったのだ。

当時、イギリスで一番権威を持っていたタイトルはブリティッシュ王座で、体重が重い方からヘビー級、ミッドヘビー級（日本のジュニアヘビー級にあたる）、ライトヘビー級、ヘビーミドル級、ミドル級、ウェルター級、ライト級といった階級に分けられた。そして、この時期のヘビー級王者がビル・ロビンソンだった。

しかし、ロビンソンが国際のリングで防衛戦を行っていたのはブリティッシュ・ヘビー級王座ではなく、ヨーロッパ・ヘビー級王座である。このタイトルもイギリスでは稼働していたが、ロビンソンに言わせると「プロモーターの都合でできたタイトル」であり、彼自身はブリティッシュ王座に自らのアイデンティティーを求めていた。

それにしても4つある地区王座のうち、2つも草津に獲られてしまってイギリスの地方プロモーターは困らなかったのであろうか。これが困らなかった。なぜなら、草津の英国王座は「国際プロレス版」であり、現地には別にチャンピオンがいたからである。

4月にチャールスが草津に西部王座を明け渡した時の本当のチャンピオンはブル・デービス。すなわち9月に南部王座を草津に明け渡した選手だ。

では、デービスがイギリスの西部、南部双方の王者だったかというと、そうではなく、実際の南部王者はデービスと入れ替わりで9月22日開幕の『ダイナマイト・シリーズ』に来日したアル・ヘイズであった。

もちろん、草津が巻いていたベルトは「メイド・イン・IWE」である。〝紳士の国〟イギリスとのスポーツライクに見えたタイトルを巡る抗争にも、こんなややこしい背景があったのだ。

この後もタイトルの乱造（?）は続く。11月4日、札幌中島スポーツセンターで『ワールド・チャンピオン・シリーズ』が開幕。これを前に国際は「フランスに本部がある」として新たなタイトル認定組織ＩＷＡ（インターナショナル・レスリング・アライアンス）を設立した。同シリーズでは初代世界ヘビー級王者決定リーグ戦が行われ、草津は豊登、杉山と共に日本代表の座を掴んだものの、優勝してベルトを巻いたのはロビンソンだった。

この時期、木村政雄がラッシャー木村に改名する。年が明けて69年2月8日、三鷹市公会堂で草津はその木村と組み、王者チームとして現れたアンドレ・ボレー＆ロベルト・ガステルを破ってヨーロッパ・タッグ王座を奪取した。

これで国際のタッグ戦線は豊登＆杉山の「ＴＷＷＡ世界」、草津＆木村の「ヨーロッパ」の2本立てとなる。なお、後者はロビンソンが保持するヨーロッパ・ヘビー級のタッグ版という位置付けだったが、実際は同王座にタッグ部門は存在していなかった。つまり、これも「国際プロレス版」のタイトルである。

シングル2冠、タッグも含めると3冠となった草津にとって脅威の存在が現れた。この年の夏、欧州武者修行から帰国したストロング小林である。

「189連勝中」という触れ込みの小林は5月18日にパリで豊登と組み、ＩＷＡ世界タッグ王座決定トーナメントに参加。決勝でモンスター・ロシモフ（アンドレ・ザ・ジャイアント）＆イワン・ストロゴフを破って初代王座に就いた。実はこのトーナメントは日本向けの発表であり、現地では小林＆豊登が王者として登場し、アンドレ組と「防衛戦」を行った。

小林は凱旋帰国後の11月30日、アメリカ南部のスター選手、バディ・コルトが日本に持ってきたＵＳＡヘビー級王座を奪取してシングルのタイトルも与えられる（もちろん、これも国際プロレス版）。

一方、草津の英国西部王座は9月22日のワイルド・アンガス戦を最後に防衛戦が行われなくなり、もう一本の同南部王座も自然消滅する。

シャチ横内との抗争

しかし、そんな草津にも大きなチャンスが訪れた。69年10月3日の金曜日、足立区体育館で行われた『ロイヤル・シリーズ』最終戦のセミファイナルで草津はアメリカから帰国したフリーのシャチ横内と組み、バディ・コルト＆ゴージャス・ジョージ・ジュニアと戦った。1本目はコルトから奪取。2本目は横内が草津のタッチ要求を拒否し、見殺しにされた草津はコルトにフォールされた。

「何が起こったんだ⁉」

場内は騒然とする。3本目、やっと草津のタッチを受け入れた横内は隠し持っていたロープでジョージ・ジュニアを首吊りにし、反則負けを取られた。

「お前は何をやってんだ！」とばかりに草津は横内と仲間割れ。これが同月8日の水曜日のゴールデンタイムにテレビを通じて流されたため横内はいきなり〝悪のヒーロー〟となった。

続く10月12日開幕の『IWAワールド・タッグ挑戦シリーズ』は、小林&豊登が持つ同王座への挑戦権を賭けたトーナメントが行われることになっていた。妻がフランス人でフランス国籍を取得していた横内が同国代表としてフランク・バロアと組んでトーナメントに参加することがすでに発表されており、日本人陣営からの離脱を手荒い方法で表現したのである。当時は日本人ヒールなどという発想はなく、「裏切り」は新鮮である以上に、あまりにも刺激が強かった。そして、遺恨決着戦への期待が高まる。

実際、同シリーズは草津と横内の抗争、アクロバティックなエルマンソー兄弟の人気で盛り上がった。最終戦の12月6日、蔵前国技館でのIWA世界タッグ戦は小林&豊登vsイアン・キャンベル&ブルーノ・アーリントンというカードになったが、ファンの注目を集めたのは草津vs横内の完全決着戦、時間無制限1本勝負である。

試合は怒りの草津が攻め込む展開となり、9分過ぎ、ロープに飛んだ草津がリープフロッグで横内を飛び越えようとジャンプした。

ところが、横内の頭が草津の急所を直撃。悶絶する草津を横内が攻め込むのかと思いきや、突然試合をやめてしまう。公式記録では「9分53秒、両者カウントアウト」だが、実際は何が何だかワケのわからないうちに試合が終わってしまった。

草津が横内を半殺しにして、ファンの溜飲を下げる。これがセオリーである。しかし、こんな不完全燃焼な試合を見せつけられた上に草津は横内と握手を交わし、さらに放送席に招かれた横内は「草津君は将来がある良いレスラーです」などと場違いな褒め言葉を連発…。

これは、おそらく双方を傷つけないためのマッチメークだったのであろう。しかし、このマッチメークは草津の人気を上げるチャンスを逸したこととイコールである。実際、リング外でも横内は嫌われており、仲違いした師匠・清美川が国際プロレスに登場するという情報を得ていたため本人は二度とこのリングに上がるつもりはなかった。

つまり、国際側に横内の商品価値を維持しなければならない事情はない。試合前に横内との間でどんな話になっていたにせよ、草津は「アドリブ」でファンの溜飲を下げるべきだったのだ。言い換えれば、草津はファンの視線が見えていなかったとしか思えない。

草津の名勝負といえば、思い浮かぶのが丸1年後、70年12月12日の台東体育館でラリー・ヘニング&ボブ・ウィンダム（ブラックジャック・マリガン）に奪われていたIWA世界タッグ王座を杉山とのコンビで奪還した試合である。

試合の進行と共に私の目はブラウン管に釘付けになり、また観客の歓声もどんどん大きくなっていく。タイトル奪還の瞬間は、草津や杉山のファンでなかった私も涙が出そうになった。レスラーとしてプロレス史に名を残す条件とは、このような試合を両手（10）までいかないにしても、少なくとも片手（5）は実現することである。言うまでもなく、力道山、ジャイアント馬場、アントニオ猪木といったところはこの条件をクリアしてきた。

そういった意味で、あそこまでお膳立てが整いながら草津が横内戦で観客の涙を誘えなかった失態は惜しまれてならない。

69年12月6日、蔵前国技館で草津とシャチ横内（右）の遺恨決着戦が行われたが…あやふやな結果に終わり、最後はノーサイド。「シャチ横内というのはトンデモない人間でしたね。私生活も横柄で、誰からも嫌われていました」（マイティ井上）。

ストロング小林時代が到来

70年2月、かねてから来日が待望されていたAWA世界ヘビー級王者のバーン・ガニアが国際プロレスにやって来た。

ガニアは同月5日に大阪府立体育会館、6日に東京体育館で小林、9日には盛岡市体育館で草津の挑戦を受けた。ガニアへの挑戦回数と試合会場の「格」がこの時点での小林と草津の差である。

6日、小林を破ったガニアは放送席に呼ばれ、そこで国際との業務提携を宣言した。そして、7月のエドワード・カーペンティアを皮切りにAWAからスターレスラーが送り込まれるようになる。

AWAのカーペンティアとヨーロッパのジャック・デ・ラサルテーズ(レネ・ラサルテス)のWエース体制で臨んだ『ビッグ・サマー・シリーズ』最終戦は8月25日、札幌中島スポーツセンター。メインは杉山vsラサルテーズのIWA世界戦である(杉山が5月にロビンソンから奪取)。

この日、草津はセミ前でドクター・デス(ムース・モロウスキー)に反則負けを喫した。反則を取られた原因は、1年ぶりに武者修行の旅から帰ってきた木村の乱入だった(デスと乱闘を展開)。

ここで生じた木村とデスの因縁は10月に日本で初めて行われた金網デスマッチ、さらには木村に〝金網の鬼〟という異名が付けられることに繋がる。

3日後の8月28日、小林がマイティ井上を伴って2度目の海外武者修行に旅立った。すでに一定の人気を持ち、観客動員にも貢献していた小林を海外に出して大丈夫なのかと子供心に思ったが、吉原社長は「杉山、草津、木村、いざとなったらロビンソンで何とかなる」という腹積もりだったのであろう。

ずっと後のことであるが、80年春に大木金太郎が国際に入団した際に判明したのは吉原社長がかねがね「ウチには力道山のシゴキを受けた者がいない」とこぼしていたことだった。逆に言えば、杉山、草津、木村、さらには小林でさえも吉原社長はその地力を信用していなかったことになる。

だからこそ、彼らを交代で海外に出して経験を積ませ、国内に残った者を交互にメインイベントに出した。マスコミは、これを「複数スター制」と名付けた。しかし、TBS時代の国際プロレスの特徴がこの「複数スター制」だったといえども、71年の『第3回IWAワールド・シリーズ』のようにビル・ロビンソン、カール・ゴッチ、モンスター・ロシモフと外国人の役者が揃ってしまうと草津ら日本人レスラーの出る幕はなかった。

70年11月、小林はヨーロッパからアメリカに渡り、AWAのサーキットに入る。そして、翌71年1月30日には本拠地ミネアポリスでガニアのAWA世界王座に挑戦した。ガニアvs小林は、その後も4月10日＝シカゴ、16日＝デンバー、29日＝ウィニペグ、5月15日＝シカゴ、22日＝ミネアポリスと続く黄金カードとなる。ガニアのテクニックと小林の怪力のコントラストがうまくハマったのであろう。

さらに小林はシカゴでのディック・ザ・ブルーザー戦（4月24日、6月4日）、ウィニペグでのジン・キニスキー戦（5月14日）、ミネアポリスでのビル・ロビンソン戦（6月19日）、ミルウォーキーでのクラッシャー・リソワスキー戦（6月26日）でメインを張った。その後、7月2日に凱旋帰国。小林の得たファイトマネーも尋常ではなく、国際側がガニアに負っていた借金も返すことができたという。

帰国した小林の手には、IWA世界ヘビー級王座のベルトがあった。これは3月にビル・ミラーが杉山から奪取してアメリカに持ち去り、小林が6月19日にミネソタ州ダルースで奪還したとされたが、ミラーから小林への移動は「架空」である。ともあれ、ここから国際プロレスは「ストロング小林時代」が本格的に始まった。

小林の帰国直前となる6月29日、2度目の武者修行に出たのが草津であった。草津の試合記録を見ると、日本出発から8月2日、米ネブラスカ州オマハでのミゲル・バレンティーノ戦まで1ヵ月半のブランクがある。アメリカに入る前に中近東（クウェート、イラク）のリングに上がったようだが、戦績は不明。いずれにしても、草津は小林と入れ替わりでAWAに派遣された。リングネームは日本と同様、グレート草津だった。

84年にWWFがテリトリーの垣根を破って全米侵攻した後のAWAは、坂道を転げ落ちるようであった。しかし、70年代前半は全盛期であり、中堅選手のTVマッチでも100ドルのファイトマネーを出せたという（84年のWWFのTVマッチはダイナマイト・キッドですら25ドル）。草津は決して盛況とは言えぬ国際プロレスから、AWAに飛び込んで行くこととなった。

オマハ地区のチャンピオン

草津は71年9月11日、オマハでラモン・トーレスを破ってAWA中西部ヘビー級王者となり、翌72年3月25日に同所でスタン・プラスキーに敗れるまでタイトルを保持した。

そして、10月9日にはやはりオマハでガニアのAWA世界王座に挑戦して勝利。しかし、反則勝ちだったため王座の移動はなかった。草津がAWA世界王座のベルトを手に狂喜している写真が残っているが、おそらくこの試合で一度はベルトが渡された後、反則裁定が下ったのであろう。

この後の草津の試合記録で、めぼしいところを見てみよう。

11月11日、アイオワ州スーシティではオックス・ベーカーと組み、ジェリー・ミラー＆ビリー・レッド・クラウドから中西部タッグ王座を奪取した。ベーカーはアメリカで「その顔を見れば、悪魔でさえ教会で礼拝したくなる」と言われた風貌を持つ一方、技らしい技といえばパンチとキックだけという国際プロレスにぴったりとハマった典型的な外国人ヒールだった。

前述の草津の名勝負に挙げた前年12月のリー・ヘニング＆ボブ・ウィンダム戦と同じ日、ベーカーはラッシャー木村と金網の中で戦い、相手の足を骨折させている（もちろんアクシデント）。そんなベーカーとタッグを組まされたのは、草津もヒール陣営に置かれたからである。

この中西部タッグ王座は12月2日、オマハでスタン・プラスキー＆レジー・パークスに奪われた。また、12月18日と翌72年2月5日に草津はオマハでガニアのAWA世界王座に再度挑戦している。

草津の戦いの場にオマハが多いのは理由がある。オマハはミネアポリスを中心としたAWA本隊のサーキットコースではなく、AWAと提携した別地区だった。いうなれば、「AWAオマハ地区」である。

NWA各地区のチャンピオンが時々回ってくる同世界王者に挑戦するのと同じ構造がAWAにもあり、オマハ地区はミネアポリスとは別会社でありながら、「世界王座の権

71年10月開幕『ビッグ・チャレンジ・シリーズ』のパンフに掲載された草津の海外情報。ラモン・トーレス（右下）を破り、オマハ地区の中西部ヘビー級王座を奪取したことが大きく伝えられた。

威」をAWAに求めるという当時の国際プロレスと同じ構造を持っていたということだ。

草津はAWAのボスであるガニアからオマハ地区に派遣されてヒール陣営のトップに位置付けられ、メインタイトルであるAWA中西部のヘビーとタッグの2冠を獲得した。そして、「オマハ地区のチャンピオン」として世界王者ガニアに挑戦したというわけである。

当時のオマハ地区のサーキットコースは、以下の通り。

月＝ネブラスカ州オマハ（TV撮り）
火＝サウスダコタ州スーフォールズ
水＝ネブラスカ州ビアトリス、クレイトン、レイ
木＝アイオワ州スーシティ
金＝ネブラスカ州コロンバス
土＝オマハ（月3回）、もしくはネブラスカ州リンカーン（月1回）
日＝小都市で不定期興行

曜日に関してはおおまかなところで、ズレることもある。また、どの都市も毎週興行が打たれていたわけではなく、オマハ以外は多くて月に1回、地区としての興行数は平均すれば週に約2回である。

この時期の主要レスラーは、以下の通り。


【ベビーフェース】

スタン・プラスキー／レジー・パークス／ジェリー・ミラー／ジョニー・バレタイン・ジュニア（グレッグ・バレタイン）

【ヒール】

オックス・ベーカー／バディ・ウォルフ／ヒゴ浜口（アニマル浜口）

これにAWAのシングル及びタッグ王者、もしくはメインイベンタークラスの選手が加わり、NWA圏のカンザス地区からレスラーを借りることもあった。

草津はカンザス地区からスポットでやって来たキラー・トーア・カマタやヤス・フジイとタッグを組んだり、ガニアの他にもAWA本隊から派遣されたビル・ミラー、ビル・ロビンソン、ドクター・X（ザ・デストロイヤー）とシングルで戦っている。

オマハ地区の栄枯盛衰

アメリカのプロレス史は、オマハ抜きには語れない。フランク・ゴッチは1908年、ロシアのジョージ・ハッケンシュミットを破って世界王座を奪取したアメリカンプロレスのヒーローだ。出身は隣接するアイオワ州フンボルトで、オマハはゴッチにとって世界王者になる前年にマーチン・ファーマー・バーンズを相手に「師匠超え」を果たした地である。

オマハと同じネブラスカ州のダッジ出身のジョー・ステッカーはゴッチの次のヒーローで、初めて世界王者となった15年7月5日のチャーリー・カトラー戦、翌16年7月4日のアメリカの独立記念日に合わせて行われた伝説のエド・ストラングラー・ルイスとの防衛戦もここオマハで行われた。第一次世界大戦前のオマハは、シカゴと並んでアメリカンプロレスのメッカと言ってもいい。

第二次世界大戦が終わった段階でオマハのプロモーターだったマックス・クレイトンは、48年のNWA設立メンバーの一人である。

57年11月、ジョー・デュセックがプロモーターの座を引き継ぐとバーン・ガニアをエースの座に据えて、ドン・レオ・ジョナサン、ディック・ザ・ブルーザーと三つ巴の抗争を始めた。

翌58年にはエドワード・カーペンティアを世界ヘビー級王者（NWAとは別派）として登場させ、8月9日にガニアがカーペンティアを破ってタイトルを獲得。これが「オマハ版世界ヘビー級王座」の誕生である。

60年8月、ミネアポリスにAWAが誕生した後もオマハは独自の世界王者を認定していた。しかし、63年9月7日にAWA世界王者ガニアがオマハ版世界王者フリッツ・フォン・エリックを破り、タイトルを統合。以後、オマハ地区ではAWA認定王者を「世界チャンピオン」とする。

そして先に述べた通り、アンダーカードは地元勢、ミドルカード以降はAWA本隊と地元勢の対抗戦という70年以降の国際プロレスと同様なマッチメークを主軸とした。

だが、60年代後半、アメリカの産業構造変動の余波を受けてオマハの景気が後退すると共に地元勢のレベルが低下し、草津が地区入りした頃の観客動員はガニアが来る時以外は1000人台と振るわなかった。

オマハ地区の興行数は週平均＝約2回である。草津のようにメインイベンター格であっても食えていなかったので

海外ニュース
世界をかけるファイターたち!!
帰国間近いG・草津!!
破竹の進撃!!
全米に大旋風
マイティー井上
田中忠治
アニマル浜口
グレート草津

こちらは72年3月開幕『第4回IWAワールド・シリーズ』のパンフに掲載された海外情報。欧州で武者修行中だったマイティ井上、田中忠治らと共に、草津がオマハでバーン・ガニアのAWA世界王座に挑戦したことが写真入りで報じられた。

はないか。その救済のためであろう、メインイベンターたちがNWAの総本山セントルイスに派遣されることもしばしばで、草津もその恩恵に与っている。

72年の元日、草津はセントルイスでスタン・プラスキーと組み、ジョニー・ウィーバー＆ロニー・エチソンに敗れた。この日のメインはドリー・ファンク・ジュニアvsルーファス・ジョーンズのNWA世界戦。一方の草津は、第1試合であった。

しかも、パートナーのプラスキーはオマハ地区での抗争相手である（翌日、2人はシングルでメインを張った）。要はセントルイスにとってオマハ勢は「ひと山いくら」の存在でしかなく、これが当時のオマハ地区の実力である。

待望のアメリカ遠征、それも天下のAWAでありながら、こんなヒドイ扱われ方をした草津は怒らなかったのか。いや、おそらく日本にいた吉原社長に連絡し、そちらのルートからガニアに苦情が行ったと思われる形跡がある。

草津はAWAの主要都市であるデンバー（71年12月27日、ビル・ミラーを破る）、ミルウォーキー（72年5月27日、ビル・ロビンソンに敗れる）、シカゴ（6月10日、セーラー・アート・トーマスに敗れる）、ホノルル（6月14日、ジン・キニスキーに敗れる）に一度ずつスポットで登場した。

最後のホノルルでの試合は日本への帰途に行われ、これで草津の2度目の武者修行が終わる。後輩・小林とは異なり、最後になってAWA本隊に組み入れられた形である。

余談だが、オマハ地区での浜口についても述べておきたい。浜口の地区デビュー戦は72年2月18日、草津と組んでジェリー・ミラー&デニス・スタンプを破った。以後、草津とアパートに同居しながら一緒にサーキット。草津と同じくヒール陣営に置かれ、主にミドルカードで戦った。リングネームは先に述べた通りヒゴ浜口だが、ミネアポリスのTVマッチに出る際には「ミスター・フジ」であった(7月29日、ワフー・マクダニエルに敗れる)。

9月12日、浜口はスーフォールズでスタン・プラスキーに敗れた。この一戦は浜口の地区ラストマッチであると同時に、この日の大会はオマハ地区としての最後の興行であった。おそらくプロモーターのジョー・デュセックがガニアに興行権を売り渡したのだろう。

2ヵ月のブランクの後、11月からオマハはAWA本隊がサーキットする一地方都市となり、地区内の他の街では興行がほとんど打たれなくなる。つまり、浜口は栄光のオマハ地区の最期を見届けたのだ(その後、浜口はAWA本隊を経て、インディアナ州のWWAに転戦)。

暴動事件の〝戦犯〟は?

72年6月に草津が凱旋帰国して変わっていたことは、テレビの放映時間帯である。

68年1月に放映開始以来、水曜午後7時から1時間枠という指定席は草津がオマハ地区にいた71年の暮れで終了し、72年1月からは同じく午後7時開始だが、30分枠に短縮された。

同年4月の番組改変で1時間枠に復活したものの、日曜日の午後6時開始という子供にチャンネル権が与えられていた時間帯で、これでは視聴率が取れず、観客動員にも良い影響を与えない。

草津の帰国第1戦は72年6月25日の日曜日、足立区体育館での『ビッグ・サマー・シリーズ』開幕戦。セミファイナルでバロン・シクルナとの45分3本勝負が組まれ、1－1から両者反則で引き分けた。この日の試合開始は午後4時で草津vsシクルナ戦はちょうどテレビ放映時間帯だったが、この一戦はTBS時代の最後の生中継となった。

レギュラー中継の放映時間帯は、この後もしばしば変更になる。この年の10月からは同じ時間帯の30分枠に短縮さ

グレート・草津
190cm 118kg
全米全欧に大旋風!!堂々凱旋帰国
田中 忠治
176cm 105kg

草津と田中が海外修行から帰国した72年6月開幕『ビッグ・サマー・シリーズ』のパンフより。凱旋した草津はストロング小林と組んでIWA世界タッグ王座を奪取したが…。

れ、1年後には「誰が観るんだ?」という土曜日の午後2時台となった。

AWAから戻ってきた後、しばらくの間は「凱旋帰国」の言葉通り、草津は溌剌としていた。7月には小林と組んでビル・ミラー&バロン・シクルナを破り、空位となっていたIWA世界タッグ王座を獲得する。パートナーの小林は前年にアメリカから持ち帰ったIWA世界ヘビー級王座の防衛回数を着実に重ねており、5月には日本人で初めて『IWAワールド・シリーズ』で優勝していた。

この時期、ライバル団体の日本プロレスは混沌としており、71年暮れにアントニオ猪木は「会社乗っ取り」の容疑で追放され、72年3月に新日本プロレスを旗揚げ。草津帰国の翌月にはジャイアント馬場も日プロ離脱を表明し、10月に全日本プロレスを旗揚げすることになる。この時、馬場は吉原社長に協力を要請。その結果、サンダー杉山が全日本に移籍すると共に旗揚げからしばらくの間は若手レスラーも貸し出された。

11月24日、岡山武道館。草津と小林はディック・ザ・ブルーザー&クラッシャー・リソワスキーを相手にIWA世界タッグ王座の防衛戦を行い、この試合はテレビで録画放映された。結果は反則勝ちだったものの、内容的にはいいところなくやられた。そのやられっぷりは、相手を光らせるためというよりも相手の仕掛けに対応できない風であった。

再戦は3日後の11月27日、愛知県体育館。ブルーザー&クラッシャーが持つWWA世界タッグ王座とのダブルタイトル戦、しかも金網デスマッチとして行われる。「あまりにも残酷だ」ということでTBSは金網デスマッチの放映を自主規制しており、会場でしか観られない。ブルクラ人気も相まって、愛知県体育館には主催者発表で8000人の観衆が詰めかけた。

メインの金網戦のゴングが鳴る。一進一退の攻防も、次第にブルーザー&クラッシャーが優勢となった。小林&草津はグロッキー状態となり、普通であればここから反撃なのだが、2人ともダウンしたままであった。

ブルーザーが阿部修レフェリーを殴り、KOする。それを救出するため前溝隆男レフェリーが金網の鍵を開けて、中に入った。すると、ブルーザーとクラッシャーは開いた扉からリング外に脱出した。

罵声の中、2人は2〜3分ばかりリングの周りを徘徊。その時、リングサイドの中年男がタバコの火をブルーザーの足首で揉み消した。怒ったブルーザーは物凄い形相で胸を突き、その中年男は2〜3メートル吹っ飛んだ。一方の小林&草津は依然ダウンしたまま。このダウンはマッチメーク上のことなのか、実際にスタミナをなくしていたからなのかはわからない。

そして、ブルーザー&クラッシャーは金網の中に戻ることなく控室に引き上げた。とはいえ、観客は試合が終わったなんて思っていない。しかし、本部席からは「ただいまの試合、無効試合といたします。本日の試合は、すべて終了いたしました」とアナウンスされた。

その後、納得しない物凄い数の観客がリングに押し寄せ、会場内は怒号と罵声の嵐となる。しかも、リングの周りの観客はドンドン増えていく。

この日、リングサイド2列目にいたM氏は語る。

「吉原社長が出てきて謝り、次回の愛知県体育館大会は今日の半券で無料で入場できることを説明したんだ。試合が終わったのは9時頃だったが、納得できない俺は残っていた。でも、10時頃に〝もう、いいや〟と会場を去った。家に帰って日付が変わり、テレビをつけたら愛知県体育館で暴動が起こったこと、それが3時間あまり続いたこと、機動隊が出動したことをNHKのローカルニュースが流していた。国際の金網デスマッチのルールは3カウントの

72年11月27日、愛知県体育館における草津&小林 vs ディック・ザ・ブルーザー&クラッシャー・リソワスキーのIWA & WWA世界タッグの金網ダブルタイトル戦は中途半端な結末に終わり、観客は暴徒と化した。

フォールが入ってから30秒待って、再び10カウントを数え、それで勝負が決まる。観客の多くは、その完全決着ルールを知っていたからこそ会場に足を運んだと思う。ところが、ブルーザー&クラッシャーが金網から脱出して控室に帰り、リングに戻ってこない。でも、会場にいた者の感覚としては、よく言われるようにそのことが暴動の原因ではない。小林&草津の不甲斐なさ、そして国際のお家芸だった段取りの悪さだね。あの日は前座から好試合の連続で、観客は完全に出来上がっていたんだ。小林&草津には頑張ってもらわないと観ている方も引くに引けなくなっていた。阿部レフェリーがKO、前溝レフェリーが介入、最後はノーコンテスト。そして、シリーズ後半戦に繋げる。ここまでは団体側が想定していた試合の流れだったと思う。でも、それには前提がある。小林&草津がリング内外で元気にブルーザー&クラッシャーと乱闘していることだ。しかし、それができなかった。小林&草津のテクニカルKO負けで改めてブルーザー&クラッシャーの手を挙げるとか、それでいいじゃないか。機転が利かなかったんだよな。だから、立ち上がれない小林&草津の不甲斐なさには水を掛けられたような気持ちだったよ」

暴動の〝戦犯〟は立ち上がれなかった、もしくは立ち上がらなかった小林&草津である。事前の目論見がどうであっても、小林&草津がブルーザー&クラッシャーの猛攻に耐えられなかったことが暴動の一番の原因なのであろう。この辺りで、草津に対するファンの凱旋祝賀ムードは消えていった。

「売り出し」と「イジメ」

将軍KYワカマツこと若松市政が語ったところによると、国際のマッチメーカーは草津と田中忠治だったという。草津がマッチメーカーだったというのは知っていたが、田中については初耳だった。

60年代末から70年代にかけて日プロのカードは前半をミツ・ヒライが、後半を吉村道明が組んでいた。その形を踏襲して吉原社長は前半を田中に、後半を草津に任せたのではないか。

では、それはいつからか。田中が欧州武者修行から帰国したのは草津と同じく72年6月である。しかし、帰国即マッチメーカー就任は考えにくい。おそらく73年に入った辺りのことであろう。

吉原社長は、なぜ草津にマッチメーカーという重要なポジションを与えたのか。早稲田大学のレスリング部で吉原社長の同僚だった白石剛達氏（東京12チャンネル運動部部長で、74年以降の国際のレギュラー放映に貢献）は、生前にこう語っていた。

「吉原も俺も確かに早稲田で練習はした。しかし、授業なんてものは滅多に出ず、新宿で飲んでいたよ。そう、俺たちの校舎は新宿だった」

草津の酒好きも有名である。吉原社長と草津は酒で繋がる仲だったのだ。小林は酒を飲んで云々というタイプではない。木村は酒を飲む最中、寡黙なことで有名である。そ

73年5月14日、船橋ヘルスセンターで草津はラッシャー木村と組み、マッドドッグ・バションＩ&イワン・コロフの強豪コンビからIWA世界タッグ王座の奪回に成功。同時に団体内で「小林vs木村」のストーリーもスタートする。

んな中で、吉原と草津の「飲みニケーション」は時間の経過と共に密になっていったのかもしれない。

72年9月に2度目の海外武者修行に出た木村が帰国したのは73年4月3日。その直後の同月18日、茨城・土浦スポーツセンターでの『ダイナマイト・シリーズ』開幕戦で小林&草津はマッドドッグ・バション&イワン・コロノに敗れ、IWA世界タッグ王座を失う。

その後、5月14日に草津はパートナーを凱旋した木村に代えて同王座を奪還した。この辺りから、草津の「作品」が世に出始めたのではないかと思う。

確かに、それによってテレビ中継の視聴率は上がっていない(この点は時間帯の変更というマイナス要素もあった)。観客動員も今ひとつである。だが、ここで王者の首をすげ替えるのはマッチメークのセオリーだ。

そして、この時期から〝新スター候補生〟木村のプッシュが始まった。敗れはしたものの、7月9日には大阪府立体育会館で小林のIWA世界ヘビー級王座にも挑戦。9月開幕の『第5回IWAワールド・シリーズ』では木村を優勝させただけに留まらず、小林を決勝トーナメントに進出させなかった。

さらに11月2日、宮城県スポーツセンターで初来日のワフー・マクダニエルが小林を破ってIWA世界王座を奪取した。最終戦の11月30日に後楽園ホールで小林がベルトを奪還するが、その直前の28日には横浜文化体育館で草津自身がワフーとのインディアン・ストラップマッチに出陣し、〝第一人者〟を破っている。ここら辺も草津の「作品」であろう。複数スター制と言えば聞こえがいいが、露骨な小林イジメである。

この6年以上前、草津はワフーとフロリダ地区で抗争した。もしかしたら、草津としてはワフーへの雪辱を日本のファンに見せたかったのかもしれない。しかし、草津とワフーの因縁は我々日本のファンには、ほとんど知られていなかった。ジャイアント馬場とブルーノ・サンマルチノの例でもわかるように、我々日本人は「出世を誓った同期の桜」物語が好きである。ならば、ワフー初来日にあたって草津は雪辱への思いをもっと宣伝すべきであった。

さらに言うならば、その年の春に国際に来たイワン・コロフとのバンクーバーでのライバル物語を大きく膨らませて、新たなストーリーを創出することもできた。草津はマッチメーカーとして、そんな「プロレス心」に欠けていたということになる。

結局、小林への「イジメ」は、翌74年2月の猪木への挑戦という形を取った「離脱劇」に繋がった。エースの脱退、さらには視聴率低下によるTBS中継打ち切りで国際プロレスは奈落の底に突き落とされる。3月30日の土曜日の昼下がり、TBS最後の放映にはビル・ワットと戦う草津の

ノンタイトル戦とはいえ、草津は小林からIWA世界王座を奪取したばかりのワフー・マクダニエルをインディアン・ストラップマッチで撃破した。その後、ワフーから王座を奪回した小林はベルトを返上し、まさかのフリー宣言。国際プロレスは存亡の危機に陥る。

姿があった。

「ニッパチ」とは、2月と8月に景気が悪くなることを指して言う。国際プロレスの歴史上、文字通り「ニッパチ」の興行開催は少ない。とはいえ、2ヵ月も前（1月28日＝盛岡市体育館）に収録した試合を流さなければならなかったのがTBSであり、それしか提供できなかったのが国際プロレスである。

TBSのプロレス中継は68年1月のゴールデンタイムに草津と共に華々しく始まり、74年3月の観る者が少ない昼下がりに草津と共に寂しく終わった。

「グレート草津」とは？

「バカ」が付くほど義理堅い元付き人のアニマル浜口を除いて、草津に関しては異口同音にネガティブな評価が出てくる。

曰く、「酒癖が悪い」、「いや、酒を飲んでいなくても横柄だ」、「ラグビーを忘れられない」、「プロレスなんて、どうでもいいと思っている」、「天下の馬場に対し、タメ口を利いた」、「一緒にいたくないので巡業バスには乗らず、自費で切符を買って東京に戻ってきた」などなどである。

グレート草津について思いを巡らす時、腑に落ちたのが村井氏のこの言葉である。

こういう話を聞くと、現役時代の日常がそうであったから、草津はプロレスラーとして大成しなかったように思える。しかし、力道山や馬場、猪木にしても時に金銭が絡んだ場合、嫌な話を聞くこともある。

完璧な人間なんていない。「聖人君子」であることは、プロレス史に名を残す必須条件ではないのだ。草津の恵まれていなかったと思われるスタミナに関しても、精神力やインサイドワークでカバーする方法もある。

Jリーグのチェアマンだった村井満氏が興味深いことを述べている。要約すると、以下の通りだ。

「2004年にJリーグ入りした103人の選手たちが、その後2014年までの10年間でどうなったかを調べた。まだ現役で活躍していた選手と大成しなかった選手で技術や身体能力、メンタルは大して変わらなかった。違っていたのは、雨が降ってきたとか、味方が緊張しているとか、スタジアムが騒然としているとかを観察する力である。それを踏まえてフォーメーション、ディフェンスなどを考えて判断する力、それを仲間に伝える力、統率して一つのチームにまとめる力、徹底的にやり切る力、それを最後に振り返る力が違っていた。これは『心技体』ではない。人間力としか言えない」

［評伝］
サンダー杉山

流 智美＝文
Text by Tomomi Nagare

サンダー杉山こと杉山恒治（すぎやま・つねはる）は、1940年7月23日、東京・品川で生まれた。幼少時は父親の仕事の都合で品川、板橋、新潟、名古屋、糸魚川と頻繁に引っ越しが続いたが、53年3月に新潟県の糸魚川小学校を卒業。そのまま4月に糸魚川中学校に入学し、1年生の時に柔道を始めた。

54年6月に柔道が強い名古屋の東海学園東海中学校に編入して、〝柔道一直線〟の生活をスタートさせる。56年4月に東海学園東海高校に進み、3年生の58年8月、岐阜で開催された全国高校柔道大会に優勝。決勝の相手は福岡・嘉穂高校だったが、杉山は東海高校の副将として登場し、巴投げで見事な一本勝ちを収めて高校柔道界に「名古屋の杉山あり」を一気に知らしめた。

59年4月、奨学金が出たために同志社大学へ進んだが、2年生だった60年に柔道部が有名だった明治大学に編入。大学柔道でトップの座を狙ったものの、柔道部の幹部の中に「高校卒業と同時に明治に来ないのは不謹慎だ。杉山の入部は認めるべきでない」と主張する人物がいたため杉山の柔道生活は宙に浮いた形になる。

困惑する杉山にすかさず声をかけたのがレスリング部だった。杉山の高校柔道時代の実績を知る同部は、翌60年秋に開催されるローマ・オリンピックに向けて重量級の人材を求めていたのだ。「柔道部も、そのうち許してくれるよ。その間、レスリング部に所属していたらいいよ」という巧妙（？）な誘い文句に従った杉山は、ここから〝レスリング一直線〟の人生に切り替わる。

この時の事情については、田鶴浜弘氏に次のような話を聞いたことがある。田鶴浜氏は八田一朗・日本レスリング協会会長（当時）と同じ早稲田大学の出身で、協会発足時には相談役、スポンサーにもなっていた。

「東京オリンピック開催が決まったのはローマ・オリンピックの前年、59年の5月ですよ。八田君はその報を聞いて、即座に『5年計画』を立てた。ローマには間に合わないが、東京では日本アマレス界に大輪の花を咲かせてみせようとね。明治ばかりでなく、中央、早稲田、日体大、日大、国士館、専修などあらゆる強豪大学のレスリング部や自衛隊に対して、〝東京オリンピックで使える重量級の人材確保に走れ〟と指示していたね。フリースタイル、グレコローマンがそれぞれ8階級あったし、開催国に与えられるアドバンテージ枠も使って、16枠全部にエントリーしようと考えていた。杉山もその候補者の一人ですよ。タイミング的にドンピシャだった記憶があるね。柔道ばかりでなく、相撲部からのスカウトもマメにやっていた。小学校や中学校からアマレスをやっている重量級の子供なんて皆無の時代だからね。結局、重量級の人材は相撲か柔道の経験者に頼るしかなかったわけですよ」

杉山はレスリング部に入って僅か10日後、60年7月に代々木で行われた『ローマ・オリンピック重量級代表選考予選会』に出場し、なんと優勝。決勝の相手も相撲の大学横綱だったキャリアの浅いレスラーではあったが、それにしても快挙であることには変わりない。

翌8月に山形市で行われた合宿中に最終選考が行われ、杉山はオリンピック日本代表となった選手に試合では勝ったものの、補欠という結果に終わった。

「杉山は試合には勝ったんだけれども、日本代表とするには経験が浅すぎた。八田君は杉山が不貞腐れてレスリングを辞めてしまわないように、きちんと〝東京を目指そう〟と説得していたね。八田君の決断は絶対だったし、杉山にも4年後の東京オリンピックという大きな目標ができて、間違いなく励みになったと思う」

夢の東京オリンピック

杉山はその後も順調にアマレス選手として実績を重ねていったが、東京オリンピック代表に選ばれるまでの主な成績を列挙してみよう。

■60年12月　東京（青山レスリング会館）　全日本選手権グ

レコローマン・ヘビー級優勝
■61年4月 オハイオ州トレド 全米選手権グレコローマン・ヘビー級2位
■61年6月 横浜（慶大体育館） 世界選手権グレコローマン・ヘビー級9位
■61年9月 岐阜（大垣市スポーツセンター） 全日本選手権フリースタイル・ヘビー級優勝
■62年6月 オハイオ州トレド 世界選手権グレコローマン・ライトヘビー級7位
■62年6月 ミシガン州デトロイト 全米選手権グレコローマン・ライトヘビー級3位

63年3月に明治大学農学部農業経済学科を卒業後、杉山は父親の経営する品川駅前の東京観光ホテルに取締役として就職する。杉山のプロレス入門時から先輩として面倒を見たマティ鈴木に、この辺りの事情を聞いてみた。

「杉山はよく〝あいつは金持ちの息子、ボンボンだからハングリーなところがない〟みたいに言われていたけど、実際は違うんですよ。彼は確かに東京観光ホテルの取締役だったけど、実権を握っていたのは父親と10歳くらい年上の兄貴で、杉山の給料は他の社員とほぼ一緒。そんなに多くなかったと思う。杉山は八田一朗さんを慕っていたから、大学を出た後も地道にオリンピックを目指して練習を続けていて、決して派手な生活はしていなかったですよ。彼は車が大好きで、日本プロレスに入門していた時も自分の車を持っていたから、〝金持ち〟とイメージで言われていただけです」

杉山の2年後輩、明治大学レスリング部にはヘビー級の逸材・斎藤昌典がいた。斎藤は2年生の62年から全日本選手権（フリー、グレコ両方）で国内に敵なしの存在となり、オリンピック日本代表を目指す杉山にとっては最大のライバル的存在にのし上がっていた。

八田氏もその辺は十分に考慮に入れた選手育成を進めており、ヘビー級の日本代表については「フリースタイル＝斎藤、グレコローマン＝杉山」という路線を早くから決めていたようだ。東京オリンピックで日本レスリングチームのヘッドコーチだった白石剛達氏（東京12チャンネル初代運動部長）は、次のように分析していた。

「八田さんはマスコミの取材に対して、〝フリーで金メダル4個、グレコでも4個、合計8個。全部で16階級あるから、半分は日本チームが独占するぞ〟みたいに語っていたけど、本音は〝フリーで3個くらいが限界だろうな。グレコは無理かも〟と思っていたはずです。もちろん、そんな弱気なことは絶対に口にはしなかったけどね。グレコローマンは、それまでのオリンピックで一度もメダルを獲得したことがなかった。金メダルはおろか、銅メダルでさえ誰も獲得していなかったんだから仕方がないですよ。杉山はグレコで一番重い階級にエントリーしたわけだから、とてもメダルなんて無理でした。あの枠は、日本人選手が出られただけでOK。フリースタイルの斎藤はメダルの可能性がゼロじゃなかったが、ハッキリ言えば杉山は無理。本人だって、わかっていたと思う」

『東京オリンピック』
■64年10月16日 日本武道館
◎グレコローマン・ヘビー級1回戦
イシュトバン・コズマ（1分41秒、フォール）杉山

杉山の2回戦は相手が棄権したため、3回戦に進出した。

◎グレコローマン・ヘビー級3回戦
ウィルフレッド・ディートリッヒ（1分7秒、フォール）杉山

1回戦で当たったハンガリーのコズマは、この後も順当に勝ち進んで金メダルを獲得。3回戦で当たった西ドイツのディートリッヒは銅メダルだった。

ディートリッヒは60年のローマ・オリンピックでライトヘビー級の金メダル（フリー）、銀メダル（グレコ）を獲得した他、56年のメルボルン大会（銀メダル＝グレコ）、68年のメキシコ大会（銅メダル＝フリー）、72年のミュンヘン大会（5位＝フリー）に連続出場し、計5個のメダルを取った伝説的なレスラーで、78年11月にアントニオ猪木が欧州遠征で対戦した時も「猪木は組んだ途端、1秒後に宙高く投げられた。回数にして10回以上」（同行した新間寿氏の目撃談）という桁外れの実力者だった。

杉山に話を戻すと、コズマ、ディートリッヒと同じブロックで連戦したのだからメダル獲得なんて夢のまた夢、有り得ない話だ。ある意味、杉山は他のどの日本人選手よりも気楽に戦えたかもしれない。

斎藤と杉山のプロレス転向

大会終了後、杉山は勤務先の東京観光ホテルに戻って総

務部の仕事をこなす傍ら、レスリングの練習だけは欠かさずに継続した。

　東京オリンピックで日本選手団は16個の金メダルを獲得したが、そのうちの5個がレスリングだったのだから凄い。レスリング協会会長の八田氏は一躍〝時の人〟となり、各地の講演会に引っ張りダコとなる。

　杉山が車を持っていることを知っていた八田氏は日本各地への講演に杉山を運転手・秘書として同行させたが、65年になると自民党から参議院議員選挙に出馬してほしいとの要請がなされたため杉山の〝付き人〟としての仕事もそのまま継続されることになった。八田氏は誰にも好かれる杉山の社交態度を気に入って手放そうとしなかったが、五輪後ただちにプロレスラー転向を希望していた本人にとっては、やや「寄り道」を強いられる結果となっている。

　65年3月に明治大学を卒業した斎藤昌典は、そのまま日本プロレスに入団。4月8日、『第7回ワールドリーグ戦』開幕戦となった東京体育館のリング上で入門挨拶を行ったが、八田氏の秘書として選挙準備に入っていた杉山としては「出遅れたかな…」的な焦りの気持ちがあったと思われる。

　7月10日、八田氏はめでたく参議院議員選挙に初当選し、杉山は晴れて運転手・秘書の大役から解放された。レスリング協会会長だった関係で八田氏は日本プロレス代表取締役の豊登を知らないことはなかったが、なにしろ毎日、金庫から現金をワシ掴みにしてギャンブルをやっていた豊登は会社の経営や人材のスカウトにはまったく無関心の御仁である。

　そこで八田氏から同じ早稲田大学レスリング部の後輩で日プロの営業部長だった吉原功氏（現役引退直後、当時35歳）に連絡が行き、杉山の入門に関するすべての御膳立てがなされた。約1年後となる66年9月に杉山は日プロを退団して国際プロレスに身を投じたが、杉山が入門時から「自分の上司は吉原さん」という色を鮮明に出していたことを考えれば、当然の移籍だったと言えるだろう。

　杉山の入団発表は8月6日夜、渋谷のリキパレス内で行われた。八田氏も夫人同伴で同席したが、これはアマチュアレスラーのプロ転向では初のケースである（斎藤の入門時には付き添っていない）。その夜には同所で『サマー・シリーズ』の興行があったため日プロ所属選手のほとんどが会場内におり、会見の前に道場で行われた公開練習には、すでにデビュー戦を終えていた斎藤が付き添った。

　この時の新聞記事を見ると、「現在の杉山選手は175

センチ、124キロ」とあり、春から八田氏の選挙運動で思うような練習時間が取れず、かなり無駄なウェイトが増加してしまったことが窺える（杉山本人も会見で「ボクのベストは117キロくらいなので、すぐに練習で絞っていく」とコメント）。

〝新入生〟杉山に期待

アマレス出身の五輪男

技術などまだまだ

御大豊らも成長株を期待

杉山選手に一言

一問一答

スポーツ毎夕が65年8月7日付の紙面でライバル2紙（東京スポーツ、スポーツタイムズ）を出し抜き、藤井誠之とロックアップする本人の写真を使って「五輪代表・杉山恒治の日本プロレス入門」を大きく報じた。

まったく同じ時期、ラグビー界からは草津正武（当時23歳）が日プロの門を叩いており、斎藤、杉山、草津はマスコミから「アマチュアスポーツでトップを取ってきた大物トリオ」的な扱いをされていく。相撲上がりが多かった当時の日プロの中堅、若手にとっては、これが面白いわけがない。

杉山は入門発表から僅か9日後、神奈川県厚木市営グラウンドでデビューした。12人参加バトルロイヤルだったが、翌日発売の東京スポーツ、スポーツタイムズではその模様が写真入りで掲載され、これがまた先輩たちのジェラシーに火をつけた。

リングで杉山を露骨にイジメたのは松岡巌鉄で、エグい顔面パンチで鼻血を出させて呼吸困難に追い込み、「お前なんかに、いいカッコさせせねえよ」とばかり集中砲火を浴びせた（杉山は4番目に退場、最後は田中忠治が高千穂明久を逆エビ固めでギブアップさせて優勝）。

この後、杉山が消化した65年末までの試合結果は以下の通りである（通算0勝5敗2分）。

■10月21日 小松 平野岩吉●

■10月22日 富山 高千穂明久●
■10月24日 上越高田 木村政美●
■10月28日 横浜 斎藤昌典△
■11月23日 船橋 高崎山三吉●
■11月27日 蔵前国技館 本間和夫●
■12月17日 リキパレス 藤井誠之△

地方巡業は最初の4日間だけ同行し、あとは選手たちが関東地区に戻ってきた時だけ出場するという、とてもデビューしたての若手とは思えぬ大物っぽい日程だが、これには理由があった。八田氏の秘書時代に親しくなった東宝映画のプロデューサーから依頼されて、3本の映画への出演を約束していたのだ。

具体的には『喜劇・駅前大学』（65年10月封切り）、『あんま太平記』（同年11月封切り）、『喜劇・駅前弁天』（66年1月封切り）の3本で、撮影がいずれも65年の夏から年末にかけてだったためプロレス巡業との両立ができなかったわけである。

ちなみに『あんま太平記』にはジャイアント馬場も出演しているのだが、トップ（馬場）が出るのと若手（杉山）が出るのとではレベルの違う話だ。杉山にしても「できればプロレスに集中したい」時期ではあったが、森繁久彌、フランキー堺、池内淳子、大空真弓ら人気スターが総出演している東宝ドル箱の駅前シリーズにキャスティングされたのだから、人気稼業としては降りるに降りられなかったのだろう。中堅、若手の中に「杉山の野郎、道場にも巡業にも来ないで映画の撮影かよ！　いい気になりやがって！」というアンチの声が醸成されたのは、やむを得ぬことだった。

杉山家と国際プロレスの関係

杉山は66年になると、1月3日の新春シリーズ開幕戦から他の若手、中堅と同じく巡業すべてに参加するようになったが、9月23日のリキパレス興行を最後に日プロに辞表を提出した。

それまでの戦績は、すべてシングルマッチで7勝25敗14分（本間に4勝、藤井に2勝、林牛之助に反則勝ち）。平野、高千穂、小鹿雷三、大坪飛車角、山本小鉄、星野勘太郎、長沢日一、松岡、鈴木といった中堅どころに一度も勝てていないのは、オリンピックのレスリング日本代表として屈辱だったろう。

杉山は10月6日、5月に右肩を脱臼して故郷・熊本で静養していた草津と共に記者会見に臨み、吉原氏の旗揚げする新団体への移籍を表明する。翌7日、吉原氏、杉山、草津の3人は羽田空港からフロリダに出発。若手の2人はそのまま1年にわたって北米でプロレス修行に入るため残留したが、吉原氏はタンパ在住のヒロ・マツダとの打ち合わせで2週間滞在した後、同月24日に帰国し、新団体『国際プロレス＝ＩＷＥ』の名称と全容をマスコミ向けに正式発表した。

この時、国際プロレスの幹部として以下の名前が連ねられていた。

■吉原功（代表取締役）
■小島泰弘（ヒロ・マツダ、取締役）
■玉利斉（取締役＝日本ボディビル協会会長）
■杉山正勝（取締役＝東京観光ホテル代表取締役）
■荻原稔（監査役＝ナニワボディビルジム会長）
■鈴木勝義（ミスター鈴木、ヘッドコーチ兼渉外）

吉原社長の側近で固められた首脳陣だが、その中に杉山の兄・正勝氏の名前がある。ここでなぜ杉山の兄が幹部として名を連ねる必要性があったのか再びマティ鈴木に解説を求めた。

「杉山としては日本プロレスを円満退社するにあたって、吉原さんの協力を得たわけです。鳴り物入りで入団したわけですから、どんな理由があろうとも1年で退団するのは世間体が悪いし、八田一朗さんにも顔が立たない。そこで〝日本プロレスを辞職した吉原さんに付いて行く〟、〝だから、自分も辞職する〟というロジックが必要でした。杉山の兄貴に対して、吉原さんは〝国際プロレスに招聘するガイジンレスラーや関係者は、すべて東京観光ホテルに宿泊させる〟という約束をしました。これを恩義に感じた杉山の兄貴は金額は知りませんが、出資に応じたんです。双方がウィンウィンの関係になるように、経営陣に入ってもらったわけですよ。もうひとつ、兄貴にとって杉山を吉原さんに引き取ってもらうことに多大なメリットがありました。実は兄貴と杉山は〝腹違いの兄弟〟で、それほど仲も良くなかったんです。だから、常勤でないとはいえ、弟が観光ホテルに取締役として机を持っていることは面倒臭い、レスラーとして巡業していてほしいと感じたことは確かでしょう。弟の存在がやや疎ましかったとも言えたと思います」

アメリカで素質が開花

66年10月8日にタンパに到着した杉山は、草津と共にマツダのコーチを受けてアメリカンプロレスのイロハを学び始めた。

実戦は12月から解禁され、杉山は「スギヤマ」のリングネームでサーキット。デューク・ケオムカとのタッグでセミファイナルに登場することもあったが、基本的には第1試合に起用され、グレッグ・ピーターソン、デニス・ホール、ロニー・ヒル、チーフ・クレージー・ホースらと対戦した。

年明けの67年から杉山はザ・シーク夫妻の支配するデトロイト地区へ転戦したが、これは学生時代にオハイオ州、ミシガン州に何度も遠征した経験から親しい知人がいたため彼を通してザ・シーク夫妻に〝事前の根回し〟をしていたことが功を奏した結果だった。

「トーキョー・ジョー」のリングネームを与えられた杉山は、田吾作タイツでトラディショナルな日本人ヒールのキャラクターを命じられる。これがピタリとハマって、最初から中堅、セミクラスで使われた。

この当時のデトロイト地区は1万5000人を収容する総本山コボ・コンベンション・ホールで2週間に一度ビッグマッチを開催していたシーク王国の全盛時代で、杉山はシークとタッグを組んでメインに登場（7月27日＝トレド）した他、シングルでもボボ・ブラジル、アーニー・ラッド、ドン・レオ・ジョナサン、ビル・ミラー、ダン・ミラー、ビリー・レッド・ライオン、ジョニー・ルー

「トーキョー・ジョー」を名乗ったデトロイト時代の杉山。往年のグレート東郷をモデルにした「卑怯な日本人」を演じていたので、オリンピック出場経験は伏せられていた。

ジョー、ボビー・シェーン、マーク・ルーイン、ケンタッキー・ブッチャー（ジョニー・クイン）、マイティ・イゴール（イゴール・ボディック）、エドワード・カーペンティアといった一流どころと何度も対戦しているのだから急成長、大出世と言える。

帰国後に切り札としたヒップドロップ＝雷電ドロップは、

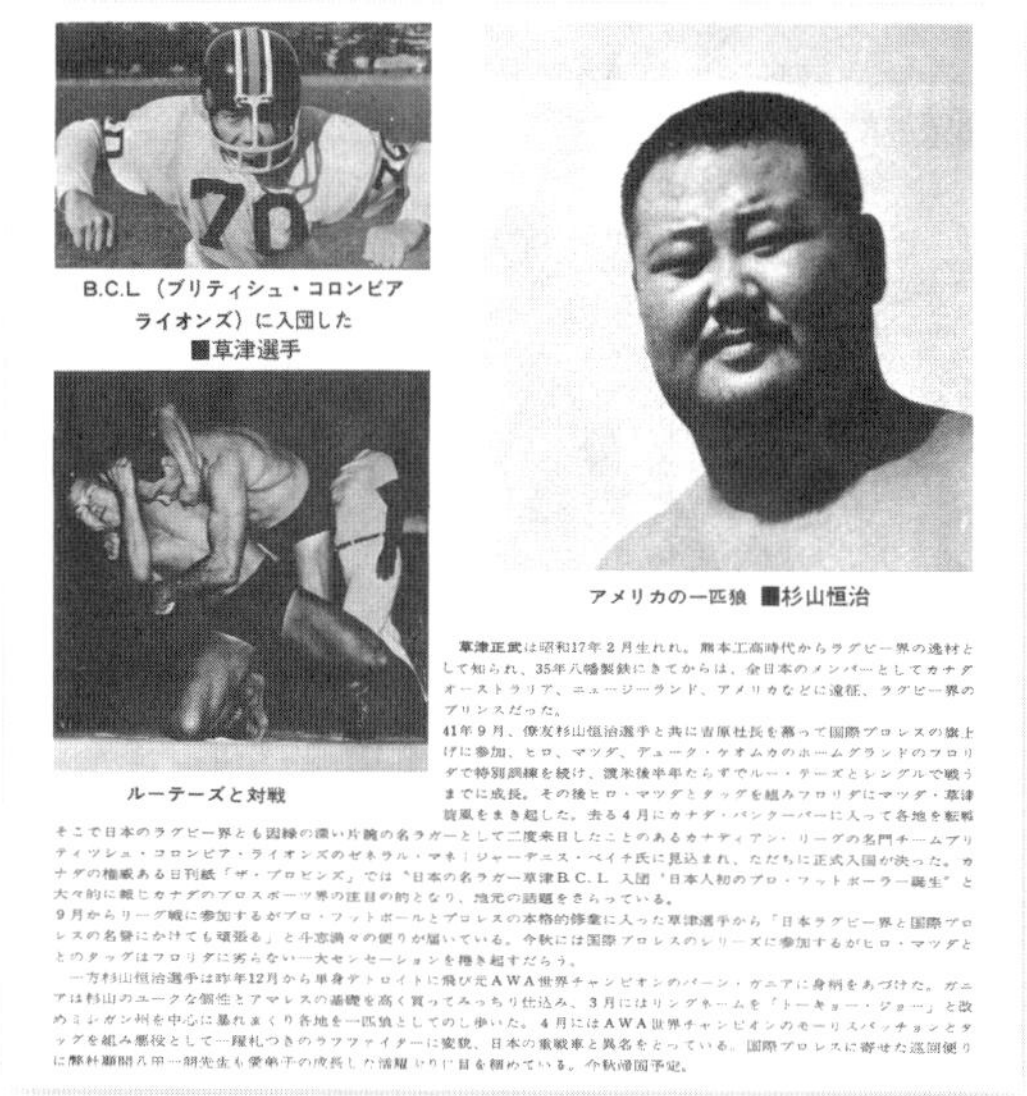
B.C.L（ブリティシュ・コロンビアライオンズ）に入団した■草津選手

ルーテーズと対戦

アメリカの一匹狼 ■杉山恒治

草津正武は昭和17年2月生まれ。熊本工高時代からラグビー界の逸材として知られ、35年八幡製鉄にきてからは、全日本のメンバーとしてカナダオーストラリア、ニュージーランド、アメリカなどに遠征、ラグビー界のプリンスだった。

41年9月、僚友杉山恒治選手と共に吉原社長を慕って国際プロレスの旗上げに参加、ヒロ、マツダ、デューク・ケオムカのホームグランドのフロリダで特別訓練を続け、渡米後半年たらずでルー・テーズとシングルで戦うまでに成長。その後ヒロ・マツダとタッグを組みフロリダにマツダ・草津旋風をまき起した。去る4月にカナダ・バンクーバーに入って各地を転戦そこで日本のラグビー界とも因縁の深い片腕の名ラガーとして二度来日したことのあるカナディアン・リーグの名門チームブリティツシュ・コロンビア・ライオンズのゼネラル・マネージャーデニス・ベイチ氏に見込まれ、ただちに正式入団が決った。カナダの権威ある日刊紙「ザ・プロビンズ」では"日本の名ラガー草津B.C.L入団"日本人初のプロ・フットボーラー誕生"と大々的に報じカナダのプロスポーツ界の注目の的となり、地元の話題をさらっている。

9月からリーグ戦に参加するがプロ・フットボールとプロレスの本格的修業に入った草津選手から「日本ラグビー界と国際プロレスの名誉にかけても頑張る」と斗志満々の便りが届いている。今秋には国際プロレスのシリーズに参加するがヒロ・マツダとのタッグはフロリダに劣らない一大センセーションを捲き起すだろう。

一方杉山恒治選手は昨年12月から単身デトロイトに飛び元AWA世界チャンピオンのバーン・ガニアに身柄をあづけた。ガニアは杉山のユニークな個性とアマレスの基礎を高く買ってみっちり仕込み、3月にはリングネームを「トーキョー・ジョー」と改めミシガン州を中心に暴れまくり各地を一匹狼としてのし歩いた。4月にはAWA世界チャンピオンのモーリスバッチョンとタッグを組み悪役として一躍札つきのラフファイターに変貌、日本の重戦車と異名をとっている。国際プロレスに寄せた近況便りに弊社顧問八田一朗先生も愛弟子の成長した活躍ぶりに目を細めている。今秋帰国予定。


67年7月開幕『パイオニア・サマー・シリーズ』のパンフに掲載された草津＆杉山の海外情報。この時点で、杉山に関しては「今秋帰国予定」とされている。


当時マイティ・イゴールがフィニッシュとして使っていたのを連発する形で「自己流」に改造したもので、この修行時は定番の空手チョップとソバットを主武器に徹底したヒールを演じていた。

まだ「グレート・アマラ」と名乗っていた時代のアブドーラ・ザ・ブッチャーともタッグを組んでおり（4月10日にモントリオールでジョニー・ルージョー&ジノ・ブリットに敗北、6月15日にはトレドでビリー・レッド・ライオン&ルー・クレインに勝利）、杉山が全日本移籍後、何度も大流血試合をやってのけた相手だったことを思うと興味深い。

シークが個人的にドリー・ファンク・シニアと親しかった関係から、当時のデトロイト地区とアマリロ地区は頻繁にレスラーの交換を実施していた。このローテーションに乗って、杉山も9月5日のオデッサから10月12日のアマリロまで5週間にわたりファンク王国で大活躍。シングルでシニア、ドリー・ファンク・ジュニアには敗れたものの、サンフランシスコ地区から遠征中だったキンジ渋谷とのコンビでドリー&テリーの兄弟と引き分けるなど連日セミ、ないしはメインを張って満員の観客を動員している。

余談だが、別掲した杉山の田吾作ポーズ写真は私がサンフランシスコに住んでいた頃にキンジ渋谷本人からいただいたもので、渋谷は「あの後、杉山はすぐに日本に帰ってしまったが、アメリカに留まっていたら絶対にビッグブレイクしたと思う」と語っていた。翌68年、渋谷がシスコ地区でミスター・サイトー（マサ斎藤）と組んで世界タッグ王座に君臨したことを考えると、渋谷と杉山が1年前に遭遇していたことにも奇妙な縁を感じる。

草津&杉山への挑戦表明

12月9日、デトロイトでフレッド・カリーに敗れた一戦を最後にアメリカ武者修行を切り上げた杉山は同月14日、1年2ヵ月ぶりに羽田国際空港に降り立った。

空港内で記者会見に応じた杉山と草津はそれぞれTBSから「サンダー杉山」、「グレート草津」というリングネームを与えられて、年明けの68年1月3日から始まる『TBSプロレス』（テレビ中継開始に伴い国際プロレスから改称）の2大エースとして売り出されることが発表になった。

12月22日には、青山のレスリング会館において杉山と草津の公開練習が行われた。TBSの番組宣材用のフィルムを撮影する目的だったために短い時間しかいなかったが、そこに日プロの大木金太郎、星野、山本、松岡ら数人が姿を現した。

当時、日プロも同じ青山に事務所を構えていたことで敵状視察となったわけだが（口頭で星野が草津、松岡が杉山に挑戦）、その日の午後、緊急の日プロ幹部会が開かれ、終了と同時に記者に対して「草津に対して星野を、杉山に対して松岡を挑戦させる。日本プロレスとしては、キャリア2年未満の草津や杉山が偉大なルー・テーズに挑戦するというような試合はプロレス界の権威にとって好ましくないと考える。草津、杉山が星野や松岡に勝てるならば、実力を認めて我々の認識を改める」とぶち上げた。

TBSプロレスという新たなライバル団体が生まれる直前に徹底的な嫌がらせをして潰そうとする企業防衛策であったが、草津はともかく、シューターとしての実力を持っていた杉山には「松岡？　ふざけるな！　レスリングの技術もない松岡に何ができる。日本プロレス時代にバトルロイヤルでイジメられた恨みを正々堂々とリングで晴らしてやろうじゃないか。いつでも来い！」という気持ちが間違いなくあったと思われる。

68年1月3日（水曜日）の夜、TBSによる定期番組『TWWAプロレス中継』がスタートした。夜7時の放送

68年1月3日、日大講堂での日本人選手紹介セレモニー。左から杉山、グレート東郷、豊登、小林省三、木村政雄、田中忠治。この日、東郷はTBSの生中継に豊登を起用せず、意図的に新顔の杉山（これがテレビ初登場）をパートナーに抜擢した。

開始と同時に日本人選手、外国人選手の入場セレモニーが行われ、TWWA会長のフランク・タニーが挨拶（これが初来日）。カナダ・トロントからタニーに同行した名物リングアナのヘンリー・イシウェイが英語で何やら解説をつけるのだが、日本語の通訳がいないため場内から「わかんねえよ！」の野次が飛ぶ。

この日のTWWA世界ヘビー級選手権、ルー・テーズvsグレート草津については省略するが、試合は7時40分頃に終了したため、その後に行われたグレート東郷&杉山vsハンス・シュミット&ワルドー・フォン・エリックの1本目が3分ほど中継された。

草津がKOされた直後だったので翌週（1月10日）、大分県営体育館からの生中継でテーズの王座に誰が挑戦するかは放送内では発表されていないが、今思うとマッチメーカーの東郷はすでに「次は杉山」を決めていたと思われる。初回放送時に杉山の顔をテレビ視聴者に紹介するという意味で、草津の「7時40分頃のKO負け」は非常に好都合だったとも言えるだろう。

1本目はスタートから反則攻撃の応酬となり、4人が場外乱闘を延々と繰り広げたために13分5秒、両軍リングアウト。決勝の3本目は東郷がシュミットを急所打ちでダウンさせたところに杉山がコーナー最上段からヒップドロップを投下させて3カウントを奪取し、日本組が快勝した。

東郷は「草津はまったくダメだが、杉山はOK、及第点」と判断し、次週にテーズへの挑戦者として抜擢する。この時点で東郷は日本プロレスの大木金太郎に声をかけて引き抜き工作を開始しており、「2週目の挑戦者は杉山、3週目（17日＝宮城県スポーツセンター）で豊登、4週目（24日＝台東体育館）に大木」というシナリオを描いていた。

TBSからは「草津が勝つまで連続挑戦させてほしい」との要望があったが、それを承諾するほど東郷は甘くない。「大木の引き抜きが成功すれば、4年前に自分を追放した日本プロレスに対して最高の報復になるし、国際プロレスの日本陣営を一気に強化できる」と考えた末の周到なプランニングで、15日の日プロ・川越大会の試合後、大木は「体調が悪いので、明日の清水大会は欠場させてくれ」と会社側に直訴。「さては東郷に誘われているな」と直感した芳の里は隠密裏に大木に探偵をつけて行動を監視し、翌16日に本人を説得してテーズ挑戦を断念させている。

大木の相談相手だったプロレス評論家の故・菊池孝氏は「その筋の幹部が出てきて、金ちゃんはどうすることもできなかった」と述懐していたが、時代が時代だったゆえ日プロとしては当然の企業防衛策と言えただろう（同月18日にはユセフ・トルコ、松岡巌鉄の2人がホテル・ニューオータニに宿泊していた東郷を襲撃して負傷させる事件が

豊登＆杉山は68年2月14日の大阪大会でアル・コステロ＆ドン・ケント（2代目カンガルーズ）からTWWA世界タッグ王座を奪取して以降、順調に防衛記録を伸ばして団体の看板コンビになっていった。

発生)。

杉山に話を戻す。1月10日の大分大会は5000人の観衆を動員して、世界タイトルマッチのムードが盛り上がった。1本目、杉山はフライング・ボディーシザースで先制フォールを奪われたが、2本目はヒップドロップ(この辺りからテレビ中継のアナウンサーは「雷電ドロップ」と呼称)の5連発を落下してタイスコア。3本目はテーズの切り札であるバックドロップに沈んだが、誰の目にも合格点の出来を見せた。

東郷とTBSも「日本陣営は豊登と杉山の2人を前面に押すべし」と判断し、テーズがダニー・ホッジに敗れてTWWA世界王座を失った後は「シングルは豊登か杉山、タッグは豊登&杉山で行こう」との方針を固めている(2月16日、21日の浦和市小松原高校体育館大会で王者ホッジに豊登、もしくは杉山を挑戦させるとの新聞報道があったが、19日に東郷が外国人選手全員を引き揚げたためにキャンセルになっている)。

2月14日、大阪府立体育会館でアル・コステロ&ドン・ケントの保持するTWWA世界タッグ王座に挑戦した豊登&杉山は2−1で勝利を収め、国際に初のチャンピオンベルトをもたらした。ここから豊登&杉山は69年4月12日まで27回連続防衛記録(当時の日本最多記録)を樹立したが、挑戦者チームの質も決して悪くなく、短期政権が多いタッグ王座でこの数字は見事の一語に尽きた。杉山のプロレスラー人生において最初のピークがこのTWWA世界タッグ王者時代だったことは間違いない。

実業家・杉山の後見人

69年5月、杉山は名古屋市中区丸の内に資本金100万円をもって『株式会社サンダーエンタープライズ』を設立した。これは名古屋に本拠を持つ医薬品総合商社の大手『スズケン』の会長・鈴木謙三氏が薦めたもので、杉山は鈴木氏の強力な援助を得て、ここから実業界へ乗り出していく。

「杉山は日本プロレスに入門した頃から、最終的には実業家が目標だと言っていましたよ。プロレスラーは長くできる商売じゃない。だから、プロレスラー時代にできるだけ顔と名前を売っておいて、ビジネス一本になった時に役立てなければいけないとね。杉山はアメリカ遠征から帰国した時(67年12月)、名古屋に家を持っていたんですが、それを売りに出したら、たまたまその物件を『スズケン』の会長が運転手用に買いたいということになって、そこから鈴木謙三さんとの個人的な付き合いが始まったと言っていました。鈴木さんの息子が東海高校の柔道部という関係もあって、杉山はちょくちょく鈴木さんの家に行っていましたよ。まあ、プロレスラーのタニマチとして超大物実業家が付いたという当時としては力道山以来の珍しい例だったと思いますよ」（マティ鈴木）

　杉山にはもう一人、佐川急便会長の佐川清氏という超大物スポンサーが付くのだが、それは全日本プロレスを離脱したフリーランス期の話なので後述したい。

　このサンダーエンタープライズの設立については、きちんと吉原社長の了解を得ている。ＴＷＷＡ世界タッグチャンピオン時代だったから〝副業〟的な目で見られ、ビジネス界への進出が好意的に取られていなかったような風評もあったが、意外にも吉原社長としても大いにメリットがあったという。

「鈴木謙三氏はプロレスや柔道が大好きで、国際プロレスが名古屋周辺に来ると、〝おお！　杉山君も出るのか。じゃあ、切符を持ってきなさい〟みたいな軽い感じで５００枚くらいポーンと前売りチケットを買ってくれたんだよ。パンフレットにも高い値段で広告を打ってくれたし、

スズケンの関連会社である日本製薬工業の広告に登場したＴＷＷＡ世界タッグベルト姿の杉山（29歳）。この時期は日本プロレスの馬場、猪木も『天狗（てんぐ）十王精』という精力薬の広告に出ており、この杉山の広告と好対照をなしていた。

吉原さんにとっても最高のスポンサーの一人だったね。だから、杉山とスズケンの関係をストップするなんて有り得ない話だったよ。むしろ、プッシュしていた感じだったね」（菊池孝）

当時の国際プロレスはTBSテレビをキーステーションに全国18局をネットして放送されていたが、名古屋を中心とする中京地区はCBCが毎週水曜日に中継し、スポンサーとしてはスズケンと、その子会社だった日本製薬工業株式会社が付いていた。別掲したのは日本製薬工業の新聞広告だが、ここでも杉山の写真が広告塔として使用されている。

三菱電機という破格のメガスポンサーを持っていた日本テレビと比べると、規模的には劣ったとはいえ、TBSのプロレス中継も杏林製薬、オリンパスカメラ、パイロット万年筆などの複数大手企業から長期スポンサー契約を取り付けており、加えてCBCのような地方局ではスズケンなどの大手がスポット広告を入れてバックアップ体制も十分に敷かれていた。

スズケンは全国に多くの子会社、関連会社、提携会社を持っていた関係で、杉山を通してのスポンサー獲得は営業的に不可欠なものとなっていた。吉原社長が傘下選手の中で杉山だけを〝別格扱い〟していたのは、ここに理由があった。

杉山がIWA世界王座を奪取

TWWA世界タッグ王座という看板タイトルを保持してはいたが、68年から69年にかけての杉山は「国際プロレスの代表選手」、「団体の顔」という地位には達していない。

その期間のエースはビル・ロビンソンで、そのロビンソンが長期日本滞在を終えて帰国した69年6月以降は8ヵ月の欧州遠征で実績を積んだストロング小林が日本陣営のエースとして一気に売り出されていった。

ただし、ロビンソンはIWA世界ヘビー級王者のまま離日したので、必然的にシングルの看板タイトルマッチが組まれることもなくなった。通常であれば、ロビンソンの滞在中に王座を返上させるか、新王者を認定するなりして看板王座をキープするのが団体運営上の常識なのだが、吉原社長はそれをしていない。このミステリーについてはロビンソン本人に事情を聴いたことがあり、概要は次のような感じだった。

「私が日本を去った時（69年5月）、その年の秋、遅くとも12月には国際に戻るつもりだった。まだ私はバーン・ガニアからのアプローチを受けておらず、家族（ウルラ夫人とスペンサー君）を連れてイギリスに戻ったが、そこですぐにカルガリーのスチュ・ハートからカナダ遠征の誘いを受け（7月にドリー・ファンク・ジュニアのNWA世界王座に5連続挑戦し、すべて引き分け）、その後もトリニダード・トバゴとオーストラリア遠征が入ったので年内に国際に戻るという約束が守れなくなってしまった」

看板王者ロビンソン不在というピンチを吉原社長は『IWA世界タッグ挑戦シリーズ』（10～12月）、『新春チャレンジ・シリーズ＆AWA世界戦シリーズ』（70年1～2月＝モンスター・ロシモフ初来日、AWA世界ヘビー級王者バーン・ガニア初来日＆防衛戦）という斬新なプランと超大物招聘で巧みに乗り切った。

ガニアは2度にわたって小林の挑戦を退けた（初戦は1－1から引き分け、2戦目は2－1で勝利）他、草津の挑戦も軽く一蹴（2－1で勝利）。杉山とは2月8日、宇都宮スポーツセンターにてノンタイトルで対戦し、16分51秒にカウントアウトで快勝している（場外でスリーパーホールドを掛け、ダウンした杉山は20カウントでリングに戻れず）。

この「ガニア・シリーズ」を終えた後、私は「小林、草津、杉山はロビンソン、ガニアにまったく歯が立たない。吉原社長は、一体これからのシリーズをどう乗り切るつもりなのか？」と首を傾げざるを得なかった。当時、ジャイ

IWA世界王座が移動した70年5月19日、仙台大会はシリーズ最終戦だったので敗れたロビンソンのリターンマッチは組まれず、そのまま杉山時代の幕開けとなった。これが本文で触れたフィニッシュの場面。

アント馬場、アントニオ猪木の2大エースを擁する日本プロレスは週2回（金曜の日本テレビと月曜のNET、共に8時〜9時）の中継で全盛期を謳歌していたので、国際の日本陣営弱体が強烈にクローズアップされてしまう時期だったように思う。

ガニア帰国後、3月11日に開幕した『第2回ワールド・チャンピオン・シリーズ』で、ようやく第1回優勝者のIWA世界王者ビル・ロビンソンが10ヵ月ぶりに国際のリングにカムバックした。

当時、水戸市に住んでいた私は前売り券を買って第2戦の茨城県スポーツセンターに行ったのだが、なんとロビンソンは来日が遅れたために欠場（第3戦から出場）。この日、杉山はセミ前の30分1本勝負でグラン・ブラジミアと場外乱闘の末に両者リングアウトで引き分けたが、開幕直前の3月7日、兄がオーナーだった品川・東京観光ホテルで兵庫県出身の新田真佐美さんと結婚式を挙げており（媒酌人は衆議院議員の田中栄一夫妻）、「このシリーズは絶対に活躍してやる」との意気込み、やる気だけは十分に感じさせていた。

ロビンソンはこのシリーズの後、ロード・ブレアースの勧誘でハワイに長期定着（家族も同行）することが決定しており、IWA世界ヘビー級王座を「誰かに明け渡す」ことに関しては吉原社長と円満合意に達していたという。2ヵ月にわたる長期シリーズの間、予選リーグも決勝リーグもまったく開催されなかったが、5月14日に台東体育館でロビンソンと小林による「決勝戦」が行われ、ロビンソンが2フォールを奪って2－1で完勝。鮮やかに2連覇を果たした。

この試合後、控室で吉原社長から「5月18日の館山で草津、19日の仙台で杉山がロビンソンのIWA王座に挑戦します」との発表がなされた。仙台レジャーセンターが最終戦だから、シリーズのラスト2興行でロビンソンからベルトを引っぺがす作戦である。

先陣を切った草津は2－1で完敗。最後の望みは杉山に託された。この仙台のタイトルマッチはノーカット放送（録画）されたので憶えておられる読者もいると思うが、決勝の3本目のロビンソンの〝負け方〟が後年、78年10月18日に栃木県体育館でアブドーラ・ザ・ブッチャーに敗れてPWFヘビー級王座を失った時とまったく同じだった（セカンドロープとサードロープに足を絡ませ、上半身がエプロン外で宙吊りになるカウントアウト負け）。

フォール負けでもギブアップ負けでもなく、「アクシデントによる負け」を印象付けるには格好の形なのだが、杉山はリングに戻ろうとするロビンソンの胸板にパンチを一発かましただけだった。テレビ中継を観ていた私は「何じゃ、こりゃ！　これで王座交代？」の心境だったが、とにかく千両役者ロビンソンの一人芝居で、杉山は何もせずに王座獲得という絵図。ロビンソンは「立つ鳥、跡を濁さず」の心境だったろうが、観ている方としては「国際の水（リング）を濁されて、（ハワイ&AWAに）飛び立たれたなあ」という感じの後味の悪いフィニッシュだった。

ともあれ、ここから「IWA世界ヘビー級王者＝サンダー杉山時代」がスタートした。以降、9回にわたった防衛記録を列挙してみる。

■70年7月18日 深谷市体育館
杉山（2－1）ドクター・デス（ムース・モロウスキー）
①杉山（5分58秒、体固め）
②デス（3分21秒、反則勝ち）
③杉山（1分13秒、反則勝ち）

■8月3日 盛岡市体育館
杉山（2－1）エドワード・カーペンティア
①杉山（4分54秒、体固め）
②カーペンティア（2分33秒、体固め）
③杉山（2分56秒、体固め）

■8月25日 札幌中島スポーツセンター
杉山（1－0）ジャック・デ・ラサルテーズ
①（10分32秒、両者リングアウト）
②杉山（0分40秒、体固め）

■9月15日 福岡九電記念体育館
杉山（1－0）ブルー・ディモン（レス・ウォルフ）
①（19分27秒、両者リングアウト）
②杉山（4分7秒、逆エビ固め）

■10月12日 台東体育館
杉山（2－0）メッサーシュミット（クラウス・カーロフ）
①杉山（9分50秒、逆エビ固め）
②杉山（2分48秒、リングアウト）

■12月10日 吉井町体育館
杉山（2－1）ラリー・ヘニング

①（4分5秒、両者リングアウト）
②杉山（1分24秒、反則勝ち）

■71年1月10日 鹿屋市体育館
杉山（1－1）イワン・ブレストン
①ブレストン（22分18秒、体固め）
②杉山（17分51秒、体固め）
③（8分7秒、両者リングアウト）

■1月24日 市原臨海体育館
杉山（2－1）イワン・ブレストン
①ブレストン（1分51秒、体固め）
②杉山（3分7秒、反則勝ち）
③杉山（5分23秒、体固め）

■2月27日 川崎市体育館
杉山（1－0）マッドドッグ・バション
①杉山（10分11秒、原爆固め）
②（10分52秒、両者反則無効試合）

9試合のうち、ブルー・ディモン戦、イワン・ブレストンとの2連戦を除く6試合はTBSの番組内で録画放送され、いずれも及第点の内容だった記憶がある（残念ながら、ソフト映像として1試合も残されていない）。中でもAWAのビッグスターだったカーペンティアを降した試合は印象深く、「カーペンティアに勝った実績は凄い。ひょっとしたら、馬場、猪木でも勝てない相手では？」と感心したものだった。

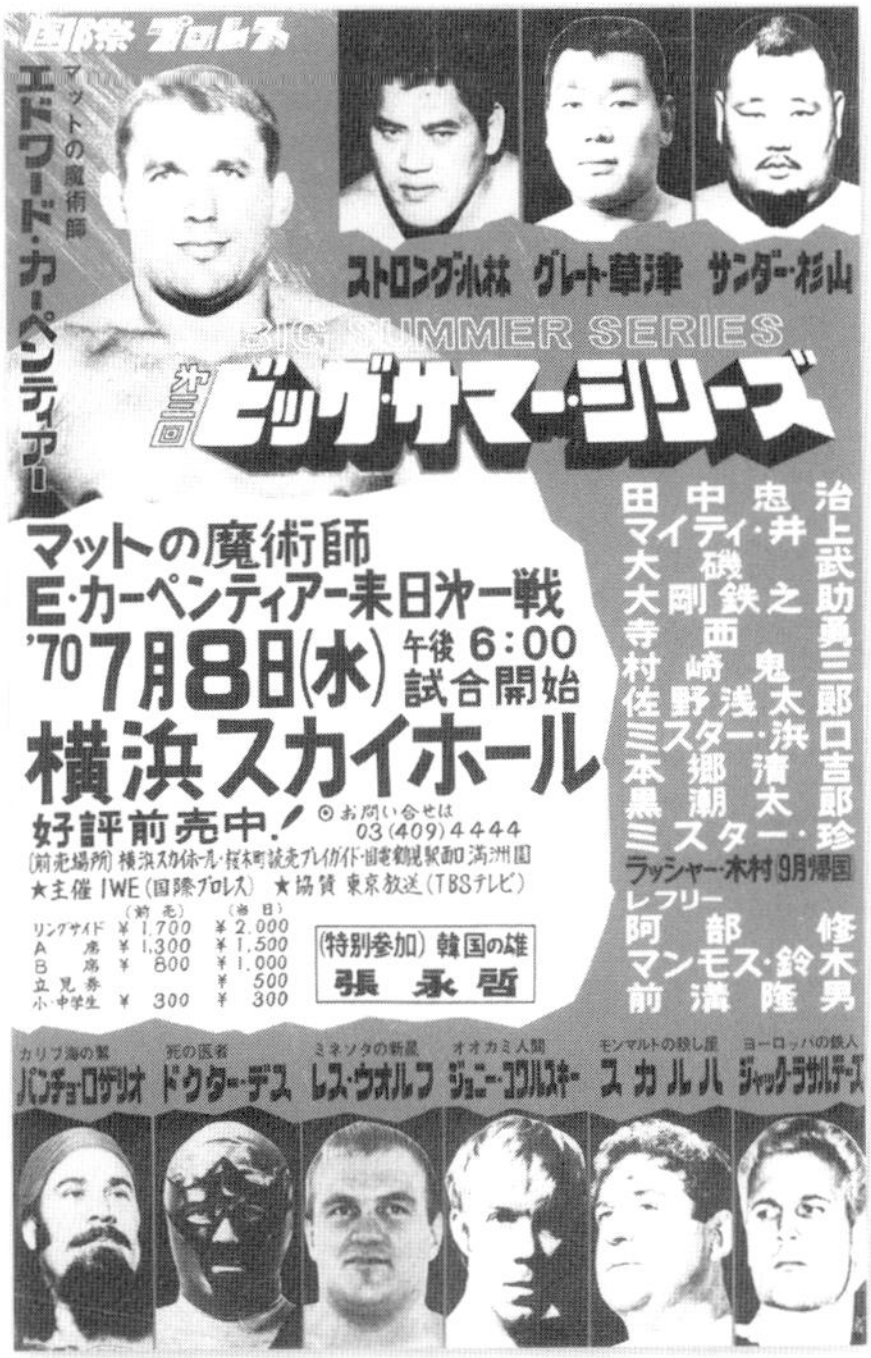

70年7月開幕『ビッグ・サマー・シリーズ』のポスター。売り物が初来日したエドワード・カーペンティアなのは理解できるにせよ、杉山は草津、小林と同列の扱いで、そこに「IWA世界ヘビー級王者」の文字もない。

フィニッシュは雷電ドロップの3～5連発、ないしは逆

71年2月27日、川崎市体育館でマッドドッグ・バションの挑戦を受けた杉山は、1本目に投げる時の弧は小さいもののスピード抜群のジャーマン・スープレックスを決めて3カウントを奪った。

エビ固めが大半だったが、これまた超大物のバション戦の1本目で見せたジャーマン・スープレックスはブリッジも鋭く、さすが東京オリンピックの日本代表、面目躍如の一発だった。強いて言えば、これまたAWAの実力者ラリー・ヘニングにフォール勝ちできなかったのが痛かったものの、ヘニングの底力を考慮すると、これは仕方がなかったかもしれない。

70年暮れからは小林がAWA地区で大活躍しており、「どうせ杉山は小林が凱旋帰国してくるまでの繫ぎ王者に過ぎない」と陰口を叩かれていたが、立派にベルトを死守し、10ヵ月に及ぶ堂々たる安定政権を築いたことは本稿できちんと書き残しておきたい。

ただし、この時期のパンフレットを見ると、IWA世界王者の杉山の扱いは、なぜか草津、木村と同等だった。吉原社長はよく「ウチは複数スター制だ」と公言しており、ここでも「特定の日本人選手が目立ちすぎるのは面白くなかった」、あるいは「リング上の主役は常にガイジンと考えていた側面」(本書の中で元東京12チャンネルの田中元和氏も指摘)が証明されている。

スズケン観光部に就職

杉山はIWA世界王者として防衛戦を続けている間に、「プロレスラーとしては今がピーク。ベルトを奪われたら、あとは下り坂に差しかかる」と覚悟していたのだろう。71年3月4日、小倉三萩野体育館でビッグ・ビル・ミラーに敗れて王座から転落すると、同月25日には正式にスズケンの社員となって「観光部主任」の肩書を得ている（1年後に部長に昇進）。

ミラーとの一戦は開催発表が試合前日で、結果も東京スポーツに〝写真なし〟で小さく報じられただけ（団体広報が電話で東スポ編集部に連絡）。『ゴング』も『プロレス&ボクシング』も取材に行っていないからマスコミで王座転落を目にした人はおらず、もちろんテレビ中継もなかった。

菊池孝氏は後年、「あの試合こそ、実際に行われたかどうか疑わしかったよ」と笑っていたものだが、吉原社長が「杉山はスズケンの正規社員になったら、チャンピオン時代の名声を最大限に利用したいだろう。負けた試合のことは派手に報道されない方がいいだろう」と配慮した可能性が極めて大きい。

スズケンの鈴木謙三社長は本業である医薬品販売が好調に推移していたので、それとは別に飲食店、温泉ホテル、旅館などの観光事業に着手していた。杉山の社交的な性格やバイタリティーに着目した鈴木氏は、それまでのスポンサーという立場ではなく、杉山を自分の傘下に置いて社業の拡大を目指した。中京地区における国際プロレスの興行へのサポートは従来通り継続したので、吉原社長としても杉山のスズケン正規採用については異論がなかった。

「吉原さんは、その年の7月に小林を帰国させると決めていたからね。ミラーはAWA地区に出ていたから、小林が向こうでIWA王座を奪還するというストーリーも立てやすかったし、杉山の王座転落は予定通りじゃなかったかな」（菊池孝）

3月31日から5月25日まではビル・ロビンソン、カール・ゴッチ、モンスター・ロシモフの3強を招聘して『第3回IWAワールド・シリーズ』が開催されたため、杉山、草津、木村の3人は完全に脇役に追いやられた。杉山は本番リーグ戦でロビンソン、ロシモフと引き分けて意地を見せたものの、ゴッチにはジャーマン・スープレックスで完敗を喫し、日本陣営ではトップの成績だったが、総合4位に甘んじている。

続く7月6日からの『ビッグ・サマー・シリーズ』には小林がIWA世界王者として凱旋したが、実際はミラーとのタイトル戦は行われていない（ゴングと東スポが〝6月19日にミネソタ州ダルースで小林がミラーに挑戦し、58分26秒、バックドロップで王座奪取〟と文章だけで報道。この日にダルースで興行はなく、小林とミラーはそれぞれ違う都市で違う相手と試合をしている）。

この7月シリーズから、国際プロレスは「ストロング小林時代」に突入した。それまで複数エース制を声高に唱えていた吉原社長が初めて〝日本人の絶対エース〟を認めたという点が団体ヒストリー上の特筆事項であると同時に、国際プロレスにおける杉山の役目は90％以上、終えていたことも事実だった。

全日本プロレス移籍の裏事情

71年当時の国際プロレスは年間7シリーズを開催していたが、シリーズとシリーズの間隔は長く、平均すると1ヵ月くらいのオフがあった。

杉山はレスラー稼業で巡業する傍ら、オフは名古屋に常駐してスズケン社員として出勤しており、活動範囲は多岐にわたった。鈴木社長の肝いりで開店した名古屋駅前の『豆腐料理・鈴の屋』にはIWA世界ヘビー級王座のベルトを締めた杉山の写真がデカデカとディスプレイされ、杉山も試合がオフの期間は毎晩のように店にいたから予約を入れるのが困難なくらいの繁盛ぶりを誇った。

この他にも名古屋市東区東桜にある観光部直営のシーフードレストランにも顔を出したり、中京地区のラジオ局でレギュラー番組（スポンサーはスズケン）を持ち、毎週ディスクジョッキー役をこなすなど一日も休みのない多忙な毎日を強いられていた。

こうなるとトレーニングに充当すべき時間がどうしても削られがちになるが、IWA世界タッグ王者（パートナーは木村）として最低限のルーティントレーニングを欠かさず、コンディション、試合内容的にはシングル王者時代と遜色のない仕上がり状態でリングに上がっていた。ちなみに71年後半の杉山の戦績を見てみると、IWA世界王者・小林の挑戦者となったシリーズのエース外国人とはシングル対戦が一回あっただけで（ダスティ・ローデスにフォール負け）、全体的に「小林に続く2番手」の地位は巧みにキープされている。

72年は1～2月『新春パイオニア・シリーズ』と3～5月『第4回IWAワールド・シリーズ』（小林が初優勝、杉山は予選リーグで敗退）は休まず全試合に出場したものの、6月『ビッグ・サマー・シリーズ』は全17興行のうち6興行しか出場していない。これは6月からスズケン観光部の部長に昇進したために、レスラー稼業の縮小を余儀なくされたからだ。

住居も6月23日に名古屋市千種区に移して、本格的に

専属選手契約書

全日本プロレスリング株式会社（以下甲という）と杉山恒治（以下乙という）との間に次の通りプロレスリング専属選手契約を締結する。

第1条　乙が国際プロレス興行株式会社を円満退社し、甲の専属選手として契約を取り交わすに当り、支度金として甲から乙に一金250万円也を支払う。
但し、この支度金の支給は初年度のみとする。

第2条　乙は甲の要請に基き、甲の行なう（売り興行も含む）プロレスリング試合の興行に専属契約選手として出場する。又、甲が主宰する行事には積極的に参加する。
但し、昭和48年度からの乙の試合出場回数に関しては、別に甲乙協議の上、取り決める事とする。

第3条　乙のプロレスリング試合出場のファイトマネーは1試合に付き、一金7万円也とし、その出場試合数に応じて、1週間を単位として甲から乙に支払う。

第4条　甲のプロレスリング試合の興行が、全国各地にわたる場合、乙は原則として甲の指定する交通機関並びに宿泊施設を利用するものとする。
但し、乙の個人的都合により、別の交通機関を使用する場合、甲は甲の指定した交通機関の実費、並びに現地交通費を支給する。
又、乙が六大都市又はそれに準ずる都市に於て他の宿泊施設を利用する場合、甲は宿泊費として一金5千円也を乙に支給する。

第5条　本契約に取り決めた以外の事態が発生した場合は、甲乙両者誠意をもつて協議の上円満解決を図る事とする。

第6条　上記の契約期間は昭和47年10月1日より昭和48年9月31日までの1ケ年間とする。又、本契約に甲乙双方異議なき時は、1ケ年を単位として自動的に延長するものとする。異議ある場合は契約期間終了の2ケ月前迄に申し出る事とする。

以上本書弐通を作成し、取り決めの証として甲、乙各壱通を保持する。

昭和47年10月1日

甲　全日本プロレスリング株式会社
代表取締役社長　馬場正平

乙　杉山恒治

全日本プロレス移籍の際に、馬場と杉山が交わした移籍契約書（72年10月1日付）。支度金の金額（250万円）、交通費や宿泊費の条件などが明記されている。

「名古屋の杉山」として活動を始めた。この時点で杉山としては「このまま徐々にレスラー活動を少なくしていき、自分のビジネスにも有益な名古屋地区だけ試合に出ていればいい」という算段をしていたものの、そのライフプランを大きく変えたのが馬場の日本プロレス離脱（7月29日）、そして全日本プロレス設立だった。

馬場は9月初旬に吉原社長に面談を申し入れ、「日本陣営が足りないのでレスラーを貸し出してください」と願い出たが、この場で真っ先に名前が挙がったのが杉山だった。

「杉山の件は、最初に馬場が打診したんだよ。金銭トレードだったけど、杉山に契約金が支払われるだけで、吉原さんに対しての支払いはなかったね。ただ、吉原さんとしては言葉は悪いけど、団体内部の〝リストラ〟のメリットがあった。小林がエースとして元気だったし、6月には草津もアメリカから凱旋帰国した。10月にはマイティ井上の帰国も決定していて、ラッシャー木村を9月から半年、欧州遠征に出す余裕があったくらいだからね。その反面、10月からはTBSのテレビ中継が1時間から30分に短縮になって放送権利金が半分くらいに減ってしまった。シリーズの半分も出られないパートタイマーの杉山は、正直言って使いづらくなっていたんだ。できれば、馬場に引き取ってほ

しかったわけだよ」（菊池孝）

当時の団体関係者が杉山本人から入手した契約書を別掲する。馬場（全日本）から杉山に対して250万円の契約金が支払われているが、当時のプロレス界としてはかなりの高額で、馬場が〝日本陣営のナンバー2〟として大いに期待していたことが証明されている。

ファイトマネーは1試合＝7万円で、これも社長・馬場を除く日本人レスラーの中では最も高い。当時、シリーズ単位でスポット参加していたマティ鈴木は5万円で、所属選手の大熊元司、マシオ駒も5万円だったという。

問題はスズケン部長職との兼ね合いからシリーズ全戦に出られるかどうかにあったが、馬場が名古屋の鈴木謙三会長を直々に訪問し、「全戦出場」の確約を取った。馬場にとって都合が良かったのは、鈴木謙三会長以外のスズケン上層部が当時の杉山の特別扱いを快く思っていなかったことだった。

加えて、この時期のスズケンは本業である医薬品、医療品販売の拡大に多額の資金が必要となっており、杉山が部長だった観光部への予算を組むのが困難になっていたことがある。上場企業としては当然の方針で、社内で杉山への風当たりが強くなったことは仕方のない情勢でもあった。

鈴木謙三会長は「残念だが、観光部は年内で閉鎖する。杉山君には来年3月をメドに、ちゃんとした担当を用意する。とにかくスズケンの社員としての雇用は継続するので、しばらくの間は心配せずプロレスに専念して、馬場さんを助けてあげなさい。地方巡業も全部出てあげなさい」との

72年10月21日、町田市体育館における旗揚げ前夜祭で杉山は馬場と組み、ブルーノ・サンマルチノ＆テリー・ファンクと激突（テレビ放送は2本目の途中で時間切れ）。杉山は67年のアマリロ武者修行時代にテリーと何度か試合をしており、これが5年ぶりの対戦だった。

判断を下し、馬場と杉山、そして社内上層部の不満を一気に鎮圧した。さすが名古屋実業界の超大物、その〝大岡裁き〟は見事だった。

『旗揚げジャイアント・シリーズ』

■72年10月21日 町田市体育館(前夜祭=生中継)
ブルーノ・サンマルチノ&テリー・ファンク(2－1)馬場&杉山
①テリー(13分0秒、体固め)杉山
②杉山(9分3秒、体固め)テリー
③サンマルチノ組(7分44秒、リングアウト)

■10月22日 両国日大講堂(録画中継)
テリー(17分23秒、体固め)杉山

■10月23日 真岡市民体育館(ノーTV)
杉山(2－1)フレッド・ブラッシー
①ブラッシー(13分49秒、体固め)
②杉山(1分10秒、体固め)
③杉山(1分6秒、反則勝ち)

■10月24日 福島県営体育館(ノーTV)
サンマルチノ(1－0)杉山
①(8分13秒、両者リングアウト)
②サンマルチノ(4分8秒、体固め)

試合記録から明らかなように全日本に移籍した杉山は馬場に次ぐナンバー2の位置を与えられ、超豪華外国人メンバーと連日メイン、セミで対戦した。「シリーズの中核として馬場とタイトル戦をやるトップ(サンマルチノ、テリー)には敵わないが、その次のランク(ブラッシー、ダッチ・サベージ、ドン・デヌーチ)には勝つ」といった具合で、国際でIWA世界王者を張っていた実績は汚されていない。この辺り、馬場は杉山本人のみならず、前座レスラーを貸してもらっていた吉原社長の顔も十分に立てていたと言える。

続く『ジャイアント・シリーズ第2弾』では、ザ・デストロイヤーのUSヘビー級王座に挑戦(12月14日=岡山武道館、録画中継)。1－2で敗れたものの、雷電ドロップで2本目を奪取しての善戦であり、翌週にデストロイヤーが馬場と対決する〝御膳立ての役目〟は十分に果たしている(12月19日=新潟市体育館、敗れたデストロイヤーが日本陣営入りを表明）。

最終戦（12月21日＝後楽園ホール）では、アブドーラ・ザ・ブッチャーとシングルで対戦した。場外でブッチャーを血ダルマにしての暴走反則負けに終わったが、2人は67年の北米修行中にタッグを組んで一緒にサーキットしていた関係だったので、ここはブッチャーが「旧友に花を持たせた」感じだった。

最初の2シリーズにおける記録を見返すと、杉山の扱いはパーフェクトだったと思える。デストロイヤー、ジャンボ鶴田の2人が日本陣営の要となって定着するまでの草創期においては、戦力的に杉山の存在は不可欠だった。

ただし、かなり後になってから関係者が語ったことだが、大熊、駒の2人は「杉山には契約金が支払われたらしいが、アメリカから帰ってきて馳せ参じた俺たちには契約金が出ない。おかしいではないか」と不満をこぼしていたという。2人とも日本プロレス時代には杉山の大先輩（大熊は4年、駒は5年上）だった関係から、杉山が高額ギャラで、しかも自分たちの上で使われることは面白くなかったに違いない。

この辺りの全日本の序列には新日本プロレス旗揚げ時の日本陣営には存在しなかった金銭絡みの微妙な上下関係と、それに付随するジェラシーが垣間見られる。これは日本テレビという大きなバックがあったから、つまり旗揚げ資金が潤沢にあったからこその贅沢な悩みだったとも言えるだろう。

経営者・馬場のジレンマ

杉山は全日本旗揚げから4ヵ月後、73年2月25日をもってスズケンを円満退社し（この後の2年は同社相談役の肩書）、3月12日に鈴木謙三会長の資金援助を受け、名古屋市中区栄のサンルートホテル1階に『サンダーラウンジ』を開店した。かねてからの念願であった「自分の店」、「自分の城」を実現させたもので、プロレス関係者のみならず中日ドラゴンズなどプロスポーツ関係者御用達の店として早くから大評判になっている。

この開店の翌月、全日本の『第1回チャンピオン・カーニバル』に参加するため5年3ヵ月ぶりに凱旋帰国したマティ鈴木は、巡業で中京地区に来るたびに杉山の店に何度も招待されたという。

「日本プロレス時代に世話になったからと言って、私だけ招待するんですよ。大した世話なんかしてないのにね

(笑)。大きなラウンジにカウンター席とボックス席がたくさんあって、奥の方には商談用の個室が3つか4つあった。力道山が好んで使っていた東京の『ニューラテンクォーター』みたいな感じでしたね。私が行った時に、俳優の宝田明がいたのを憶えていますよ。ビジネス界の大物が毎晩来ていて、盛況でした。杉山が巡業でいない時は奥さんが仕切っていて、従業員を使ってテキパキやっていたね。場所的に名古屋で一番ビジネスマンが交差する地域で、スズケンの会長からあの物件をスポンサーとして提供してもらったのは杉山の人徳だと思いますよ。一介のプロレスラーが、なかなかあそこまでの店を持てないですよ」

前年10月に馬場と杉山との間で交わされた契約書には、「副業禁止条項」はない。元々、スズケンの従業員というステータスをキープした上での助っ人的な契約だったから、馬場としては「そのうち名古屋の会社員生活は限界が来て、フルタイムのレスラーに戻りたいと頭を下げてくるだろう」と思っていたのかもしれない。

ところが、杉山は馬場の思惑通りになるほど脆弱なビジネスマンではなかった。4月からデストロイヤーが日本に常時滞在して〝第2のエース〟になったため杉山は〝第3の男〟に格下げとなり、10月からは鶴田友美が凱旋帰国したことで〝第4の男〟となった。メイン、セミへの出場がなくなっていった杉山は立場的には気楽になったとはいえ、テレビ中継への露出が減っていく。それを埋めるために日本テレビの『おはよう!こどもショー』、『底ぬけ脱線ゲーム』にレギュラー出演して知名度のキープには成功していたが、その辺の如才なさも馬場の鼻についてきた。

74年5月、それまで名古屋市中区丸の内にあった『サンダー杉山エンタープライズ(同年4月に改称)』の本社を中区栄に移転する。これはサンルートホテルの食堂エリア全体のオペレーションを委託されて業務を大幅に拡大したためで、ここで杉山は馬場に対し、「今後は巡業にフルに出られません。出られる興行だけ出ます」と通告。7月の『サマー・アクション・シリーズ』からはシリーズの3分の1、あるいは半分くらいを欠場するようになった(自分の名古屋のビジネスに関係の薄い北海道、四国、九州、沖縄、東北巡業には原則同行せず)。

マティ鈴木は74年4月以降、12月までですべてのシリーズに出場しており、この辺りの馬場と杉山の関係をよく憶えている。

「金銭的なことだけを考えれば、あの頃の杉山はプロレスラーを辞めても大丈夫だったと思いますね。だけど、年齢的にも若かったし（当時34歳）、まだまだプロレスをやりたかったんです。それとプロレスラーの杉山が健在だからこそ、日本テレビからタレントとして要請があり、ナイトクラブ経営も繁盛していた。引退したら、そうは行かない。そこは杉山自身が誰よりも自覚していましたよ。ただ、ホテルの食堂部門というのは半端な仕事じゃなくて、『サンダーラウンジ』を経営する手間の何倍もやることがあったみたいでしたよ。鶴田も順調に成長していたし、馬場さんは〝そろそろ、杉山は不要かな？　自分の都合がいい時だけ出るなんて、他のレスラーに示しがつかないな〟という雰囲気になってきましたね。本音は〝もう不要だから契約を切りたい〟と言い出したかったでしょうが、旗揚げの時に頭を下げて国際から移籍させたので、それは自分からは切り出せない。経営者の馬場さんとしては、冷徹に割り切れない時期だったと思いますね」

マッチメークで馬場と衝突

75年も杉山は年間8シリーズの半分くらいしか出場していない（12月の『オープン選手権大会』は参加レスラー数が多かったため馬場の要請で全休）。

年明けの76年、1月の『新春ジャイアント・シリーズ』は全23興行のうち13興行に出場したが、続く『エキサイト・シリーズ』開幕戦（2月21日、土曜日＝生中継）の後楽園ホールで馬場と杉山は口論、決裂の局面を迎えてしまった。

控室の入り口付近で両者の口論を直近で見ていたのはゴング編集長だった竹内宏介氏である。私はこの時の様子を2000年頃に竹内氏から直接伺ったことがあるので、その述懐を書いてみたい。

この日は第4試合でグレート小鹿&大熊元司 vs ミツ・ヒライ&桜田一男のタッグマッチがあり（17分40秒、小鹿が逆エビ固めで桜田からギブアップ勝ち）、第5試合に杉山 vs テリー・マーチン（カナダのコーミア兄弟の一人。レオ・バークの実兄で初来日）というカードが組まれていた。

「確か杉山が何か先に言った。〝こんなに前で使われるのは不本意です。もっと上で組んでほしい〟みたいな内容だった。それに対して、馬場さんが〝出たり出なかったり、その日にならないとカードが組めなくて困っている。駒が病気で休んでいるから、俺が一人で組み合わせを作成している（※駒は同年3月10日に腎臓障害で急死。享年35）。文句を言わないでやってくれ〟みたいに強い口調で返した。

すると、杉山が〝昔、取り交わした約束と違う。そこまで言うなら、試合に出ません〟と言い返したので、馬場さんが〝そうか。だったら、試合しなくていい。辞めてもらって結構だ〟と言った。杉山はタイツの上にジャージを着て、さっさと控室を出て行った。その間に試合を終えた小鹿が控室に戻ってくると、馬場さんは〝小鹿、すまないが、次の試合も出てくれ〟と頼んだ。事情がわからない小鹿は呆然としていたが、汗も拭かずに次の試合に出た（マーチンが8分3秒、片エビ固めで勝利）」

この日、場内で生観戦していた友人のN君によると、小鹿が連続してリングに上がったことに対しては百田義浩リングアナから「出場選手が急病のため小鹿選手が代役で試合をします」と説明があったそうだが、観客からは「誰が病気なんだ？」というツッコミは出ずに、「小鹿、頑張れよ！　連勝だぞ！」というような能天気な声援しか飛ばなかったという。

マスコミで控室前の異変を目の当たりにしたのは竹内氏だけだったので、月曜日発行の東京スポーツ（2月24日付）には小鹿がやった2試合の結果がそのまま説明なしで掲載されている。また、竹内氏もこの事件をゴングの誌面には書かなかった。小鹿の連続出場についてはN君から電話で聞いて知っていたが、この東スポを買った時に「本来、マーチンとやる予定だったのは誰だったのかな？」と首を捻り、小鹿の件は小さなミステリーとして20年以上も頭の片隅に残ることとなった。

このシリーズをオーストラリア遠征のため欠場していた高千穂明久（ザ・グレート・カブキ）にも当時の状況を聞いてみたが、氏の見解としては杉山に落ち度があったと見ている。

「自分はその喧嘩を見ていないけど、大体想像はつきますよ。サンダーは名古屋周辺の試合とか大都市の興行だけに出て、あとの地方には滅多に来ようとしなかった。自分の商売で地方に何人かスポンサーがいたから、そこには来たんですが、とにかく馬場さんにとっては扱いにくい存在だったと思う。オーストラリアから帰国して、〝あれ？最近、サンダーをまったく見かけないけど、どうしたの？〟と若手に聞いても誰も答えようとしない。サンダーの件は、タブーみたいになっていた感じだった」

馬場の腹心だった米澤良蔵取締役は4月18日、次期『NWAワールド・チャンピオン・シリーズ』の概要発表記者会見の末尾に「なお、サンダー杉山選手は3月末日をもって全日本プロレスとの契約を完了しました」とサラリと発表したが、記者からは深入りした質問は出ていない。すでに杉山の存在は中堅レスラーの一人というバリューに墜ちており、馬場とすれば「ようやく厄介な後輩をリストラできた」と思っていた可能性が大きいだろう。

馬場と杉山の蜜月は、こうして3年半で終焉を迎えた。杉山はすでに前年秋に日本テレビのレギュラー番組『おはよう!こどもショー』、『底ぬけ脱線ゲーム』を降りており、その意味でも「この辺りが馬場さんとの潮時。今後は仕事もプロレスも名古屋に集中しよう」と判断したかもしれず、後楽園の口喧嘩は杉山の〝確信犯〟だった可能性も否定できない。

「名古屋の杉山」を謳歌

全日本退団を機に、杉山は完全なフリーランスのレスラーとなった。地方巡業によって名古屋地区を離れることもなく、「自分の都合がいい時に出たい興行のみ出る」という理想的な状況が可能になった杉山は吉原社長に頭を下げ、7月から古巣の国際プロレスにカムバックした。

すでに国際はTBSテレビの中継が打ち切られて、東京12チャンネルが受け継ぐ形で2年が経過していたが、名古屋地区における杉山の知名度はまだまだ健在で、営業的にも百枚単位でチケットを買ってくれる杉山のスポンサー筋は欠かせないものだった。

7月の『ビッグ・サマー・シリーズ』は全23興行のうち3興行だけの出場だったが、7月7日、大阪府立体育会館ではフリー参戦していた上田馬之助とのコンビでメインに起用され、グレート草津&マイティ井上の持つIWA世界タッグ王座に挑戦。吉原社長も〝パートタイマー〟に対する最恵国待遇をもって復帰を歓迎した。9月には大木金太郎の要請で韓国に遠征し、同月8日には大邱市で大木のインターナショナル・ヘビー級選手権にも挑戦している。

この後も杉山は国際に1シリーズ=2~3試合のスポット参戦を継続し、77年2~3月『第6回IWAワールド・シリーズ』では剛竜馬とのコンビでタッグトーナメントに参加している(1回戦でジャック・クレイボーン&稲妻二郎に勝利、2回戦でビッグ・ジョン・クイン&クルト・フォン・ヘスに敗れて脱落)。

一方、サンダー杉山エンタープライズの事業は順調に拡大していき、この年の夏には中京地区で初めて「インベーダー・ゲーム」を導入した喫茶店付きのゲームセンターを開業して一般紙でも大きな話題となった。

78年は1月に4試合、2月に2試合出場した後は国際プロレスへの参戦を一旦休止して事業の方に専念したが、夏に新日本プロレスから声がかかり、11月から12月にかけて開催される『プレ日本選手権』の全戦フル出場を承諾している。この時期はゲームセンターの収益で運転資金が潤沢に回転しており、プロレス稼業に十分な時間を割く余裕が出たということだろう。

「確か杉山はあの頃、最初の奥さんと離婚して、心機一転、プロレスに戻りたかったのだと思う。5～6年後に綺麗な若い女性と再婚して、実業家一本に絞った時期に2番目の奥さんを紹介されたことがあった」（菊池孝）

結局、この『プレ日本選手権』は杉山にとって「最後のフル出場シリーズ」となったが、それまで対戦する機会のなかった猪木、坂口征二、藤波辰巳（辰爾）、長州力らと対戦できたことは引退前の大きな区切りとなったに違いない。主な対戦記録を列挙してみよう。

■11月17日 後楽園ホール
藤波辰巳（6分57秒、回転エビ固め）杉山

■11月18日 飯能市青果市場
ヒロ・マツダ（7分15秒、首固め）杉山

■11月24日 勝田市総合体育館
杉山（5分39秒、反則勝ち）坂口征二

■12月3日 鹿児島県高尾町体育館
アントニオ猪木&マサ斎藤（16分33秒、無効試合）上田馬之助&杉山

特別参加・二匹の狼!!
第12代IWA世界選手権者
上田 馬之助
190cm 120kg
さきのビッグ・チャレンジ・シリーズに、ラッシャー木村に挑戦状を突きつけて殴りこんで来た上田は、6月11日古河大会で、悪党殺法を駆使してIWA世界選手権を強奪し、木村のリターン・マッチを受けるため、このシリーズに参加している。
本名・上田裕司。昭和15年愛知県出身。33年大相撲間垣部屋入門。35年日本プロレス入り。日プロ時代に2回渡米して、短期間ではあるがNWA世界ジュニア・ヘビー級選手権者となっている。48年10月日本を飛び出して一匹狼となり、フロリダを本拠として活躍。アントニオ猪木、ジャイアント馬場にも挑戦状を突きつけ、対決を迫っている。
元IWA世界選手権者
サンダー・杉山
178cm 130kg
さる4月に全日プロを離れてフリーとなった杉山も、4年ぶりに国際プロのマットに上る。全試合出場は不可能だが、一匹狼となって心機一転した杉山の活躍は楽しみだ。本名・杉山恒治。昭和15年新潟県出身。名古屋の東海高校から明治大学に進み、1964年東京オリンピックに、アマレス・ヘビー級日本代表となり、39年プロに転向、41年国際プロの設立に参加。1年間アメリカで悪党殺法に磨きをかけ、カナダ、ヨーロッパにも遠征、45年5月ビル・ロビンソンを破って第2代IWA世界選手権者となった。47年10月全日プロに移籍。タレントとしても人気者だ。
76年7月開幕、国際プロレス『ビッグ・サマー・シリーズ』のパンフより。2月に馬場と喧嘩別れした杉山は、3年10ヵ月ぶりに古巣にカムバック。名古屋での仕事を優先させてスポット参戦だったが、まだまだ“商品価値”は落ちていなかった。

■12月5日 福岡九電記念体育館
◎NWA認定北米タッグ選手権（録画放送）
坂口征二&ストロング小林（2－1）上田馬之助&杉山
①上田（13分44秒、体固め）小林
②小林（5分28秒、背骨折り）上田
③坂口組（0分41秒、反則勝ち）
※坂口組が防衛。
■12月9日 四日市市体育館
上田馬之助&杉山（1－0）坂口征二&長州力
①上田（14分57秒、体固め）長州
②（3分21秒、無効試合）
■12月11日 静岡駿府会館
長州力（6分14秒、反則勝ち）杉山
■12月13日 横浜文化体育館
アントニオ猪木&藤波辰巳&木戸修（1－0）上田馬之助&マサ斎藤&杉山
①（15分35秒、両軍リングアウト）
②猪木（5分53秒、卍固め）斎藤

この後、79年は新日本（9月28日＝愛知県体育館）、国際（9月13日＝池袋スケートセンター）で2試合に出場し、80年は新日本の愛知県体育館（2月5日、6月4日）のみ出場した。

この6月4日の試合（星野勘太郎と組んで木村健悟&永源遙に勝利）をもって、杉山は15年に及んだプロレスラー生活に終止符を打ち、以降は実業家としてリース業、衛生事業（リーズキン社代理店）、ベンディング・マシン（自動販売機）の物流、設置サービスなどで事業を年商30億円を超す規模にまで拡大し、名古屋地区のビジネス界で知らない人がいないほどの有名人になっていった。

しかし、プロレスラー時代から二股稼業で無理を続けた肉体的な代償も大きく、86年4月に重度の糖尿病で愛知医大に入院してからは頻繁に入院するようになり、99年に左右の大腿部を切断。2000年には右手首を切断して、都度一命を取り留めている。

2002年11月22日、切断した大腿部の浮腫が悪化して意識不明となり、心不全のため死去（享年62）。28日に名古屋市法泉寺で行われた葬儀には400人以上の人が参列したが、プロレス界からは新日本の坂口会長、藤波社長の2名が参列して故人の冥福を祈った。

「杉山さんは、プロレスラーを引退してからのビジネスマンとしては最も成功した方の一人じゃないですかね？ 佐川急便の佐川会長に気に入られて、全国の佐川急便の事務所に自動販売機を置いたという話を聞いたことがありますが、それも杉山さんの人柄、人徳だったと思います。引退されてからも新日本の名古屋には必ず顔を出してくれていたし、リングサイドに杉山さんと星野仙一さんの顔が並んでいると、〝ああ、また名古屋に来たんだな〟と思ったものでしたよ」（藤波）

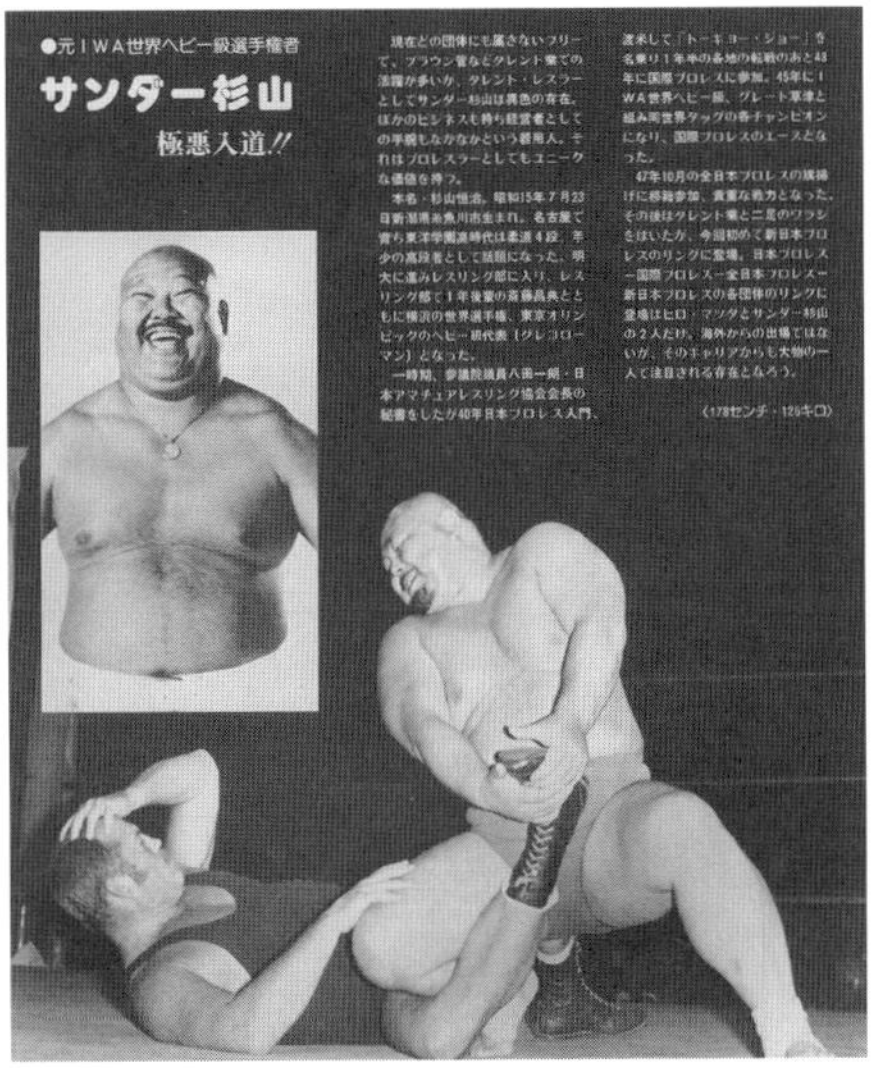

78年11月開幕、新日本プロレス『プレ日本選手権』のパンフより。この時期の杉山はプロレスがパートタイムで練習不足が顕著だったためスタミナに難点があり、長い時間の試合は無理だった。

日本プロレス、北米（フロリダ、デトロイト、アマリロ、モントリオール）、国際プロレス、全日本プロレス、新日本プロレス――。15年という決して長くないキャリアの中で、これだけ昭和プロレス期のメインテリトリーを次々と渡り歩いた日本人レスラーも他にいなかった。異色の〝二股稼業レスラー〟として、そのサクセスストーリーは今後もいろいろな角度から見直されていくかもしれない。

［証言］

マイティ井上

日本プロレス消滅後の我が国のマット界はアントニオ猪木率いる新日本プロレスとジャイアント馬場率いる全日本プロレスの「二項対立」で語られることも少ないが、第3団体＝国際プロレスの存在を忘れてはならない。

国際の吉原功社長は1972年に馬場が全日本設立を決めると、要請を受けて所属選手を派遣するなど友好的に協力。その後も業務提携を続けた。

一方、猪木との確執は東京プロレスと提携していた67年に端を発するが、74年2月に起きたストロング小林引き抜き事件で断交は決定的となる。その後、日本選手権問題、剛竜馬の引き抜き騒動など両団体の関係は悪化する一方だったが、78年に和解＝対抗戦開始という予想外の展開を迎えた。

本項ではマイティ井上に「国際プロレスの一員」として新日本と敵対していた時代、そして全日本合流後から業界引退までを回顧してもらった。

――67年1月に国際プロレスと東京プロレスが合同興行を行った際、金銭トラブルで吉原社長は猪木さんと袂を分かちました。この直後にヒロ・マツダに憧れていた井上さんは国際に入門しましたが、同年夏の『パイオニア・サマー・シリーズ』から豊登さんが合流し、これが井上さんの〝新日本嫌い〟を決定付けたようですね。

「そうそう、トヨさんに〝猪木というのは本当に悪い野郎だ〟って耳にタコができるほど毎日聞かされてね。18歳くらいの若い時に俺はそう刷り込まれたからさ。トヨさんの

清水 勉（国際）、
小佐野景浩（全日本）＝聞き手
interview by Tsutomu Shimizu,
Kagehiro Osano
山内 猛＝撮影（P139、142、145、150）
photographs by Takeshi Yamauchi

付き人の田中忠治さんも同じようなことを言っていたし」

——東京プロレスの末期に、猪木さんと豊登さんは告訴合戦で険悪な関係になっていましたからね。

「だから、そのイメージはずっと変わらなかったですよ。今思えば、どっちもどっち…もしかしたらトヨさんの方が悪いかなと思うけど（笑）」

——ところで、井上さんはストロング小林とほぼ同期になりますが、吉原社長は彼を最初から優遇しましたよね。

「68年の秋だったか、イギリス、フランスにも先に行っているし、ベルト（USAヘビー級王座）も先に巻いていたし。ただ単に身体があったからだろうね。小林は格闘技経験がないから弱いんだよ。学生時代に野球をちょっとやった後は、ボディビルをやっていただけでしょ。プロレスに入る前は、南武線の稲城長沼という駅で切符切りをしていただけで。俺、国際に入りたての頃、なぜか小林に誘われて、そこに連れて行かれたことがありますよ。駅員の寮みたいなところに（笑）」

——70年8月には、小林さんと一緒に西ドイツに行っていますよね。これが井上さんにとって最初の海外武者修行でした。

「ケニアにも一緒に行ったなあ。西ドイツでは清美川さんに女をせがんでいましたよ。小林はオネエ言葉とか使ったりしてオカマみたいに言われているけど、やっぱり女が好きなんですよ。俺はまだ22歳くらいだったから、30半ばの女なんて年増に見えたけど、彼はそんな女と付き合っていましたから」

——その後、11月に小林さんは渡米してAWAに入りました。一方、井上さんは欧州を転戦し、71年2月に一時帰国して再び欧州に戻ります。

「72年には南太平洋のタヒチとニューカレドニアに行って

70年8月、武者修行のために渡欧した井上はフランス、ドイツ、スペイン、イギリス、スイス、ベルギーなどを転戦した他、タヒチやニューカレドニア、レバノンにも遠征。その後、カナダのモントリオール地区に入って実績を積んだ。

ね。たぶん、そこで猪木さんが新団体を創ったのを知ったんですよ。会社には電話していなかったけど、東スポの門馬（忠雄）さんから手紙をもらったりして日本の情勢は入手していました。こっちも日本のことは気になりましたからね。だから、小林が帰国してＩＷＡ王者になったことや猪木さんが日本プロレスを追放されたニュースも知っていましたよ。新日本や全日本が旗揚げした72年は、僕の人生で一番忙しい年でしたね。レバノンのベイルートにも行ったなあ」

――その後、カナダへ転戦し、72年秋に凱旋帰国しました。その時点で、小林さんはＩＷＡ世界ヘビー級の絶対王者でしたね。

「特に嫉妬したりはなかったですよ。小林とは仲が良いわけでも、悪かったわけでもないし。まあ、その時点でアイツくらいしか国際のエースになれそうなのはいなかったからねえ。グレート草津さんは飲んだくれだし、ラッシャー木村さんは不器用で怪我も多かったから。馬場さんと初めて会ったのも帰国してすぐ…全日本の旗揚げの時に吉原社長が選手を貸した見返りで、国際のリングに馬場さんが上がった時ですよ」

――そして、74年2月13日に小林さんが突如フリー宣言をしました。井上さんは事前に知っていたんですか？

「知らない。まったくの寝耳に水。国際の誰も知らなかったはずだよ」

――一説には同月9日に小林さんは吉原社長に辞意を伝え、15日に改めて話し合うことになっていたものの、その2日前に会見を強行したようです。吉原社長は当日に知り、中止させるため鈴木利夫総務部長を会見場である早稲田の喫茶店『ルナ』に向かわせましたが、阻止できなかったと。

「第一、小林はナヨッとした大人しい男で、そんな世間を驚かすような大胆なことをしでかすタイプじゃないからね。まあ、金にはシビアな人だったけど。あれは清美川さんが手引きしたのかなと思いますよ」

――以前、鶴見五郎さんも同じようなことを言っていましたね。

「清美川さんはヨーロッパで世話になってよく知っているけど、あの頃は生活に困っていたはずですから。でも、国際プロレスにとって恩人だからといって会社もそんなに金は出せないですよ。清美川さんは、猪木vs小林戦で不自然にレフェリーをしたでしょ。関係なければ、レフェリーなんかできないですよ。金欲しさに小林を口説いたと思うんですよね。最終的に新日本と金の交渉をしたのは、小林の母親だったっていうじゃない？」

――この事件はゴング誌の竹内宏介さんが小林さん自身から〝国際を出たい〟と不満を聞いて、それが東京スポーツの櫻井康雄さんを通じて新間寿さんに伝わり、新日本が動いたというのが真相のようです。小林さんがそこまで追い詰められていたのは、草津さんとの確執と言われていますが。

「そう、今で言うイジメに遭っていたようなもの。草津さんはマッチメーカーをやりながらも、自分が国際のトップに立てなかったジェラシーもあったんじゃないかな。あの人は酒癖が悪いでしょ。酔っぱらって旅館に帰ってきて、寝ている若い衆の足の指に紙を挟んで火をつけたりしていたんだから、ひどいよ」

――草津さんと小林さんの関係は、初期の頃から悪かったんですか？

「いやあ、草津さんと仲が良かった人なんて当時はいなかったですよ。木村さんだって、当たり障りなくやっていただけ。誰も草津さんと一緒に飲みになんて行かないですよ。だって、いつも揉めるんだから。ヤクザと喧嘩になってね、〝お前、殺すぞ！〟と言われて土下座して謝ってるんだから」

74年3月19日、蔵前国技館でアントニオ猪木vsストロング小林戦を裁く清美川。この後、新日本プロレスに継続雇用されることなく、全日本女子プロレスにコーチに就いてビューティー・ペアらを指導した。

――吉原社長と小林さんの関係は、どうだったんでしょうか？　結婚問題で揉めたとも聞きます。

「どうだったかなあ…。小林というのもハッキリしない言葉使いでしょ。でも、女のことで吉原さんが口出しはしなかったと思いますよ。元々、吉原さんはあまり口うるさく言う人じゃなかった。でも、一度だけ…あれは70年2月にバーン・ガニアとやる直前だったかな。小林が遊び呆けていて、変な試合をしたんです。そうしたら、社長に凄く怒られてたなあ。それでなくても不細工で、動きの悪い試合しかできないのに」

――小林さんが抜けた後に、吉原社長から選手たちに対して何らかの話はあったんですか？

「小林に関しては一切なかった。あの時は、東スポから1000万円の違約金みたいなのが国際に支払われたんでしょ。訴訟をさせないためのね。しかし、小林は新日本からギャラをいくらもらったのかねえ（笑）。2000～3000万とか聞くけど、俺は小林が生きているうちに本人と話をしたいんだよ（※小林は2021年12月31日に死去。享年81）。〝よく新日本に行ったね。アンタのお陰で、みんなエライ目に遭ったんだよ。ベルトを失くしてからならいいけど、現役のチャンピオンの時に行くか？〟って。アメリカ人とかはビジネスとして割り切るけど、日本人は義理人情というのがあって、なかなかそんなことはできないですよ」

――この小林さんのフリー宣言の前にTBSがレギュラー中継を中止しているので、すでに国際プロレスには逆風が吹いていたわけです。

「吉原さんはテレビがなくても平気だって、強気な感じでしたよ。プロレスに関して、素人のTBSに口出しされるのを嫌がっていたというのもあるし。でも、テレビ局からの助言って必要なんですよ。それに全日本に手を貸したり仲良くやっていたけど、2つ（新日本と全日本）はまだ立ち上げて間もなかったでしょ。まとめて潰してやることだってできたはずなのに、そういうところで強気なことをしなかった。新日本なんて、いつも相手に対してそういうつもりでやっているからね。実際、そうやって小林を引き抜いているわけだから。現役のチャンピオンを動かしたわけで、それが尾を引いて国際は潰れたわけだから」

――ところで、井上さんに猪木さんの悪口を吹き込んでいた豊登さんは旗揚げ戦から新日本のリングに上がりましたね。

「それがプロレスの変なところなんだよ。おかしいでしょ。

有り得ないよ。上田馬之助にしても、そうでしょ。猪木さんが日本プロレスを出て行く時に、〝憶えておけよ！〟って言ったのにさ。馬之助は国際で〝まだら狼〟として売っていて、木村さんからIWAのベルトを獲ったのにリターンマッチで没収試合をやって、無傷のまま新日本へ行くわけだから。猪木さんというのは、そういう変なことをする人間が好きなんだよ。そんなことをする馬之助を後年、国際がまた使うんだから呆れるよ。俺だったら、一度そういう裏切るようなことがあったら絶対に許さないけどね。日本男児だったら、普通に許さないでしょ。プロレスの世界は、わからない（笑）」

――74年3月19日、猪木vs小林戦の時に井上さんは親友のアンドレ・ザ・ジャイアントに会うために蔵前国技館へ行っていますよね。小林さんの試合は観なかったんですか？

「観なかったですよ。俺も何でそんな日に行ったのかねえ（笑）。でも、〝国際の井上です〟と会場に堂々と入って行きましたよ。アンドレはガイジンの控室で…小林はいなかったですね。別の個室だったんじゃないかな。試合後はアンドレと飲みに行きましたよ」

――離脱事件の後に、地方巡業で〝どうして小林が出ないんだ！〟というような苦情はなかったですか？

「いやあ、小林は言われるほど人気はなかったですよ。ただ、会社としてはダメージはありました。国際のチャンピオンが負けた…国際プロレスは弱いっていうね。現場監督をしていた草津さんなんか口には出さないけど、〝あの馬鹿が！〟くらいにしか思っていなかったでしょうね。みんな、〝アンタが原因だよ〟と思っていたけどさ（笑）。まあ、小林だけはいいですよ。たくさんお金をもらって、本人は最高だと思っていたでしょ」

――この件で国際は苦境に立たされましたが、74年秋から東京12チャンネルの中継がスタートし、井上さんはビリー・グラハムからIWA世界王座を奪ってエースになりました。

「国際のリングに新しい風が吹いた感じがしましたよ。

「その反対では猪木さんが大木金太郎とやって、また馬場さんを挑発していましたよね。あとは日本選手権をやろうとか何とか」

――年が明けて75年1月4日には第1回プロレス大賞の授賞式があり、井上さんは特別賞を受賞しました。当然、猪木さんや小林さんも同席していたわけですが。

「馬場さんと猪木さんが揃って出席したやつね。でも、俺は猪木さんとは喋ってないですよ。小林とはマスコミの絵

74年の記念すべき第1回プロレス大賞で、IWA世界王者・井上は特別賞を受賞（左端の寺西勇は努力賞）。式場ではマスコミの要望を受け、小林と歓談する姿が撮られた。

作りで接近させられたけど、何を喋ったかは憶えていないなあ。ああいう形の交流の場は、誰もが初めてだったから。〝この野郎！〟と思っていても態度に出せないけど……内心、面白くはないよね」

――その3日後に国際側が動きます。高田馬場のニューアサヒビアホールで井上、木村、草津、アニマル浜口、寺西勇が記者会見を開いて、新日本が提唱する日本選手権への参戦をアピールしました。吉原社長抜きで、あくまでも〝選手会の意志〟という形でしたが。

「ああいう授賞式の後、〝今年こそ馬場vs猪木が実現か!?〟という形で大々的に記事になるからね。国際の井上の名前がそこに出てこないから、吉原さんが怒るのは当然。それでネジを巻いて、俺たちに会見をやらせたんだろうね」

――井上さんは、会見で〝馬場、猪木、小林の誰とでもやる。その3人だけが日本選手権に出られる資格があるわけじゃない。小林とIWA戦をやってもいい〟とコメントしました。国際としては馬場＝PWF、猪木＝NWF、井上＝IWAの3王者が並び立っていなければならないわけですよね。

「吉原さんは国際がマイナー扱いされたり、蚊帳の外にされるのを嫌ったから。俺もそういうプライドというか気概はあったからね。しかも、この時はチャンピオンだし。まあ、猪木さんへの嫌がらせも多少あったかも（笑）」

――会見当日の夜、国際は行田市体育館で試合があったんですが、吉原社長は顔を見せませんでした。事務所に連絡したら〝行田に行っています〟と言われたんですが、敢えてコメントを避けたのかなと。

「社長は、あくまで俺たちが自発的に挑戦表明をした形にしたかったんでしょうね」

――その会見の内容は、当日夜に長野県体育館で試合をしていた猪木さんにも伝わっています。〝国際の選手もやるじゃない。そんな根性があるとは思えなかった〟とコメントする一方、〝社長の意向を無視とは良くないね。日本選手権はレスラーの意志だけでは開催できるものじゃない〟と切り捨てています。

「新日本のやり方って、いつもそうでしたよ。迫られると、都合良く肩透かしで。小林のことだって、最終的に入団という形で新日本に収まるわけでね。結局、大金をもらって、役員待遇とかで新日本に引き抜かれているわけでしょ。そうそう、あれは前年の11月だったかな。俺がバーン・ガニアとIWAとAWAのダブル選手権をやった頃だと思う。俺の大阪の後援者から〝猪木と日本選手権をやったらいいじゃない？　チャンピオンなんだから、戦えば〟と、よく言われましたよ」

――猪木vs井上戦は、ぜひ観たかったですねえ。

「社長が行けと言えば、やってましたね。そういう機会があったら、俺はノックアウトを食ってもいいからガンガン行ってやろうと思っていましたよ。負けてもいいからさ。猪木さんは勝って当たり前だと思っているだろうけど、こっちが勝ったら大金星。ということは、セメントしかないんですよ。〝猪木は強い〟なんて言われているけど、そんなの知れたもんですよ。あとは気持ちですよ。俺はイギリスやドイツとかで本当に強い奴を見て、実際に戦ってきていますからね。本当に強い人間というのは、そういう素振りを見せないですから。俺もとっちゃん坊やみたいな顔をしていたから、ヨーロッパではナメられて何回もシュートを仕掛けられましたよ。そういう修羅場を俺は何度も踏んで、切り抜けてきたからね。まあ、新間さんという人も曲者ですよ。あの人が側にいなければ、アントニオ猪木というプロレスラーはあそこまで世界的なビックネームにはなれなかったと思いますよ」

――結局、国際の選手会が会見を開いても、新日本側は無視する形になりました。

「まあ、そうでしょ（笑）」

――そこで作戦を変更して、今度は新たにIWA世界王座に就いたラッシャー木村が6月6日付で猪木さんに内容証明付きの挑戦状を出しました。

「あれは木村さんの名で出した挑戦状だけど、今度は社長が表立って仕掛けたんですよね。木村さんはいい人だけど、考える能力がないし、先頭に立って物を言う人じゃない。その時だって、タイミングが悪いんですよ。新日本の方は来日したモハメド・アリに挑戦状を叩きつけて、そっちで舞い上がっていたから木村さんの挑戦話は大した話題にならなくて」

――とはいえ、この時は猪木さんの名義で木村宛に回答書を出しており、〝貴殿は思い上がりも甚だしい。己を知れ。日本選手権の相手としては不適合者〟という辛辣な内容でした。

「ひどいね（笑）。木村さんに対しては東プロ時代と変わらない見下し方でしょ」

――回答書の後半では、〝胸を貸すという意味でならば受けましょう。ただし、一切の条件を私の方に一任すること。試合場所、その他の条件を話し合いする意志はまったくありません〟と書かれていました。

「誰が考えた文章なのか…言いたい放題だな（笑）」

――この回答書を受け取った国際側は、6月25日、群馬県下のかぶら川鉱泉での夏季合宿中に会見を開いて挑戦を取り下げましたね。

「かぶら川鉱泉か…懐かしいなあ。吉原さんは、〝ウチも興行会社だから、五分五分の条件でないと受けられない〟と怒ってましたよ。木村さんも優しい性格だから、もっと吠えればいいのに東京プロレス時代を引きずっているのか猪木さんには頭が上がらないところがあったよね。俺もその場にいたけど、木村さんのIWAに挑戦するって2週間前にぶち上げた直後のことだったんで、口を挟みにくい立場だった（笑）。余計なことを言うと、社長に怒られるし」

――ところで、この年の2月半ばに吉原社長は馬場さんと合同興行について会談を持っています。これが暮れの『オープン選手権大会』に繋がったんでしょうか？

「どうだろうな…要は馬場さんが日本選手権をオープン選手権にすり替えて、〝出たい奴は誰でも出てこい〟と猪木さんや新日本を逆に挑発したわけでしょ。そこには国際も加わっていたわけで、初めて新日本を逆手に取ったんだよね。どうせ出てこられないんだから」

――その期間中の12月11日には日本武道館で『力道山13回

75年6月25日、合宿中だった群馬県藤岡市にある「かぶら川鉱泉」で記者会見を開いた国際プロレス勢。新日本から木村宛に届いた回答書について、「猪木からの回答は、あまりに理不尽。条件は五分五分でないと受けかねる」と挑戦を取り下げた。

忌追善特別大試合』を行うことも決まりましたが、百田家側の代理人・山本正男氏が猪木さん側にいろいろと圧力をかけたようですね。

「松竹レンタカーの山本さんだよね。俺は山本さんと何回か飲みに行ったことがありますよ。親分肌の人でね。それなのに大熊さんが酔っぱらって、〝社長なんだから小遣いくれよ〟って山本さんの頭をペチペチ叩いたんですよ（笑）。そうしたら、〝この野郎、俺はリキにも叩かれことがないのに！〟って怒っちゃって大変でしたね（笑）。〝ダメですよ、クマさん〟って俺が止めたら良かったけど…山本さんは、しばらくして本当に小遣いをくれましたよ。でも、クマさんは自分が何をしたか憶えてないんだから（笑）」

――オープン選手権には国際側から井上、木村、草津の3名が出場しました。会見で井上さんは〝ドリー・ファンク・ジュニア、馬場さん、ジャンボ鶴田とやりたい〟とコメントしましたね。

「ドリーと？　そんなこと言ってた？　でも、ドリーとは当たらなかったよね。あの時はミスター・レスリング、パット・オコーナー、ケン・マンテルとかと当たって…いい時代だったねえ。鶴田ともやったけど、大したことなかったな。〝顔じゃないよ、この野郎！〟と思ったね」

――力道山追善興行では、ヒロ・マツダのNWA世界ジュニアヘビー級王座に挑戦しましたね（2－1でマツダが防衛）。憧れていたレスラーと実際に肌を合わせた印象は？

「やりづらかったですね。でも、憧れだった人とまさか日本で戦うなんて夢にも思ってみなかったなあ。俺が負けたけど、試合後にシャワーを浴びていたらマッダさんとバッタリ顔を合わせてね。〝俺も3年したら井上に負けるなあ〟と言われましたよ。冗談か何か知らないけど。1週間後の公式戦で再戦した時には、30分フルタイムドローだったかな（12月17日＝千葉公園体育館）。西ドイツにいた時、マツダさんに一度、手紙を書いたことがあるんですよ。ティト・コパがマツダさんと仲が良くて、フロリダの住所を教えてくれたんです。〝頑張れよ〟という励ましの返事も来ましたよ」

――その時、フロリダ地区へ行くことも可能でしたね。

「う～ん、フロリダに来いとは言われなかったなあ。行く気もなかったけど。俺みたいな若くてイキがいいのが来ると、ポジションを取られるという危機感があったのかも。そういうのがある時代ですよ」

――ところで、追善興行の同日に蔵前国技館では猪木vsビル・ロビンソン戦が行われました。ロビンソンは前年11月に国際に来日（7度目）していますし、吉原社長が売り出してエースも務めたスター選手ですから、〝新日本に盗られた〟という感じでしたか？

「いや、吉原社長はロビンソンを嫌っていましたよ。いろいろ注文がうるさい人でしたから。レスリングは強かったけど、俺も性格的に好きではなかったですね。イギリスでも嫌われていましたよ。それに、その時点では〝AWAのビル・ロビンソン〟になっていたから引き抜かれたという

『力道山13回忌追善特別大試合』の3大メインイベントのひとつとして、ヒロ・マツダvs井上のNWA世界ジュニアヘビー級戦が組まれた。軍配はマツダに上がったが、井上の健闘が光った一戦である。

感じはなかったな。映像とかを観ると、猪木戦の時は膝が悪くてコンディションも良さそうじゃなかったよね。それでも、あれだけ猪木さんを追い詰めたんだからさ。国際のエース時代のロビンソンだったら、猪木さんは捻られていただろうね」

――この後、78年4月には剛竜馬を新日本に引き抜かれましたが、同年の暮れになると国際は全日本との提携を打ち切って新日本と手を組みます。原因は諸説ありますが、井上さんは何だったと思いますか？

78年9月15日、国際の津久見市体育館大会にミル・マスカラスが「初登場」すると告知された幻のポスター。大会が近づくと、マスカラスの顔に上にデビッド・シュルツのシール写真を貼って誤魔化したようだ。

「吉原社長が全日本からミル・マスカラスを夏に借りるという約束してポスターまで作ったのに、馬場さんにドタキャンされて…それが原因だって高杉（正彦）が言うけど、どうなんだろうな。高杉はポスターを張ったり、マスカラスの移動用の外車を手配していたというし」

――全日本の『サマー・アクション・シリーズ2』の後に、国際側は『ダイナマイト・シリーズ』第4戦の津久見市体育館からマスカラスを1週間借りる約束をしていたようです。この時は馬場さんも安請け合いをしたのかもしれません。おそらく来日する前の早い段階で、マスカラスは馬場さんの依頼を断ったんじゃないかなと思われます。

「マスカラスも大した選手じゃないけど、時代なのか、ああいうファイトスタイルで豪華なコスチュームを着けたレスラーがウケるようになって。大分県の津久見からって、田舎ばかりのコースだったんじゃないの。国際もただ借りるだけで、計画性がないというかね（笑）。まあ、吉原社長もカッとしやすいから」

――もしマスカラスの件がドタキャンだったら馬場さんの性格からすると他の選手を貸し出すはずですが、そういうフォローもなかったですね。結局、79年の年明けから新日本との交流が本格的に始まりますが、井上さんにとっては嫌な展開になったわけです。

「剛を持っていかれたばかりで新日本を訴えると言っていたのに、あの方向転換には俺も驚いたよ。それで浜口と組んで、やりたくないのにヤマハ・ブラザーズ（山本小鉄＆星野勘太郎）とやらされたりしてね。小鉄のオッサンなんか生意気な態度で、胸クソ悪かったよ」

――その年の8月26日には日本武道館で『プロレス 夢のオールスター戦』が開催され、〝遺恨対決〟として木村vs小林戦が組まれましたね。

「木村さんは〝金網の鬼〟とか言われていたけど、気持ちが優しいからさ。いざという時に行かないんだ。バチンバチン行きゃいいのに。ああいう時にガチンコができないからなあ」

――井上さん自身も80年に2度、IWA世界タッグ王座を賭けて小林さんと対戦しましたよね。

「こっちは〝この野郎！　来るなら来い〟と思って、小林にバッチンバッチン行ったんだから。喧嘩するつもりでけしかけたけど、来るのを待っても来ないんだ。試合後、小林はレフェリーに〝井上クンも変わったなあ〟なんて漏らしていたらしいよ。〝ふざけんな！〟だよ。攻めればいいのに、攻めてこない。セメントをする度胸もなければ、そういう練習をしようともしなかったからね」

――ところで、井上さんは猪木さんと話をしたことはあるんですか？

井上とアニマル浜口は新日本プロレスとの対抗戦で前線に立ち、山本小鉄＆星野勘太郎、ストロング小林＆永源遙に奪われたIWA世界タッグ王座を奪還。２人は団体崩壊を経て、全日本マットで再会することになる。

「ないです。坂口さんとも新間さんともない。必要ないし。あれは…85年の暮れ、力道山の23回忌の法要で全日本と新日本の選手たちが一緒になったんですよ」

――墓前でBIが握手した時ですね。

「そう、俺はもうその時には全日本に入っていたから。こっちはジャンボ、天龍(源一郎)、三沢タイガーとかほぼフルメンバーで、新日本も猪木さん以下、主力はほとんど来ていたね。その後、軽い食事会みたいなのがあって、その席で猪木さんが〝自分はこういう法要に初めて来ました。なぜかというと力道山に毎日、嫌というほど殴られて恨んでいたから。死んで、しばらくはホッとしていました〟って挨拶してましたよ(笑)。まあ、毎日殴られれば、そうなってもおかしくないよね。時間が経ったから、少し考え方も変わったみたいだけど。その時だって、俺は話を聞いていただけで会話はなかった。馬場さんの没20周年の興行(2019年2月19日=両国国技館)にも来ていたらしいね。俺もレフェリーで出たけど、猪木さんとは顔を合わせてないんですよ。まあ、これから先も話をすることはないだろうね」

話を新日本との業務提携に戻すと、80年12月13日の新日本・東京体育館大会を最後に対抗戦はなぜか組まれなくなる。翌81年3月には東京12チャンネルの国際のレギュラー中継が打ち切られ、8月9日の羅臼大会を終えると、そのまま団体は興行活動を停止した。

この時、国際の所属選手全員が「対抗戦」という形で提携先の新日本に上がると思われていた。団体崩壊が公になる前の8月27日、新日本の事務所で新間寿取締役営業本部長と吉原功社長が記者会見を開き、国際側が押さえていた10月5日の大阪府立体育会館を皮切りに11月末まで東京、福岡で計3回の対抗戦を行うというプランを発表したからである。

その後、9月7日に改めて共同会見が開かれ、全面対抗戦の具体的な内容が発表された。しかし、鶴見五郎は同月14日に西ドイツ遠征に出発し、阿修羅・原も試合出場の契約書にサインすることなく長崎に帰郷。さらに同月16日、井上、米村天心、菅原伸義(アポロ菅原)、冬木弘道の4人が全日本プロレス参戦を表明したことで選手たちの離散は決定的となった。

この時、ジャイアント馬場は国際勢の合流について次のように説明している。

「人を介して〝全日本のリングで今後のレスラー活動の

チャンスを掴みたい〟という意思表示があったのは、8月下旬でした。その時点で国際、あるいは新日本との契約がないことが判明したので了承しました」

一方、井上は「我が国際は8月25日の時点で解散しております。何人かの選手が吉原社長と共に新日本との対抗戦に出ていきますが、自分としては最初から新日本のリングに上がる気はありませんでした。国際プロレスで鍛え上げた力を試すのは新日本のリングがすべてではないと思い、私たちは全日本のリング上で立派に国際プロレス魂を見せる覚悟です」と決意表明。これに続き、原も別ルートで全日本への参戦を決める。

新日本との対抗戦にラインナップされていたマッハ隼人も同月20日に若手の高杉正彦を連れてメキシコへと旅立ち、結果的に新日本のリングに参戦したのはラッシャー木村、アニマル浜口、寺西勇の3人だけとなった。

続けて、井上には「羅臼以降」を振り返ってもらおう。


――全日本行きを決めた経緯を改めて詳しく教えていただけますか？

「吉原社長には〝新日本に行ってくれ〟と言われたけど、即答しなかったんだよね。猪木さんに利用されて終わりだというのがわかっていたから。それに新日本のスタイルも嫌いだったしね。山本小鉄とはリングの上でよく揉めてたもん。こっちはプロレスをやろうと思うんだけど、向こうはガチンコの喧嘩で来るわけよ。あの気の荒い星野さんが止めたんだから。星野さんとは手が合った…ってわけでもないんだけど、オールスター戦でタッグも組んだし（木戸修&石川隆士に勝利）、赤坂で偶然会って一緒に飲んで、いろんな話をしたこともあったのよ。でも、山本のオッサンはセメントでガンガン殴ってくるから、〝こっちもそうは行かない！〟って。浜口は、やられっ放しだからさ。当時の浜口は今とは全然違って大人しかったから。俺はもうガンガンやったから、山本小鉄は俺のことを良く思っていなかったはずだよ。こっちだって思ってないよ、そんなもん。俺は国際プロレスを代表して、新日本プロレスと対抗戦をやったわけですよ。でも、内容を言えば、新日本の奴らは好き勝手にやってたからね。こっちも元気だから、〝冗談じゃない！　来るなら来い！〟と。山本小鉄なんか大したことないと思ってたから。吉原さんも本音では新日本とはやりたくなかったと思うんだよ」

――他にも新日本との対抗戦を拒んだ選手が何人も出ましたが、その理由として木村、浜口、寺西の3人だけが継続して新日本に上がる契約になっていたことに、みんなが反発したからという説もあります。

「その話は、俺は全然知らなかったよ。もしそうだとしたら…俺が行っても新日本はそういう契約をしたかな（苦笑）。最後の羅臼の試合が終わって、みんな会社に集められて解散するようなことを言われたんだよ。じゃあ、どうするかってことになって、その場で〝対抗戦をやるから新日本に行ってくれ〟とチラッと言われたんだよね。俺は吉原さんに逆らったことはなかったけど、その時に初めて〝僕は新日本に行きたくないです〟と言ったんだよ。あいう人だから、それ以上は何も言わなかった。〝じゃあ、好きなようにしていいから〟ってことだと俺は解釈したよね。それでゴングの竹内さんに相談したら、〝全日本に行けばいいじゃない〟ってことで間に入ってくれて、馬場さんと話をしたんだけどね。それについても吉原さんは何も言わなかった。〝何で全日本に行ったんだ？〟とか聞かれなかったから。社長としては申し訳ないという気持ちがあったんじゃないかな。最後、みんなにギャラも払えなかったしね。でも、社長も大変な思いをしたんだから、みんなは〝別にギャラはいいですから〟という考えでいたんだよ」

――結果的に、新日本に行く選手の方が少なくなりましたね。

「新日本でちゃんとプロレスをやるのは藤波ぐらいかなあ。藤波はアメリカンスタイルもやるし、まともなプロレスをやってると思うんだよね。他の奴らはバタバタして、勝手なプロレスをしてさ。プロレスというのは技を受けて、返してというのがあるのに、自分勝手な試合しかしないから揉めるわけですよ。でも、猪木さんのプロレスは他の奴らとは違うんですよ。ちゃんと相手の技を受けるから。若い奴らには〝行け！〟と教えてるのかもしれんけど、自分はアメリカンスタイルでやってるじゃん。やられて、やられて、ガッと怒る力道山スタイルですよ」

――米村、菅原、冬木の3選手を連れて全日本に行った経緯というのは？

「米ちゃんはセミリタイアしちゃったけどね。住んでいた会津若松で、ちゃんこ屋（『やぐら太鼓』）を始めちゃったから。菅原と冬木は、まだ新人だったでしょ。どこからも声がかからないわけですよ、クビみたいな感じで。それで2人に〝プロレスをやりたいか？〟と聞いたら、〝やりたいです！〟と言うんです。〝じゃあ、全日本に行くことになったから、馬場さんに話してやる〟と。それで馬場さんに頼んだら、〝いいよ〟ということでね。馬場さんの気持ちとしたら、国際が解散になって、ほとんどの選手に新日本に行かれたら嫌なわけだよね。だから、嬉しそうな顔をしたよ。〝よく来てくれたな〟って感じで。阿修羅も迷っていたから、〝新日本に行ったら、利用されて終わりだよ。行くなら、全日本の方がいいよ〟と言ったんだよ。別に言う必要もなかったかもしれないけど、あいつもプロレスに入って、まだそんなに長くなかったからね」

――全日本へ行くにあたって、ファイトマネーやリング上の扱いなど待遇面の話はしたんですか？

「馬場さんは俺が国際でいくらもらっていたか知ってたから、〝同じぐらいでいいか？〟って。〝いいか？〟と言われたら、嫌だとは言えないからね（苦笑）。後から阿修羅が入ってきた時には、〝原を売り出そうと思うから、お前よりちょっと多めにギャラを払うから了解してくれな〟と言われたんで、〝いいですよ。よろしくお願いします〟と頼んでね。後輩がそれで少しでももらえれば、嬉しいと思ったし。阿修羅は門馬さんが間に入って全日本に来たでしょ。新日本の対抗戦に出ることになっていたけど、俺の言葉でグラグラッときたんだよね。それで一度は長崎に帰って、あいつなりに考えたんじゃないかな。馬場さんとしては俺の方が阿修羅より先輩だから気を遣ったと思うんだけど、いちいち俺に了解を得る必要はないんだよ。後から知ったら、俺が嫌な気分になると思ったのかもしらんけども。リング上の扱いについては…与えられたチャンスを活かし切れるかは本人の器量だからね」

井上の全日本第1戦は81年10月2日、後楽園ホールにおける『ジャイアント・シリーズ』開幕戦で、プリンス・トンガ（キング・ハク）と組み、アレックス・スミルノフ＆上田馬之助に反則勝ち。このシリーズで井上は全日本側が売り出そうとしていたトンガ、そして「国際コンビ」として原と組んでのタッグマッチが多かった。

初めての大きな舞台は10月9日の蔵前国技館大会で、馬場＆ブルーノ・サンマルチノvsタイガー・ジェット・シン＆上田馬之助、リック・フレアーvsジャンボ鶴田のNWA世界戦と並ぶ『3大マッチ』の一つとして、ミル・マスカラスの持つIWA世界ヘビー級王座に挑戦。タイトル奪取は成らなかったが、フライング・クロスアタックとフライング・ショルダーアタックの激突が注目を集めた。

「マスカラスとは合わなかった。性格が悪いから、あの男

全日本プロレスの創立10周年記念大会で、井上はミル・マスカラスのIWA（インターナショナル・レスリング・アソシエーション）世界王座に初挑戦。前日には栃木県体育館で上田馬之助とシングルで対戦した（反則勝ち）。

は。自分のやりたいことしかしないからね。少しは受けりゃあいいけど、受けることを全然しないから。マスカラスは全然飛べないじゃん。ドロップキックも下手だしね。どんな試合だったかはよく憶えてないけど、〝この野郎！〟と思って顔をバチバチッと平手で思い切り張ってやったの。そうしたら試合が終わった後、ジョー（樋口）さんに〝あいつはナンバー2のセメントボーイだ！〟と言ったらしいよ」

――ナンバー1は誰なんですかね？

「大木金太郎さんだって（笑）」

――いざ全日本のリングで試合をするようになって感触はいかがでしたか？

「国際でやっていたプロレス、俺が海外でやっていたプロレスのスタイルとは違ったよね。海外では見たこともない奴、どんな技を使うかもわからない奴と試合してたから、アドリブが利かないとできないわけ。ヨーロッパは腕を取ったり足を取ったりのオーソドックスな試合なんだけど、全日本は本当のアメリカンスタイルだよね。馬場さんがアメリカで育っているから。すぐに慣れたけど、全日本のスタイルはハイスパートの攻防が多いと感じたね」

――翌82年春には、『第10回チャンピオン・カーニバル』に出場されましたね。結果は5勝9敗2分で、日本人では馬場、鶴田、天龍に続く4位でした。馬場さんとのシングルマッチは、いかがでしたか？

「確か馬場さんには尾骶骨割り（アトミック・ドロップ）

で負けたんかな。馬場さんは、タイミングとか間の取り方が巧い人だよね。大きいからどう攻めたらいいかわかんないけど、馬場さんは巧いから、やりやすい相手だったと思うよ」

――この時、鶴田には回転エビ固め、天龍には延髄斬りからのパイルドライバーで敗れています。

「ジャンボとは、国際時代に対抗戦でやった時の方が印象に残ってるね。俺も看板を背負ってるし、元気だったから顔なんかをバンバン張っていって、〝来るなら、来い！〟って感じでね。ジャンボは、あまりプロレスが好きじゃない感じがしたね、何だか。プロレスを覚えるのは早かったけど。天龍とのシングルマッチは…全然記憶にないわ」

――ちなみに、ブルーザー・ブロディには1分24秒で秒殺されてしまいました。

「ああ、そう⁉ ブロディとは飲みに行ったこともあるし、メシも食ったし、よく話をしたんだよ。遊びに連れて行ったこともあったな。あいつ、俺のことを〝ミゼット〟って呼ぶんだよ。そりゃあ、あいつに比べれば小さいからミゼットに見えるかもしらんけど。口は悪かったよね」

――82年のもうひとつのトピックは、9月にドイツ・ハノーバーへ久々に遠征に出たことです。国際時代の70年8月、21歳の井上さんはストロング小林と共にヨーロッパ修行に出発し、フランスのパリを経由してハノーバーに入って、『ミッキー・イノウエ』のリングネームで人気を博しましたね。

「デストロイヤーとドイツの話をしていて〝昔、ハノーバーにいたことがあって、また行きたいなあ〟と言ったら、〝俺が話してやるよ〟と。全日本で1年やって俺としては初心に帰りたいというのがあったし、10年後のヨーロッパがどうなっているか見たかったの。ドイツのプロモーターが片道の飛行機代だけ出すってことで、残り半分は全日本が出してくれてね」

――ハノーバー・トーナメントには11年ぶりの出場でした。

「それが全然変わってなかったな。アクセル・ディターとかグラン・ブラジミアとか、いる選手が昔と一緒。この時はアメリカからブッチャー・ブラニガンとかエド・ウィスコスキーなんかも来ていたけど。ハノーバーのプロレスは100年ぐらいの歴史があるんだよね。大正時代から、やってるんだよ。ハノーバーの後は、パリに寄って少し試合をしてね。ボビー・デュラントンが俺に会いたいってことで訪ねてきてくれて。彼とは昔、よく試合したのよ」

――10年経って、ファンは井上さんのことを憶えていましたか？

「知ってる人もいたね。70年に最初に行った時に、清美川さんがいろんな人を紹介してくれたから。久々のパリは…懐かしいなあと思ってね。日本食レストランや日本のスナックにも行って、大してギャラはもらわなかったけど、全部使ってきたよ（笑）。昔、エリーゼ・モンマルトルで試合をしていたんだけど、その隣にカフェバーがあってレスラーの写真を飾ってるわけ。最初に行った時から、俺の写真がずっと飾ってあってね。いつだったか馬場さんがパリに行った時にコーヒーを飲みに行ったらしくて、〝お前の写真があったよ〟と言われたことがあったね」

視点を団体内部に移すと、井上が移籍したのは全日本の過渡期でもあった。

経営不振などにより81年から日本テレビがテコ入れに乗り出し、同年12月には同局から出向してきた松根光雄氏が馬場に代わって社長に就任。さらに佐藤昭雄がブッカーとなり、鶴田、天龍を主役にする新路線が敷かれる。

「そうそう、俺が入った頃に松根さんが来たんだよね。俺はいい人だと思ったけど、馬場さんなんかは面白くないわけだよ。でも、あの人が来たお陰で日テレが全日本を建て直したんだから。松根さんは選手とコミュニケーションを取ろうとして一緒に飲んだり、家に呼んでくれたりしてね。奥さんも凄くいい人で。松根さんは何年か前に亡くなったと聞いたけど、奥さんは川田（利明）のラーメン屋（『麺ジャラスK』）にたまに行ってるという話を聞いたなあ」

――選手が松根派、馬場派に分かれるようなことはあったんですか？

「それはなかった。馬場さんに逆らう人間は、いなかったと思うよね。馬場さんはしょっちゅう文句を言う人ではないけど、何かあった時に〝じゃあ、辞めろ！〟と本当にクビにする可能性があるから。今だったら辞めてもフリーになってどっかに行けるけど、その当時は辞めても行くところがないからね」

――どうあれ、全日本の絶対的な権力者は馬場さんでしたからね。井上さんにとって、全日本の居心地はどうでしたか？

「まあ、外様だったけど、居心地はそんなに悪くはなかったよ。一緒に連れて行った冬木は海外にも出してもらって、一応は順調に行ったよね」

——少し先の話になりますが、87年秋には川田とフットルースを結成して、井上&石川敬士とアジア・タッグ王座を巡って抗争するまでになりましたからね。

「でも、菅原は…馬場さんが試合を見て、〝菅原はいいな。アメリカに行かせてやろう〟という話になったわけよ。俺も〝よろしくお願いします。菅原も喜ぶと思います〟と言って、米沢（良蔵＝渉外部長）さんが手続きをすることになったから、菅原には〝アメリカに行かせてやるって話だから頑張れよ〟と伝えたんだよね。本人も凄く喜んでいたんだけど、何日か経って馬場さんがまたチラッと菅原の試合を見た時に、〝あいつは、しょっぱいな〟って。それでアメリカ行きがパーになっちゃった」

極道コンビからアジア・タッグ王座を奪った井上&阿修羅・原は、ベルトを返上するまで7度の防衛に成功。井上の記憶に残っている越中&三沢（いずれも初挑戦）は4度目の防衛戦の相手だった。

——それは可哀想ですね！

「〝それはないだろう…〟って。しょっぱいのは、わかってるわけでね。だから、海外へ修行に行くんだから。プロレスの巧い佐藤昭雄なんかは、若い時からアメリカに行ってるでしょ。向こうに行って、何だかんだとプロレスと言葉を覚えるわけですから。俺だって、そう。キャリア3年目でヨーロッパに行ったんだからね。そうしたら、必死にプロレスを覚えるんだから。〝しょっぱいからダメになった〟とは菅原に言えなかったもんね、可哀想で。あそこでアメリカに行ってたら、菅原の人生は物凄く変わっていたと思うよ。日本に帰らずに向こうで結婚していたかもしれないし、いろんな可能性があったと思う」

——結局、菅原さんは84年7月にオーストリアのウィーンを皮切りにヨーロッパ修行に出て、12月の帰国と同時に国際血盟軍入りしましたが、86年4月に剛竜馬、高杉正彦と共に解雇されてしまいました。

「あの当時は、選手が多すぎたというのもあったからね。

ジャパンプロレスも来ていたし、それだけ人件費がかかるから。馬場さんは切る時は切る…昔からの仲間が切られるのは、やっぱり嫌なもんだよ」

――井上さん自身に話を戻すと、阿修羅・原と組み、83年2月23日に大阪臨海スポーツセンターでグレート小鹿&大熊元司の極道コンビとの王座決定戦に勝利してアジア・タッグ王者になりましたね。

全日本時代には外国人勢との再会もあった。83年7月、井上&原はジプシー・ジョー&ジェリー・モロー（稲妻二郎）を相手にアジア・タッグ王座を防衛。翌年1月の最後の防衛戦の相手はジョー&鶴見五郎だった。

「越中（詩郎）&三沢（光晴）と防衛戦をやったのを憶えてるね」

――83年5月20日、泉佐野市体育館ですね。三沢はまだキャリア2年半でしたが、当時の全日本は昭雄さんの方針で年功序列を崩し、若手を抜擢していましたよね。

「当時の三沢は飛んだり跳ねたりしてたよね。技は軽かったけど、キックは結構重かったんだよ。あいつのキックが顎に入って、口の中を物凄く切ったことがあるもん。見た目は軽いキックなんだけど、プロレスの技って、そういうところがあるんだよね。逆に見た目は凄いけど、ホントは凄くないとか（笑）。三沢自身は軽くキックしているつもりなんだろうけど、重いんだよ。その三沢がまさか1年後にタイガーマスクになるとは思わなかったな」

――7月19日、大阪府立体育会館ではジプシー・ジョー&ジェリー・モロー（稲妻二郎）という元国際コンビとも防衛戦を行っています。

「この間、その試合をビデオで観たな。ビデオを整理していたら、出てきたんだよ。最後は俺がジャーマンで二郎を押さえたんだけど、面白い試合だったと思うよ。ジョーも二郎も国際時代から何回も試合をしている仲だからね」

――タッグパートナーとしての原さんは、いかがでした

か？

「悪くはなかったけど、ベストパートナーは国際の時のアニマル浜口かな。阿修羅もまだプロレスを完全には知らない部分があったからね。話は変わるけど、馬場さんの16文キックを食った時の阿修羅の受け身は最高だったよねえ。あれを見て、奥さんの元子さんがいつも大喜びしてたよ（笑）。阿修羅は身体が頑丈だったからね」

国際時代からヘビー級としてファイトしてきた井上だが、全日本に来て3年目に転機が訪れる。新日本のタイガーマスク人気に対抗すべくジュニアヘビー級のエースとして活躍していたNWAインターナショナル同級王者の大仁田厚が83年4月に左膝蓋骨複雑骨折の重傷を負って長期欠場を余儀なくされると、その穴を埋める役として井上が起用されたのだ。

翌84年2月26日、大阪府立体育会館で井上はチャボ・ゲレロを撃破してNWAインター・ジュニア王者になると、防衛活動に専念するためにアジア・タッグ王座を返上する。

「まあ、あの当時の全日本のガイジンはデカイ奴らばっかりだったからね。そうなると、俺なんかは引き立て役みたいなもんだから。どうやったって上に行けない。やっぱりジュニアの方がやりやすかったね」

——対戦相手としてチャボ・ゲレロは？

「やりにくかったね。あいつも勝手な奴だから。性格が悪かったからね。自分のいいトコしか見せないで、相手の技はあまり受けたくないという。俺なんかハーリー・レイスじゃないけどさ、バンバン受け身を取った方だけども、チャボは自分が攻めることしか頭にない奴だったから、あまり合わなかったような気がするね」

——当時のチャボは大仁田との抗争でもそうでしたが、上目線の独りよがりなファイトをしていましたよね。

「そうでしょ。だから、チャボみたいな相手は先手を取ってガンガン行かなきゃダメだね。受けてたら、受けっ放しになっちゃうから。やっぱり攻めても、相手にチャンスを与えなきゃダメなんだよ、プロレスは。そうしないと、試合が成立しないでしょ」

——この84年は、全日本がジュニアヘビー級路線に力を入れた年でした。8月には三沢タイガーがデビューしましたし、その直後には『世界最強ジュニア・タッグ決定リーグ戦』が開催され、井上さんは旧UWFから移ってきたグラン浜田とコンビを組み、チャボ＆ヘクターのゲレロ兄弟を

NWAインターナショナル・ジュニアヘビー級王者時代の井上。後方には冬木の姿も見える。同王座は約1年4ヵ月保持。84年6月14日には、後楽園ホールでジプシー・ジョーの挑戦を退けた。

倒して優勝しましたね。

「何でグラン浜田が全日本に来たのかはわかんなかったけど、評判は聞いていたわけよ。あまり評判は良くなかったんだけども（苦笑）。翌年の1月にジャパンが全日本に上がるようになった時に試合が終わって俺と浜田が洗面所で顔を洗ってたら、キラー・カーンが入ってきて浜田を殴ったんだよな。確か関西だったと思うな」

――85年1月22日、大津市皇子ヶ丘公園体育館で起きたリンチ事件ですね。

「いきなり〝浜田、テメエ、この野郎！〟と言いながら殴ってるから、〝どうしたの？〟と聞いたのよ。そうしたら、〝井上さん、これには深い事情がありますから〟とカーンが言ったんだよね。その後、マサ斎藤だか長州力が〝やめろ、やめろ！〟って止めに来たよ。でも、浜田は〝何で殴られたかわかんない〟と言うし。人づてに聞いたのはカーンがメキシコで試合するのを浜田が妨害したとかで、そういった長年の因縁があって爆発したんじゃないの？」

――まあ、浜田さん絡みのトラブルは結構聞きますが、井上さんから見てレスラーとしては？

「パートナーとしては悪くなかったよ。あの時代にルチャ・リブレで飛んだり跳ねたり、ちょっと変わったことをやるのは浜田ぐらいしかいなかったからね。だから、その浜田の持ち味を出せる形に試合を持って行けば良かったって感じで。浜田は大人しかったしね。コンビを組むことになったからメシや飲みに連れて行ったり、俺は公私共に良くしてあげたんだよ」

――地方巡業の際に、井上さんが浜田さんを連れて飲みに行くのを見かけた記憶がありますよ。ちなみに全日本に移ってから、特に親しくなったレスラーはいますか？

「大熊さん。独りで寂しそうにしていたから、ある時に〝クマさん、どっか行くの？〟と聞いたら、一緒に飲みに行こうとなって。大熊さん、酒が好きじゃん。結構、面白い人でね。試合が終わると、しょっちゅう一緒に飲みに行くようになって、俺もいろんな友達やタニマチに会わせて。車で東京近辺の試合に行く時は家が近かったから大熊さんと百田のよっちゃん（義浩）を乗っけて、よく会場へ行ったね。その大熊さんも早くに亡くなっちゃったよねえ。当時、全日本はシリーズが終わると、しょっちゅうハワイへ行ってたけど、俺と大熊さんはいつも同じ部屋だったわけよ。当時、ハワイにはあまり焼酎がなかったからさ、大熊さんはいつも『大五郎』という焼酎の大きなボトルを持って行って部屋で飲むんだよね。でも、その時は2週間ぐらいハワイにいたんだけど、2～3日飲まなかったの。〝クマさん、珍しいねえ〟と言ったら、〝いや、ちょっと体調がアレだから…〟って。日本に帰ってきて、〝じゃあ、クマさん、またね〟と別れたのが最後になっちゃったね。ハワイに行く前の最強タッグの時、大阪で大熊さんと俺とアンドレ・ザ・ジャイアントで一緒に焼肉を食いに行ったんだよ。暮れに大熊さんが亡くなって、年が明けてアンドレも亡くなってねえ（93年1月27日、パリのホテルで急性心不全により死去）」

――仲が良かった人が立て続けに亡くなってしまったわけですよね…。

「うん。アンドレが亡くなったのを教えてくれたのはテリー・ゴディだったの。どっかの会場でトイレに行った時にゴディが〝アンドレが死んだよ〟と言うから、〝えーっ⁉〟って。アンドレはお父さんの具合が悪いから、パリに帰ると言ってたの。それで結局、お父さんが亡くなって葬式のためにパリに帰って、そこで死んじゃったんだよね。彼は膝も腰も悪かったから、痛み止めの薬を大量に飲んでいて。それで心臓にドカンと来たと思うんだよね」

話をNWAインター・ジュニア王者時代に戻すと、井上は三沢タイガーがデビューした84年8月26日の田園コロシアム大会で、復帰した大仁田の挑戦を受ける。結果は井上の足4の字固めが決まったままリング下に転落して両者リングアウトとなり、王者の防衛に終わった。

その流れから大仁田の「足が折れてもいい。引退を賭けて、もう一回だけやらせてください」というアピールによって12月2日の後楽園大会で再戦が行われ、井上が回転エビ固めで再度防衛。敗れた大仁田は公約通り翌85年1月3日に引退セレモニーを行い、リングシューズを脱いだ。

「田コロの試合は憶えてるけど、後楽園は記憶にないなあ。正直、大仁田は大したことなかったね。大仁田は物凄くチャンスをもらったけど、それをモノにできなかったよね え。それだけ不細工だったわけよ。トペに行っても、ロープに足を引っかけるし。だから、プロレスのセンスがなかったの。その後に電流爆破でブレイクしたけど、普通のプロレスはできなかったね。足の運びとかバランスが悪いんだよ、バタバタして」

――大仁田と入れ替わるように、85年にはジャパンプロレス勢が全日本に来てアニマル浜口、寺西勇と再会しますし、ラッシャー木村、剛竜馬らによる国際血盟軍も本格始動しました。井上さんとしては、どういう心境でしたか?

「木村さんは全日本に来た時に、〝初めて自分の意思で決めました〟と。それまでは自分の意思じゃなかったのかと言いたいけど、レスラーとしては物凄く優しい性格の人だからね。どう言うんかな…トップに立って引っ張っていく性格じゃないわけよ。ただ、いざ試合になったら、やりやすいよね。昔は木村さんの顔をバンバン張って、俺も顔を張られて。俺は伸びるほど殴られたこともあったもん。まあ、気持ちがわかっているから全日本のリングでも思い切り張り合ったよ」

――剛竜馬とは、彼が78年春にフリー宣言をして新日本に移って以来の再会になりますか?

「俺は剛を結構、可愛がったのよ。剛のお父さんもよく知っていたしね。お店をやっていて、板前さんだったんだよ。剛が新日本に行くって噂になった時に、俺は〝新日本に行くなら、行け。国際はちょっとバタバタしていて、給料もちゃんと出ないんだから〟と言ったんだけど、彼は〝僕は絶対に行きません。プロレスを辞めて、親父の店に手伝いに行きます。親父の具合が悪いから〟って。その頃、確かにお父さんの具合が悪かったんだよね。でも、何日かしたら新聞に剛のニュースが出たよ。その後、2〜3回会って飲んでるけどね」

――ということは、全日本で顔を合わせた時は特にわだかまりもなく？

「俺にしたら、〝行って良かったじゃないか〟って。藤波に一回ぐらい勝ってるわけでしょ？　国際を出て行く時には、新日本から口止めされていたんだろうね。でも、リング上の剛は不細工だったね」

――では、浜口、寺西は変わっていましたか？

「寺西さんは変わってなかった。それはいい意味でね。寺西さんは、すでに国際時代にプロレスラーとして完成されていましたよ。浜口は、ちょっと変わってたね。さっき言ったように国際時代は大人しかったけど、ジャパンになって乗り込んできた時にはガンガン前に出るスタイルになってた。やっぱり新日本で生きていく中で、長州力なんかに感化されたんだろうね。ジャパンは新日本スタイルだから、技を受けないわけよ。こっちが受けてると受けっ放しになっちゃうから、チャボと同じで先手を取らないとダメだった。新日本から来たので巧いのといったら、ヒロ斉藤かな」

――この85年6月10日には、吉原さんが胃がんのために55歳で亡くなりました。12～13日に浦和斎場で執り行われた通夜・告別式には全日本マットで3派に分かれて戦っていたレスラーたちはもちろんのこと、元国際の選手&関係者が一堂に会しましたね。

「まだ社長は55歳だったでしょ。物凄く悔しそうな死に顔をしていたんだよね。それが記憶に残ってる。大熊さんも悔しそうな死に顔だった。あの人も51歳だったからね。だから、俺は誰かが亡くなっても、その死に顔を見たくないのよ。馬場さんが亡くなった時、恵比寿の自宅に駆けつけたけど、俺は顔を見るのは遠慮したもん。見たくなかったから、救われた思いがしたよね」

……。三沢の死に顔は見たけどね。三沢は安らかな顔をしていたから、救われた思いがしたよね」

――88年11月には〝私生活に問題がある〟として阿修羅・原の解雇が発表されましたが、井上さんはどう受け止めましたか？

「要するにヤクザもんが借金の取り立てに来たわけでしょ？　馬場さんは、そういうのが嫌いだから。よっぽどじゃないと解雇しないよ、馬場さんも。だって、原は馬場さんのお気に入りだったんだから。原は酒もあまり飲まなかったし、博打をしている様子もなかった。だから、どこに金を使ってたかもわからない。女かな？　国際に入る前に、彼は近鉄（近畿日本鉄道）にいたでしょ。その時から、どこかに借金があるようなことは聞いたよ。だから、金銭感覚がルーズな面はあったみたいだよ。彼は謎の男だね。自分の私生活は、あまり喋らない男だから。もし今、生きていたら〝あの時、どうしたの？〟と聞けるけど…でも、喋らんだろうなあ。まあ、あの時の解雇は仕方なかったと思うよ」

全日本のジュニア戦線のトップに立った井上だったが、ジャパンプロレス勢が本格参入してきたことでリング上の勢力図も否応なしに変化した。

85年6月にＮＷＡインター・ジュニア王座は井上からダイナマイト・キッド、さらに小林邦昭へと移動。その後、小林とタイガーがベルトを巡って抗争を展開するようになる。

同王座はタイガーがヘビー級転向により返上したのを機に封印され、86年7月には世界ジュニアヘビー級王座が新設されたものの、ベルト争いは全日本＝渕正信、ジャパン＝小林、カルガリー・ハリケーンズ＝ヒロ斉藤の3人が中心となり、井上にはなかなか活躍のチャンスが回ってこなかった。

井上は89年1月25日に大阪府立体育会館でジョー・マレンコを破り第5代王座に就いたが、2度の防衛後、3月に渕に敗れて41日天下に終わり、これを機にジュニア戦線からフェードアウトする。

平成に入ってからは馬場＆木村とのファミリー軍団、94年からは渕＆永源遙の悪役商会の一員として休憩前の試合に出ることが多くなった。

「まあ、休憩前の試合になったのは年齢的にもそうだし、若い人間を上げていかなきゃしょうがないし、もうそういうポジションということですよ。誰でも下りなきゃいけない時が来るわけだから。ある時、ドリー・ファンク・ジュニアが〝俺は元ＮＷＡ世界チャンピオンなのに何でこんな扱いなんだ？〟と馬場さんに文句を言ったことがあったわけよ。馬場さんは目を丸くしてたね。あの人は口で言わないで、目で言う人だから。目を見りゃあ、考えてることがわかるんだよ。〝何を言ってんだ、こいつは？〟という目だった。ドリーは全日本を旗揚げした時から貢献しているから毎月給料も出ていたし、全盛期を過ぎても呼んでもらっていたわけだよ。それ以後、馬場さんはドリーを呼ばなくなったからね」

――93年7月2日には寺西さんが頸椎のヘルニアで引退

し、全日本の社員としてパンフレット売り場で働いたりしていましたが、現役への気持ちが強く、全日本を退社して翌94年に谷津嘉章のSPWFでカムバックを果たしましたよね。

「寺西さんの気持ちもわかるけれども、あの当時の寺西さんの首の状態は本当にひどかったから引退は正解だったと思うよ。正直、対戦相手にも迷惑をかけちゃうからね。ヘッドロックに取ってさ、ロープに振ろうとしたところでグッと締めたら、そのままガクッと行っちゃう危険性もあったんだから…」

――井上さん自身は97年4月4日、熊本市体育館で渕&永源と組み、馬場&木村&百田光雄に敗れた一戦を最後に内臓疾患でリングを降りて、翌98年6月12日の日本武道館大会で引退式を行いました。

「今は大丈夫だけど、腎臓も悪かったし、血糖値がドーンと上がったんだよね。入院して痩せたし、気力というのがなくなって引退を決意したの。それで引退したらレフェリーになりたいってことを馬場さんに伝えたんだけど、なかなか返事をしないんだよ。で、返事をもらえないまま引退式の日になったから、リング上でアドリブで〝今後は全日本プロレスのレフェリーとして頑張りたいと思います！〟と言ったんだよ（苦笑）。そうなったら、馬場さんも引っ込みがつかないでしょ？　退職金みたいものも出なかったからね。選手会からは慰労金をもらったけど。もしあの時に退職金が出ていたら、潔く辞めていたかもしれない。でも、出なかったことで逆に〝意地でも残ってやる！〟という気持ちにさせられたね」

98年6月12日、全日本・日本武道館大会で井上は引退セレモニーを行い、約31年にわたる現役生活に別れを告げた。右は吉原功氏の盟友的存在で、東京12チャンネルの国際プロレス中継で解説者も務めた故・菊池孝氏。

――2000年6月には、レフェリーとしてプロレスリング・ノアに移籍しましたね。

「やっぱりプロレスに少しは未練があったから。レフェリーとしてリングに立っていれば、プロレスをやっているような気分になるわけよ。リングの中に立っているだけでも気が落ち着くというか、元気を取り戻せるというのかな。全日本の後にノアに行ったのは…ゴタゴタはよく知らないけど、そういう噂が立った時に〝俺も行くからな〟と三沢に言ったんですよ。それだけ。ノアは09年末に辞めることになって九州に引っ越したんだけど、〝引退興行をやってください〟ってことになってね。俺は〝今更、いいよ〟と言ったんだけど」

翌10年5月22日、後楽園ホールで秋山準&高山善廣&佐々木健介vs森嶋猛&潮﨑豪&井上雅央戦を裁いたのが井上のレフェリー引退試合となる。

だが、その前に井上は一夜限定で現役復帰も果たした。ノアとの契約が終了した09年の大晦日、後楽園ホールにおける『天下三分の計・大晦日年越しスペシャル』で、グレート小鹿、タイガー戸口（キム・ドク）、鶴見五郎、グラン浜田と組み、TAKAみちのく&アブドーラ・小林&高木三四郎&ポイズン澤田JULIE&MEN'Sテイオーと5対5イリミネーションマッチで激突。実に12年8ヵ月ぶりにレスラーとしてリングに上がった。

「俺は〝嫌だ！〟と言ったんだけど、小鹿さんが〝戸口も鶴見も浜田も来るから。リングの中に立っているだけでいいから〟と。しょうがないから会場へ行ったら、小鹿さんが〝サマーソルトドロップをやってくれないか？〟と言ってきてね（苦笑）。形は悪かったけど、無理やりやらされたんだよ」

――10年5月のレフェリー引退興行の直後にはラッシャー木村さんが亡くなって、ひとつの時代が終わったという感じがしましたね。

「うん。永源さんから連絡をもらったのかな。俺は国際にいたのは14年、全日本には17年で…全日本の方が長くなっちゃったよね。でも、吉原社長に21歳で海外に出してもらって、いろんな国に行って素晴らしい経験をさせてもらったし、そうやって国際でプロレスを覚えたから、潰れた後も全日本でやれたと思うんですよ。だから、吉原社長から受けた恩と感謝の気持ちは忘れたことはないですよ。好きなプロレスを職業にできたんだから、幸せな人生ですよ」

［評伝］

ヤス・フジイ

小泉悦次＝文
text by Etsuji Koizumi
原 悦生＝撮影（P180）
photographs by Essei Hara

ストロング小林（小林省三）、マイティ井上（井上末雄）、ヤス・フジイ（藤井康行）は旗揚げ直後の国際プロレスにおいて生え抜きの若手3人組であった。

しかし、古くは力道山道場の大木金太郎、馬場正平、猪木寛至から始まり、全日本プロレスの大仁田厚、渕正信、薗田一治（マジック・ドラゴン）、新日本プロレスの橋本真也、武藤敬司、蝶野正洋とは異なり、彼らは「トリオ」として語られることがほとんどない。これは小林、井上に比べて、藤井に関心が持たれなかったからである。

力、技、華を競い合うプロレスの世界において、いずれかに秀でたものがない人間は消えていく。だが、そんな厳しい昭和のプロレスにもどっこい生き続けられる隙間のようなものが存在した。ここでは大変失礼ながら、藤井を「秀でたものがない者」の一人と定義する。藤井側からプロレス史を眺めれば、力、技、華に秀でた人間の歴史からは見えてこないものも見えてくるだろう。そして、それは国際プロレスという団体のあまり顧みられることのなかったサイドストーリーでもある。

白魚のような手

藤井康行は、1949年4月27日に大阪府大阪市で生まれた。ヒロ・マツダをエースとする国際プロレスに入団するために上京したのは67年3月、ちょうど旗揚げシリーズと第2弾シリーズの合間であった。18歳になる直前だから、高校は中退したことになる。

若手時代の藤井とダニー・ホッジのツーショット。67年3月31日付の大阪新夕刊に掲載された記事によると、「藤井君は大相撲の九重親方（元横綱千代の山）からスカウトの手がのびたこともあるほどの人材」。

同期のマイティ井上は、藤井が入門した経緯について次のように語る。

「俺と藤井は大阪のナンバボディビルジム、荻原稔（会長）さんのところのジム仲間ということになっているけど、厳密に言えば仲間というのとは違うんですよ。俺の場合、ヒンズースクワットが1000回できるまでは国際プロレスに入れてくれないということで一生懸命やっていたし、ベンチプレスで150〜160キロ上がるようになっていた。藤井の場合は国際に入ることが決まっていて、あとは少しでも身体を作らなければいけないということでジムに来たんです。藤井は身長が187センチとかそのくらいあって大きいんで、社長の吉原さんが欲しかったみたいで。その後、俺と藤井は同じ新幹線に乗って上京したんですよ」

トレーニング面でも生活面でも、その井上と藤井の面倒を見たのはマツダのサブの位置にいたミスター鈴木だった。以前、鈴木は藤井の印象をこう語っていた。

「藤井？　ああ、電気屋の倅な。身長はあったんだけどね。プロレスラーや相撲取りは、みんなゴツイ手をしているでしょう。ところが、彼の手はピアニストのような、よく『白魚のような手』と言うけど、あれなんだよ。〝モノになるのかな？〟と思ったよ」

当時、国際プロレスはまだ自前の道場も合宿所もなかったため、入門後の藤井は小林、井上と3人で同じアパートに住むことになった。新弟子による共同生活の開始である。その様子を井上は、こう語る。

「俺の場合、高校で柔道部だったから縦社会というものを知っていたんですよ。ところが、藤井はそういう経験がない。水泳で有望だった？　記憶にないなあ。やっていたとしても高校記録とかそんなレベルじゃなかったと思うけどね。トレーニングだって、俺から言えば決してハードじゃない。やらされるスクワットの回数も５００回ぐらいだったし。しかも藤井は2回逃げているんですよ。何しろ、なまくらだった。悪口になっちゃうかもしれないけど、事実だからね。掃除とか炊事とか、生活していく上でしなければいけないことをまったくやらない。寝っ転がって、漫画を読んでいるだけなんです。結局、俺とストロング小林がやることになる。それで小林が怒っちゃって。あの優しい男がですよ、藤井の下着をビリビリに破いてしまったことがありましたね。これはよっぽどのことですよ。まあ、次の日に小林は新しい下着を買って返したけどね（笑）」

67年7月27日、国際の第2弾『パイオニア・サマー・シリーズ』開幕戦となる金山体育館大会で小林（覆面太郎）

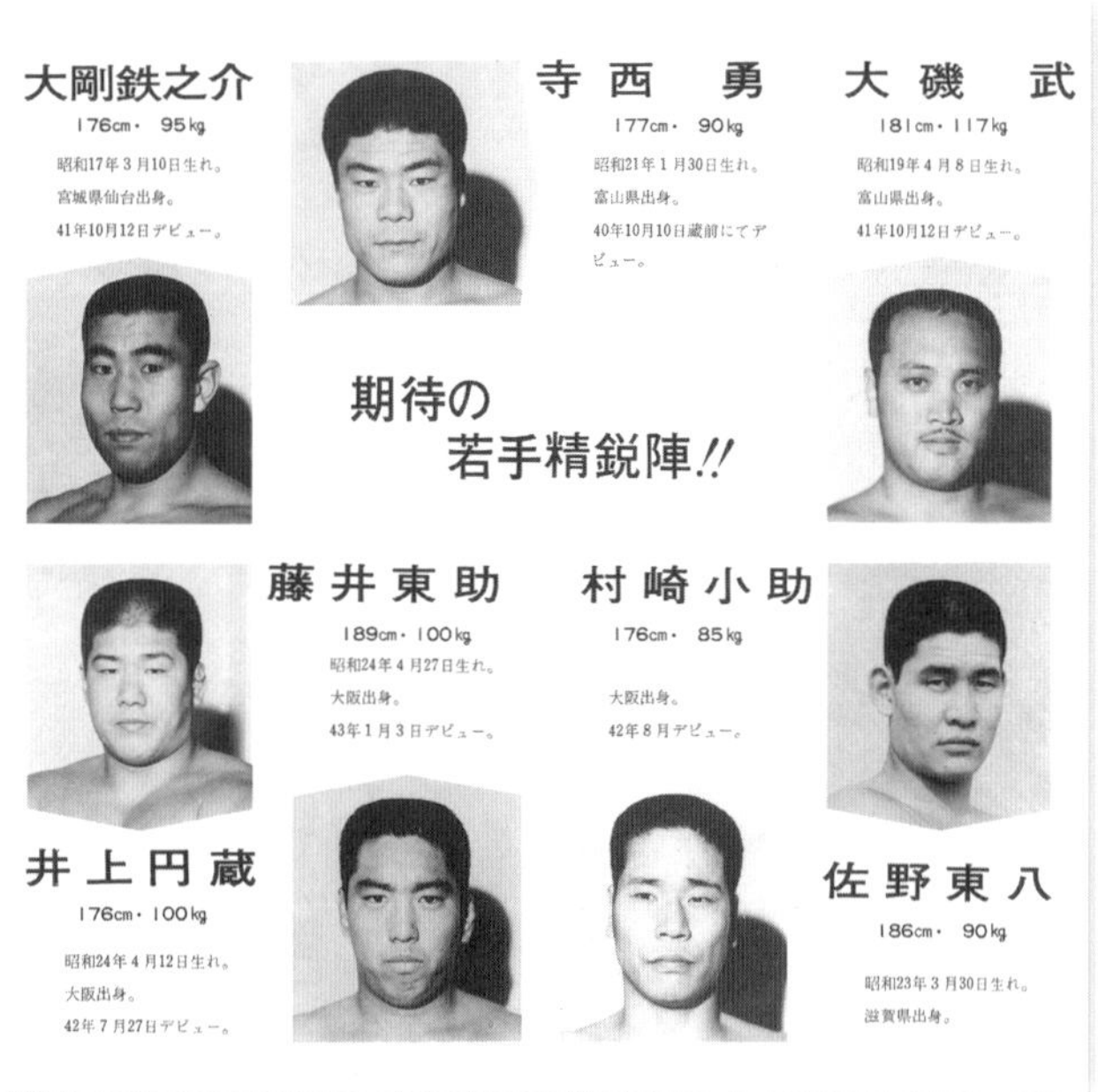
大剛鉄之介
176cm・95kg
昭和17年3月10日生れ。
宮城県仙台出身。
41年10月12日デビュー。
寺西　勇
177cm・90kg
昭和21年1月30日生れ。
富山県出身。
40年10月10日蔵前にてデビュー。
大磯　武
181cm・117kg
昭和19年4月8日生れ。
富山県出身。
41年10月12日デビュー。
期待の
若手精鋭陣!!
藤井東助
189cm・100kg
昭和24年4月27日生れ。
大阪出身。
43年1月3日デビュー。
村崎小助
176cm・85kg
大阪出身。
42年8月デビュー。
井上円蔵
176cm・100kg
昭和24年4月12日生れ。
大阪出身。
42年7月27日デビュー。
佐野東八
186cm・90kg
昭和23年3月30日生れ。
滋賀県出身。

68年11月開幕『ワールド・チャンピオン・シリーズ』のパンフより。上段の3人（大剛、寺西、大磯）は東京プロレス時代の66年にデビュー。国際生え抜き3人衆の出世頭である小林省三は、この時期すでにイギリスで武者修行中だった。

と井上はデビューを果たす。しかし、藤井のデビューは遅れ、翌68年1月12日、熊本市体育館における仙台強（人剛鉄之助）戦で、やっと観客の前で試合をすることができた（15分時間切れ引き分け）。これはプロレスラーの身体になるまで時間がかかったということか。

デビュー時のリングネームは、本名の藤井康行。初勝利は同月25日、東大阪市体育館での村崎昭男（デビル紫）戦である。村崎は藤井よりも入門は遅かったが、同じくこのシリーズで藤井よりも先にデビューしている。この日は地元・大阪ということで藤井は花を持たせてもらったのかもしれない。

同年4月8日の岩国市体育館大会から、藤井のリングネームは「藤井東助」に変わった。これは若手に古風なリングネームを付けたがる豊登が国際プロレスにいたからである。

この時期、ほとんど毎日が前座だったが、稀にミドルカードに起用されることもあった。9月28日には白根小学校グラウンドで木村政雄、翌69年3月23日には浜田体育館でグレート草津と対戦している。これは「トレーニングマッチ」的なマッチメークだったと思われる。

69年9月8日、沼津市営球場での『ロイヤル・シリーズ』開幕戦からリングネームは「藤井三吉」となり、後輩の佐野浅太郎を破った。

この日は藤井にとって運命的な日だった。翌年から親分となるシャチ横内が国際プロレスに初登場したのである。

藤井が初めて外国人レスラーと当たったのはその2ヵ月後、11月1日の札幌中島スポーツセンターにおけるゴージャス・ジョージ・ジュニア戦で、もちろん敗れた。この選手は有名なゴージャス・ジョージの息子を名乗っていたが、これはリング上だけのことである。国際への参戦は横内と親しかったことから実現した。この試合は海外武者修行が可能かどうかのテストマッチ的な要素があったのではないかと推察される。

シャチ横内の正体

年が明けて70年、藤井は3度目の改名を行い、「零戦隼人」となった。1月13日、鹿児島県民体育館で留学生の黒潮太郎に敗れた試合を最後に藤井は海外武者修行の旅に出る。零戦隼人としてリングに上がったのは僅か7戦で、次に国際のリングに上がる79年にはフリーの身分だったので所属選手としてはこれが最後の試合となった。

エース候補だった小林は約1年半前に武者修行のため渡欧し、69年6月にIWA世界タッグ王者として一旦帰国。井上はまだ海外に出ておらず、小林と共に渡欧するのは、この年の8月である。

エリートでもなかった藤井の海外渡航は、デビューから丸2年という早さだった。日本プロレスであれば、なかなか海外に行かせてもらえない小姑じみた古参前座レスラーの嫉妬を買うところだが、国際は吉原社長が積極的に海外に出す方針だったので、そうしたやっかみはなかったという。

70年1月16日、藤井は日本を発つ。まだ20歳だった藤井に気付く術はなかっただろうが、この海外渡航が横内ルートだったことは以後のキャリアを決定付けることになる。ここから約4年、藤井は横内のタッグパートナー、そして舎弟として過ごす。藤井の渡米自体、前年秋から暮れにかけて国際に2シリーズ参戦した横内の誘いに乗ったものであった。藤井は金魚のフンよろしく付いて回ることで、横内から「スニーキー」、すなわちリング上における卑怯者のスタイルを学んでいくことになる。

シャチ横内こと本名・横内信一は37年9月13日、愛知県名古屋市で生まれた。リングネームは名古屋城の金の鯱から取ったものだ。横内はかつてアントニオ猪木と同様、ブラジル移民の子とされていたことがある。だが、それは「自称」だったようだ。

井上は「あくまでも、これは清美川さんから聞いた話」と前置きして、次のように語る。

「清美川さんがブラジルをサーキットしている時に現地にいた横内がいきなり押しかけてきて、〝弟子にしてくれ〟と頼んだそうです。でも、清美川さんは断ったんですよ。その後、清美川さんがヨーロッパに転戦すると、横内も追いかけてきて結局はタッグパートナーに収まった。清美川さんが言うには横内はいわゆる移民ではなく、日本で人を殺してブラジルに逃げてきていたらしいですよ」

試合記録で横内の名を発見できるのは63年のフランスで、その時期に清美川もフランスにいた。

その後、清美川&横内はドイツ、イギリスを回り、67年にアメリカに上陸。オクラホマ&ルイジアナ地区に入る。ところが、少し経ってから横内と清美川は仲違いした。

当時、アメリカのプロモーターは日本人をタッグチームとして使うのが常識であった。17年生まれの清美川は、この時50歳と高齢だったためピンで使うプロモーターはおらず、仕事からあぶれる。そこで全日本プロレス協会時代の

68〜69年にアマリロ地区でファイトしていた頃のシャチ横内とアメリカ武者修行中の上田馬之助。翌70年から藤井は上田と入れ替わるように、横内のパートナーに収まる。

仲間である日本プロレスの吉村道明に「タッグパートナーとなる若手レスラーを送ってほしい」と連絡したものの叶わず、清美川はヨーロッパに戻る。

「横内は69年9月に初めて国際プロレスに来て、3ヵ月くらい日本にいたでしょ。その間に、清美川さんが翌70年3月に国際のリングに凱旋することが決まったんですね。その話を聞くなり、横内は〝何？ 清美川が来る？ じゃあ、俺はもう国際には来ない〟と吐き捨てたんですよ」（井上）

清美川と仲違いした横内は、新しいパートナーに武者修行でオクラホマ&ルイジアナ地区に来た日本プロレスの上田馬之助を選ぶ。68年暮れ、アマリロ地区に転戦した2人はザ・ファンクスからアマリロ版のNWA世界タッグ王座を奪った。

年が明けて69年、グレート東郷がルー・テーズと手を組み、日本で第3団体を立ち上げるという話が持ち上がった（テーズは名前を使われただけと主張）。その新団体の日本人エースと目されたのが横内だった。

日プロはアメリカで修行中の上田や坂口征二を引き抜かれては堪らないと、即座に幹部の吉村を派遣。吉村がアマリロにいる上田に会いに行くと、そこには横内もいた。その様子は東京スポーツでも報道されたが、3人のうち横内のみがソッポを向いて食事を続けており、ミーティングの重苦しさを感じさせた。
結局、東郷の第3団体設立計画は頓挫し、横内はレスラーとして国際プロレスに「初来日」する。国際側から見れば、この横内参戦は東郷の第3団体構想を骨抜きにすることになる。吉原社長が横内に声をかけたのは、以前に金銭問題で揉めて絶縁状態だった東郷に日本で鬱陶しいことをされたくないという思いもあったであろう。
「その頃は横内がどういう人物か知らなかったですから。年齢も一回り上だし、先輩として立てていましたよ。でも、おかしなところがあってね。試合が終わって、〝お疲れ様です！〟と言うでしょ。我々の世界じゃ、普通ですよね。ところが、横内は〝俺は疲れてない〟と言い張るんですよ（笑）。名古屋で試合があった時には、地元だから横内のご両親が息子に会いたいと会場に来たんです。ところが、〝追い返せ！〟と言って会わなかった。変わった人だなと思いましたよ、その時は」（井上）
この名古屋での試合というのは、『IWAワールド・タッグ挑戦シリーズ』中の11月22日、名古屋市体育館大会のことだ。横内が来日した理由は、里帰りでも両親に会うためでもなかった。上田に変わるアメリカでのパートナー探しが大きな目的である。そして、この時に目を付けたのが藤井だった。

吉原社長と木村の会話

この69年の夏、大相撲時代も上田と同部屋だった日プロの松岡巌鉄がアメリカに武者修行に来た。そこで上田はパートナーを松岡にスイッチする。ただし、これは横内と仲違いしたということではない。上田は松岡と親友だったので、手を差し伸べたというだけであろう。

「異口同音」とは、多くの人が口を揃えて同じことを言うことである。この言葉は横内のためにあるようだ。私が知る限り、一人（上田）を除いて横内の評価は「人間性が最悪」である。

横内は国際参戦中も万座の中で吉原社長のマッチメークがいかに野暮なのかを延々と演説し続け、巡業に同行していた記者の評判を落とした。さらに後述する帰国以降の行状がそれに輪をかけた。

しかし、高校まで体育会的な世界に触れておらず、国際プロレスの必修科目と言われる「酒」がほとんど飲めなかった藤井にとって横内の誘いは渡りに船だった。アメリカには体育会系の縦社会はない。

ジョージア地区に入った藤井の現地デビュー戦は70年1月23日、アトランタのミュニシパル・オーディトリアム。この日、藤井は横内と組んでワンナイトの3チームによるタッグリーグ戦に参加し、アルバート&ラモンのトーレス兄弟、ジ・アサシンズに連敗した。

このタッグリーグ戦はセミファイナルで行われたから、日本での藤井の実績を考えると抜擢である。この扱いはもちろん藤井の力ではなく、横内の営業力によるものだ。言い換えれば、こうしたマッチメークに食い込むために横内は日本人のタッグパートナーを必要としたのである。以後半年、ここで藤井はヒール側の中堅としてファイトした。

同4月10日、アメリカ修行中だったラッシャー木村がカンザス地区からジョージア地区に転戦してきた。これで同地区の日本人レスラーは3人となる。木村はいきなり中堅のヒールに付け出されて、当地デビュー。初戦でレス・ウォルフ(バディ・ウォルフ)を破った。

何日か経ち、藤井にとって運命のベルが鳴る。それは東京からの国際電話だった。相手は吉原社長である。

おそらく何気ない近況報告だったと思われる。話を終えた藤井は、受話器を木村に手渡した。その後、木村が持つ受話器越しに藤井の耳に聞こえてきたのは、吉原社長の「藤井は、もうウチにはいらない」という言葉だった。

酒が飲めず、酒席での言葉の綾を知らない藤井が真に受けたのか。それとも吉原社長の本音だったのか。藤井は3年間育てた弟子である。吉原社長も横内のことは嫌っていたが、おそらくこの「いらない」は真意ではなかったであろう。しかし、この言葉で藤井は国際のリングに帰らぬことを決意し、横内との絆は強められる。

7月18日、藤井はアトランタでニック・ボックウィンクルとのTVマッチに敗れると、横内と共にカナダ太平洋岸のバンクーバー地区に転戦した。

グレート草津と再会

バンクーバー地区での藤井の格付けはヒール側の中堅で、滞在期間は70年8月10日から翌71年1月20日までの約半年である。

70年10月12日にはバンクーバーで横内とのコンビでドン・レオ・ジョナサン&ダンカン・マクタビッシュからNWAカナディアン・タッグ王座を奪取し、11月9日に同所でジョナサン&スティーブン・リトルベアに敗れるまで保持した。

王座陥落後、藤井はシングルで使われることも多くなる。その場合、横内は前座に回った。これは藤井の方が身長があり、見栄えが良かったからであろう。シングルの対戦相手を来日経験者に絞るとジン・キニスキー、クルト・フォン・ヘス、ダン・クロファット（キング・クロー）、レス・ソントン、ピエール・レ・グラン（バスター・マシューズ）といったところで、レ・グラン以外には全敗だった。

バンクーバー地区を出ると、71年2～3月は藤井も横内も試合記録が見当たらない。おそらく、仕事からあぶれていたのか。そうなると、彼らはプロモーターたちにあまり可愛がられていなかったということになる。この時期、プロモーターとの交渉ができるのは横内だけだ。試合がなく、当然収入もない藤井は横内に食わせてもらう形になるので、ただでさえ頭が上がらない状態が余計に上がらなくなったはずである。

この後、2人はアメリカ中南部のオクラホマ&ルイジアナ地区に戻る。滞在期間は4月24日から8月26日までで、横内にとっては3年半振りの同地区復帰だ。

横内に連れられて渡米した藤井は、お揃いの日の丸ワンショルダーのコスチュームを着用した。横内を格上に見せているツーショットである。

ここでの横内&藤井の位置はヒール側の前座から中堅で、全興行にマッチメークされていたわけではなく、スケジュールはスカスカである。名のある対戦相手も少なく、時々ビル・ワットとタッグマッチで当たる程度であった。

同年9月から2人はミズーリ州、カンザス州、アイオワ州をまたがるセントラルステーツ地区に入り、ヒール側の中堅からスタートした。

9月25日、藤井はセントルイスのTVマッチで時のNW

A世界ヘビー級王者ドリー・ファンク・ジュニアとノンタイトルで戦い、敗れている。このマッチメークは藤井の実績が評価されてのことではない。TVマッチ用の噛ませ犬だっただけの話である。

セントルイスもミズーリ州に位置するが、〝NWAの総本山〟と呼ばれるキール・オーディトリアムにはセントラルステーツ地区のトップクラスしか出られなかった。なぜなら、セントルイスのプロモーターのサム・マソニック（当時のNWA会長）は3週間に一度の興行ごとに必要な選手を同地区以外からも確保していたからだ。以後も藤井はTVマッチには呼ばれるものの、キール・オーディトリアムのリングにはなかなか上がれなかった。

10月15日、横内&藤井はミズーリ州セントジョセフでボブ・ガイゲル&ダニー・リトルベアを破り、セントラルステーツ版NWA北米タッグ王座を奪取した。

この地区の中心都市はカンザスシティである。だが、横内&藤井のカンザスシティ進出は年が明けて72年1月6日まで待たねばない。タッグ王者でありながらカンザスシティに出られなかった理由は、このタイトルが一時的にセントジョセフ用だったからで、要は2軍サーキットに入れられていたのだ。

1月11日、藤井は単独で隣接するAWAオマハ地区のネブラスカ州リンカーンの興行に参戦し、グレート草津と組んでレジー・パークス&スタン・プラスキーに敗れた。

このまま草津とのタッグを続けていれば、早期の帰国もあったであろう。しかし、藤井はセント

横内&藤井の写真が表紙を飾ったセントラルステーツ地区のプログラム。横内が引退後、藤井は独り立ちせざるを得なくなったが、当初はかつて横内に連れて行かれたテリトリーを回り直すしかなかった。

ラルステーツ地区に戻った。やっとタイトになりつつあったスケジュールを優先したのだ。そして、それは結果的に国際プロレスより横内を選んだということでもある。

横内&藤井のカンザスシティ進出により、ここでも北米タッグ王座の防衛戦が行われるようになる。2人はモンゴリアン・ストンパー&ザ・バイキング、ダニー・リトルベア&オマール・アトラス、ストンパー&リトルベアとベルトをやり取りし、計4度王座に就いた。

8月18日、藤井は遂にセントルイスのキール・オーディトリアムに上がることができた。ロジャー・カービーとのコンビで第1試合に出場し、オマール・アトラス&レス・ソントンに勝利。注目すべきは、横内は呼ばれていないことだ。要は藤井の方が横内よりも評価が高くなっていたのである。藤井は次の8月8日のキール定期戦にも参戦できたが、横内がこのリングに上がることは最後までなかった。

ミスター・ポーゴが合流

横内&藤井は、11月4日から翌73年1月25日まで再びオクラホマ&ルイジアナ地区のサーキットに入る。扱いは前年よりも良く、スケジュールもタイトでセミファイナルのヒール側が定位置だった。

試合記録を見ると、11月16日にはニューオーリンズでダニー・ホッジ&ケン・マンテルと引き分けている。ホッジは当時のNWA世界ジュニアヘビー級王者。マンテルがホッジを破って同王座に就くのは、この年の暮れである。

73年2月2日、アトランタでのエル・シコデリコ&ラ・パンテラ・ネグラ戦から横内&藤井はジョージア地区に戻った。約2年半ぶりの同地区復帰ということになるが、前回に比べて、ここでも扱いは良い。「石の上にも3年」とは、よく言ったものである。敗れたものの、藤井はスポットで参戦してきた伝説の鉄人ルー・テーズの対戦相手にも選ばれている。

横内&藤井がジョージア地区に戻ると、すぐに彼らはトリオになった。新しい舎弟の関川哲夫、後のミスター・ポーゴが加わったからである。ここでポーゴは「ジュードー・ジョー」という名の柔道ジャケットマッチ専門レスラーとして現地デビューした。

横内&藤井は2月14日、ジョージア州コロンバスでのワンナイトトーナメントに優勝し、サウスイースタン・タッグ王座に就く。トーナメントでの対戦相手は不明である。

ところが、4月末になって横内がプロモーターのポール・ジョーンズと喧嘩をしてしまい、日本人トリオは地区を出ることになった。この4月に横内&藤井が保持していたタッグ王座もミスター・レスリング2号&ビル・ドロモに移動するが、場所と正確な日付は不明。もしかしたら、地区離脱に伴う「剥奪」だったのかもしれない。

この後、3人はカナダのカルガリー地区に転戦した。横内&藤井には5月4日から試合が入るが、ポーゴの初戦は同月25日である。グリーンボーイゆえ、「待て」を食らわせられたということだ。

横内&藤井はタッグ部門のヒール側トップとして、アファ&シカのザ・サモアンズやダン・クロファット&ビル・コディと同地区版インターナショナル・タッグ王座をやり取りし、2度獲得する。

ここで再び同地区への遠征経験もある井上に登場していただこう。

「そういえば、俺が77年にカルガリーに行った時、地元のあるレスラーから横内と藤井の話を聞いたんですよ。カルガリーの北のサスカチュワンという街に中華料理をデリバリーしてくれる店があって、藤井は懐かしくなったんだろうね。試合場のドレッシングルームに中華料理を注文したらしいんです。ところが、横内には内緒だったみたいなんですよ。横内は怒って、届いた中華料理をトイレに捨てて藤井のことを殴ったというんです。いくら無断で頼んだとしても、横内というのはとんでもなく悪い性格の持ち主ですよね」

日本を出て3年、新しい舎弟はできたものの、横内&藤井の関係に変化はなかったということである。

ポーゴは、ここでもジュードー・ジョーの名で相変わらず柔道ジャケットマッチの日々。しかも地区の中心都市カルガリーではマッチメークされず、お茶を引くこともあった。

そして、6月14日の試合をもってカルガリー地区の熱戦譜からジュードー・ジョーの名は消える。日本に帰国したのだ。さらに8月に入ると、横内の名も同地区の熱戦譜から消えた。

上田の新団体設立計画

ここで話は前後するが、ポーゴが海外に渡るまでの経緯を簡単に振り返っておきたい。

新日本プロレスに入門したポーゴは、旗揚げ直後の72年3月30日に足立区体育館でデビュー。4月6日に旗揚げシリーズが終わると、地元の名士であった父親の1周忌に伴う銅像の除幕式のために実家に戻るが、その当日に山本小鉄から母親へクビを宣告する電話が入った。

行き場所を失ったポーゴは日本プロレスリングコミッション事務局長だった門茂男氏に泣きつき、まずは再デビューに備えるトレーニングのためにハワイへ飛ぶ。そして帰国後、門氏と近かった上田馬之助のラインでジョージア地区にいた横内の元へ行くことになった。

横内にとって、自分の言うことを聞かざるを得ないポーゴが乗り込んできたことはメリット大だった。重要なのは配下のレスラーに力、技、華があるということではなく、従順であるということだ。69年の国プロ滞在時、藤井に声をかけたのも言うことを聞きそうだったからである。

詳しくは本書に収録されたポーゴのインタビューを参照していただきたいが、横内はポーゴが持参した現金を自分の口座に入れ、試合のギャラもピンハネしていたという。手元にキャッシュがなく、困ったポーゴは支援金を日本にいる母親にねだる。金を稼ぎに行ったはずの海外で大赤字になっていることを不審に思った母親は門氏に問い合わせ、ここで横内の横領疑惑が持ち上がった。

横内、藤井、ポーゴの3人がまだジョージア地区にいた73年4月に日本プロレスが崩壊し、上田ら残党組は6月末から戦うリングが全日本プロレスに変わる。ポーゴがカルガリー地区から日本に帰国したのは、そんな頃だった。

上田が同じ日プロ残党の松岡と親友であったことは、すでに書いた。この時、ポーゴの惨状を聞いた松岡は、「横内が巻き上げた金の一部が上田に還流しているのではないか」と疑いの目を向けた。

予想もしていなかった松岡の指摘に対し、上田は身の潔白を晴らさねばという思いになる。松岡や門氏の前で、自分と横内の潔白を晴らしたい——。同年8月に横内が再帰国した大きな目的の一つは、それだった。

門氏の著書『ザ・プロレス365 Part6』(門茂男プロレス全集刊行会)によると、疑惑に対して横内はポーゴの売り出しに費用がかかったこと、ポーゴに無断欠場があり、そのペナルティーとして金が必要だったこと、大食漢ゆえ食費がかかったこと、前借りをしたことを理由に挙げた。

続いて、別室にいたポーゴが呼ばれた。横内の前で事実を語るというのは、「対決」することでもある。ところが、「悪いのは自分」、「今後も横内さんにお世話になりたい」と泣きが入ってしまった。横内を信じたい、そうでなければ信じていた自分を否定することになる。ポーゴは、そんな思いだったのであろう。

とりあえず、これで横内の疑惑は晴れた。しかし、親友に疑いの目を向けたということで上田と松岡との間には亀裂が入った。

横内の帰国には、もう一つ大きな目的があった。それは上田との新団体設立である。日プロ残党に対する馬場の扱いは悪く、上田らが浮上する兆しはまったく見えない。そこで上田は横内と共に新団体設立を目論む。スポンサー候補は、かつて国際プロレスが一時的に『TBSプロレス』に改称した頃に資金を注入してオーナーとなり、実権を握った広島の岩田弘氏であった。上田は岩田氏を引き合わせるために、横内を帰国させたのである。

この時、上田は横内の渡航費用や宿泊費だけではなく、休業補償もせざるを得なかった。しかし、上田にキャッシュはなく、こともあろうに高利貸から借りてしまった。その返済のためにマイホームを手放すことになる。

結局、上田&横内の新団体は時期尚早ということで日の目を見なかった。全日本にいるよりも、文字通り「裸一貫」でのやり直し。あまり知られていない上田の再渡米の背景である。そんな人生の試練の結果が3年後の「まだら狼」に変身しての逆上陸、そしてブレイクだった。

この後、横内はカルガリー地区に戻り、再び舎弟の藤井とリングに上がる日々が始まる。しかし、ポーゴは戻ってこなかった。彼は横内の配下から逃げ、独自に再渡米して新たなプロレス人生を始めることになる。

新団体計画は頓挫し、ポーゴにも逃げられ、横内がこれ以上プロレス界にいても、できることはせいぜい藤井から搾取することぐらいである。

横内は73年11月3日、エドモントンでの試合を最後にリ

国際プロレスが『TBSプロレス』に改称した頃、相談役に就いた三ツ矢乳業社長の岩田弘氏。73年夏の上田&横内による「岩田詣」は、ほどなく吉原社長に、そしてジャイアント馬場に伝わった。

ングから去る。そして、フランスのパリに戻って旅行会社を始めた。藤井も同月9日、カルガリーでのトーア・カマタ戦を最後に同地区を去った。

猪木vs小林の巌流島決戦

マネージメントしてくれる人物がいなくなってしまった藤井は、自ら戦うリングを探す日々が始まる。まず選んだのはジョージア地区だった。ただし、前回とは異なるオポジションのアン・ガンケル派である。

藤井はヒールの中堅として団体のトップであるサンダーボルト・パターソンなどと当てられるが、年が明けて74年1月の試合を最後に帰国。ビザの書き換えが目的だった。

同年3月19日、蔵前国技館でアントニオ猪木vsストロング小林戦が行われた。国際プロレスのエースだった小林が電撃離脱し、他団体のエースに挑むということで話題を呼んだ大一番である。その会場に藤井が現れた。ある記者が姿を見つけ、コメントを求める。

「国際プロレスなんて、もうパーよ」

思わず出たのは、横内から学んだ口の悪さであった。

プロレスマスコミの中では、藤井は国際プロレスの所属選手として海外武者修行中の身だった。この発言は実質的なフリー宣言である。なぜ藤井は蔵前国技館にいたのか。おそらく新弟子時代に合宿生活を共にした小林に会いに来たというだけであろう。

小林は国際プロレスを離脱した。藤井もフリー宣言を口にした。そして、かつて若手3人衆の一人だった井上もこの日、蔵前国技館にいた。井上は親友で、このシリーズから新日本に初参戦したアンドレ・ザ・ジャイアントに会いに来たのである。

「蔵前で藤井と話をしましたよ。俺は清美川さんから横内がいかに悪い奴なのかを聞いていたので、藤井に聞いてみたんです。〝金を巻き上げられているんじゃないの？〟って。藤井は〝預けているだけだ〟なんて強がっていましたけどね。戻ってくるはずがない金を待っていて…あの頃、藤井はまだ横内から騙されていたことに気付いていないようでしたよ」

猪木vs小林戦が終わると、藤井は再びアメリカへ渡る。この74年、北米マット界はNWA、AWA、WWWF（79年にWWFに改称）による3組織体制の安定期だった。一方、日本マット界も藤井の出身母体・国際プロレス、新日本プロレス、全日本プロレスによる3団体の時代に突入したばかりである。

AWA、WWWFが実質的にそれぞれアメリカ北部、東部のひとつの団体であったのに対し、NWAは中西部、南部、中南部、太平洋岸の15前後の団体経営者による組合だった（他にカナダ、メキシコ、オーストラリア、日本が勢力圏）。その15の団体の中には、景気の良い地区も悪い地区もある。藤井の働き場所はアメリカやカナダのNWA勢力圏だったが、観客が多く集まるリングでの試合数は少ない。

78年辺りから、NWAは加盟者数を徐々に減らしていく。74年以降に藤井が上がったテリトリーは、その2~3年後に閉鎖されることが多かった。それは安いファイトマネーしか提供できない景気の悪いテリトリーだったということである。

スタン・ハンセンと合体

74年5月にアメリカに戻った藤井のキャリアはジョージア地区、アン・ガンケル派のリングから始まった。一時帰国を挟んでの継続参戦である。ここで藤井は「グレート・フジ」の名でファイトしたが、タイトル戦線には絡めず、また特定のタッグパートナーもいなかった。

6月18日、藤井はアトランタでキム・ドク（戸口正徳＝タイガー戸口）と組み、ジ・アイランダーズ（アファ&シカのサモアンズ）に敗れた。戸口は73年に海外武者修行に出されたものの、所属する日本プロレスがすぐに潰れてしまい、フリーとして主にインディアナ地区（WWA）で戦っていた。

当時、WWAとガンケル派は黄金カードであるオックス・ベーカーvsアーニー・ラッドを共用するなど提携中であり、ドクもその2人と共にゲストとしてアトランタに来ていた。この時期、記録が判明している藤井とドクのタッグ結成は前述の一度だけである。

10月、藤井はオクラホマ&ルイジアナ地区に転戦する。地区デビュー戦は同月8日、ルイジアナ州モンローで、ミスター・イトー（上田馬之助）をパートナーにトニー・ルッソー&チーフ・サンダークラウドを破った。

同月21日、藤井&上田はこの地区のトップである2メートルコンビ、グリズリー・スミス&ルーク・ブラウンのザ・ケンタッキアンズと対戦している（結果不明）。しかし、このようなカードが組まれることは稀だった。その理由はヒール側に若手大型コンビ、USタッグ王者のスタン・ハンセン&フランク・グーディッシュ（ブルーザー・ブロディ）がいたからである。

12月20日、オクラホマ州ロートンでは上田とブロディが欠場したこともあって、一度だけ藤井とハンセンのタッグ結成が実現した。相手はビリーとベニー、2人合わせて600キロのマクガイヤー兄弟で、こちらも結果は不明である。

74年下半期、藤井のタッグパートナーは上田馬之助だった。藤井が国際プロレスと絶縁宣言した半年後に、お揃いの田吾作スタイルで撮影された宣材写真。この1年半後、上田は国際に逆上陸することになる。

年が明けて75年に入ると、同地区に全日本プロレスから羽田光男が武者修行のために入ってきた。1月7日、モンローでの米国デビュー戦で羽田は上田に勝利している。ちなみに、羽田と藤井は対戦もタッグ結成も記録は発見できない。

2月に入ると、藤井はセントラルステーツ地区に転戦。パートナーにはオキ・シキナ（2代目）が座った。オキは72年、テレビが付く前の新日本プロレスに来たメキシカンのサパタ・マルティネスである。しかし、アメリカ人にとって藤井&オキは憎き「日本人コンビ」であった。

2月末、全日本所属でアメリカ武者修行中だった佐藤昭雄がアマリロ地区からセントラルステーツ地区に入ってきた。佐藤はベビーフェース側に組み入れられ、藤井と対峙することになる。2月28日の初対戦はタッグマッチ。結果は不明ながら、カードは藤井&オキvs佐藤&ヘイスタック・カルホーンだった。

3月27日、藤井&オキはセントラルステーツ地区版NWA世界タッグ王座をマイク・ジョージ&ジェリー・オーツから奪取した。これはかつて藤井が横内とのコンビで70年に就いていた北米タッグの後継タイトルなので、藤井はパートナーを変えて王座に復帰したことになる。同王座には、5月21日にテッド&ジェリーのオーツ兄弟に奪われるまで君臨した。

「長州力」を撃破

同年4月19日、藤井&オキのNWA世界タッグ王者コンビはオクラホマ&ルイジアナ地区のミシシッピ州テューペロにおける「旗揚げ興行」にスポットで駆り出された。

テューペロといえば、20世紀を代表するエンターテイナーのエルヴィス・プレスリーが13歳まで住んだ街として知られている。しかし、人口は5万人にも満たない。地理的にはメンフィスから近いので、テネシー地区のコースとなるのが自然だ。確かに71年辺りまではテネシー地区のレスラーたちがここで試合をしているが、この時期は撤退していたようだ。

同地区の統括プロモーターであるレロイ・マクガークは、プロレス不毛の地にしばしば進出していた。ルイジアナ州のシュリーブポートやニューオーリンズのプロレスもマクガークが66年頃から蘇らせた。

当日、興行に先立ってTVマッチが流された。オクラホマシティの東隣り、ミッドウェストシティのスタジオで何日か前に収録したものであろう。このTVマッチで藤井&オキはドリー・ファンク・ジュニア&テリー・ファンクのザ・ファンクスを破った。ドリーは前々年までNWA世界ヘビー級王座に君臨しており、テリーはこの年の12月に同王座に就く。まさしく全盛期のファンクスであった。かつてドリーが世界王者だった時代、藤井はTVマッチで噛ませ犬をさせられたが、この日は逆にドリーを、そして次期世界王者のテリーを噛ませ犬にしたのだ。

TVマッチを使って藤井&オキの持ち上げが行われた晩、彼らはテューペロでの興行のメインに出た。そして、試合に勝利する。相手チームの一人は佐藤昭雄、もう一人は吉田光雄だった。後の長州力である。

これはセントラルステーツ地区での定番カードの佐藤のパートナー枠に、長州が収まった形になる。75年といえば、日本国内では馬場と猪木が興行戦争、舌戦を繰り広げていた。そんな時期に実現した新日本と全日本の越境タッグだった。セミファイナルには羽田が登場し、新日本の旗揚げシリーズに来日したインカ・ペルー（ペルアーノ）を破っている。

さて、領土拡大のための大事な旗揚げ戦で、メインが日本人コンビ決戦、セミが日本人vsペルー人。こんなカードで、興行的に大丈夫だったのか。どうも、失敗だったようだ。

なぜマクガークは、「日本人」たちでエリア拡大のための初戦を行うなんて無謀なことをしたのか。実はこの19日、マクガークはシュリーブポートでも興行を打っていた。カードを見てみると、そちらではディック・マードック、ハンセン、ブロディといった主力に加え、アンドレ・ザ・ジャイアントが出場するバトルロイヤルも組まれている。つまり戦力をシュリーブポートに集中させたのだ。

翌週、26日のテューペロ第2弾興行にはビル・ワットvsディック・マードックという同地区最大のカードを持ってきて、フロリダ地区からはダスティ・ローデスを呼ぶなどテコ入れを図った。その一方、藤井ら「日本人」たちは誰も出なかった。しかし、それでもダメだったようで、この日をもってマクガークはテューペロから撤退している。

前述のように当時の同地区はマクガークがボスだが、ルイジアナ州の興行はワットが任されていた。マクガークに領土拡大の野望はあったものの、19日の第1弾興行はいかにも「他人事」の人選である。テューペロのプロモーターはマクガーク、ワット以外の誰かで、いわゆる「売り興行」だったのかもしれない。

マティ鈴木と再会

75年10月から藤井は太平洋岸に移り、カナダ・バンクーバー地区が拠点となる。ここではシングルマッチが多く、キース・フランクス（アドリアン・アドニス）がライバルであった。

12月8日にはバンクーバーで八木宏（剛竜馬）と対戦し、引き分けている。当時、八木は国際プロレスから武者修行に来ていて、この時が初対面だった。

76年3月に藤井はアメリカに戻り、オレゴン地区に短期参戦。13日、オレゴン州ポートランドのリングでの初戦では第1試合でビリー・フランシスに反則で敗れている。ちなみに、第2試合ではマティ鈴木がアドニスと引き分けた。

前述のように、鈴木は67年に国際の若手だった藤井を公私にわたって面倒を見た。かつて鈴木は再会した藤井について、こう言っていた。

「ポートランドに来た藤井に〝オウッ！〟と声をかけたら、

鳩が豆鉄砲を食らったような顔をして、返ってきた言葉は〝ああ、どうも…〟だったかな？　相変わらず掴みどころがない奴だったよ」

続けて、藤井は5月から8月まで再びジョージア地区でファイトした。しかし、前回と違い、上がったリングは74年11月をもってガンケル派を吸収したポール・ジョーンズ派である。先ほど74年以降の藤井の格はおおむね「中堅」と述べたが、このジョージア地区サーキットでは「前座」だった。

ここまで藤井はジョージア地区、オクラホマ&ルイジアナ地区、セントラルステーツ地区、バンクーバー地区と、かつて横内に連れられて歩いたテリトリーを回っている。かつてのよしみに頼ったのだ。しかし、以後は新たなテリトリーを開拓していく。

ドクター・ヒロ・オオタ

当時、フリーの通信員として海外取材をしており、後に自らW★INGを立ち上げることになる茨城清志氏はこう語る。

「アメリカで藤井には何度も会っています。アマリロでも会ってますよ。いつだったかな…天龍がアマリロでデビューする少し前だったように思います」

天龍源一郎が大相撲を廃業したのが76年の9月場所。アマリロ地区のヘレフォードでプロレスデビューするのが同年11月13日である。

藤井が新天地のロサンゼルス地区に入るのもちょうど76年11月で、8月にジョージア地区のスケジュールを終えてから11月までの間、アマリロ地区で戦っていたとすると記録では穴が空いている時期が埋まる。

ロス地区で藤井は、「ドクター・ヒロ・オオタ」に改名した。そして、地区入りしてすぐの11月26日にチャボ・ゲレロを破り、アメリカス・ヘビー級王座を奪取。藤井にとって初のシングル王座戴冠である（1週間で奪還されたが）。翌77年2月には、プロフェッサー・トール・タナカとの「日本人コンビ」でビクター・リベラ&シエン・カラスからアメリカス・タッグ王座を獲得した（1ヵ月後、リベラ&テリー・ソイヤーに奪われる）。

翌78年1月27日には、ニューヨークのMSGでWWWFジュニアヘビー級王座を奪取したばかりの藤波辰巳がロスでマスクド・カナディアン（ロディ・パイパー）を相手に初防衛戦を行った。この一戦で藤井は挑戦者側のセコンドに付き、藤波や乱入してきたチャボと乱闘を展開。この時、藤井は新日本と提携するロス地区のトップである。藤波との因縁ができたことで新日本マット登場近しを思わせたが、参戦は実現しなかった。

「ドラゴン・スープレックス」、「ドラゴン・ロケット」を引っ提げて藤波が鮮烈な凱旋帰国をした後も藤井とチャボの抗争は続く。2月に入るとロン・バスとのコンビでチャボ&ヘクター・ゲレロを破り、再びアメリカス・タッグ王座に就いた（3週間後にチャボ&エル・アルコンに奪われる）。

この78年の3月辺りから、藤井は隣接するサンフランシスコ地区にも顔を出すようになる。これは同地区がロス地区の上の方のレスラーをリングに上げ始めたからである。5月にドン・ムラコを破ってシスコ地区版US王者となったムーンドッグ・メイン（ロニー・メイン）は、ロス地区のアメリカス・ヘビー級王者でもあった。彼ほど良い扱いではなかったものの、藤井も2地区を兼ねることになる。

8月13日、その2冠王メインが交通事故死した。19日のサンフランシスコ・カウパレスのメインイベントは、空位となったUS王座決定戦のディーン・ホー（樋口）vsバディ・ローズ。セミがジミー・スヌーカvsロディ・パイパー、セミ前がアレックス・スミルノフvsカルロス・マタと興味深いカードが続く。藤井はその前のカードでパク・チュー（木村健悟）と組み、大ノ海（石川孝志）&リック・ヤングブラッド（4兄弟の長男で未来日）に敗れた。

新日本の木村は、6月に初の海外武者修行でロス地区に入ってきたばかりであった。力士時代の四股名をリングネームにしていた全日本の石川（名目上はフリー）は前年のプロレス転向直後からアマリロ地区に入り、3月にシスコ地区に転戦。この日の第1試合で、ロートル扱いだった引退直前のレッド・バスチェンに敗れているのが天龍源一郎である。

天龍が最初のアメリカ武者修行から帰国したのは77年6月だった。しかし、まだレスラーとしては未完成で、78年2月に再び渡米するため全日本のリングから消えた。ところが、アメリカのビザが下りず、東南アジア遠征などでお茶を濁していて、やっと8月になってシスコ地区に入ってきた。ここではベビーフェースの前座から始めたが、藤井と対戦できる格ではなかった。

「全米で一流」にカウントされないまでも、天龍よりも早くプロレス界に入り、早くアメリカに出た藤井はより上のランクにいた。これが60年代であれば、ロス地区とシスコ地区を股にかけた藤井の活躍は、力道山、馬場、猪木もできなかった大変なことである。

　しかし、この時代の西海岸のプロレスはかつての勢いをなくし、ロサンゼルスのオリンピック・オーディトリアム（収容人数＝約1万人）もサンフランシスコのカウパレス（収容人数＝約1万6000人）もそのキャパシティーを埋めるのは至難の技で、藤井が木村と組んで石川と対戦した8月19日、カウパレスの動員は4000人ちょっとだった。

謎の団体ICWに参戦

　藤井はこの8月19日のカウパレス興行をもってカリフォルニアを離れ、北上して翌週から75年にはスポット参戦だったオレゴン地区へと移る。

　8月26日、この地区の中心地であるポートランドでの再デビュー戦ではジョニー・イーグルスを破った。ちなみにポートランド在住の元師匠・マティ鈴木が生涯最後にリングに上がったのは、その前の週だった。アメリカではタッグチームでない限り、ひとつの地区に日本人は2人いらない。藤井は引退した鈴木と交代する形で、ポートランドのリングに上がったことになる。

　ここでの藤井のパートナーはブル・ラモスだった。主なシングル戦を見てみると、8月にジミー・スヌーカと引き分け、10月にはダッチ・サベージに敗れたものの、ラニー・ポッフォには勝利した。年が明けると、キース・フランクス時代には勝ったり負けたりだったアドリアン・アドニスとの対戦が多くなるが、負け続ける。

　79年2月から6月にかけて、藤井の試合記録はミシシッピ州ジャクソンのみである。かつてここはオクラホマ&ルイジアナ地区の一都市だったが、この時はインディー（独立団体）だった。

　7月に入ると、藤井はオレゴン地区で一緒だったラニー・ポッフォの誘いからか、テネシー州ノックスビルにあった彼の父アンジェロ・ポッフォの団体ICWに「カーネル・ヤン・キー」の名で登場した。

　同月21日にはボリス・マレンコとのコンビで、ボブ・ループ&ボブ・オートン・ジュニアと対戦し、敗れている。ラニーの兄で、後にWWFで大スターとなる〝マッチョマン〟ランディ・サベージもこの時期にICWにいたが、対戦記録は発見できなかった。補足すると、当時の格は藤井の方が上である。

当時、ループ、オートン・ジュニアといった強豪を揃えていたICWは日本では「謎の団体」として静かな話題を呼んでいた。一部には、「シュート団体なのではないか?」という声もあった。藤井は日本人選手で唯一、ICWに参戦したレスラーになる。

藤井は9月から10月にかけて初めてヨーロッパに飛び、ドイツのハノーバー・トーナメントにエントリーした。当時、ドイツではオットー・ワンツ主催のトーナメントもあったが、ハノーバーはより多くの国からレスラーが参加し、期間の長さと多彩な国際色を売り物にしていた。藤井も、その「国際色」に寄与していたことになる。

60年代半ばの清美川、シャチ横内以来、日本人レスラーのハノーバー・トーナメント参加は恒例となった。この年に呼ばれた日本人は藤井と元新日本プロレスの大城勤(大五郎)である。大城は末期の日プロに入門し、73年春に坂口征二らと共に新日本に移籍。78年2月に離脱して1年のブランク後、79年春からカナダのカルガリー地区でファイトしていた。

この年の優勝はパット・ローチ。日本でお馴染みのムース・モロウスキー、ビッグ・ジョン・クインは4位同点、藤井はトム・ビリントンの本名で参戦していたダイナマイト・キッドに続いて8位だった。

古巣・国際プロレスに「来日」

79年秋、藤井は約10年ぶりに日本のマット、それも古巣である国際プロレスのリングに上がった。11月1日に高萩市民体育館で開幕し、12月5日に古河市民体育館までの全30戦、約5週間の『デビリッシュ・ファイト・シリーズ』である。このシリーズには上田も参加した。

開幕の前日、全日本では馬場がハーリー・レイスを破ってNWA世界ヘビー級王者になった(2度目)。また、藤井の滞在中の11月28日には猪木がボブ・バックランドからWWFヘビー級王座を奪っている(現在、WWEでは非公認記録)。

「日本は、いつまで経っても馬場、猪木なんだな。世界マットはどんどん変わっているよ」

ライバル団体とはいえ、大先輩にあたる馬場、猪木に対する批判とも取れる発言は、この10年間に藤井が身に付け、輪をかけた口の悪さだった。しかし、それはマスコミの前だけで、普段は大人しい人物であったようだ。

シリーズ中の藤井の様子を同じくヒールサイドにいた鶴見五郎に聞いてみた。

「試合の前後、上田さん、藤井と一緒に行動していましたよ。食事も一緒。藤井は酒が弱いんだけど、上田さんに強要されるんで困っていましたね（笑）。藤井の試合？　スニーキーといって、卑怯者として振る舞うことが身に付いていましたね。横内のスタイルです。藤井だけでなく、上田さんもラッシャー木村さんもアメリカで横内と組んでいるでしょ。みんな身に付けていますよ、横内スタイルを。彼らは横内軍団です（笑）」

　では、シリーズ中の藤井の成績を見てみよう。ヒールとして外国人側に組み入れられたため、相手はすべて日本側である。シングルではマイティ井上（2敗＝反則負け1）、マッハ隼人（1勝）、稲妻二郎（1分）、寺西勇（1敗1分）、米村勉（1勝）、アニマル浜口（1敗）、ラッシャー木村（1敗）と対戦した。

　同期の井上は語る。

「藤井は横内に連れられてアメリカに行って、勝手にフリーになった人間でしょう。どの面を下げて帰ってきたんだと思いましたね。社長の吉原さんは上田馬之助もそうなんだけど、一度裏切った人間を簡単にリングに上げちゃう。俺には考えられないけどね。そう思ったから、試合ではガンガン行きましたよ。向こうは怯んでいたね」

　6人タッグを含め、この時に藤井が組んだレスラーは以下の通りである。上田（6回）、アレックス・スミルノフ（3回）、鶴

UMANOSUKE UEDA

上田馬之助
190cm 115kg

金髪狼

春・秋のシリーズで打倒木村を果たし損った上田は、ダイナマイト・シリーズに続いて残留を決めこんだ。4度目の殴り込みだ。

本名・上田裕司。昭和15年愛知県出身。35年大相撲間垣部屋から日本プロレス入門。2度の渡米で悪党レスラーとして名をあげ、日プロ崩壊後は一匹狼としてアメリカで暴れ、51年6月日本に逆上陸して木村を凶器で倒し第12代IWA世界選手権者となった。その後 [illegible] ているが、最近は再び鉾先を国際プロに転じている。日本のマットを血に染めずにはおかない上田の執念は、もはや狂的である。

ヤス・フジイ
192cm 115kg

カミカゼ野郎

ドクター・ヒロ・オータの名で全米各地を荒らしまわっていたフジイは、実に9年10ヵ月ぶりの帰国、いや日本への殴り込みだ。

本名・藤井康行。昭和24年大阪市出身。柏原高校卒業後の42年3月、難波ボディビル・ジムの仲間だったマイティー井上とともに国際プロ入門。43年1月初マット。45年1月渡米武者修業に出たが、アメリカ・マット界の水が性に合ったとみえ、そのまま定着して一 [illegible] スで2冠を奪取したのを初めアメリカ、カナダからヨーロッパまで荒らしまわっている。ライバル井上との対決がみものだ。

YASU FUJII

79年11月開幕『デビリッシュ・ファイト・シリーズ』のパンフより。藤井はエース格のモンゴリアン・ストンパー、アレックス・スミルノフ、上田馬之助とパンフ上では同格に扱われたが、特別参加のバーン・ガニアやジプシー・ジョーに食われた感もあった。

79年11月4日、後楽園ホールで藤井は同期生のマイティ井上とシングルで対戦。フォール負けを喫したが、タッグパートナーの上田が助太刀に入るなどIWA世界タッグ戦に向けて雰囲気を盛り上げた。

見（11回）、ジプシー・ジョー（3回）、モンゴリアン・ストンパー（2回）。上田とのコンビでは11月14日、諏訪湖スポーツセンターで井上&浜口のIWA世界タッグに金網デスマッチで挑戦し、藤井が井上からギブアップを取られて敗れた。

　ストンパー、スミルノフ、ジョーに加えて上田と、シリーズ名の通り外国人側は「デビリッシュ＝悪魔的」な面々である。しかし、AWAのボスで歴史に残る技巧派バーン・ガニアが11月中旬に特別参加してしまい、「デビリッシュ」の焦点はぼけてしまった。

　前記面々の影に隠れてしまったのか、この「凱旋シリーズ」で藤井は自らの魅力を十分に発揮できたとは言えなかった。

「ミスター・ポーゴ」と再合体

　再び北米大陸に戻った藤井は、カナダ・カルガリー地区に入る。リングネームは、「ヤン・キー」だった。

　年が明けて80年1月10日、藤井はカルガリーから南に700キロ、国境を越えてアメリカはモンタナ州ビュートのリングに立ち、トム・スタントンと戦った（結果不明）。

ここはカルガリー地区のプロモーター、スチュ・ハートが前の週からサーキットに取り入れた場所で、人口は5万人にも満たない。

ビュートは19世紀の終わりから1920年代まで銅鉱山で沸いた街である。同じ時期、この街のプロレスもエヴァン・ストラングラー・ルイス、フランク・ゴッチらによって賑わった。しかし、48年以降はプロレスが行われておらず、スチュは32年ぶりにここで興行を打った。

考えてみれば、藤井はアトランタのガンケル派、ノックスビルのICW、そしてビュートと日本人未踏の地を踏んでいる。海外での日本人レスラーは、トータルすれば「上がっていないリングはない」。こう言い切れるのは藤井が穴を埋めたお陰でもある。これは藤井の放浪レスラー生活ゆえであり、彼の日本プロレス史上における隠れた功績だ。

さて、藤井のカルガリー地区での試合ぶりを見てみよう。ここでのパートナーはミスター・セキガワ（ミスター・ポーゴ）である。藤井はセキガワとのコンビでキース＆ブレットのハート兄弟が持つ現地版インターナショナル・タッグ王座に挑戦したり、シングルでは剛竜馬（当時はフリー）と戦った。しかし、真ん中より下のカードに出ることが多く、大した実績を残せないまま再びヨーロッパに飛ぶ。

80年3月から藤井はイギリスのリングに上がった。しかし、記録が判明しているのはロンドンでの2試合だけだ。以後、藤井は約2年、「ヨーロッパのレスラー」である。

7月からはオーストリア第2の都市グラーツのトーナメントに参加。主催者のオットー・ワンツの他、スティーブ・ライト、レネ・ラサルテス、チャールズ・ベルファスト（ジョニー・ロンドス）らと手を合わせた。

以後、藤井はドイツ、オーストリアのトーナメントに出ているものの、めぼしい成績を上げていない。この年の10月にはハンブルクのトーナメント（ポール・バーガー主催）にも出た。バーガーはローラン・ボックの後ろ盾だが、この時期はボックが病気によりリングから離れており、藤井との対戦は実現していない。

鶴見が証言してくれた。

「国際プロレスが潰れた後、81年の秋に俺はハノーバー・トーナメントに出たんですよ。日本人は俺と新日本の木村健悟だけ。ところがね、ホテルにいたら藤井が訪ねてきたんだ。懐かしくなったんじゃないの？　ただ、藤井がどこのトーナメントに出ていたのかはわからない。バーガーのハンブルクかな？」

Grand Vladimir, der Große
Der gebürtige Russe lebt heute in Lüttich und bewirtschaftet dort eine Gaststätte. Wie viele seiner Kollegen ist auch er mit einer Hannoveranerin verheiratet. Trotz schwerer Verletzungen, die sich „Vladi" im Laufe der Jahre im Ring zugezogen hat, kann er sich immer wieder im Vorderfeld placieren. Ob er in diesem Jahr wieder mit Klaus Kauroff (unten) ein Team bilden wird – sie gewannen den Team-Kampf 1980 – steht noch in den Sternen, da sich beide im letzten Jahr in Hannover zerstritten.
24
Jasuhiro Fuji
Der Japaner startete als junger Nachwuchsringer bereits Anfang der 70er Jahre auf dem Schützenplatz. Inzwischen hat er viel dazugelernt und ist körperlich noch kräftiger geworden. Er möchte die gute Tradition seiner Landsleute fortsetzen und in der Spitze mitmischen.
Caswell Martin
Bei allen beliebt ist der Olympiateilnehmer aus Westindien, der seit Jahren zu den Lieblingen des Publikums in aller Welt zählt. Zusammen mit Steve Wright und Mile Zrno gehört dieser excellente Techniker zu den ersten Anwärtern auf den Techniker- und Fairness-Pokal.
Steckbrief:
Größe: 185 cm, Gewicht: 103 kg.
TAXI
Ruf 4343
Ab 1. 10. 82
TAXI
Ruf 2143
25

82年のハノーバー・トーナメントのプログラム（優勝はジョン・クイン）。選手紹介で使われている藤井の写真は、ロサンゼルス地区でアメリカス・ヘビー級王者だった時のものである。

ということは、81年も藤井はドイツでファイトしていたことになる。また、翌82年1月からベルリン、7月から8月にかけてはウィーン、9月から10月にかけてはハノーバーのトーナメントに参戦したことが判明している。

なお、82年のハノーバー・トーナメントには全日本に移った後のマイティ井上も参加しており、9月20日に藤井が初めて井上から勝利した記録も残っている。

ストロング・マシン3号

83年1月、藤井はアメリカのセントラルステーツ地区に戻る。リングネームは「ヤス・フジ」で、タッグパートナーは74年に組んだことがあるキム・ドクだった。3月にはドクとのコンビで、ボブ・ブラウン&バズ・タイラーからセントラルステーツ・タッグ王座を奪取している。

ここで再び当時アメリカにいた茨城氏にご登場いただく。

「カンザスシティでね、藤井と一緒でした。よく〝当たりが強い〟って言うでしょ。藤井は、それとはまったく逆のタイプの人間です。掴みどころがないんだよね。カンザスシティは試合の時、椅子の上に立ってはいけないんですよ。そんな条例があったみたいで。ところが、私はそれをやってしまった。そうしたら、警察に連れて行かれてしまったんです。でね、もらい下げに来てくれたのが藤井でした。いいところ、あるでしょう」

藤井がセントラルステーツ地区を去ったのは83年5月21日。カンザス州フォートスコットでドクと組み、ブラッシ＆タイラーと金網マッチで対戦したのが最後だった（結果不明）。以後、藤井はストロング・マシン3号として新日本マットでカムバックするまで1年半のブランクがある。

新日本の平田淳二がストロング・マシンとなったのは、84年9月であった。そして、すぐにストロング・マシン2号（正体は韓国の力抜山）が現れた。

当時、新日本は分身である旧UWFに前田日明、ブッシャー木村、藤原喜明らが相次いで移籍して人員が不足しており、新機軸として打ち出したのがマシン軍団だった。しかし、9月の下旬になると長州力、アニマル浜口らも離脱し、新日本はますます人材不足に陥る。

セントラルステーツ地区を去った藤井は、ハワイで旅行関係の職に就いたようだ。この時期、ハワイのプロモーターはリア・メイビア（ピーター・メイビアの未亡人）である。しかし、試合記録に藤井の名は見えない。

代わりにといってはなんだが、84年6月から坂口征二、藤波辰巳がハワイのリングに上がっている。新日本がメイビア未亡人と提携したからだ。レスラーだけではなく、新日本のスタッフも頻繁にホノルルを訪れる。そして、藤井は「発見」されたのか。

85年1月、元国際プロレスの将軍KYワカマツ率いるマシン軍団の一員、ストロング・マシン3号として藤井はリングにカムバックした。平田は同1号となり、2号＆3号とのトリオは新日本のメインで猪木、藤波らと戦った。

ワカマツは、次のように振り返る。

「当時、藤井さんはハワイに住んでいました。シリーズが終わると、向こうに戻っていましたよ。旅行関係の仕事をしていたという話を聞きましたが、新日本に出ている時は一時休業していたんじゃないですかね。なぜ藤井さんが3号だったのか？　いやあ、2号も含めて私はマシンの中身の人選に関わるほど力はありませんでしたから。その頃、吉原さんは新日本の顧問をされていましたが、藤井さんを呼んだのは別のルートだと思います。私が知る限り、藤井さんと吉原さんが日本で顔を合わせる場面もなかったと思いますよ。藤井さんは人間的にソツのない方でした。ソツがないというのは、誰とでもうまく付き合えるという意味です。それとアメリカで長く生活していたこともあってか、外国人的な気質を持った方でしたね」

しかし、マシン軍団は長くは続かなかった。春にワカマツと仲違いした1号が離脱。スーパー・ストロング・マシンと改名し、マシン軍団との抗争が始まる。

8月1日、両国国技館でマシン3号こと藤井はスーパー・ストロング・マシンとシングルで対決し、敗れた。結果的に、この日が藤井の生涯最後のリングとなった。

ワカマツ、藤井は国際プロレス出身である。マシン2号の力抜山にしても、若手の頃に梁承揮（ヤン・スンヒー）の本名で国際のリングで数多く試合をした。それを考えると、平田が抜けた後のマシン軍団はまさに『国際軍団』であった。

藤井のラストマッチとなった8月1日のメインは、アントニオ猪木vsブルーザー・ブロディの一騎打ちである。

同じ頃、全日本マットでは長州と天龍が激しいファイトを繰り広げていた。

WWFでは、6月に加入してヒール側に置かれたランディ・サベージが連勝街道を突っ走っていた。

ブロディやサベージは、藤井とアメリカで一緒にサーキットしたメンバーであった。長州、天龍はアメリカで藤井よりずっと格下だった。しかし、彼らは「俺たちの時代」を迎えようとしていた。

85年8月1日、両国国技館でストロング・マシン3号はスーパー・ストロング・マシンとの遺恨決着戦に臨んだ。これが記録上判明している藤井のラストマッチとなる。

この前年の2月に始まったWWFの全米侵攻は、テリトリー制を崩壊させた。アメリカの地方都市の興行収入が減少し、テリトリー制を支えていたローカル団体が崩壊し始めるのは78年辺りからである。「脇役に徹した」というよりも「脇役に徹しざるを得なかった」藤井は、テリトリー制があったからこそ日本の団体に所属しなくても食い繋げた。

藤井の試合スタイルは、ノラリクラリとした観客をイライラさせるスニーキーなものだった。しかし、藤井のキャリアを眺めるとキャリア自体がノラリクラリしているように見える。藤井がリングを去ったのは、歴史的にテリトリー制がその寿命を終えようとしていた時期と一致する。

テリトリー制崩壊後のプロレス界はWWFのエンターテインメント路線であり、長州から始まったハイスパートレスリング路線であり、さらにはUWFのシビアな格闘技路線である。いずれにせよ、それらはノラリクラリを許さない。

そして、藤井はリングを去った。年齢は、体力的にまだまだやれていたはずの36歳だった。

［証言］

大剛鉄之助

清水 勉＝聞き手
interview by Tsutomu Shimizu

2017年11月4日、元国際プロレスの大剛鉄之助（本名＝栄田幸弘）がカナダ・カルガリーで亡くなった。享年75。それは書籍『実録・国際プロレス』が校了する直前の出来事だった。

大剛は国際プロレスという団体を振り返る上で絶対に欠かせない重要人物の一人だが、なぜGスピリッツ本誌の連載に登場しなかったのか。実は2015年に筆者は大剛に国際電話でインタビューを行った。当然、本誌の連載『実録・国際プロレス』のためで、その際に「第1部＝東京プロレス編、第2部＝国際プロレス編、第3部＝カルガリー編」の長編企画にしたいと本人に提案。大剛自身も「いいねえ、3回連続で俺の話が誌面に載るってことだな」と上機嫌で承諾してくれた。

そして、ひとまず第1部の取材が終了。生い立ちから東京プロレスまでの話をたっぷり聞き、ホットなうちに原稿に起こした。

「来週も電話してこいよ。続きをやろうぜ」

電話口でそう告げられたこともあり、第1部が誌面に掲載される前に第2部用のインタビューもすぐさま行うことになった。

ところが、翌週に電話を入れると大剛の態度が一変した。

「国際プロレスのことは、もう話したくないよ。いいことが何もなかったもん。だから、ここから先はもう話したくない」

こうなると、企画自体が成り立たなくなる。しかし、何度も説得したが、大剛は「いや、国際時代は…」と譲らない。この時期に交通事故で右足を失ったことは、やはり40年以上経っても心の中で大きな傷になっているのだろう。最終的に大剛本人の意向を尊重し、連載への登場は延期、第1部の原稿もお蔵入りとなった。

本書では熟慮した上、氏の残した功績を偲ぶ意味で「幻の第1部」を掲載することにする。人生の本編とも言うべき第2部と第3部が欠けた未完のインタビューだが、故人の生の言葉を伝えるべく、原文のままお伝えすることにする。

＊　＊　＊

「えっ、阿修羅が亡くなったの⁉　まだ若いのに…。彼はいい選手だったよなあ」

阿修羅・原こと原進の訃報を耳にし、その死を惜しむ声の主はジョー大剛こと大剛鉄之助。国際プロレス在籍時、カナダで武者修行中に不慮のアクシデントで右足を切断し、現役を退くという不幸に見舞われた大剛は以後、カルガリーに定住し、すでに41年という長い月日が経過した。

その間、国際プロレスの北米支部長、新日本プロレスのブッカーや現地トレーニングコーチを歴任して数々の功績

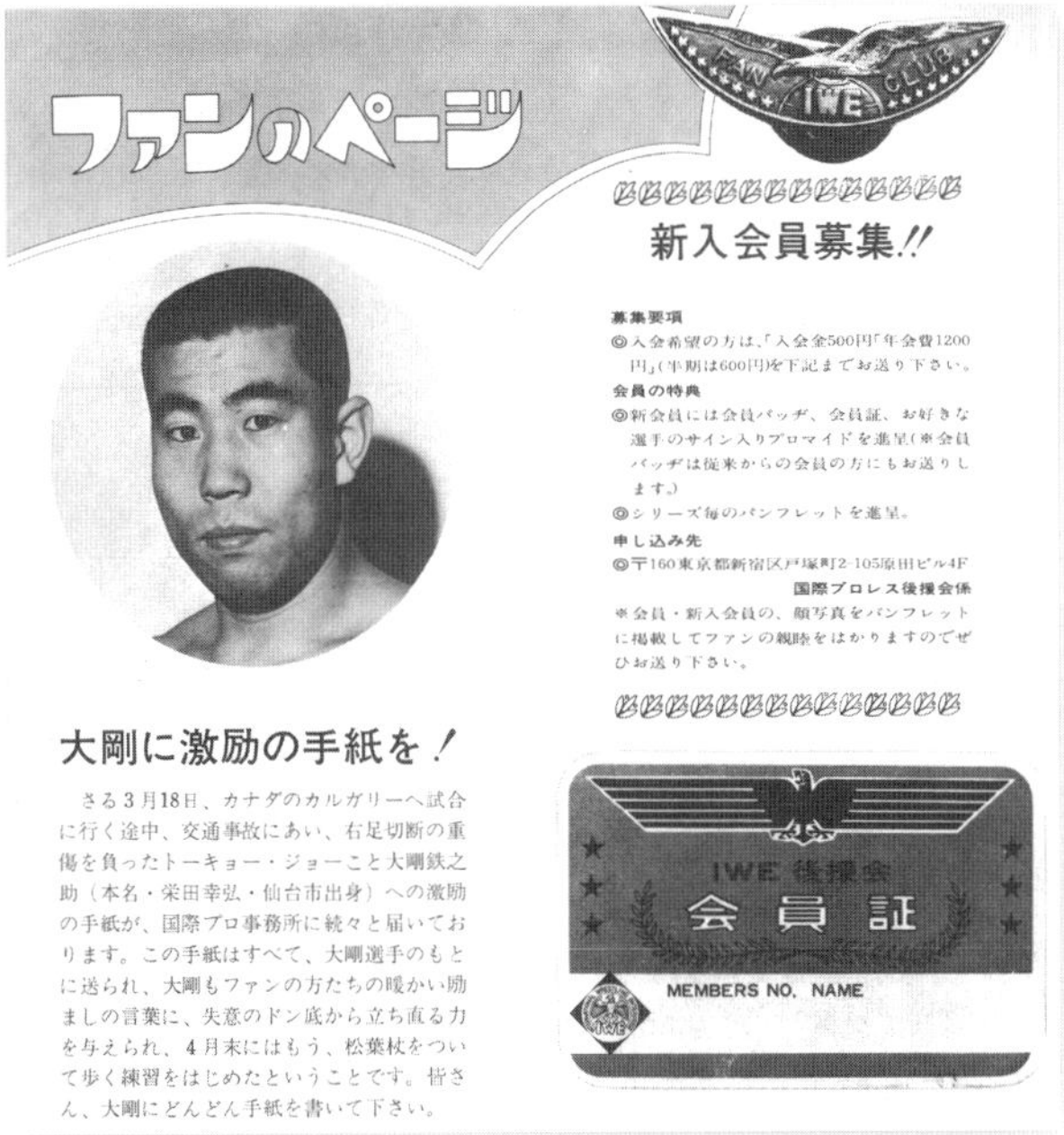

74年5月開幕『ダイナマイト・シリーズ』のパンフより。大剛が同年3月18日、カルガリーで自動車事故に遭い、右足切断の重傷を負ったことが伝えられた。

を残し、現在は隠居生活を送っている。

「12年前にタバコをやめたし、7年前には酒もやめたよ。毎朝、一人でトレーニングしている。練習の時間を邪魔されるのが一番嫌なんだ。トレーニングの後に飲むコーヒーが楽しみでね。時々、ブランチを食べに近所へ散歩に行くのも楽しみかな」

筆者は引退後に来日した大剛と都内で何度か食事をご一緒したことがあるが、よく飲み、よく食べ、しかもヘビースモーカーの豪傑という印象が強かった。

「俺は相撲時代から身体が小さかったからさ、人一倍飲み食いさせられたんで、その癖が抜けなくてね。いつまでも現役のつもりで暴飲暴食していてはダメなんだよな。だから、今はヘルシーな食生活に変えたよ」

そう語る大剛は、すでに73歳。レスラー、そしてブッカーとして精力的に動き回っていた時代とは異なり、健康に気を配りながら穏やかな時間を過ごしているようだ。

さて、本題に入ろう。本名・栄田幸弘は太平洋戦争開戦から4ヵ月後の1942年3月10日、樺太（現・ロシア領サハリン）の落合町で生まれた。父の定吉は、秋田県出身で林業に従事。母の「なよ」は、北海道・留萌市のニシン番屋の娘であった。

両親がいつ結婚し、樺太に移住したのかは大剛自身も知らないという。当初、定吉は樺太でも森林の伐採業をしていたが、水道工事の仕事に転職する。栄田家には7人の子供がいて、大剛は下から2番目。男兄弟は2人だが、兄は歳が離れており、すでに亡くなっている。

終戦後も樺太ではソ連軍による戦闘が続き、現地に住んでいた日本人たちは内地（本土）に逃げ帰る者が続出した。栄田一家が落ち着いた先は宮城県仙台市。48年（昭和23年）、大剛が6歳の時である。

「樺太から仙台に来て一番驚いたのは、市電っていうの？街中に路面電車が走っていたことだよ」

大剛は、後に四股名やリングネームの由来となるこの街で多感な少年時代を過ごした。

——樺太を出て仙台に移住してからは、どういう生活を送られていたんですか？

「子供の頃は相撲と野球が大好きでね。でも、やるんじゃなくて観る方（笑）。相撲は栃若に熱狂したよ。当時、テレビは食堂とか風呂屋にしかなくてさ。だから、俺は風呂屋の番台に座らせてもらって相撲の時間を楽しみにしていたんだ」

――ご自身で相撲を取るようなことは？

「俺の行っていた小学校も中学校も相撲部はなかったよ。野球も観るのが好きでさ（笑）。巨人の川上（哲治）さんの大ファンだった。高校生だと、若生3兄弟という凄い野球選手がいたのよ。上の兄貴（久仁雄）も凄かったけど、次男の智男は後に毎日オリオンズや阪神タイガース、広島カープでプレーした投手。三男の正廣も東北高校の投手で、母校の監督にもなった人だよ」

――阪神や広島にいた若生投手なら知っています。

「その次男の智男が東北高校で投げている時には、よく宮城スタジアムへ観に行ったんだよ。というよりも、俺は野球のパンフレットを売るバイトをしてたんだ。でも、パンフなんて売れなくてもいいんだよ。タダで野球が観られるんだからさ（笑）」

――大剛さん自身は、運動神経は良かった方ですか？

「俺？　まあ、そこそこにね（笑）。小学校の頃から青年団に交じって柔道をやっていたんだよ。といっても、みんな先輩ばかりで、俺は投げられ専門。こっちはまだ小中学生なのに、相手は大学生とかだったからね。そこで鍛えられたって感じかな。そんな先輩たちの中に神永がいたんだよ」

――64年東京オリンピックの無差別級決勝でオランダのアントン・ヘーシンクと戦った神永昭夫ですね。

「そう。彼は東北高校でね。高校になってから柔道を始めたらしいんだけど、その頃から神童と呼ばれていたよ。俺よりも6つ年上だから実際に戦ったわけじゃないけど、確かに大きいし、恐ろしいほど強かったよ」

――大剛さんも東北高校で柔道をやろうとは思わなかったんですか？

「いや、それはなかったね。中学を卒業したら、相撲取りになるために東京へ行こうと決めていたから」

――親の反対は？

「いや、俺は〝自分の道は自分で切り開いていく〟と決めていたから。進学なんて考えなかったよ。相撲が好きだから、力士になりたいと。それだけだよ。親には〝迷惑はかけないから、とにかく行かせてくれ〟と頼んでね。だから、半ば勘当みたいな感じで仙台を出たんだよ」

――そして、湊川部屋の門を叩いたわけですね。

「そう。中学を卒業して、4月には東京に出ていたからね。親方は前頭筆頭まで行った十勝岩という二所ノ関部屋から分家独立した人。部屋には、親方と同郷（北海道広尾郡大樹町）で前頭まで行った大龍さんがいたよ。7～8人くらいの小さな部屋だったけどね」

――稽古はキツかったですか？

「いや、稽古自体はそうでもなかったけど、俺は小さいからメシを食わされるのがキツかったよ。〝食ってるか？〟と先輩に言われて、〝はい、丼で3杯です〟と答えると、〝あと3杯！〟ってまた食わされるんだよ。俺はアンコ型じゃなくてソップ型で筋肉質だったから、食うのが本当にキツかった。稽古はね、ウチの部屋は本家の二所ノ関部屋に近いから合同でやることも多かったんだ。向こうは80人くらい抱えた大きな部屋だから、壮観だったね」

――大剛さんが入門した頃、二所ノ関部屋には大鵬がいましたよね？

「新十両に昇進が決まって、大鵬の四股名をもらった頃だったと思うよ。それ以前に二所ノ関には納谷幸喜という、とてつもなく凄い力士がいるというのは評判だったからね」

大剛は59年5月場所で本名の『栄田』として前相撲を取り、7月場所の新序（2勝1敗）を経て、9月場所は序ノ口、11月場所では序二段に昇進し、四股名を『栄岩』に改めた。

「最初は宮城岩にしようとしたけど、ゴロが悪かったんでね」

その後、序二段を6場所経験し、23勝23敗とまずまずの成績を残す。60年11月場所では早くも三段目に昇進（10場所＝44勝33敗）。62年7月場所には幕下に上がり、64年初場所から『仙台』を名乗った。

「宮城じゃなく、仙台というのが斬新でいいでしょ（笑）。この名前は親方じゃなくて、俺が考えたの。仙人の住む台地。あの伊達政宗が付けた街の名だからね」

翌65年、部屋別総当たり制の導入にあたり、湊川部屋は二所ノ関部屋に吸収合併された。大剛も籍を移し、小さい身体で確実に白星を重ねていく。最高位は幕下6枚目。幕下では実に23場所を経験して、82勝79敗と勝ち越している。

――相撲時代の成績を見直すと、トントン拍子で昇進していますね。

「記録では最高位は6枚目になってるの？　俺の記憶では2枚目だと思ってた。その4枚は大きな違いがあるんだけどね。まあ、いいや。俺の生涯戦績はわかる？」

――42場所に出場し、１５６勝１３９敗です。

「まあまあだね」

――勝ち越しているだけでなく、休場もないですよね？

「確かに休んだ記憶がない。横綱になった北の富士は俺の2年先輩なんだけど、三段目の頃はそんなに強くなかったな。というか、弱かったよ。俺、ぶん投げたことがあるからね」

——昭和30年代前半に角界入りして、後にプロレスに転向した人はたくさんいますが、その中で大剛さんが最上位じゃないかなと思います。

「そうだろうね。俺の後だと天龍（源一郎＝前頭筆頭）、扇山（前頭5枚目）、大位山（勝三＝前頭12枚目）なんかが出たけど、ずっと後輩だし」

——大剛さんが角界にいた時代の先輩力士には、大熊元司や上田馬之助がいますね。

「大熊さんは、伊勢ヶ濱部屋で崎錦という四股名だったよね。名門なのに、あの人は相撲が弱かったよ。上田さんもそう。俺よりも8ヵ月くらい早く入門しているけど、相撲は弱かった。四股名は海部錦とかいったっけ。彼が国際プロレスに殴り込みをかけたことがあったけど、あれを仕掛けたのは俺なんだよね」

——そうだったんですか！　上田さんは76年1月にＩＷＡ世界ヘビー級王者のラッシャー木村に挑戦状を送り付け、5月から本格参戦しましたね。

「上田さんは2年もしないで相撲を辞めて、日本プロレスへ行ったんだ。上田さんと同じ間垣部屋に韓国人の…そう、松岡巌鉄。あいつも確か序二段と三段目で優勝しているけど、相撲は弱かったよ。あの頃、いろんな力士がプロレスへ転向したけどさ、みんな弱くて相撲で通用しないからプロレスに行ったんだ。小鹿もそう。すぐいなくなったよ」

——ラッシャー木村も角界では1年先輩ですね。

「宮城野部屋だったよね。木村さんとは、三段目の時に一

76年6月、“まだら狼”上田馬之助がラッシャー木村からIWA世界王座を強奪。初防衛戦（写真）が没収試合に終わると、上田は負傷を理由に木村との王座決定戦をキャンセルし、そのまま新日本プロレスにジャンプした。

度だけ本割で当たっているんだよ。俺が負けたけどさ。でも、1年先に相撲に入った人がまだそんなところでウロウロしているってことだよ。何といっても、木村さんは欲がない。身体が大きくても生まれ故郷の天塩町では何もすることがないから力士になったと木村さんは言っていたけど、俺は違うから。食うために力士になったんだよ。だから、小さい身体で勝つための方法をいろいろ考えて戦ったよ」

――後にカルガリーに来るミスター・ヒト（安達勝治）やケンドー・ナガサキ（桜田一男）は後輩になりますね。

「安達は出羽海部屋で、俺の1年後輩。幕下（17枚目）まで行ったけど、強くはなかったな。桜田は立浪部屋でしょ。俺のずっと後に入ってきたから、相撲時代はよく知らないなあ」

――大剛さんは相撲を辞めて東京プロレスに入りますが、同期だった永源勝（遙）、柴田勝久、大磯武、寺西勇、中川弘も元相撲取りですね。

「中川？　ああ、アチャコね。俺はそう呼んでいたよ。花菱アチャコって漫才師がいただろ。そんな感じの奴だったからさ。アチャコは奈良出身なんだよ。奈良からはロクなのが出てこないよな。中川は柴田と同じ朝日山部屋で、1年ちょっとしか相撲にいなかったんじゃないか。柴田は序ノ口と三段目で優勝しているはずだけど、そんなに強くなかった。最高位は幕下…」

――35枚目です。

「そうだろ。柴田は1年後輩で、永源は2年後輩だよ。永源、大磯、寺西は、みんな立浪部屋だよね。永源は序二段で優勝しているでしょ。でも、番付じゃ柴田よりもずっと下だから（幕下71枚目）。大磯と寺西は俺よりもずっと後に入門したから、相撲時代のことはよく知らない。どっちも三段目止まりだったでしょ。当時は今と違って相撲取りの数が凄く多かったから、違う部屋の下の人間たちは憶えられないよ。それに本割で当たることもないし、稽古も一緒にすることがないからさ」

――とは言いつつも、他の力士のことをよく憶えていらっしゃいますね。

「まあ、意外と自分でチェックしていたんだなあと思うよね。プロレスの世界に入ってから情報を仕入れたことも多いけど」

――52年に入門した米村天心や轡田友継（サムソン・クツワダ）は、どうでしたか？

「ああ、米村さんね。秋田の人で、高島部屋だったよね。この人は真面目なんだけど、やっぱりそんなに強くはなかったなあ。息子（朱雀）が今、相撲しているらしいね（※２０１７年9月場所を最後に引退）。轡田は朝日山部屋だったの？　相撲取りだったというのは後で知ったよ」

──53年には、キラー・カーンこと小沢正志が初土俵を踏んでいますが。

「モンゴル人になってカルガリーに来たことはあるけど、相撲時代はまったく記憶にないな（笑）。その辺になると、もう世代が違うんだよ」

──ところで、大剛さんは二所ノ関部屋に移ってから大横綱・大鵬の付き人をされていたんですよね。

「同じ樺太生まれだから、可愛がってくれたんだよ。大鵬さんは敷香町（現ポロナイスク）だから、ロシア国境の方でね。俺は豊原支庁の落合町（現ドリンスク）で、ずっと南の方なんだ。付く前から、よく〝稽古しているか？〟と声をかけてくれたよ。その頃の大鵬さんの付き人は70人くらいいてね。綱締めの付き人は6人。俺はその中にいた。全盛期だったから稽古もよくするし、凄く強かったし、綺麗な相撲を取る人だったよ。相撲界に入って、この人の傍にいられたことが俺にとって何よりも幸せだったと思う。俺が相撲を辞めた後も、ずっと優勝し続けていたからね。その頃も交流があって、よく部屋に遊びに行ったんだけど、こっそり〝最近、血圧が高くて〟とか漏らしてくれたよ。最後の頃は無理して横綱を続けていたんだね」

大剛が西幕下16枚目で初場所を迎えようとしていた66年1月、豊登が日本プロレス社長を辞任し、新宿区柏木の小峰ビル3階に事務所を構えた。

豊登と行動を共にしたのは田中忠治、高崎山三吉（北沢幹之）、斎藤昌典、さらに64年9月場所を最後に廃業し、日本プロレスに入団していた木村政美だった。

加えて現役を引退していたマンモス鈴木、竹下民夫、レフェリーの阿部修も合流。当初、この新団体は4月に旗揚げする予定だったようだ。

初場所に続き、仙台は3月場所も4勝3敗で勝ち越しを決めたが、それと前後して3月19日（現地時間）にはハワイで豊登が日プロへの凱旋帰国が決まっていたアントニオ猪木を口説き、新団体に引き込む。俗に言う「太平洋上略奪事件」である。そして4月23日、豊登は猪木を連れて帰国し、東京プロレスの旗揚げを正式に発表した。

この時、大剛はある決断をする。それはプロレスの世界に身を投じることだった。東幕下12枚目で臨んだ5月場所で1勝6敗と負け越すと、これを最後に廃業。それは「波乱万丈」としか言いようのないプロレス人生の始まりでもあった。

――大剛さんは順調に昇進していたのに、なぜ相撲を辞めたんですか？

「やっていれば、自分でわかるよ。幕下上位まではいいけど、この小さな身体じゃ、その上は無理ってことはわかっていたよね。限界ってやつだよ。その頃、木村さんに〝プロレスをやらないか？〟と誘われていたんだ。〝新しいプロレス団体をやるんで、新人が欲しい〟ってことでね。それで新宿の事務所で豊登さんと会ったわけよ。豊登さんが〝本気でやる気があるのか？〟と言うんで、〝食っていくために頑張ります〟と答えたら、入門を承諾してくれてね。親方には〝退職金もいらないから、辞めさせてください〟と言ったよ。当時、5～7万の退職金が出たはずなんだ。それを蹴って部屋を出て、神奈川県の伊東でやっていた東プロの合宿に行ったんだよ」

――その時点ではまだ旗揚げもしていない新しい団体でしたが、不安はなかったんですか？

「そんなことは考えもしなかったね。実は兄弟子の大龍さんが引退して、東十条に『大竜』というちゃんこ屋を出していてね。そこに吉原さんがいつも来ていたから、顔見知りだったんだよ。吉原さんは、まだ日本プロレスの営業部長だった。でも、その頃から日プロの他の幹部連中とうまく行っていなかったはずだよ。俺は具体的に何も聞いていないけど、吉原さんも独立して新団体を創りたかったみたいだったね。それがヒロ・マツダさんと組んだ国際プロレスでしょ」

――ところで、伊東の合宿先はどういう場所だったんですか？

「誰かのスポンサーだった画家の別荘なんじゃないかな。リングのある練習場は、ちょっと離れたところにあったよ。田中さん、北沢さん、斎藤さん、木村さん、竹下さん、マンモス鈴木さんがいたかな」

――大剛さんが合宿入りした時、他の新弟子もいましたよね？

「永源、大磯、寺西とかがいたかもしれない。俺は5月場所を出てから、辞めてるからね。彼らは5月場所を全休したから、俺より少し先に来ていたかもしれないな。中川はもっと前に相撲を辞めているけど…どうだったかな？　まあ、みんな僅かな差だったと思うよ。柴田は9月場所まで出ているから、合宿に入るのは遅かったよね」

——旗揚げ前の東プロには金田照男、福井正、嵐正男といった新弟子もいましたよね。

「金田は韓国人で、入ってきたのは俺の少し後。〃今度、入りました金田です〃って挨拶してきたのを憶えてるから。福井はアンコ型で、嵐というのは若松部屋の小さい奴だったような気がする。金田はデビューしたけど、他の2人はデビューする前に辞めたよ」

——通常、プロレスの世界では1日でも先に入門した人間が先輩になるわけですが、東京プロレスの場合はどうだったんでしょうか？

「合宿所では、特に先輩後輩なんていうのはなかったな。永源も大磯も俺が相撲で先輩だったから、〃さん付け〃していたけどね。でも、俺はプロレスは別の世界だから番付は関係ないと思ったし、兄弟子みたいな態度も取らないようにしたよ」

——プロレスを教えてくれたのは誰になりますか？

「田中さん、北沢さん、竹下さんかな。俺は柔道もやっていたし、受け身も上手く取れたから、そんなに稽古がキツイとは思わなかったな。ただ、田中さんがあまりにキツく我々に当たるから口論になってね。〃おい、ふざけるなよ、この野郎！　外に出ろ！〃って俺が凄んだら、それから何

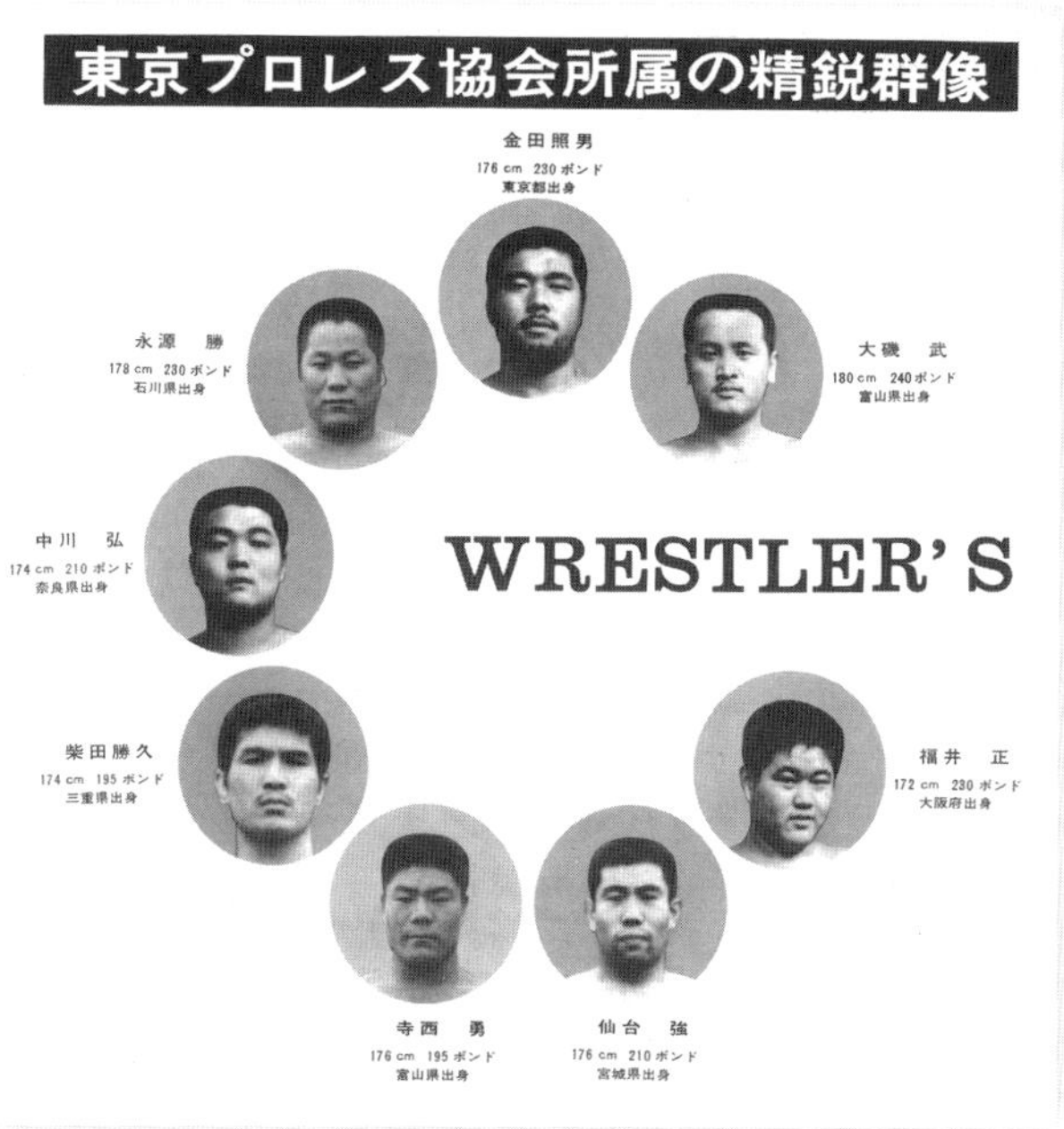
東京プロレス協会所属の精鋭群像
金田照男
176 cm 230 ポンド
東京都出身
永源　勝
178 cm 230 ポンド
石川県出身
大磯　武
180 cm 240 ポンド
富山県出身
中川　弘
174 cm 210 ポンド
奈良県出身
WRESTLER'S
柴田勝久
174 cm 195 ポンド
三重県出身
福井　正
172 cm 230 ポンド
大阪府出身
寺西　勇
176 cm 195 ポンド
富山県出身
仙台　強
176 cm 210 ポンド
宮城県出身

東京プロレスの旗揚げ『ビッグ・マッチ・シリーズ』のパンフより。大磯武、金田照男、永源勝、中川弘、柴田勝久、寺西勇、仙台強、福井正ら若手8名の顔写真が掲載されたが、相撲時代の経歴などは紹介されていない。

も言ってこなくなったよ。北沢さんはとてもいい人で、誰からも慕われていたな。竹下さんは二所ノ関部屋で大鵬さんの先輩だから、俺に相撲の話を聞いてきたりしてね。いい先輩だったよ。マンモス鈴木さんも同じ仙台出身だから、可愛がってくれた。阿部修さんは、高砂部屋の大成山でしょ」

——社長の猪木さんが合宿に来たことは？

「一回だけ来たけど、大メシを食らって帰っていったよ。それから営業をしていた新間（寿）さんも顔を出したりしていたよね」

——6月3日に豊登さんは東京プロレス協会（会長は経済学者の板橋菊松氏）を設立し、この時点では8月15日の旗揚げを予定していました。しかし、相変わらず舎弟の田中忠治さんを連れてギャンブル三昧だったようで、運転資金は湯水の如く消えていったみたいですね。

「夏に旗揚げするって話は俺も耳にしたけど、延期になったんだ。でも、会社の内情がどうなっていたかなんて若い俺たちは誰も知らなかったよ。一応、メシだけはちゃんと出ていたからね。ただ、練習に明け暮れていたな」

——8月21日には猪木さんが外国人招聘ルートを確保するために渡米しましたが、その際に羽田空港で会見を開いて10月上旬の旗揚げと発表しています。

「選手全員で見送りに行ったかもしれない。その猪木さんの話を聞いて、今度こそ旗揚げするんだろうなと思ったよ。猪木さんが帰国した後、確か神田のＹＭＣＡで公開練習をしたよね（10月3日）。俺たちも人目に晒されるのは初めてだったし、張り切ったよ。あの時、猪木さんが練習をするのも初めて見たな。みんな気合いが入っていたよ」

——その数日後、日本プロレスを退社した吉原さんがヒロ・マツダと新団体設立に向けての話し合いをするために草津正武、杉山恒治を連れて渡米しました。これが国際プロレス設立の第一歩になりますね。

「でも、俺は東プロの旗揚げが1週間後に迫っていたから、そういうことはまったく気に留めていなかったな。あの時はガイジンが来て、レセプションみたいなのをホテルでやったよね」

——10月10日に、赤阪プリンスホテルで発会式が行われました。

「俺たち若手も全員出席したよ。ガイジンが遅れて来て、ジョニー・バレンタインが猪木さんに襲いかかってね。いよいよ、始まるんだなって雰囲気を感じたよ」

——その翌日には、ＹＭＣＡで外国人勢の公開練習がありました。若手も実験台に駆り出されたはずです。

「俺らが次々にバレンタインに向かって行ったんだけど、肘でガツンガツンとやられた記憶があるな（笑）」


そして、10月12日に東京プロレスは蔵前国技館で旗揚げ戦を行い、永源、大磯、寺西、中川、柴田、金田がデビューする。

大剛はなぜかこの日は試合が組まれず、旗揚げ『ビッグ・マッチ・シリーズ』第2戦となる10月15日の青森県営体育館が初陣だった。


──デビュー時の仙台強というリングネームは、豊登さんが付けたんですか？

「いや、俺。四股名を活かしてね。強も自分で考えた」

──蔵前での旗揚げ戦で、大剛さんの試合が組まれなかった理由というのは？

「竹下さんに〝悪いな、今日はいっぱいだから堪えてくれ。明日があるから〟と言われて、試合を外されたんだよ。まあ、みんなに先を越されたという悔しさは別になかった。その分、蔵前は冷静にいろんなものを見ることができたよ」


──どういう点ですか？

「5月まで蔵前国技館で相撲を取っていたのに、ここでプロレスを始めるなんて不思議だなあと思ったよ。それと相撲とは全然雰囲気が違うなと。正直、ちょっとマイナー感

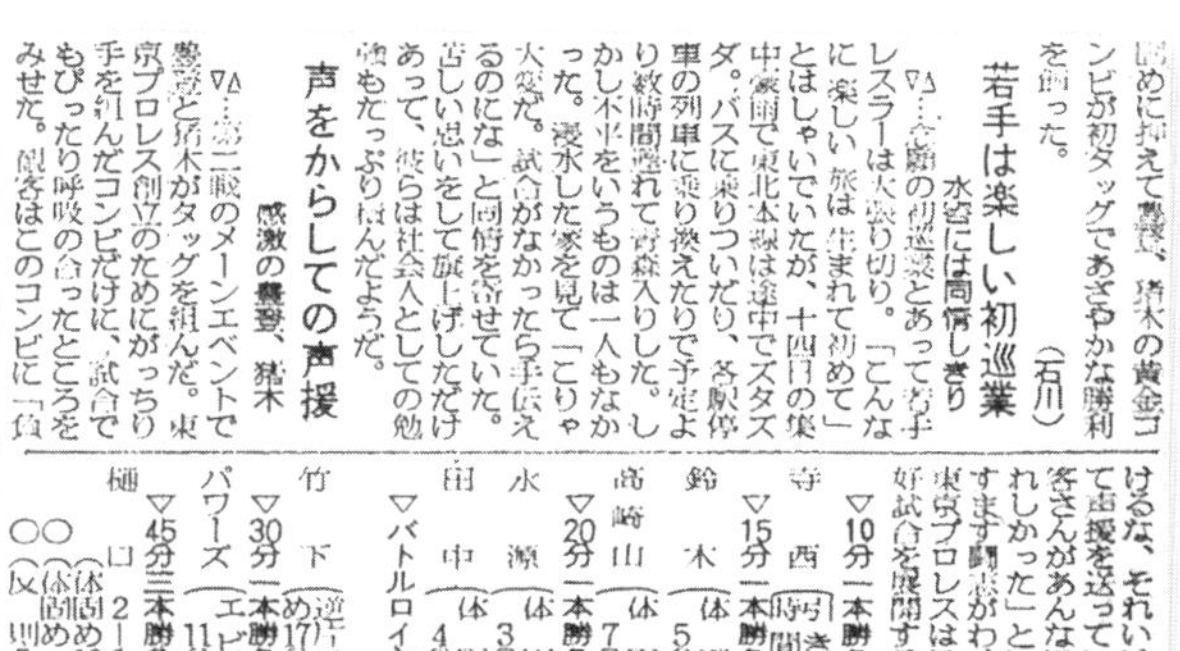
詰めに抑えて豊登、猪木の黄金コンビが初タッグであざやかな勝利を飾った。（石川）

若手は楽しい初巡業
水害には同情しきり

▽…今度の初巡業とあって若手レスラーは大張り切り。「こんなに楽しい旅は生まれて初めて」とはしゃいでいたが、十四日の集中豪雨で東北本線は途中でズタズタ。バスに乗りついだり、各駅停車の列車に乗り換えたりで予定より数時間遅れて青森入りした。しかし不平をいうものは一人もなかった。浸水した家を見て「こりゃ大変だ。試合がなかったら手伝えるのにな」と同情を寄せていた。苦しい思いをして旗上げしただけあって、彼らは社会人としての勉強もたっぷり積んだようだ。

声をからしての声援
感激の豊登、猪木

▽…第二戦のメーンエベントで豊登と猪木がタッグを組んだ。東京プロレス創立のためにがっちり手を組んだコンビだけに、試合でもぴったり呼吸の合ったところをみせた。観客はこのコンビに「負けるな、それいけ」と声をからして声援を送っていた。豊登は「お客さんがあんなに喜んでくれてうれしかった」といえば猪木も「ますます闘志がわく」とハッスル。東京プロレスはこの勢いで各地で好試合を展開することだろう。

▽10分一本勝負
寺西（引き分け 時間切れ）柴田
▽15分一本勝負
鈴木（体固め 5分58秒）仙台
高崎山（体固め 7分42秒）金田
▽20分一本勝負
永源（体固め 3分12秒）竹下
田中（体固め 4分41秒）大磯
▽バトルロイヤル決勝（10人出場）
竹下（逆エビ固め 17分50秒）田中
▽30分一本勝負
パワーズ（エビ固め 11分11秒）斎藤
▽45分三本勝負
樋口 2−1 ヘラキュリー
（体固め 10分5秒）○
○（体固め 5分35秒）
○（反則 5分30秒）

66年10月15日、東プロ・青森県営体育館大会の結果を掲載したデイリースポーツの記事（16日付）。この日、仙台強はマンモス鈴木を相手にデビュー。前日の集中豪雨により移動に苦労したことも記されている。

があった」

――伝説化しているメインの猪木vsバレンタイン戦は、どうでした？

「その試合を見て、マイナー感が吹っ飛んだよ。バレンタインというのは大したことをしないで、迫力と貫禄、雰囲気で圧倒する選手だよね。それまで猪木さんの試合って見たことがなかったけど、小回りが利くし、プロレスセンスが素晴らしいと思ったな。やる時も、やられる時も形が美しい。ああいうセンスは馬場さんにはないよ。あれは、いい試合だと思った」

――大剛さん自身は第2戦の青森大会でデビューしたわけですが、ご記憶はありますか？　相手はマンモス鈴木で、結果は5分58秒、フォール負けでした。

「よく憶えてないけど、まあまあだったんじゃないかな。プロレスが難しいとか大変とも思わなかった。俺はスタミナにも自信があったし。ただ、蔵前から3日後でしょ。興行がキャンセルだらけで大変だったよ」

――シリーズ序盤の東北巡業は9大会中6戦がキャンセルとなり、旗揚げから2週間でたった3試合しか興行ができませんでしたね。

「やると思ったら、キャンセルの繰り返しでね」

――旗揚げ前に日本プロレスが全国の有力プロモーターを都内ホテルに招き、〝東京プロレスの興行を買わないように〟と妨害策を講じていましたから。

「なるほどね。ぺーぺーの俺たちは何も知らされてないからさ。スケジュールが予定通りじゃなくて、振り回されたよ」

――シリーズ第4戦となる10月25日の宮城県スポーツセンター大会では、寺西勇を相手に初勝利を挙げていますね。

「地元の仙台でしょ。花相撲みたいなものだよ。会場には家族が観に来たし」

――その前日に吉原さんがヒロ・マツダと一緒にアメリカから帰国して、新団体『インターナショナル・レスリング・エンタープライズ＝国際プロレス』の設立を正式に発表したんですよ。

「こっちは必死に巡業している最中だったけど、新聞で吉原さんが団体を立ち上げるという記事は読んだ記憶があるよ。その後、マツダさんが猪木さんに会いに、どこか巡業先に来たような気がしたね」

――11月2日、松本市県営体育館で東プロの興行があった時にマツダさんが宿泊先の浅間温泉を訪問し、猪木さんと会談しています。

「それぞれ。でも、その場にはいなかったけど、トヨさんが反対していたんじゃないの」

――そうらしいですね。この時は試合前に宿で話し合いをしたので、松本大会の開始が1時間以上遅れたようですが。

「そうだったっけ（笑）。お客さんには迷惑な会談だったわけだ。まあ、俺たちは蚊帳の外だからさ。あの最初のシリーズでは、北海道から大阪へ行くという強行軍もあったよ」

――11月17日が旭川市体育館で、19日が大阪球場でした。

「大阪球場はあんなにデカイのに、客は全然入っていなかったけどな」

――その10日前に大阪の天王寺公園内音楽堂で行われた猪木vsバレンタイン戦が両者リングアウトとなり、試合後に豊登さんが〝大阪球場で再戦させる〟と急遽、新間さんに予約させたみたいですね。

「ああ、無理やり捻じ込んだんだ。トヨさんもムチャ言うなあ（笑）。旭川から大阪は厳しいよ。上の人やガイジンは飛行機だけど、俺たちは船と列車に揺られての移動だからさ」

――大阪球場大会の2日後には、板橋暴動事件が起こりましたよね。

「ああ、客が暴れてリングに火をつけた時ね」

――その時、大剛さんはどこにいたんですか？

「試合をするかどうかが決まらなくて、確かどこかで待機してたよ。客が暴れていると聞いて、俺らはトンズラしたんだと思う。逃げるが勝ちだから（笑）。俺らは合宿所へ戻ったんじゃないかな。警官隊が出動するような事件になっているなんていうのは、後で知ったんだよ。翌日（11月22日）の大田区体育館で、猪木さんが謝罪していたよね。あれは良かった」

旗揚げシリーズ終了後の11月29日、吉原功氏が東京プロレスの事務所を訪れて、猪木社長に再度協力を要請。それにより年明けに開催される国際プロレスの旗揚げシリーズに東プロの選手全員が出場し、合同興行となることが決定する。

しかし、この時期の東プロは年末に僅か5戦の『チャンピオン・シリーズ』を敢行するも、多額の負債に悩む社長の猪木と豊登の溝は深まる一方だった。

その結果、猪木は第2弾シリーズ終了後に新宿の事務所から関係書類を持ち出して北青山の新事務所に引っ越し、「東京プロレス株式会社」なる新会社を立ち上げる。所属選手も豊登と田中以外を移籍させ、団体は遂に2派に分裂してしまった。
国際プロレスは翌67年1月5日に旗揚げし、東京プロレス勢は予定通り出場したが、豊登と田中は欠場。仙台強こと大剛は猪木派の一員として、この新団体に足を踏み入れる。

――12月14日、大剛さんの地元の仙台で東プロの第2弾シリーズが始まりましたね。

「そうそう、宮城県スポーツセンターで開幕だったよ。スタン・スタージャックが来たシリーズだよね。これは東京プロレスの最後のシリーズで、短かったんだよな。アチャコは、もういないでしょ？」

――中川弘は1シリーズで辞めていますね。

「確か金田は、その第2弾シリーズを最後に辞めてる。みんな先を見て辞めるんだよ。会社がおかしいって誰でも感じるからね」

――大剛さん自身は、どうだったんですか？

「俺も最後の東京体育館（12月19日）の入りを見て、〝こりゃ、終わりだなあ〟と思ったもの（笑）」

――年末に、猪木さんが豊登さんと決別するために新会社を立ち上げましたよね。

「ああ、憶えてるよ。その頃、北沢さんが東プロの社長にされてさ。俺が〝社長、ハガミ（借金）、ごっちゃんし〟って冷やかしでお金を借りようとしたら、北沢さんが〝痛たたっ、仙ちゃん、勘弁してよ〟って（笑）。北沢さんは、俺のことを仙ちゃんって呼んでいたんだ。その時は猪木さんの兄貴（猪木康郎氏）が取締役になって、事務所を移したんじゃないかな」

――そして、年明けに東プロ勢が参加した国際プロレスの旗揚げ『パイオニア・シリーズ』がスタートしました。

「国際は所属の若手がいないから、俺たちが前座をしたわけだよな。結局、残っていたのは…俺と永源、大磯、寺西、柴田の5人か。そのシリーズは大阪2連戦で始まって、仙台で終わったんだよね」

――1月5日の開幕戦で仙台強は永源に初勝利し、最終戦では大磯に初勝利しています。この旗揚げ時、国際プロレスのマッチメーカーは誰だったんですか？

「上の方はマツダさんで、下はミスター鈴木さんだったのかな。猪木さんとマツダさんが組んで、タッグのタイトルマッチをよくメインでやっていたよね。草津さんや杉山さんは海外修行に出ていたから、国際の選手はマツダさんと

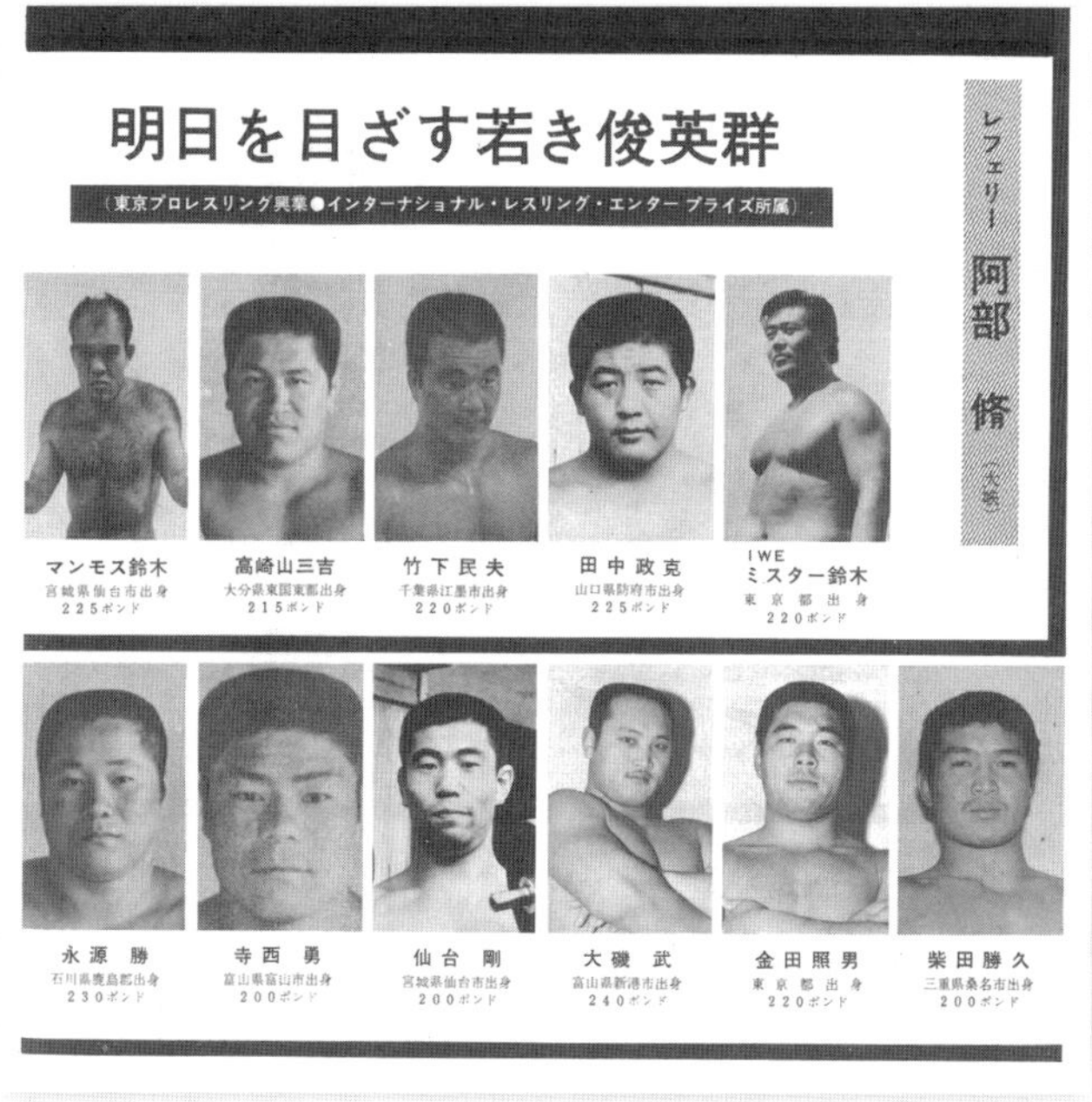
明日を目ざす若き俊英群
（東京プロレスリング興業●インターナショナル・レスリング・エンタープライズ所属）
レフェリー 阿部脩（大阪）
マンモス鈴木 宮城県仙台市出身 225ポンド
高崎山三吉 大分県東国東郡出身 215ポンド
竹下民夫 千葉県江墨市出身 220ポンド
田中政克 山口県防府市出身 225ポンド
IWE ミスター鈴木 東京都出身 220ポンド
永源勝 石川県鹿島郡出身 230ポンド
寺西勇 富山県富山市出身 200ポンド
仙台剛 宮城県仙台市出身 200ポンド
大磯武 富山県新港市出身 240ポンド
金田照男 東京都出身 220ポンド
柴田勝久 三重県桑名市出身 200ポンド

国際プロレスの旗揚げ『パイオニア・シリーズ』のパンフより。下段の６名のうち、金田は開幕戦の前に退団。シリーズ終了後、仙台、大磯、寺西は国際に吸収され、永源は猪木に連れられて日本プロレスに移籍、柴田も遅れて日プロに合流した。

鈴木さんだけで、後は全員が東プロの選手だったはずだよ」

――この旗揚げシリーズ後、東プロへの支払いの件で吉原社長と猪木さんが揉めて決裂しますね。

「後で吉原さんは酒を飲みながら、〝猪木は信用できない〟って怒ってたなあ」

――東プロ側は試合をしていない豊登、田中分のギャラまで請求したことで揉めたようです。その猪木さんは4月になって日本プロレスに電撃復帰しますが、連れて行ったのは北沢、永源の2人だけでした。取り残された身としては、どうだったんでしょうか？

「いや、取り残されたなんて気持ちはないよ。別に猪木さんに心酔していたわけじゃないし、そんなに接点があったわけじゃないからね。それで吉原さんと一緒に仕事ができるようになったわけだから、俺としては吉だよ。国際プロレスはやっぱり他力本願の団体運営は無理と悟って、所属選手を必要としていたわけだからさ」

――それにより、マンモス鈴木、竹下民夫、大磯武、寺西勇、そして仙台強が国際プロレスに正式入団することになります。さらに吉原社長は豊登、田中にも参加を要請しますね。

「反発していた2人なのにさ。吉原さんから頭を下げるなんて偉いよな。普通、逆だろ（笑）」

――その上、吉原社長は新人の発掘・育成にも着手していました。

「前のシリーズで小林がリングで入団の挨拶をしたよね。それと井上、藤井も入団して、一気に頭数が揃って。俺も正式に国際プロレスの一員になったけど、そんなに大それた夢や野望があったわけじゃないんだ。もう少しプロレスをやって、その後はどこかで赤ちょうちんでも出そうかなと思っていたんだけどな」

＊　＊　＊

ここまでが第1部の原稿である。電話でインタビューしている際、大剛の話は時々、国際プロレス時代に飛んだ。筆者は「第1部は東京プロレス編なので、それ以降のことは改めてお聞きしますから」とストップをかけたが、それでも止まらなくなることもあった。そんな会話の中で、印象に残っているエピソードがあるので最後に紹介しよう。

「俺が73年3月にマッドドッグ・バションに呼ばれてモントリオールへ行く時、羽田空港でみんなに見送られたけど、実はあの日、俺は出発していなかったんだよ。羽田の近くのホテルに泊まったんだ。理由？　ビザの不備でね。なかなかビザが出なくて、次第に俺も行く気が失せちゃってさ。このまま日本に残って、飲み屋でもやれたらなあ…なん

覆面の悪党が凱旋帰国!?
デビル・紫
176cm　97kg
デビル紫が、覆面の悪党レスラーに変身して、3年10ヵ月ぶりに帰ってきた。フリーの一匹狼ならともかく、団体所属のレスラーで、これほど長期にわたって海外遠征に出ていた選手も、またこれほど多くのマットを渡り歩いた選手も、稀だろう。
紫が渡米武者修業に出たのは、47年12月だった。マットの無法地帯テネシーに乗りこんだ紫は、ここで大位山勝三と組んで約半年間暴れまくり、48年6月には北上してWWAの本拠インディアナポリスに入って、ミツ・アラカワとのコンビで約9ヵ月間活躍、WWAタッグ・ランキング第2位に食いこみ、49年3月にはさらに北上してカナダに入った。ここで約4ヵ月暴れた後は、一気に南下してメキシコで鶴見五郎と合流。約10ヵ月間異色の人気者として活躍した後、グアテマラでの1ヵ月を経てヨーロッパ入り。欧州各国を覆面をつけて暴れまわっていた。懐しい日本に帰っても覆面を脱がず、悪党に徹するという紫。日本マット界には初の、本格的マスクマンの誕生である。
大剛がカナダに
IWE北米支部開設
カナダのカルガリーでマッチ・メーカーとして活躍している大剛鉄之介が、このほど正式に事務所を設け、「国際プロレス北米支部」を開設した。すでに昨年3月から、国際プロの外人招聘を一手に引き受けて、未知の強豪を続々と送りこんでいる大剛は、新事務所開設でまた一段と張り切っている。
（写真上は、きびしい表情で仕事中の大剛。左は、事務所で談笑する浜口、稲妻、大剛、ミスター・ヒト（安達）。

国際プロレスの北米支部設立を伝える76年10月開幕『勇猛シリーズ』のパンフの記事。後に犬猿の仲となった大剛とミスター・ヒトが談笑中の貴重なカットも掲載されている。

て」

そして、最後はこんなボヤキ節を口にした。

「あそこでビザが下りなければ、こんな足にならずに済んだんだよ。清水クン、俺は相撲は好きだったけど、プロレスは好きになれなかったよ」

おそらく大剛と飲んだことのある選手や関係者、マスコミは同じような愚痴を聞いたことがあるだろう。

だが、筆者はこう思う。足の切断事故は本人にしかわからない大変な苦痛と苦悩があったはずだ。しかし、現役生活には別れを告げることになったものの、この時に大剛がプロレス界に踏み留まり、ブッカーに転身していなければ、ジプシー・ジョーやキラー・トーア・カマタなどがあの時期に来日することもなく、国際プロレスの後半の歴史はまったく違うものになっていたはずである。逆に言えば、大剛が必死に生きた証があのリングにあったのだ。

その後、新日本プロレスが若手選手の海外修行先を失いつつあった時代は、西村修、天山広吉、小島聡、吉江豊、鈴木健想（KENSO）、真壁伸也（刀義）らの受け皿となってコーチを務めた。

しかし、過去の実績を振り返ると、やはり国際及び新日本のブッカー時代が光る。大剛は杖を片手にモントリオール、テネシー、アラバマ、フロリダなど北米各地へ出向き、自らの目で「安い、日本向きの、将来性のあるレスラー」を探し回って日本へ送り続けた。

噂を聞きつけ、電話一本で選手を動かすことの多い仕事にもかかわらず、これほど行動力のあるブッカーは過去に大剛しかいなかったのではないか。馬喰ではないが、その相馬眼…レスラーを見る眼力は超一流だったということだろう。いくらビジネスとはいえ、それを一生懸命やり抜いた大剛を知っているだけに、前述のビザ云々の言葉は「本心ではないのでは…」という思いがある。

確かにレスラーとして名を残せなかった無念もあろうが、大剛がブッカーとして日本プロレス史に残した功績は計り知れない。『実録・国際プロレス』でたびたび出てきたように、酒癖が悪く、敵も多かったと聞くが、今となってはノーサイドだろう。改めて、氏のご冥福をお祈りしたい——

——。

［対談］

追悼―ビル・ロビンソン

門馬忠雄×清水 勉

構成＝清水 勉、Gスピリッツ編集部

昭和の時代、我が国のプロレスは外国人レスラーの質によって興行の良し悪しが左右された。老舗・日本プロレスには、東方から太平洋を越えて数名のアメリカ人選手たちが毎シリーズ来襲。東京スポーツは、彼らを「殺し屋」と総称していた。

１９６８年2月、新興団体・国際プロレスは金銭トラブルによりブッカーのグレート東郷と絶縁して北米からの選手供給ルートを断たれると、すぐさま渡欧中の顧問・八田一朗氏（日本レスリング協会会長）の仲介でイギリスのジョイント・プロモーションと提携。同月27日、「殺し屋」たちが初めて西方から飛来した。そして4月、欧州路線の第2弾『日欧チャンピオン決戦シリーズ』にヨーロッパ・ヘビー級王者として初来日したのが〝人間風車〟ビル・ロビンソンである。

２０１４年、ロビンソンの訃報は日本でも大きく報道された（2月27日に死去）。この国でロビンソンがそれほどの知名度を得られた理由はひとつ。前述の初来日以降、その勇姿が15年以上もテレビのブラウン管に映り続けたからに他ならない。晩年は「キャッチ・アズ・キャッチ・キャンの伝道者」としての側面ばかりにスポットライトが当てられたが、かつて多くのプロレスファンにとってロビンソンとは「正義のガイジンレスラー」であった。

ロビンソンのファイトは日本のプロレスそのものを根底から覆すほど衝撃的なものだったと言われるが、初来日を現場で取材したプロレス評論家の門馬忠雄氏、ファンとして直撃世代だった元週刊ゴング編集長の清水勉氏に〝人間風車〟の国際プロレス時代を振り返ってもらった。

――東京スポーツの記者として門馬さんが国際プロレスを取材するようになったのは、いつ頃からですか?

門馬 ロビンソンが来る前、68年2月のヨーロッパ路線第1弾(『日欧決戦シリーズ』)だね。「国際が借金で存続危機」という内容の記事を先輩の記者が書いたら、吉原社長が怒って出入り禁止になっちゃったんだよ。それで俺にお鉢が回ってきたわけ。

清水 あのシリーズに来たトニー・チャールス、ジョー・キーガン、リー・シャロン、ジョン・フォーリーの4人が英国マットからの最初の刺客で、チャールスのドロップキックは鮮やかでしたね。

――68年当時のマスコミやファンはヨーロッパのプロレスについて、どの程度の知識があったんでしょうか?

門馬 知識も情報もゼロに近かったし、もちろん「キャッチ」なんて言葉は誰も知らなかった。だから、彼らは我々日本人が初めて見たヨーロッパ直輸入のプロレスラーなんだよ。まず驚いたのは、ガイジンなのに反則をしないこと。パンチやストンピングもしないんだよ。その一方で、返し技が巧くてね。こうした英国の良質な選手たちの中で、ロビンソンは頭一つ飛び出ていたよ。

清水 本当はロビンソンもこの第1弾シリーズに来る予定だったそうですよ。でも、八田さんがジョイント・プロのジョージ・レスリコウと交渉した時、ロビンソンはもうイギリスを引き払っていて、スウェーデンに遠征していたため来日が4月にズレ込んだみたいです。

――初来日前に、それなりのパブリシティはあったんですか?

清水 『月刊ゴング』ではロビンソンの来襲を予告するグラビアが組まれていて、ダブルアーム・スープレックスの写真も出てた。それを見て、首を捻りましたよ。当時、日本のプロレスにはリバースフルネルソン、あのダブルアームの形の腕の絡め方自体がなかったので、「これはどうなっているのか?」と(笑)。しかも、ブリッジしているから、「何だ、こりゃ⁉」って感じでした。

門馬 ただ、凄そうな奴がやって来るというムードはあったよね。

清水 ヨーロッパのプロレスに初めて触れて、日本人選手たちも戸惑ったと思います。

門馬 うん、驚いたみたいだよ。だって、アメリカ人とはスタイルが全然違うんだもん。俺はロビンソンが来た時、羽田空港にも取材に行ってるんだよね。驚いたのはアメリカの選手たちはラフな格好で来るのに、イギリスから来た選手たちはみんな背広でビシッと決めて記者会見に出たんだよ。ロビンソンのマスコミに対する応対を見てジェントルマンだと思ったし、日プロに来るガサツなアメリカ人のプロレスをずっと見せられていた我々には、そこがカルチャーショックだった（笑）。

清水　ロビンソンは東スポ流の〝殺し屋〟ではなく、〝紳士〟でしたよね（笑）。当時、30歳でした。

門馬　あれはロイヤルカラーっていうのかな。紫のタイツやソックスのラインなんかもお洒落で、どことなく気品があった。それにやっぱり反則をしない。ガイジンは反則をするという概念があったけど、それはロビンソンの登場で一掃されたよ。

——当時のマスコミやファンの間で、「外国人のテクニシャン」とされていたのは誰になるんですか？

門馬　ダニー・ホッジかな。あとはサニー・マイヤースとか…ちょっと古いか（笑）。

清水　パット・オコーナーもそうですよね。

門馬　ルー・テーズはオールラウンドの別格。カール・ゴッチは試合が面白くなかった（笑）。アメリカのテクニシャンとロビンソンのような欧州の技巧派は基本的に違うよね。

清水　ロビンソンが来て、テクニシャンの概念が大きく変わったと思います。それにロビンソンの試合には、「見せる要素」が多分に含まれていましたよね。欧州でも「客の呼べるテクニシャン」という感じだったんじゃないかなと。

門馬　ダブルアームにジリジリ入って、ロックしていく盛り上げ方とか上手かったよね。だから、後にアメリカでも通用したんだろうな。

清水　初来日当時、ウチの祖母がロビンソンのファイトをテレビで観ながら、「この人の試合は綺麗だねえ」と感心していました。日プロに来るラフ&パワーのガイジンたちをずっと見せられていたので、ロビンソンのプロレスが異質なことは年寄りでもすぐにわかった（笑）。

門馬　そう、まさしく綺麗なんだよ。ロビンソンの試合には流れるような美しさがあったよね。

——68年4月3日、横浜スカイホールにおける来日第1戦の相手は木村政雄でした。

門馬　俺は取材で会場に行ったけど、あの鈍重な木村に対してロビンソンは見事な動きをしたよ。

清水　ロビンソンというレスラーは相手に手足が付いてい

68年4月開幕『日欧チャンピオン決戦シリーズ』にビル・ロビンソン（左から4人目）が初来日。コーリン・ジョイソン、トニー・チャールスら全員がスーツに身を包み、羽田空港で記者会見に応じた。

て逃げ回りさえしなければ、誰とでもいい試合をする技術があると思います。自分の好きなタイミングで極めて、投げて、フォールするという感じで。もしかしたら、ダミー人形相手でもいい試合ができるんじゃないかと（笑）。

門馬　それは言えるかも（笑）。主導権を握りたがるし、相手にしてみればワガママで嫌なタイプだよね。

清水　流れるような綺麗な試合をしていたかと思うと、エルボースマッシュや相手の首筋に全体重を乗っける独特のネックブリーカーといったキツい技を突然、仕掛けるなど緩急の付け方も巧かったですよね。

門馬　3段階くらいのリズムがあって、それを奏でるように試合するんだよね。とにかく試合の組み立て方が巧い。あのワンハンド・バックブリーカーを初めて見た時も衝撃だったなあ。あれは持ち上げるタイミングもあるけど、相当パワーがないとあの体勢からあの高さまで持ち上がらないよ。ロビンソンは技術だけじゃなく力もあるし、あの柔らかい筋肉、身体のサイズもレスラーとして理想的だったよね。

――ロビンソンの代名詞といえば、やはり人間風車＝ダブルアーム・スープレックスですが、初来日当時、日本で最高の必殺技と言われていたのは？

門馬　3つ挙げれば、テーズのバックドロップ、キラー・カール・コックスのブレーンバスター、バディ・オースチンのパイルドライバーだと思う。ゴッチのジャーマン・スープレックスは入らないね。

清水　私もその3つで同感です。そこにロビンソンのスープレックスが入ってくる。当時は、まだダブルアームなんて呼び方もなかったですよね。「人間風車」は、ゴングの竹内さんが命名したと聞いています。

門馬　木村との初戦で、いきなり3つのスープレックスを出したんだよ。まずカンヌキ・スープレックス、その次にサイド・スープレックス、そして最後にダブルアーム。あれを見た時の衝撃は凄かったよ。何といってもブリッジが美しい。

清水　ゴッチのスープレックスはベタ足で実戦的でしたが、ロビンソンの場合はあの爪先立ちのブリッジが技の美しさを倍増させましたよね。前に、どうして爪先立ちなのかを本人に聞いたことがあるんですよ。「自然とそうなった」と答えていましたが、おそらくプロとして技を美しく見せるという意識もあったと思います。

門馬　イギリスのマンチェスターは、19世紀に産業革命を起こした中心地だよね。そこで生まれたロビンソンは、日本のプロレス界に産業革命を起こした男だと思うんだよ。ミル・マスカラスはまた別格として、ロビンソンのスープレックス、ザ・デストロイヤーの足4の字固め、スタン・ハンセンのラリアットは3大革命じゃないかな。

清水　投げ技、寝技、打撃技の革命ということですね。

門馬　そう。その3つは日本のプロレスを変えたよね。ジャンボ鶴田なんかエルボースマッシュもワンハンド・バックブリーカーもやるし、各種スープレックスもやる。ジャンピング・ニーだけはオリジナルで、あとは全部ロビンソンの技ばかりだから。

清水　鶴田のそれは単発でしたが、ロビンソンは理詰めで繰り出していましたよね。

――初来日の時、ロビンソンの持つヨーロッパ・ヘビー級王座にはサンダー杉山と豊登が挑戦しましたね。

門馬　うん、「どうして日本人がヨーロッパのタイトルに挑戦するのか？」と思ったよ（笑）。

清水　初来日で一番印象に残っているのが、その豊登との試合なんですよ（4月30日＝東京体育館、1－1でロビンソンが防衛）。豊登の腰が重くて、ロビンソンが戦いづらそうにしていました。ロビンソンはそれまでヨーロッパ諸国やインド、中東などを行脚してきて、おそらくこんなタイプの選手とは出会ったことがなかったんじゃないですかね。

門馬　そりゃ、そうだよ。トヨさんみたいな凄いパワーの人間はヨーロッパにいなかったでしょ。異常な握力だったし、引っ張り込む力は半端じゃなかった。だって、水の入った風呂桶を担いじゃうんだから（笑）。力道山だって、トヨさんがキレたら怖いって一目置いていたみたいだしね。ガッと組んだ時に、さすがのロビンソンもビックリしたはずだよ。

清水　以前、ロビンソンはこの豊登戦を日本でのベストバウトに挙げていました。それが近年、取材で猪木戦に関する質問が多くなると、映像を見直したのかベストバウトを猪木戦に切り替えたようで（笑）。ロビンソンの中で、豊登戦は相当キツかったという印象が焼き付いていたと思います。

門馬　トヨさんは、すべてが規格外だったからね。

初来日時に組まれたロビンソンvs豊登のヨーロッパ・ヘビー級戦。1本目はロビンソンが人間風車で先取し、2本目は豊登が十八番の逆エビ固めでタイスコアに持ち込んだが、最後は両者リングアウトでドロー。

初めての日本遠征から帰国したロビンソンはカリブ海に浮かぶトリニダード・トバゴへ向かい、ベネズエラのレイ・ゴールデン・アポロンらと対戦。その後、西ドイツのトーナメントに参加した。そこに再来日のオファーが入る。

同年11月、国際プロレスは世界中の猛者を集めて『第1回IWAワールド・シリーズ』を開催。日本陣営からは豊登、グレート草津、サンダー杉山、海外からは前述のアポロン（全南米代表）の他、ジョージ・ゴーディエンコ（カナダ代表）、ジルベール・ボワニー（フランス代表）、マイケル・ネイダー（ハンガリー代表）、ジョン・ダ・シルバ（ニュージーランド代表）、レイ・ハンター（オーストラリア代表）、ピーター・メイビア（南太平洋代表）が参加し、ロビンソンはイギリス代表として招聘された。

――ロビンソンは『第1回IWAワールド・シリーズ』を制覇して、初代IWA世界ヘビー級王者に認定されました。半年で再来日したのは、それだけ人気があったということですか？

門馬　確かに初来日はインパクトがあったけど、一般的な認知度がアップしたのはこのリーグ戦に優勝してIWA世界チャンピオンになってからだろうね。それにしても、この大会はメンバーが良かったなあ。

清水　まず人選がユニークでしたよね。日プロのワールドリーグ戦は大半がアメリカ人なのに対し、アメリカ人が一人もいなかった。吉原社長の「アメリカに頼らなくても世界各国からこれだけの猛者を集められる」という意地みたいなものを感じましたよ。我々もプロレスの世界の広さを初めて感じた大会でした。

門馬　さらにユニークなのは日プロはリーグ戦でも日本人vs外国人の図式を崩さなかったのに、国際は総当たり戦

無敵の王者〝人間風車〟再度来襲!!
イギリス代表(三冠王)
世界ヘビー級チャンピオン(EWA)
ヨーロッパヘビー級チャンピオン
大英帝国ヘビー級チャンピオン
ビル・ロビンソン
191cm・126kg
1939年英国マンチェスターに生れる。現在英国は勿論欧州各地に於て最高の人気と実力の持ち主で、華麗で多種多様な大胆な技とスピードを身につけ、観客をしてこれがスピードとテクニックのプロレスだとウナらせている。本年4月来日し〝人間風車〟をはじめとする多彩なテクニックはプロレスファンの眼に強烈な印象を与え、なかでも4月30日東京体育館での〝怪力豊登〟との一戦は両者全く相ゆずらぬ戦いでテクニックと怪力の好試合となりプロレス史上にサン然と輝く一頁をとどめ、ファンの語り草となっている。
父はハリーロビンソンと言うプロボクサーで大いに活躍し、叔父はレスラーで、文字通りスポーツ一家の中に育ち、アマレスを始め、天性の素質でめきめきと頭角を現してアマレスのタイトルを手中に修めた。1958年に18才でプロに転向、ビル・ハーグリーブスとの対戦でライトヘビー級のタイトルを苦もなく勝ち取った。それから今日の名声を得るための苦しい道が始まった。
1964年ヨーロッパヘビー級チャンピオンとなり、その後先に来日したビリージョイスの悪計に掛りタイトルを取られたが、すぐ挑戦して取返している。
念願の大英ヘビー級チャンピオンは1966年に獲得しいまだ王者の座は他の人にゆずらない。本年8月ドイツ、ニュールンベルグに於て行われた世界チャンピオン決定戦は1ケ月毎日挙行されたトーナメントに圧倒的な強味で遂に優勝し王者として君臨した。
英国、ヨーロッパでの名声は余りにも有名で、一度び彼の行く所必ず旋風を巻き起しており、チャンスさえ与えられれば世界全部のヘビー級のチャンピオンのタイトルを獲得出来る実力が有ると信じている。
ワールドシリーズ参加選手中の旗頭として、益々みがきのかかった華麗なファイトは今から期待され、チャンピオンの第一候補である。

２度目の来日となる『第1回IWAワールド・シリーズ（ワールド・チャンピオン・シリーズ）』のパンフより。参加外国人レスラーのページではトップで紹介され、ファイト写真も掲載されたのはロビンソンだけだった。

だったこと。日本人対決や外国人対決が見られたのは、国際ならではの企画だよ。まあ、リーグ戦って本来は総当たりじゃないとおかしいんだけど（笑）。
清水　このリーグ戦は通常の加点システムではなく、バッドマーク・システムというアマレス流の減点法が採用されたのも斬新でした。持ち点＝10点から始まって、負けると減点されていき、持ち点がゼロになった時点で失格という馴染みのないルールでしたけど、何か凄いことが行われるという雰囲気がありましたから（笑）。
門馬　開幕戦のロビンソンvsゴーディエンコは、いい試合だったね。
清水　ええ、30分フルタイムで見応えがありました。ピーター・メイビア戦もいい試合でしたよ。11月30日、蔵前国技館での公式戦では反則とはいえメイビアが勝っています。これは日本でロビンソンが初めて負けた試合でした。その後、ロビンソンは12月14日に大田区体育館でメイビアを相手にヨーロッパ・ヘビー級王座を防衛して、リベンジしましたが。
門馬　良かったのは、そっちの試合。あのケツのでかいメイビアをワンハンドで持ち上げたのは凄かったな。
清水　この2人がストリートファイトをしたという有名な話がありますよね。
門馬　あれは開幕戦の札幌の夜だったかな？
清水　ロビンソンの話だと、試合後に一緒に食事をした際、メイビアがチキンを鷲掴みしたのを注意したと。それが喧嘩の原因らしいです。
門馬　メイビアはポリネシアンだからな（笑）。
清水　メイビアの孫のザ・ロック（ドウェイ

『第１回IWAワールド・シリーズ』を得点トップで制覇したロビンソンは初代IWA世界ヘビー級王者に認定され、そのまま日本に定着した。ここから国際プロレスのコーチも兼ねることになる。

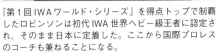

ン・ジョンソン）は〝祖父がロビンソンの目を潰した〟なんて言っていましたが、あの義眼は少年時代の怪我によるものですよね。

門馬　目のことは初来日の時から、マスコミは何となくわかっていたよ。カメラのフラッシュが焚かれても瞬きしなかったから。

清水　オーストラリア遠征の経験があるゴーディエンコは「民族性と風習の違いだから」とメイビアの肩を持ったらしいんですが、英国紳士には許せなかったみたいです。

門馬　そんなことがあった後に、ちゃんといい試合を2回もするんだからプロだよね（笑）。まあ、あの時はロビンソンが優勝して新しいベルトを巻いたことにみんなが納得したし、世間も彼を認知したもん。

清水　このシリーズ終了後にロビンソン教室を開講して、選手兼コーチとして日本に長期定着することを決めます。初来日した年に、いきなり日本で年越しをする外国人レスラーというのも珍しいですよね。

門馬　国際は日本人選手たちのレベルが劣っていて、ちゃんとプロレスができるのは田中忠治くらいしかいなかったから。それを底上げするためにもロビンソンの力を借りる必要があったんだろうね。ロビンソンは、確か渋谷のマンションを借りて暮らしていたんじゃないかな。

清水　日プロに比べると、日本人のレベルが低いのが国際の欠点でした。ロビンソン自身も教えるのは好きだったようですし、国際としては渡りに舟だったわけですね。

69年元日の『ビッグ・ウインター・シリーズ』開幕戦、宮崎県体育館でロビンソンはいきなり草津を相手にIWA世界王座の初防衛戦を行う。

翌2日、大牟田市体育館では欧州タッグ王者のアンドレ・ボレー&ロベルト・ガステルとトリオを結成。豊登&草津&大磯武に敗れると、ロビンソン本人の申し出により以降は日本人陣営に入って試合をすることになった。

それは「日本初の外国人エース」誕生を意味していた。団体を支える立場となったロビンソンは、3シリーズに連続参戦して5月まで日本に残留。無敵の快進撃を見せる一方、ロビンソン教室で国際の選手たちを鍛え抜いた。

――ロビンソンが日本陣営に移籍したのは、予想外でしたか？

門馬　日本のプロレスは、それまで日本人と外国人に分かれて試合してきたわけでしょ。いくら反則をしないとはいえ、日本側に外国人が入るというのは考えもしなかった。まあ、これは「日本側に付いた」というよりも、「看板のベルトを持っているから団体のエースになった」という意味合いが大きいけどね。

清水　ファンとしては、ロビンソン＝エース路線に違和感はなかったですよ。それにコーチをしていたわけですから、日本側に付いて生徒たちを指導するのは自然な流れですよね。

門馬　吉原さんはプロモーターというよりも、選手目線でロビンソンを見ていたんじゃないかな。自分もレスリングをやっていたから、ロビンソンの技術の高さを誰よりも理解していたはずだよ。

清水　この年は1月28日、足立区体育館でチーフ・ホワイト・ウルフ（アドナン・アル・ケーシー）とのＩＷＡ世界王座防衛戦がありました。ウルフも世界中を回った経験豊富な選手で引き出しが多かったので、好勝負になりましたよね。

門馬　ウルフも味のあるいい選手だよね。その頃、ロビンソンと戦ったガイジンは個性派揃いだった。ダニー・リンチはゴツくて、馬力があったなあ。ドリー・ディクソンのドロップキックも素晴らしかった。スペインのホセ・アローヨも巧い選手だったよ。でも、スタン・スタージャックはひどい選手だった。

清水　4月22日、大田区体育館でロビンソンに挑戦していますね。

門馬　あの試合は、あまり良くなかった。ヨーロッパ勢の中に入ると、やっぱり北米の選手はガサツだよ。

清水　その翌日に板橋区体育館で行われたアルバート・ウォールとのヨーロッパ・ヘビー級戦は、英国直輸入の好勝負でしたね。ロビンソンが去った後、イギリスはウォールの時代だったと聞きます。ということは、あの試合は新旧の英国エース対決だったわけで、そういう意味でも贅沢なものが観られたなと。

門馬　その後、木村もＩＷＡ世界王座に挑戦したけど、まだロビンソンを脅かせるまでに至ってなかったよね。

清水　日本陣営に入ったとはいえ、日本人との対戦も組まれたのは選手たちの成長を確かめていたんでしょうね。記録を調べていたら、3～5月の『ワールド選抜シリーズ』で突然、大磯武と5回もシングルで戦っているんですが、何か理由があったんでしょうかね？

門馬　相撲の摺り足が抜けなかった不器用な大磯がようやくレスリングを覚えてきた頃だったからじゃないかな。それに彼はロビンソンに体力負けしなかったのがポイントだったと思うよ。

清水　ロビンソンが日本に滞在していた時期は、BI砲の全盛期でもありました。あの頃は「もしロビンソンが日プロに上がっていたら…」と、よく想像の翼を広げましたよ。

門馬　記者連中でも「猪木と戦わせたら、どうだろう」って話をしたことあるよ。

清水　この日本滞在は団体、ロビンソンの双方にとって大きなプラスだったはずです。ロビンソンの名が世間に広まったのは、この半年があったからでしょうね。

門馬　毎週水曜日のゴールデンタイムにチャンネルを捻ると、いつもロビンソンが映っていたわけだからね。その宣伝効果は大きかったよ。ただ、英国紳士とはいっても女にはだらしなかった（笑）。

清水　ロビンソンが滞在していた時期のシリーズは4～5日の中休みが当たり前で、営業のミスなのか、ひどい時には1～2週間も試合がなかったりしました。血気盛んな選手たちは、オフの過ごし方もいろいろと大変だったんじゃないですかね（笑）。

長期の日本滞在を終えたロビンソンが向かった先は欧州ではなく、米国ハワイだった。69年5月7日、ホノルルにおける初戦の相手がニック・ボックウィンクルだったのは運命めいたものを感じる。

さらに6月にはカナダのカルガリーへ転戦。7月7日、『スタンピード・カーニバル』ではドリー・ファンク・ジュニアの持つNWA世界ヘビー級選手権に初挑戦している（60分時間切れ引き分け）。秋にはオーストラリアに遠征して、バディ・オースチン、ディック・マードック、ジャック・ブリスコらと対戦。70年に再びカルガリーに戻り、初来日前のアブドーラ・ザ・ブッチャーと抗争した。

そして70年3月、ロビンソンは『第2回IWAワールド・シリーズ』に3度目の来日を果たす。大会2連覇に成功したものの、最終戦でサンダー杉山に敗れ、ここでロビンソンはIWA世界王座から陥落する。

その後、ロビンソンはハワイに定着。同地区でドリーと再戦した他、ペドロ・モラレス、キラー・カール・コックス、キンジ渋谷、ザ・デストロイヤー、カーチス・イヤウケアなど北米のトップクラスとの対戦を経験した。

71年2月には、AWA世界ヘビー級王者のバーン・ガニアがハワイに遠征してくる。ロビンソンはそのガニアとタッグを組み、マッドドッグ&ブッチャーのバションの兄弟と対戦。この時、AWAに誘われたが、3月の『第3回IWAワールド・シリーズ』出場が決まっていたため初のアメリカ本土進出は順延となった。

――70年春の『第2回IWAワールド・シリーズ』に戻ってきたロビンソンのファイトで、変化していた部分はありましたか?

清水　変わったのは、シリーズ途中から国際の中継がカラー放送になったこと(笑)。それまで白黒放送だったんですよね。

門馬　それと変わったのは、ロビンソンが日本陣営からガイジン側に戻ったことかな。

清水　前回に比べて、70年の第2回大会はイワン・ストロゴフ、ビッグ・コマンチ、グラン・ブラジミア、ジミー・ダラ、コンデ・マキシミリ…と参加メンバーがガタ落ちしましたね。

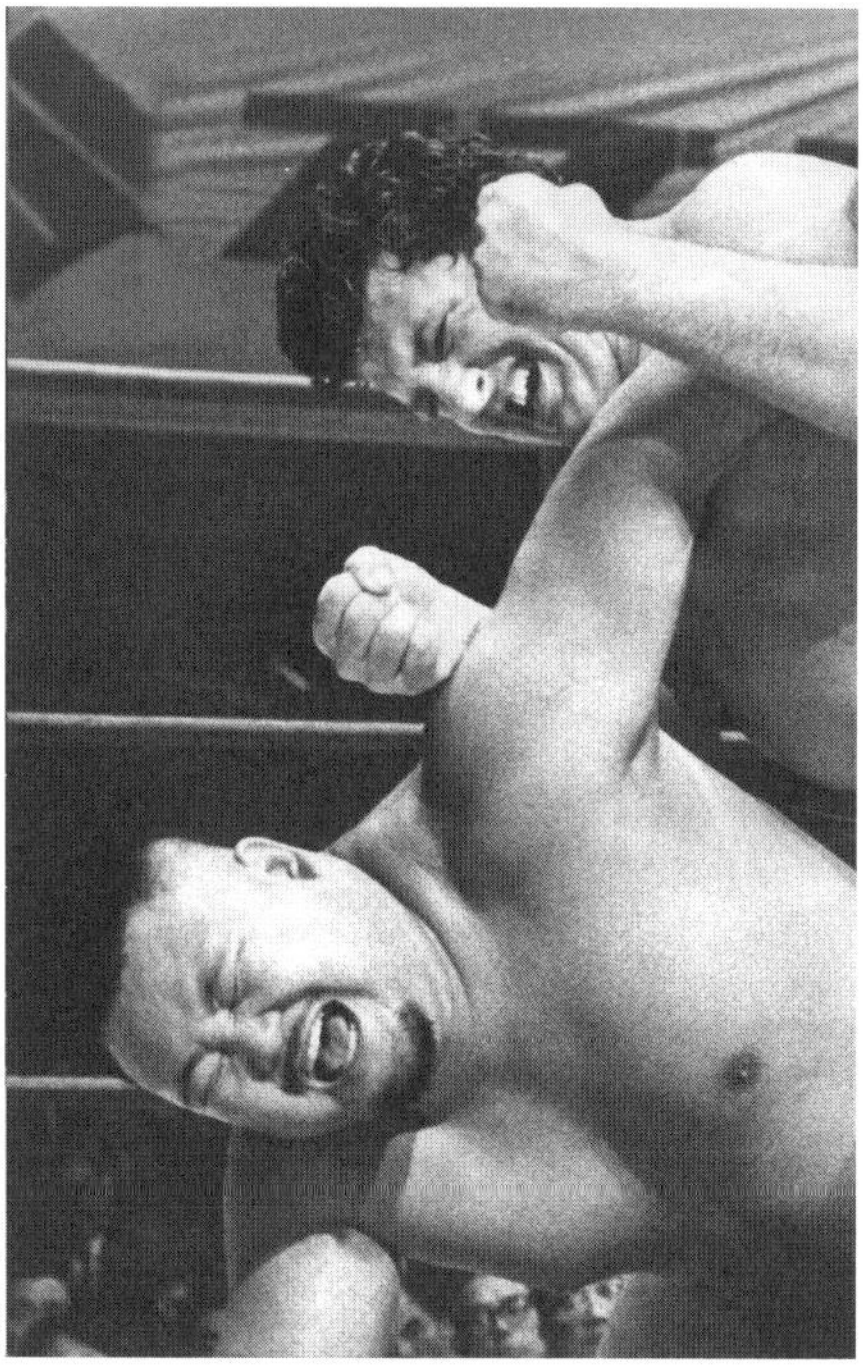

『第2回IWAワールド・シリーズ』も連覇した無敵の外国人エースを攻略したのは伏兵・サンダー杉山。IWA世界王座初挑戦で、日本側にベルトをもたらした。

門馬　AWAと業務提携して前のシリーズにガニアが初来日したけど、このリーグ戦への選手供給は間に合わなかったということだよ。というか、AWAの一線級が来るのは71年以降だから。

清水　豊登がこの年の1月で引退したので、日本側の出場者は杉山、草津、ストロング小林、清美川の4名でしたが、総当たりのリーグ戦をやったように見せかけて、実際にはやってないんですよね(笑)。前回優勝者としてシードされたロビンソンは、シリーズ中に小林と何度もシングルで対戦しています。

門馬　だって、前年6月に欧州遠征から戻ってきた小林を売り出すためのシリーズだもん。

清水　だから、公式戦を割愛したんですかね（笑）。「欧州で189連勝した」という触れ込みで凱旋した小林を次期エース候補として売る気満々だったと思いますが、ロビンソン初来日時にはまったく勝てなかったのに、2年後のこのシリーズでは0勝1敗7分という戦績でした。凄いプッシュのされ方ですよ。

――結局、5月14日、台東体育館での〝決勝戦〟はロビンソンvs小林という組み合わせになりましたね。

門馬　敗れはしたものの、小林は善戦したよ。吉原さんは小林を次期エースに考えていたから、ロビンソンに何度も当てて鍛えたということなんだろうね。

清水　小林とは対照的に草津はシリーズ中、ロビンソンに8連敗でした。終盤にIWA挑戦が決まっているにもかかわらず、前哨戦で全敗しているという（笑）。

――ロビンソンは2連覇直後の5月19日、仙台レジャーセンターで杉山に敗れ、IWA世界王座から陥落しましたよね。

清水　あの時はショックでしたよ。これでロビンソンは、お役御免なのかと思いましたから。でも、ここまで団体としてやってあげられることはやったように思います。

門馬　最終戦でベルトを落とした後も、日本に少し残ってロビンソン教室を続けた辺りも律儀だね。

――それから1年後の『第3回IWAワールド・シリーズ』では優勝争いはカール・ゴッチ、ロビンソン、モンスター・ロシモフの3強対決になりましたね。

清水　でも、前評判はゴッチvsロビンソンに集中していて、ロシモフはまだ若いし、「穴」という感じでしたよね？

門馬　俺はゴッチvsロビンソンは、いい試合だったと思わなかった。

清水　5度対戦して、結果はすべて時間切れドローでした。

門馬　そのうち3回は取材した…というか、時間切れを3回も見せられた（笑）。ゴッチよりロビンソンの方が上だと俺は思ったよ。それはこの時の年齢差ではなく、あくまでも「選手」としてね。

清水　ゴッチは動きがロボット的で淡々と試合をするのに対し、ロビンソンは水が流れるようにしなやかでリズミカルでした。

門馬　ロビンソンは技の一つ一つに厳しさと説得力があったし、勝負にこだわっていたよ。

清水　このシリーズではゴッチがロシモフをジャーマン・スープレックスでフォールしたことが注目されましたけど、

72年の『第3回IWAワールド・シリーズ』で優勝を争ったのはカール・ゴッチ（ドイツ代表）、モンスター・ロシモフ（フランス代表）、ロビンソン（推薦枠）の外国人3強。最後は持ち点差でロシモフが勝ち抜けた。

その後の公式戦ではロシモフが勝っているんですよね。

門馬　俺はロビンソンvsロシモフの方が見応えがあったと思うよ。

清水　2人は4度対戦して、こちらもすべてドローでした。この時代のアンドレは、45分フルタイムを戦ったんですよね（笑）。

門馬　ロビンソンが走っているところを見たことはないけど、スタミナはあったよ。この3強対決で全試合、タイムアップまで戦ったでしょ。スタミナ配分が上手いんだろうね。

――リーグ戦はこの3選手が同点になって、三つ巴戦の結果、得点差でロシモフが初優勝しました。

門馬　これでロシモフの株は上がったよね。

清水　シリーズ中に地方で数回、ゴッチとロビンソンがタッグを組んでいるんですけど、これは生で観てみたかった。

門馬　俺はノーサンキューだよ（笑）。このシリーズ中に、俺は南青山の道場で2人が極めっこのスパーリングをやっているのを見たよ。ああいうのは、その時に初めて見た。日プロは日本人選手同士のスパーリングをマスコミに見せなかったんだよね。でも、ゴッチとロビンソンは俺がいても平気でやってた。時間は30分くらいかな…試合の時と同じで、凄い意地を張り合っていたよ。

再びハワイに戻ったロビンソンは、6月19日のミネアポリス大会からAWAに入る。第1戦の相手は米国修行中だった小林。日本では同日にミネソタ州ダルースで小林がビル・ミラーからIWA世界王座を奪取したと報道されたが、実際にはロビンソンのAWA初陣の相手を務めて敗れている。

AWAは、ここからロビンソンの売り出しにかかった。最初の抗争相手はブラックジャック・ランザとボビー・ヒーナン。続いてイワン・コロフ、AWA世界タッグ王者のニック・ボックウィンクル&レイ・スティーブンス、ダスティ・ローデス&ディック・マードックのジ・アウトローズとも抗争を展開する。

この頃のロビンソンのパートナーはクラッシャー・リソワスキー、ウイルバー・スナイダー、ワフー・マクダニエルといった骨のあるスター選手ばかり。このようにレベルの高いメンバーが揃っていたAWA地区において、〝人間風車〟は荒波に揉まれながらネームバリューをアップさせていく。

72年9月の日本遠征を経て、ロビンソンは11月にエド・フランシス、12月にはガニアと組んでAWA世界タッグ王座を獲得。翌73年は一度も日本に来なかった。その理由は、ガニアの持つAWA世界王座への挑戦が本格化したためである。つまりガニアは2年間、ロビンソンをじっくり売り出してから自分の挑戦者に指名したのだ。

この時期のロビンソンは「国際プロレスの外国人エース」から、すっかり「AWAのレスラー」になっていた。

――5度目の来日は、72年9月の『ダイナマイト・シリーズ』でした。この頃は、ストロング小林がIWA世界王者として絶対エースになっていましたね。

門馬　小林は前年7月に凱旋して、レッド・バスチェン、ブラックジャック・ランザ、バロン・フォン・ラシク、ダスティ・ローデスとかAWAのトップクラスと毎シリーズ、防衛戦をしていたからね。杉山政権とは、相手も本人の勢いも違ったよ。

清水　私的には国際のロビンソンは71年までがベストで、このシリーズは地味な扱いになってしまったなと。AWAに入ったことで、アメリカナイズされてしまったように感じたのは私の思い込みですかね？

門馬　俺はそうは感じなかったけどね。ロビンソンの基本は、アメリカへ行っても変わっていないんじゃないかな。

清水　このシリーズ以降、日本人選手を持ち上げる一方で、ロビンソンの存在感は薄れていったように感じます。実際に、人間風車で豪快に勝つシーンは見られなくなりました。草津にもすべてドローで、勝てなくなりますし。ただ、小林に挑戦して引き分けたIWA世界戦に関しては、小林が成長したと思いましたよ（9月28日＝小倉区三萩体育館）。「AWAでもこんな試合をしていたんだろうな」と想像できました。この時期、ロビンソンがAWAで大物たちと4年間たっぷり戦った経験は後の全日本プロレスで確実に活かされたでしょうね。

——次にロビンソンが来るのは2年後の74年5月『ダイナマイト・シリーズ』で、団体が揺れていた時でした。

門馬　エースの小林が離脱して、3月に猪木戦をやった直後だよね。

清水　TBSのテレビ中継も打ち切りになって、国際は大ピンチでした。

門馬　だから、ロビンソンを救世主として呼び寄せたんだろうね。テレビ局からの放映権料が入ってこなくなって、資金的に苦しい時期だよ。

清水　ロビンソン側から見れば、AWAの本拠地ミネアポリスでのガニアへの挑戦が一段落し、挑戦の舞台がハワイに移った直後です。このシリーズで、ロビンソンは初めて金網

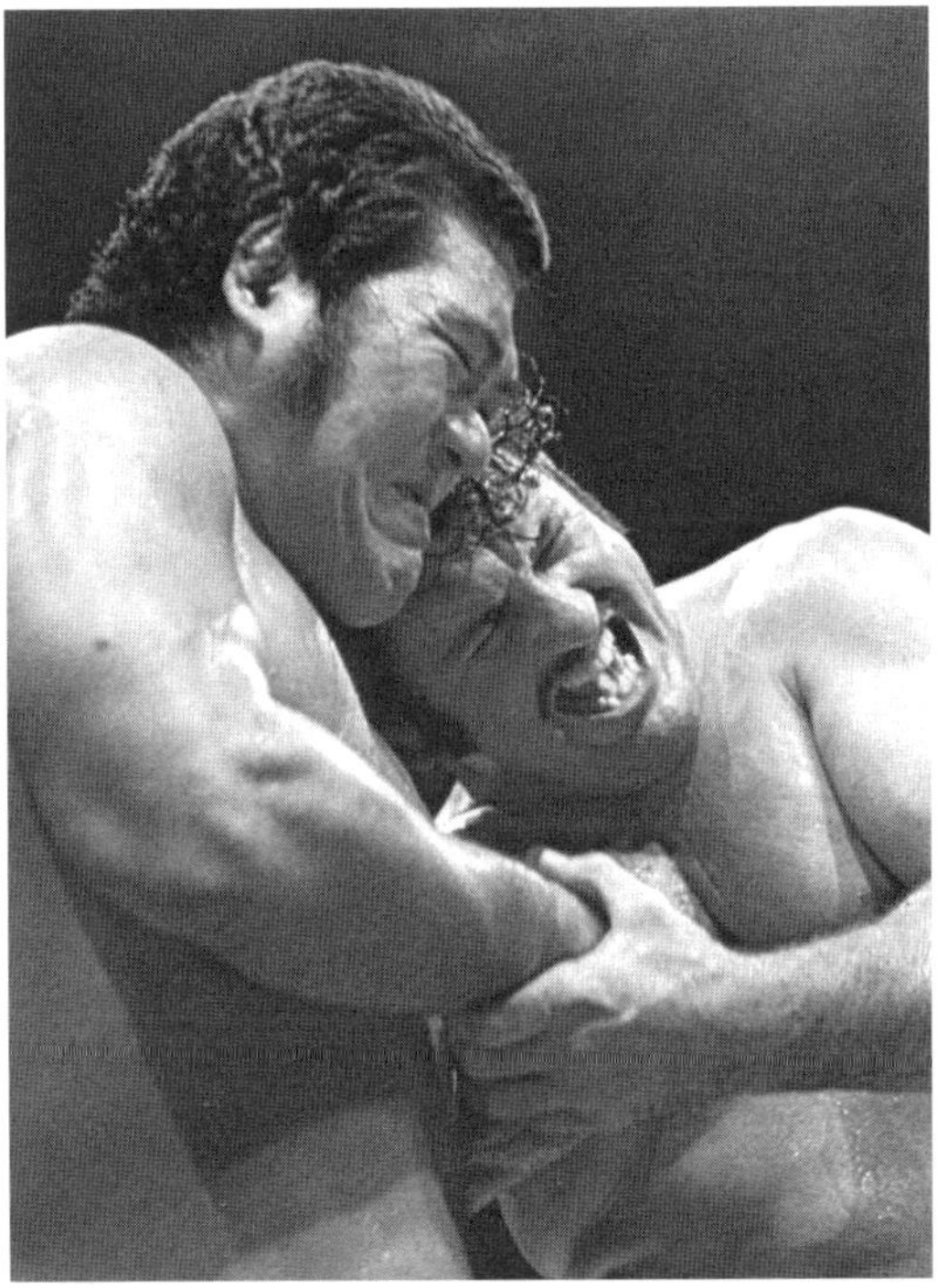

時代の流れの中で立場が逆転し、ロビンソンは72年9月の来日でIWA世界王者のストロング小林に挑戦。1本目を人間風車で先取するも、1-1から両者リングアウトとなり王座奪回ならず。

マッチをやりましたよね（5月26日＝豊田市体育館、ロビンソン＆マイティ井上vsセーラー・ホワイト＆レーン・ゴルト）。

門馬　エースの頃なら、絶対にしなかったよ（笑）。

——この時、ロビンソンはラッシャー木村との決定戦を制して、小林さんが返上したＩＷＡ世界王座に再び就きました。

門馬　その試合は、東京12チャンネルが1時間の生特番をやったんだよ。確か俺が勝利者トロフィーを渡したと思う（笑）。この試合でレフェリーをしたのが初来日のエド・フランシス（元ＮＷＡ世界ジュニアヘビー級王者）。まだ現役選手だったけど、彼はハワイのロード・ブレアースの下でブッカーをしていたんだよね。

清水　ロビンソンはＡＷＡに移籍した後も頻繁にハワイへ行っていて、フランシスのブッキングでジン・キニスキー戦やフレッド・ブラッシー戦が実現しています。

門馬　ＩＷＡ世界王座奪還の夜、新チャンピオンのロビンソンとフランシスを連れて新橋のスナックに飲みに行ったんだよ。それでロビンソンに歌わせようとしたら、音痴でさ（笑）。俺、怒ったロビンソンに胸元を掴まれてカウンターからゴボウ抜きにされたんだよ（笑）。

清水　いかにも門馬さんらしい逸話ですね（笑）。

門馬　まあ、吉原さんとしては苦しい時に、やっぱりロビンソンを頼らざるを得なかったわけだよ。4年ぶりのＩＷＡ世界王座戴冠だったけど、この時期の国際にはロビンソンを再プッシュする資金も方向性もなかったということかな。

ＡＷＡに戻ったロビンソンは、7月20日にシカゴのアンフィシアターでガニアに挑戦して勝利する。ところが、3本目にガニアの足がロープから出ていたとクレームが付いたため「幻の王座奪取」となった。

その翌日、グリーンベイでロビンソンはクラッシャーと組み、ニック＆スティーブンスを破ってＡＷＡ世界タッグ王座を獲得。「準2冠王」となったが、ハードワークがたたり次第に両膝が悲鳴を上げるようになる。

9月7日、シカゴで行われたガニアとの再戦でロビンソンは無念のリングアウト負けを喫し、ベルトは正式にガニアの腰に。その頃、2人は同時に国際からオファーを受け、11月『ワールド・チャンピオン・シリーズ』に特別参加した。

同月20日に蔵前国技館で行われた両者によるＡＷＡ世界

ヘビー級タイトルマッチは、まさしく本場直輸入の世界戦であり、ロビンソンが国際のリングで見せた最後の輝きであった。

――『ワールド・チャンピオン・シリーズ』はガニア、ロビンソン、ニック&スティーブンスと豪華メンバーが集結しましたね。

門馬　その前のシリーズから東京12チャンネルの中継が始まって、俺に解説のオファーが来たんだよ。最初は断ったんだけど、東スポの社長に「やれ!」と命令されたんだ。「新日本は櫻井(康雄)、全日本は山田(隆)が解説をやっているから、これで3団体をウチで独占できる」って。

清水　ガニアvsロビンソン戦の解説は門馬さんと芳の里で、ゲストがマイティ井上でしたね。

門馬　あの日、客席はガラガラだったけど、試合は見応えがあったよ。

清水　結果は1－1から両者カウントアウトでした。このAWA直輸入カードを吉原社長に推したのも竹内さんだったようです。

門馬　AWAで2人が対決する時、どっちがベビーフェースだったのかな?

清水　AWAにいたキム・ドクによると、ロビンソンが「ちょい悪」だったみたいですね。日本では逆で、ガニアのズルさが光りました。

門馬　俺にとって、このガニア戦がロビンソンのベストバウトだよ。

門馬氏がベストバウトに挙げる74年11月、バーン・ガニアとのAWA世界戦。蔵前国技館に集まった観衆は4,500人(主催者発表)と振るわなかったが、日本における外国人対決の名勝負として語り継がれる一戦だ。

清水　シチュエーションは素晴らしかったけど、ガニアに欧州テイストを消されて、攻防はアメリカンでしたよね。6月の木村戦と比べるとロビンソンはサポーターをした膝が悪そうで、ウェイトもやや重そうに見えました。

門馬　それでもロビンソンのスタミナは凄かったけどね。それとガニアの間の取り方、絶妙な駆け引きが光った試合だった。

清水　やっぱりロビンソンはコンディションも含めて、68〜69年が最高で最強ですよ。私のベストバウトは豊登戦。ガイジン同士ならば、ゴーディエンコ戦が一番だと思います。

門馬　蔵前の翌日は、大阪でIWA世界王者の井上とガニアのダブルタイトルマッチだったでしょ。レフェリーがロビンソンで。その夜、俺のセッティングで3人の対談をしたんだよ。後でそれを紙面に載せたら、吉原さんに事務所に呼び出されて〝対戦したばかりの選手を集めて喋らすなんて何を考えてんだ！〟ってメチャクチャ怒られた（笑）。

清水　門馬さんにとっては、思い出深い2連戦だったんですね（笑）。

――ロビンソンはあれほど長くAWAにいたのに、どうしてシングル王座は獲れなかったんですかね？

対談中で触れている門馬氏が吉原社長を激怒させた問題の写真。当日、ロビンソンは選手としても出場し、アニマル浜口に勝利した。オフを挟んで翌々日、静岡・沼津市体育館での寺西勇戦が国際ラストマッチとなる。

門馬　人間的に難しい部分があったから、ガニアは信用していなかったのかな。

清水　AWAエリアはゲルマン系の多い土地柄なので、英国人を受け入れない人種差別的なものがあったのかもしれません。ロビンソン自身は、〝息子のグレッグ・ガニアがオフィスに入ってきてガタガタ言うようになったから、嫌になって75年秋にAWAを出た〟と証言しています。

門馬　古今東西、やっぱり2代目はダメだな（笑）。

清水　結局、ロビンソンはこれが最後の国際参戦となりました。

門馬　お金で揉めたんじゃないかな。団体側がTBSの頃のような金額を払えなかったというのもあるんじゃないの。AWAで多忙だったとはいえ、あれだけ長く国際にいた人間が最後はたった1週間の滞在だったのは寂しかったよ。

清水　翌年末に新日本に参戦して、76年7月からは全日本へ移りましたが、その頃は膝の具合も悪そうでしたし、体型を見てもピークは過ぎた感がありましたね。それでも猪木さんや馬場さんとあれだけの試合ができるんですから…。

門馬　やっぱり天才だよ。最後に声を高くして言いたいのは、「国際プロレスのビル・ロビンソンが最高だった」ってこと！

清水　同感です。猪木戦を会場で観て、私もそう思いましたね。

［評伝］

ミスター珍

小泉悦次＝文
text by Etsuji Koizumi

1970年3月から団体崩壊まで在籍したミスター珍は、国際プロレスの歴史を語る上で欠かせないレスラーである。

しかし、珍は国際でデビューしたわけではなく、また、国際のリングで引退したわけでもない。つまり、珍のレスリングキャリアにはそれ以前も以後もある。とはいえ、テレビの地上波でゴールデンタイムにプロレスが流れていた時代、珍の試合が電波に乗ったのは国際在籍時だけだ。当時、ご覧になっていた方々においては当たり前のことだが、珍の試合にはその場面を観る者の脳裏に刻みつける強烈なものがあった。

珍を簡単に表せば、反則を主体としたコミックレスラーである。立ち位置は基本的に前座でありながら、単なる前座レスラーとは異なる大きな存在感を持っていた。

ゴムの伸び縮みを利用した「ゴムパッチン」、下駄やイスによる攻撃、こけしが倒れるように自らの身体を棒状のまま倒れる受け身、小さな身体だからこそ感情移入できるやられっぷりの良さなど観客は笑い転げながら珍の試合を観ていた。だからこそ、およそ50年経った現在でも記憶が蘇るのだ。

珍は55年に山口利夫の全日本プロレス協会（以下、旧・全日本）でデビューし、94年に大仁田厚のFMWで最後の試合を行った。足掛け40年のプロレス人生である。

増田俊也著『木村政彦はなぜ力道山を殺さなかったのか』（新潮社）には、出口雄一（でぐち・ゆういち＝珍の本名）が木村政彦や山口利夫らが立ち上げた国際柔道協会（プロ柔道）に参戦していたとある。しかし、それ以上のことはわからない。これが珍にとってプロ格闘技デビューということになるが、プロ柔道はプロレスとは別物なので本稿では深入りしないことにする。

出口雄一のデビュー戦

旧・全日本の主宰者である山口は、プロ柔道に大きく関わった人物だ。珍が山口を頼って旧・全日本入りしたのは間違いないであろう。

ただし、旧・全日本は試合記録の欠けが多い。したがって、記録だけでは珍のデビュー戦は確定できない。これを踏まえた上で珍の最初のプロレスの試合は55年5月3日、大阪プールである。この日、珍は本名の出口雄一として大頭山を破った。32年10月12日に生まれた珍は、この時22歳だった。

翌4日は、同所でP・Y・チャンに敗れた。チャンはその名の通り中国人を自称していたが、これはフェイクだ。本名はハロルド渡辺、ハワイ生まれの日系アメリカ人である。第二次世界大戦後にGHQの憲兵として来日し、日本で職を解かれ、旧・全日本のメンバーとなった。

その後、アメリカ本土のテネシー地区に定着し、リングネームをトージョー・ヤマモトに改める。61年に同地区に足を踏み入れた芳の里以来、遠征してくる日本人レスラーたちを仕切った。そして、このチャンは以後、珍のプロレス人生に大きく関わってくる。

翌56年の正月、旧・全日本は大阪府立体育会館で5連戦の興行を打った。この大会で珍は田村研二のデビュー戦の相手を務めている。この田村には面白いエピソードがある。話が主題から離れるが、珍の人格を形成する上で無視できない事件なので、ここに記す。

旧・全日本は大阪5連戦の直後、スポンサーが離れたことで崩壊し、山口は珍、田村、吉村道明、樋口寛治、嘉地久晴ら配下のレスラーを引き連れて故郷の静岡県三島市で『山口道場』を設立した。

しかし、その直後に前途を悲観した田村と嘉地は三島から脱走して大阪に引き返し、そのまま大相撲入りする。最終的に田村は「大文字」の四股名で幕内まで、嘉地は「天山」の四股名で十両まで出世した。

山口一派は三島まで落ち延びたものの、珍をはじめとするレスラーたちは食うや食わずだったのだ。珍自身、三島から東京に出張してきて柔拳（柔道とボクシングの異種格闘技戦）興行で柔道家側としてアルバイトする日々だった。この時、ボクシング側で謎のタイ国人ボクサー、チャン・マメルトンを演じていたのが後の全日本女子プロレス会長・松永高司氏である。

私は会場で、テレビで何度も珍を観た。リング上の珍は、よく笑顔を見せていた。その笑顔はプロレスができる喜び、観客を楽しませることができる喜びに満ち溢れていた。底抜けの笑顔の裏側に、小学生だった私は何かを見ていたのだ。還暦を過ぎた今、私は断言できる。珍の笑顔は、苦労人の笑顔だと。それが食えなかった三島時代の経験と符号して見えてしまうのだ。

山口道場所属として珍の最初の試合は、10月15日に東京のプロレスセンターで行われた日本ライトヘビー級王座決定トーナメント（リミット190ポンド＝86・07キロ）である。「出口二」の名で出場した珍は、東亜プロレス所属の白頭山稔に敗れた。

この後、珍は広東省生まれのチャンピオン、キンキラのチャイナ服を着た陳大元（偽りの本名）こと「ミスター陳」に生まれ変わる。なぜ偽中国人になったのか。同じく偽中国人のP・Y・チャンとタッグを結成するためである。戦後、闇市で暴れ回った台湾人、朝鮮人は「第三国人」と呼ばれた。その暴虐に対し、警察は無力だった。そんな記

旧・全日本プロレス時代、大会の宣伝のためオープンカーでパレードする出口雄一と同僚の樋口寛治（ジョー樋口）。2人は後に力道山に拾われて、日本プロレスに合流する。

憶が人々に残る50年代の後半、中国人はヒールに打ってつけだったのだ。

この名で見つけることができた試合記録は2つある。まずは58年5月31日に大阪・扇町プールで珍は山口&山崎次郎とトリオを結成し、芳の里&長沢日一&ユセフ・トルコを破った試合。もう一つが翌日（6月1日）に同所でトルコに敗れた試合だ。

2日連続で行われたこの大会は山口道場の主・山口利夫の引退興行だった。山口のリタイアにより、これが山口道場の最後の大会となる。出場メンバーに芳の里らの名が見えるのは、日本プロレスの協力があったからだ。協力したのは日プロだけでなく、木村政彦の国際プロレス団も同様であり、木村自身も参戦している（初日はチャンを破り、2日目は芳の里&チャンと組んで山口&長沢&吉村に敗れた）。山口にとって現役レスラーに別れを告げたこの2連戦は、木村にとってもプロレス最後の試合となる。

珍にとって、木村はプロ柔道時代は雲の上の存在だった。しかし、山口道場時代にはチャンとタッグを組んで、「木村政彦などと地方試合をしきりとやって、木村ともメーンエベントを何回もやったことがある」（東京スポーツ63年11月21日付）。珍と木村が絡んだタッグマッチは記録として追うことはできないが、日本の黎明期のプロレスの貴重な証言として、この珍のコメントをここに残しておきたい。

珍は新たな仕事の場を日本プロレスに求め、オーナー兼エースの力道山もこれを了承した。そして同年10月、日プロに移籍。力道山が命名した新リングネームが「ミスター珍」だった。

内臓疾患で現役引退

ミスター陳改めミスター珍の日プロデビュー戦は59年5月22日、東京体育館で組まれた。記念すべき『第1回ワールドリーグ戦』の開幕戦である。この日、珍は金子武雄に敗れた。

日プロ移籍によって、珍はより多くの人に知られるようになる。中国服に身を包んでリングに登場し、ドングリまなこにドジョウ髭の出で立ちは日プロ前座の名物となった。反則だらけでありながら、デンジャラスではなくコミカル。会場を爆笑の渦に巻き込んだユーモラスな動きの中にも柔道で会得した多彩なテクニックを見せ、関節技をフィニッシュとすることも少なくなかった。

翌60年、日プロに大型新人が入団してきた。馬場正平と猪木寛至である。

珍は10月14日に札幌中島スポーツセンターでまず猪木と対戦し、引き分けた。この試合は猪木のデビュー2戦目となる。

翌15日には同所で馬場との初対決が行われ、珍は敗れた。馬場にとってデビュー3戦目の試合であった。

珍vs馬場といえば、翌61年1月7日の愛知・金山体育館の試合が有名である。この試合で珍は馬場のキックをまともに食らって舌を噛んでしまい、リング上で昏倒。ヤバいと見た日プロのあるレスラー（誰かは不明）が口をこじ開けて割り箸を突っ込み、舌が喉の奥に巻き取られるのを防いだという珍が九死に一生を得た試合である。緊急入院した珍は、リングに復帰するまでに4ヵ月を要した。珍vs馬場はこの日が最後となり、対戦成績は珍の5戦全敗だった。

同年6月3日、千葉・成田市営グラウンドでは猪木との最後の対決があり、珍は敗れた。2人はこの日を含め10試合を戦い、戦績は珍の1勝7敗2分。馬場、猪木が以後、珍と試合をしていないのは、いずれも珍と対戦するポジションから卒業したということだ。

63年3月14日、台東体育館における駒角太郎戦の勝利をもって珍は欠場期間に入った。内臓疾患により入院、手術するためである。退院後、リング復帰を試みた珍ではあったが、結局は力道山に引退を申し出た。

同年11月22日のリキスポーツパレス大会で、メインイベント前に珍の引退セレモニーが行われた。珍の病状が公に

日本プロレスに移籍してきた珍は、多くの新しい仲間を得た。吉原功もその一人。この出会いが後に「TBS夜7時の男」を生むことになる。

なったのは、この時である。しかし、東京スポーツ（11月20日付）では胃潰瘍、スポーツニッポン（11月23日付）では十二指腸潰瘍と手術箇所が異なる。夫人の述懐では胃を4分の3切除し、同時に糖尿病も判明したという（ベースボール・マガジン社『日本プロレス事件史』Vol・7）。小さな身体で戦い続けるために珍は体重を94キロまで増やしたが、そのために暴食していたことが祟ったのだ。

引退に際し、力道山は「いくら闘志と根性があっても腹を9センチも切ったのではプロレスは無理だ」と残念な表情を見せつつも、「珍は根っからの道化師ではない。わしのところに入門した時は立派な実力派だった」と評価している（スポーツニッポン11月23日付）。

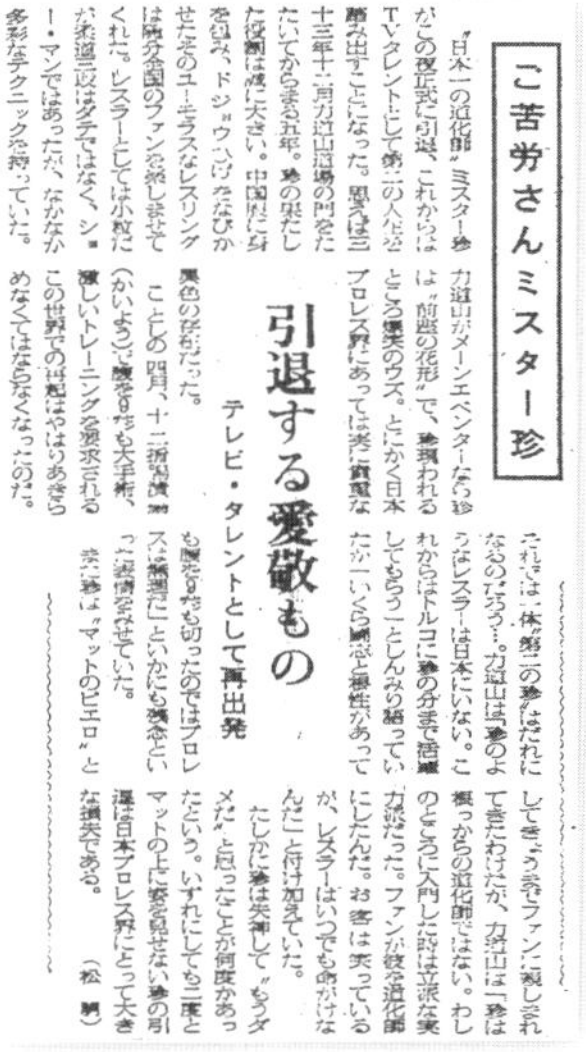

ご苦労さんミスター珍

引退する愛敬もの

テレビ・タレントとして再出発

〝日本一の道化師〟ミスター珍が、この程正式に引退。これからはTVタレントとして第二の人生を踏み出すことになった。思えば三十三年十二月力道山道場の門をたたいてからまる五年。珍の果たした役割は誠に大きい。中国服に身を包み、ドジョウひげをなびかせたそのユーモラスなレスリングは随分全国のファンを楽しませてくれた。レスラーとしては小粒だが柔道三段はダテではなく、ショー・マンではあったが、なかなか多彩なテクニックを持っていた。

力道山がメーンエベンターなら珍は〝前座の花形〟で、珍現われるところ爆笑のウズ。とにかく日本プロレス界にあっては実に貴重な異色の存在だった。

ことしの四月、十二指腸潰瘍（かいよう）で腹を9㌢も大手術、激しいトレーニングを要求されるこの世界での再起はやはりあきらめなくてはならなくなったのだ。

それでは一体〝第二の珍〟はだれになるのだろう…。力道山は「珍のようなレスラーは日本にいない。これからはトルコに珍の分まで活躍してもらう」としんみり語っていたが「いくら闘志と根性があっても腹を9㌢も切ったのではプロレスは無理だ」といかにも残念といった表情をみせていた。

珍は〝マットのピエロ〟として長らくファンに親しまれてきたわけだが、力道山は「珍は根っからの道化師ではない。わしのところに入門した時は立派な実力派だった。ファンが彼を道化師にしたんだ。お客は笑っているが、レスラーはいつでも命がけなんだ」と付け加えていた。

たしかに珍は失神して〝もうダメだ〟と思ったことが何度かあったという。いずれにしても二度とマットの上に姿を見せない珍の引退は日本プロレス界にとって大きな損失である。（松　[illegible]）

珍の引退セレモニーの様子を伝えるスポーツニッポン63年11月23日付の記事。珍がマスコミ陣にも愛されていたことを彷彿させる見出しである。

第二の人生を芸能界で過ごすことにしていた珍は、すでに欠場中に放送作家・永六輔氏が関わっていたNHK『夢であいましょう』内のコントに出ていた。

しかし、66年11月28日に大阪府立体育会館でリングに復帰する。この日、珍は藤井誠之に敗れたものの、以後は再び日プロの前座試合を沸かせることになる。だからといって、芸能活動をやめたわけではなく、その後もテレビや映画に数多く出た。なお、64年11月にカムバックしたという説もあるが、この根源はスポーツニッポンが「駒」を「珍」と誤植したことによる。

68年8月30日、後楽園ホールで初めてプロレスを生観戦した私は第2試合で珍を初めて知った。それまで私はテレビに出てくるレスラーしか知らなかったからだ。当時のテレビ中継で流れるカードは判で押したように日本人vs外国人の試合だったので、日本人同士の試合があること、それがテレビ中継前の前座で行われることを知ったのもこの日だった。

珍の相手は松岡巌鉄。試合中に攻めていたのは、ほぼ珍だった。攻めるといっても、まともな技ではない。ロープ際に倒れ込んだ相手の腹の上に下駄を履いたまま乗っかる。

そんな試合はテレビで観たことがなかった。そして、注意を与えるレフェリーの田中米太郎と掛け合いが始まる。最後は珍が逆転技で敗れた。

この時、馬場は30歳、猪木は25歳。私はプロレスは若者のスポーツだと思っていた。そんな中に混じっていた35歳の珍。今では何でもない年齢だが、当時の35歳は十分にオッサンだった。まあ、珍が老けていた、それだけ苦労人だったと言うこともできるが。ともあれ、珍は馬場や猪木がテレビで繰り広げるプロレスとは異なるプロレスを見せてくれたのであった。

その珍は69年いっぱいで日プロから退団する。国際プロレスに自らを売り込み、吉原功社長も受け入れたからだ。国際プロ日プロは国際に比べてスターレスラーの数、そして所属レスラーの頭数も多い。そのまま日プロにいても埋もれてしまう。珍は自分の居場所を新天地に求めたのである。

ＴＢＳ時代の珍

本稿では珍の国際プロレス在籍期間を大きく3つに分けた。「ＴＢＳ時代」、「海外遠征期」、「東京12チャンネル時代」である。

移籍当初の珍のポジションは第3～5試合辺りで外国人レスラーが出てくる前、つまり日プロ時代と変わらなかった。第1戦は70年3月11日、横浜スカイホールでの寺西勇戦で結果は敗れている。この後、珍は4月5日に大剛鉄之助に反則勝ちするまで寺西の他、田中忠治、大剛、マイティ井上、大磯武、浅野浅太郎に1引き分けをはさんで10連敗した。内容的にも反則負けは浅野戦だけで、あとはフォール負け、ギブアップ負けである。

潮目が変わってきたのは夏になってからだ。7月16日、埼玉県東松山市箭弓神社境内大会で寺西と組み、ジャック・クレイボーン＆黒潮太郎と対戦。黒潮はトリニダード・トバゴから来たプロレス留学生だったが、クレイボーンは一人前の外国人レスラーだ。ミドルカードとはいえ、珍は外国人と対戦する地位に格上げされたのである。

珍が韓国からの留学生を除いて外国人と戦うなんてことは日プロ時代にはなかった。クレイボーン＆黒潮と珍絡みのタッグマッチは団体の名物となっていく。そして、この頃から珍の試合は水曜日夜7時、ＴＢＳで放映されるテレビ枠に入るようになった。国際らしいと言えばそうなのだが、いくら面白い（笑える）とはいえ珍の試合を電波に乗せるという発想は日プロにはなかった。

9月26日の佐賀市第一魚市場大会、珍は遂に外国人レスラーとのシングルマッチが組まれた。対戦相手はヨーロッパや東南アジアをホームリングとするアール・ブラックが正体のミスター・タイガー。結果は、当然のように敗れた。珍の対戦相手は基本的にはこれまで通り日本人が多いものの、以後は外国人が混じるようになる。

褐色のからだにサンダードロップを矢つぎ早にたたき込んであっという間に押え込み、IWA世界タッグ保持者の貫録を見せた。
▽15分1本勝負
佐野（6分12秒体固め）浜口
大磯（8分43秒体固め）村崎
▽20分1本勝負
寺西（15分38秒エビ固め）ミスター・珍
井上（12分31秒体固め）黒潮
▽30分1本勝負
田中（16分3秒体固め）大剛
▽エキシビションマッチ（15分1本勝負）
G・草津（時間切れ引き分け）J・ダラ

リング裏表
移籍珍痛いデビュー
圏・日本プロレスから移籍したミスター・珍が、この日からリングに上がった。相手は若手のテクニシャン寺西だったが、珍は日プロ時代にもまさる凶悪、きたいファイト。リングサイドで見ていた吉原代表が思わず「寺西、やられっぱなしでいるな！」とおこるほど。最後はレフェリーの佐野まで殴りつけ、ついに佐野、寺西に袋だたきに合い、さんざんのデビュー戦だった。
圏…15分1本勝負に出場したJ・ダラは、ボクサー上がりとあってレスラーには珍しくマウスピースをはめてリングに上がった。そ

珈琲
洋菓子
銀座 ファースト
第一店 銀座1の5よみこう並び
（535）6637－8

国際プロレスに移籍した珍のデビュー戦を伝える東京スポーツ70年3月13日付の記事。旗揚げや崩壊を除き、プロレスラーが他団体へジャンプすることは当時としてはレアケース。移籍直後、珍の勝率の低さもファンの間で話題になった。

ミスター・タイガーとの再戦は10月20日、栃木・鹿沼市産業文化会館で組まれ、テレビでも流れた。珍の反則、そしてオチョクリにタイガーは防戦一方である。館内が十分に温まったところで珍はリングにイスを持ち込み、タイガーの脳天を一撃。タイガーが倒れたところに覆い被さり、レフェリーの阿部修はカウントを3つ数えて珍の勝利を告げた。

この頃、来日した外国人レスラーには中堅格以上を与えることが常識で、何らかの都合で前座レスラーとのカードが組まれても日本人の勝ちはなかった。イスを使ったとはいえ、珍が外国人に勝つということは大金星である。

「ワテ、ガイジンさんに勝ったで」

珍は感激して、レフェリーと握手。さらにリングを降りて、リングサイドのお客さんと握手。再びリングに上がり、レフェリーと再度の握手。気が付けば、珍は泣いている。その姿を見て、観客の誰もが微笑む。

この光景が天下のTBSテレビで放映された。日本全国津々浦々の夕食時、ブラウン管の前のお茶の間もこの光景を見てホットな雰囲気になったであろう。我が家のように。

いや、それだけではない。ゴング誌はこの試合の様子、試合後の珍の感激ぶりをグラビアを組んで報道した。これ

だけをもってしても珍の移籍は大成功であった。日プロ時代の珍はテレビに露出しなかったため、会場に行った者しか知らない。タレントとしてNHKの番組に出ていたとはいっても、世間一般では体格がいいコメディアンでしかない。プロレスラーとしての珍が認識されたのは、国際時代にテレビで試合が流れたからである。

ミスター珍の全盛期

年が明けて71年、珍にとって国際2年目である。39歳を迎える珍の体力的ピークは、すでに過ぎていた。しかし、プロレスラーとしてのピークはこの年である。何といってもテレビでの露出度が高かったからだ。私の脳裏に残る珍の試合もこの71年に集中している。

『新春パイオニア・シリーズ』の外国人側は、スティーブ・リッカードを除いて全員が初来日。日本では無名のレスラーばかりだったこともあり、現在まで語られることが少ないシリーズだ。しかもリッカードとて白覆面を被り、デビル・ブッチャーの名で参加したため実質的に全員が初来日である。本来であれば、営業的にも視聴率的にも弱いシリーズなのだが、ここで気を吐いたのが珍だった。

1月14日の長崎・佐世保市体育館大会。放映されたデビル・ブッチャー戦は、私にとって珍のベストバウトである。デビルはミスター・タイガーよりは強そうだった。しかし、このシリーズのエースだった巨漢のイワン・ブレストンには明らかに及ばない。珍の対外国人2度目の勝利が期待された。

試合が始まると珍は二の腕に巻いていたゴムを外し、デビルにゴムパッチン攻撃を仕掛けた。だが、デビルはこれを奪い、珍の首を締め上げたままゴムをロープに縛る。そして、エプロンサイドから場外に向けて吊した。珍のつま先はマットの外。しかし、場外の床にも届いていない。宙ぶらりんである。

苦悶の表情を浮かべる珍の様子は、観客、テレビカメラの正面になる。文字通りの「絞首刑」だ。ほどなくしてレフェリーが珍の首からロープを外したが、珍のやられっぷりの良さが目立った。というよりも、やられっぷりが良すぎて引いてしまった観客もいたかもしれない。結局、珍は絞首刑のダメージもあり、数分後にフォールされた。珍はボロボロにやられることで存在感を見せたのである。

シリーズ終盤のテレビ中継で流れた1月27日、神奈川・大和市保健所前広場大会でのブレストンとの対戦も記憶に残る。対戦とはいっても1vs2のハンディキャップマッチだ。とはいえ、同大会の試合記録には珍とブレストンの名前がなく、これは何らかのミスで2人が出たハンディキャップマッチが抜けてしまったということだろう。しかし、私は間違いなくテレビで観た。ただし、珍のパートナーは私の記憶にも残っていない。

テレビ中継ではシリーズ中に日本側のセコンドに付いていた珍のやかましさにブレストンが怒り、対戦を要求したが、シングルマッチで組むにはあまりにも体格が違うのでハンディキャップマッチになったと伝えていた。試合はブレストンがワンサイドで勝った。

国際の本場所とも言える『第3回IWAワールド・シリーズ』。この年はビル・ロビンソンとカール・ゴッチの同時参加、そして2人の対決で話題を呼んだ。

とはいうものの、文字通り本格派であるこの2人と珍の対決はナンセンスである。また、公式戦でポイントを争うリーグ戦は珍のキャラクターに合わない。このシリーズで珍に与えられた役割は、モンスター・ロシモフとのハンディキャップマッチだった。ブレストン戦で「珍vs巨漢のハンディキャップマッチ」というマッチメークが誕生していたからこそである。

試合参加型マネージャー

ボビー〝ザ・ブレイン〟ヒーナンといえば、80年代後半のWWFで常にハルク・ホーガンの反対側のコーナーにいたヒールマネージャーだ。そして、その仕事ぶりは多くのファンやレスラーから「史上最高のマネージャー」と讃えられている。

そのヒーナンは71年7月から8月にかけて、国際が提携していたAWAからブラックジャック・ランザのマネージャー兼レスラーとして初来日した。

それまでの日本のリングでマネージャーといえば、グレート・アントニオに付いたグレート東郷、ザ・コンビクトに付いたパンピロ・フィルポのような怪物レスラーを制御する「猛獣使い」がスタンダードだった。ところが、ヒーナンは試合中にギャーギャー騒ぐだけでなく、相手の足を引っ張ったり、レフェリーが見ていないところで攻撃を加えたりと「試合参加型マネージャー」である。実はこれがアメリカの常識なのだが、それを日本に持ち込んだのがヒーナンだった。

この『ビッグ・サマー・シリーズ』中の7月17日の北海

道・紋別市前沢グラウンド大会、26日の栃木・真岡市体育館大会で珍とヒーナンのシングルマッチが行われている。前者はヒーナンが勝ち、後者は両者リングアウトだった。しかし、結果はどうでもいい。私が重要だと思うのは、珍

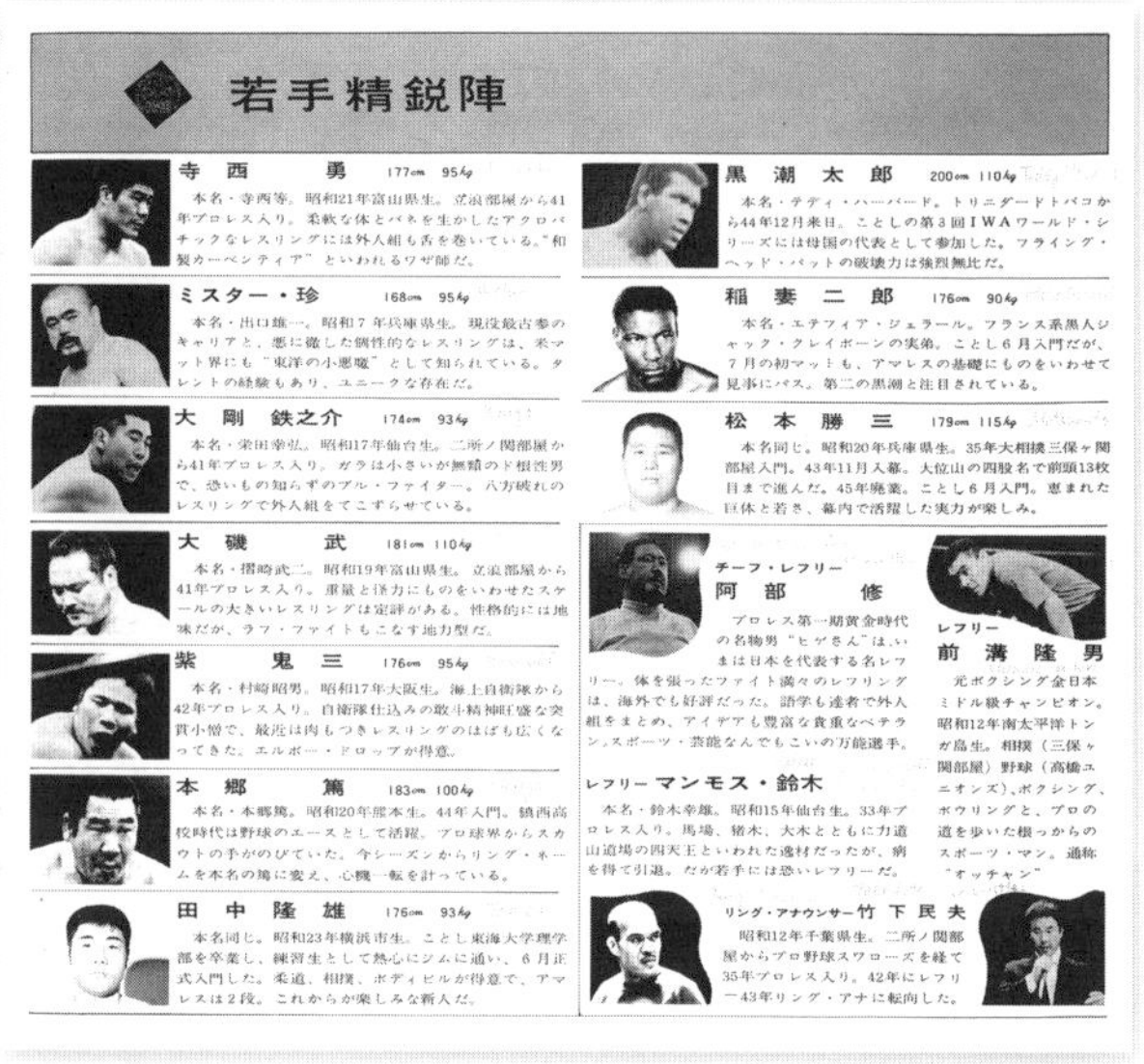

若手精鋭陣

寺西　勇　177cm　95kg
本名・寺西等。昭和21年富山県生。立浪部屋から41年プロレス入り。柔軟な体とバネを生かしたアクロバチックなレスリングには外人組も舌を巻いている。"和製カーペンティア" といわれるワザ師だ。

ミスター・珍　168cm　95kg
本名・出口雄一。昭和7年兵庫県生。現役最古参のキャリアと、悪に徹した個性的なレスリングは、米マット界にも "東洋の小悪魔" として知られている。タレントの経験もあり、ユニークな存在だ。

大剛鉄之介　174cm　93kg
本名・柴田幸弘。昭和17年仙台生。二所ノ関部屋から41年プロレス入り。ガラは小さいが無類のド根性男で、恐いもの知らずのブル・ファイター。八方破れのレスリングで外人組をてこずらせている。

大磯　武　181cm　110kg
本名・摺崎武二。昭和19年富山県生。立浪部屋から41年プロレス入り。重量と怪力にものをいわせたスケールの大きいレスリングは定評がある。性格的には地味だが、ラフ・ファイトもこなす地力型だ。

柴　鬼三　176cm　95kg
本名・村崎昭男。昭和17年大阪生。海上自衛隊から42年プロレス入り。自衛隊仕込みの敢斗精神旺盛な突貫小僧で、最近は肉もつきレスリングのはばも広くなってきた。エルボー・ドロップが得意。

本郷　篤　183cm　100kg
本名・本郷篤。昭和20年熊本生。44年入門。鎮西高校時代は野球のエースとして活躍。プロ球界からスカウトの手がのびていた。今シーズンからリング・ネームを本名の篤に変え、心機一転を計っている。

田中隆雄　176cm　93kg
本名同じ。昭和23年横浜市生。ことし東海大学理学部を卒業し、練習生として熱心にジムに通い、6月正式入門した。柔道、相撲、ボディビルが得意で、アマレスは2段。これからが楽しみな新人だ。

黒潮太郎　200cm　110kg
本名・テディ・ハーバード。トリニダードトバコから44年12月来日。ことしの第3回IWAワールド・シリーズには母国の代表として参加した。フライング・ヘッド・バットの破壊力は強烈無比だ。

稲妻二郎　176cm　90kg
本名・エテフィア・ジェラール。フランス系黒人ジャック・クレイボーンの実弟。ことし6月入門だが、7月の初マットも、アマレスの基礎にものをいわせて見事にパス。第二の黒潮と注目されている。

松本勝三　179cm　115kg
本名同じ。昭和20年兵庫県生。35年大相撲三保ヶ関部屋入門。43年11月入幕。大位山の四股名で前頭13枚目まで進んだ。45年廃業。ことし6月入門。恵まれた巨体と若さ、幕内で活躍した実力が楽しみ。

チーフ・レフリー
阿部　修
プロレス第一期黄金時代の名物男 "ヒゲさん" は、いまは日本を代表する名レフリー。体を張ったファイト満々のレフリングは、海外でも好評だった。語学も達者で外人組をまとめ、アイデアも豊富な貴重なベテラン。スポーツ・芸能なんでもこいの万能選手。

レフリー
前溝隆男
元ボクシング全日本ミドル級チャンピオン。昭和12年南太平洋トンガ島生。相撲（三保ヶ関部屋）野球（高橋ユニオンズ）、ボクシング、ボウリングと、プロの道を歩いた根っからのスポーツ・マン。通称 "オッチャン"

レフリー　マンモス・鈴木
本名・鈴木幸雄。昭和15年仙台生。33年プロレス入り。馬場、猪木、大木とともに力道山道場の四天王といわれた逸材だったが、病を得て引退。だが若手には恐いレフリーだ。

リング・アナウンサー　竹下民夫
昭和12年千葉県生。二所ノ関部屋からプロ野球スワローズを経て35年プロレス入り。42年にレフリー43年リング・アナに転向した。

71年10月開幕『ビッグ・チャレンジ・シリーズ』のパンフより。なぜ珍が若手の精鋭なのか？　ツッコミを入れるなかれ。当時は前座＝若手であり、「ベテランの前座」という概念がなかったのだ。

が〝試合参加型マネージャー〟ヒーナンを体験したということだ。

珍には力道山時代の末期に一度引退を余儀なくされた内蔵のハンディがある。また、プロレスラーとして体格に恵まれていない。ヒーナンと手を合わせて、「こういう手があるんだ！」と珍にインプットされたように思う。そして後年、珍は鶴見五郎、大位山勝三と組み、「独立愚連隊」の試合参加型マネージャーに就いた。

珍にとって栄光の71年の締め括りは、12月4日の滋賀・大津市皇子山体育館である。何とメインイベントに登場してしまったのだ。間違っても日プロ時代の珍には有り得ない。メイン登場は山口道場時代の山口利夫の引退試合以来、13年半ぶりだった。

珍はストロング小林&大剛鉄之助と組んで、相手はドン・ムラコ&バディ・ロバーツ&ケン・イエイツ。ムラコは80年代前半のWWFでヒールとして名を馳せ、ロバーツはハリウッド・ブロンドスやフリーバーズのメンバーとして知られる。もう一人のイエイツはタッグを含め、生涯の勝率が15%という噛ませ犬レスラー。AWAではTVマッチ専門の負け役で、前年には500連敗を遂げたということで団体側から表彰された。

この3日後の兵庫・姫路市厚生会館で、イエイツは珍を相手にシリーズ最後の白星を上げた。以後、イエイツは翌72年4月の引退まで試合に勝利していない。つまり、イエイツに最後に白星を献上したのが珍だったわけで、「連敗男に最後の白星を献上」とは珍らしい記録である。

翌72年1月から、TBSの国際中継は放映時間が30分に縮小された。同年4月からの半年間は60分に復活するが(ただし、時間帯は「お子様ランチ」と言われた日曜夕方6時から)、同年10月から74年3月に放映を打ち切られるまでは30分枠が続いた。さらに半年ごとの番組改編のたびに放映時間帯もコロコロと変わり、視聴率も低下していく。その余波を受け、72年から珍のテレビ登場は激減した。珍の試合は60分の枠に入っても、30分の枠には入れられないからである。

その2年間のリング上での珍をざっと追っておこう。

72年の『第4回IWAワールド・シリーズ』は前年優勝のロシモフに加えて、ドン・レオ・ジョナサン、バロン・フォン・ラシク、ホースト・ホフマン、ジョージ・ゴーディエンコなど9人が参加。しかも前記5人は単独でもシリーズの外国人側エースを任せられる一流で、質的に同時期に日プロで行われたワールドリーグ戦の外国人レスラーを凌いだ。外国人レスラーの多さゆえ、基本的には対日本人が多かった珍の試合に対外国人が多くなる。

4月8日、奈良・橿原神宮市体育館大会ではホフマンとのシングル(敗北)、12日の山口・宇部市体育館大会ではジョナサン&ティト・コパ&イワン・バイテンとの対戦も組まれた(ストロング小林&ラッシャー木村と組み、メインで勝利)。

7月の『ビッグ・サマー・シリーズ』からは、前年に留学してきた稲妻二郎(フランス海外県マルチニーク)に加え、ヤーン・ヘルマンソン(スウェーデン)、韓国の姜成英(カン・スンヤン)、梁鎮五(ヤン・ジンオー)、呉均銭(オー・キュンイク)と団体は5人の留学生を抱える。以後、翌年にかけて珍の対戦相手は彼ら留学生が多くなる。

73年5月12日、京都・福知山市体育館での呉との試合で珍は足首を捻挫した。不幸にも、これで珍にとって人生初のアメリカ遠征が延期となる。

予定されていた行き先は当時、国際が提携していたAWAではなく、テネシー地区(テネシー州、ケンタッキー州及びアラバマ州北部)。ここに山口道場時代にタッグパートナーだったP・Y・チャンことトージョー・ヤマモトがいた。

この時、ヤマモトはナッシュビルのプロモーター、ニック・グラスの元でレスラー兼ブッカーだった。珍はヤマモトと山口道場崩壊後も連絡を取り合っており、前年には松本勝三（大位山）やデビル紫がテネシー地区で武者修行するために骨を折っている。そして、今度は自分の番だった。

珍の復帰は8月の半ば過ぎ、岩手県の某所である。日時・場所が確定しないのは、陸中山田で行われた17日から23日までの合宿の最中、ここを拠点にマスコミには伏せて行われた通称『合宿シリーズ』だったことしかわかっていないからだ。当然のことながら、このシリーズについては当時どの媒体でも報道されていない。

珍は連日、このシリーズ限定でカムバックした吉原社長を相手にした。ちなみに吉原vs珍は初対決ではなく、日プロ時代に何度も組まれている。なお、この時に吉原社長が覆面を被っていたという「都市伝説」もあるが、実際は素顔で試合に出ていた。

FMWの最初の一滴

「武者修行」と言うにはトウが立っている41歳の珍の海外遠征が実現したのは、翌74年の『新春パイオニア・シリーズ』終了後の3月だった。前述の通り、最初に入ったのはヤマモトがいるテネシー地区で、リングネームはミスター珍ではなく「ミスター・カミカゼ」となった。ポジションはヒールである。番付的にはミドルカード以下で、鉄板のベビーフェースだったジャッキー・ファーゴとの対戦はなく、新進気鋭のヒールだったジェリー・ローラーとのタッグも結成されていない。

初戦は3月30日、テネシー州チャタヌーガでトーア林と組んでフィールズ兄弟（ジョニー&マーシャル）に勝利。このトーア林は、全日本プロレスの前座戦線で独特の輝きを放つことになるミスター林である。しかし、この時はフリーだった。これは73年4月の日本プロレス崩壊時に海外にいて、そのままいろいろなテリトリーを彷徨っていたためだ（林は76年夏に帰国して、全日本に合流）。

では、テネシー地区での珍の戦績を見てみよう。地区入り2週間後の4月15日、アラバマ州バーミンガムで珍はヤマモトと組み、ニック・デカルロ&フランク・モンテを破ってNWA南部タッグ王座を奪取した。幸先の良いスタートである。途中、短期間タイトルを落とすことはあったが、5月20日まで同王座を保持した。

6月24日には同じバーミンガムで、ついこの間までコンビを組んでいたヤマモトと柔道ジャケットマッチを行い、敗れている。これはヤマモトがベビーフェースに転向したことによるものだ。8月21日、テネシー州ナッシュビルではスポットで遠征してきたルー・テーズと対戦し、敗れた。

10月23日、ケンタッキー州ボーリンググラスではミゼット混合のミックスド6人タッグマッチに出た。珍はリトル・トーキョー、ドクター・デス（正体不明）とのトリオで、ボボ・ジョンソンにビリー&ベニーのマクガイヤー兄弟を加えたトリオと対戦した（結果不明）。

リトル・トーキョー（本名＝赤羽茂）は国際プロレス女子部のルーツとも言える小畑千代の日本女子プロレスでデビューした後にアメリカに渡り、2011年の死去まで現地で過ごしたミゼットレスラーである。ボボ・ジョンソンはボボ・ブラジルにあやかったアフリカ系ミゼット、マクガイヤー兄弟はこの時代の新日本プロレスのリングを賑わした2人合わせて600キロの双生児だ。

この4人はアトラクション的な存在だったためテリトリーに属さず、常にサーキットし続ける。それがこの地区で出くわして、珍も加わった後年のFMWのような「何でも有り」の楽しいカードが実現したわけだ。というよりも、そのFMWの創始者・大仁田厚が81年に武者修行していた

海外遠征を前に現地のプロモーターに送付する宣材用の写真。デビル紫とのツーショットを撮影したのは、2人をタッグで売り出そうというプランがあったためだ。

エリアがここテネシー地区であり、プロレスラー珍の死に場所がFMWだったことを思えば、このミゼット混合6人タッグマッチがFMWの最初の一滴のようにも思える。

12月11日のナッシュビルではルーファス・ジョーンズと対戦し、敗れた。この試合は珍vsジョーンズ3連戦の3戦目である。当時のジョーンズはNWA勢力圏を股にかけて戦うアフリカ系のベビーフェース。そんなジョーンズとのカードが組まれたことを見ても珍のテネシー地区サーキットは成功だったと言えよう。

これもまた74年の渡米に際して撮影した宣材用の写真。「カミカゼ」をリングネームとするレスラーは、珍以前にもスペインで存在していた。したがって、珍は「2代目カミカゼ」ということになる。

柔道衣を着た「ハリ・カリ」

年が明けて、75年の珍はオクラホマ&ルイジアナ地区、ガルフコースト地区、フロリダ地区、カルガリー地区で仕事をした。前年、珍はテネシー地区で136試合を行っている。ところが、75年は4地区で戦いながらも、私が確認できた試合数は「33」しかない。

オクラホマ&ルイジアナ地区でのリングネームは「グレート・ハラキリ」、もしくは「ハリ・カリ」であった。「ハリ・カリ」はアメリカ人にとって外来語である。意味は切腹、つまりハラキリが英語化されたものだ。このリングネームを名乗った珍はルイジアナ州モンローで2人の日本人レスラーと対戦しており、2月4日には元国際プロレスのヤス・フジイ（当時はフリー）、同月11日には全日本プロレスのミツオ・ハタ（羽田光男=ロッキー羽田）に連敗している。

80年代後半、珍は週刊プロレスにコラム「ミスター珍のThat's談」を連載していた。そこでスタン・ハンセン

&ブルーザー・ブロディのエピソードを語ったことがある。
オクラホマ&ルイジアナ地区で、珍はハンセン&ブロディ（当時はフランク・グーディッシュ）と一緒になった。珍はコスチュームとして着用していた柔道衣で対戦相手を覆い、ボコボコにしていた。それを見たハンセン&ブロディが真似をして珍の柔道衣で同じことをしたため、ボロボロになって使い物にならなくなったという。

ところで、「ガルフコースト」とはミシシッピ州ガルフポートを中心としたメキシコ湾岸沿いの海岸を指す。一方で「ガルフコースト地区」というプロレス用語は、フロリダ州北部、メキシコ湾岸沿いのペンサコーラ及びアラバマ州南部のテリトリーのことだ。

ここでの珍はミドルカード以下のヒールであった。リングネームは「ミスター・ヨト」。3月18日のアラバマ州モビールではリップ・タイラー&ロードアイランド・レッドとのトリオで、テリー・ラザン&ロン・スター&ミスター・イトーに敗れている。イトーの正体は上田馬之助で、ここではベビーフェースだった。この前後、16日と23日のペンサコーラで珍は上田とシングル戦を行っているが、両試合とも結果は不明である。

フロリダ地区で戦ったのは5月で、判明しているのは2試合しかない。20日のフォートマイヤースではミスター林と組んでリック・マーテル&パット・バレット、23日のタラハシーでは林と組んでボブ・バックランド&マーテルと対戦（共に結果は不明）。この時のリングネームはガルフコースト地区と同様、ミスター・ヨトだった。以上2試合は、ガルフコースト地区を切られて仕事がなくなった珍が

海外ニュース

メキシコの雑誌の表紙になった鶴見。
ラフ・ファイトに磨きのかかった八木。
★…メキシコのプロレスのメッカ、アレナ・メヒコで、巨漢TNTと頭髪を賭けて対決、敗れて坊主になってしまった鶴見五郎は、しかしこれがかえって人気を呼んで、いまでは押しも押されもしないトップ・スターとなり、プロレス専門誌の表紙を飾るほどの人気者となっている。日本を出てまる2年。この人気では、まだ当分帰国できそうもない。
★…47年12月に渡米したデビル紫は、もう海外生活2年半になる。鶴見とともにメキシコで暴れ、中量級のホープとなっているので、タイトル奪取まで頑張るつもりのようだ。
★…カナダのカルガリーに腰を据えている18才の少年レスラー八木宏も、もうまる2年になった。体も二まわりほど大きくなり、アブドラ・ブッチャーと血だるまのノー・コンテスト試合をやったというから、その変貌ぶりは目を見はらせるものがある。ヨーロッパでテクニックを、カナダでラフ・ファイトをと、大器は理想のコースを歩いている。
★…昨年3月渡米したミスター珍は、ミスター・カミカゼの名で全米をのし歩き、無法の限りをつくしている。頭もツルツルに剃ったばかりか、眉毛まで剃り落として、悪党面にも一段と凄ご味が出たようだ。
一匹狼として暴れるM・珍。
メキシコで活躍中のD・紫。

75年5月開幕『ビッグ・チャレンジ・シリーズ』のパンフより。所属レスラー4名の海外での近況を伝えている。左上から時計回りに鶴見五郎、八木宏（剛竜馬）、珍、デビル紫。

旧知の林に頼み込んで何とか割り込んだように見える。

この後、珍には5ヵ月の空白期間がある。次にリングに上がるのは、10月のカナダ・カルガリー地区だ。ここでは「ドクター・ヨト」の名で、やはりミドルカード以下のヒールだった。

名があるレスラーとのカードを拾っていくと、10日にフランキー・レイン、18日にセーラー・ホワイトと組んでチャーリー林（ミスター林）&レイン、31日にミスター・ヒトと組んでキース・ハート&ドン・ファーゴ、11月14日にエディ・モロー（ジャック・クレイボーン）といったところだ。10月18日のエドモントン以外はすべてカルガリーで行われた試合で、結果は全て不明である。そして12月10日、サスカチュワンでアロ・レイラニに敗れ、海外遠征を終えた。

それにしても、2年に及ぼうというアメリカ&カナダ遠征で珍が林と何度も遭遇していることは驚きに値する。珍と林の因縁は60年11月3日、日プロの田川市民体育館大会で引き分けた時（10分時間切れ）から始まり、日プロ在籍時の68年には駒厚秀と共に韓国で悪辣な大日本帝国トリオを結成。そして、アメリカでは韓国同様に林とタッグを組み、カナダでは敵味方に分かれて戦った。

76年正月、海外遠征を終え、帰国第1戦に臨んだ珍（ミスター・ヨト）。眉を剃ると、これほど人相が変わるという見本のような写真である。

東京12チャンネル時代の珍

76年1月、凱旋帰国（と言えるかどうかはわからないが）した時、国際プロレス中継の放映局はTBSから東京12チャンネルに変わっていた。

帰国第1戦は76年1月5日、後楽園ホール大会のセミファイナルとして行われた。この日、ミスター・ヨトの名で外国人側コーナーから出てきた珍はウィンター・ホークと組み、アニマル浜口＆鶴見五郎に反則負けを喫する。ゲストとして放送席に座り、珍の試合を楽しそうに観ていたのは永六輔氏だった。珍が外国人側で出場したのはこの1試合だけで、以後はミドルカードのシングル、タッグで日本人同士の試合に出場した。

3月28日、国際は蔵前国技館で提携を結んでいた全日本プロレスと対抗戦を行う。国際側の一員として対抗戦に出た珍は、対戦相手の百田光雄に塩の塊を投げつけて反則負け。そして、この試合を最後に4年あまりリングを離れることになる。理由は吉原社長が珍を解雇したからだ。帰国から、僅か3ヵ月後のことであった。

先に挙げた帰国第1戦、眉を剃った珍に不気味さは感じた。しかし、かつて日プロの前座で、TBSで流れた国際の試合で会場の隅々にまで届けていた珍の発散するエネルギーを感じることを私にはできなかった。

TBSで観た珍と東京12チャンネルで観た珍の違いは体型である。帰国後の珍の身体からは筋肉がげっそりと落ちていた。つまり、吉原社長が珍を切った理由は、珍の身体のしょっぱさがプロレスラーとして観客に見せられるレベルにないと判断したからだ。海外遠征後半の75年、試合数が激減していたのも、やはり身体のしょっぱさからプロモーターが使ってくれなかったということであろう。

マスコミ向けの「病気のため欠場」という建前で吉原社長に切られた珍は、タクシーの運転手などで凌いだ。しかし、プロレスへの思いは断ち難く、吉原社長の前に現れては復帰をせがむ。珍が鶴見＆大位山の独立愚連隊のマネージャーとなるのは80年のことだが、まずその前（78年）にレフェリーとして復帰している。

81年1月4日、国際の後楽園ホール大会を私は観戦した。鶴見＆大位山はマッハ隼人＆高杉正彦と対戦したが、珍がステッキでリング外から相手側を攻撃して独立愚連隊を反則負けに陥れた。そして3日後、1月7日の館山市民センター大会で遂に珍はレスラーとしてカムバックする（菅原伸義に反則負け）。

後楽園ホールで珍の相手をした高杉に話を伺う機会があった。珍にとってレフェリーもマネージャーもレスラー復帰への既成事実作りであったとのことで、カムバックはいささか強引だったようだ。以前の吉原社長ならば断っていたところだろうが、この頃の団体の経営状態はかなり悪く、半ば投げやり的に許したのではないかと思う。

国際は3月いっぱいで東京12チャンネルからもレギュ

レフェリー

マンモス・鈴木

33年に日本プロレスに入り、馬場、大木、猪木とならんで力道山道場の四天王といわれ、渡米武者修業もトップ、MSGにも出場した逸材だったが、病気には勝てず引退、レフリーに転向した。外人係も兼任して好評だ。特異なマスクと全身剛毛の巨体で映画でも活躍している。

特別レフェリー

元ミスター日本
元ミスター・
ユニバース第3位

遠藤光男

ミスター珍

日本のプロレス創生期からの名物男だった珍も、病を得てしばらくリングから遠ざかっていたが、マットへの情熱もだしがたく、53年4月からレフェリーとしてカムバックした。最近は体調も回復し、現役カムバックを目ざして猛トレーニングを積んでいる。ベテランに注目！

リング・アナウンサー

飯橋一敏

昭和33年2月6日東京都豊島区出身。都立豊多摩高校卒業後51年9月国際プロレス入社。総務部に所属し、その熱意を買われてリング・アナウンサーに起用された。男2人兄弟の長男坊で、次男の浩司君は51年3月大相撲大鳴戸部屋入門。若高鉄の四股名で活躍している。

79年11月開幕『デビリッシュ・ファイト・シリーズ』のパンフより。リング上で戦うレスラーとの掛け合いがレフェリー珍の真骨頂であった。

ラー放映を切られ、8月9日の羅臼大会で崩壊する。この日、珍は冬木弘道を相手に反則負け。試合後、リングサイドのお客さんに握手して回るというファンサービスを行う珍の姿は、「国際は死んでも俺は死なんぞ」という彼なりの表現だったと思う。

国際プロレス崩壊後の珍

90年代に入って、すでに60歳を超えていた珍が大仁田のFMWでカムバックした話は有名だ。しかし、国際プロレスが崩壊してからFMWのリングに上がるまでの間に東南アジアや中近東のオマーンでリングに上がっていたことを知る人は少ない。

国際崩壊後の珍には新日本プロレスや全日本プロレスから声がかからず、上がるリングがなかった。しかし、「capital」のロゴで有名なスポーツウェアの販売代理人として全日本に出入りするようになる。

もちろん、珍にはあわよくば全日本のリングに上がりたいという気持ちがあった。しかし、馬場は許さない。一度採用してしまうと、なかなか引退したがらない、つまり切りにくいからか、それともこの頃、全日本の前座コミカル枠にはミスター林がいて定員一杯だったからかはわからない。しかしながら、道場の使用許可は出した。

そうこうしているうちに、タイガー・ジェット・シンから珍に声がかかる。80年代のシンは全日本のリングに上がりながら、東南アジア、中近東、南アフリカなどの興行に関わっていた。

珍がシンに呼ばれたのは82年1月22日から29日までペナン、クアラルンプール、シンガポールで5試合を行ったツアーである。これに全日本から随行したのは佐藤昭雄、石川敬士、百田義浩、越中詩郎で、北米からジョニー・パリーズ、ボボ・ブラジル、ブルドッグ・ブラワーが加わった。

オマーンでは笑えない話がある（時期不明）。このツアー開催にあたってシン側とパキスタンのボル（ペールワン）一族の間でトラブルが生じた。おそらく、興行の開催にあたって「領分を侵した」とか「話が通っていない」というレベルのことであろう。

ボル一族が殴り込んでくるとの情報に、シン側のレスラーは逃避。そして、本当にボル一族がやって来た。何のことかわからない珍は逃げ遅れる。ところが、彼らは珍の前を通り過ぎた。珍の身体がしょぼすぎて、一般人にしか見えなかったからだ。


そんなことがありながらもプロレスラーであり続けたかった珍は93年7月、ＦＭＷでカムバックした。この頃になると、珍は糖尿病から来る腎不全で第一級身体障害者に認定されており、巡業の先々で人工透析を受ける日々だった。

現役最後の試合は、94年7月31日の横浜文化体育館大会（五所川原吾作に敗れる）。病状が悪化し、リングを離れたのである。そして95年6月26日、慢性腎不全によりこの世を去った。享年62であった。

珍が亡くなった2年後、後見人的な立場であった永六輔氏が出した『芸人』（岩波新書）に、あるプロレスラーの言葉が載っている。

「プロレスラーにプロレスを一言で言えっていったってなァ…プロレスねぇ。プロレスは痛いものです」

永氏は本の中で、この言葉が珍によるものだと述べていない。しかし、私には珍の顔しか思い浮かばない。

［対談］

鶴見五郎×大位山勝三

鶴見五郎と大位山勝三はＴＢＳ時代の71年に国際プロレスに入門した同期生である。２人は東京12チャンネル時代になると、ヒールユニット『独立愚連隊』を結成。これは所属選手が本隊に噛みついて「反勢力」に転じた日本マット界初の試みだった。

本項では２人に国際時代の思い出を振り返ってもらったが、対談のために千葉県在住の大位山にははるばる鶴見の住む神奈川県茅ヶ崎市までご足労願った。

万年新人不足だった国際プロレスにおいて唯一の豊作と言われた「昭和46年組」の苦渋に満ちたドラマを盟友・大井山と語り合ってくれた鶴見は、この対談の約６年後に残念ながら低血圧、敗血症により永眠（享年73）。２０１３年８月まで現役を続けたので、約42年に及ぶレスラー人生

清水 勉＝聞き手
interview by Tsutomu Shimizu

だった。

――大位山さんが茅ヶ崎に来られるのは久々ですか？

大位山　五郎ちゃんが興行をやっていた青果市場で試合をした記憶があるけど、海岸に来たのは久しぶりかな。よくここで合宿をしたよね。

鶴見　いや、合宿は一回だけ。我々が入門した翌年の2月に、この海岸で合宿したんだよ。

大位山　どこかに泊まったよね？

鶴見　いや、バスで来て、みんなで海岸を走って、どこかに泊まったことにして日帰りしたの（笑）。

大位山　そんなの合宿じゃないでしょ（笑）。

――御二人とも71年7月に入門されていますが、鶴見さんはその少し前から通いの練習生として道場に来ていたんですよね？

鶴見　大学を卒業して、3月くらいから渋谷にあった国際の道場に毎日通ってたよ。その2ヵ月後くらいに大位さんも来たんだけど、相撲で前頭まで行った人なのに、すぐには入門を許してもらえなかったんだ。

大位山　そうそう、相撲を廃業した後に『ナポレオン』という飲み屋に勤めていてね。錦糸町にある店の寮から渋谷の道場に通ったんだよね。その時点では練習生ですよ。五郎ちゃんの印象は、ベンチプレスをスイスイ挙げていたから凄いなと思った。俺は最初、全然挙がらなかったから。

鶴見　歳は大位さんが3つ上でね。初印象は幕内まで行っただけあって、大きくて強そうって感じかな。人柄も良かったし。俺は7月頃に先輩から〝布団を持ってこい〟と言われて、三貴ビルの合宿所に入寮できたんだけど、大位さんはまだだったよ。事務所の人に〝何で大位山さんは入寮できないんですか？〟って聞いたら、〝練習に毎日来ないから〟と言われてね。それを大位さんに伝えたら、毎日来るようになって。

大位山　俺が入る時はマスコミを呼んで、公開の入門テストをやったんだよね。吉原社長も来たし、グレート草津さんとか選手全員が来たよ。

鶴見　それが6月頃だったかな？　俺が大位さんとスパーリングをやらされたんだよ（笑）。ボクシング、アマレスみたいなグウランド、それから相撲もやらされた。

大位山　なぜかグローブを着けて、殴り合いをさせられて（笑）。

鶴見　相撲では、すぐに俺がぶん投げられたけどね（笑）。社長は「元幕内力士でも簡単にウチには入れないぞ」という厳しさを見せたかったみたい。この時、八木（宏＝剛竜馬）も見学に来ていたな。あいつは日本プロレスに練習生で入ったけど、逃げ出してね。まだ国際に入る前で、大位さんのテストを覗きに来たんだ。

大位山　吉原社長があいつのことを「金の卵だ」とか言っていたけど、日本プロレスで少し受け身を取らされていたから、できるように見えただけなんだよ（笑）。

鶴見　俺より前に、スウェーデン人のヤーン・ヘルマンソンが練習生でいてね。彼は渋谷のホストクラブの厨房で働きながら通いで練習していたんだけど、入門が認められたのはその年の暮れだったな。（稲妻）二郎が来たのは、大位さんのテストの後だったと思う。それで二郎と3人で共同の入門会見をしたよね。

大位山　入門が許されて、会社から1ヵ月に5万円が手渡されたのかな。それが食事代なんだよね。だから、その金で外食したりして。

鶴見　ちゃんこを作る時には、食べる人から何百円か徴収して材料を買いに行くんだ（笑）。米とか調味料は合宿所にあったけど、具材はみんなで割り勘で買うわけ。大位さんの作るちゃんこは美味かったなあ（笑）。

――入門後は誰の付き人をされたんですか？

大位山　俺はストロング小林さん。五郎ちゃんは木村さんでしょ？

鶴見　そう。でも、最初はサンダー杉山さんだった。

大位山　相撲では、関取はちゃんと付き人代という小遣いを渡すんですよ。国際でそれをしていたのは、木村さんだけでしたね。ただ、小林さんは怒ったりもしないし、手間はかからなかったですよ。一回だけ、1万円もらったことがあるな（笑）。

「昭和46年組」で最初にデビューしたのは、外国人留学生第2号のジェラー・エティファア（稲妻二郎）だった（71年7月2日＝東京体育館、佐野先風＝浅太郎と10分時間切れ引き分け）。

続いて、7月12日に札幌中島スポーツセンターで田中隆雄（鶴見五郎）が大磯武を相手にデビュー。これは負傷欠場となった佐野の代打として、急遽駆り出された形だった。

大位山は四股名を名乗れず、本名の松本勝三として9月8日、栃木県矢板市体育館で本郷清吉（肥後宗典）の胸を借りてデビューする。前日の大田区体育館はシリーズ開幕戦でテレビ収録があったが、敢えてそこを外しての初陣だった。

ここから田中と松本の〝前座物語パート1〟がスタートするのだが、それは1年も続かず、松本は72年6月に早々とアメリカへ武者修行に出されることになる。

——二郎さんや鶴見さんが先にデビューして、大位山さんの中で焦りはなかったですか?

大位山 それはなかったね。二郎や五郎ちゃんは上手かったから。俺はじっくりやればいいと思っていたよ。

鶴見 そのシリーズ前に新人テストがあって、申し合わせたように八木が合格したんだ(笑)。300人くらい応募があって、そこから選ばれているんだよ…まあ、八木のことはいいや(笑)。我々の初対戦は、大位さんがデビューした1週間後(9月13日)の大阪府立体育会館。小林さんがレッド・バスチェンとIWA世界戦をやった日だよ。

大位山 よく憶えてるね(笑)。

鶴見 その頃、前座で平手打ちが流行っていてね。社長が平手打ち合戦が好きだったの。俺は大位さんのを食って吹っ飛んだよ(笑)。確か結果は10分時間切れ引き分けでしょ。

——そうです。その1週間後、九電体育館でのシングルは大位山さんが勝利していますね。

大位山 何で勝ったかは憶えてないなあ。

鶴見 張り手からボディプレスとか単純なフィニッシュだったと思うよ。初白星は、お互いに二郎から取っているんだよね。俺も大位さんから取ったことがあったな。

——鶴見さんが大位山さんに初めて勝ったのは、11月4日の小松市体育館ですね。

鶴見 元幕内だからといって、大位さんは特別扱いされなかったから。その後、俺らの試合はずっと引き分けだったような気がするなあ。でも、15分やって毎回引き分けるんだから大位さんはスタミナがあったんだよ。

大位山 いやあ、五郎ちゃんは器用だから、俺は毎回必死だったよ(笑)。

——状況が一変したのが72年春の『第4回IWAワールド・シリーズ』でした。公式戦が多く組まれるので、そこからあぶれた外国人レスラーとデビュー半年の大位山さんが当たるようになり、ジョージ・ゴーディエンコ、バロン・フォン・ラシク、ゴールデン・アポロン、ティト・コパらと対戦しています。

大位山 ラシクやコパとやったのは、よく憶えてますよ。俺の身体が大きいから、ぶつけられたんでしょう。

鶴見 いや、ガイジンに当てても大丈夫と上に判断され

72年3月開幕『第4回IWAワールド・シリーズ』のパンフより。本人も対談中で触れているように、このシリーズから田中隆男は「鶴見五郎」に改名。ニューフェースとして八木宏とヤーン・ヘルマンソンも紹介されている。

たからだろうね。半年で、その顔触れと戦えたのは凄いよ。俺も初ガイジンはそのシリーズだったけど、1試合だけ。相手は格下で、ザ・シークもどきのアリババ・マルスターニだったから（苦笑）。俺はそのシリーズから、『鶴見五郎』に改名しているよね。大位さんは6月に渡米が内定していたから、経験を積ませるためにガイジンとたくさん当ててくれたんじゃないかな。

――この時代の2人の対戦成績は、大位山さんの2勝1敗9分でした。記録を見ると、大位山さんはそのシリーズの後半戦の7試合を欠場して、続く北海道だけを回る『ワールド選抜シリーズ』（全10戦）も開幕の旭川と第8戦の網走以外は欠場しているんですよ。

大位山　何だろ？　休んだ記憶はないんだけど…。

鶴見　渡米間近だったから、パスポートとか関係書類を揃えるために休んだんじゃないの。でも、北海道の休み方は不可解だね。

大位山　そういえば、前日に酔っぱらってホテルで寝ていたらバスに置いていかれたことがあったな（笑）。

鶴見　それ、よくやられるんだ（笑）。ドライブインで木村さんが置き去りにされて、10キロくらい走ってから気付いてね（笑）。木村さんは、慌ててタクシーで追いかけてきた（笑）。

大位山　起こせばいいのに、俺は頭に来てさ。それでケツまくって休んだのは憶えてる。北海道は広いから、追いかけるのも大変だしね（笑）。

鶴見　あの頃、先にアメリカ行きが決まった大位さんに大剛さんが嫉妬して、突然殴りかかってきたことがあったね。

大位山　出雲市体育館（72年4月20日）だよ。ゴーディエンコと試合をして控室に帰ってきたら、いきなり〝お前はタコになっているのか！〟って訳のわからないことを言いながら殴られて、口を切ったよ。その日は島根の知り合いが来ていて、〝どうしたの？〟って聞かれたから、よく憶えてる。あの人は、おかしいよ。

鶴見　ホントに性格が悪いんだ。ミスター珍さんは我々の大先輩だけど、そういう人もプライベートで殴ったりするからね。

大位山　俺は大剛さんと大磯さんは大嫌いだったな。大剛さんなんか俺が浅草でちゃんこ屋を出した時に、座敷に土足で上がってきたからね。常識がないよ。でも、一番嫌いだったのは安達（勝治＝ミスター・ヒト）。

鶴見　安達さんは、相撲の頃に一緒だったでしょ。大位さんは幕内まで行ったけど、自分は幕下で終わったから嫉妬してたんだ。大磯さんもひどかったね。デビューしたての頃に試合で当たった時、俺はタックルで足を取りに行ったんだよ。道場でプロレスの技なんか誰も教えてくれなかったからさ。そうしたら、試合後に「お前、何で足を掴んで

72年4月28日、東京体育館で稲妻二郎＆ミスター珍と対戦した際の鶴見＆デビル紫。2011年にＧスピリッツ11号で紫をインタビュー（書籍『実録・国際プロレス』収録）した際、セッティングに尽力してくれたのが鶴見だった。

離さないんだ！」って殴られて。訳がわかんないよ（苦笑）。

――そして、6月12日に大位山さんはテネシーに出発しますね。

大位山　ハワイに寄って吉原社長と草津さんに会いましたよ。社長はオマハに草津さんを迎えに行った帰りでした。現地では草津さんがジン・キニスキーと戦うのを観ましたね。この時、トージョー・ヤマモトさんが夫婦でわざわざ私をハワイまで迎えにきてくれたんですよ。

鶴見　VIP待遇だね！　トージョーさんに意地悪されなかった日本人は大位さんぐらいだよ（笑）。

――日本に残った鶴見さんは、全日本プロレスの旗揚げシリーズに駆り出されますよね。

鶴見　（デビル）紫さんとね。ジェリー・コザックと戦わせてもらったし、馬場さんに気に入られたのか翌年の正月にも呼ばれて、アレックス・ペレス、ゴードン・ネルソン、アルゼンチン・アポロとかと当ててくれたよ。国際に戻ったら、ケン・パテラともやれたし。

大位山　それ、テネシーよりメンバーが凄いじゃない（笑）。年明けから紫さんがテネシーに来たけど、小さいからプロモーターのニック・グラスには好かれていなかったよ。あれが五郎ちゃんとだったら、もっと暴れられたのに

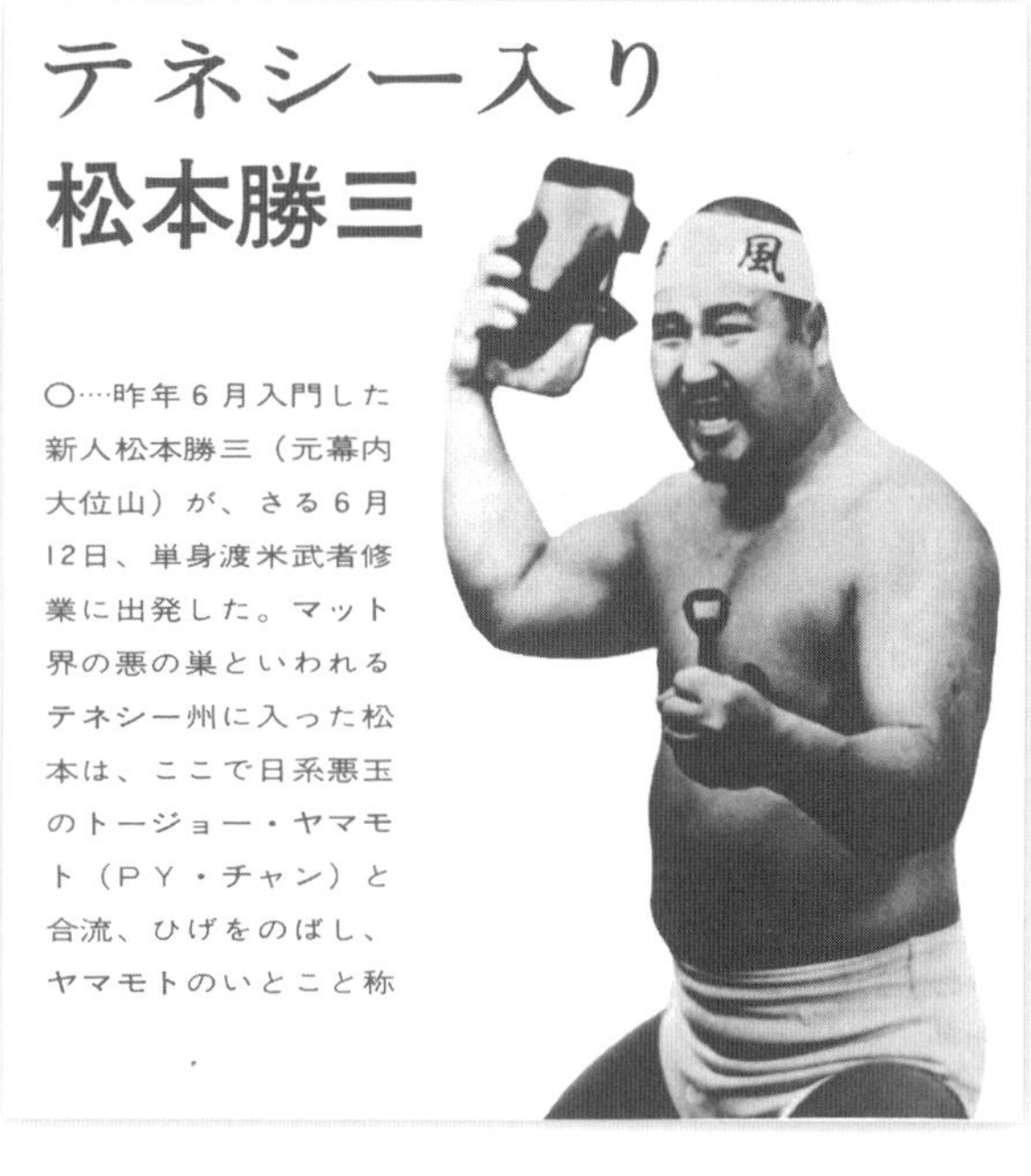

テネシー入り
松本勝三
○…昨年6月入門した新人松本勝三（元幕内大位山）が、さる6月12日、単身渡米武者修業に出発した。マット界の悪の巣といわれるテネシー州に入った松本は、ここで日系悪玉のトージョー・ヤマモト（ＰＹ・チャン）と合流、ひげをのばし、ヤマモトのいとこと称

72年6月開幕『ビッグ・サマー・シリーズ』のパンフより。渡米した松本勝三は、「グレート・フジ」を名乗りテネシー地区でヒール修行を開始。73年6月に凱旋帰国し、2シリーズ目に「大位山勝三」に改名する。

なあと今になって思う。
鶴見　俺は清美川さんに誘われて八木と一緒にフランスへ行ったんだけど、大位さんから9ヵ月遅れだね（73年3月29日）。
大位山　俺は帰りたくなかったけど、五郎ちゃんと入れ違いで帰国させられたんだ。もっとテネシーにいて、稼ぎたかったんだけどね。向こうで浜口さんと合流して、一緒に帰ってきたんだよ。

この後、鶴見は「ゴロー・タナカ」の名でフランスからドイツ、イギリス、クエートなどを転戦して悪党修行を積むことになるが、両者の海外修行時代の話は書籍『実録・国際プロレス』で詳しく触れているので、そちらを参照していただきたい。
さて、ここで「国際プロレス七不思議」の一つを紐解いてみよう。それは吉原社長がリングに上がって試合をしたという幻の非公式巡業、通称『合宿シリーズ』である。これに参加したのが凱旋帰国後の大位山だった。

――大位山さんは73年夏の『ビッグ・サマー・シリーズ』に凱旋しましたが、開幕戦で初来日のリック・フレアーに反則負けしたのはインパクトがありましたね。
大位山　反則じゃなくて、ちゃんと勝った時もあるよ。
――7月9日、大阪府立体育会館ではフレアーに逆エビ固めで勝利しました。76年11月には、新人時代のリック・マーテルにもシングルで勝っているんですよね。
鶴見　へーッ、そりゃ凄いね（笑）。後のNWAとAWAの世界チャンピオンに勝ったことになるんだ。
大位山　フレアーが世界王者になったのは知っているけど、マーテルはAWAの？
鶴見　マーテルはジャンボ鶴田に勝ってチャンピオンになったの（84年5月）。
大位山　あのマーテルがねえ。じゃあ、これからは〝俺は2人の世界チャンピオンに勝った〟って言おう（笑）。その帰ってきたシリーズの後、夏休みに陸中海岸で合宿しながら興行したことがあったんだよね。吉原社長も試合したよ。
――『合宿シリーズ』は、やはり実在したんですね。『ビッグ・サマー・シリーズ』の最終戦（7月15日）から『第5回IWAワールド・シリーズ』開幕戦（9月8日）まで54日間の長いオフがありました。この時ですよね？
大位山　そうそう。吉原社長もレフェリーの阿部修さんも試合をしましたから。俺もマスクを被って毎日、メイン

（笑）。でも、会社は発表してないからマスコミは誰も来てない（笑）。

鶴見　その話は俺も聞いたことがあるけど、ＴＢＳ時代なんだ？　俺はドイツに入った頃だから、知らないわけだよ。

――調べると、国際は当初8月17～23日に合宿を計画しており、候補地は前年と同じ朝霧高原、信州、そして陸中海岸でした。それとは別に進行していたのが神津島への社員旅行（7月18～23日）で、こちらにはマスコミも同行しています。

大位山　でも、俺は神津島には行かなかったなあ。

鶴見　マスコミも一緒だと、練習風景なんかを撮影するから例年通りの合宿っぽくなるよね。

――そうなんです。神津島への社員旅行を毎年恒例の合宿のように見せつつ、その裏で陸中海岸での『合宿シリーズ』の準備を進めていたんでしょうね。この幻のシリーズが実在して、時期が8月17～23日と特定できたのは新発見ですよ（笑）。

大位山　全部売り興行とはいえ、営業サイドの下準備はあったと思う。社長に聞いたら、ひとつ１００万円くらいで売ったらしいね。泊まっていたのは陸中山田（岩手県下閉伊郡山田町）の民宿。島育ちの二郎なんか海に潜って、獲っちゃいけないアワビを勝手に獲って食ってた（笑）。

鶴見　それでわかったよ！　俺が帰国してから、夏に田中忠治さんに誘われて遊びで陸中山田の民宿に泊まったことが2回くらいあるんだ。それ以前に、そんな繋がりがあったとはねえ。その時は、どこを回ったの？

大位山　宮古、陸中山田、あとは大槌町か田老町だったかなあ。陸中は3ヵ所くらい…あの津波で被害があったところばかりだよ。全部、野外だった。

――陸中の海岸線の町で国際が興行を打ったのは71年7月の宮古市魚菜市場広場大会以来で、それ以降は他団体も寄り付かない営業未開地でした。

大位山　目の付けどころが良かったわけだ。最後は盛岡の岩手県営体育館でやりましたよ。あそこは４０００人くらい入ったなあ。このシリーズは凄い儲かったんだ（笑）。どこも２０００人以上入ってプロモーターもウハウハで、俺は毎日メインだからギャラの他に5万円くらいの手当てがもらえたよ（笑）。

鶴見　ああ、通常のシリーズと同じメイン手当てが出たんだ。もちろん、ガイジンはなしだよね？

大位山　二郎がガイジンだから（笑）。俺も大きいから、マスクを被ってガイジン役。『ミスターＸ』って名前でね

(笑)。その時は毎日メインで、小林さんや木村さんと試合したんだ。名前は忘れたけど、阿部さんもガイジン役のマスクマンだから(笑)。他にマイティ井上さん、浜口さん、寺西さん、米村さん、スネーク(奄美)に珍さん、長沢さんもいたよ。レフェリーは前溝(隆男)さん。ガイジンがいなくても、いいメンバーだった(笑)。

鶴見　でも、何で社長は試合したのかね?

73年3月、鶴見は八木と共に海外武者修行に出発。2年半にわたってヨーロッパ、中近東、メキシコを回った。写真は73年4月6日、ベルギーのアントワープで撮影された貴重なショット。

——シリーズ前に吉原社長は人間ドックに入って異常なしだったものの、医師に「運動不足です」と注意されたのがショックだったみたいです。それで選手とボウリング大会を開いたり、積極的に身体を動かそうとしていたみたいですね。

鶴見　ボウリングじゃ足りないから、試合しようと思ったのかな(笑)。まあ、さすがにマスコミに観られるのは恥ずかしかったと思うよ。社長はどんな試合してたの?

大位山　毎回は出ていなかったかもしれないけど、リングネームは吉原功のままだったからね。いつも珍さんが相手だった。〝おい、珍、かかって来い!〟って社長が挑発するわけよ。それで珍さんが得意のゴム攻撃をやるとバチバチ張って、ゴムを奪って仕返しして(笑)。結構、客にウケてたよ(笑)。

この三陸合宿シリーズの直後、『第5回IWAワールド・シリーズ』で大位山の扱いに異変が起きる。

凱旋直後は浜口や寺西と引き分けるなど順風満帆だったが、いきなり第1試合に降格されて連敗の嵐。海外修行を終えた鶴見も75年10月に颯爽と凱旋帰国したまでは良かったものの、扱いが良かったのは年内のみで、ここから2人の長い〝前座物語パート2〟が始まる。

――73年9月8日に日大講堂で行われた『第5回IWAワールド・シリーズ』開幕戦で、大位山さんは初めて正式なメインを務めました。カードは小林、木村とトリオを組み、相手はラーズ・アンダーソン&ムース・ショーラック&フリッキー・アルバーツでしたね。

鶴見　その日は、『大位山勝三』を再び名乗ったという晴れ舞台でしょ。それも近代相撲の発祥地で。大位さんは浅草とかでチケットをたくさん売るから、会社には有益な人ですよ。

――しかし、日大講堂の翌日も翌々日も第1試合で、年内はずっとそんな感じでした。凱旋帰国から2シリーズ目で、こういう扱いをされるのは珍しいですよね。

大位山　せっかく大位山の名でやれたのにね。俺、日大講堂でしょっぱい仕事したかなあ。

鶴見　いや、天狗にならないように、そうしたんじゃないかな。それが草津さん流のマッチメークなんだよ。そうやってバランスを取ろうとしているんだろうけど、やられた人間は持ち上げられて落とされたと思うよね。それと国際はお仕置きみたいに、しばらく下でやらせるケースもあるから。後に阿修羅・原が藤波さんに負けた後、ずっと干されたからね。

大位山　俺が最初に国際を辞めたのは(78年末)、マッチメークのひどさが理由だからさ。

――要因として、慢性的な新人不足というのもありますよね。

大位山　あの頃、前座は米村さん、スネーク、珍さんの3人。誰かが下りてこないと、第1試合と第2試合が組めなかったから。

鶴見　その前座の問題は、俺が帰ってからもずっと続いたからね。

――翌74年2月には、ストロング小林が電撃離脱しました。付き人として身近にいた大位山さんは、本人から何か聞いたりしていませんでしたか?

大位山　いや、小林さんは物静かな人だったから何かを漏らしたりするようなことはないですよ。あの件は、俺も発表されるまで知らなかったから。ただ、草津さんとの関係がうまく行っていなかったのは事実ですよ。
鶴見　そう聞くよね。随分、草津さんにイジメられていたみたいだし。
大位山　あれは八戸から苫小牧へ行くフェリーの船中だったよ。草津さんが酔っぱらって、「お前、誰のお陰で上を取れてると思ってんだ！」って小林さんに絡み出してね。その後、草津さんが「××××××××」と言い出して…（編注＝あまりにもひどい話なのでカット）。
鶴見　そりゃ、辞めるよ（苦笑）。小林さん、悔しかっただろうね。
大位山　でも、井上さんに言わせると、「小林はみんなを置いて逃げたから、あいつが悪い」ってなるわけよ。
鶴見　それが原因でＴＢＳが手を引いて、苦労したからでしょ。
——その74年になると、大位山さんは第1試合地獄から抜け出せただけでなく、援軍だった全日本の選手とも対戦するようになりましたね。
大位山　高千穂さんは試合運びが巧かったなあ。
鶴見　全日本の選手は、みんな巧いよ。俺は75年の10月に日本に帰ってきたけど、最初は持ち上げられた。でも、やっぱり後で落とされた（笑）。当初、社長は俺をベビーフェースで売ろうとしたみたいでね。ただ、俺は海外でずっとヒールをやってたから、いくら器用にやろうとしても井上さんみたいなテクニックを見せるのは無理だよ。
大位山　俺もテネシーで、ずっとヒールだったしね。日本に帰ってきても、それを活かす場がないんだよな。
鶴見　上田（馬之助）さんは、そういうことを早くから感じていたんじゃないの。俺も帰ってきて、すぐにいろいろ反則技を取り入れたからね。だから、反則裁定が多かったはず。フォールの勝ち負けにこだわらなければ、プロレスは気が楽になるよ。
——確かに寺西さんや浜口さんを相手に反則で勝ったり負けたりしていますね。
鶴見　俺はその辺から細々と『独立愚連隊』をやってたんだよ（笑）。
——75年12月4日には、後楽園ホールで凱旋後初となる大位山vs鶴見五郎のシングル対決が組まれました。
鶴見　それも3分くらいで終わるラフな試合をしたはずだよ（2分55秒、両者リングアウト）。そんなこと、海外に行く前なら怒られたけどね。今の俺たちなら、こういう暴れ放題の試合ができるぞって。
大位山　無言で会社にアピールしていたわけだな（笑）。

翌年の正月には海外に行っていた珍さんが帰ってきたよね。ミスター・ヨトとか名乗って。

鶴見　珍さんはガイジン側で試合していたよね。俺たちもアレができれば良かったんだけど…そうなったら、日本側が人不足になるか（笑）。結局、珍さんはガイジンに嫌がられて、こっち側に来たんだよね（笑）。春には糖尿で入院しちゃったし（※後にレフェリーで復帰）。

――翌76年3月6日、刈谷市体育館で御二人は初タッグを組んでいますね。相手は寺西&奄美でした。

鶴見　戦うのもいいけど、組むのもやりやすかった。その時点で愚連隊をやっていたら、また違ったんだけどね。

――この年は上田やミスター・セキ（ミスター・ポーゴ）が来襲して、海外にいた剛竜馬やデビル紫も帰国しましたから、やろうと思えば、いろんな展開ができましたよね。

鶴見　上田さんとはシングルでやらされたよ。やっぱり巧いと思ったな。俺たちが上田さんに付ければ、面白かったと思うよ。関川（哲夫＝ポーゴの本名）とは戦わされることが多かったけど、俺と大位さんが組んで相手がセキ&紫さんというカードは評判が良かったんだ。まあ、正直その頃の俺はヒール云々よりも、またヨーロッパに行きたかったよ（笑）。

大位山　俺もアメリカへ行きたかったんだ。その頃に行っていたら、日本に帰る気はなかったよ。上田さんを見て、そう思ったもの。その時期は、木村さんとたまに組ませてもらってね。気が合ったし、年末の納会で『グッドパートナー賞』というのをもらったもん（笑）。だから、次の年（77年）にやった『第1回IWAタッグ・トーナメント』も木村さんと組ませてもらったしね。

鶴見　木村さんと大位さんは、「大相撲コンビ」と言われていたよね。でも、続けてメインは取らせない。俺も木村さんと組んで何回かメインをやったけど、やっぱり翌日は前座。あれが上の人が考えるバランスなんだよな。メインに出れば手当が出るから、たまに飴を与えて翌日から鞭で叩くという（笑）。毎日、飴はあげないよって。結局、誰かに突出されると困るんだ。「ちょっと出した杭は、すぐ打つ」だよ（笑）。

大位山　俺と五郎ちゃんのシングルもバランスが良かった（笑）。

鶴見　1シリーズで、1勝1敗が多かったから（笑）。

大位山　その頃から持ち回りで金網もやらされたね。ワイルド・アンガスとの金網なんか、よく憶えているなあ。

鶴見　大位さんは、ああいう大きい選手とやると持ち味が

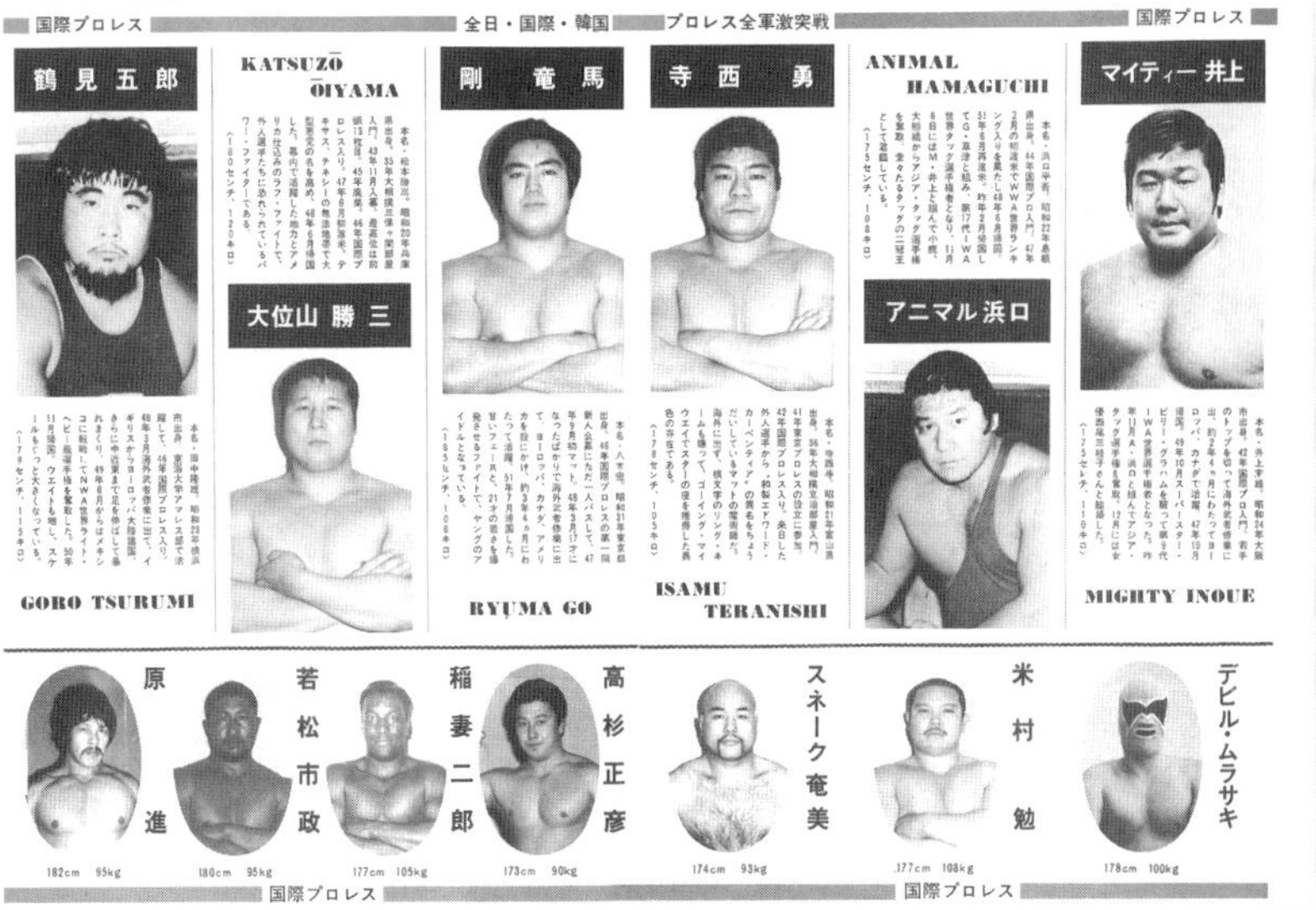

全日本プロレス、国際プロレス、大木金太郎率いる韓国・金一道場による『全軍激突戦』（全３戦）のパンフより。第１戦となる78年２月18日、蔵前国技館で大位山は剛竜馬と組み、グレート小鹿＆大熊元司の極道コンビと対戦した（1-0で敗北）。

出るんだ。サモアンズが初来日した時（77年6月）、まったく良さが出なくてね。社長が〝張って行け！〟って大位さんをけしかけて、バチバチで胸が真っ赤になる試合をして、あいつらの良さが初めて出たんだよ。

大位山　サモアンズとの張り手合戦は、よく憶えてる。やってて楽しかったから（笑）。

――77年11月3日、後楽園ホールで鶴見さんは浜口さんと組み、グレート小鹿&大熊元司の持つアジア・タッグ王座に挑戦しましたよね。

鶴見　あの試合が全日本との開戦のキッカケになったんだよね。でも、俺は噛ませ犬で、その後に浜口さんと井上さんがアジアのベルトを獲っちゃった（苦笑）。

大位山　対抗戦をいろいろやったけど、特別のギャラは出なかったよね。俺が印象に残っているのは、岐阜での馬場さんとのタッグマッチ。

――78年2月22日、岐阜市民センターで組まれた鶴見&大位山vs馬場&ロッキー羽田の一戦ですね。あれは『全軍激突戦』の最終戦でした。

大位山　あれは良かった。後で馬場さんに褒められたから。

鶴見　あの試合は馬場さんから我々2人が指名されたんだよ。あの人は信頼できる相手しか指名しないからね。

大位山　せっかく馬場さんからいい評価をされたのに、それを国際は活かそうとしないんだよね。あれから俺が辞めるまで五郎ちゃんと一度も組ませてくれなかったよ。

――前にインタビューさせてもらった時は『日本リーグ争覇戦』中の78年11月25日、蔵前国技館大会で第1試合だったことに腹を立てて辞めたと仰っていましたが、改めて調べると第3試合でした（米村と組んで、紫&奄美と20分時間切れ引き分け）。何か他に理由があったのでは？

大位山　マッチメークがひどくて辞めたのは間違いないですよ。蔵前を最後にしようと思って、吉原社長に自分の意志は伝えてありましたから。

鶴見　マッチメークに関しては、争覇戦のメンバーから大位さんが外されて文句を言っていたのは憶えてる。

大位山　吉原社長も世話になった俺のタニマチがいて、その人と浅草に店を出そうと動いていたんだよね。

――翌79年夏の『プロレス 夢のオールスター戦』の頃の鶴見さんの日記を見ると、「つまらない」、「練習をしていても気が入らない」と珍しく怒りが綴られていました。

鶴見　その年の5月にバンクーバー地区に遠征して戻ってきたら、また同じ生活が始まったからウンザリしていたんだと思う。ギャラも遅配ばかりだしね。俺がまた海外に出たいと思っていたのを耳にしてか、草津さんが「社長が心配しているぞ」って擦り寄ってきたよ。海外に逃げられるのが嫌だったんだろうね。それで俺は会社に反抗して選手会を除名されて、二郎との髪切りマッチに負けて、『独立愚連隊』を宣言するわけだけど、それは全部、社長が俺のために考えてくれたこと。それにガイジンの費用の節約にもなるしね。

大位山　その頃、俺はちゃんこ屋を畳んで、魚の加工の会社で働いていたよ。テレビでプロレス中継は観てた。

――独立愚連隊は連日のテレビ収録を利用して、巧妙に立ち上げられましたね。11月13日、三条市厚生福祉会館で鶴見さんは浜口さんと組まされて上田&ヤス・フジイと戦い、そこで仲間割れしました（結果は無効試合）。

鶴見　選手会から抜けたはずの俺がそんなカードを組まれたんで、浜口さんのタッチをずっと拒否して（笑）。さらに最後は上田さんとフジイさんと3人で浜口さんを袋叩き（笑）。あの時はバーン・ガニアが短期で来日したから、連続でテレビ用の収録をしたんだ。その翌日（11月14日）もテレビ録り（諏訪湖スポーツセンター）で、上田さんとフジイさんがIWA世界タッグに挑戦したんだけど、チャンピオンの井上さんと浜口さんが俺の乱入を警戒しているってことで金網マッチになるんだよね（笑）。

大位山　で、乱入したの？

鶴見　いや、金網があったから手出しできなかった（笑）。また次の日（11月15日）もテレビ録りで、飛騨高山（市体育館）で6人タッグが組まれて、木村&浜口&阿修羅・原と、こっちはモンゴリアン・ストンパーと上田さんと俺。俺は血ダルマにされたんだけど、上田さんがその俺を控室に連れて行く間にストンパーが孤立して、試合放棄って感じだった（笑）。

大位山　なかなか手の込んだ作りだねえ（笑）。俺がいた時は、そんなことしてくれなかったなあ（苦笑）。

鶴見　だから、いい出足だったんだよ。

そして、翌80年1月の『新春パイオニア・シリーズ』で大位山は1年ぶりにカムバックし、鶴見に加勢して『独立愚連隊』のメンバーとなる。

当初は扱いが良くなかったが、4月4日に川崎市体育館で行われた新日本プロレスの山本小鉄引退試合で相手に抜擢されたことによって『独立愚連隊』の存在は全国区となり、以降は団体内での対戦相手の質も向上していった。

さらにミスター珍をマネージャーに加えて大化けが期待されたが、81年3月に大位山はギャラの未払いに耐え切れず退団。それは団体が崩壊する5ヵ月前のことだった。

――以前、大位山さんは79年の国際プロレスの納会（12月

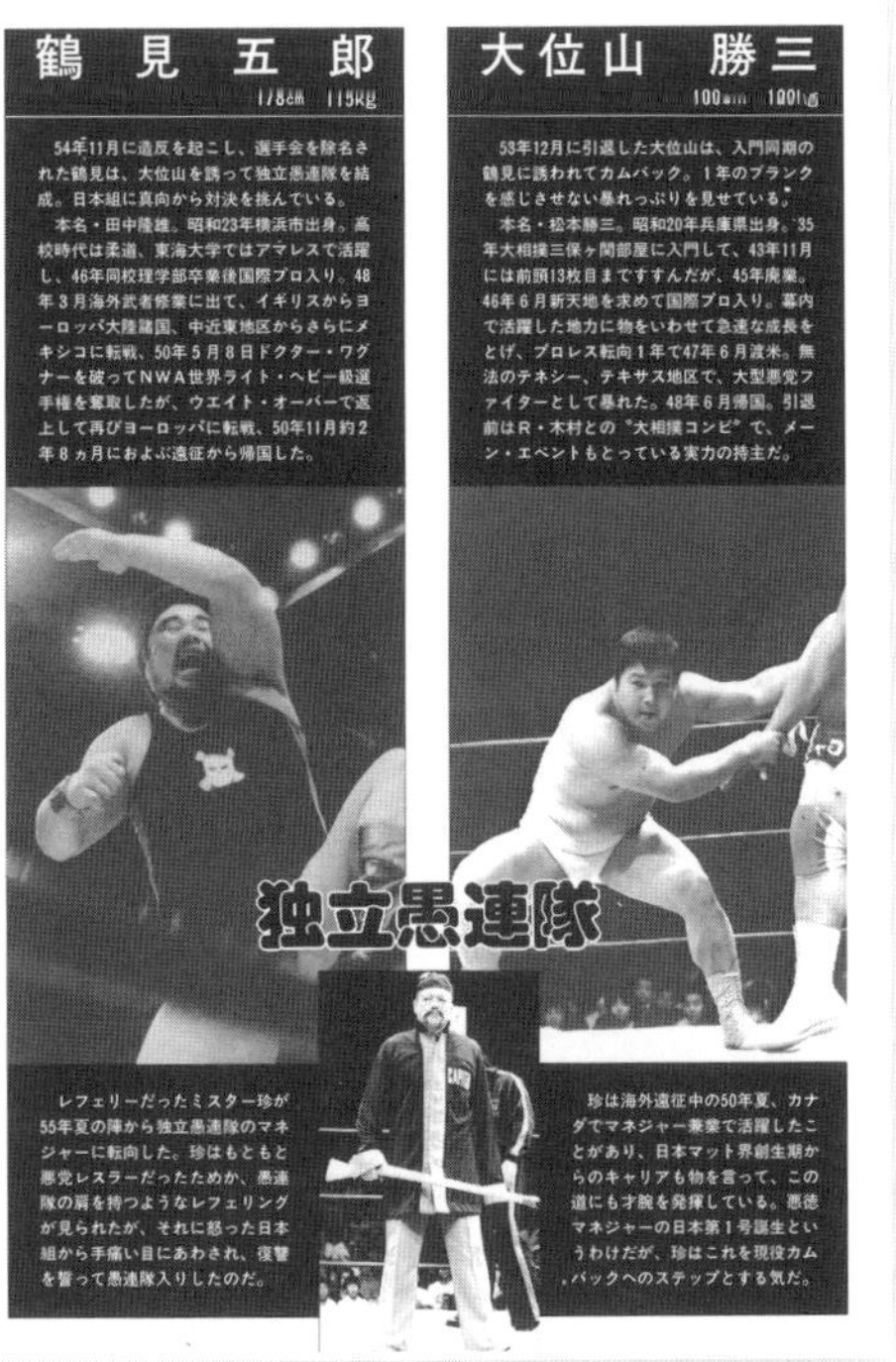

鶴見五郎
178cm 115kg
54年11月に造反を起こし、選手会を除名された鶴見は、大位山を誘って独立愚連隊を結成。日本組に真向から対決を挑んでいる。
本名・田中隆雄。昭和23年横浜市出身。高校時代は柔道、東海大学ではアマレスで活躍し、46年同校理学部卒業後国際プロ入り。48年3月海外武者修業に出て、イギリスからヨーロッパ大陸諸国、中近東地区からさらにメキシコに転戦、50年5月8日ドクター・ワグナーを破ってNWA世界ライト・ヘビー級選手権を奪取したが、ウエイト・オーバーで返上して再びヨーロッパに転戦、50年11月約2年8ヵ月におよぶ遠征から帰国した。
大位山　勝三
53年12月に引退した大位山は、入門同期の鶴見に誘われてカムバック。1年のブランクを感じさせない暴れっぷりを見せている。
本名・松本勝三。昭和20年兵庫県出身。35年大相撲三保ヶ関部屋に入門して、43年11月には前頭13枚目まですすんだが、45年廃業。46年6月新天地を求めて国際プロ入り。幕内で活躍した地力に物をいわせて急速な成長をとげ、プロレス転向1年で47年6月渡米。無法のテネシー、テキサス地区で、大型悪党ファイターとして暴れた。48年6月帰国。引退前はR・木村との"大相撲コンビ"で、メーン・エベントもとっている実力の持主だ。
独立愚連隊
レフェリーだったミスター珍が55年夏の陣から独立愚連隊のマネジャーに転向した。珍はもともと悪党レスラーだったためか、愚連隊の肩を持つようなレフェリングが見られたが、それに怒った日本組から手痛い目にあわされ、復讐を誓って愚連隊入りしたのだ。
珍は海外遠征中の50年夏、カナダでマネジャー兼業で活躍したことがあり、日本マット界創生期からのキャリアも物を言って、この道にも才腕を発揮している。悪徳マネジャーの日本第1号誕生というわけだが、珍はこれを現役カムバックへのステップとする気だ。

80年11月開幕『デビリッシュ・ファイト・シリーズ』のパンフより。鶴見＆大位山の独立愚連隊とミスター珍が合体。珍は「カナダでマネージャーを兼業していた」、「日本人悪徳マネージャー第１号」と記されている。

7日＝新宿・三井ビルのマンダリンパレス）に出席して、井上さんに復帰を迫られたとお聞きしました。

大位山　勤めていた魚加工会社の社長がプロレス好きで一緒に納会に行ったら、みんなに囃し立てられて、そういう方向になってしまって（笑）。まあ、加工の仕事もキツかったしね。

鶴見　それで俺が大位さんに声をかけたという形で、愚連隊に入ったんだ。俺と浜口さんのシングルに大位さんが乱入して、スリッパで浜口さんを叩いたの（笑）。

大位山　スリッパだっけ⁉

鶴見　そう、なぜかスリッパ。それで乱闘になって、同士打ちで俺が浜口さんにフォールを取られたんだ。せっかくここで独立愚連隊の勢力拡大をアピールしたのに、そのシリーズで俺たちはたった3回しか組ませてくれなかったんだよ（苦笑）。草津さんのマッチメークには呆れたな。

大位山　俺たちを売り出す気があるのかと思ったよ。しかも、俺はまたシングルで前座をやらされ続けたし（苦笑）。

独立愚連隊時代の鶴見と法被を着たマネージャーのミスター珍。81年1月に珍はレスラーとしてカムバックしたが、一度も鶴見、大位山とのトリオはマッチメークされなかった。

ずっと練習していたからブランクは感じなかったけど、草津さんは1年抜けて戻ってきた前座要員としか思っていなかったんだろうな。

鶴見　俺はもっと我々のタッグを組ませてほしいと社長に直訴したぐらいだから。それで次のシリーズから大位さんとのコンビが急増して。

大位山　五郎ちゃんと組めたのはいいけど、大して何も変わらなかったような気がしたよ。
鶴見 対戦相手が寺西さん、紫さん、マッハ隼人ばかりで、たまに浜口さんが入るだけだからね。しかも前座ばかりで、ガイジンの経費を節約するようなカードじゃなかった。草津さんは明らかに我々を売ろうという気はなかったよ。
大位山 俺たち、山本小鉄さんの引退試合に駆り出されてヤマハ・ブラザーズと試合したよね。最初は俺たちじゃなくて、浜口さんと井上さんだったらしいよ。
鶴見 千葉公園体育館（79年2月23日）のIWA世界タッグの試合後に控室前の中庭で星野さんと井上さんが凄い剣幕で怒鳴り合いをしていたから、山本さんは危なっかしいと思ったんじゃないの。新日本はリング上でも平気で裏切るから、山本さんの指名とはいっても最後まで油断できなかったよ。

大位山は団体崩壊前の81年3月19日、『スーパー・ファイト・シリーズ』の途中で退団。「ルー・テーズ杯争奪予選リーグ戦」開催中ということもあったが、最後のシリーズで愚連隊としてのタッグマッチは一度も組まれなかった。

大位山 俺は星野さんのパンチで口が切れたけどね。でも、それくらいは何ともなかった。
鶴見 俺は試合が終わった時、ホッとしたよ（笑）。
――小鉄さんの引退試合はテレビ朝日で放送されましたから、これは効果的でしたね。
鶴見 新日本は全国放送だからね（笑）。あれから草津さんが調子に乗って、急に俺たちと自分が当たるカードを組み始めたんだ。次のシリーズはガイジンが4人しか来なかったのもあるけど、草津さん、井上さん、浜口さん、阿修羅とかが我々とバンバン当たるようになって。
大位山 草津さんは本当に調子いいよな（笑）。

それで俺があの人たちの集中攻撃に遭ってたよ。
鶴見　そう、フォールを取られるのは必ず大位さん。勝っても反則勝ち（笑）。
――しかし、草津さんが7月9日に熊本大会で足を骨折して入院し、マッチメーカーが木村さんに代わると状況は好転しました。大位山さんはシングルで寺西さんにフォール勝ちしましたし、愚連隊のフォール勝ちも増えましたから。
大位山　でも、草津さんが9月に現場復帰してから元の木阿弥になったんじゃないの（笑）。俺は年末頃から辞めようと思っていたんだ。ギャラがもらえないから。
――年が明けて、81年1月には珍さんが現役復帰しますね。
鶴見　さすがに、もう戦力にはならなかったけどね（笑）。我々の最後のタッグは日立太田市民体育館（1月30日）だったはずだよ。レオ・ロペスとジム・スターと引き分けた。それ以降、なぜか一度も俺たちのタッグは組まれなかったんだ。憶えているのは『ルー・テーズ杯（争奪戦前期予選トーナメント）』で最初、大位さんはどこのブロックにも名前が入っていなくて怒ってたよ。
大位山　もう辞めるのは決めていたけど、そのことも頭に来たような…。
鶴見　そうしたら、次のシリーズになぜか同じブロックに俺と大位さんが入っていたんだ。
大位山　それで五郎ちゃんと戦ったんだっけ？
鶴見　何年かぶりにやった。それが最後だよね。
――3月9日に臼杵市旧公会堂の公式戦で2年半ぶりに対戦して、鶴見さんがリングアウト勝ちしました。鶴見さんが凱旋して以降の約5年間、シングルの対戦戦績は13勝13敗1分になります。
大位山　ピッタリ？
鶴見　草津マジックか（笑）。愚連隊の戦績は？
――13勝（2反則勝ち）38敗（10反則負け）12分でした。
大位山　そりゃ微妙だなあ（笑）。
鶴見　勝ち負けより、1年3ヵ月で60回以上も大位さんと組んで暴れられたことが楽しかったよ。
大位山　そうだね。俺はそのシリーズの途中で辞めたんだよ。最後の試合は和歌山だった（3月19日＝御坊市体育館、マイク・ボエッティ戦）。
鶴見　そこが最後か…まだシリーズは数試合あったでしょ？
大位山　次が越谷（市民体育館＝3月21日）で、その日の試合前に社長と話して辞めたんだ。1週間に1万円じゃ、いくら何でも…。

鶴見　金が出ないんだから、仕方ないよね。大位さんにも生活があるし、こっちも引き留められないよ。
――それから5ヵ月後に国際プロレスは崩壊するわけですが、大位山さんはどこでその報を聞きましたか？
大位山　夏でしょ。少し経って、自然と耳に入ったんじゃないかな。寂しい気持ちになったけど、しょうがないなと思ったよ。もう潰れるのは時間の問題だったからね。
鶴見　お客は入ってなかったから…。
大位山　でも、プロレスでやり残したことを最後に独立愚連隊でできて良かったよ。あそこでやっていなかったら、後で後悔したかもしれない。テネシーでやったような悪党ファイトを五郎ちゃんと一緒にできたからね。やらせてくれた吉原社長にも感謝していますよ。
鶴見　所属のレスラーが造反する形でヒールのユニットをやったのは愚連隊が初めてでしょ。それを俺と大位さんでできたことは意義があったよ。いい時代だったら、もっといろんな展開ができたはずだけどね。ガイジンに金をかけずに、もっと早く愚連隊みたいなことをやっていれば、国際を救えたかもしれないよ。

木村宏

ラッシャー木村次男

1981年8月9日の羅臼町民グラウンド大会を最後に国際プロレスが活動を停止すると、所属選手たちは新日本プロレス合流組、全日本プロレス合流組、海外転戦組の3派に分かれた。

その中で最も存在感を示したのが『新国際軍団』として新日本マットに殴り込みをかけたラッシャー木村、アニマル浜口、寺西勇の3人であることに異論はないだろう。特に東京プロレス時代から因縁のあるアントニオ猪木を付け狙った木村は団体を背負うエースという立場から一転、日本全国の新日本ファンに憎まれ、罵倒される大ヒールとなった。

その後、木村は旧UWFを経て、全日本プロレスに参戦し、ここでもヒールとして『国際血盟軍』を結成。ジャイアント馬場と抗争を展開したが、かつて「こんばんは事件」でファンから嘲笑されたマイクパフォーマンスを逆手に取って人気を博すようになり、馬場を「アニキ」と呼んで義兄弟タッグを結成すると国際時代をリアルタイムで知らない若い世代からも愛されるレスラーとなった。

最後のリングとなったのは三沢光晴率いるプロレスリング・ノアで、2004年7月に現役引退を表明。波乱のプロレス人生を送った木村だけに聞きたい話は山ほどあるが、残念ながら10年5月24日に68歳で亡くなっている。

しかし、次男の木村宏氏から貴重な話を聞くことができた。生前の木村はリング上に関してのみならず、プライベートについても詳細を明かさなかったことから知名度に比較して謎の多いレスラーでもある。ラッシャー木村とい

小佐野景浩＝聞き手
interview by Kagehiro Osano
原 悦生＝撮影
（P268、272〜273、279、281）
photographs by Essei Hara

うプロレスラー、そして本名・木村政雄という人物をより深く知るために、まずは宏氏に国際プロレス時代の思い出から語ってもらおう。

「実は僕はラッシャー木村の実の子ではありません。父と母の純子が知り合ったのは、フランスのパリなんです」

　話は意外な告白からスタートした。

――フランスで出会ったということは、木村さんが72年9月から73年4月までヨーロッパに武者修行に出ていた時ですね。

「そうです。親父は大磯武さんと遠征に来ていたんです。

“金網デスマッチの鬼”ラッシャー木村の次男、木村宏氏。現役引退後の木村はリハビリ生活を送っていたため公の場に出ることはなかったので、ご家族の詳細な証言はあまりにも貴重である。

その時、僕は10歳でした。今は日本人も多いですけど、その頃は少なかったんですよ。当時のパリで日本人が集まるようなところは凱旋門の近くの『エトワール』という日本人バーくらいしかなくて、お袋はお酒が飲めないんですが、日本語が話したくて行っていたんですね。ちなみにお袋はプロレスをまったく知らないんですけど、力道山とシャープ兄弟が試合をした時に花束を渡しているんです。松竹のニューフェースだったんですよ」

――それもまた不思議な縁ですね。

「僕は『エトワール』の2階にあるトイレから出てくる親父を見た時に、〝あっ、ラッシャー木村だ！〟と、すぐに気付いたんです。僕はプロレスが好きでしたから。でも、お袋も兄もプロレスに興味がないので、最初は親父がプロレスラーだということを知らなかったんです」

――どういう形で、お付き合いが始まったんですか？

「ウチはパリの中では、ちょっと大きな家だったんですね。それで『エトワール』の人から、お袋が〝あなたの家は大きいから、あのプロレスラーの人を呼んであげてよ〟と頼まれたんです。お袋は〝プロレスラーって、どれだけ食べるのかしら？〟と言っていましたね。僕が『エトワール』に親父と大磯さんを迎えに行ったら、〝アンコだな〟

と言われましたよ（笑）。アンコって相撲用語で太ってるということですよね。それが親父との最初の会話らしい会話でした。それから、お袋と恋人同士になって。その頃、お袋が僕の目の前で清美川さんに〝ウチの若いのにちょっかいを出すな〟と言われたのを憶えています（苦笑）」

――木村さんたちをヨーロッパにブッキングした世話役の清美川さんにしてみれば、〝修行中の身だから〟ということでしょうね。

「でも、親父は兄と僕のことをその当時から可愛がってくれたんですよ。お袋がちょっと旅行に行っている間、親父はボルドーやリオンに試合に行く前にサバをぶら下げてウチに来て味噌煮を作ってくれたり、試合がない時には一緒にお米を買いに行ったりしていましたよ。あの頃、親父は底抜けに笑っていました。子供のつまらないジョークに一生懸命笑ってくれるみたいな（笑）。僕は父性を感じていましたね」

――プロレスファンだった宏さんからすれば、テレビで観ていたラッシャー木村が母親の恋人というのは不思議な感覚だったのでは？

「〝ひょっとしたら、昔から知ってるラッシャー木村が僕のお父さんになるのかな？〟と、お袋とも兄とも共有できない言いようのない気持ちでしたね。僕は日本に住んでいた幼い頃からプロレスが好きで、親父とドクター・デスの金網デスマッチ（70年10月8日＝大阪府立体育会館）もテレビで観ていたし、金網デスマッチで足を折ったこと（70年12月12日＝台東体育館、オックス・ベーカー戦）も知っていて、それを親父に話したら〝何でそんなことまで知ってるんだ!?〟と驚いていました（笑）。僕は親父とお袋が

フランスで武者修行していた時代に撮影された木村と宏少年のツーショット。木村は73年4月に帰国すると、グレート草津と組んでTWWA世界タッグ王座を獲得し、エースのストロング小林に肉薄していく。

知り合う前から、あのラッシャー木村のプロレススタイルがなぜか好きだったんです。小田急デパートで国際プロレスのサイン会があって、僕は子供の頃に行っているんですよね。でも、ラッシャー木村が足を骨折して欠席になったから誰にもサインをもらわないで帰ってきたんですよ。その何年か後に、パリで知り合ったわけです」

――73年3月にフランスへ修行に出た鶴見五郎、八木宏（剛竜馬）にも会っていますか？

「会ってますよ。八木さんは、まだ10代でした。鶴見さんも『エトワール』は憶えているはずですよ。親父も大磯さんもそこで飯を食べていましたし」

――結婚されたのは、彼らと入れ替わるように木村さんが73年4月に凱旋帰国してからですか？

「いえ、親父が先に日本に戻ったんです。籍を入れたのは、その年の7月に僕たちが帰国してからですね。戻ってきてすぐに、お袋に言われて僕が試合で石川県の七尾市にいた親父に〝ラッシャー木村さんはいらっしゃいますか？〟と電話したんですよ。その時、最初に電話に出てくれたのがスネーク奄美さん…親父の付き人をしていた栄勇さんでした。僕がレスラーの中で一番いい人だと思ったのは栄さんです。その時から、栄さんは僕に気を遣わせないようにしてくれましたね。東京近郊の試合はよく一緒にマイクロバスに乗せてもらって観に行っていたんですけど、栄さんが周りの人に〝木村さんの息子だから〟と言ってくださって」

――その当時、ラッシャー木村の息子というのは、どういう気持ちでしたか？

「もう、自慢の父親でした。親父は家でお酒を飲むと結構、プロレスの話をしてくれて…例えば、シャチ横内のことを話題に出したら、〝何でヒロはシャチ横内を知ってるんだ？〟とか（笑）」

――シャチ横内は引退後にフランスに住んでいたようですが。

「横内さんは、僕のフランスの友人が結婚した際に保証人になったんです。それを教えたら、親父は〝世の中は狭いな。でも、シャチ横内が保証人になるようじゃ、その夫婦はどうかな？〟と（笑）。僕は横内さんがどういう経歴の人か知らなくて、その時に親父から聞いたんですよ」

――木村さんは69年8月から70年8月のアメリカ武者修行の際にカンザスでシャチ横内とタッグを組んでいますから、そこでいろいろあったんでしょうね（笑）。

「とにかく僕は国際プロレス時代の親父が大好きで、昭和49年（74年）3月にTBSの中継が打ち切りになって、9

月に東京12チャンネルで中継が始まりますけど、その間に単発で12チャンネルで放送された親父とビル・ロビンソンの試合にも行ったんです」

――6月3日、後楽園ホールでのIWA世界ヘビー級王座決定戦ですね（2月にストロング小林が返上）。

「リングサイドの一番前にいた僕が中継で映って、次の日に学校に行くと友達に〝お前、一番前にいたな〟と言われて（笑）。僕はフランス語が喋れたから、稲妻二郎さんやモンスター・ロシモフ…アンドレ・ザ・ジャイアントと話をしたりもしましたね。ロシモフは親父とビールを50ケースも飲んでいましたから、伝説通りだなと（笑）。ロシモフはボジョレーヌーヴォーのような若いワインが好きで、いいワインを用意してもダメなんです。それは本人から直接聞きました」

――ところで、立ち入ったことをお聞きしますが、金銭的な部分で国際プロレス時代の生活はどうだったんですか？

「大変でしたよ。国際プロレスは僕が19歳の時に潰れますけど、ハッキリ言って、その3年前くらいから苦しかったですね。僕は昭和54年（79年）からまたフランスに行って、夏休みだけ帰ってくるという生活をしていたんですよ。対外的には親父から小遣いをもらっているということになっていたんですけど、親父はそんなお金を送れるような状況じゃなかったから、僕は向こうでアルバイトをしながら生活していました。お袋には〝たっぷりお金を送ってもらっていることにしないと、お父さんの顔が立たないから〟と言われていましたね（苦笑）。団体が潰れる2年くらい前から吉原社長が浦和のご自宅を抵当に入れて、〝5万円できたから〟、〝10万円できたから〟と親父を素通りして母に生活費として…。それが子供心に辛かったですね」

――選手の家族のために、吉原社長は裏でそういうこともされていたんですね。

「みんな生活があるから先に出て行ったストロング小林さん、八木さんのことは悪く言いたくないんですけど、親父はタイタニックでいえば最後まで乗船していましたからね。親父は先に国際プロレスを抜けた小林さんに対する怨念が強くて…。親父は選手をリングネームじゃなくて本名の下の名前で呼ぶんですが、〝省三だけは目ん玉をくり抜いてやる〟と言うくらいでした。本来、そういうことを言う人ではないんですけどね。僕がプロレスで大泣きした最初の試合は、国際時代に大阪でやった親父と小林さんの試合ですよ（73年7月9日＝大阪府立体育会館、小林がIWA世界王座を防衛）。親父が負けたのが悔しくて…。母親は観

宏氏が大泣きしたという73年7月9日、大阪府立体育会館におけるストロング小林vs木村のIWA世界ヘビー級戦。試合が終われば「ノーサイド」ということで、2人は翌日の岡山大会にてタッグを組み、ダスティ・ローデス&バディ・ウォルフに快勝した。

るなと言っていたんですけど、隠れてTBSで観ていて」

——では、79年8月26日の『プロレス 夢のオールスター戦』で木村さんと小林さんが一騎打ちをした時は？

「詳しい試合内容は憶えていませんが、あの時だけは親父が試合前からヒートアップしていましたね。唯一、親父が冷静じゃなかった試合です」

さて、81年8月に国際プロレスが崩壊し、所属選手たちはそれぞれの道を歩んだが、本来は新日本プロレスと全面対抗戦を行う予定だった。

羅臼大会の前から吉原社長は新日本の新間寿営業本部長と話し合いを重ね、対抗戦の日程やカードも発表されたものの、マイティ井上ら出場を拒絶する選手が出たことで、結果的に木村、浜口、寺西の3人だけが「国際プロレス」の名前を背負って新日本マットに上がることになる。そこに至る経緯は諸説あるが、家族の宏氏はどういう認識でいるのだろうか？

「国際プロレスが崩壊した時は、ちょうど夏休みだったので僕も日本にいたんです。荷物の整理で高田馬場の原田ビル（事務所）に行った時に、トランクに詰めてくれたのが若松さんでした。以前は東京近郊の試合だったら、栄さんがウチに来て親父を乗せて行ったんですけど…」

——残念ながら、その年の4月30日に29歳の若さで脳腫瘍のため亡くなられました。

「だから、最後の車は冬木さんが運転したんです」

——冬木さんも木村さんの付き人をしていたんですか?

「いや、付き人ではなく、一番新人ということで冬木さんが運転したんだと思います。親父は新日本や全日本に移った時に〝誰か付き人を…〟と言われても、〝僕の最後の付き人は栄だから〟と誰も付けませんでしたからね」

——団体が潰れた時、木村さんは何か言っていましたか?

「自宅の階段のところに腰かけて、〝ごめんな、ヒロ。何もしてやれなくて〟と…」

——その後、木村さんは新日本に乗り込むことになりましたが、その辺の事情については?

「親父が新日本に行ったのは、いわゆるトレードマネー(移籍料)が全日本よりも良かったからですよ。そのお金を全部、吉原社長にお渡ししたんです。僕の中での真実は、その金額が新日本の方が高かったから親父はそちらを選んだと。浜口さん、寺西さんはわかりませんが、親父にとってはそれが当たり前だったんです。全日本が高く提示して

81年4月30日にスネーク奄美が死去。80年『新春パイオニア・シリーズ』を最後に、「体調不良」で長期欠場中だった。ラストマッチは同年1月30日、秩父市民体育館での菅原伸義戦になる(逆さ押さえ込みで勝利)。

いれば、そちらに行っていたと思うし。だから、親父は吉原社長のために…。でも、本人の中で迷いはあって、掃除するために親父の部屋に入ったら会社を創る本とかがあって」

——それは自分で会社を立ち上げようとしていたと？

「静岡でガソリンスタンドなどを多角経営している方がいて、国際プロレスの地方興行もやっていたんですが、その方を出資者、オーナーにして親父が新団体を創るという話が最後まであったみたいなんですよ。その頃は、凄く苦悩していましたね」

——それは吉原社長とは関係ない動きですよね？

「関係ないです。グレート草津さんにしてもプロレス界から離れて日本バスコンという会社に行くことが決まっていましたしね。この新団体の話は、他の選手も知らないと思います。親父が一人で考えていたことだと思いますね」

——新日本に行くことを決めた時は、ご家族に報告はあったんですか？

「その時は〝生活らしい生活はさせてやれる〟と。お袋なんか舞い上がっちゃっていましたもん、あまりの額で。猪木さんと試合をやった後、最初に親父の口座に振り込まれた額はビックリしましたね。もう桁が違いましたから、国際時代とは（苦笑）。その後も試合数に関係なく給料が振り込まれていましたしね」

——では、81年9月23日に田園コロシアムに乗り込んで猪木さんに宣戦布告した際の『こんばんは事件』は、どう感じましたか？

「9月まで日本にいたんですけど、その大会の前に僕はフランスに戻っちゃったから観てないんですよ。実は、お袋も猪木さんと不思議な縁があったんです。お袋はミュージシャンの渡辺貞夫さんの奥さんと仲が良かったんですが、渡辺貞夫夫妻は猪木さんと倍賞美津子さんのご夫妻と仲が良かったんです。お袋は渡辺さんの奥さんの貢子さんから〝アントンのネクタイを送って〟と頼まれて、パリから送ったんですよね。そのネクタイを貢子さんから美津子さんを経由して、猪木さんが締めていたんです。まだ親父と知り合う前の話ですね」

——どこかで猪木さんと絡むというのは縁だったのかもしれませんね。

「親父は馬場さんか猪木さんかとなったら…馬場さんなんですよ、本当は。猪木さんのところに行くということは、いくらプロレス界で先輩だといっても年齢は親父が2歳上だし、ご存じのように東京プロレスとか過去にいろいろな

写真は81年11月5日、蔵前国技館におけるアントニオ猪木vsラッシャー木村のランバージャック戦。この大会を放送した『ワールドプロレスリング』は年間最高視聴率（22.5%）を記録した。

経緯がありましたからね。いくらお酒が進んでも馬場さんに関してはネガティブな話をしたことはないけど、猪木さんに関しては…後にアントン・ハイセルの借金が選手のギャラから棒引きされていたりすると、〝またかよ！〟みたいな感じで。親父も外で飲んでそんな話をするわけにいかないから、家で僕と飲んだ時に言うくらいなんです。それと猪木さんのところに行く以上は、ヒールになる。まあ、親父にヒールは合ってないから、〝こんばんは〟になったんでしょうけどね（苦笑）。やっぱり僕は最後まで抗っていたと思いますよ」

——とはいえ、それまで猪木さんは大物日本人レスラーと長く抗争したことはなかったんですが、木村さんとはリング上で連続ドラマが展開されました。

「一連の猪木さんとの抗争は、新間さんがプロデュースしていたんですかね？　僕は素晴らしかったと思います。実は、その時代は反省会が凄いんですよ。猪木さんと大きい試合があった後には、必ず新間さんか坂口さんからウチに電話がかかってくるんです。親父は電話を取らない人だから、必ず僕が出て取り次ぐ形になるんですけど、そこで試合はどうだったとか次に向けての話をしていましたね。それは国際プロレスには、ないものでした。当時、新日本はブームになっていましたけど、やっぱり裏には緻密な企業努力があるんだと感じましたね。最後の方には親父の腰が悪化して動けなくて、猪木さんに血ダルマにされて一方的に負けた試合がありましたよね」

――83年9月21日、大阪府立体育会館での一騎打ちですね。木村さんが怒涛の鉄拳制裁を受け、5分10秒でKO負けした壮絶な試合でした。

「その後に、親父は猪木さんの紹介で別府の治療院（高本総合治療院）に行ったんですよ。この時は、お金も猪木さんが払っています。僕が新日本の事務所に、お金を受け取りに行きましたから」

――宏さんは81年の夏に木村さんが新日本に上がると決意した時点でフランスに戻ったとのことですが、1年後に帰国したら父親が日本中から憎まれていたのでビックリしたんじゃないですか？

「翌年の夏休みに帰ってきました。お袋が車を運転していて、親父が助手席にいたんですが、擦れ違う車から〝木村のバカ野郎！〟と罵声を浴びせられたり、車を蹴っ飛ばされたりとか（苦笑）。親父と浅草に飲みに行った時にも客に因縁を吹っ掛けられて、僕が〝何を！〟となったんですけど、親父は〝これでいいんだよ〟という感じで」

――当然、20歳の息子としてはカッとなりますよね。

「でも、手を出しちゃいけないというのは子供の頃から躾けられていましたから。国際プロレスの時、こんなことがありました。蔵前国技館の試合の後に奥座敷で飲み食いしていたら、カウンターの方がうるさかったんですよ。見たら、親父と宮城野部屋で同期の陸奥嵐（元関脇）がお客さんの頭の上にお酒をかけていたんです。親父が止めに行ったんですけど、陸奥嵐は酒癖が悪くて〝外に出ろ！〟となって。その時、親父はエルボーを入れて陸奥嵐の顔が腫れちゃったんです。そうしたら、蔵前署からパトカーが10台ぐらい来ちゃって（苦笑）。一応、吉原社長に電話して、向こうも相撲協会に電話して、大きな問題にはならなかったんですけどね。だから、親父は一般人に何を言われても絶対に手を出さなかったです。新日本の時は新橋とか銀座で飲んでいると、絡まれるのはしょっちゅうでした。でも、無視するか、〝まあ、まあ〟という感じで受け流すんです。別に席を立ったりしないで、そのまま飲んでいましたね。ただ、ウチの近くのステーキ屋で一緒に飲んでいたら、酔っ払った客が〝あんたら、親子といったって血が繋がってないんでしょ？〟と言ってきたことがあって、その時の親父の顔は怖かったですね。そういうことを言ってくる人もいるんですよ。親父は私生活は非公開が基本でしたけど」

――やはり、ご自宅はプロレスファンにバレていたんですか？

「小田急線沿線に住んでいましたけど、全然バレてましたよ（笑）」

――当時、自宅に生卵を投げ入れられたなどの報道もありました。

「それもありますけど、一番参ったのはピンポンダッシュですね。あとは犬に変な餌を与えるとか」

――飼い犬が円形脱毛症になったという話も聞きますが。

「それも本当の話です。可哀想でしたよ。でも、今となれば新日本で猪木さんとやっていた頃が親父に一番光が当たった時代であることは間違いないんですよね。僕は国際プロレスのラッシャー木村が大好きだし、親父も国際プロレスが愛おしかったと思うけど、プロレスラーのラッシャー木村のキャリアで一番光が当たったのは新日本に行ってUWFに移るまでの2年数ヵ月だと思います」

オフの日、愛犬と触れ合う木村。当時、新日本マットでは猪木を執拗に付け狙う大ヒールとして全国のファンから憎悪を買っていたが、リングを降りれば動物好きの顔を持っていたのは今や有名な話だ。

――人間性は別として、レスラーとしてのアントニオ猪木について木村さんは何か言っていましたか？

「プロスラーとしては当然、超一流だと認めていたと思いますけど、僕の前ではアントニオ猪木ではなく、猪木寛至の人間性…ほとんどお金に関する話でしたね。親父が同年代で認めていたのは、猪木さん、馬場さん、上田馬之助さん…上田さんについては、〝日本人のヒールとして一流だ〟みたいなことは言っていましたよ」

83年夏、絶頂期にあった新日本プロレスで内部クーデターが勃発したが、本来は無関係のはずの木村も巻き込まれていく。

クーデターは半ば失敗に終わったものの、新間氏が詰め腹を切らされる形で退社。その後、木村は東プロ時代から付き合いがある新間氏の誘いを受け、新団体への合流を決める。翌84年3月2日、綾瀬市体育館における『ビック・ファイト・シリーズ第1弾』開幕戦を前田日明と共に無断欠場すると、そのまま旧UWF旗揚げに参加し、またもや〝第3団体〟に籍を置くことになった。

――木村さんが旧UWFに移籍した時は、どう思われましたか?

「まあ、その頃は国際軍団から浜口さん、寺西さんが離れ、親父は腰を悪くしてランクも下がっていましたから。窓際っぽい雰囲気を僕も家族として感じていたかな。使い物にならなくなったら、そこら辺は昔から新日本はシビアですからね」

――木村さんは晩年に脊柱管狭窄症の手術をしましたが、いつ頃から腰は悪かったんですか?

「国際プロレスにいた頃からですね。親父は〝金網デスマッチの鬼〟として、いつも流血していましたけど、そっちは家族として心配ではなかったです。流血したまま、お袋の車の助手席に乗って〝こっちはいいんだよ。腰の方が痛いんだよ〟と言っていましたから。先ほどの大阪で猪木さんに血ダルマにされた試合は、腰に局所麻酔を打ってリングに上がりました。そういえば、親父が亡くなった年のプロレス大賞で功労賞をいただいた時に赤坂プリンスホテルの授賞式に出席したんですが、猪木さんに肩をポンポンと叩かれましたね…」

――木村さんの旧UWF移籍については、猪木さんの人選という説もありますが。

「どうあれ、移籍する予兆はありましたよね。猪木さんとの抗争も終わったし、新日本は選手が余っているし、外国人のスターもどんどん出てきていましたから。でも、不安でしたよ、家族として。今後の生活を考えるお袋の〝あんた、そんな会社、大丈夫なの?〟という一言を憶えてます（笑）」

――その時、木村さんは?

旧UWFで木村は一歩引いて、若きエースの前田日明をバックアップ。創設者の新間寿氏が団体を離れてからは、剛竜馬と共に外国人招聘ブッカーの任も担っていた。

「何も言いません。親父は家で飲んだ時以外は無口ですから。僕は親父が上がった団体の事務所には、東プロ以外は顔を出しているんですよ。UWFの新宿の事務所に行った時には、〝えっ、これが事務所なの？　この会社は大丈夫だろうか…〟と正直思いました。何か家内工業みたいな感じで…」

——この旧UWF時代にカナダ・カルガリーへ遠征した際、バッドニュース・アレンのラリアットで木村さんは喉を潰してしまいましたよね。

「親父はホントに歌が上手かったんですよ。フランク永井さんみたいな感じで。国際プロレスの新年最初の試合は親父がガウンを着てリングに上がって、相撲甚句からスタートするというのがよくありましたよ」

——結局、喉は治らないままでしたね。

「親父が亡くなって、骨を拾った時に永源遙さんとジョー樋口さんが〝やっぱり折れてるわ〟って。ホントに喉仏の骨が折れていましたから」

木村は旧UWFが旗揚げしてから半年後、84年10月5日に剛と共に辞表を提出する。それを受け、水面下では新日本と全日本の間で争奪戦が繰り広げられた。

全日本プロレス移籍後はジャイアント馬場に照準を定め、国際血盟軍を率いて活躍した。木村はＢＩの双方と長期で抗争した唯一の日本人レスラーになる。

新日本は同年7月2日に顧問に就任した吉原功氏を通じてアプローチしたが、木村自身は馬場のパートナーとして暮れの『世界最強タッグ決定リーグ戦』参加を選ぶ。その際、木村は「これで6つの団体を渡り歩いたことになってしまいましたが、本当に自分の意思で動いたのは今回が初めてです」と語った。

——木村さんが全日本プロレスに移った経緯は、ご存じですか？

「ＵＷＦを辞めてから、親父が新宿のゴールデン街でプロレス評論家の菊池孝さんと会うまでの間のことは僕は知らないんですよ。その時、菊池さんの仲介で馬場さんと会ったんですよ。とはいっても、〝菊池さんが言うんだったら〟という感じで全日本に行くことを決めたみたいで。その席で馬場さんは、ほとんど喋らなかったらしいですよ」

——再びメジャー団体復帰となりましたが、ご家族としては？

「馬場さんのパートナーとして久々にテレビに親父の姿が映るのは嬉しいんですけど、往年の張っている身体を知ってるから、黒タイツを穿いた下半身の細さをテレビで観た時に〝いつまで全日本にいられるかな？〟という不安はありました。ただ、あの頃の全日本には馬場さんにとって同年代の相手がいなかったということで救われたと思います。だから、すぐに馬場さんと仲間割れして敵対する形になりましたよね。渡りに船的なところを僕は感じていました。僕としては子供の頃から知っているガタイがいいラッシャー木村は終わっちゃったけど、食べていくためにお袋を潤してくれる木村政雄としては良かったと思います。それもサラリーマンレスラーじゃなく、マイクパフォーマンスとかで上手い具合に新たな面が出ましたよね。映画でも昔は主役を張ったけど、歳を取ってから脇役の名バイプレイヤーになれれば救われますからね」

——あのマイクパフォーマンスは、本人的にはどうだったんですかね？

「あそこら辺の感覚は家にいる親父の延長でしたね。親父はボソッと笑わせる人だったんです。ちょっとお酒を飲むとですけど」

——無理してやっている部分もあったのかなと思っていましたが、そうじゃないんですね。

「あの人は即興なんですよ。あらかじめ喋る内容を考えていたわけではないです。全日本の最後の頃、親切心で三沢さんが〝木村さん、これが流行ってるから〟とかネタになるようなことを教えてくれていたみたいですけど、親父は〝そうじゃないんだよなあ、三沢はそこをわかってないんだよなあ〟と言ってましたね」

——名物になった渕正信の結婚ネタもアドリブだったわけですね。

こちらは全日本時代のオフショット。馬場を「アニキ」と呼び始めたことをキッカケに木村の人間性がファンにも伝わるようになり、日本テレビの中継内でマイクパフォーマンスが特集されたこともあった。

「渕さんのお母さんから、〝ウチの息子を悪く言わないで〟と抗議の電話がかかってきたことがありますよ。その時に僕が〝プロフェッショナルなのに家族が介入するのはおかしいから馬場さんに言った方がいいよ〟と言ったら、親父は〝渕も立場がなくなるだろ〟と」

――それにしても、まさかマイクパフォーマンスで人気に火がつくとは思ってもいませんでした。昔とは違うウケ方でしたが、その辺は？

「子供の頃だったら複雑な気持ちになったでしょうけど、もう自分もいい大人で仕事もしていましたから、親父はプロフェッショナルとして偉いなあと思っていました。リング上のファイトだけじゃなくて、エンターテイナーのラッシャー木村として偉いなと。プロレスは強さと自分の個性を打ち出せないと、淘汰される世界ですよね。親父は周りの人の力もあったりして、没個性が個性になったんですよ」

――確かに本来は寡黙で実直なところをイジられて、それが個性になったと思います。

「親父ほど没個性の人はいなかったと思うんですよ。だから、国際プロレスもダメになったし。まだ小林さんがチャンピオンの頃は第3団体だったにしてもそこそこやっていたのが、親父がチャンピオンになった途端にうまく行かなかったのは本人も責任を感じていたと思います。猪木さんのほとばしる個性や馬場さんの身体的個性から比べると、やっぱり子供から見ても…。国際プロレスが蔵前国技館で興行を打っても閑古鳥で、子供心に悲しかったですよ。親父が鶴田さんや馬場さんと一騎打ちをやった蔵前大会は凄い入りでしたけど、国際の主導で交流戦をやっても入らなかったですよね」

――全日本に移ったことで、木村さんは国際プロレス時代の仲間と再会しますよね。

「マイティ井上さんは国際の草創期から一緒でしたけど、お袋が井上さんに何か言った時に〝末雄にそんなことまで言うな！〟と叱責していたことがありましたね…。阿修羅・原さんに関しては、やっぱり借金のことを心配していて、〝進も俺のところに借りに来るようになったら終わりだな〟と。親父に言わせれば、本当に信用していたのは〝勇（スネーク奄美）と平吾（アニマル浜口）〟になるんです。あとは米村さんですかね。米村さんは、新日本の時に円形脱毛症になっちゃった愛犬のクマをウチに連れてきてくれた人です。親父と浜口さんは、よく飲んでいましたね。2人が飲んでいる時に、間の席に入った人は大変ですよ。酔った2人が盛り上がってバンバン背中を叩くから、手の痕が付いちゃうんです（笑）」

――ずっと国際血盟軍で行動を共にした鶴見さんとは？

「僕が鵠沼に住んでいた時だから97年頃の話ですけど、鶴見さんが隣の茅ケ崎で国際プロレスという名前で興行をやっていて、親父に教えたら〝その名前でやってるのか!?〟と」

――その時期、鶴見さんは主宰していたIWA格闘志塾を国際プロレスプロモーションに改称しましたが、ちゃんと吉原さんの奥さんから許可をもらって変えたそうです。

「ああ、そうなんですね。親父の中では国際プロレスの名前を使ってほしくなかったみたいで一瞬嫌な顔をしていましたけど、鶴見さんのことを悪く言ったのは聞いたことがないです」

――では、逆に合わない人はいましたか？

「ダメなのは先ほども言った小林さんと八木さん。八木さんも国際プロレスを途中で辞めましたよね。あの人は、いろいろ不義理をしても親父の前で平然としているんですよ。ウチに来た時も、どこか偉そうにしているというか。でも、〝木村さん！〟と頼ってこられちゃうと、親父は拒否できない人なんです。日本プロレスの社長だった芳の里さんは、東京12チャンネルの国際の中継で解説をされていましたよね。他に勤めている会社があったみたいで、親父は芳の里さんに頼まれて、そこの50万円もする磁気入り布団を買っちゃったこともありました。先輩に頼まれると、ノーと言えないんです。そういえば…一時期、よく大仁田厚さんからウチに電話がかかってきましたね」

――大仁田厚は全日本に移ってきた木村さんと入れ替わるように85年1月に引退しましたから、あまり接点がないように思いますが…。

「引退した後の話ですよ。大仁田さんは、〝面白いことをやりましょう！〟と親父を誘っていたみたいです。親父はノーが言えない人だから、しょっちゅう電話がありましたね。でも、最後に〝お前は家族がいないだろ。俺は家族がいるんだよ。ごめんな〟と言っていたのは憶えてます」

――それはFMWを旗揚げする前か初期の頃でしょうかね。

「その後の大仁田さんのご活躍を考えると、親父とデスマッチをやりたかったんでしょうね」

――ところで、全日本に上がっていた85年6月10日に吉原さんが亡くなりましたが、その時の木村さんは？

「吉原さん、栄さんが亡くなった時は慟哭の極みでしたね。もう親父は、ずっと御棺の横で飲んだくれていて。でも、僕は親父に教わりましたよ、〝そういう時のために酒はあ

91年、吉原功氏の七回忌の際に撮影されたアニマル浜口とのツーショット。浜口はジャパンプロレス分裂直後に一旦引退。90年に復帰した後は新日本プロレスやWARを中心にファイトしたためリング上で木村との接点はなかった。

る〟と」

――以前、菊池孝さんが仰っていましたが、一緒に吉原さんのお見舞いに行っても木村さんは全然喋らなかったと。

「吉原さんがウチに来て、ちゃんこパーティーをやった時も僕が一緒にいなきゃ会話にならないんです（笑）。親父が脊柱管狭窄症の手術で東京医大に入院して、馬場さんが見舞いに来てくださった時も会話なしでした。馬場さんが来た時に僕は一応席を外して廊下に出たんですけど、中から全然声が聞こえてこないんです（笑）」

――翌86年3月には剛竜馬、高杉正彦、アポロ菅原の元国際勢が全日本を解雇になってしまいました。木村さんも心を痛めていたんじゃないですか？

「みなさん、辞める時に電話をくださったんですよね。確かに親父は心を痛めていましたよ。そういう時は、お酒の量が増えます。それはノアに行ってから大森隆男さんがクビみたいな形で辞めた時もそうでしたね。お酒の量は脳内出血で倒れるまで減らなかったです」

――その後、木村さんは馬場さんと組むようになって国際血盟軍は自然消滅し、休憩前の馬場&木村を中心としたファミリー軍団vs永源遙&渕正信&大熊元司による悪役商会の対決が全日本マットの名物になりましたが、当時の居心地はどうだったんでしょうね？

「お金の心配をする必要もなく、心地良くいさせてくれたのが全日本だと思います。馬場さんに関して、親父は悪く言ったことはありません。ただ、猪木さんの引退の時に〝馬場もなあ、『寛ちゃん、お疲れ様』と電報のひとつでも送れば新日本のファンも喜ぶし、全日本のファンも喜んで、プロレス界全体にいいことなんだけど、人間が小さいなあ〟と言っていましたね（苦笑）。まあ、芋焼酎をガンガン飲んで凄い酔っ払っていた時ですけど」

——言い方を変えれば、日本マット界全体を考えていた部分もあったんですね。

「小川直也さんが橋本真也さんをやっちゃった時（99年1月4日＝東京ドーム）には、〝これはダメだ。壊れる〟と言っていましたよ」

——ファミリー軍団時代、リング上では敵対関係にありましたが、木村さんは大熊さんと仲が良かった印象があります。

「それこそマブダチ…飲み友達ですよね。大熊さんは、他の兄弟はお医者さんとか高学歴らしいんですよ。4兄弟だったかな？　親父と酒を飲むと、そんな話がバンバン出てきましたね。ファンと行くハワイツアーの時も親父と飲もうと思って、大熊さんは焼酎のジャンボサイスを3つくらい持って行ったみたいですよ」

——92年のハワイツアーから帰国直後の12月27日に、大熊さんは急性腎不全で亡くなってしまいました。

「その時に親父が〝お前、調子が悪そうだったな〟と言ったら、〝ああ、ちょっと…〟みたいな会話があったみたいで、その何日か後に亡くなってしまってショックを受けていましたよ。日本医大（日本医科大学武蔵小杉病院）に駆けつけたら、すでに馬場さんが霊安室にいたそうです」

——その馬場さんも99年1月31日に亡くなってしまいました。

「数日前から危ないというのは聞いていたみたいで、心の準備はしていたようです。恵比寿のご自宅に伺う時に、親父は足も腰も痛いから革靴を持っていなかったんですよ。見送る全日本の選手たちの姿がテレビで映りましたけど、あの時はサイズが違うから僕の靴に少し切れ目を入れて、それを履いていたんですよね」

——馬場さん亡き後、2000年6月の全日本分裂騒動の時に木村さんはプロレスリング・ノアへの移籍を選択しましたね。

「それは三沢さん、大八木（賢一）さん、親父の阿吽の呼吸だと思いますよ。大八木さんは日本テレビから全日本に出向して専務になった人でお世話になっていたし、ノアでも専務になりましたよね」

木村がノアに移籍したのは、59歳の時だった。旗揚げ翌年の01年6月24日には愛知県体育館で還暦試合を行い、百田光雄と組んで永源遙&菊地毅に勝利すると、「この還暦はプロレス人生におきまして、ひとつの通過点だと思っています。これからもまだまだ頑張りますので、ご声援よろしくお願いします」と生涯現役を宣言したが、実際には足腰の状態はかなり悪くなっていた。

「その頃、本人が一番緊張していたのは花道を歩けるかという」

——木村さんは、段差のある舞台装置を嫌がっていましたからね。

「全然歩けなかったですから。馬場さんからいただいた足首を強く締めて固定させる専用のギブスを付けないと、歩けなかったんです。その上からリングシューズを履いていたんですよ。締め付けすぎて脳内出血になっちゃったんじゃないかと思うくらいで。あとはプロレスラーとして人前に出れば、何とか歩けたんじゃないかと」

——家族として、もう引退してほしいという気持ちはありませんでしたか?

「こういうことを言ったら親父に失礼だけど、あの姿ですよ。僕は若い頃を知ってるじゃないですか。でも、言えないですよ。本人も葛藤はあったと思いますけど」

プロレスリング・ノア時代の木村。2000年8月の旗揚げの時点で、木村はキャリア35年。団体内で最もベテランであり、長年にわたる激闘の代償として身体は限界に近づいていた。

――奥様は、どう思っていたんでしょう?

「親父はお袋にテレビも見せなかったし、プロレスの話なんかしたら烈火の如く怒りますから。新日本でヒールとして憎まれていた頃も、お袋は事情をよく知らないから、下北沢でファンに罵声を浴びせられて、〝何よ!〟と車の中から言い返していました(笑)」

――03年3月1日、日本武道館で百田光雄と組み、永源遙&川畑輝鎮に勝利した後、木村さんは体調不良を理由に長期欠場になりました。結果的に、あの試合がラストマッチになってしまいましたね。

「その時点で、身体がまったく動いていなかったですから。腰も足もかなり悪くて、もう座ってもいられない状態でした。でも、社長の三沢さんは引導を渡すような人ではないですからね。一方の親父も〝辞める〟と絶対に言う人ではないんです。死ぬまで〝俺は辞める〟と一度も言っていない〟って。欠場してからは、慶応大学病院に行って麻酔を打ってもらってリハビリをしていました。プロレスラーとして最低限のことができるかどうか、リハビリをしながら悶々としていたと思います。手術はさっきも言ったように全日本時代に東京医大で一回やって、欠場する前の年に慶応病院でもやったんですけど、うまく行かなかったんです。結局、広範脊柱管狭窄症で難病指定されました」

――脳内出血で倒れたのは、いつだったんですか?

「欠場した年の7月に、サウナへ行こうとして倒れたんです。前の晩、つまらないことで僕は親父と喧嘩して、実家に泊まる予定だったのに当時住んでいた東麻布に帰ってきちゃったんです。それが今でも悔やまれますね」

――ビデオレターという形で引退宣言をしたのが04年7月10日の東京ドーム大会ですから、その1年前だったんですね。

「半年間は、ほとんど墨田区にある東京都リハビリテーション病院にいました。親父はリングの上で死にたい人だったから、〝腰さえ痛くなくなれば、俺のリハビリの頑張り具合からしたら絶対に歩ける〟と。そこで三沢さん、大八木さんは誤解してしまったんですね。脳内出血をやってしまったらリハビリをしても復帰は無理だということまではご存じなくて、特に三沢さんが親父の言葉を信じちゃったんですよ。それで三沢さんがいろいろ腰の名医を探してくれたんです。鳥取に医者ではなくスポーツ整体みたいな人なんですけど、腰の名医がいるらしいと。ノアの社員の方がわざわざ鳥取まで行き、その先生を東京に呼んで親父の調子を見てもらったんですが、いつから鳥取へ治療に行くかも決めて、ノアが鳥取滞在のためのマンションも借りてくれて…」

――ノアは会社として、そこまでケアしてくれたんですね。

「それはノアが初めての東京ドーム進出で、親父の奇跡の復活を演出したかったというのもあると思うんですよ。立てるわけがないのに、親父が発した〝腰が痛くなくなれば〟という言葉によってノア側はいろいろと用意してくれたんです。僕も1ヵ月、鳥取へ行っていました。当時は鳥取に2台しかない車イスを乗せられるタクシーを用意して…でも、一緒に鳥取に行ったノアの社員の方と僕は大喧嘩したんですよ。用意されていたベッドが健常者用で、親父が寝られるわけがないんです。でも、それはノアの社員の方が悪いというわけではなく、本当の状況が通じてなかったんですね。親父があまりにも言わないから。それが04年のゴールデンウィークの頃ですね。その後、大八木さんは〝車イスでもいいから、東京ドームに出てほしい〟と。永源さんも何度も間に入ってくれて、日本テレビの中継のプロデューサーも大々的にやるからと…。でも、親父は〝出るぐらいなら、死んでやる〟と言うわけですよ」

――ということは、あのビデオレターでの引退発表は不本意だったと？

「ええ、不本意ですよ。本人的には〝言わせられた〟、〝やらされた〟ですね。試合後のマイクパフォーマンスは即興でしたけど、あの時の〝ご機嫌よう、さようなら〟というのは…あれだけは唯一の台本でした。本人は辛かったでしょうけど、大八木さんが言った一言が…親父が倒れた直後に、〝木村さんはツイてますよ。全日本で倒れていたら、クビですよ。三沢が社長だから、ウチで木村さんを一生面倒見ようと言っていますよ〟と。それを聞いちゃったから、僕は三沢さんの人間性に心酔したんです。だから、あの引退発表の時に〝三沢さんの言うことは聞いてくれ〟と親父を説得したんですよ」

2004年7月10日、ノアは東京ドームに初進出。すでに長期欠場に入っていた木村はコンディションが戻らず、オーロラビジョンからのビデオレターという形で現役引退を表明した。

――あの時は、三沢さんが引退を勧告する形だったんですか？

「いや、仲田龍さんのプロデュースなんじゃないですかね」

――引退発表後、04年12月に木村さんはノアの終身名誉選手会長に就任しましたよね。

「死ぬまで給料は出ていました。途中で下げられましたけどね。ノアも地上波の中継がなくなったりして、経営が大変だったと思うんです。大八木さんがわざわざ家まで来て、東スポとかの記事を見せて〝今、ウチはこんな状況なんです〟と説明するんですよ。親父のプライドを重んじて、〝この選手でも、この程度しかもらってないんです〟と。それと…全日本プロレスが武藤（敬司）さんの代になって、親父が死線を彷徨っている時にハンコを求めに来たんですよね。全日本として団体保険に入っていたんですけど、経営難だからそれを解約して、そのお金を充てたいということで。でも、普通ああいう状況で病院までハンコをもらいに来るかなと」

――引退発表から10年5月24日に亡くなるまでの約6年間、木村さんはどう過ごされていたんですか？

「抽象的な言葉になりますけど、可哀想でしたね。プロレスは…もう地上波はなかったですけど、TVK（テレビ神奈川）で2週間遅れぐらいのノアの試合を放送していて、時たま本人が観たいと言う時には車イスをテレビの見える位置にしていました。よく評論していましたけど、小橋（建太）さん以外は褒めたことがないですね。親父の口癖は、〝こんなことをやってちゃダメだ〟。小橋さんに関しては、〝あいつは偉い〟。後輩でベタ褒めしたのは、小橋さんだけだと思います」

――プロレスを嫌いになることはなかったんですね。

「あの人はプロレスが好きな人ですよ、最初から最後まで。あとは相撲も好きでしたね」

――ご家族から見て、木村さんは国際プロレスというものをずっと引きずっていた部分はありましたか？

「それは絶対にあります。時たま写真を使いたいということで、ノアの西永（秀一レフェリー）さんから連絡をもらうんですよ。そうすると、大体が浜口さん絡みの話ですね。亡くなって7年間、浜口さんは毎年テレビで親父に触れてくれるし。取材を受けると、必ず親父の名前を出してくれて。その時に、写真の掲載許可の問い合わせが僕のところに来るんです。浜口さんはあれだけメジャーな存在になりながらも、どこかで親父のことを大切にしてくれているんだなと」

――浜口さんが国際プロレスを語る時は、自分よりもまず吉原社長であり、ラッシャー木村の話ですからね。木村さんは脳内出血で倒れた後、公の場には一切姿を見せませんでしたが、三沢さんの葬儀には参列していますよね。

「実は三沢さんが広島で亡くなる19日前、新宿の国立国際医療研究センターにお袋を見舞いに行った帰りに僕は偶然会うことができたんです。三沢さんは、おそらく首の治療に来ていたんだと思いますね。僕が〝ラッシャー木村、木村政雄の息子です〟と挨拶したら立ち止まってくださって、〝親父が倒れてから、本当にありがとうございました〟とお礼を直接言うことができたんです。あの時は神様が引き合わせてくれたんだと思いますね。だから、宝仙寺で三沢さんの葬儀が行われる時に親父が〝絶対に出ない〟と言うから、〝出なかったら、俺はもう介護も手続きもしない。あれだけ三沢さんに世話になったのに行かないのか⁉〟と喧嘩になっちゃったんですよ」

――木村さんとしては衰えた姿を見せたくなかったんでしょうね。

「プロレスラーが弱った姿を見せたくないというのはわかりますよ。でも、やっぱり三沢さんにはお世話になりましたからね。結局、親父を車イスに乗せて葬儀に行きました。そうしたら、ノアの方々、髙山善廣さん、佐々木健介さん、北斗晶さん…みなさんが親父のところに来てくださって、〝木村さん、大丈夫ですか？〟と声をかけてくれて。お袋がビックリしていましたね。親父も〝ヒロの言う通り、行って良かった〟と」

――木村さんが公の場に出たのは、それが最後でした。

「実は夕方のニュースで、宝仙寺の奥の駐車場に親父が僕たち家族と車イスでいるのが映ってたんです」

――木村さんの容態が悪くなってしまったのは、いつ頃からですか？

「10年5月24日に亡くなりましたけど、4月からはいつ逝ってもおかしくない状態でしたね。慶応病院で死線を彷徨っている時にジョー樋口さんが見舞いに来てくれたんですが、親父が〝死にたい〟と言ったら、ジョーさんは〝ラッシャー、何言ってんだ！　挫けるな！　一緒に頑張ってきたのに…このバカ野郎が！〟と。その声が廊下まで聞こえてきましたね。ジョーさんとウチの親父だけがノアで嘱託というポジションだったんです。火葬した時も僕が大泣きしていたら、ジョーさんは〝泣いちゃダメだ。魂を戻すようなことをしちゃダメだ〟と声をかけていただいて」

――浜口さんは、〝見舞いに行きたかったけれども、弱っている姿を見せたくないということで会ってもらえなかった〟と言っていました。

「いや、もし浜口さんが来てくれていたら親父は会っていたと思いますよ。後から知ったんですけど、ノア側がいろいろ止めていたみたいですね。どこに入院しているかは、大八木さんしか知らないわけですから」

――ノアはノアなりに、木村さんに気を遣って外の人間をシャットアウトしていたのかもしれませんね。

「親父が亡くなってから、いろいろ聞きました。プロレス大賞で親父が功労賞をもらった時、鶴見さんに〝ディファ

没後、2010年6月26日にディファ有明で『ラッシャー木村 お別れの会』が催された。上写真で田上明の右側に座っているのが宏氏。死因は腎不全による誤嚥性肺炎だった（享年68）。

有明（10年6月26日の『ラッシャー木村 お別れ会』）に行こうと思ったけど、ノアにノーと言われたんですよ〟と言われた時はショックで…。鶴見さんはパリ時代からの知り合いですし、それこそ今もご存命の国際プロレスの選手で縁も所縁もあるといったら鶴見さんと浜口さんですからね。浜口さんは、あのネームバリューでディファに呼ばれたと思うんです。病院に見舞いに来ていたのは…大八木さん、ジョーさん、永源さんくらいで」

——最後に日本プロレスから始まって7つの団体を渡り歩いた木村さんですが、どの時代が一番幸せだったと思いますか？

「実家が国際プロレス、武士として一番輝いたのが新日本プロレスとの戦（いくさ）、武士としては刀は折れたけど、終の棲家を与えてくれたのが全日本プロレスとプロレスリング・ノアという感じですかね。特にノアは生き永らえさせてくれましたからね。親父が死ぬまで食いっぱぐれないようにしてくれましたから、感謝しています」

［証言］

田中元和

元『国際プロレスアワー』チーフディレクター

2019年6月に辰巳出版より出版された拙著『東京12チャンネル時代の国際プロレス』は同局『国際プロレスアワー』のチーフディレクターだった田中元和（たなか・げんな）氏から手渡された膨大な重要資料「田中メモ」を古い順から漏れなく書き起こしていったものだが、実は私の執筆中に田中氏は仕事で長期の海外出張に出られており、一度も会話、メールをする機会がなかった。

本書が増刷になったこともあり、御礼がてら2刷の見本誌を持参して田中氏の自宅にお邪魔すると、会話の中で「田中メモ」に記載されていない新事実が多数出てきた。「田中さん、それもメモに書いておいてほしかったです！」と冗談交じりにツッコんだが、拙著に収録しておきたかったエピソードばかりなので補足も兼ねて書き残しておきたい。

流 智美＝聞き手
interview by Tomomi Nagare

――ページ数が許せば『東京12チャンネル時代の国際プロレス』の中で田中さんが国際プロレスを担当される前のことも詳しく触れたかったので、このインタビューで補足としてお聞きします。プロレス番組で最初に担当されたのは、1969年の『女子プロレス中継』でしたよね？

「その前に、アメリカから買い付けたレトロ番組『プロレスアワー』の編集を毎週やりました。最初のモノクロ時代ですね。解説者の田鶴浜弘さんや小島貞二さんにお茶を出したりもしましたよ（笑）。ゲストにグレート東郷さんを呼んでスタジオで話をしてもらった時（70年2月）、額がギザギザに切れていて、縦にいくつも傷がついていたのを憶えています。その後、国際プロレスでラッシャー木村さんと仕事をするようになった時、初対面の最初の印象は〝あっ、東郷さんと同じ額だ！〟でしたから（笑）」

——では、中継のスタッフとして現場に行って関与した最初が女子プロレスだったわけですね。

「そう。小畑千代と佐倉輝美の日本女子プロレスですね。番組は1年半も継続したんですけど、後半には何試合か全日本女子プロレスも放送しましたよ。当時は契約がどうこうという縛りが厳しくなかったから、日本女子がオフの時には全女をやったりできたわけです。テレビ収録のない地方の興行にも打ち合わせのためによく行ったけど、ガイジンの女子の試合では水着が頻繁に切れたりして際どいシーンを何度も観ましたね。そういう場面を観客が望んでいたような時代でしたよ」

——テレビ放送の中では、そういうエロティックな場面はなかったと記憶しています。

「いや、（田中）メモには書けなかったけど、番組が打ち切りになった裏には大きな原因があってね。当時、12チャンネルには『プレイガール』というお色気アクションドラマがあって、〝女子プロレス、プレイガールと2本は行きすぎだ。どちらかを切れ〟と上層部の判断が下ったというのは事実なんだけれども、実は女子プロレス中継のスポンサーだった参天製薬を激怒させる事件があったんです。寝技で黒いタイツを着用した選手が大きく股を開いたところに、Tというスタッフが『挿《さ》してスッキリ、サンテン目薬』という白抜きテロップを入れてしまったんですよ（笑）。本人の名誉のために言っておきますが、Tもそれを意図的にやったわけではないんです。たまたまテロップの場所がバッチリそこだったというだけ。だけど、参天製薬の方で大きな社内問題となって、結局その後、間もなくスポンサーを降りてしまったんですね。製薬会社さん、化粧

書籍『東京12チャンネル時代の国際プロレス』（流智美・著）は、田中氏が『国際プロレスアワー』担当時に記した極秘資料を元に団体後期の盛衰が描かれている。テレビ局側の立場から団体の内情を分析した「田中メモ」は、実に衝撃的な内容だった。

品会社さんは特にイメージを大事にする業界だったから、いくらケアレスミスとはいえ、テロップが女子レスラーの股間に映されたというのは許せない侮辱だと感じたんでしょうね。今ではこうして笑い話として話せますが、当時は12チャンネル社内でもタブーだった事件です」

――その黒い水着を着用した女子レスラーは、日本人選手だったのですか？

「いや、そこまでは憶えてないなあ。いずれにせよ、小畑千代さんではなかったと思う」

――そのテロップ事件がなかったら女子プロレスの放送は70年3月で打ち切りにならず、以降も継続していたかもしれないですね。そうなると、74年9月の国際プロレス女子部設立もなかった可能性があるので、冗談抜きで大きな事件のような気がします。

「確かにそうかもしれないですね。テロップを入れるタイミングって本当に難しいんですよ」

さて、詳細は拙著を参照していただきたいが、74年3月にTBSのレギュラー中継を打ち切られた国際プロレスの吉原功社長は早稲田大学レスリング部の同期でもある東京12チャンネルの運動部長・白石剛達氏に接触。その結果、中継開始の「トライアル」として同年6月3日の月曜午後8～9時に特別番組が組まれ、ラッシャー木村vsビル・ロビンソンのIWA世界ヘビー級王座決定戦が後楽園ホールから生中継された。

同中継が視聴率＝6・4％という合格点の数字を出したことで9月からのレギュラー放送が正式決定するが、この時期から番組収録の責任者的な立場で現場を仕切っていたのが田中チーフディレクターだった。

――当時、木村vsロビンソンのIWA世界王座決定戦をテレビで観ていて、木村が2フォール奪われ、しかも決勝の3本目にダブルアーム・スープレックスで3カウントを奪われたシーンに驚きました。あれは制作スタッフとして会場にいた田中さんは、どう思われたのですか？

「その前に愛知県の豊田市で木村とグレート草津のシングルマッチがあって（5月26日）、そこにも私と実況の杉浦（滋男）アナウンサーは行ってるんです。ロビンソンの対戦相手を決める大事な試合（日本代表決定戦）だから、ハンディカメラだけ手配させたんですが、あのフィルムはどこへ行ったかなあ？」

――その時、田中さんは草津が勝ち残ることも予想しまし

インタビュー中に出てきた74年5月26日、豊田市体育館におけるラッシャー木村vsグレート草津戦。セーラー・ホワイトの乱入により敗れた草津は、試合後にIWA世界王座を争うビル・ロビンソンと木村を握手させた。

たか？

「もう時効だと思うんだけど、試合前のガイジン控室にいた時に突然、吉原さんが部屋に入ってきてね。私がいたことに気が付いていなかったみたいで、吉原さんはセーラー・ホワイトを呼び出して、〝今夜の試合で乱入して、草津を叩きのめせ。草津だけ狙えよ〟みたいなことを英語で言うんです。私も素人じゃないから、〝草津が負けても傷がつかないようにホワイトに乱入させるんだな。ホワイトにやられた草津がダメージを負って、最後は木村が勝つんだな〟とわかりました（結果はホワイトに襲撃された草津が木村の逆エビ固めでギブアップ負け）」

――その後、吉原社長が団体内部で草津を重用していったことを裏付けるようなシーンですね。

「そうなんだよねえ。それによってロビンソンとの王座決定戦の相手は木村になったけれども、〝草津は実力では木村と同格なんだよ〟というエクスキューズを残したわけですよ。あの時点で、そこまで草津に配慮する必要は何もないような気がしたんだけど、その後の吉原‐草津の関係を振り返ってみると、あのホワイトに指示したシーンは凄く合点がいくんですよね」

――この年の2月にストロング小林離脱事件が起きました

が、その前段階で吉原社長は小林と草津の二者択一を迫られた時、結局は草津を取った…と私は本の中で結論付けたのですが、それで間違いないですよね？

「まあ、TBS時代の小林と草津の人間関係は知らなかったけど、結果的にはそうなりますね。TBSの国際中継はビデオのなかった時代だから毎週ではなかったけど、仕事がない時は必ず局内の休憩室で観ていましたよ。やっぱりプロレス番組の担当者として、日本テレビとTBSのプロレス中継は必見でしたからね。ライバル番組というほどの自惚れはなかったけど（笑）」

――TBS時代のラッシャー木村には、率直に言ってどういう印象を持っていましたか？

「力道山を彷彿とさせるような黒いロングタイツが似合っていたけど、やはり上半身に比べると下半身が弱いレスラーだなという印象がありましたね。リング上の動きもドタバタ、モタモタ感があって、技をスムーズに切れ間なく出せるタイプではなかった。武骨な感じは悪くないんだけど、エースだったストロング小林に比べると華やかさに欠けたからテレビ映りが悪く団体のトップとしては無理があったと思いますね」

――レスラーとして、草津よりは木村の方が上だと思いましたか？

「12チャンネルの放送が始まって間もなく、静岡の海に近い場所で興行があって、木村さん、草津さん、私の3人が海岸沿いのレストランで昼飯を食うことがあってね。目の前が砂浜で暇だったから、冗談で〝草津さん、木村さんと相撲を取ってくれませんか？　草津さんが勝ったら、来月のテレビは全部、草津さんをメインイベントにしますから〟と言ったんですよ。そうしたら、草津さんが〝よし！　二言は許さないよ。俺が一番でも勝ったら、毎週メインにしろよ！〟ってマジで言うんですよ。結果、10回くらい相撲を取って、全部、木村さんの楽勝でした（笑）。その時に〝さすが大相撲の力士は違う。木村の下半身は決して弱くないな〟と感じましたね。草津さんだってラグビーでは全日本レベルのアスリートだったから一回くらいは勝てると思ったんですが、ほとんど子供扱いに近い負け方でした」

――その木村が1回目の特番でロビンソンに完敗してしまいました。この辺りのマッチメークは実質的な中継の責任者として、どう思いましたか？

「放送が始まって最初の1年くらいは、すべてのマッチメークは吉原さんが一人で決めていましたね。草津さんを入れることもなかった。吉原さんが決めた組み合わせを我々はそのまま放送するだけです。だから、2回目の放送(7月1日午後8~9時の特番)からマイティ井上がメインに出るようになって、〝吉原さんは何を考えているのかな? 井上をエースにするつもりかな?〟と思いましたよ(メインは草津&井上vsアンドレ・ザ・ジャイアント&イワン・バルコフ)」

――井上を新エースにするという吉原社長の決断に、12チャンネル側の田中さんや白石さんは反対したのですか?

「私はそこまで吉原さんに強い意見を言える立場にいなかったですが、白石さんは〝吉原、井上は小さすぎる。しかも、腹が出ているのはダメだよ。もっと減量して腹をへコませない限り、井上がトップじゃダメだ。やっぱり木村がいいと思う〟とハッキリ言いました。それを吉原さんは黙って聞いていましたが、結局、井上を代えることはしなかったですよ」

――この時に実際には行われていない試合なのですが、アメリカでロビンソンが来日前のビリー・グラハムに負けてIWA世界王座を失うというシナリオが使われました。それについては、田中さんはどのように対処したんですか?

「東京スポーツで報道されるまで、王座移動があったことは白石さんも私も知らなかったです。その時点でビリー・グラハムが9月に来ることは決定していたから、〝白石さん、これ、日本では誰がグラハムの挑戦者になるんですか?〟と聞いたのを憶えていますよ。木村がロビンソンにリベンジするのが一番考えられるパターンだと思ったので、グラハムが王者として来て、木村がそのグラハムに勝つというのは、ちょっと変だとも思ったわけです」

――結果、マイティ井上がグラハムを破ってチャンピオンになり、半年間ベルトを守りました。その間、白石さんは黙って吉原社長のマッチメークを認めていたわけですね。

「そうです。11月(20日)にバーン・ガニアとビル・ロビンソンの試合が蔵前国技館であったでしょ? あれを観ていた時に、〝ああ、吉原さんは常にガイジンがトップにいるマッチメークをする人なんだなあ〟と痛感しましたね。要するに木村でも井上でも草津でもなく、リング上の本当のトップは常にガイジンでなければ気が済まないんですよ。これは間違いない。日本人レスラーで、自分より目立つ人間が出ることを快く思わなかったわけです。目立ちたがりという表現とは違うと思うんだけれども、やっぱり馬場、猪木と同じく、国際プロレスで最も目立つべき日本人は自分なんだという姿勢は最後まで変えなかった人でしたよ。だから、発想がプロレスラーなんですよね。テレビ側の勝手な意見を言うと、井上がマッドドッグ・バションに負けてベルトを獲られた時（75年4月10日＝足立区体育館）は、〝半年のチャンピオン期間では短すぎる〟と思いましたね。半年で番組の主役が代わると、視聴者は流れに付いていけないんですよ。〝あれ？　この団体のトップはコロコロ変わるんだな〟と思われると、どうしても視聴率は落ちるんですよね」

――その後、75年4月にIWA世界王座はバションから木村に移り、そのまま団体が崩壊する81年8月まで木村エース時代が続きました。一方、マッチメーカーは吉原社長から草津に代わりましたが、田中メモの中には大剛鉄之助が一時的にマッチメークをやっていたことが書かれています。具体的に、いつ頃だったか憶えていらっしゃいますか？

「大剛さんが交通事故で右足を切断して2年後くらいに、ようやく帰国したことがあったでしょう？」

――あれは76年最後の『勇猛シリーズ』の途中でしたね。12月の後楽園ホール大会のリング上で帰国の挨拶をして、田中さんはその場面をテレビ中継に挿入しました。私も会場にいましたが、大剛さんが観客の拍手を浴びてリング上で涙を流した感動的な場面でした。

「あの後、確か年が明けてからだったけど、私と大剛さんと吉原さんが打ち合わせをする機会があってね。そこで私と大剛さんが〝○○と△△をこういう形で試合させてみたら面白いですよね？〟みたいな会話をしていたら、吉原さんが〝じゃあ、2人で（マッチメークを）やってみるかい？　俺は外れるから、2人に任せるよ〟みたいに言うんです。最初は冗談だと思っていたら、どうも本気なんだよね（笑）。それで77年2月の『第6回IWAワールド・シリーズ』のテレビ中継のカードは、すべて大剛さんと私で決めましたよ」

吉原社長から抜擢を受けたマイティ井上は、3度目の挑戦でIWA世界王座奪取に成功。74年暮れに店頭に並んだ『月刊ゴング』75年2月号は全日本、国際、新日本の3大エースが表紙を飾った。

——その時のワールド・シリーズは参加した外国人のメンバーが充実していて、マッドドッグ・バション、ジプシー・ジョー、ビッグ・ジョン・クインの3人がいたから毎週のカードが豪華でしたよね。

「個人的には、クインが一番強いと思ったけどね。あれは本気を出したら物凄く強いよ。国際がなくなった後、新日本プロレスに行ってコテンコテンに潰されたことがあったでしょ（84年春の第2回『IWGP』）。あれを見ていて、悲しくなったけどね（笑）。とにかくテレビ的には、いつも流血戦になるバションとジョーを中心にストーリーを展開していかないと、どうやっても盛り上がりを欠いたんですよ。最初はタッグを組んで草津と井上を破って、その後に仲間割れして喧嘩みたいな試合をやって、最後は優勝を巡って木村、井上と流血戦をやるという風にね。視聴率も安定して良かったし、大剛さんのマッチメークは間違いなく成功したと思いますよ。あの時期は打ち合わせが多くて、大宮の合宿所に何度も行ったんですよ。スタッフで大宮に行った回数では、私が断トツで多いです（笑）」

——大剛さんと田中さんの共同マッチメーク路線は、どれくらい続いたんですか？

「あの後、確か次のシリーズ（4～5月『ダイナマイト・シリーズ』）もやったんですが、最終戦だったかな？　吉原さんが我々を呼び出して、〝ご苦労さん。今後は私がやりますから〟と言って突然、元に戻ったわけです。別に私はいいんですが、大剛さんは可哀想な感じでしたよ。大剛さんに権力が行くと、レスラーたちはどうしても大剛さんの動向が気になるわけです。それは当然なんだけれども、吉原さんにはそれが非常に面白くない。やはり絶対的な権力を自分で握っておかないと、気が済まない。そこで短期

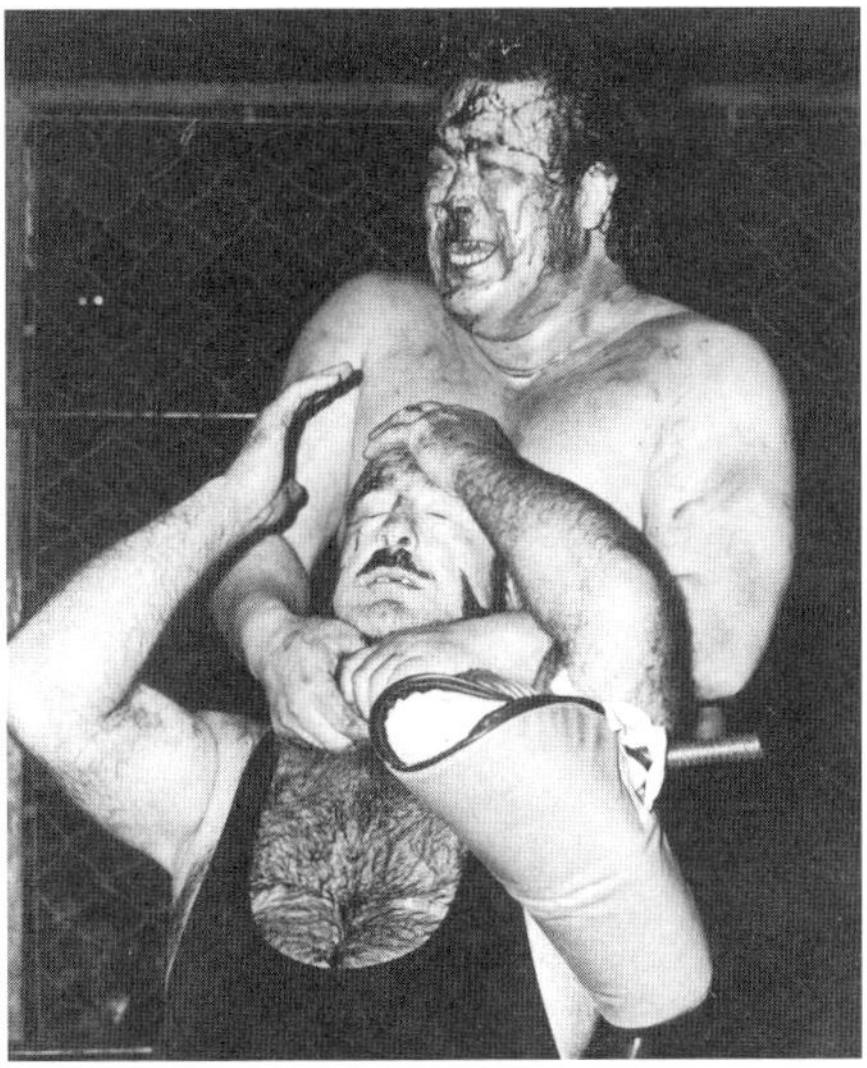

IWA世界王座は井上からマッドドッグ・バション、そして木村へと移動。田中氏としては木村を番組の顔として盛り立てたかったが、吉原社長と草津のマッチメークが障害として立ち塞がった。

間で権限を元の鞘に戻したわけです」

――日本人ばかりでなく、外国人も大剛さんに尻尾を振りますよね？

「当然ですよ。バションもジョーも頻繁に大剛さんとミーティングをするようになる。私も呼び出されるわけですから、4人で会議室に籠るみたいなことが結構、あるわけです。こういうシーンを直近で見ていた草津さんは、一番不満だったでしょうね。大剛さんが会場にいるのを露骨に嫌がっていましたよ」

――田中さん自身も、いろいろとアイディアを出したのですか？

「バションとジョーの仲間割れは、私のアイディアです(笑)。あの年の夏のシリーズだったかな？　キラー・トーア・カマタと打ち合わせをして、〝放送席にいるメガネのアナウンサーを背広ごと持ち上げてください。怪我をさせないように頼みます〟と決めてね。杉浦アナには前日に電話して、〝明日は場外の乱闘が多くなるから、一番安い捨ててもいいような背広を着てきてください〟と連絡しておいて(笑)。カマタに背広ごと持ち上げられた杉浦さんは恐怖の表情ですよ。当然、背広はビリビリ(笑)。そういう仕掛けも何回かしましたね」

交通事故によって右足を切断した大剛鉄之助は北米支部長として帰国。76年12月3日、後楽園ホールのリングに上がり、ファンは温かい声援と拍手で出迎えた。この後、マッチメーク権は大剛＆田中氏に委ねられたが…。

――マッチメークの権限が大剛＆田中ラインから吉原＆草津ラインに戻った後、二度と他人の手には渡らなかったのですか？

「戻っていません。あの後、少なくとも私が現場にいた80

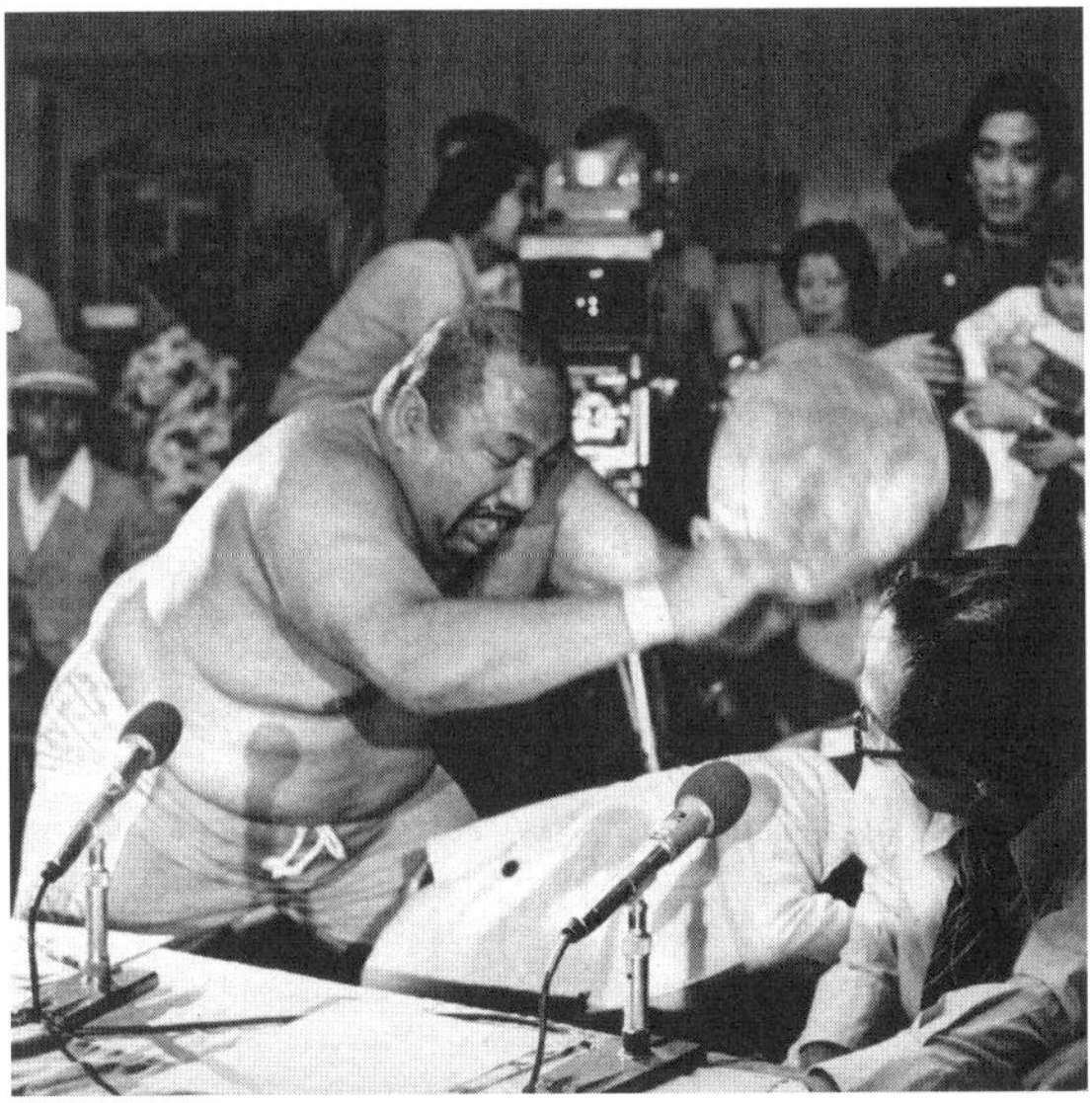

77年7月1日、日野市多摩健康増進センターからのテレビ中継で、田中氏の命を受けたキラー・トーア・カマタが突然、放送席を襲撃して実況不能に追い込んだ。右端が杉浦滋男アナ。

年の2月いっぱいまでは吉原さんと草津さんが独占していましたね。独占といっても、かなり面倒な仕事でもあるから、誰か別のレスラーが手を挙げて積極的にやりたいみたいな雰囲気もなかったと思いますがね」

――ところで、75年にスタートした全日本プロレスとの対抗戦については田中メモで詳細に語られていますが、田中さん自身は馬場さんに個人的なメッセージを伝えることが可能だったのですか？

「いや、私の交渉役は常にジョー樋口さんで、ジョーさんから馬場さんに伝達してもらうというルートになっていました。ジョーさんは誰からも信頼を置かれていたし、私のメッセージを（馬場に伝えるまでの過程で）握り潰すというようなことはしなかったと思います。そこは私も信頼していましたし、実際になかったと思いますよ」

――例えば、あまりにも有名な78年2月18日、蔵前国技館での馬場vs木村戦の時はどうだったのでしょうか？　足4の字固めをかけられたまま木村がエプロンでカウントアウト負けにされる奇妙な結末は、田中さんも我慢ができなかったと思いますが。

「その試合も、2年前の木村vs鶴田戦（76年3月28日＝蔵前国技館、1－1からダブルフォールでドロー）も芳の里さんがレフェリーだったでしょ。ジョーさん自身がレフェリーだったのならいざしらず、吉原さんと芳の里さんはツーカーの仲だし、私がいくらジョーさんに願い事を頼んだところで無駄だったかもしれませんね。あれはまさにコントロール不能の状況でしたよ」

――では、無残なカウントアウト負けについては諦めるしかなかったということですか？

「翌週（78年2月26日）だったか、後楽園ホールで木村さんが試合後に放送席に詰め寄って視聴者に猛烈な抗議をしたことがあったでしょう？　あれは私が試合前に木村さんのところに行って、お願いしたんです。温厚な木村さんも、あの時は〝あなたに言われなくても自分の意志で抗議する〟という感じでしたよ。4の字をかけられたままエプロンに宙吊りになる写真が載った新聞（東京スポーツ）をあらかじめ自分で用意していたくらいですからね。フィニッシュについては私もいまだに謎が多いんですけど、あの馬場戦で国際プロレスの劣勢は決定的になりましたよね」

――田中さんは、エースの木村と直接コミュニケーションを取れる関係だったんですよね？

「地方で収録があった夜には、たまに酒も飲みに行ったし、自宅に私だけが呼ばれて奥様の手料理を御馳走になったことも一度ありますよ。大きな犬がいて、玄関に入るのが怖くてね（笑）。ただ、会場に入ると、そこではテレビ中継に関する話しかしませんでした。木村さんは基本的に何をお願いしても黙って首を縦に振って聞いてくれましたね。だからこそ、木村さんが馬場さんや鶴田さんと試合を

78年2月18日、蔵前国技館での対抗戦で木村はジャイアント馬場に足4の字固めを決められながらも、このような宙ぶらりんの状態で耐えていたが…まさかのリングアウト裁定でエース対決に敗れる。

やる時は結末が気になって、リングサイドでは見ていられなかったんですよ。あの結末に私は介入できなかったから、控室で〝頑張ってください〟としか言えなかった。それはそれで物凄く辛かったですよ。〝日本テレビのプロデューサーは、どこまで（馬場のマッチメークに）介入できているのかなあ？〟と、当時はよく自問自答しましたね（笑）。木村さんに厳しいことばかり言ったけど、金網デスマッチの時のラッシャー木村は本当に迫力がありましたよ。金網の中に立っているだけで、絵になったなあ。あの迫力を出せるのは、やっぱり木村さんだけでしたね。馬場さんと金網でやっていればなあ（笑）」

——吉原社長が全日本との対抗戦をやめようとしなかったのは、やはり馬場さんや日本テレビからの現金収入があったからでしょうか？

「現金の収受じゃなかったと思います。確か興行のパーセンテージでしたね。木村、草津、井上が出た全日本の興行では、収益の中からあらかじめ合意してあったパーセンテージをもらうというやり方だったと思います。その金額が非常に良かったわけですよ。国際の自主興行より断然いいから、どうしても対抗戦を乱発したくなったわけですよね」

——全日本と対抗戦をやっていた時期は、団体の運転資金は回っていたと感じましたか？

「確か木村さんが馬場さんに4の字で負けた後だったと記憶しているんですが、吉原さんがウチの局に来て、私に〝すまないが、来月の権利金を前借りさせてくれないか？どうしても金が回らない。今回だけ頼む〟と頭を下げてきたんです。1週間に230万円払っていた頃なので、4週間として920万円ですから経理部の金庫から〝はい、どうぞ〟と出せる金額じゃないですよ。だけど、その時はあまりにも深刻な感じを受けたし、私も経理に頭を下げて4週間分の現金を用意してあげました」

——41年前の920万円をキャッシュで前払いですか！さすがテレビ局は凄いですね。

「日本テレビさんやNET（現・テレビ朝日）さんならいざしらず、ウチはまだ東京のローカル局ですからね。あれは我ながら大変なことをしたと思います。それを2回くらいやってあげたんですが、さすがに3回目からは断りました。経理部から〝国際プロレスだけ特別扱いする理由はない〟と強く言われたからですが、それは仕方がなかったですよ。吉原さんもショボンとして帰りましたね、あの時は」

――番組のスポンサーから大きな金額を振り込んでもらうみたいな策は取れなかったですか？

「それはできなかったですよ。三菱電機さんとか小松製作所さんみたいなビッグスポンサーが付いていたわけじゃないですからね。国際を最初から支持してくれた山桜名刺さんに悪いから、ウチの社員の名刺は全員が山桜製でしたし、運動部に限らず社員旅行や研修は大体が『ホテル・ニュー塩原』さんでした。我々もスポンサーに嫌われないように、涙が出るような努力をしたんですよ」

――79年には田中さんの主導でビリー・グラハム、アンドレ・ザ・ジャイアント、ＡＷＡ世界王者ニック・ボックウィンクル、ルー・テーズ、バーン・ガニアらを招聘するために12チャンネルの経理部から『特別強化費』を4回に分けて３３９０万円も捻出しましたが、あの金額も凄いとしか言いようがないです。

「レギュラー枠の権利金＝週２３０万円だけだと、ガイジンの超大物は呼べなかったですからね。馬場さんと猪木さんが毎シリーズ大物をバンバン招聘していた時期だったし、国際だけがハンディキャップを背負わされるのは担当者として不本意でしたから。あの年は燃えましたよね。吉原さんには、それほど感謝されなかったかもしれないけど（笑）」

――失礼な聞き方をお許し願いたいのですが、まだ35歳のディレクターだった田中さんが局内であれだけの大金をプロレス番組に投入できた背景には特別な理由があったのですか？

「自分で言うのもなんですが、番組に対する情熱は誰にも負けなかったですよ。タイトルマッチ（ＩＷＡ世界、ＩＷＡ世界タッグ、ＷＷＵ世界ジュニア）の時に会場に張っていた横長のバナー（横断幕）も全部、私が手書きで作ったくらいでしたから。視聴率も決して悪くなかったし、運動部の中にも〝ここは国際プロレスに多めに予算を付けてやってもいいだろう〟というムードはありました。社内の根回しも万全にやりましたよ。運動部、編成部に同時に上申書類を持っていって、有無を言わさずハンコを押してもらうみたいな（笑）。それぐらいの意気込みがなければ、ゴールデンタイムの視聴率は絶対に取れなかったですよ」

――田中さんが密かに企画していた各団体の王者クラスを国際のリングに集結させる『ワールド・チャンピオン・カーニバル』の予算は６１５０万円だったとメモに書かれていましたが、それほど目玉が飛び出すほどの高額ではなかったですよね。ＷＷＦ王者のボブ・バックランドとＮＷ

A世界王者のハーリー・レイス以外は、すでに田中さんが担当されていた5年の間に招聘実績のあるレスラーばかりでしたし、実現は決して夢ではなかったと思います。田中さんの中では誰が優勝するイメージでしたか？

「1億円だ、2億円だという金額が社内で承認されるわけもないので実現可能な金額に抑えたわけです。1週間のオビで毎晩やるゴールデンタイムの特別番組としては法外な金額ではなく、妥当な予算だったと思いますよ。もし実現していたら、優勝はやっぱり木村さんしかいないです。予選、準決勝の段階では反則勝ち、リングアウト勝ちがあっても仕方ないですが、決勝は堂々とクリーンフォールでラッシャー木村が勝つ。そういうイメージです。決勝の相手はニック・ボックウィンクル辺りかなあ。あの企画書も（社内で）いいところまで行ったんですがね」

79年10月5日、後楽園ホールで行われた『世界３大タイトルマッチ』の目玉はニック・ボックウィンクルvs木村のＡＷＡ世界戦。田中氏が局の上層部を説得して特番（90分）の編成に成功しなければ、この企画は実現しなかった。

――ほぼ同じような時期に、12チャンネル主導による新団体『新国際プロレス（仮称）』を設立するプランも田中メモに書かれていますね。詳細は本に書かれてある通りですが、あの案は社長を誰にするイメージでしたか？

「社長は木村さんですね。やはり馬場さん、猪木さんが社長だった時代、国際だけが吉原さんでは対抗できないし、世間的にもアピールできないわけですよ。木村さんは性格的に社長に向いていないことは承知していましたが、あくまで対外的な顔として木村さんでなくてはダメなんです。吉原さんには顧問的な位置をキープしてあげて、実質的な権限は12チャンネルが掌握するというイメージかなあ。これは初めて言うんだけれども、実はあの書類を机の上に置いておいたら私が席を外している時に杉浦アナに見られてしまってねえ。それを見た杉浦さんが白石さんに〝田中さんがこんなこと考えていますよ〟みたいに言ったらしいんだよねえ（苦笑）」

――密告みたいな感じですか⁉　田中さんと杉浦さんは、別に仲が悪かったわけではないですよね？

「全然、問題ない関係でしたよ（笑）。杉浦さんも別に悪気があってやったわけじゃないんだけど、番組の実質的な現場責任者である私が過激なことを考えているので、運動部の上司に意見を聞いてみたいという感じだったんだと思いますよ。その内容を杉浦さんから聞いた白石さんが私に〝どういう意図で書いているのか？〟みたいに聞いてきたので、私もそれっきり何もしませんでした。きちんと清書して、上申したかった案でしたけどね。40年も前の話ですが、あれは今でもちょっと残念だなと思いますよ」

――革新的な内容なので、本の執筆を進める間、〝この『新国際プロレス』は、どうして進展しなかったのかなあ？〟と思っていたんですが、それで謎が解けました。田中メモには吉原さんを顧問、アドバイザーにすると書いてありましたが、草津さんの名前は選手にもフロントにもなかったですよね？

「結局、団体の実権を掌握していた吉原さんと草津さんを必要としない組織ですからね。どうしても草津さんには役割がない団体になってしまうわけですよ。あの書類を書いた2ヵ月後くらいかなあ、私が国際の担当から外れたのは。あの書類が原因だったわけではないけど、結果的にはそうなったという気がしないでもないんですよ」

――5年半も国際プロレスとベッタリだったわけですから、担当を外れた時は吉原社長から送別会をやってもらいましたか？

「いや、送別会はなかったし、私は会場に行って挨拶することもしなかったです。吉原さんばかりでなく、草津さんにも木村さんにもしなかった。喧嘩したわけでも険悪だったわけでもなかったんですが、5年半、お互いにあまりにも意見をぶつけ合ったからか、そういう儀式的な挨拶は不要だと感じていたんだと思います。番組担当を外れて半年くらい経過した頃に会社に突然、吉原さんから電話があってね。〝今、浜松町の貿易センタービルで飲んでいるんだ。私一人なんだが、来て飲まないか？〟と誘いをもらったんですが、丁重にお断りして行かなかったです。あれが最後の会話でしたね、吉原さんとは」

――番組担当から外れて半年というと、まだ国際プロレスが存続していた時期ですね。田中さんの後任の担当者と吉原社長は、うまくやっていましたか？

「後任となった2人は運動部内では優秀なディレクターだったんですが、プロレスにまったく興味がないんですよ。プロレスに興味がなければ、愛情を持てるわけがないです。これは個人の才能とは別の問題ですが、国際プロレスのような小規模の団体と付き合う上で愛情を持てなければ、いい番組は絶対に作れないんですよ。偏愛と言われるような愛情があって、それが視聴率に結び付く。〝吉原さんは貿易センタービルに私を呼び出して、復帰を頼みたかったのかな？〟と考えたこともありますね。草津さんとも挨拶なしで別れたので、後年にSWSの旗揚げ戦をウチが中継した時に私が電話してゲスト解説として来てもらいました」

——テレビ東京が録画放送した90年10月18日&19日、横浜アリーナ2連戦ですよね。あの時、田中さんは再びプロレス中継に復帰したんですか？

「復帰とかいう大袈裟なもんじゃなくて、局内で人手が足りなかっただけなんだけれど、ゲストでOBレスラーが必要だというので草津さんに電話したら凄く喜んでくれてね（笑）。〝もうサラリーマンをやって7~8年になるから、プロレスのことは忘れちゃったよ〟なんて言いながら、二つ返事で来てくれましたよ。あれで草津さんとは和解できた感じでしたね。まあ、和解といっても喧嘩別れしたわけじゃなかったんだけど（笑）。やっぱり一緒に国際プロレスを盛り上げようと頑張った仲だし、最後に放送席で嬉しそうに解説する草津さんを見て、なんとなくホッとしましたよ」

［証言］

ジプシー・ジョー

小佐野景浩＝聞き手
interview by Kagehiro Osano
大田哲男（P303、308、311～312）、
神谷繁美（P314）＝撮影
photographs by Tetsuo Ota, Shigemi Kamiya
通訳＝テディ・ペルク

〝放浪の殺し屋〟ジプシー・ジョーは、東京12チャンネル時代に初来日し、81年8月の団体崩壊まで国際プロレスの外国人エースに君臨した昔気質のヒールである。イスで殴られてもビクともしない頑丈な身体、金網のてっぺんから急降下するフライング・ニードロップ、それとは対照的なリング外での気さくな素顔に惹かれたオールドファンも多いだろう。

キャリア晩年には「家も携帯電話もなく、トレーラーハウスで生活しながらインディー団体でプロレスを続けている」という噂が流れていたが、2009年11月にTAJIRI率いるSMASHと深い関わりがある元WWEのユージンがテネシーでジョーと遭遇。この連絡を受けたTAJIRIは、すぐさま招聘を決定した。

かくして8年ぶりに日本の土を踏んだジョーは、10年12月11日に新宿FACEでTAJIRIと一騎打ちを行った。もはやニードロップを放てるコンディションではなかったものの、会場全体を使って暴れ回り、TAJIRIのイス攻撃を脳天で受け止めて流血しながらも77歳とは思えないタフネスぶりを見せつけた。

結果的にジョーの来日はこれが最後となり、11年1月にテネシーで引退試合を敢行。それから5年後の16年6月15日、82歳で亡くなった。

このインタビューを収録したのは前述のTAJIRI戦の前日。足を引きずりながらもサービス精神たっぷりの写真撮影を終えると、ジョーは自らのプロレス哲学を交えながら、波乱万丈なレスラー人生を装飾のない言葉で語って

くれた。

――かつて貴方がスペイン・バスク地方のジプシーの若きリーダーだったという話や、実はメキシコ系カナダ人とする説もありましたが、今ではプエルトリコ出身であることが広く知られています。今日はジョーさんの〝トゥルー・ストーリー〟をお聞きしたいので、よろしくお願いいたします。

「OK、何も隠すことはないさ。君が言う通り、俺は1933年12月2日にプエルトリコで生まれた。本名はヒルベルト・メレンデスだ。12歳の時に家族でアメリカのニューヨークへ渡ったんだ」

――63年にニューヨークのサニーサイド・ガーデンでデビューしたとのことですが、30歳でのデビューとは意外に遅いですね。

「それまではコックなど様々な仕事をしていたよ。プロレスはよく観に行っていてね。同じプエルトリカンのペドロ・モラレスやアルゼンチンのパンピロ・フィルポといったレスラーを観て、俺もやってみようと思ったのがキッカケだった。野球選手にも憧れていたが、自分のエネルギーやフラストレーションを発散できるものが必要だった。そこにはプエルトリカンということで人種差別があったのも事実だし、そうなると野球よりもレスリングの方が俺に向いていると思ったんだ。ただ、実際にレスラーになってからは、そういう怒りを抱えてリングに上がるということはなかったな。あまり感情的になると、ちゃんとした仕事をすることはできないからね」

——デビューする前は誰の指導を受けたんですか？

「赤い髭のバーバー・ロハというアルゼンチンのレスラーだ。それにペドロ・モラレス。彼はとてもタフな男だったよ。デビュー戦はルー・アルバーノとやった。その時はペペ・フィゲロアというリングネームだった。デビューした当時は様々なリングネームを使っていたよ。インディアン・ジョーとか、何とかジョーとか（笑）。最終的にはカナダのモントリオールに行った時に、プロモーターでもあったモーリス（マッドドッグ）・バションがジプシー・ジョーという名前を付けてくれて、それを今も使い続けているんだ」

——日本で貴方の名前が知られるようになったのは、75年1月にモントリオールでバションと血の抗争を繰り広げたことが報道されたからなんですよ。

「モーリスとの抗争はエンジョイできたよ。俺はレスラー

マッドドッグ・バションとジプシー・ジョーによるシングルマッチ（第6回IWAワールド・シリーズ公式戦）は77年3月15日、豊橋市体育館で実現。リング内外でグーパンチによる顔面の殴り合いが延々と続いた（結果は両者リングアウト）。

ではなくブロウラー（喧嘩屋）だから、ボコボコ殴り合う試合は性に合っていたし、それを観客が喜んでくれたんで、これは行けるという感触を掴んだ。日本でモーリスとやったことも憶えているよ（77年3月15日＝豊橋市体育館）。あの時も会場全体を使って戦ったな。モーリスは人間的に素晴らしい人物だった。レスリングに関してはロンドン・オリンピックに出場したというけど、まあ普通かな（笑）」

——あまり情報がないんですが、63年のデビューからバションとの抗争が話題になった時期までの12年間は、どこでファイトしていたんですか？

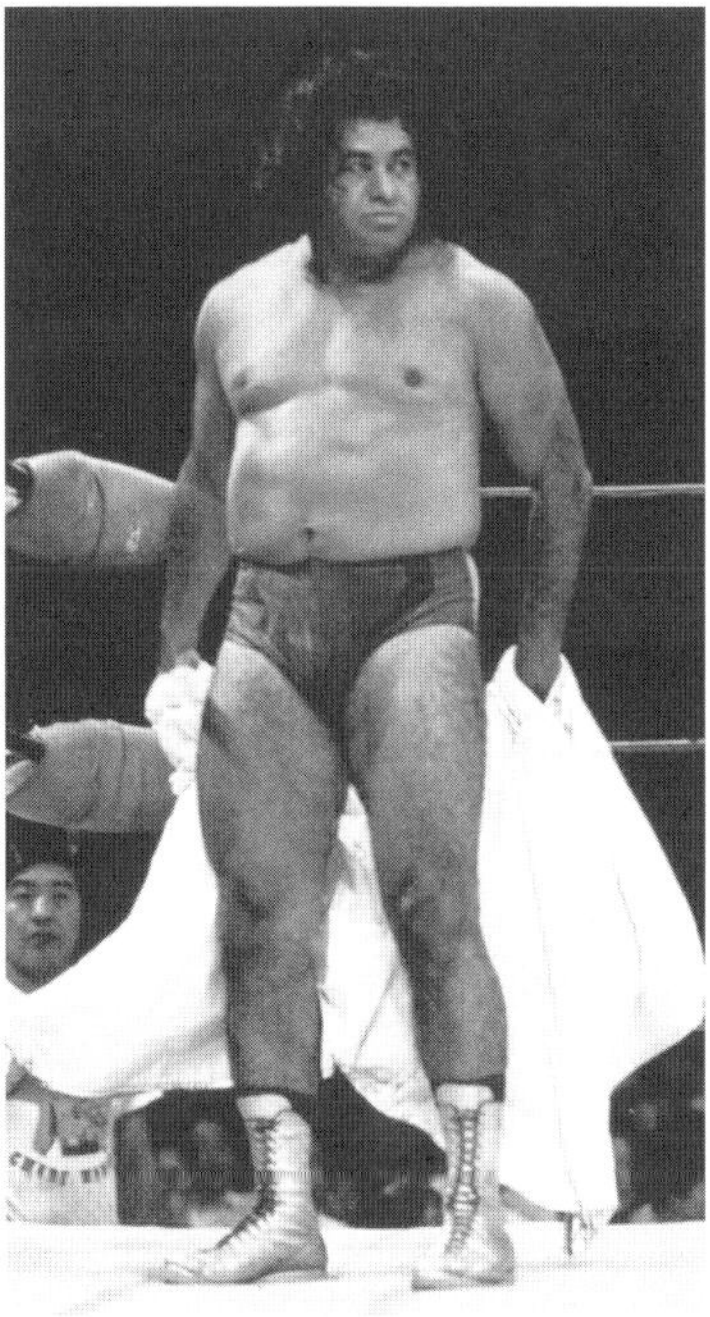

75年9月開幕『ビッグ・ゴールデン・シリーズ』に初来日したジョー。以降、国際プロレスの常連となり、81年夏の最後のシリーズまで計11度来日した。

「その間には、ウェストバージニアでジーン・マドリッドという名前でファイトしていたこともある。ジャン・マドリッドというレスラー兼プロモーターがいてね。〝兄弟ということでやろう〟と言われて、そう名乗ったんだ。72年にウェストバージニア・ヘビー級タイトルを3回獲っているよ。あとはテネシーや故郷のプエルトリコでもファイトしていた。ちょっと話は変わるが、ベンジー・ラミレスを知ってるか？」

——ミイラ男のザ・マミーとして一世を風靡した人ですね。

「そう。95年の冬だったかな、彼と一緒にプエルトリコにいたんだ。ヤツは〝家族全員でコロンビアに里帰りするんだ〟と言っていて、カルロス・コロンやビクター・キニョネスと見送ったんだが、その飛行機が墜落してしまってね。生存者はいなかった。あれは本当に悲しい事故だったな…」

——ところで、貴方の初来日は75年9月、国際プロレスでしたね。

「モントリオールでファイトした後、カルガリーのスチュ・ハートのところで働いていた時に俺のファイトを見た大剛がミスター吉原に連絡したんだ。実はもっと早く日本に行くことになっていたんだが、手続きなどの問題で9月になってしまった。テネシーではトージョー・ヤマモトという男と長くタッグを組んでいたんだが、彼は失礼で最悪な男だったよ。でも、日本の人たちはみんな心が温かかったし、レスリングファンは俺たちの試合を真剣に観てくれて、リスペクトしてくれていたという印象が強く残っている」

——日本のファンは静かなので戸惑いませんでしたか？

「いや、俺は基本的に他のレスラーの試合、観客のリアクションを見ながらスタイルを変えるので、そんなに違和感はなかったよ。いくら名作でも毎日、同じ映画を観ていたら飽きてしまうだろ？　だから、ライブで見せるファイトは観客のリアクションに応じて常に変化が求められるし、それによって俺自身のファイトスタイルが作られていったんだ。それにラッシャー木村、マイティ井上、グレート草津、アニマル浜口、それぞれ個性もスタイルも違うが、彼らから学んだり吸収するものも多々あったよ」

——特に木村さんとの戦いは、頑丈な肉体をぶつけ合うシンプルな迫力がありました。

「俺と木村のファイトは、思い切り殴り合うブロウリングスタイルだったな（微笑）。もし評判が良かったとすればファンがチケットを買ってくれるように、その時々の状況に応じてお互いに一生懸命ファイトしたことが成功に繋がったんじゃないかな。俺だって人間だから、木村の攻撃はキツかったよ（笑）。木村も俺の攻撃がハードヒットだということをわかっていたはずだから、覚悟していたと思う。今のプロレスは当時とは全然違って、ただ演じている俳優が違うだけで同じ映画をずっとやっている感じがする。まあ、時代の流れで観客がそれを望んでいるなら、俺は何も言うことはないけどね」

——貴方のハードヒットな攻撃に対して、選手から苦情が出たりしませんでした？

「俺は自分のスタイルとして容赦なくやっていたから、〝勘弁してくれ〟というレスラーはたくさんいたよ。〝もうジョーさんとは試合したくない〟ってね（笑）」

——そういえば、78年4月26日に岡山武道館で金網のてっぺんから大位山勝三にニードロップを落とし、右肋骨にヒビを入れてしまったこともありましたね。

「ああ、憶えているよ。あれは故意ではない。誰にでもミスはあるものさ（苦笑）。ただ、彼もハードなのを入れてきたから、それに対してやり返すというのが俺の流儀なんだ」

——逆に木村さんとの試合で、金網のてっぺんから4メー

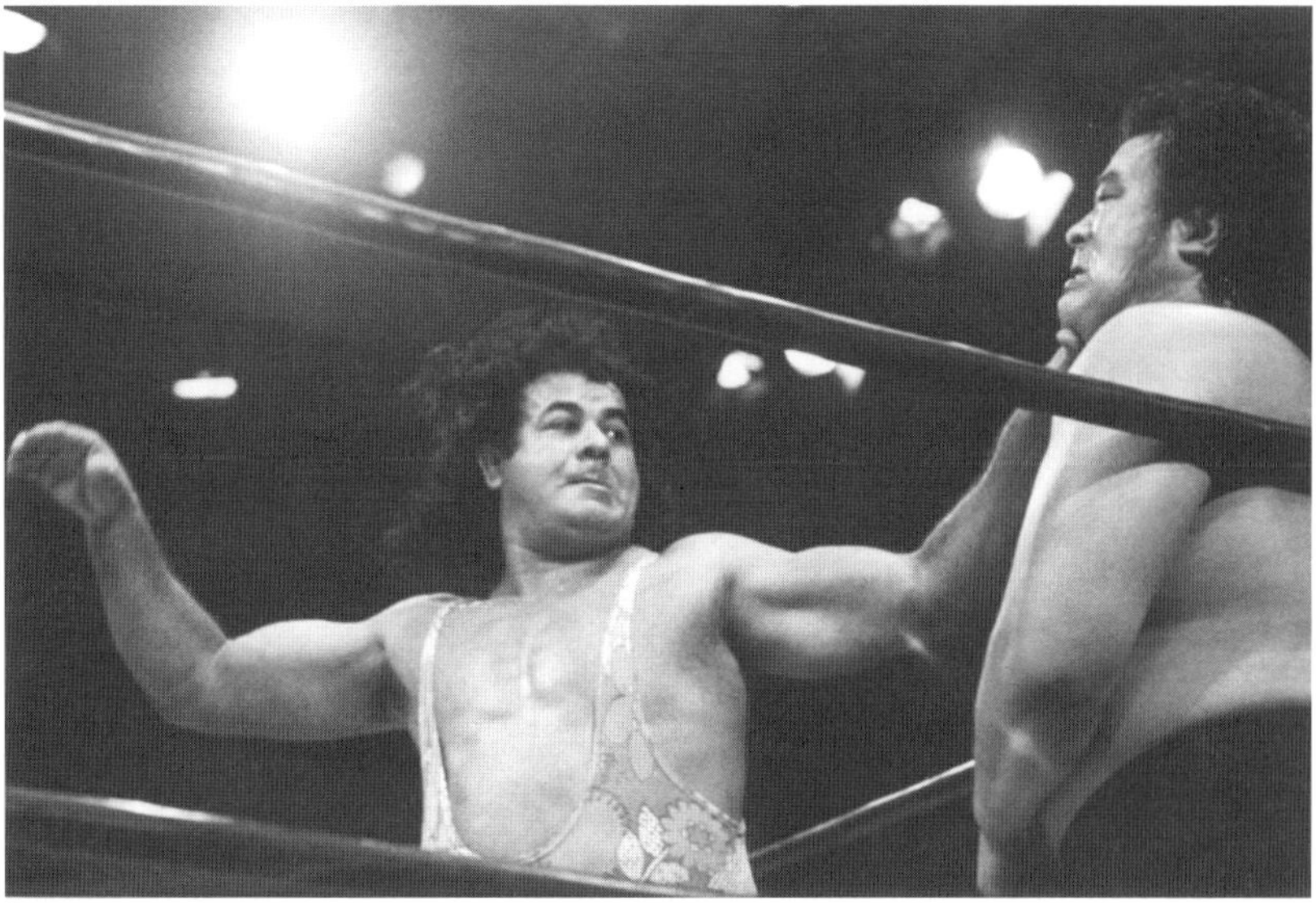

初来日時の75年10月6日、後楽園ホールで早くもラッシャー木村のIWA世界王座にチャレンジし、団体崩壊までに計7度挑戦。IWA世界タッグ、WWU世界ジュニアも含めてベルトには縁がなかったが、記録ではなく記憶に残るレスラーとして多くのファンに愛された。

トル下まで転落したシーンも印象に残っています（76年12月3日＝後楽園ホール）。

「あれは落ちたわけじゃない。セコンドが金網を揺すったんで、自分から飛んだんだ」

——それだけ自分の身体の頑丈さ、受け身の技術に自信があったと？

「その通りだ。プロレスラーになる時も一番大事だったのは、バンプの練習だったからな。バンプができない選手はリングに上げてもらえなかったから、デビュー戦まで1年かかったよ。1年間、ひたすらバンプを取り続けたな」

——他に強烈なバンプを取ったことはありますか？

「それ以上、凄いバンプを取れと言われたら、パラシュートを付けずに飛行機から飛び降りるぐらいしかないじゃないか（笑）。とにかく必要に応じて50年近くバンプを取り続けてきた人生だから、特に印象に残っているものはないな」

——貴方はどんなにイスで叩かれても平気な身体の頑丈さを売り物にしていますが、やられることが見せ場になるというのも他のレスラーにないユニークな部分ですね。

「そう思われるのは最高だよ。ボコボコに殴られても、それでチケットを買ってくれる観客が喜んでくれるんだから。でも、それは〝日本限定〟だけどね。他のテリトリーに行ったら、そこに合ったファイトをしているんだ」

――得意技のフライング・ニードロップのコツは？

「真っ直ぐ膝を落とすのではなく、ちょっと捻りを加えてコントロールすることによって相手を殺さなくて済む(笑)。さらに角度が付くから、見た目もダイナミックなはずだ。〝ダイナミックに見せることができない技なら、最初からやるな〟というのが俺の持論だよ。小説と同じだ。〝面白いストーリーが書けないなら、本を書くな〟ということだ」

――貴方はヒールにもかかわらず、リングを降りればマスコミやファンとフレンドリーに接していましたよね。〝愛されるヒール〟というのは、当時では珍しい存在でした。

「初めて日本に来た頃は、リング上で戦うだけで人と話すなと言われたが、実際にそれは無理なことだったよ(笑)。子供たちがフレンドリーに寄ってきたり、お年寄りや女性が近づいてきたら、やっぱり人間として接したり、話をするのが普通だろ？　それはリング上とは別の部分であってね」

――国際プロレスは81年8月9日の北海道・羅臼大会を最後に崩壊してしまいましたが、貴方はそのシリーズにも参

加していましたよね。クローズすることは事前に知っていたんですか？
「おお、北海道！　ラストマッチは海の向こうがロシアという凄く遠い町だったな。あの時というよりも、その数年前からクローズするだろうという予感はあった。ミスター

吉原はプロモーターとしては素晴らしかったと思うし、俺のことも可愛がってくれたが、晩年は自分でいろいろやらずに現場のレスラーたちに丸投げしていた感じで、ビジネスとして成り立っているのか疑問だった。だから、そう長くはないだろうと薄々感じていたよ」

――その最後の試合は、ジェリー・オーツと組んで木村&井上と対戦しています。

「悲しかったが、俺にはどうすることもできないんで、とにかく与えられた仕事をするだけだった。他の人間はわからないが、俺は最後までちゃんとギャラをもらったよ」

――そして、すぐさま同じ月に開幕した全日本プロレスの『スーパー・アイドル・シリーズ』に参加しましたよね。全日本に上がることになった経緯というのは？

「一度、住んでいたテネシーに戻ってから再び日本に来たんだが、俺を誘ったのはウォーリー山口だよ。国際の最後のツアーで北海道にいる時に、ウォーリーから〝ビッグ・ディールだ！　馬場サンが欲しいと言っているぞ〟と電話をもらって、もう国際がクローズすることはわかっていたから全日本に行くことを決意したんだ。ミスター馬場は素晴らしい、優しい人物だった。彼はプロモーターとしては珍しく、契約書なしの口約束で〝年に3回呼ぶから〟と。それは5週間だったり、2～3週間の短いツアーもあったが、すべて話し合って口頭で決めていた。ミスター馬場は契約書にサインしなくても最後まで約束をキチッと守ってくれたよ。本当に信頼できる偉大な人物だった」

――全日本プロレスという新たなリングの印象は？

「もはやトップの扱いを受けることはなかったが、何もトラブルはなかったし、安心して働けて満足できる場所だった。馬場サンだけでなくジョー樋口サンも優しくていい人で、〝ユーは何も言わなくていいから。何かあったら俺が

全日本プロレスでも常連として活躍。角材やイスによる攻撃を真正面から受け止める（そして、角材やイスが壊れる）定番シーンが日本テレビの中継に乗ったことで、全国区のレスラーとなる。

代わりに言ってあげるから〞と俺を守ってくれたし、本当に親切にしてくれたよ」

――前回の来日はIWAジャパンでしたが、それから今までの8年間は、どこでどのような活動をしていたんですか?

「オクラホマ、テネシー、アラバマといったところの小さいプロモーションで仕事を継続して頑張っていたよ。インディアナのエバンスフィールドでは月に一度興行があって、そこにもレギュラー参戦している。母親と息子が運営しているNFW(ニュー・フォーカス・レスリング)という小さいプロモーションだが、彼らは好人物だよ」

――正直、小さなプロモーションで試合をしながら生活していくのは大変だと思いますが。

「実際、凄く大変だよ。特に今は移動するにもガソリン代が値上がりしているしね。昔に比べたら、この仕事で食っていくことが困難なのは間違いない。試合をして、食事をして、移動したら、出費の方が多いということも日常茶飯事だよ。本当にレスリングを愛していなければ、できない商売だ。決して、お金のためにやるものではないよ」

――生活のためにプロレスを辞めて、違う仕事をしようと考えたことはなかったんですか?

「アメリカにはフードスタンプ・プログラムというシステムがあって、貧しい人間はフードスタンプ(食糧券)を受給できるから食うことはできる。俺は国から小切手(生活保護?)をもらっていて、あと2~3週間待てば、またクリアになるはずだ。レスリングを辞めるというより、もっと賢く立ち回って、正体がわからないようにマスクマンで試合をしようかと思っているんだ。仕事をしているのがバレちゃうとマズイからな(笑)。若い頃にはテネシーでブルー・インフェルノというマスクマンをやっていて、プロモーターのニック・グラスはケチだったけど、そこそこ金にはなったよ。サザン・タッグのチャンピオンにもなったし、現地のエースのジャッキー・ファーゴなんかと戦っていたんだ。それからエル・グラン・ピストレロというマスクマンで仕事したこともある。今は向こうでも、このままジプシー・ジョーでやっているけどね」

――そうまでして続けているプロレスの魅力とは何でしょうか?

「どんな職業でもそうだと思うが、小説家は文章を書くのが好きなんだろうし、医者だったら人を治すことに生き甲斐を感じるんだろう。自分の場合は、それがレスリングなんだ」

——これまでのキャリアの中で印象に残っている相手はいますか？

「オクラホマでダニー・ホッジと試合したのは、いい思い出だな。ダニーと試合をしたことがあるレスラーなんて、もう今は少ないだろうね。一回でもダニーと戦ったら、他に印象に残るレスラーなんて出てこないよ。それは俺個人の考えだが」

——ホッジはシュートも強いことで知られていますよね。

「ダニーはパット・オコーナーなんかよりも全然強いと思う。彼はいい人だったけど、俺のことは〝ハードヒットだから嫌いだ〟と言っていたみたいだよ（笑）」

——そんなホッジと、どのような試合をしたんですか？

「向こうのルールに従って動いていただけだよ。その命令を無視してしまうと大変なことになるので、ダニーにコントロールされるまま素直に従って、注意しながら試合をした（笑）。だから、ハードヒットだと言われても俺自身は何も踏み外さない試合をしたつもりだ」

——これまでの長いキャリアの中で〝大変なこと〟になったことはありますか？

「84年にカンザスシティにいた時にはいろいろあったけど、別に話すようなことでもないよ。まあ、セントラルステーツのTVタイトルやタッグタイトル（パートナーはミスター・ポーゴ）も獲らせてもらったしね」

——では、ホッジ以外に怖いと思ったレス

ラーはいますか？

「対戦したすべてのレスラーが怖かったというのが正直なところだ。どこの馬の骨かわからないようなレスラーでも試合をしてみないとわからない。試合には常にハプニング、アクシデント、ミスが起こる。今でもリングに上がる時、対戦相手は怖い存在に見えるよ。スカンドル・アクバにフライングメイヤーを失敗されて怪我をしたこともある。あの技はワンモーションで投げなければいけないんだ。俺は彼の仕掛けがわかって準備していたが、彼が躊躇したために起こったアクシデントだった。韓国でも未熟なレスラーに身を任せて、怪我をさせられた。レスリングの試合は相手を試し、相手に試されながら、最終的には相手を信頼して身を任せるわけだが、常に何が起こるかわからないものだよ」

――そうした危険な仕事を身体の大きくない貴方が50年近くもやってこられた秘訣は何でしょう？

「それは意地だけだと思う。ドライビングスクールに行っていなくても、どうしても車が運転したいと思ったら何とか自分でできるようになるだろ？　そんな感じで、ずっと手探りでやってきた。そこに〝何か素晴らしいことを成し遂げたい〟という強い気持ちがないと続かないものだよ。確かに対戦相手は怖い存在だが、ビビるようなら会場に行かずに家にいた方がマシだ。俺もこれさえなければ、今でもバリバリにやれたはずなんだが…（ジョーはそう言いながらソックスを脱ぎ、小指が切断された右足を見せてくれ

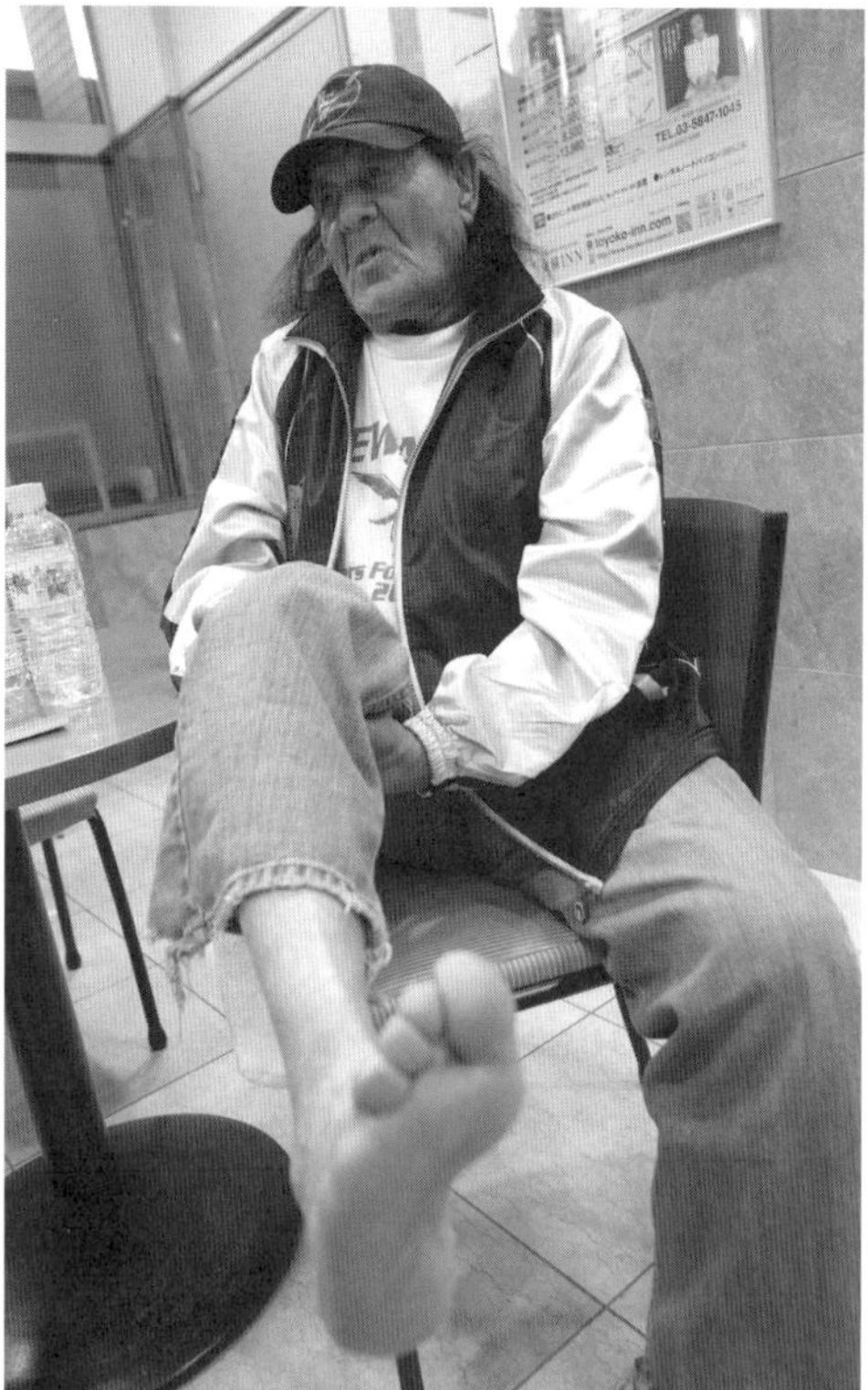

た)」

――原因は何だったんですか？

「試合の積み重ねか何なのか自分でもわからないが、小指の上の方に血が溜まって、血豆のようになっていたんだ。でも、医者に行くのが嫌だったから自分でピンセットを刺して血を抜こうと思ってね。でも、抜けなかったんだ。それで友達に話したら、医者の診察を受けるようにアドバイスされて仕方なく病院へ行ったら、切断しなければいけないと言われた。俺は〝何で切断しなくちゃいけないんだ⁉〟と怒ったんだが、〝これは血液の病気で切断しないと広がってしまい、貴方は死にますよ〟と宣告されたので同意せざるを得なかった。2年前のことだよ。いまだに月に一回は病院で転移していないかチェックしている。無料で診てくれるんでね」

――その時にリタイアしようとは思わなかったんですか？

「思わなかったな。寒い時期はキツいが、一回リングに上がってしまえば不思議と大丈夫なんだ。でも、以前のように動き回ることはできないんで、否応なしにレスリングをしなければならない。足のコントロールが利かないからニードロップもできなくなってしまったし、この歳になってファイトスタイルをチェンジしなければいけなくなってしまったよ(笑)。ただ、リングの上なら大丈夫でもリングを降りたら24時間、痛みがある。そのため一日中、イライラして機嫌が悪くなってしまうこともあるよ。それを人が理解してくれないのは辛いな。そして、イライラしていると、また試合をしたくなるんだ(笑)」

――ファイターの性ですね。

「俺たちがやっているレスリングという職業は、サーカスと同じでお金を払って観に来てくれる観客がすべてを決めるものだからね。彼らが望むことをやらなければいけないから、右足の問題はあるにせよ、俺は常に観客のことを考えて、できる限りのファイトを提供しているつもりだ。もちろん、これからもね」

――ということは、貴方にリタイアはないんですね。

「この年齢だから自分の身体をちゃんと管理しなければいけない時期に来ているが、リタイアはしたくないというのが本音だ。賢く生き残っていきたいと思っている。幸い、この世界にはたくさんの友達もいる。もちろん、喧嘩を売る奴がいたら買うけどね(笑)。基本的には一緒に仕事をしているレスラーはみんな友達だと思っているから、恵まれた生活をしているよ」

――ずっとテネシーに住んでいるんですか？

2010年12月11日、SMASHの新宿FACE大会に登場したジョーはメインイベントでTAJIRIと対戦。毒霧からのスクールボーイで敗れたが、イス攻撃を受け切るなど元気な姿を見せてくれた。バックステージに戻ると、ノーサイドでTAJIRIと抱擁。

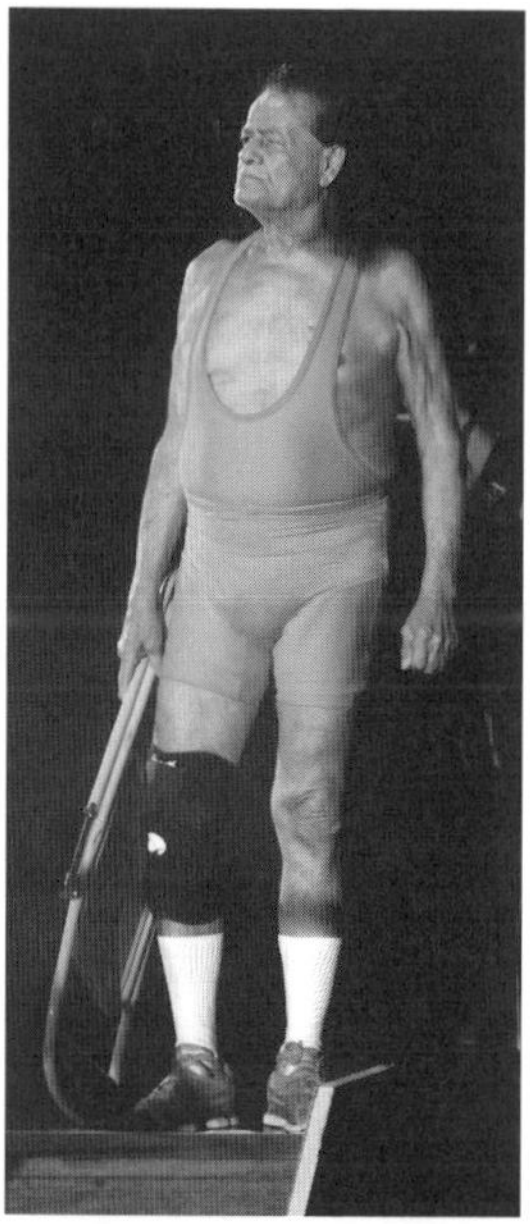

「とりあえず友達と呼べる人間が多いから、テネシーに住んでいる。今、住んでいるところはまだ2～3週間しか経っていないが、友達と一緒にシェアしているしね。彼らが俺の面倒を見てくれているんだ。実は娘もテネシーに住んでるんだよ」

――お子さんもいるんですね。

「プエルトリコに2人、テネシーのナッシュビルに2人いる。二男二女だ。息子2人はレスラーになっていない。なぜなら彼らのママが望んでいなかったからね（苦笑）」

――ご家族がいらっしゃるということで、何だかホッとしました。

「俺は幸せな人間だと思っている。この仕事を始めてから夢のような時間を過ごしてきた。こうやってまた日本に来ることができて、こうして君のインタビューを受けたり、日本の友人と再会することができたのも、この仕事を続けてきたからこそだ。本当に夢のようだよ。この夢のような時間が今後もずっと続くことを俺は祈っている。でも、夢のような時間には、いつかは終わりが来るものなんだ。永遠は有り得ない。寂しいことだが、そのことを俺はちゃんと理解しているつもりだよ。今日は楽しい時間をありがとう。話をしているうちに、いろいろなことを思い出すことができた。俺は日本が、日本の人たちがジプシー・ジョーを作ってくれたと思っている。アメリカで生活していても常に日本という国を身近に感じていた。俺にとって本当に特別な国なんだ。今回、ＴＡＪＩＲＩが呼んでくれて、とても嬉しいし、感謝している。生きていて、レスリングを続けていて良かったよ。帰国したら、またすぐ戻ってきたくなるだろうなあ」

取材後、スタッフとの記念撮影に快く応じてくれたジョーは、「ＴＡＪＩＲＩとの試合を必ず観に来てくれよ！」と何度も念を押していた。そして、名残惜しそうに「シー・ユー・アゲイン！」とホテルの自室に戻るジョーの目には薄らと涙が浮かんでいた――。

［証言］

ミスター・ポーゴ

清水 勉＝聞き手
interview by Tsutomu Shimizu

国際プロレスは非常にユニークな団体だった。外国人のビル・ロビンソンをエースに据えたかと思えば、71年10月にはAWAでストロング小林のマネージャー＆パートナーを務めていたビッグK（スタンレー・コワルスキー）を日本陣営に迎え入れるなど従来の日本人vs外国人という対戦図式に一石を投じた。さらに黒潮太郎、稲妻二郎ら外国人留学生を次々に受け入れたのも吉原功社長ならではの国境なきインターナショナル思考だった。

それと同時に、国際プロレスは海外で活躍するフリーランスの日本人レスラーも積極的に招聘した。69年秋のシャチ横内を皮切りに、70年春にはベテランの清美川が欧州から凱旋帰国。76年5月になると、米国から〝まだら狼〟上田馬之助が殴り込みをかけてきた。間口を広げ、流浪の日

本人選手を巧みに使いこなすのは国際の真骨頂だったと言える。

上田が米国に去った直後、76年9月の『創立10周年ゴールデン・シリーズ』にも一人のフリー日本人レスラーが海外から帰国し、国際のリングに上がった。ミスター・セキ…後の〝デスマッチ大王〟ミスター・ポーゴ（関川哲夫）である。

新日本プロレスを解雇され、72年5月に単身ハワイへと旅立った関川は現地で沖識名、ウォーリー堤にプロレスの指導を受け、一旦帰国してからジョージアに飛ぶ。そこから苦難の米国行脚が始まり、4年後に国際のリングに凱旋するのだが、まずはそこに至るまでの道程を振り返ってもらおう。

——国際プロレスは、旗揚げ翌年の68年正月から『TBSプロレス』に改名してテレビ中継が始まりました。ポーゴさんは当時、観ていましたか？

「いや、その頃は高校生で柔道ばかりしていたから国際の中継は観たことがなかった。日本プロレス時代の豊登さんは知ってるけど、国際での試合は観てないから」

——その後、ポーゴさんは大相撲の大鵬部屋に入門され、当時の測定では身長180センチ、体重130キロでした。71年9月場所で序ノ口優勝したにもかかわらず、左膝の負傷のために僅か3ヵ月で廃業していますね。

「手術したら復帰に3年かかるって診断されたからね。3年間も休場できないよ。その怪我は学生時代の柔道の猛稽古とシゴキでできた軟骨が原因。それで柔道時代に知り合った浜田（広秋＝グラン浜田）と一緒に日本プロレスに入門しようとしたわけだ。でも、浜田が小さいから断られて、旗揚げ直前の新日本プロレスに入ったんだ。俺は相撲を廃業した後に国際警備保障という会社でガードマンをしていたんだけど、ある会社の守衛室で日プロの中継を眺めていて、〝ああ、プロレスがあるな！〟と思ったんだよ」

——日プロにも新日本にも伝手があったそうですね。

「群馬県議だった死んだ親父のコネだよ。子供の頃から知っていた自民党の荒舩清十郎さんを議員会館に訪ねて、日プロのコミッショナーだった副総裁の椎名悦三郎さんを紹介してもらって、そこからコミッショナー代理の門茂男さんに繋いでもらったんだ。新日本の方は、親父が懇意にしていた阿久津運送の社長さんが猪木さんの群馬後援会の会長だったからさ。両面作戦だよ」

——国際プロレスに行こうという選択肢は？

「なかったねえ。高校の頃と違ってテレビで多少は国際の試合は観ていたけど、選手や関係者との接点はなかったから」

――ポーゴさんは旗揚げ時から新日本に新弟子として参加し、72年3月30日、足立区体育館での藤波辰巳戦でデビューしました。昔は、その1試合をしただけで〝逃げた〟ということになっていましたよね。

「これだけはハッキリ言っておくよ。俺は逃げてなんてないから。旗揚げシリーズが終わってオフに入ったんだけど、4月9日は親父の一周忌で、伊勢崎の華蔵寺公園で親父の銅像の除幕式があったんだよ。だから、山本小鉄さんには以前から休みをもらえるように頼んであった。でも、その日に小鉄さんからお袋に〝アンタの息子はクビだから、もう合宿所に来なくてもいい〟って連絡があったんだよ。たぶん、浜田がネジを巻いたんだろうな。あいつが俺の足を引っ張ろうとして」

――浜田さんの同期・後輩イジメの最初の犠牲者は、ポーゴさんだったんですね（笑）。

「だろうね（苦笑）。俺が辞めるという変な噂はシリーズ中に出ていたらしくて、猪木さんの耳にも入っていたみたいだよ。俺は猪木さんにも良くしてもらっていたし、デビューもできたし、辞めようなんて微塵も思っていなかったんだから。しかも、浜田が一緒じゃなきゃ俺はストレートに日プロに入れていたんだからさ」

――でも、すぐに日プロは崩壊していましたよ。

「そうか（笑）。それで俺はアメリカに行こうと思って、本庄市にある丸橋生コンクリートでバイトするようになったわけ。その時期に、よく国際のテレビ中継を観たね」

――この時、国際の門を叩くという考えはなかったんです

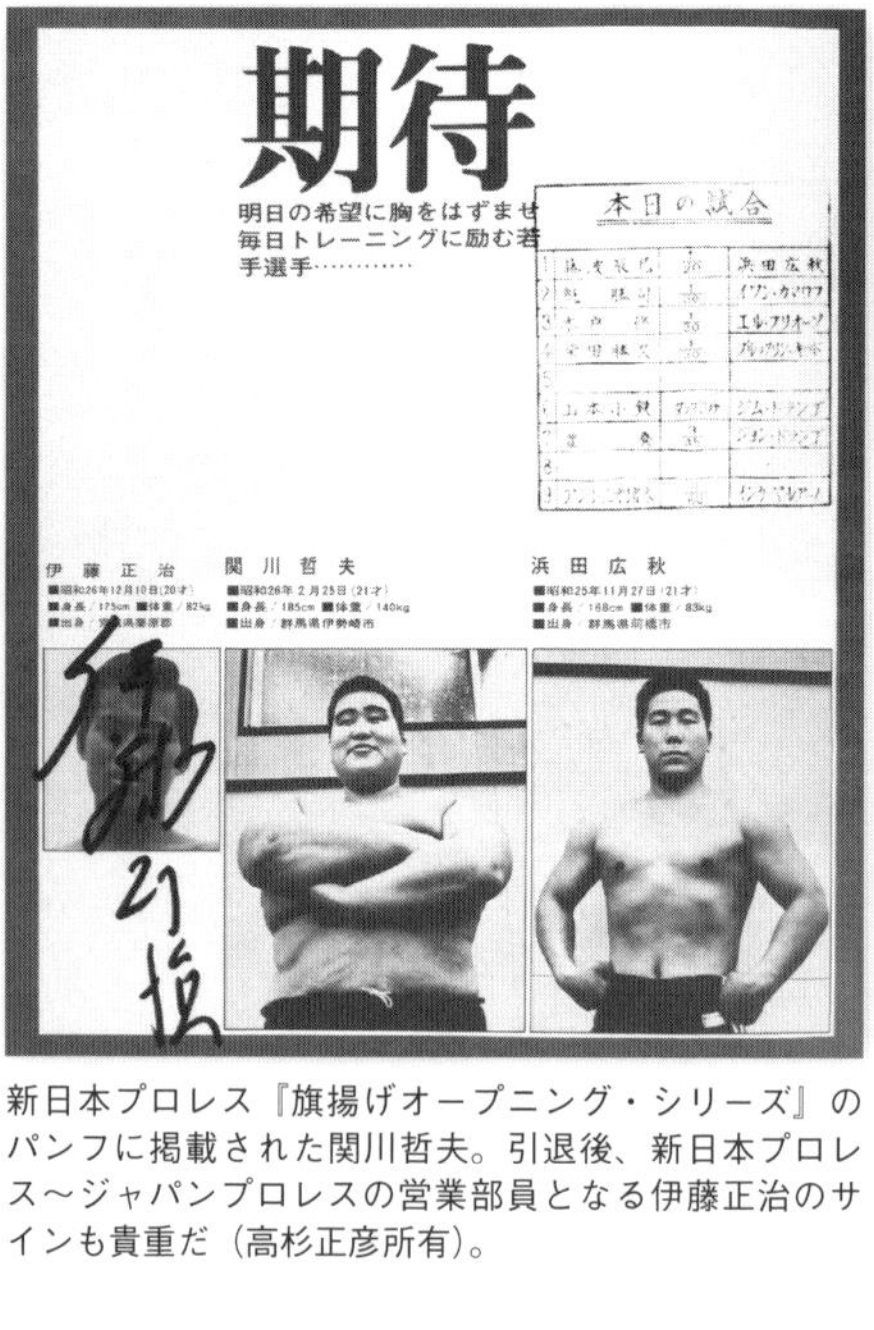

新日本プロレス『旗揚げオープニング・シリーズ』のパンフに掲載された関川哲夫。引退後、新日本プロレス～ジャパンプロレスの営業部員となる伊藤正治のサインも貴重だ（高杉正彦所有）。

か？

「なかったね。新日本の件で人間不信になっていたから。しがらみとか上下関係とか縛られるもののないアメリカへ行って、本場でイチからプロレスを学びたかったんだ。門茂男さんの紹介で、72年5月にハワイへ行ってね。沖識名さん、ウォーリー堤さんにプロレスを習いながら、現地で柔道を教えていたよ。でも、3ヵ月後に門さんに呼び戻されたんだ。渋谷にあった門さんの事務所へ行ったら上田馬之助さんと松岡巌鉄さんがいてさ、〝ジョージアにいるシャチ横内のところに行ってくれ〟と言われたんだよ。関係ないけど、後に門さんがやっていた日本プロレスユニオンは幽霊会社みたいで、俺の知らない間にお袋から会費と称して50万円を取っていたんだ。詐欺だよ（苦笑）」

——そこでジョージアに渡るわけですが、シャチ横内は69年9月に国際に来日した際に藤井康行（ヤス・フジイ）を勧誘し、翌年にアメリカへ連れ去りました。国際にとって、2人は裏切り者になります。

「アメリカでヒールとして長く自分を売る条件は、言葉巧みなマネージャーが付くこと、同類のタッグパートナーがいることなんだ。横内は国際に来て、自分の言うことを聞きそうな若い人間を物色していたんだろうね。俺もずっと後だけど、アマリロでトップを取って一段落した時にドリー・ファンク・ジュニアから同タイプのパートナーを探していると言われて、サンフランシスコからミスター・オノウミ（石川孝志）を呼び寄せたから」

——でも、同じテリトリーに日本人は3人も必要ないですよね。

「そうなんだよ。ただ、俺は彼らとは別路線だったから。俺はジュードー・ジョーと名乗らされて、柔道衣を着て毎回ジャケットマッチをやらされたからね。それよりも俺は横内の金ヅルだったんだ。あいつは俺が日本から持ってきた3000ドルを自分の口座に入れた上に、パスポートも没収されてしまってさ。1ドル＝360円の時代だから、大金だよ。しかも、俺は1泊＝5ドルの安ホテルに入れられて、週20ドルのギャラしかもらえなかった。でも、彼らが別コースをサーキットしている時、事務所の経理に聞いたら俺は週700ドルも稼いでいることがわかったんだよ。横内は毎週、俺のギャラをピンハネしてたんだ。まあ、最初から横内は詐欺師だと思っていたけどね。レスリングを教えてくれるわけじゃないし、試合のアドバイスをしてくれるわけでもないし」

——当時の記録を見ると、ポーゴさんはティム・ウッズやジョニー・ウォーカーといったトップ選手とシングルで試合をしていますね。アトランタのTVマッチで横内と組み、彼らと戦ったこともあります。

「俺、横内とも組んだっけ？　相手のウッズとウォーカーはミスター・レスリング1号と2号だね。オムニ・コロシアムでは、ビル・ワットとも柔道ジャケットマッチをやったよ。それだって超満員だったのに、俺は週20ドルだよ(苦笑)」

——一方のヤス・フジイは、どんな人でしたか？

「トンパチでね。〝横内さんと呼ぶな。先生と呼べ〟なんて言われたよ。だから、彼も横内に騙されていたんじゃないかな。俺みたいに事務所からじゃなく、横内から直接ギャラをもらってたから。あの人はペプシコーラみたいな体型でね」

——ペプシコーラ？

「ヒョロっとしていて、腹が出ていた(笑)。腕は細いしね。彼は今、ハワイにいるんでしょ。後に新日本のハワイ遠征で久々にフジイと会ったよ(86年8月9日＝アロハ・スタジアム)。俺とケンドー・ナガサキが組んで、藤波&木村健悟と試合した時。フジイは引退して、ハワイで旅行会社をやってた」

——ジョージアでそれなりに売れていたのに、2ヵ月くらいでカルガリーへ転戦していますね。

「横内がプロモーターのポール・ジョーンズと喧嘩して、俺らは突然、アトランタを出なきゃいけなくなったんだ。2台の車に分乗して、夜逃げだよ。1台は横内とフランス人の奥さんと男の子、もう1台はフジイが免許を持ってないから俺が運転してね。アトランタからカルガリーは凄い距離だったよ」

——73年4月末から、カルガリー地区で試合をしている記録があります。大剛鉄之助さんがトーキョー・ジョーとして同地区に入るのは翌年ですから、日本人は珍しかったのでは？

「国際プロレスもまだカルガリーにはノータッチだった時期だよね。ここでも俺はYMCAの安宿に泊まらされて、試合もやっぱりジュードー・ジョーのままでやらされた。しかも、横内たちは1軍で、俺は2軍みたいなコースを回らされたんだ」

——この時の対戦相手の質は、かなり悪いですね。

「だって、2軍だから。そこで何とか独立しようと思って門さんに連絡したら〝帰ってこい〟と言うんで、横内ファミリーと決別しようと決めたんだ。俺が〝日本に帰る〟と言ったら横内はあっさりパスポートを返してくれたけど、預けた３００ドルは返ってこなかった。まあ、とっくに諦めていたけどね。フジイは最後まで〝先生はいい人だ〟と言ってたよ（笑）」

横内の束縛から解放された関川は、一度帰国してから再渡米。オレゴン、サンフランシスコを経由し、ロサンゼルスでやっと一匹狼のプロレスラーとして定職を得る。それはTVマッチ要員で、ブッカーだったジョン・トロスから「ミスター・セキ」のリングネームを与えられた。

73年12月、日本食レストランでバイトをしながら単身でレスラー生活を始めたセキは、ホセ・ロザリオ、スニ・ワー・クラウド、パク・ソン、レイ・メンドーサ、ラウル・マタらと戦い、シスコへも遠征できるほど重宝される。その後はバンクーバー、シアトルを転戦。ここではウェイン・ブリッジ、ヘイスタック・カルホーン、ジミー・スヌーカ、クルト・フォン・ヘスらと対戦した。

そして、75年9月からはカンザスシティを本拠とするセントラルステーツ地区に入る。ボスはボブ・ガイゲルで、パット・オコーナーが片腕として仕切る同地区で活躍する身ならば、全日本プロレスの招聘リストに名前が入っても不思議ではない。だが、76年の夏に声をかけてきたのは、まったく接点のなかった国際プロレスだった。

——単身、アメリカでやっていくのは大変だったんじゃないですか？

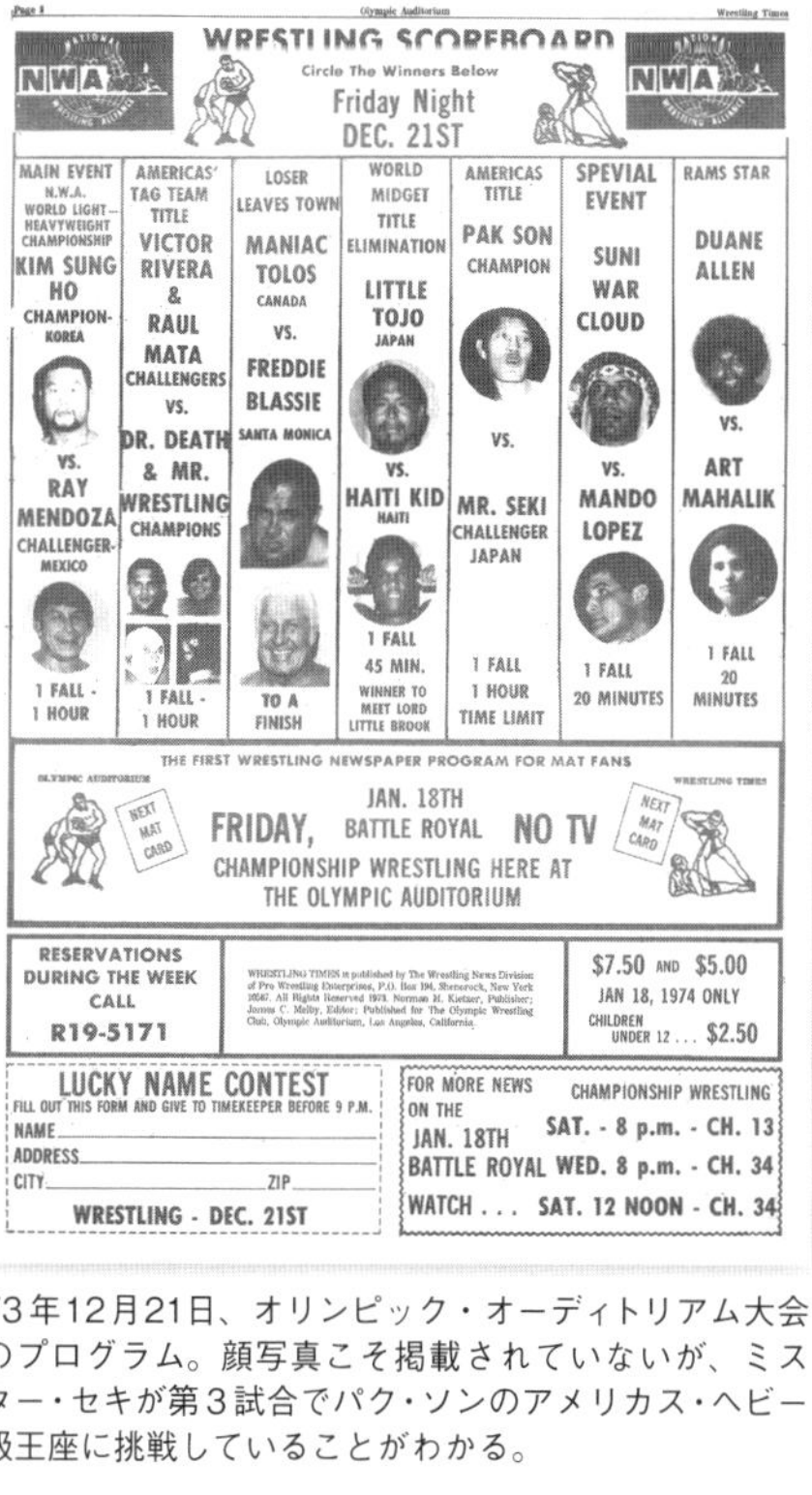
Page 8 Olympic Auditorium Wrestling Times

WRESTLING SCOREBOARD
NWA NATIONAL WRESTLING ALLIANCE
Circle The Winners Below
Friday Night
DEC. 21ST

MAIN EVENT
N.W.A. WORLD LIGHT-HEAVYWEIGHT CHAMPIONSHIP
KIM SUNG HO
CHAMPION-KOREA
VS.
RAY MENDOZA
CHALLENGER-MEXICO
1 FALL - 1 HOUR

AMERICAS' TAG TEAM TITLE
VICTOR RIVERA & RAUL MATA
CHALLENGERS
VS.
DR. DEATH & MR. WRESTLING
CHAMPIONS
1 FALL - 1 HOUR

LOSER LEAVES TOWN
MANIAC TOLOS
CANADA
VS.
FREDDIE BLASSIE
SANTA MONICA
TO A FINISH

WORLD MIDGET TITLE ELIMINATION
LITTLE TOJO
JAPAN
VS.
HAITI KID
HAITI
1 FALL 45 MIN.
WINNER TO MEET LORD LITTLE BROOK

AMERICAS TITLE
PAK SON
CHAMPION
VS.
MR. SEKI
CHALLENGER JAPAN
1 FALL 1 HOUR TIME LIMIT

SPEVIAL EVENT
SUNI WAR CLOUD
VS.
MANDO LOPEZ
1 FALL 20 MINUTES

RAMS STAR
DUANE ALLEN
VS.
ART MAHALIK
1 FALL 20 MINUTES

THE FIRST WRESTLING NEWSPAPER PROGRAM FOR MAT FANS
OLYMPIC AUDITORIUM WRESTLING TIMES
NEXT MAT CARD
FRIDAY, JAN. 18TH BATTLE ROYAL NO TV
CHAMPIONSHIP WRESTLING HERE AT THE OLYMPIC AUDITORIUM

RESERVATIONS DURING THE WEEK CALL
R19-5171

WRESTLING TIMES is published by The Wrestling News Division of Pro Wrestling Enterprises, P.O. Box 194, Shenorock, New York 10587. All Rights Reserved 1973. Norman H. Kietzer, Publisher; James C. Melby, Editor; Published for The Olympic Wrestling Club, Olympic Auditorium, Los Angeles, California.

$7.50 AND $5.00
JAN 18, 1974 ONLY
CHILDREN UNDER 12 ... $2.50

LUCKY NAME CONTEST
FILL OUT THIS FORM AND GIVE TO TIMEKEEPER BEFORE 9 P.M.
NAME
ADDRESS
CITY ZIP
WRESTLING - DEC. 21ST

FOR MORE NEWS ON THE JAN. 18TH BATTLE ROYAL WATCH ...
CHAMPIONSHIP WRESTLING
SAT. - 8 p.m. - CH. 13
WED. 8 p.m. - CH. 34
SAT. 12 NOON - CH. 34

73年12月21日、オリンピック・オーディトリアム大会のプログラム。顔写真こそ掲載されていないが、ミスター・セキが第３試合でパク・ソンのアメリカス・ヘビー級王座に挑戦していることがわかる。

「オレゴンのドン・オーエンに電話したけど、断られたからシスコに南下してね。ロイ・シャイアーの事務所でキンジ渋谷さんを紹介されて、マサ斎藤さんに繋いでもらったんだ。それでロスのマイク・ラベールを紹介されたんだよ。だから、俺にとって斎藤さんは恩人。ロスには半年間、居ついた」

――その頃、キム・スン・ホーと組んでパク・ソン&レイ・メンドーサとも戦っていますね。

「同じ韓国人でもスン・ホーはヒールで、パク・ソンはベビーフェースだったから。その時、パク・ソンがアメリカス・ヘビー級王者で俺はタイトルに初挑戦したよ（73年12月21日）。客が全然入らなくて、俺も客に笑われるようなひどい試合をした。その日、控室に来て声をかけてきたのがミッキー茨城。後にW★INGプロモーションを創った、あの茨城清志だよ（笑）。日の丸のカメラバッグを下げて、フラリと姿を現したんだ。ロスで彼は女子プロレスラーのサンディー・パーカーに気を揉んでたよ（笑）」

――当時、ベースボール・マガジン社『プロレス&ボクシング』編集部所属だったバラさんは国際プロレスの担当でした。それって運命的な出会いですね。

「いや、〝貧乏神〟との腐れ縁の始まり（笑）。後にフリーになった彼は〝パスポートも財布も失くした〟って無一文でカンザスにやって来て、俺のアパートに居候していたこともあるよ。77年だね。茨城が俺の悪徳マネージャーをやって、セントラルステーツ地区を一緒にサーキットした。オカマっぽく俺の浴衣を後ろから、そっと脱がすのが彼の役目。ガリガリに痩せているのに、〝マスター・マッスル〟って名前でね（笑）。その頃は、佐藤昭雄さんの奥さんになるベティ・ニコライに気を揉んでた（笑）」

――バラさんは、その頃から外国人女子レスラーが好きだったんですね（笑）。その後、ロスからバンクーバー地区とシアトル、オレゴンへ行きます。

「渋谷さんの紹介でね。ボスのジン・キニスキーが住んでいるカナダとの国境に近いワシントン州ブレインにアパートを借りたよ。週300ドルくらいもらって、バイトしなくてもやっていけた」

――ここにはマサ斎藤さんや国際プロレスの旗揚げメンバーでもあるマティ鈴木さんも来たはずです。

「鈴木さんはポートランドに住んでいて、ベニハナのレストランで御馳走になったよ。凄くいい人で、先輩のヒロ・マツダさんと雰囲気が似ていたな。その後はサンダー・コバックの紹介で、セントラルステーツ地区へ転戦したよ」

――そこには先ほど名前が出た全日本の佐藤昭雄がいましたよね。

「彼はベビーフェースで、俺はヒール。よく試合をしたよ。でも、トピカでの彼との試合で俺は大怪我をしたんだ。モンキーフリップを受ける時に相手の足が浅く入ってきたんで、俺は身体が回転できなくて右肩からマットに突っ込んだよ。肩の骨が飛び出しそうな、ひどい脱臼でさ。プロモーターのガイゲルとブッカーのボブ・ブラウンと相談して、日本に帰って治療したんだよ」

――それは初耳です。お忍びの帰国中は故郷の伊勢崎にいたんですか？

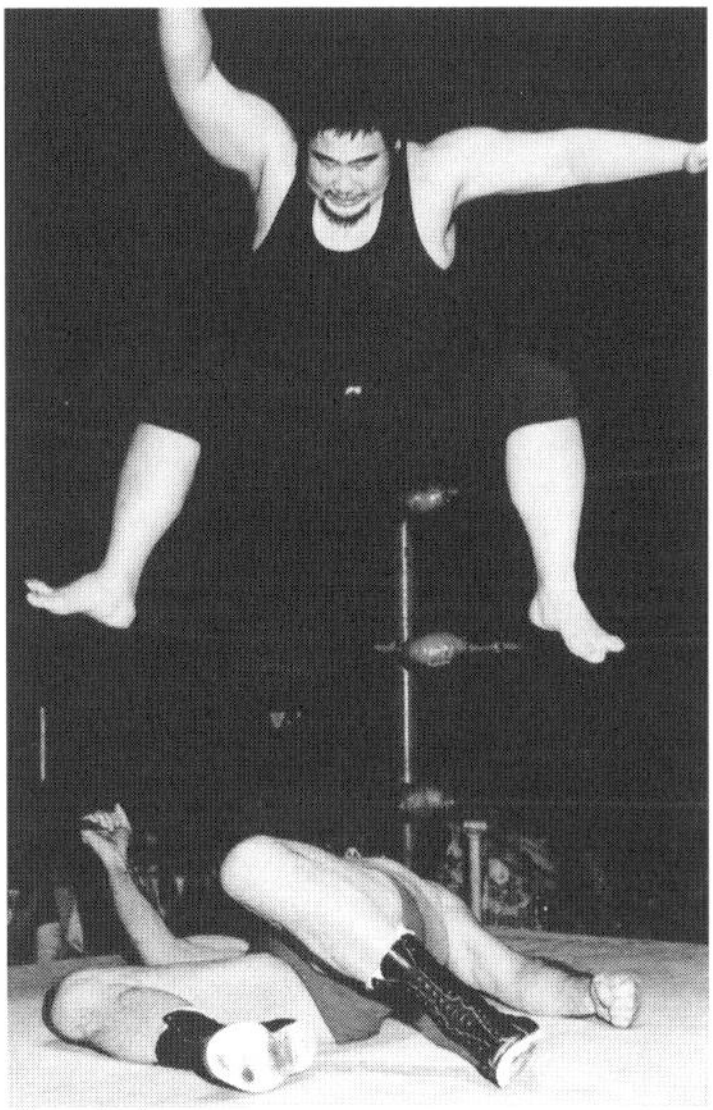
セントラルステーツ地区時代のミスター・セキ。現地でのファイト写真を撮影したのは、後にW★ING代表となる茨城清志氏だった。

「そう。実家に戻って治療してた。半年かかってやっと完治したんで、再びカンザスへ飛んだよ。76年4月からサーキットに復帰してる。パット・オコーナーとはリングでは対峙する立場だったけど、リング外ではプロレスのABCを教わったよ。レスリング技術の他に、プロレスの哲学のようなものまでね。俺はプロレスラーとしてまだ未熟だったけど、この時の教えは物凄いプラスになった。オコーナーは俺を気に入ってくれて、セントルイスのTVマッチにブッキングしてくれるようになったんだ」

――チェイスホテルでのTVマッチですね。

「そこでオコーナーとも戦ったし、レイ・キャンディ、オマール・アトラス、ガイ・ミッチェルといった連中の噛ませ犬をしたよ」

――そのTVマッチの回数をこなせば、〝NWAの総本山〟キール・オーディトリアムへの出場も見えてきますね。

「たぶんね。それとAWAのTVマッチにも呼ばれて、ミネアポリスに行ったよ。そこではラリー・ヘニングと試合してる。助っ人参戦だったけど、時間をかければAWA入りも可能だったかもしれない」

――やっとアメリカで仕事内容が認められて、いいブッキングが増えてきましたね。

「どれもオコーナーの教えとプッシュのお陰。でも、一本の電話で俺は帰国を決めたんだ」

――誰から連絡が来たんですか？

「カルガリーの大剛さんから。〝9月に10周年シリーズがあるから、ぜひ来てほしい〟という内容だった。縁のない国際が目を付けてくれたから、俺としてはビックリしたよ」

――この時点で、大剛さんとは面識はないわけですよね？

「面識はないけど、電話では話したことがあったよ。茨城清志が間に入って。茨城はカンザスに来て俺とオコーナーの抗争を写真に撮っていたし、カルガリーにもよく行っていたから。その際は大剛さんの家に居候してると言ってたね」

――74年3月に交通事故で再起不能となった大剛さんは、この76年の8月に国際プロレスの北米支部長に任命されました。その第1弾としてポーゴさんに白羽の矢が立ったわけですが、帰国を決めた理由というのは？

「まあ、俺も25歳だったし、ここらで一度、日本のマットを踏んでおくのもいいだろうと思ってね。アメリカではまだ中堅以下だったたし、カンザスはギャラも良くなかった。その時は1シリーズだけということでOKしたんだよ」

――それによりキール・オーディトリアム出場のチャンスは、ご破算になったのでは？

「確かにね。でも、後で俺はキールに何回も出てるよ。アマリロに行く前にもキールでディック・ザ・ブルーザーと戦ってるし」

関川がプロレスラーとして4年ぶりに凱旋帰国を果たしたのは76年9月5日、後楽園ホールで開幕した『創立10周年ゴールデン・シリーズ』（全22戦）。参加外国人はワイルド・アンガス、ギル・ヘイズ、ヘラクレス・アヤラ、ピート・スチュワート、アル・ブルジョー、ザ・テンペスト（ディック・シャーランド）で、国際にはAWAとの提携が途切れる以前から大剛ルートの外国人選手が来ていたが、北米支部開設後はその色の濃いメンバー構成となっていった。

当時の日本陣営の布陣はエースがIWA世界ヘビー級王者のラッシャー木村、同世界タッグ王者はグレート草津&マイティ井上、同世界ミッドヘビー級王者は寺西勇。他にベテランの田中忠治、長沢秀幸、中堅に大位山勝三、鶴見五郎、前座にはスネーク奄美、米村勉（天心）、若松市政、そして海外武者修行から凱旋帰国したばかりの剛竜馬らがいた。
このシリーズ中、アニマル浜口はモントリオールからプエルトリコに転戦。そのモントリオールには稲妻二郎が遠征し、村崎昭男（デビル紫）はスイスで修行中だった。
関川はアメリカと同じミスター・セキのリングネームで登場し、開幕戦ではセミ前でカナダのアル・ブルジョーと対戦。巨体を利したフライング・ソーセージで押し潰し、日本マット初勝利を飾る。アメリカ暮らしが染みついた関川の目に、国際マットはどう映ったのだろうか？

――国際プロレスとは、どういう条件だったんですか？

「条件なんて何もないよ。控室は日本側だったけど、ギャラは1週間いくらというガイジンと同じ扱い。最初のシリーズは日本人選手もガイジンも知り合いがまったくいなかったから、俺にとっては新しいテリトリーに来た感じだったよ」

――こんなスタイルでやってほしい、というようなリクエストはあったんですか？

「特にそういうのもなかったね。向こうでやっているのと同じようなスタイルで試合したよ。試合後に誰かに何か言われたこともない。しょっぱい試合をしたわけじゃないから」

――4年間やってきたアメリカとの違いを感じたりは？

「リングが広かった。アメリカのリングは狭いんだよ。それと日本は客が静かに試合を観てるよね。それをどう沸かせようとか、まだその当時は考えてなかったな（笑）」

セキが凱旋した76年9月開幕『創立10周年ゴールデン・シリーズ』のパンフより。左の剛とは第4戦の9月9日、益田市民体育館で初シングルが組まれ、反則負けを喫した。

——いわゆる日系ヒールの試合スタイルでしたよね。大位山、鶴見、スチュワートらには反則負けでした。

「下駄攻撃だよ（笑）。高下駄を履いて出るから、それで殴って反則を取られるの」

——第2戦の山梨・石和小松パブリックホール大会ではマイティ井上と対戦しました。開幕戦の試合内容が良かったから、こんなカードが組まれたんじゃないですかね。

「これ、TVマッチだったはずだよ。イスを使ってメチャメチャ暴れたけど、最後はバックドロップを食って負けた。井上さんは巧いよね。技も受けてくれるし、安心して身体を預けられたよ」

——他には寺西に逆さ押さえ込みで取られ、田中には1勝1敗、アヤラ、テンペスト、奄美、米村にはフォール勝ちしています。フィニッシュは開幕戦で見せたフライング・ソーセージですか？

「あとはヒップドロップとか身体で押し潰す技がフィニッシュだったと思う。逆エビ固めなんかの力技も使ったね。アメリカじゃ、レフェリーの死角をついて塩を投げたりしたけどさ（笑）。寺西さんもやりやすい人だった。田中さんは若い選手に辛く当たるって言う人もいるけど、俺には優しかったな。田中さんとはタッグも組んだよ」

帰国第2戦は76年9月6日、山梨・石和小松パブリックホールでのマイティ井上戦。試合では高下駄で殴ったり、相手を倒して喉に押し付けたり、アメリカのヒールスタイルをそのまま押し通した。

——当時のパンフには体重が133キロとありますが。

「実際にはそこまでなかったけど、アメリカに戻った時には40キロくらい増えてた（笑）。巡業中は毎日、飲みに行っていたからね」

——剛竜馬は、前シリーズに海外修行から凱旋したばかりでした。

「八木（宏＝剛の本名）さんは神経質だよね。真面目といえば真面目なんだけど、自分のプロレスを馬鹿にされると凄く怒るんだよ。八木さんとは、新日本へ移籍した頃にカルガリーで一緒になったこともある。俺が車の中でオナラしたら、真冬なのに窓を全開にして、ずっと顔を出していたよ（笑）」

――それはポーゴさんが悪いですよ（笑）。

「国際の選手はみんな良くしてくれたから、巡業は満喫できたよ。性格の悪い人は誰もいなかった。若松さんは凄く真面目ないい人だったけど、新日本でマネージャーをやってからおかしくなったよね。その頃はリング屋をしながら、時々試合してた」

――団体内に派閥のようなものがあるのは感じましたか？

「派閥というか、やっぱり草津さんが好かれてないってのは感じたよね（笑）。井上さんがよく草津さんの悪口を言ってたな。でも、草津さんは俺に良くしてくれたよ。飲みに行く時はいつも鶴見さん、八木さんと一緒で、彼らとは気が合ったね。その三羽烏に時々、井上さんが入って飲みに行くこともあったな。地方へ行ったら、スナックに若い女性がいるかどうか確かめてから入るんだよ。来ていないのをわかっていて、ドアを開けながら〝マンモス鈴木さんという人は来てますか？〟って聞くの。で、店の女がババアだったら、そのまま出て行くんだ（笑）。それをみんなで繰り返して、一軒一軒覗いたもんだよ（笑）」

――ラッシャー木村さんとの接点は？

「飲みに行ったりはしなかったけど、一度〝セキちゃん、ドルを持っていたら1000ドル貸してくれる？〟って言われたんで、貸したことがあるよ」

――ドルですか？

「たぶん、ガイジンのギャラの支払いでドルが足りなかったからだと思う。もちろん、ちゃんと返してもらったけどね。横内とは違うよ（笑）。木村さんは腰の低い人だった。奄美さんが付き人をしていて、いつも一緒だったな。国際はみんな家族って感じで、新日本とは全然違ったよ」

――結局、1シリーズの予定が残留になりますよね。

「シリーズ終盤に、吉原社長から直々に〝次のシリーズも出てくれないか？〟と言われたんだ。それってプロモーターやマッチメーカーに認められたってことだからね」

確かに『ゴールデン・シリーズ』でのセキはシングルで井上、寺西、スチュワート、田中以外にフォール負けのない上出来の扱い。格で言えば、鶴見、大位山、剛とほぼ同じポジションだった。

続く『勇猛シリーズ』は10月24日から12月4日まで全33戦の長丁場。外国人はプエルトリコからジプシー・ジョーがエース格で参戦し、モントリオールからピエール・マーチン、マイク・マーテル、リッキー（リック）・マーテル、ブル・グレゴリーが招聘され、カルガリーからはギル・ヘイズが再来日した。まさに北米支部長・ジョー大剛の色で染められたメンバーであり、大剛自身もシリーズ中盤に視察のため帰国している。

このシリーズには、村崎がマスクマンのデビル紫として4年ぶりに凱旋帰国。そして、セキは初めて興行を買い、プロモーター業を経験する。

——シリーズのオフは3週間ありました。この間は伊勢崎の実家に帰っていたんですか？

「そう。時々、大宮の合宿所へ練習に行ったよ。その頃、教えていたのは田中忠治さん。とはいっても、合宿にいたのは鶴見さんと八木さんくらいだったような気がするね。練習後にちゃんこを食って、楽しかったよ。でも、合宿所にはたまにしか行けなかったんだ。日本に残留する話の中には、〝伊勢崎で興行ができないか？　ウチの興行を買わないか？〟という吉原社長からの提案もあったんだよ。だから、俺は会場を押さえて、チケットを売っていたから忙しかった。オフは馴染みのあるところを回ってチケットを売っていたから忙しかった」

——父親が県会議員を6期も務めて議長もされた地元の名士ですから、人脈は凄いでしょうね。

「まあね。その御威光が残っているところをいろいろ回ったよ（笑）」

——『勇猛シリーズ』には、ジプシー・ジョーが参加していました。それまでにアメリカで会ったことは？

「いや、この時が初めて。後にテネシーとかで再会したけどね。ジョーは女に甘いから、騙されてばっかりいたよ（笑）。仕事はタフで、プライドが高いよね。ピエール・マーチンとは、すでにカンザスで俺の車に乗って移動していた仲。マイク・マーテルも知り合いで、カルガリーで一緒にサーキットしたことがある」

——後楽園ホールでの開幕戦では、デビル紫の凱旋試合の相手を務めました。

「それって、ある意味で重要な役を頼まれたわけだけど、こっちも負けてられないからね。イスで殴り合ってさ。イスの山ができたよ」

——結果はポーゴさんの反則勝ちでした。そこから2日間、欠場していますね。

「欠場したっけ？　俺、怪我なんてしていないよ」

――おそらく営業活動をしていたんだと思います。第4戦（10月27日）が伊勢崎大会ですから。

「じゃあ、そうだよ。ギリギリまでチケットを売っていたから。会場は伊勢崎市の西ボウルというボウリング場だった」

――発表だと入場者数は6200人で、このシリーズ中でダントツの1位です。2位が愛知県体育館（11月15日、メインは草津&井上vsマーチン&マーテルのIWA世界タッグ金網戦）の5200人でしたから。

「実数はわからないけど、物凄く入ったのは確かだよ。ボウリング場とはいっても、そこは天井も高くて2階席もあるし、かなり広いスペースがあったから。後にロイドってホームセンターになって、今は群馬レジャーランドになってる。そこに消防法なんかお構いなしに、ガンガン入れたからね。たぶん、国際からは興行を100万くらいで買ったから…正直、大儲けだったた（笑）。次の興行は2日後で秋田の大曲だったから、選手全員を伊勢崎に泊めて宴会をやったよ（笑）」

――その日は公式記録上のメインが木村&井上vsジョー&ヘイズなんですが、実際にはセミ前で組まれたことになっているセキvsグレゴリーの金網マッチがメインだったんですよね。

「そう。記録じゃ、金網とはなってないでしょ？　でも、俺たちの試合は金網でメインだった。あれは当番制で、順番に回ってくるわけ」

――外様の選手にも〝金網当番〟が回ってくるんですか？

「うん。この試合が俺にとって初めてのデスマッチなんだよ。俺が頼んだわけじゃないけど、草津さんが気を利かせて金網のメインにしてくれて、地元凱旋でいいところを取らせてくれたんだ。俺は流血戦も、この時が初めてだったはずだよ（苦笑）。今じゃ、額はギザギザだけどね（笑）。この伊勢崎の試合ではセコンドに付いてくれた鶴見さんが下駄を中に投げ込んで、それで殴った後に逆エビで勝った（笑）。国際の選手の中では、特に鶴見さんとは気が合ったね。彼はヨーロッパやメキシコで俺みたいなヒール修行をしてきた人だから、同じ匂いがしたのかもしれない」

――吉原社長は、海外修行から帰国後の鶴見さんの扱いに苦慮していたと思います。関川さんに残留を勧めたのは、後に結成される独立愚連隊のような構想が頭をかすめていたのかもしれませんね。

「愚連隊？」

——80年になって鶴見さんは大位山、ミスター珍と日本人のヒール軍団を結成し、反体制側に回るんですよ。

「ああ、そうなんだ。吉原社長にはしきりに引き留められたよ。だから、年を越して次のシリーズも参加することになったんだ」

——ところで、『勇猛シリーズ』では第21戦の津南市体育館（11月19日）から第30戦の徳島市体育館（12月1日）まで欠場していますよね。

「えっ⁉ 休んだ記憶はないけどなあ。怪我もしてないし…興行で儲かって、その金で遊んでたのかもしれない（笑）」


吉原社長の懇願を受け、セキは77年正月の『新春パイオニア・シリーズ』（全16戦）にも出場。参加外国人はリップ・タイラーをエース格に、エディ・サリバン、ラリー・シャープ、リッパー・コリンズ、リッキー・フィールド、ビリー・ハミルトンと一癖も二癖もあるメンバーだった。

これがセキにとって最後の国際参戦となり、アメリカに戻ると再びセントラルステーツ地区に定着。前述の茨城氏がマネージャーに付いたのは、この時期である。


——1月19日の佐野市民体育館大会では、当時フリーとなっていたサンダー杉山と対戦していますね。

「昔、テレビ中継で観た時と比べると痩せていたね。自分だけ目立てばいいって人で、ああだこうだと文句を言ってきたよ（笑）」

——体型や使う技が似ていたからでしょうね。このシリーズはタッグマッチが多くて、デビル紫とよく組みました。紫さんは難しい性格だったと他の選手たちは言いますが。

「そんなことないよ。いいお兄さんって感じ。海外経験も豊富だから、俺は話をしていて楽しかった」

——結果的に、このシリーズが最後の参戦になりました。ラストマッチは同月22日、矢板市体育館でのラリー・シャープ戦です。

「吉原社長には、〝このままずっと日本にいてほしい〟と頼まれたよ。それは木村さんや草津さんにも言われたしね」

——そのまま国際の一員になるという考えはなかったんですか？

「それはなかった。アメリカが好きだったから…ずっとアメリカでやっていこうという気持ちは変わらなかったよ。ただ、日本に帰って試合をするなら、また国際に戻ってこようという気持ちはあった」

——アメリカでの次のテリトリーは決まっていたんです

か？

「大剛さんがカナダ東海岸のニューブランズウィックにブックしてくれた。アメリカに戻ってロスから車で4日間、走りに走って大陸を大横断してやっと辿り着いたけど、客が不入りだったから1ヵ月で閉鎖しちゃってね。元々、あそこは夏しか興行をやらないんだ。その後、大剛さんに会って西ドイツ行きを勧められたけど、断って古巣のカンザスに戻った。1年以上いたかな。ボブ・ガイゲルが次にアマリロを紹介してくれて、知っての通り俺はそこでミスター・ポーゴになるわけだよ」

78年にアマリロ地区に入ったセキは、「ミスター・トーゴー（東郷）」に改名する許可をテリー・ファンクから得る。ところが、テリーの誤記で「ミスター・ポーゴ」とスポーツ紙の広告欄に掲載されてしまい、それがそのまま新リングネームになってしまったのは有名な話だ。

ポーゴはそのテリーとリング上で抗争を展開し、6月15日に同地区ブラスナックル王座を初戴冠。アメリカで初めてトップ扱いされる。ある意味、この地区をプロモートするファンクスがポーゴを真のプロレスラーに押し上げたと言ってもいい。トップである証拠に、ここでは本物の悪党マネージャー、オリバー・フンパーディンクがポーゴに付き添った。

さらにサンフランシスコにいた大ノ海をアマリロに呼び寄せると、ミスター・オオノウミと名乗らせてポーゴそっくりの風貌とスタイルに仕立て上げ、「ジャパニーズ・ツインズ」を結成。これがブレイクして、ウェスタンステーツ・タッグ王座に挑戦するに至った。

その直後、日本では国際プロレス『日本リーグ争覇戦』（11月3～30日）へのミスター・セキ参戦が発表される。これは吉原社長のプロレス生活25周年を記念する企画で全日本プロレス、大木金太郎の金一道場、日系レスラーを集結させた国際版のプレ日本選手権だった。

――78年末に『日本リーグ争覇戦』参戦が発表されたものの、ポーゴさんは不参加になりましたよね。

「それ、俺自身は全然知らないんだよね。直接、オファーが来たわけじゃないし」

――大剛さんからも？

「なかった。アマリロで俺のパートナーをしていた石川さんが、その大会に参加するために急に帰国することになってさ。俺は空港まで見送りに行ったわけ。そうしたら、

〝ポーゴさんもエントリーされて、ポスターにも載っているらしいですよ〟と言われたんだ。だから、そこで初めて俺がそのリーグ戦に出ることになっているって知ったの」

――あの大会はＡＢブロックに分かれたリーグ戦の後に、シードのジャンボ鶴田と大木金太郎を加えた決勝トーナメントを行う形でしたが、ポーゴさんはＢブロックで木村、浜口、寺西、グレート小鹿、ディーン・ホーと当たることまで決まっていて、パンフにも載っていましたよ。

「そうだったんだ（笑）。俺へのオファーは後回しで、発表が先行したみたいだね」

――結局、ポーゴさんの枠には鶴見さんが入りました。もし、これに出ていれば、全日本参戦の道も開けたように思うんですが。

「いや、ドリーから〝全日本に行かないか？〟って話をもらったことがあったけど、断ったんだよ。俺もアマリロに来て、やっとトップの座を手に入れたばかりだったからさ。こっちで掴んだチャンスは、そう手離せない。ギャラも良かったしね。だから、その国際の話だって頼まれても断っていただろうな。この直後に、ファンクスがアマリロ地区をディック・マードックとブラックジャック・マリガンに売却してしまったんだよ。そんな大事な変わり目にトップだったから、余計にアマリロを離れられなかったんだ」

――なるほど。その後、アマリロで佐藤昭雄と組んでウエスタンステーツ・タッグ王者にもなっていますからね。

「石川さんが抜けた穴に入ったのが佐藤さん。カンザスでは敵対したけど、アマリロで彼はヒールだったから一緒にやったよ」

――それ以降、国際とは接点がなくなってしまったんですか？

「いや、吉原さんから電話をもらってる。〝関川がここに戻ってこないから、その分、鶴見が頭から受け身取ってるよ〟って言葉が印象に残ってるな。たぶん、俺の代わりに鶴見さんが危険なことをやってるって意味だろうね。それを思うと、やっぱり吉原さんは我々をヒールユニットにしたかったのかな？」

――おそらく独立愚連隊を始める頃に、ポーゴさんが欲しかったんだと思いますよ。

「具体的な理由は言わなかったけど、戻ってきてほしそうな口ぶりだったよ。吉原さんには良くしてもらったから、心苦しかったね。大剛さんからも何度も連絡をもらったしなあ。まあ、アマリロでトップを取れたことで、その後はどこのテリトリーへ行ってもトップだったよ」

その言葉通り、79年7月にテネシー地区に転戦したポーゴは「グレート・トーゴー」の名でトージョー・ヤマモトとミッドアメリカン・タッグ王座を獲得。カルガリー地区では同年12月に当地の最高峰ノースアメリカン・ヘビー級王座をラリー・レーンから奪取すると、ダイナマイト・キッドと組んで同地区認定のインターナショナル・タッグ王座も獲得し、2冠王となった。

ポーゴ旋風は止まらず、再びテネシー地区に戻った80年5月にはミッドアメリカンのシングル王座、ボビー・イートンをパートナーに同タッグ王座を奪って、ここでも2冠に輝き、同年秋にはオクラホマに入ってトライステート地区ヘビー級王座をテリー・ギッブスから奪取している。

81年2月からはフロリダに入って、6月まで同地区をサーキット。ここをステップに、ポーゴは〝危険地帯〟プエルトリコに初上陸する。国際プロレスが崩壊したのは、その直後だった。

――結果的に、『日本リーグ争覇戦』に出なかったことはプラスに働いたようですね。

●国際プロレスの日本リーグ争覇戦に参加を宣言！
敵地で悪魔に魂を売った男
地獄からの血笑鬼ポーゴー
MR. POGO
国際プロレス『日本リーグ争覇戦』にミスター・ポーゴの参戦が決定したと報じる『別冊ゴング』78年11月号の記事。アマリロ地区ではテリー・ファンクを破り、ブラスナックル王座を獲得した。

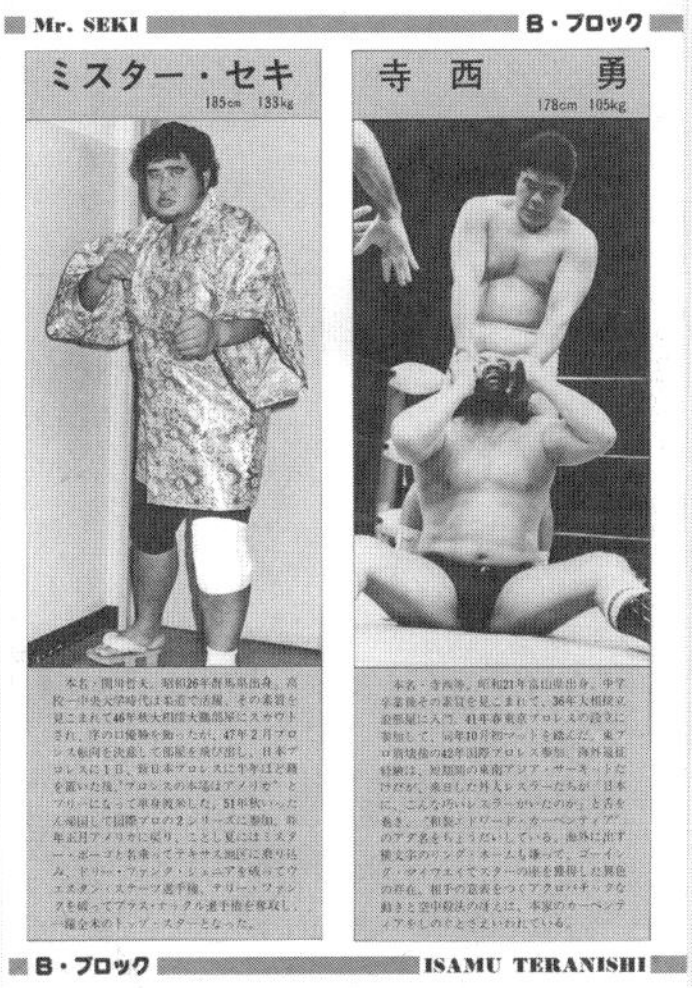
Mr. SEKI
B・ブロック
ミスター・セキ
185cm 133kg
寺西　勇
178cm 105kg
B・ブロック
ISAMU TERANISHI
実際に『日本リーグ争覇戦』のパンフには「ミスター・セキ」の名前と写真も掲載されている。すでにブロック分けも決まっており、あとは帰国を待つだけだった。

「それは言えるよ。マードックとマリガンの新会社になったことでアマリロのビジネスがダメになったから、俺も見切りを付けてね。オコーナーに頼まれて、テネシーへ行った。そこでジプシー・ジョーと再会して、国際の話をいろいろ聞いたよ」

——その次のカルガリー地区転戦は大剛さんからのオファーですか？

「いや、プロモーターのスチュ・ハート直々だよ。7年前にジュードー・ジョーでカルガリーに入った時は2軍扱いだったけど、今度は超トップ待遇だった（笑）。カナダでは〝POGO〟ってアメリカンドッグみたいな子供の食べ物のことだから、この時はミスター・セキガワって名前でやったよ」

——カルガリーの後はテネシーを経て、オクラホマでした。80年12月末に阿修羅・原がルイジアナに修行に出ましたが、現地で会っていませんか？

「いや、彼が行ったのはその年の夏に独立したビル・ワット派で、俺は老舗のレロイ・マクガーク派だからオポジョンだったよ」

——81年にフロリダに転戦したキッカケは？

「アマリロでマネージャーをしてくれたフンパーディンクから連絡があって。その時、ブッカーをしていたのがダスティ・ローデスでね。俺は5月にタンパでローデスとメインで戦って、ノーコンテストだったんだ。でも、抗争がこれからというところでローデスはハーリー・レイスを破ってNWA世界ヘビー級チャンピオンになっちゃってさ（6月21日）。そこでブッカーがローデスからドリーに交代して、フロリダ地区の顔触れが一新されたんだよ。俺はドリーに言われて、新天地のプエルトリコへ飛んだんだ。アブドーラ・ザ・ブッチャーが全日本から新日本へジャンプした直後だったはずだよ。俺はプエルトリコでブッチャーのパートナーを始めてね」

——このプエルトリコで国際プロレスの崩壊を知るわけですね。

「あそこは日本の情報はまったく入ってこないから、国際が潰れたことはたぶん日本帰りのブッチャーから聞いたのかもしれない。やっぱり寂しかったよ。その時点で4年も日本に帰ってなかったけど、帰るなら国際だと決めていたからさ。それに日プロが潰れて選手が散り散りになって、彼らがアメリカで苦労している姿を生で見てきたから、国際の選手たちも大変だろうなと思ったよ」

——その後、海外で誰か国際出身の選手とは会いました

か？

「冬木と85年頃にプエルトリコやカンザスで会った。それくらいかな？　海外じゃないけど、最後まで付き合いがあったのは鶴見さん。２０００年5月29日に伊勢崎市民体育館でＷＷＳを旗揚げした時には、鶴見さんに来てもらった。その後、鶴見青果市場の彼の興行に呼ばれたり、ちょっと交流していたよね。元気なのかなあ」

――最後に、いろいろなテリトリーを渡り歩いてきたポーゴさんにとって国際プロレスはどういう団体だったんでしょうか？

「俺はこう見えて結構、人見知りするんだよ（苦笑）。新しいテリトリーでも最初は遠慮したりして。国際では、それがまったくなかった。みんなが本当に良くしてくれたから。俺自身は、学生時代に家族扱いで世話してくれた下宿人みたいな心境かな。気付いたら下宿先は取り壊されていて…。潰れたと聞いた時は寂しかったけど、今になって思えば、あの国際での3シリーズは青春時代の楽しい思い出だよ」

インタビューは2016年の春に群馬県伊勢崎市内のジムで行われた。取材時には元気に身体を動かしていたが…ポーゴは翌17年6月23日に急逝（享年66）。国際プロレス参戦時について詳細に語ったのは、これが唯一の機会だったかもしれない。

［対談］

マイティ井上×高杉正彦

清水 勉＝聞き手
interview by Tsutomu Shimizu

国際プロレスが崩壊して40年以上経ったが、いまだにこの団体を支持し、懐かしむファンは多い。しかし、団体が存続していないため新日本プロレスや全日本プロレスに比べると公の場でOB同士が一枚の写真に収まる機会は極端に少ないのが現状である。

そこで現在も先輩後輩の強い絆で繋がっているマイティ井上と高杉正彦の再会劇を演出してみた。Gスピリッツに何度も登場していただいた両者に共通するのは、「鮮明な記憶力」と「プロレスLOVE」。この対談は２０２０年春に収録したものだが、２人が対面を果たしたのは何と約30年ぶりのことだった。

懐かしき国際プロレス時代…話は両者が初めて顔を合わせた日から始まる。

井上 高杉が入門したのは１９７７年だったよな。俺はその年の4月からカルガリーに遠征していて、夏に帰国した時に羽田空港で会ったのが初対面だよ。「日本大学を卒業して、今度入門しました高杉正彦です」って。性格は明るそうだし、男前だったのが第一印象かな。

高杉 あれは8月（22日）でしたよ。吉原社長や事務所の人たちと井上さんを迎えに行ったんです。その時、井上さんはラッシャー木村さんに挑戦状を叩きつけましたよね。IWA世界戦の調印式と婚約発表（女優の西尾美恵子さんと結婚）を同時に高輪ホテルでやったんですよ。だから、その後のジョン・フォーリーがコーチ役で参加した静波海岸の合宿に井上さんは来なかったんです。木村さんと戦う

から。

井上　高杉は、そのシリーズでデビューしたんじゃないか？

高杉　開幕戦の後楽園ホール（9月4日）でデビューしてます。相手はスネーク奄美さんで。

井上　それ、俺も見てた。キビキビしていて、デビュー戦なのに、いい試合をしてたよ。俺の若い頃に似ていたかもな（笑）。

高杉　僕はヤマハ・ブラザーズのファンクラブをやっていたから、そういうイメージで試合しようという気持ちがあったんですけど、国際に入ってからは段々、井上さんの影響を受けていって（笑）。

――高杉さんは元々、井上さんのファンでもあったとか？

高杉　国際プロレスでは井上さんが一番好きなタイプの選手でした。当時の月刊ゴングで、ザ・デストロイヤーが「国際でいい選手は井上と寺西だ」って評価していましたよね。だから、あのデストロイヤーが認めているという印象が強くて。最初に井上さんをテレビで観たのは、71年2月にヨーロッパから帰国された時かな。川崎市市民会館でグレート草津さんと組んで、ビル・ミラー＆ザ・？（アンジェロ・ポッフォ）とやった試合。あの大きなミラーを相手に、45分フルタイムまで粘ってね。翌日、学校で「マイティ井上って、よく動くし、スゲエいい選手だよなあ」って話題になっていましたよ（笑）。

井上 一時帰国して、1シリーズ（6試合）だけやった時だな。木村さんが足を折って欠場していた穴を埋めるという意味もあったみたいで、日本に渋々帰ってきたんだけど、パリのプロモーターに「すぐ戻ってくるから」と告げて、10日くらいでトンボ返りしたら「本当に戻ってきたのか!?」と驚かれたよ（笑）。

高杉 同じようなことを言って、実際に戻ってきた選手は過去にいなかったんでしょうね（笑）。

井上 77年に俺がカルガリーから帰国した時に、高杉はもう草津さんの付き人をしていたよな？

高杉 入門して2週間後からですよ（苦笑）。吉原社長と草津さんが飲んでいるところに呼ばれて、命じられたんです。

井上 みんな、そこには行きたくないよな（笑）。

——その頃、付き人がいた選手というのは？

高杉 木村さんと草津さんだけでしょ。

井上 俺もそういう話があったけど、断った。昔、俺は田中（忠治）さんに付いていていて、洗濯機もない頃に金網戦で血の付いた白いタイツをよく洗ったよ。そんなに苦ではな

高杉が国際プロレスに入門した時、井上はカルガリー地区に遠征中だった。左からスチュ・ハート（同地区のプロモーター）、大剛鉄之助、当時のNWA世界王者ハーリー・レイス、井上、AWAの帝王バーン・ガニア。

かったけど、自分のことは自分でやれるわけだから、「俺は付き人はいらん」と断ったんだ。

高杉　僕はその田中さんから、「今度、末雄がカナダから帰ってくるから、お前が付き人やれよ」と言われましたよ。入門して、すぐの話ですね。

井上　ああ、そうなんだ！　でも、草津さんになっちゃったわけか。

高杉　ええ、それが運の尽きです（笑）。でも、草津さんの方の夜のお付き合いがない時には、井上さんに「おい、行くぞ」と言われて飲みに連れて行ってもらったりして。そうすると、次の日に草津さんが「お前、昨晩はどこに行った？」と聞いてくるんですよ。正直に「昨日は井上さんと…」って言うと、機嫌が悪いんですよね（笑）。

井上　子供みたいなところがあったからね。

高杉　ホント、そうです。ヤキモチを焼くんですよ。僕は（稲妻）二郎さんと仲が良かったから、一緒に飲みに行くと「ガイジンと行くな」と言ってくるし。

桜田一男と一触即発!?

高杉　僕はデビュー当時、体重が86キロくらいで、いくら食っても食っても太れなくてねえ。頑張っても1キロくらいしか増えないんですよ。井上さんは小さいなんて言われていても100キロくらいあったわけで。それなのにあんなに動けるし、飛べるんだから、「ああなりたい！」と思いましたよ。

井上　あの頃、100キロちょっとはいつもあったね。高杉が入った頃はまだジュニアヘビー級ってカテゴリーがなかっただろ。俺なんか小さいのに、無差別級みたいにデカい選手と試合をやり続けてきたからなあ。

高杉　ＩＷＡ世界ミッドヘビー級のタイトルは田中さんや寺西さんが巻いていましたけど、思い出したようにしか防衛戦が組まれなかったですからね。僕が入門した頃には自然消滅していましたし。

井上　確かに小さいガイジンが来た時とかに突然、防衛戦をやってたよ。だから、定着しなかった。

高杉　でも、ああいう階級制とか、井上さんのヨーロッパのスタイルに憧れていたんですよね。

井上　高杉にも、あの頃のヨーロッパで試合を経験させたかったよ。特にフランスなんか小さくて、よく動く選手がいっぱいいたし、毎日試合があってね。ドイツなんかに行ったら、高杉はモテて大変だったと思うよ。たぶん、ド

巡業中、網走国定公園で横浜スカイジムの先輩・米村勉（天心）と記念写真に収まる高杉。77年秋の『スーパー・ファイト・シリーズ』で初マットを踏んだ高杉は、デビュー２戦目となる９月６日、鳥羽市民体育館で米村の胸を借りた。

イツ人と結婚していたと思うな。

高杉　（笑）。

井上　ホント、いつも俺が言っているように日本とドイツは第二次世界大戦の同盟国だから、日本人選手はベビーフェースなんだよ。高杉みたいな男前が行ったら、女たちが大変だよ（笑）。人生、変わってるよ。

高杉　井上さんがカルガリーから帰ってきて最初のシリーズで感じたのは、井上さんには華があるってことですよね。「井上さんだけは」と言った方がいいかな。それはファン時代に猪木さんや山本小鉄さんに感じたのと同じようなオーラでしたよ。木村さんや草津さんは身体がゴツかったけど、地味で華がない（笑）。エース格なのに、オーラがないんですよ。アニマル浜口さんもどっちかといえば、そうでしたね。でも、井上さんはお洒落だし、マット捌きも鮮やかだった。

井上　それがオーラか華かは知らないけど、俺たちは人に見られる商売だからな。ヨーロッパやカナダで多くの選手を見て、実際に戦ってきたことが活きているはずだよね。

――井上さんがＩＷＡ世界チャンピオンだった時代、高杉さんは？

高杉　もうファンクラブをやめて、大学生の頃ですよ。国

74年11月21日、大阪府立体育会館でガニアvs井上のAWA＆IWA世界ヘビー級タイトルマッチが行われ、ビル・ロビンソンが特別レフェリーを務めた。新王者・井上は、大物ガニアと互角以上の勝負に持ち込む名勝負を展開。

際の試合もよく観に行きましたね。井上さんがレイ・スティーブンスの挑戦を受けて、IWA世界王座を初防衛した後楽園ホールは生観戦しましたよ（74年11月4日）。

井上　ああ、そうなんだ。初めて知ったよ（笑）。

高杉　その後、大阪府立体育会館でやったバーン・ガニアとのAWA&IWAのダブルタイトル戦はテレビで観ましたけど、いい試合でしたねえ。僕が横浜のスカイジムに出入りしていると、米さん（米村天心）がよくチケットを持ってきたんですよ。だから、全日本との対抗戦とかも行ったし、「高杉、買え」ってチケットを買わされましたよ（笑）。それと全日本の『ジャイアント・シリーズ』最終戦の蔵前国技館（75年10月30日）に行った時、通路で振り返ったら吉原社長と木村さんと井上さんがこちらに歩いてくるんでビックリしました。「おおっ、今日は何かあるな！」って（笑）。井上さんは黒いスーツを着ていましたね。

井上　よく憶えてるなあ（笑）。3人でリングに上がって、『オープン選手権大会』参戦の挨拶をした時だな。

高杉　その姿が焼き付いていて（笑）。アブドーラ・ザ・ブッチャーがジャンボ鶴田とUSヘビー級選手権をやって防衛した後、リングに上がった木村さんと一触即発になって、「おお、これは凄い！」と興奮して（笑）。

――オープン選手権のように他団体に出る時は、ギャラに上乗せがあったりしたんですか？

井上　いや、全日本が国際にお金を払って、俺たちは会社から普段の1試合分のギャラしかもらってないですよ。

高杉　それ以外は、ガッポリ会社に入るってことですよね。そのうちに対抗戦をやっても会社から支払われなくなったんじゃないですかね？

井上　この時期には、もらってたよ。試合数は増えたけど、特別な上乗せなんてなかった。

高杉　オープン選手権は開幕が狭い足立区体育館でね。井上さんはミスター・レスリングとやったんじゃなかったかな。

井上　リーグ戦以外では、桜田（一男＝ケンドー・ナガサキ）と試合して勝っているよ。

――それが75年12月12日、鈴鹿市体育館ですね。

井上　彼も亡くなっちゃったもんなあ…。桜田といえば、その試合より国際の『日本リーグ争覇戦』の京都正武館で戦った時を思い出すな（78年11月23日、ミスター・サクラダとして参戦）。あいつ、地下足袋で俺の頭だけを蹴るんだ。あまりに頭ばっかりだから、キレた憶えがあるよ。

高杉　それもリング下で見てましたよ（笑）。

都内・闘道館で開催されたトークイベントで3代目IWA世界ベルトと久々の対面を果たした井上。このベルトは69年に国際プロレスに来たニキタ・マルコビッチが製作した。

受け継がれたコスチューム

――あの当時、井上さんはリング上でもプライベートでもお洒落で目を引くものがありました。ゴング誌上で竹内宏介編集長が井上さんをプッシュしていたのも軽やかなファイトスタイルの他に、見栄えがする選手だったという点からです。

高杉　確かにゴングは井上さん推しだったよね。木村さんは地味で、誌面映えしなかったから（笑）。

井上　いつも言っているけど、ＩＷＡのチャンピオンだったのは荷が重たかったから、半年で降りた時はホッとしたよね。

高杉　僕はマイティ井上政権が大好きでしたから、もっと続いてほしかったですよ。ビル・ロビンソン、ニック・ボックウィンクル、ホースト・ホフマンとか、いろんな挑戦者を迎えて防衛戦をしてもらいたかったですね。井上さんのヨーロッパ仕込みのテクニックはガニアやスティーブンスみたいなアメリカの超一流選手たちにも通用したわけで、そう見ていたファン、特にマニアの支持層は多かったと思いますよ。

井上　今になってみれば、確かにもう少しいろんな相手と防衛戦ができたら良かったなあとも思いますよ。この間のイベントでＩＷＡのチャンピオンベルトを45年ぶりに手にしたけど、「えっ、こんなに重かったかな。こんな重いのを巻いていたんだ」と驚いてね。でも、来てくれたお客さんがみんな喜んでくれていたのを見て、「やっぱりチャンピオンになっていて良かったんだなあ」って改めてそう思いましたよ。あれを巻いたレスラーで生きているのは、もう俺とビリー・グラハム（※２０２３年5月17日に死去）しかいないし、あのベルトを最初に巻いた日本人というイメージがオールドファンたちの間に残っていたんだよな。

高杉　そうですよ。井上さんがチャンピオンになった時のインパクトは強烈で、国際プロレスに新時代が来たと思いましたから。でも、75年にＡＷＡとの提携が切れて、大剛さんがブッカーのカルガリー路線になってからはガイジンが木村さん用のパワー&流血ファイターばかりで。国際のリング上はテクニック云々より、殺伐としたカラーになってしまいましたよね。

――ところで、あの時代に井上さんはよくアロハシャツを着ていましたが、高杉さんもファッション的に影響されたんでしょうか？

高杉　それはありますね。最初のアロハは田中忠治さんから2着もらいましたよ。

井上　俺が流行らせたんじゃなくて、あの頃、みんなレスラーたちは着ていたよね。力道山時代からプレゼントされたのをその弟子たちが着ていたじゃないですか。今と違ってハワイは遠い楽園だったし、お土産でみんな欲しがったんでしょうね。

高杉 白いズボンにアロハシャツは、夏の定番でしたよ（笑）。アロハは涼しくて、お洒落で、大きいサイズもあるし。木村さん、浜口さん、寺西さんも着てましたね。でも、井上さんは着こなしが上手くて一番似合っていたんですよ。僕は井上さんから、アロハシャツをもらいましたよ。

井上 俺は逆にマンモス鈴木さんにお気に入りのアロハを取られたよ（笑）。「今度、映画に出るから貸してくれよ」と言われて、撮影が終わって返してもらおうとしたら、「失くしたよ」って。

高杉 （笑）。でも、サイズは合ったんですか？

井上 全盛時代の鈴木さんなら合わないけど、国際でレフェリーをしている頃は病気で痩せてたから（笑）。

——高杉さんは井上さんからガウンもプレゼントされていますよね？

高杉 いや、違うの。あれは井上さんが剛にあげたんですよ。剛が海外修行から凱旋帰国した時に、着るものがなかったから。

井上 （写真を見ながら）これは俺がガニアとやった時に着たやつか。

井上がガニアとダブルタイトルマッチを行った際にも着たグリーンのジャケットは、76年夏に剛竜馬が凱旋帰国時に着用し、剛の離脱後は高杉の手に渡った（写真は81年のEMLLデビュー戦）。

高杉　そうです。でも、剛は国際をスカして新日本に行った時、合宿所のロッカーにそれを入れっぱなしで逃げたんですよ（笑）。それを僕が使っていたわけです。あいつはタイツもシューズも置いていっちゃったんだから。僕は剛が置いていった井上さんのスーツも持ってますから。

井上　そうなの？

高杉　剛は「これは俺の親父がしつらえてくれたスーツだよ」なんて自慢していたけど、裏を見たら〝井上〟ってネームが刺繍してあったんですよ（笑）。「ああっ、そういえば、これ井上さんがあの時、表彰式で着ていたやつだ！」って（笑）。

草津が〝IWA世界王者〟に激怒

――高杉さんは、団体崩壊後も草津さんと繋がりがあったと聞きます。

高杉　よく自宅のある三島に呼ばれて飲んでましたよ。亡くなった時も家族の方に呼ばれて、すぐに行きました。死因は食道がんです。余命が3ヵ月と宣告されたのに、1年半持ちましたよ。三島に近い長泉町にある日本一の癌センターに入院していたのを偶然、突き止めてね。お見舞いに行ったら、「どうして、わかったんだ⁉」って。

井上　あの人のことだから、最期の頃まで酒を飲んでいたんじゃないの？

高杉　毎日ですよ。僕が40代でジムを経営していた頃なんて、いつも電話がかかってきて三島まで行っていましたから。付き人時代と同じですよ（笑）。朝の8時頃から、飲んでるんだもの。

井上　草津のオッサンは68年正月にルー・テーズとやった時、まだ全然キャリアが浅かったんだよね。日本プロレスでデビューして半年ちょっとで、数えるくらいしか試合（25戦）しないで、イジメられて熊本に帰っちゃったんだろ。それで吉原さんに拾われてアメリカへ送られても途中でアメフトをやったり、集中してプロレスの修行をしていなかったみたいじゃない。最初から（エースは）荷が重すぎたんだよ。

高杉　草津さんが言っていたんですけど、最初はテーズの相手はヒロ・マツダさんがやるプランだったらしいんですよ。それが吉原社長とマツダさんが揉めて不参加になったから、お鉢が回ってきたって。

井上　もしマツダさんが『TBSプロレス』の旗揚げに来てテーズと試合をやっていたら、国際プロレスの歴史が変

巡業中のグレート草津（左）。その酒癖の悪さは有名で、多くの選手たちから敬遠された。「タッグパートナーだった時は仕方ないけど、それ以外では極力近づかなかった」（井上）。

わっていたなあ。でも、アメリカに住んでいる人が日本の団体のエースを続けるのは所詮、無理があったかもしれない。草津のオッサンは、テーズ戦の後に酒を飲んで荒れまくってたよ。「俺はアメリカに帰る！」って。「なら、帰ればいいじゃん。でも、アメリカのどこに帰るんだ？」と思ったけどね（笑）。そこから頑張って努力すればいいじゃん。それができない人だったよな。

高杉　あのキャリアと性格で、ＢＩと対抗する団体のエースだなんて無理にもほどがありますよね。

井上　俺もよく草津さんを悪く言うけど、「どこか、いいところはないの？」って聞かれることがあるんだよね。人間って、どこかいいところがあるじゃん？　でも、俺にはどうしても見当たらないんだなあ（苦笑）。浜口なんてアメリカに一緒にいて世話になったから、悪く言わないらしいけどね。高杉なんかは側にいたから、いいところを2つ、3つ知ってるんじゃない？

高杉　情がある人でしたね。シラフなら、普通の人なんですよ。優しい面もありますし。でも、よく失敗するんです。そうすると、飲んで暴れる。

井上　飲むと人が変わるんだよな。

高杉　奥さんなんか大変だったと思いますよ。結婚式でも奥さんを泣かせて、二郎さんが止めても「馬鹿野郎！」って跳ね飛ばしましたから。飲み屋ではほとんどごっちゃんで、払わなかったし。でも、TBS時代に顔が売れたから、芸能人とも顔見知りだったりするんですよ。

井上　銀座へ飲みに連れて行かれた時もボーイとかをドヤしてたなあ。ひどい暴言でさ。弱い者は徹底してイジメるんだよね。よくヤクザに刺されなかったなと思うよ。

——吉原社長は、そんな草津さんをどうして重用し続けたんでしょうかね？

高杉　僕が入った頃はもう会社が資金難でしたから、吉原社長が「金を作ってきてくれ」と言うと草津さんがどこからか調達してくるわけですよ。顔が広いから、どっかで借金してくるんです。そういう面で、社長には都合が良かったはずですね。

井上　高杉が入った頃はもう下降線だったけど、TBS時代は羽振りが良かったわけよ。あの時代からずっと草津さんを可愛がっていたのは、いくらTBS主導だったとはいえ、キャリアもないのに全国放送のテーズ戦で恥をかかせたことに対して「悪かったなあ」という思いがあったのかもな…。それは聞いてみなきゃ、わからないことだけどね。そこから巻き返すチャンスもあったのに、とにかく練習しなかったなあ。

高杉　それでも社長が注意しないのは、昔からの飲み友達だからですよ。お互い酒が大好きで、いつも一緒に飲んでいましたから。草津さんも社長を持ち上げるのが上手かったし。でも、それは芸ではなく自然な感じだったんです。草津さんはタニマチの不動産屋が持っていた伊豆高原の別荘を我が物のようによく使っていたんですけど、「社長を呼ぼうか」って連絡したら本当に吉原社長が電車に乗って飲みに来たんですよ（笑）。それで海岸で一緒にウイスキーのボトルをラッパ飲みしていましたから、真の飲み仲間ですよね。それに、そういう場で仕事のこともいろいろ決まったりするわけですよ。だから、社長から草津さんを切る要素はないわけです。

井上　身体が大きいというのもあるよね。「プロレスラーは大きくなければ…」というのは、吉原さんの中にはあったと思うな。あの時代、そんなに大きい選手がいなかったから、背が高いだけで広告塔になったんだよ。

高杉　それはありますね。草津さんは大きかったから、街で歩いていても擦れ違う人の3人に2人は振り向きますから。

——それでも吉原社長が草津さんをIWA世界ヘビー級王

者にしなかったのは、なぜですかね？

高杉　本人の努力が足りなかったからでしょうね。そこは社長もしっかり見ていたんじゃないですかね。もし草津さんが団体のトップに立った時の〝世間体〟も計算していたと思いますよ。だから、日本プロレスでの吉村道明さんみたいなマッチメーカーという要職に押し込めたんじゃないですかね。

井上　早いうちからチヤホヤされて、メインイベンター扱いされたのがいけなかったよね。そのくせ、ジェラシーが強いんだ。

高杉　ずっと後になって、僕の選手生活20周年記念大会を大阪中央体育館のサブアリーナでやった時に鶴見さんが参戦して、国際時代の本物のＩＷＡベルトを締めてザ・マミーと防衛戦をしたんですよ。その時に、草津さんがゲスト解説で来たんですよね。

井上　へえ〜、そんなのやったの？

高杉　僕は寺西さん、アポロ菅原と組んで、６人タッグのメイン。鶴見さんとマミーはセミでした。

井上　そこに草津のオッサンが来ていたの？　国際が崩壊して、もう16年くらい経ってだろ。

高杉　はい。ギャラがそこそこいいから来たんです（笑）。試合後、草津さんは鶴見さんを捕まえて「俺は国際で一度もＩＷＡのシングルは巻けなかったのに、何でお前がチャンピオンなんだ⁉」って怒ってましたよ（笑）。鶴見さんは「吉原家に許可をもらっているんです」と言い訳していましたけど、草津さんは最後まで「何でだ！」と怒っていましたから。やっぱりチャンピオンになれなかったことは、何年経っても引きずっているんだなあと思いましたよ。

井上　鶴見も鶴見で大事な歴史が詰まったベルトをオモチャにしてひどいけど、草津のオッサンはオッサンで執念深いなあ（苦笑）。

高杉　僕からすると、草津さんは自分の直属の上司ですよね。だから、結婚する時に仲人をやってもらうのが筋だけど、やっぱりそれは嫌でした（笑）。結婚式で飲んで暴れられたりしたら、大変ですし（笑）。草津さんは周りから自分がどう思われてるか知らないんですよね。ああいう人って、わからないんですよ、自分のこと…。それまでチヤホヤされ続けてきたから、余計に。

井上　熊本（80年7月9日）で草津さんがアキレス腱を切って入院した時には、バチが当たったと思ったよ。あれで現役からフェードアウトしたんだからさ。

高杉　巡業から離れてマッチメーカーを降りざるを得な

かったわけですけど、営業部のトップ、会社の金庫番という要職は代わらなかったですよ。
井上　草津のオッサンがプロレスラーを辞めて経理をやっていた頃、どこかの旅館に来て「お前ら、金がいるのか?」って言うわけ。国際の末期の頃だから、高杉もいたよ。みんなギャラをもらってないから、金がいるに決まっているのにさ。前からダメだと思っていたけど、その時に「決定的にダメだな、このオッサン!」と思ったよ。でも、自分はちゃんともらっているわけだからね。
高杉　金庫番をしていたから、自分の給料はちゃんと取ってますよ(笑)。ガイジンのギャラも草津さんは「それだけは対外的な信用問題だから、ちゃんとしろ」と、しっかり支払っていましたね。

81年夏の〝最後のランチ〟

――せっかくの機会なので、81年夏のラストシリーズについて擦り合わせ作業をさせてください。改めてお聞きしますが、81年8月9日の北海道・羅臼町グラウンド大会をもって団体が興行活動を停止するということは事前に知らされていたんですか?

井上　俺はホントに知らなかった。まだ国際は続くと思っていたよ。
高杉　僕は聞いていましたよ。
井上　あっ、そう!? さすが地獄耳だな。誰に聞いたの?
高杉　草津さんが「スギ、もうダメだよ」と漏らしていたんですよ。あの最後のシリーズの開幕戦…そう、山梨の韮崎市総合運動場体育館(7月16日)でした。韮崎は草津さんが営業担当でしたからね。だから、このシリーズで終わりだなって僕は思っていましたよ。
井上　韮崎の次は、どこ?
高杉　翌日が静岡の焼津市スケートセンターで、ここはそこそこ入ったんですよ。その後、町田の商店街の駐車場まで3日間のオフでした。また3日休んで、次は広島県の尾道と音頭町の野外。でも、チケットが売れてなくて、そこでもやるか中止するか揉めたような記憶があります。その翌日(8月26日)は、愛媛県の御荘町の闘牛場でやる予定がキャンセルでした。
井上　ああ、現場まで行ったけど、試合をやらなかったことがあったな。客は入れたけど、入りが悪くて払い戻しをして中止したんだよな。
高杉　それですよ。草津さんも来ていて、50席くらいしか売れていないから客入り後に中止を決断したんです。草津さんは自宅を抵当に入れていたので、「もう生活できないよ」と嘆いていましたね。金網マッチをやれば当日券が伸びるけど、前売りがある程度売れてないとダメなんですよ。あの時は試合をせずに、宇和島まで戻って泊まりましたよね。そこから4日空いて新潟県柏崎市に大移動して、またそこから4日空いて宮城県の気仙沼でしょ。巡業のコースがちゃんと切れてない迷走状態…ひどいもんですよ。ただ、気仙沼、築館、宮古はちゃんと連戦でした。

井上　東北は営業部長の梅野（則夫）の担当だったな。その宮古の後に、北海道へ渡ったわけだな。

高杉　当日に興行が中止になったり、そんな感じだったから、いつどこで終わるかわからなかったんですよ。

井上　俺は阿修羅・原と組んで、根室でIWA世界タッグの防衛戦をやったよな（8月8日）。

高杉　相手はジェリー・オーツとテリー・ギッブスでしたね。羅臼は、その翌日でした。

――このツアーに同行していたゴングの岡本哲志カメラマンは、「明日が最後の試合になりそう」と根室から編集部に連絡してきました。だから、本来は木村vsジ・エンフォーサーのIWA世界戦が組まれた8月6日の室蘭大会から、そのIWA世界タッグ戦が行われた根室大会までを取材する予定だったんですが、急遽「羅臼も行って、ガッチリ撮ってください」とお願いしたんです。

井上　岡本さんか…よく憶えているよ。ベースボールの石川（一雄）カメラマンも一緒にバスに乗っていたなあ。そうすると、前日には「明日で終わり」と何人かは知っていたことになるなあ。でも、やっぱり俺は何も聞いていなかったよ。

高杉　選手の中で知っていたのは、マッチメーカーとして会社と連絡を取っていた木村さんと選手会長の寺西さんでしょう。僕は「羅臼で終わり」というのは、寺西さんから前日辺りに聞いた記憶がありますね。

――その寺西さんは、Gスピリッツのインタビューで「羅臼の数日前に木村さんから、このシリーズで終わりと聞いた」と証言しています。鶴見さんも「釧路辺りで木村さんから聞いた」と言っていますが、おそらく根室でしょう。逆に米村さんやマッハ隼人さんは、「羅臼の翌日、バスに乗るまで知らなかった」と。

井上　俺もそのクチだったのかな。予定だと、羅臼の後にまだシリーズの続きがあったでしょ？

高杉　本来は留萌（8月11日）と函館（12日）が残ってい

団体崩壊時、阿修羅・原とIWA世界タッグ王座を保持していた井上。国際ラストマッチとなる羅臼大会で井上はラッシャー木村と組んでジプシー・ジョー＆ジェリー・オーツ、高杉は米村天心と対戦した。

たんですけど、留萌はシリーズ直前に中止になって、函館だけは生きていたんですよね。

井上　北海道の営業は、貫井のお兄ちゃんが担当だったよな。

高杉　はい。その中でも函館、室蘭と翌日の美唄（8月7日）は、貫井（成夫）さんの担当ですよ。根室と羅臼の営業は、田代君という新人だったと思います。本隊は宮古の翌日に青森から函館に上陸して、IWA戦をやる室蘭へバス移動して。その前後に函館大会の中止が決まって、貫井さんから木村さんに伝えられたんじゃないかと思いますよ。だから、その時点で羅臼が最後になるということは知っていたんでしょうね。

――羅臼の試合後、宿舎の高島屋旅館に戻って夕食の時に木村さんから「今日で終わり」というような報告はなかったんですか？

井上　俺は聞いてないよ。

高杉　そんな報告はなかったですね。僕が風呂場へ行ったら寺西さんが入っていたんで「やっぱり、もう終わりですか？」と聞いたら、「そうみたいだな」と言ったのを憶えてます。そして、翌日のバスで「函館は中止になった。これで東京に帰る」ということになって。

井上　俺は「このシリーズは、ここで切り上げる」と解釈していたんだよね。「国際プロレスは、これで終わり」とは耳にしていなかったよ。俺が鈍いのかなあ（苦笑）。でも、あんな僻地から、どうやって東京に帰ったのかよく憶えてないんだよね。

――高杉さんの日記では、「大会の翌日、羅臼を朝9時に出発し、夜7時に札幌に着いてポプラホテル泊。翌日11時30分、スネーク奄美宅でお線香をあげて、バスで室蘭に移動し、夜11時のフェリーで青森に朝5時到着。そこから陸路で夕方に大宮の合宿所に戻って、夜7時には平塚の自宅に帰る」とありますね。

高杉　確か車中もお通夜みたいで、みんな無口でしたよ。ガイジンたちはバスの後方席で騒いでいましたけどね。札幌の奄美さんの家には、全員で行きましたね。

井上　それはよく憶えているよ。

高杉　お線香をあげた後は、奥さんの知り合いたちのごっちゃんで、選手全員でジンギスカンを食べに行ったんですよ。みんな金欠だから助かったはずです（笑）。あれが最後の晩餐ではなく、全員揃っての〝最後のランチ〟でしたね。

井上　じゃあ、羅臼から東京まで丸2日かかったわけか。俺は東京に帰ってきて何日後かに事務所に行ったら、そこで吉原社長から「終わり」と初めて聞いたよ。会社が危ないというのはわかっていたけど、まだ細々とでも興行はできると思っていたからね。

高杉　僕は平塚の自宅に戻った翌日に、伊豆高原の別荘に呼ばれましたよ。そこに草津さん、梅野営業部長、貫井兄弟が集まっていました。

井上　吉原さんは来てたの？

高杉　いえ、営業の人間だけで、この先どうするのか身の振り方を話し合っていましたね。

井上　高杉はメキシコ行きが決まっていたんだろ？

高杉　ええ、帰京した翌週にはメキシコ領事館へ行って手続きとかしましたから。

井上　高杉は若かったし、動きも良かったし、会社が潰れていなければ明るい未来があったよな。77年入門だから、実質4年しか国際にいなかったわけだろ。

高杉　そうですね。でも、濃い4年でしたけど（笑）。何年か前に清水さんのイベントでIWA世界ヘビー級のチャンピオンベルトが突然出てきて、俺も手に持たせてもらいましたよね。あれを井上さんみたいに実際に国際のリングで締められたかはわからないけど、２０１９年のイベント

に出てきた原さんのＷＷＵ世界ジュニアヘビー級のベルト…あれを復活させて巻けるくらいはやれたかな（笑）。

井上　国際が何事もなく継続していたら、吉原社長はどんな未来を描いていたのか聞いてみたかったよな。

高杉　途中で終わっちゃったルー・テーズ杯は原さんが優勝して、新時代が来たんですかね？　何年かしてメキシコから僕が帰ってきた時は、どうなったか…。菅原や冬木と争っていたのかなあ。いつだったか、吉原社長が疲れて「俺は早く引退して、木村か草津に社長を譲りたい」と漏らしていましたよ。それを受けるとするなら、やっぱり草津さんかなあ。

井上　えっ、そんなことを言っていたのか！　まあ、木村さんは人の上に立って社長業をするような人じゃないしなあ。草津のオッサンが社長か…吉原さんだから付いて行ったけど、そうなっていたら、みんな逃げ出していただろうね（笑）。

［対談］

追悼——阿修羅・原

鶴見五郎×高杉正彦

清水 勉＝聞き手
interview by Tsutomu Shimizu
山内 猛＝撮影（P355、361）
photographs by Takeshi Yamauchi

ラグビー界のプリンスだった原進（阿修羅・原）が鳴り物入りでプロレスの世界に入ってきたのは、1977年11月。それは「新人不毛地帯」として徐々にマイナー化していた国際プロレスに光が差した瞬間だった。

ラッシャー木村がエースになって3年目、吉原功社長は団体の未来を見据えて世代交代への布石を打ったわけだが、果たして原は救世主に成り得たのか——。その答えは81年夏に団体が崩壊してしまったため永遠にわからない。

その原は2015年4月28日、肺炎のため亡くなった。享年68。本項は故人を偲び、ある時は影のコーチ役として、ある時は対戦相手として原の成長を肌身で感じ取ってきた鶴見五郎、そして原より5ヵ月前に入団し、最も身近にいた事情通の高杉正彦に当時を振り返ってもらった追悼対談になる。

2人には当時の日記を持参してもらい、こちらが用意した試合記録等の資料と照らし合わせながら原の国際時代＝1359日を再検証してみた。

——原さんと対面されたのは、77年11月29日に高田馬場・ビッグボックスで開かれた入団発表会見の時が最初ですか？

鶴見　正式な入団日は会見の10日前だったけど、我々は巡業中だったんだよ。だから、あの高田馬場での発表の日に初めて会った。精悍そうな面構えだったのが第一印象かな。

高杉　ちょうど全日本プロレスとの対抗戦シリーズの最中だったんですよね。俺と菊池（孝）さんは、吉原社長の運

77年11月29日、高田馬場のビッグボックスで吉原功社長、顧問の八田一朗氏、日本を代表するサンビスト・ビクトル古賀氏、作家・野坂昭如氏、野口ボクシングジム会長・野口恭氏らが同席の元、原進のプロレス転向記者会見が行われた。

転手をして東北を回っていたんですよ。前々日が岩手県の宮古だったんですけど、東北道が渋滞で昼過ぎからの会見に間に合わなくなるから、社長を宇都宮で降ろして新幹線に乗せたんですよね。俺はギリギリ会見に間に合った感じだったんで、原さんと接する時間もなかった。その夜はマイティ井上さんがジャンボ鶴田さんと戦った大田区体育館の興行もあったしね。

鶴見　確か選手全員の出席が義務付けられていたよ。それほど社長も気合いが入ってた。それに作家の野坂昭如さんとか日本レスリング協会の八田一朗会長とか錚々たるメンバーが揃っていたよね。

高杉　サンボのビクトル古賀さん、全日本キックのミドル級王者の田畑靖男さんも来ていましたし、アドバイザーグループには佐渡ヶ嶽親方（第53代横綱・琴櫻）も入っていて。

——吉原社長があらゆる格闘技に精通したプロレスラーに育てようと考えていた表れですね。

高杉　新日本では異種格闘技戦が話題になっていましたから、今で言う総合格闘家というものを意識したんじゃないですかね。原さんはプロレスの練習の時間以外にもキックやサンボの練習をやっていたし、相撲部屋にも稽古に行っていましたから。

鶴見　原は中学の時に大相撲に誘われたらしいね。前頭（4枚目）にもなった福田山が故郷の諫早の先輩だったらしいから。

高杉　高校の時に国体でベスト16になって、長崎県内じゃ無敗だったって聞いていますよ。

鶴見　ラグビーでは全日本代表で世界中を駆け回っていたから、元々海外仕様だったのかもな。日本人として初めて世界選抜メンバーに選ばれて、アメリカの『タイム』誌にも載ったっていうし。

高杉　そりゃ、草津さんが嫉妬するわけですね。まあ、草津さんは「プロレスはもちろん、ラグビーも俺の方が格上だよ」と言ってましたけど（笑）。

――表向きは11月7日のオフに吉原社長と草津さんが飲んでいたところ、偶然会った原さんに一目惚れしたという話になっています。それが事実なら10日くらいで電撃入団したことになるんですよ。

高杉　いや、偶然じゃなくて計画的だったんですよ。原さんに後で聞いたら、先に新日本プロレスからオファーがあったけど、ラグビーの大先輩の草津さんから強引に捻じ込まれたって（笑）。

鶴見　草津さんが社長に「新日本に取られる前に、何とかウチで原を取りましょう！」って捻じ込んだんだよな。

高杉　原さんはずっと後になって、「あの時に新日本へ行けていれば、こんな苦労はしなかったのになあ」って草津さんを恨んでましたよ（笑）。

鶴見　入団当時の原は、とにかく真面目だったよね。すでに妻子持ちだったから、埼玉県の志木にある自宅から毎朝、大宮の道場に電車で通って。浜口さんがコーチに指名されたけど、実際は俺がかなり教えてたんだ。

高杉　俺も随分、原さんとスパーリングをやらされましたよ。俺はデビューしたばかりでまだ強くもなかったから、原さんを極めることはできなかった。まあ、逆に極められもしなかったけど、原さんは足腰が強くて馬力がありましたね。鶴見さんはウェイトがあったから、極められたけど。

鶴見　その頃の原は瞬発力とか押す力は凄かったけど、身体がまだ小さかったからね。受け身を覚えるとかいう以前に、まずレスラーとしての体力を付けることが先決だったな。

高杉　年明けの正月シリーズは巡業に付かずに、吉原社長自ら新大久保のスポーツ会館でマンツーマンの特訓をしていたらしいですよ。しかも毎日、4時間も（笑）。

鶴見　だって昼間、社長が会社にいないんだから（笑）。凄い気合いの入り方だよね。あの頃、社長はいつも道場に来ていて、ウェイトとかブリッジを原に教えていたよ。ブリッジで顎までマットに付くようになったのも社長がやらせたみたい。国際で、そこまで付くのは寺西さんくらいだったからね。原は首が強靭だし、身体も柔軟だったよ。

高杉　78年4月のシリーズに二郎さんが来て、夏まで日本にいましたけど、あれは社長が原さんのコーチを頼んだんですよね。原さんは二郎さんと一番仲良かったから。

鶴見　二郎は教えるのが上手いし、原も信頼していたよな。国際プロレスの阿修羅・原は、二郎が育てたと言っていいかもね。

――二郎さんも「原さんは物覚えがいい。教えたらすぐにそれができたし、一度教えたら忘れなかった。八木（宏＝剛竜馬）と大違いよ」と言っていました。

鶴見　そこで八木が引き合いに出されるか（笑）。巡業に一緒に来た時は、リングで浜口さんがよく教えていたなあ。変な癖もないから、スマートで吸収力はあったよね。

高杉　原さんが巡業に同行するようになってからは、いつも一緒に行動していましたよ。俺は草津さんの付き人だったから、洗濯とか買い物とか、いろいろ雑用に付き合って

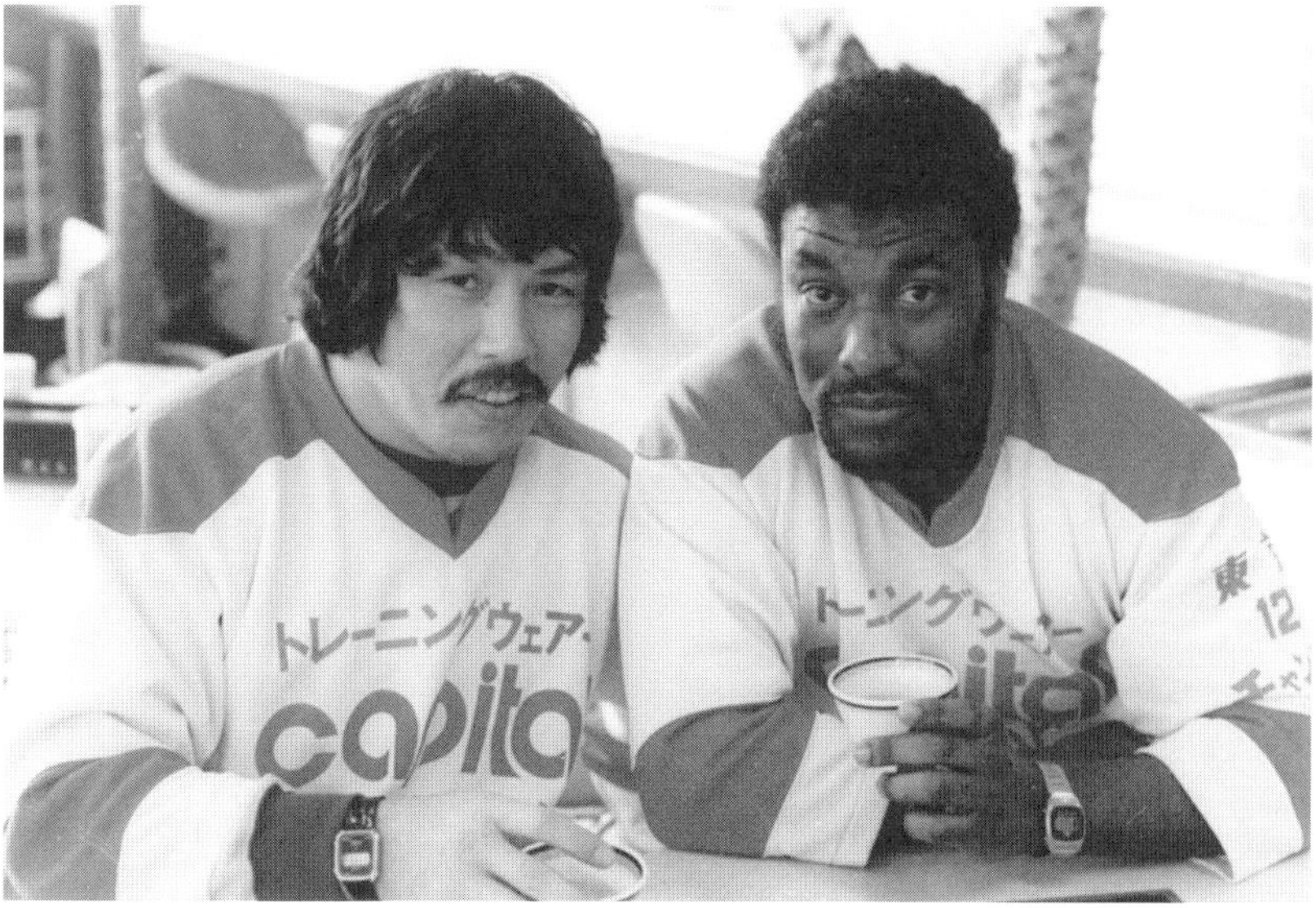

国際プロレス入団後、原のコーチ役を務めたのが稲妻二郎だった。カルガリー地区を中心にファイトしていた二郎は、78年4月開幕『スーパー・ファイト・シリーズ』に凱旋帰国。リング上でミスター・ヒトと抗争を展開しながら、オフの時間にはスーパールーキーを指導した。

くれましたね。

——78年6月26日、大阪府立体育会館で原さんは寺西さんを相手に海外武者修行壮行試合（デビュー戦）を行いました。ただ、その前に地方でテストマッチをしたという噂がありますが。

鶴見　それはないでしょ。

高杉　いや、ありましたよ。長野県でマスクを被って。

鶴見　えっ、そんなのやったっけ？

高杉　（試合記録を見ながら）ここですよ。6月24日の飯山市民体育館。

鶴見　大阪の2日前だ！

高杉　第1試合はデビル紫vsスネーク奄美になっていますけど、実際は原さんが紫さんのマスクを被って奄美さんと試合したんですよ。で、紫さんは休み（笑）。

鶴見　よく憶えてるね（笑）。

高杉　俺、その日は試合が入ってなかったからセコンドでしっかり見ていましたもん（笑）。原さんはミスター・フジというリングネームでしたよ。

鶴見　飯山ならマスコミは誰も来てないよね？　デビルvsスネークで発表されて、こうして記録として残っているわけか。

高杉　そうです。社長もわざわざ飯山まで来ていましたよ。これが実質的なデビュー戦ですからね。ミスター・フジという名前も社長が考えたはずです。デビュー戦の大阪はテレビ中継だから、恥をかかせたくなかったんでしょうね。

鶴見　社長も必死だったんだろうな。試合はどうだったの？

高杉　良かったですよ。絞っていたから筋肉質のいい身体をしていたし、動きもスムーズでした。その頃、資材部だった長沢秀幸さんも試合を見ていて、「これはいい選手になりますよ」って太鼓判を押していましたね。

——公式記録によると、結果は12分31秒、片エビ固めで紫（原）の勝利です。

鶴見　いきなり12分やったのか⁉　これは明らかに大阪への布石だね。確かに大阪の本番も良かったよ。その時は俺もセコンドにいたはず。社長もマットを叩いて応援してたな。

高杉　社長は大阪で寺西さんじゃなく、本当は鶴見さんを当てようとしていたんですよ。これ、知ってます？

鶴見　俺を？　そうだっけ？　憶えてないなあ。じゃあ、何で寺西さんになったの？

高杉　テレビ局がそう言ったみたいですよ。寺西さんの方が見栄えがいいからでしょ（笑）。

鶴見　その話、本当かよ（笑）。

高杉　俺は本当の話しかしないですよ（笑）。あの時、原さんは寺西さんといい試合をしましたけど、後半は息切れしていましたね。でも、15分フルタイムを戦えたのは凄いなと思いますよ。

鶴見　スタミナはあったよね。競技は違えど、長時間走り回るスポーツをしてきた人間だからな。

78年7月3日、原は吉原社長と共にカナダのカルガリー地区に出発した。

同月7日、ビクトリア・パビリオン大会はスチュ・ハートが主宰するスタンピード・レスリングにとって年一度のビッグショーである。メインはハーリー・レイスvsドリー・ファンク・ジュニアのNWA世界ヘビー級戦で、セミはネルソン・ロイヤルvsダイナマイト・キッドのNWA世界ジュニアヘビー級戦。原は「ファイティング・ハラ」を名乗り、第5試合でキース・ハートと対戦した。当時、日本では「原はネルソン・ロイヤルに挑戦する予定が、体重オーバーのためキースと対戦し、快勝した」と報道されている。しかし、現地の記録を調べると勝ったのはキースのようだ。

さらに翌日、原はエドモントンでノーマン・フレデリック・チャールズⅢ世からコモンウェルス・ジュニアヘビー級王座を奪取したとされている。確かに対戦はしているが、勝敗は不明。当時は2週間で返上したことになっていたが、1週間後にチャールズⅢ世がキッドと防衛戦を行っているので、本当に原が王座を獲得したのかは断定できない。

原自身の報告によれば、カルガリー地区を2週間で去り、モントリオール地区を経て、夏季限定開催のニューブランズウィック地区へ移動。ここではマリタイム地区へビー級

英連邦（コモンウェルス）ジュニアヘビー級のベルトを肩にかけた原。王座獲得の真偽はともかく、この写真は吉原社長が海外まで同行し、原の売り出し作戦に力を入れていた証左である。

王者のランディ・サベージやエミール・デュプレと組んで、キューバン・アサシン&カーペッド・バッカーの同タッグ王座に挑戦するなど連日試合をしたようだ。

同行した吉原社長はアトランティック・グランプリ・レスリング代表のエミール・デュプレ、さらに西ドイツのエドモント・ショーバーと提携関係を結んだが、これは原の凱旋帰国後の対戦相手を探す網をより広げるためである。

原は9月7日から、「ススム・ハラ」として西ドイツのハノーバー・トーナメントに参加。カルガリーからは清美川の息子と称するキヨ・カイトー（ミスター・ヒト）、カズオ・サクラダ（桜田一男）、ブルース&スミスのハート兄弟、ジェリー・モロー（稲妻二郎）、トム・ビリントン（ダイナマイト・キッド）らが一緒に遠征した。ちなみに、この年は他にザ・サモアンズ、ムース・モロウスキー、ヘラクレス・アヤラ、ザ・UFO、ロッキー・ダラセーラ、アクセル・ディター、コーリン・ジョイソン、カズウェル・マーチン、パット・ローチ、ホセ・ベンチュラ、グラン・ブラジミール、シルベスター・リッター（ジャンクヤード・ドッグ）、マイケル・ヘイズら25名が世界中から集められている。

現時点で発見できた記録によると、原の勝利が確認できるのはアメット・チョン、エンジェル・グレイとの試合だけで、日本では4位入賞と報道されたが、実際は順位が発表される12位までの中に入っていない。優勝したのはモロウスキーで、準優勝がヒトだった。

ドイツからカルガリーに戻った原は、ヒト、ビッグダディ・リッター（ジャンクヤード・ドッグ）、ブレット・ハートらを相手に試合を重ねる。当時の原は白星やタイトルよりも多くの実戦経験を積むことが必要だった。そんな遠征中にランニングだけは一日も欠かしたことがないというから、根っからのアスリートだったのだろう。原は5ヵ月の武者修行を終えて、12月8日に帰国する。

——時期は違いますが、鶴見さんはカルガリーにもハノーバーにも遠征していますよね。

鶴見　原は相手に間を与えないノンストップの試合がモットーなんだよ。それは社長好みの今までにないラッシュにラッシュを続ける新スタイル。だから、ドイツは合わないよね。北米スタイルが向いている。でも、それだけの名のある選手たちと試合ができたことは自信になったはずだよ。

高杉　原さんが毛皮のロングコートを着て、帰国報告会見をやりましたよね。スターっぽかったですよ。俺も鶴見さ

凱旋帰国した原は記者会見を終えるとグレート草津、アニマル浜口、鶴見五郎、若松市政、高杉正彦らと高田馬場・ビッグボックス前で記念撮影。79年1月開幕『新春パイオニア・シリーズ』に合わせて再び二郎も帰国し、タッグマッチで原のパートナーを務めた。

んも会見に行ったし、草津さんや浜口さんも出席して。あの頃は、みんなで盛り立てるという気運はあったんですよ。

――凱旋帰国した直後、原さんは吉原社長、ラッシャー木村と共に新日本のリングに上がり、藤波辰巳に挑戦をアピールしましたよね。

高杉　『プレ日本選手権』の最終戦ですよね（12月16日＝蔵前国技館）。

鶴見　新日本との提携を始める時期だったからね。原をあそこに上げた理由は今すぐ藤波とやるという具体的なものじゃなくて、社長としては全国放送に出したかったということだよ。

高杉　露出を増やすために、藤波さんのファンクラブの集会にも顔を出していましたよね。その後、納会の日に野坂さんが命名した『阿修羅・原』というリングネームが発表されて。これは本当にいい名前ですよね。誰もが感心しましたから。テレビ東京も凱旋帰国の企画ものを放送しましたし、次から次へと話題を作っていく形での売り出し作戦って、それまでの国際にはなかったんじゃないですか。

鶴見　原の売り出しキャンペーンは一丸になってやったからね。あの時期は明るくて、前向きだった。

――年が明けて79年1月5日、高千穂町体育館でのキューバン・アサシン戦で原さんは本格的な日本デビューを果たします。

高杉　日本神話に出てくる天孫降臨の地から阿修羅のキャリアがスタートするなんて、いいストーリーでしたね。

鶴見　キューバン・アサシンは4度目の来日だったけど、社長がデュプレのところで原と戦った試合を生で見て品定めをしてるんですよ。確か雪で来るのが遅れたコーリン・ジョイソンも原とハノーバーで戦ってるでしょ。だから、この2人は原のために呼んだ選手。最終戦で戦ったジェイク・ロバーツも当時はカルガリーにいたはずだよ。後にザ・スネークになる奴だよね。若いけど、素質があった。

高杉　原さんはダブルアーム、サイド、ブロックバスターとか当時流行のスープレックス系の技をいろいろ使い分けていましたよね。いい動きをしていましたよ。

鶴見　このシリーズのハイライトは、後楽園ホール（1月21日）のアレックス・スミルノフ戦だよな。あれは良かった。あのスミルノフを相手に暴走反則負けって、勝ったようなもんだよ（笑）。流血させられても立ち向かっていく様は、本物の阿修羅みたいだった（笑）。

高杉　俺は急遽、九州の営業をやらされて、現場にいなかったんですよ。後でビデオを観たけど、ワイルドだったなあ。だから、〝野生児〟なんて形容されて、その名前のファンクラブもできましたよね。次のシリーズの開幕戦（3月2日＝後楽園ホール）ではジョン・トロスとシングルをやったけど、イスを振り回して一歩も引けを取らなかったですからね。正月から3シリーズ、ずっと調教師役の二郎さんが来ていたのも原さんにとって心強かったと思いますよ。

――2シリーズ目には、井上さんや木村さんと組んで早くもメインを経験していますね。

鶴見　相手はハノーバーで戦っているサモアンズだったから、手の内を知っていたしね。

高杉　原さんはメインに出ても違和感がなかったですから。3シリーズ目の開幕戦（4月9日＝後楽園ホール）では、ジプシー・ジョーを相手に大暴れしましたよね。確かこのシリーズから、ウチも新日本みたいに試合前のトレーニングを合同でするようになったんです。それまで個々で調整していたけど、原さんや韓国人選手たちがまだ自己メニューを作れないから。あれも社長の指示だったはずですよ。

鶴見　寺西さんがトレーニングメニューを作っていたな。ジョーで思い出したんだけどさ、そのシリーズにはマサ斎藤さんが来ていて、原と6人タッグで戦った試合があるでしょ。福島県で。

――4月15日、会津田島町民体育館で上田馬之助＆マサ斎藤＆ジプシー・ジョーが木村＆稲妻＆原と戦っていますね。

鶴見　高杉、憶えてる？　そこでマサさんが原をオモチャにしたんだよ。原の技をまったく受けないで、ボロクソに痛めつけてさ。

高杉　ああ、ありました！　その後、凄く揉めたんですよね。

鶴見　それを見ていた浜口さんが怒ってね。次の長野（4月19日＝長野市体育館）の6人タッグでもマサさんがまた原に同じようにやったから、パートナーだった浜口さんがキレてさ。かなり揉めたよね。その翌日は富山だったかな？　マサさんと浜口さんのシングルがあったんだよ。今度は浜口さんがマサさんの技を受けなかったんだ。あの日は、テレビカメラも入っていたよ。その試合後の控室がまた大変だった。

――それは木村vs上田のIWA世界戦が行われた4月20日の富山市体育館大会ですね。

鶴見　試合後にマサさんが「ふざけるな！」って控室に殴り込んできたんだよ。そうしたら、ヒトさんが来て、マサさんの首っ玉を掴んで壁に押しつけたんだ。「悪いのは、お前だ！」ってね。ヒトさんの周囲のガイジンはみんなカルガリー関連だから、マサさんは手出しできなかったよ。

高杉　開幕直後にもマサさんが試合中に草津さんをいきなり極めたりして、その辺からもう険悪でしたよ。浜口さんもされたみたいだし。

鶴見　マサさんは、そういうところがあるみたいだよね。相手を小馬鹿にして、自分の強さを誇示するような。所属選手じゃないから関係ないと言われればそうなんだけど、原の売り出しなんてまったくヨソ事みたいな感じなんだよな。でも、カルガリーで一緒に強化キャンプを張ったり、ハノーバーで同居生活をしていたヒトさんは原を可愛がっていたから。上田さんはそういう揉め事に首を突っ込まないで、シラーっとしているタイプ。自分のこと以外は無関心。

高杉　このシリーズで、原さんは加賀のスーパーの屋上で初めての金網マッチをやってますね（4月22日＝ユニー加賀店屋上）。

――相手はザ・UFOでした。

鶴見　UFOとも海外修行で戦っているからね。その頃のマッチメーカーは草津さんなんだけど、すべて東京にいる社長に連絡して許可を取るわけ。だから、金網も社長がGOサインを出してるんだよ。このシリーズに来た黒人のビッグダディ・リヒターもハノーバーとカルガリーで原と対戦経験があるから、いい試合をしたよね。後に原がルイジアナ（MSWA）へ行った時、コイツはジャンクヤード・ドッグとして大スターになっていたはずだよ。

高杉　このシリーズのハイライトは、やっぱりミレ・ツルノからWWU世界ジュニアヘビー級王座を奪った試合ですよね（5月6日＝後楽園ホール）。

鶴見　ツルノはハノーバーの常連だったから。社長がショーバーに頼んで呼んだんじゃないかな。原が勝ったけど、あ

団体側はリングネームを改めた原のためにオリジナルのテーマ曲「阿修羅」も用意。LP『プロレス・スーパーファイターのテーマ』（キングレコード）に収録された他、シングル盤もリリースされた。

まりいい試合じゃなかったなあ。

高杉　あのベルトはヨーロッパからツルノが持ってきたことになっていますけど、どう見てもＩＷＡのベルトをモデルにしていましたよね。同じデザインだから、マニアにはバレますよ（笑）。

――そういう詰めの甘さがいかにも国際らしいですよね。あのベルトは秋田で作られたみたいです（笑）。ところで、原さんをジュニア戦士にしたのは何か意図があったんですかね？　本人は入門時が96キロ、凱旋帰国時は１０５キロと言っていました。

鶴見　ヘビー級には木村さんがチャンピオンとしてドンと腰を据えていたし、「秋に藤波戦か⁉」という話題作りもあったからね。でも、実際に身体はそんなに大きくなかったですよ。鳩胸で胸は広いけど、まだ厚みが足りなかった。

高杉　走る身体を作ってきた人だからなのか、そんなに食べなかったですもん。それに酒も飲まなかった。飲むようになったのは、全日本へ行ってからですよ。

79年5月6日、原は後楽園ホールでミレ・ツルノを破ってWWU世界ジュニアヘビー級王座を獲得。凱旋帰国から僅か5ヵ月でのスピード戴冠だった。翌日のリターンマッチは、引き分けで原が初防衛に成功。

31歳という年齢的なハンデを乗り越えて順調に育っていた原に対し、吉原社長は最高級の食材を提供し続けた。ＷＷＵ世界ジュニアヘビー級王座防衛戦の相手としてダイナマイト・キッド、マーク・ロコ（後のブラック・タイガー）を挑戦者に選んだのは初代タイガーマスクのライバルを先取りした形であり、その調達術は見事だったと言えよう。

将来のエースとして原を獲得した吉原社長は

当然、彼を単なるジュニア戦士に留める気はなかった。この時期にオックス・ベーカー、ジョー・ルダック、モンゴリアン・ストンパーなど大型トップヒールとの対戦はもちろんのこと、ニック・ボックウィンクル、バーン・ガニアといった超一流選手とシングルマッチでぶつけるという貴重な経験を積ませている。

――79年6月21日、水戸市民体育館での『ビッグ・サマー・シリーズ』開幕戦で鶴見さんは原さんと初めて組んでいますね。これが国際では唯一のタッグ結成です。

鶴見　俺がオフに自費でバンクーバー地区へ行って、戻ってきた時だよね。

高杉　ああ、鶴見さんはカナダへ行っていたから、あの時の大洗海岸の合宿にいなかったんだ。原さんも大洗ではガンガン練習していましたよ。

鶴見　その開幕戦での相手は、テキサス・アウトロー（ボビー・バス）とエド・モレッティでしょ。原と組んだ印象は、息も切らさずによく攻める奴だなと。感心したよね。原が亡くなった後、この試合のビデオをいつも観ているよ。

――翌日の後楽園ホール大会で、原さんはスミルノフに初めてのフォール負けを喫しています。続いて6月25日の堺市金岡体育館大会では寺西さんと対戦して20分時間切れ、28日の北九州市西日本総合体育館大会ではアニマル浜口と初対戦し、こちらも30分時間切れでした。

鶴見　社長が徐々に試練を与えている感じだったね。寺西さんや浜口さんとシングルで当てたのも社長の注文でしょう。

高杉　ここまで対戦相手は、ずっとガイジンばかりでしたから。それも実は凄いことなんですけど、帰国から半年でどのぐらい成長しているのか寺西さんや浜口さんに力量を調査させたんでしょうね。

鶴見　キッドが初めて来て、英連邦ジュニアのベルトを賭けたダブルタイトルマッチをやったのを憶えてるよ（7月21日＝村上市体育館）。日本初のラウンド制のタイトルマッチだってことで。

高杉　あの試合は7ラウンド戦って、ドローでしたよね。確かポイント制だったけど、それでも引き分けになったんですよ。

鶴見　斬新だったけど、あれは外したかな（笑）。俺もドイツで経験したけど、ラウンド制はせっかくの流れが止まるしね。原もハノーバーでやって、「馴染めなかった」と言ってたよ。

高杉　最終戦（7月25日＝三島市民体育館）ではキッドとノンタイトル戦をやって、2－1で勝っていますね。三島だから、地元の草津さんが儲かった興行ですよ（笑）。
鶴見　でも、あの体育館はあれを最後にプロレス興行に貸さなくなったはずだよ。
高杉　そうです。「パンフも売らせてくれない」って草津さんがボヤいてました（笑）。
鶴見　悪い、話が脱線したな（笑）。

79年6月開幕『ビッグ・サマー・シリーズ』の後半戦にダイナマイト・キッドが特別参加。原とはタイトルマッチを含めてシングルで3度対戦（1敗2分）している。年末には80年新春シリーズ来日が発表されたが、キッドはキャンセルし、新日本プロレスにジャンプした。

――8月26日、『プロレス夢のオールスター戦』で原さんは佐藤昭雄&木村健悟と組み、相手は藤原喜明&永源遙&寺西勇という3団体混成の6人タッグに出場しました。最後は原さんが寺西さんを押さえています。
鶴見　よく内情はわからないけど、主催者側からしたら鶴田&藤波&原が希望だったんじゃないの？　3団体のホープ揃い踏みってことでさ。
高杉　確かにミル・マスカラスを入れるよりも、その方が収まりがいいですよね。
鶴見　鶴田や藤波と比較されるのを社長が避けたのかな。まだあの2人と比べたら、実力的に見劣りするもん。だから、原だけが目立つカードに食い込ませたのかも。
高杉　でも、結果的には目立たず、大会を通してのインパクトも薄かったですよね。
鶴見　あれは全国規模の注目ポイントを外したって感じだったかな。
――続く9月開幕の『ダイナマイト・シリーズ』には、マーク・ロコが挑戦者として来日しました。
高杉　井上さんがスペインで戦ったことがあるって言ってましたね。受け身が大きくて巧いタイプだけど、あまり原さんとは噛み合わなかったような気がするな。

——10月3日、黒石市体育館では後半戦に特別参加したニック・ボックウィンクルとシングルをやっていますね。

高杉　あれは思い切ったカードを組むなと思いました。超一流との初対戦ですから。

鶴見　ニックは巧いから、原を持ち上げるのは朝飯前だったよ。この経験は後になって活きたと思う。

——その2日後の後楽園ホール大会では、ネルソン・ロイヤルのNWA世界ジュニアヘビー級王座に挑戦し、ドローでした。

鶴見　俺はその日、IWA世界タッグに挑戦する大木さんが上田さんと組むのを試合寸前まで嫌がってた印象だけが残っていてね（笑）。

高杉　全日本と新日本がロイヤルのタイトルは無効だとクレームを付ける合同会見を開くほど揉めましたよね。でも、社長は反発してタイトルマッチを強行したんですよ。

——ロイヤルは前年5月に全日本に来日した時までは確かにチャンピオンでしたが、帰国後にオクラホマ地区を離れて以降、王座は空位になっていたのが実情のようです。

高杉　ロイヤルの巻いていたベルトは、前年の白いベルトとは違う素人臭いお手製みたいなのでしたよね（笑）。両者KOでドローだったけど、レフェリーのルー・テーズは原さんのことを絶賛していましたよ。

——次のシリーズで鶴見さんは吉原社長に暴行を働いて選手会から外され、11月7日に弘前市民体育館で二郎さんと戦って坊主にされるじゃないですか。

鶴見　ああ、忘れもしない弘前だよ。

——あの日のメインが原さんとジプシー・ジョーのWWU金網戦だったんですよ（両者カウントアウト）。

鶴見　そういう荒れた試合になると、原は活きたよ。俺はプレ愚連隊みたいな感じで、上田さんやヤス・フジイと組んで国際の正規軍と戦うようになってね。その頃に原とも戦ったはずだよ。

高杉　試合記録を見ると、11月10日に上ノ山市南小学校で初対戦していますね。

鶴見　それ、憶えてる。原は寺西さんと組んで、俺のパートナーはフジイ。原のタックルが凄かったよ。

——その直後、11月9日に諏訪湖スポーツセンターで原さんはバーン・ガニアとも戦っています。

鶴見　ニックに続いていいチャンスをもらったけど、壁はあまりに厚かったよなあ。

高杉　そう、これは原さんが完敗したんです。確かボディスラム1発で負けたんですよ。

鶴見　キャリアのあるトップが相手だと、まだまだ課題が多かったってことなのかな。でも、まだデビューして1年半なんだからね。

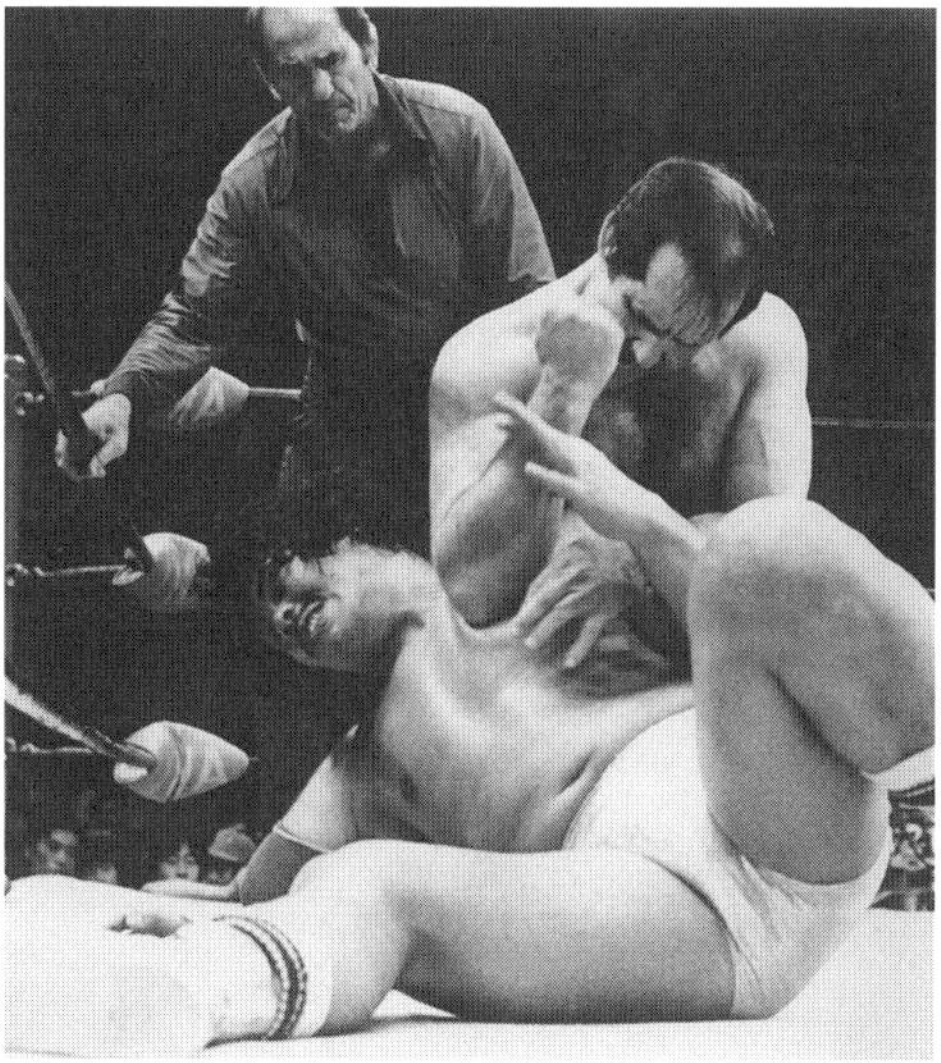
79年10月5日、後楽園ホールでネルソン・ロイヤルが持参したNWA世界ジュニアヘビー級王座に挑戦するも、結果は両者カウントアウトのドロー。レフェリーのルー・テーズは、ベテラン相手に善戦した原を称えた。

原は財団法人日本プロスポーツ会議制定の79年新人賞、さらに東京スポーツ新聞社制定の79年度プロレス大賞では殊勲賞を受賞している。新人賞を飛び越して三賞に選ばれるのは、かなり異例のことだった。

しかし、80年4月3日に蔵前国技館で藤波辰巳の持つWWFジュニアヘビー級王座に挑戦して敗北。そこからは地獄の日々が待ち受けていた。メインイベンターから、いきなり前座へと降格したのである。

当時、「原はスランプになり、海外再修行か？」とサラリと処理されるくらいで、その辺の事情が詳しく記事にされたことはない。この件に触れることはタブーだったのか？　それとも育ての親・吉原社長が何かを隠蔽しようとしたのか？

――79年度プロレス大賞は原さんが殊勲賞、高杉さんが新人賞に選ばれましたね。

高杉　せっかく獲れたのに、年明けの授賞式の日に新潟で試合が入っていたから我々は欠席だったんですよ（笑）。原さんはプロスポーツ大賞の授賞式の日も、長崎後援会の発足とバッティングして行けなかった。

――80年の正月には大位山勝三さんがカムバックして、独立愚連隊が発足しました。1月19日、串本町町立体育館では原vs鶴見の初シングルが組まれ、結果は鶴見さんの反則負けです。

鶴見　それ、よく憶えているよ。串本の前に原はジプシー・ジョーに連勝してるんだよね。

――1月14日に長崎国際体育館でジプシー・ジョーから2フォールを奪ってWWU世界ジュニア王座を防衛し、16日には岡山武道館大会で金網マッチが組まれ、ジョーに初のKO勝利…。

鶴見　でも、俺は原にフォールを取らさなかった。

高杉　それ、プチ自慢ですか（笑）。まあ、愚連隊も最初は勢いがありましたよね。

鶴見　その頃は会社も売り出す気があったみたい（笑）。お陰で、あの時期はやたらと原と戦えたよ。

高杉　原さんは、ディック・ザ・ブルーザーともシングルでやりましたよね。あれは茨城の野外でしたよ（3月16日＝守屋町清水浦立沢通り）。

鶴見　原は海外遠征前の会見で「ブルーザーみたいな選手になりたい」と言って出発したんだよな。吉原さんはそれを憶えていて、最後のチャンスとばかりにぶつけたんだろうね。

高杉　でも、あまりいい試合じゃなかったな。アトミック・ボムズアウェイを2発食って、原さんは手も足も出せずに負けた感じでしたよ。

原はリング上でスランプ（？）に陥るも、歌謡界に殴り込み。オリジナル曲「ゆき子」で歌手デビューを果たす。シングル盤は80年5月にキングレコードよりリリースされた。

――その直後、3月31日に後楽園ホールでフリーの剛竜馬を相手にWWU世界ジュニアの防衛戦をやりましたよね。

鶴見　また出てきたな、八木が（笑）。

高杉　剛がガンガン行って、確か最後は原さんをアトミックドロップで放送席に落として反則負けになったのかな。後味の悪い試合でしたね。

鶴見　八木が原の技を受けないで自分のいいところばかりやるから、井上さんが「あの野郎！」って怒ってたよ。まだ国際にいた時に原が入ってきて売り出されたから、嫉妬してるんだ。

高杉　あの人は、そういうところがあるんですよね（笑）。まったく情勢が見えてないというか。

鶴見　新日本でも長州力に対して、〝俺が上〟って態度で行ったらしいしね（笑）。まあ、原自身も臨機応変に対応できない試合をしちゃったのはマイナスだったよな。

――そして、4月3日には新日本の蔵前大会で藤波さんのWWFジュニア王座に挑戦し、敗れました。

高杉　原さんが形振り構わずぶつかって藤波さんを流血させたけど、最後はグラウンドで腕を極められてギブアップ負けでしたよね。あれはキャリアの差が出た試合でした。

鶴見　勢いだけで藤波さんは倒せないよ。でも、原はもっとできたはずなのに…。

――その直後の試合記録をつぶさに見てもらえればわかると思いますが、原さんは露骨に前座で試合をさせられています。10日後の後楽園ホール大会はデビル紫、以後はシリーズを通してマッハ隼人、米村天心ら今まで戦ったことのない前座選手たちを相手に、ずっと第3試合でした。これは明らかに降格ですね。

高杉　そういえば、俺が第2試合で、原さんが次にやってましたよ。

鶴見　（試合記録を見ながら）あらら、草津さんにそれも第3試合で負けてるじゃん（4月28日＝大船渡市体育館）。これって国際の選手とのシングルで初めて負けた試合だよ。

――当時、マスコミは「藤波戦でスランプになった」としか書いていませんが、試合を組んでいるのは本人ではなく会社ですからね。

高杉　7月に草津さんが足を骨折して、マッチメーカーが木村さんになってからも原さんはずっと2〜3試合目ですね。これも全部、吉原社長の指示ですよ。俺も原さんと第3試合で初めて対戦して（7月20日＝芦別市青年センター）。いつも紫さんや米村さんとばかり当てられて行き詰まっていたから、俺にとっては原さんと試合ができたのはラッキーだったけど。

鶴見　それは全部、社長のストーリーでしょ。藤波戦後のスランプを演出して前座に降格させて、ガニアのところ（AWA）へ行かせようと。そのためのビザの申請待ちだったはず。あの前座降格は、再修行に出す口実だと思うな。

――この件についてマイティ井上さんにお聞きしたら、「剛戦がしょっぱくて実力不足が露呈したし、レスラーとして未完成だから最初からやり直させるためだったと思う」と仰っていました。

高杉　なるほどね。でも、確かビザがなかなか降りなかったんですよね？
鶴見　その頃、アメリカは結構、難しいのよ。
高杉　次の夏のシリーズも、ずっと前座ですもんね。
鶴見　スランプにしては長いね（笑）。俺やジェイク・ロバーツと第2試合でやらせたり、かなり露骨だよな。
高杉　その頃、奄美さんが入院していたし、菅原はデビューしたけど、冬木はダメ出しが出て。まあ、国際の場合は慢性の症状なんだけど、前座が不足していたんですよ。韓国から助っ人が来ても、大木さんが弟の金光植（キム・クワンシク）は下で使わせたくないから、頼みは金基坤だけで。例の幻のシリーズ（『第2次ビッグ・サマー・シリーズ』）も原さんの前座は続いていたはずですよ。俺の日記を見ると、原さんと2回シングルで試合してますもん。2戦目の時（8月17日＝神奈川・中山駅北口広場）に大雨が降って逆取りしたから、我々の試合はメインになったって話を前にGスピリッツでしたじゃないですか？　俺にとっては初のメインだったけど、原さんにとっては久々のメインだったんですよね（笑）。
鶴見　記録を見ると、俺は7月24日に千歳市スポーツセンターで大位山と組んで寺西さん、原とタッグでやってるね。この時、俺が原からフォール勝ちしているけど、そこまで落ちたってことだよな。国際で原からフォールを取った日本人は草津さんと俺だけか（笑）。
高杉　またプチ自慢ですか（笑）。
鶴見　まあ、その幻シリーズってやつで俺も原と2度シングルをやっていて、それは勝てなかったけどね。
高杉　ただ、原さんが下に降りてきて前座が締まったという効果もありましたよ。原さん自身も我々と試合をしたことはプラスになったと思いますね。ガイジンとばかりやっているよりもプロレス本来の基本に立ち返れますから。社長の真の狙いは、そこだったんじゃないかな。
鶴見　馬場さんや猪木さんだって前座の時期があったでしょ。前座でコツコツやる時間も実はプロレスラーとして必要なんだよ。
高杉　原さんは性格が良かったですから、上にいた時も威張ったりしなかったし、下に落とされても腐ったような態度は全然見せなかったですしね。結局、ジュニアのベルトを返上して、ヘビー級でメインに戻されたのは10月になってからですよ。だから、半年も前座をやらされていたんですよね。
鶴見　原は温室栽培で大事に育てられたと思われがちだけ

ど、実際は雑草なんだよな。

高杉　それは言えますね。ビニールハウスを外されて風雨に晒されても、雑草だったから逞しく伸びたって感じですか（笑）。

鶴見　雨にでも何でも打たれ強いんだよ。この辺までは、ほぼ社長の筋書き通りって感じかな。社長は「普通なら10年かかるところを3年でトップに育てる」と入団会見で明言していたからね。その3年目だよ。

高杉　だから、ビザが降りなかったのは計算外だったと思います。10月末の時点でもまだでしたから。

――11月開幕の『デビリッシュ・ファイト・シリーズ』を原さんは全休していますね。

鶴見　あれは何だったんだろ？　解せないな。AWAのビザ取得がダメで、夏頃からジェイク・ロバーツに頼んでビル・ワットのところに方針を変更したんだろうね。ロバーツの親父さんのジェイク・スミスはMSWAのブッカーでしょ。その頃、国際はマイク・ジョージを呼んだりして、MSWAと接点ができていたからね。

結局、阿修羅がアメリカに出発したのは80年のクリスマスイブだった。

当時、「100試合以上消化した」という報告もあったが、MSWA地区の記録を調べると、残念ながら翌81年2月24日、ルイジアナ州バトンルージュのものしか現時点で発見できておらず、原は第2試合でラリー・ブッカーという選手に敗れている。

その日、メインはジム・ガービンvsスーパー・デストロイヤーというカード。このスーパー・デストロイヤーの正体は、雪崩式ブレーンバスター（スーパープレックス）の創始者と言われるスコット・アーウィンの可能性が高い。

3月24日、原はこの新兵器を土産に帰国。4月開幕の『ビッグ・チャレンジ・シリーズ』から準エースとして再出発したものの、団体はすでに瀕死の状態に陥っていた。

――凱旋帰国した原さんが道場で雪崩式ブレーンバスターを本邦初公開したのは衝撃的でしたが、その連続写真が載った東京スポーツを見た新日本の木村健悟が先に試合で使っちゃいましたよね（笑）。

高杉　あったね、そんなことが（笑）。パクられて。でも、木村さんの投げが決まったわけじゃなく、相手の藤波さんが空中で身体を入れ替えて逆転フォールしたんじゃないかな。

鶴見　その試合の翌日の開幕戦（4月18日＝後楽園ホール）で、原はスティーブ・オルソノスキーにしっかり雪崩式を決めてみせたよ。多少、硬さはあったけど、3ヵ月の渡米で見違えるように成長していたよな。

高杉　自信を持って試合をしていましたね。現地では、このシリーズに来日したテリー・ラザンと一緒にサーキットしていたらしいです。

鶴見　勝ち負けよりも、「真のメインイベンターになるために何が大事か」という課題を持って遠征して、必要なものを身に付けてきたって感じかな。

——MSWA地区遠征ではもうひとつの必殺技を仕入れてきて、それがコーナー最上段から飛びついて決めるダイビング・ネックブリーカーでした。5月13日、一ノ関市民文化体育館でIWA世界タッグ王座に初挑戦した時に1本目で初公開しています。

高杉　ラザンに決めたんだよね。でも、原さんが帰国した時、国際はもう終わりそうな状況でしたよ。そんな中で木村さんと両輪でメインを張っていましたね。

鶴見　あのシリーズ前に浜口さんは肝炎で入院するし、大位さんは引退しちゃうしさ。シリーズ中にはスネークが亡くなったでしょ。

——5月16日、後楽園ホールで井上&原がポール・エラリング&ラザンからIWA世界タッグ王座を獲ったのが唯一の明るいニュースという感じでしたね。

鶴見　あの試合は金網で、最後は原がリングロープでエラリングの首を絞めてギブアップさせたよね。原らしさの出たワイルドな試合で、評価されたはずだよ。

高杉　でも、初防衛戦の相手がメキシコでも三流のエル・クルセロ&ティエラ・ビエント・イ・フエゴですから（笑）。

——その試合が行われたのがラス前の『ダイナマイト・シリーズ』ですね（6月11日＝下関市体育館）。

高杉　あのシリーズ、ガイジンは4人だけ。日本人も10人だから、6試合組むのが精一杯でしたよ。そして、これからという原さんにとっても、我々にとっても不幸だったのはテレビ東京の中継が終わってしまったことでしょうね。

——いよいよ最後の『ビッグ・サマー・シリーズ』になるわけですが、原さんの雰囲気はどうでしたか？

高杉　「もうこのシリーズでおしまいだろう」という雰囲気の中で、原さんは明るかったですよ。元々カラっとしたポジティブな性格でしたから、頑張ってメインやセミを張り続けていましたね。

鶴見　最後の羅臼の日は俺がメインで金網をやって、セミが木村さんと井上さんのタッグ、原はセミ前でジ・ェンフォーサーとシングルだったよな。

高杉　原さんは「プロレスは続けたいんだよな」と漏らしていましたけど、具体的なプランは持っていなかったようですね。

鶴見　原は先のことを計算するような感じじゃなかったから。（自分の日記を見ながら）羅臼の後、東京に戻ってきてから、8月25日に事務所で身の振り方を話し合うミーティングが開かれてね。ほとんどの選手が集まったと思うけど、その席で井上さんが「新日本には出ない」と明言して。その場には原もいたよ。

——吉原社長が新日本と交渉して、10月8日に蔵前国技館で全面対抗戦をやる話が具体化していました。でも、原さんは途中で降りています。

高杉　対抗戦の会見（9月7日＝京王プラザホテル）には原さんも出席しているでしょ。新日本側からは藤波vs原の再戦も発表されて、鶴見さんは寺西さんと組んで星野勘太郎さん、剛とやるはずでしたよね。

鶴見　でも、ヒールをやっていた俺が今更、寺西さんと組むのはおかしいと思ったし、会見にも行かなかった。西ドイツへ行こうとしていて、その連絡待ち状態だったから。

高杉　俺もメキシコ行きが決まっていたから、蔵前の対抗戦は最初から外されていましたよ。

鶴見　俺は吉原さんの頼みだから仕方ないって感じだったけど…事態が急変したんだ。ほら、俺の日記の9月12日（会見から5日後）のところを見てよ。「裏切り者がいるみたいだぞ」って書いてあるでしょ。吉原さんが団体として

末期の国際プロレスは資金難のせいもあり、必然的に来日外国人レスラーの質は落ちていった。写真は高杉が対談中で触れている井上＆原vsエル・クルセロ＆ティエラ・ビエント・イ・フエゴのIWA世界タッグ戦（王者組が初防衛）。

団体が崩壊すると、鶴見は新日本参戦を拒否して渡欧し、高杉は当初の予定通りメキシコ武者修行に出た。その後、全日本マットで原と再会。３人は国際血盟軍として共闘していた時期もある。

進めてきた対抗戦のプランを無視して、新日本が一本釣り作戦に出たんだよ。そのエサで釣られた人間がいたのが発覚したんだ。社長はその晩、飲みながら新間さんのやり方に激怒してたな。原もその一本釣りが露見したことで嫌になったはずだよ。

――原さんはその12日の午後に高田馬場で行われたマッハ隼人壮行会にゲストとして出席し、表向きには「ヘビー級に転向した自分が改めてジュニアで藤波と対戦することに意味がない」とコメントしました。でも、もしかしたらその日に事務所で吉原社長から実情を聞かされた可能性がありますね。結局、原さんは対抗戦の話を蹴り、長崎に帰って一度は廃業を決意したようです。

高杉　アマチュアの世界が長い人ですから、プロレスのドロドロした舞台裏を見て疑心暗鬼になっていたのかしれない。社長や国際とのしがらみを断ち切って、廃業しようとした寸前のところを門馬（忠雄）さんの仲介で馬場さんに拾われたんじゃないかな。俺がメキシコに出発（9月30日）する前後のことだから、詳細はわからないですけどね。

――最後に原さんと国際で共に時間を過ごした仲間として、一言いただけますか？

鶴見　俺は原に国際の未来を託そうと真剣に盛り立てたつもりだよ。お米（金）がなくても、やり甲斐があって楽しかったしね。

高杉　それは俺も一緒ですよ。あれは楽しくて充実した時間でした。

鶴見　でも、間近に迫った阿修羅・原時代の到来を良しとしない先輩がいたことも確かだよ。

高杉　そうですね。そこが悲劇ですよ。本人は「あと身長が5センチあれば…」なんていつも言っていたけど、あと3年早く原さんが国際に入ってきていたら時代は変わったかもしれないですね。

鶴見　確かになあ。上の人たちの中でも、社長だけは国際の未来をしっかり見据えていたのに…。原を団体を背負えるエースに育て上げるには時間と金が足りなすぎたよ。

［証言］

新間 寿

元新日本プロレス営業本部長

清水 勉＝聞き手
interview by Tsutomu Shimizu
原 悦生＝撮影（P387〜389、396）
photographs by Essei Hara

Gスピリッツの連載『実録・国際プロレス』では外部のフロントやフリーランスとして参戦したレスラーにも登場していただいたが、書籍版は団体の所属選手及びスタッフ、近い関係者、担当記者に絞ってインタビューを収録した。本項は、別掲のミスター・ポーゴと共に書籍版未収録の連載記事である。

〝過激な仕掛人〟こと元新日本プロレス営業本部長・新間寿氏は学生時代に日本プロレスの所属レスラーだった吉原功と知り合い、新日本時代には対抗戦という形で国際プロレスと業務提携。さらに団体崩壊後には幻の全面対抗戦プランを経て、ラッシャー木村&アニマル浜口&寺西勇の新国際軍団結成を仕掛けた。また、それ以前には吉原社長から「新社長就任」という仰天プランを持ち掛けられたこともあった。

新間氏側の立場から国際プロレスの内情を考察することで、新たな発見もあるだろう。何度もプランニングされながら、なぜ国際vs新日本の全面戦争は実現しなかったのか？　そして、新国際軍団のメンバーがあの3人になった経緯とは？

――新間さんと吉原社長の最初の接点は、力道山道場になりますか？

「そうだね。私が中央大学の時、人形町にあった力道山道場にボディビル練習生として通っていた頃になるのかな。私は会員番号が一桁なんだよ。そこでプロレスラーとして吉原さんが練習していたんだよね」

——その頃、ボディビルの練習生がレスラーに話しかけるチャンスはあったんですか？

「憧れの存在だから、近づけないですよ。あの頃は吉原さんの他に豊登さんや渡辺貞三さん、金子武雄さん、宮島富雄さん、ユセフ・トルコ、九州山、阿部修もいたね。でも、こちらから選手たちに声をかけられるような雰囲気ではなかった。レスラーと我々の間には見えない壁みたいなものがあったからさ」

——選手たちと会話ができるような関係になったのは、いつ頃なんですか？

「私がポンジー化粧品に入社してからだね。あれは1960年…九州の小倉勤務の時で、三萩野体育館だった。化粧品を持って、トヨさんに挨拶に行ってね。私は営業でカッコつけたかったから、〝お得意さんのところに選手を連れて行きたいんです〟とトヨさんに頼んだんですよ。そうしたら、金子さん、吉原さん、ミスター珍さん、大坪清隆さんを出してくれてね」

——その時、吉原さんと顔繋ぎができたんですね。

「そう。62年に東京に戻ってきて、渋谷のリキパレスによくプロレス観戦に行っていたのよ。私は若手の選手に勝利賞として化粧品を贈呈しようと閃いて、リングアナの小松敏男さんに相談したんだ。当時、1個500円くらいする透明石鹸というのを3個セットで渡してもらったんだよ。そうしたら、吉原さんが〝俺にもその石鹸をくれよ〟と言ってきてね。私は会社に話をして、選手みんなにあげたんですよ。そんな縁もあって、私は吉原さんの結婚式に出席させてもらったの（61年1月＝早稲田大学大隈会館）。

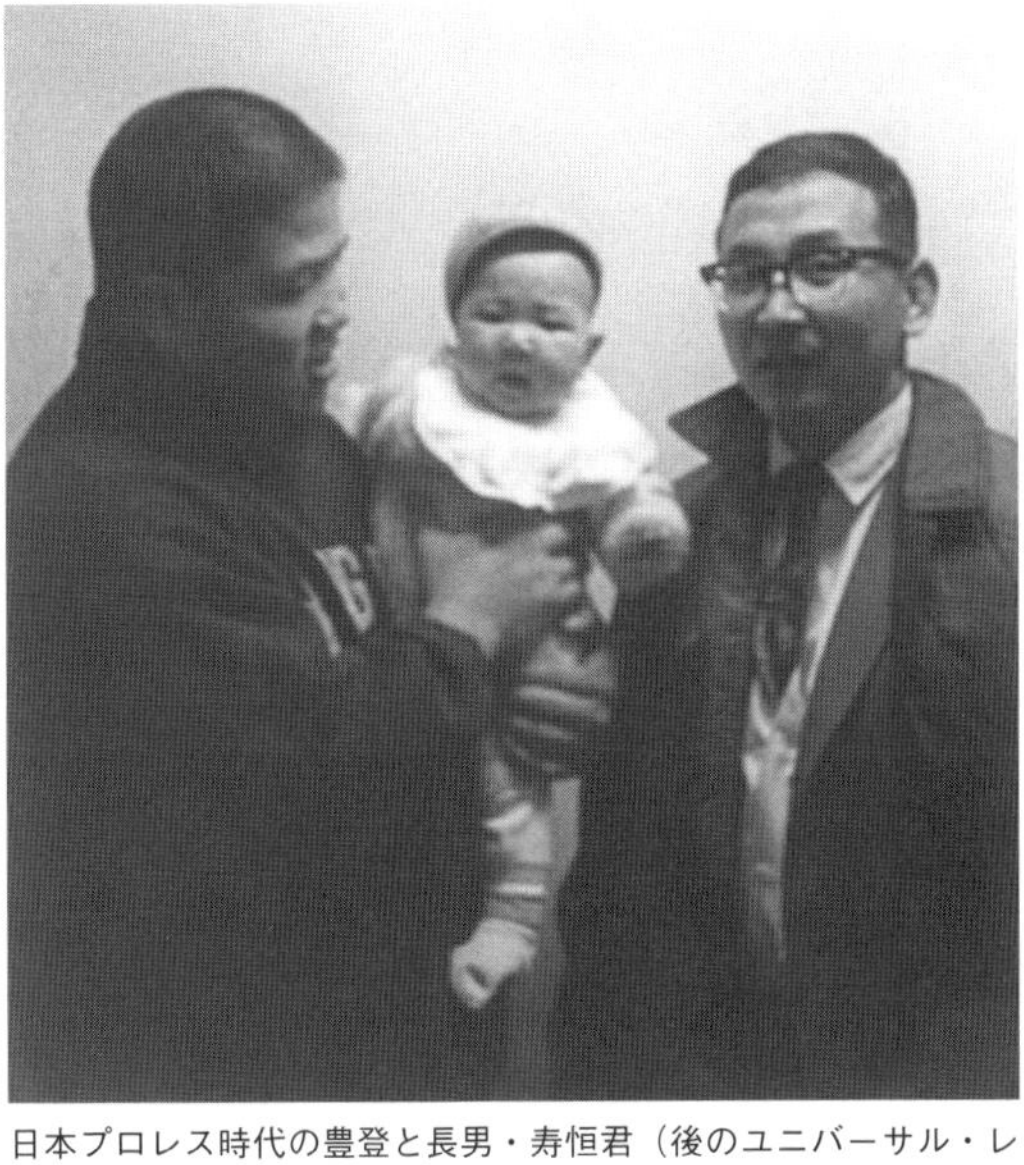
日本プロレス時代の豊登と長男・寿恒君（後のユニバーサル・レスリング連盟代表）を間に挟んで記念撮影。この後、新間氏は豊登に誘われ、東京プロレスの営業部長に就く。

新間氏がポンジー化粧品の小倉営業所に勤務していた60年10月28日、日本プロレス一行が同地に巡業してきた。左からミスター珍、吉原功、大坪清隆、新間氏、金子武雄。

というより、頼んで入れてもらったから式場の端っこに無理やり席を作ってくれたんだけど、レスラーの結婚式に初めて出たから嬉しくてしょうがなかった（笑）。吉原さんには、強引に頼んで私の結婚式にも来てもらってね（63年4月13日）。だから、吉原さんとは石鹸が取り持った縁ですよ」

さて、ここから国際プロレスの話に入っていくが、その前に当時の流れを整理しておこう。

66年1月、日本プロレスは豊登の社長辞任を発表する（事実上の追放）。3月に豊登はハワイに飛び、日プロに凱旋帰国する予定だったアントニオ猪木の略奪に成功。4月に帰国すると猪木をエースとする新団体旗揚げ構想を発表したが、新間氏は豊登の渡航資金を用立てるなど、すでにこの動きに加わっており、東京プロレスにも営業担当として入社することになった。同団体の詳細はGスピリッツ増刊『東京プロレス』に新間氏自身のインタビューが掲載されているので、興味のある方は参照していただきたい。

それから約半年後、日プロの取締役営業部長だった吉原功氏が辞職し、ヒロ・マツダをエースとするインターナショナル・レスリング・エンタープライズ（国際プロレス）の設立を発表する。10月12日に東プロは蔵前国技館で旗揚げ戦を開催し、24日には渡米していた吉原氏がマツダと共に帰国した。
この時点で国際側の所属選手はマツダの他、日プロを離脱したミスター鈴木、草津正武、杉山恒治の4名のみ。当初、団体のコンセプトは基本的にレスラーを囲わず、日プロや東プロから選手をブッキングしてアメリカ式に興行を行うという斬新なものだった。

「その頃の私はプロレス関係者になれて、舞い上がっていてね。リキパレスを遠藤幸吉らが売却したことに激怒して、日プロを辞めた吉原さんが草津、杉山と一緒に渡米したという話は東スポを読んで知っていたよ。でも、こっちも旗揚げシリーズが始まるところだったから、そうした動きを気にしている余裕はなかった」

――選手のブッキングに関して日プロは国際側の協力依頼を一蹴しましたが、東プロは国際が南青山で事務所開きをした際に祝電を打って友好的な姿勢を示しましたね。

「まあ、そのコンセプトはともかく、吉原さんの船出だから当然の行為ですよ。具体的な話になったのは、その後だよね」

――東プロの旗揚げ『ビッグマッチ・シリーズ』第8戦となる11月2日の松本県営体育館大会当日に、宿舎の浅間温泉香蘭荘で猪木－マツダのトップ会談が行われました。

「あの日は私も営業費がないから、少しでもお金をもらおうと松本へ行ってね。でも、行ったらレフェリーの阿部修に〝金なんてない！〟と言われてさ。猪木さんも〝新間、東京に早く帰りな〟と言うんで不思議に思いながら駅に戻ろうとしたら、その途中でマツダさんにバッタリ会ったんだよね。聞いたら、〝これから猪木さんに会うんですよ〟って。だから、私には内緒の話し合いだったんだ。でも、その時の会談は不調だったみたいだね」

――豊登さんが国際への協力を反対したからだと言われていますが。

「いや、旗揚げ戦の売上げの使い込み等で猪木さんとトヨさんの間には、もう亀裂が入っていたよ。確かそのシリーズが終わった後に、吉原さんが東プロの事務所に改めて協力依頼に来ているよね（11月29日）。猪木さんと奥の部屋で長く話していたよ。トヨさんは…確かいたと思う。でも、私はそこもノータッチ」

――会談後、猪木＆吉原両社長の会見が開かれて、年明けの国際旗揚げシリーズは合同興行として行うことが発表さ

66年10月10日、旗揚げ戦を控えた東京プロレスは赤坂プリンスホテルでレセプションを開催した。左から北沢幹之、監査役の新間信雄氏（寿氏の父）、豊登、斎藤昌典、木村政雄、アントニオ猪木。

れました。

「吉原さんとしてはトヨさんのネームバリューを知っているから、興行的に欲しいのよ。まだ、その頃はアントニオ猪木よりも豊登の方が知名度があったからね。でも、トヨさんの使い込みで猪木さんは不信感を持っていたし、2人の仲は冷え切っていたよ。猪木さんは東プロの旗揚げシリーズでいきなり大きな負債を抱えたから、金が入る合同興行は渡りに舟だったでしょう」

12月19日、東プロの第2弾『チャンピオン・シリーズ』最終戦となる東京体育館大会で、豊登は「体調が悪いから、正月からの合同興行には出ない」と猪木に伝える。

そして、シリーズ終了後に猪木は北沢幹之を新社長に据え、北青山に事務所を移して新会社『東京プロレス株式会社』を設立。こうして東プロは2派に分裂した。とはいえ、猪木派は自ら興行を打つ財力を持ち合わせておらず、67年1月5日に開幕した国際の旗揚げ『パイオニア・シリーズ』に豊登、田中忠治を除く全員で参加した。それと同時進行で、猪木と豊登&新間家の告訴合戦が始まる。

しかし、合同シリーズ終了後、猪木が参戦しなかった豊登のファイトマネーも国際側から取り立てようとしたことで吉原社長は激怒。両団体の業務提携は、1シリーズでご破算となった。

結局、猪木は4月に古巣・日プロに復帰。それと入れ替わるように、同年7月開幕の国際旗揚げ第2弾『パイオニア・サマー・シリーズ』から豊登が上がるようになる。

「猪木さんから我々が告訴された件は、国際の旗揚げ直後に東スポの1面に出たんじゃないかな（1月10日付）。後になって吉原さんが〝シリーズ開幕直後にこんな話題を出すなんて、猪木ももう少し考えてくれて当たり前だろ〟と怒っていましたよ（笑）。私は父親（信雄氏）に勘当されて日光市の小来川銅山に入るわけだけど、その前にトヨさんに呼ばれて会っているんだよね。その時に〝新間、俺は国際プロレスに出るからさ。田中マサ（政克＝忠治）も連れて行くから〟と言われて。田中マサは告訴合戦の時の調べで、合宿費の使い込みが発覚したんだけどね」

――豊登さんは番頭格の田中さんと2人で身延山に山籠りをして浪人生活を送っていたものの、資金切れになったようで猪木さんと絶縁した吉原社長に接近したわけですよね。

「トヨさんは〝新間、吉原に頼んで、お前も国際で引き取るようにするから、しばらく待ってろ〟と。そういう話をした上で、私は銅山に、トヨさんは国際に入ったんですよ。でも、いくら待っても声がかからないから我慢できなくて、こっちから東京に出てトヨさんに会いに行ってね。私も好きで好きでしょうがないから、とにかくプロレスの仕事がしたくてウズウズしていたわけよ（笑）。そうしたら、トヨさんは〝新間、悪いけど…〟と歯切れが良くないんだ。それで菊池孝さんが心配してくれて吉原さんに会わせてくれたのよ。その時に営業で使ってほしいと直接頼んだら、吉原さんに〝ウチは営業はいらない〟と断られたんだ。私としては営業マンでも豊登のマネージャーでも何でもいいから、どんな形でもプロレスに関わりたかった。国際には木村政雄、寺西勇、仙台強、大磯武…東京プロレスの仲間たちが何人もいたから一緒に仕事をしたかったんだよね。ましてや、吉原さんとはお互いの結婚式に出たりして昔から関わりがあったしさ。でも、その時は二の句が継げないような言い方をされたからビックリしたね。結局、その一言で終わっちゃって、私は断腸の思いで銅山に戻りましたよ。そこから10年以上、吉原さんと会わなかった。その後、TBSが国際のバックに付くんだよね。その旗揚げ戦（68年1月3日＝両国日大講堂、ルー・テーズvsグレート草津）の中継は銅山の飯場で観たよ。〝やっぱりテーズは凄いなあ〟と思ったのを憶えてる」

――その一戦で草津エース路線を諦めた吉原社長は、豊登をトップに押し立てました。

「やっぱり吉原さんはトヨさんのネームバリューとキャリアが必要だったんだよ。私は銅山に4年間いて、その後はトヨさんと一緒に『ダイナパワー』という車の燃費をパワーアップする部品の全国セールスをやったり、実家の近くで『寿パン』という名前の小さなパン屋を開店したり、プロレスから離れた生活をしていたんだ」


豊登は70年2月に国際のリングで引退したが、猪木が72年4月に新日本プロレスを旗揚げすると新間氏に説得される形で復帰して参戦。その後、新間氏は新日本に正式入社し、猪木の懐刀として数々の過激な仕掛けを行ったことは改めて説明するまでもないだろう。国際プロレス関連では74年にストロング小林、78年には剛竜馬を引き抜いている。

さて、猪木vs小林戦の翌年、75年6月6日に突然、国際のエースでIWA世界ヘビー級王者のラッシャー木村が猪木への挑戦を表明した。その内容は、「あなたは実力日本一を名乗っているそうだが、私も密かに実力日本一を自負している。私はあなたの日本選手権提唱には賛成だ。この際、実力日本一を賭けて戦おうではないか」というもの。だが、新日本側は木村を格下扱いし、一笑に付す。


――あの時、木村さんは内容証明付きで挑戦状を送ってきましたよね。

「向こうから一方的に仕掛けてきたんだよね。その時、ストロング小林はどうしてた？」

――その1週間前（5月30日）に、新日本に正式入団しています。

「それで吉原さんは頭に来たんじゃないの。こっちも回答書を出しているよね」

――猪木さんの名義で、要約すると〝木村よ、己を知れ。自分で実力日本一と言うなんて、自惚れるな。日本選手権などとおこがましいことを言わなければ、受けてやってもいいが、そちらから挑戦してきたんだから、対戦日時、場所、テレビ放映権などはこちらに任せろ〟という強烈な返答でした（笑）。

「それを書いたのは私じゃないよ（笑）。おそらく小鉄ちゃんなんかが猪木さんと一緒に作ったんじゃないの。こっちはモハメド・アリに挑戦状を出したり、アリの代理

ストロング小林は国際プロレス離脱後、74年の２度にわたる猪木との一騎打ち、75年春の『第２回ワールドリーグ戦』参加を経て、同年5月30日付で新日本プロレスに正式入団した。写真は猪木との初タッグ（６月５日＝札幌中島スポーツセンター）。

人が日本に来たりで忙しい時期だったよ。あの時、吉原さんは何て言ってたの?」

――同月25日、国際の選手が強化合宿をしていた群馬県藤岡市で会見を開き、吉原社長は〝ウチも興行会社だから興行権が五分でないとできない。猪木君がこんなムチャな条件を突き付けてくるというのは、我々の挑戦を拒否したと受け取る〟とコメントしています。

「確かに失礼な回答だから、吉原さんが怒るのは当然だよ(笑)。ただね、ストロング小林とやった時に猪木さんは〝小林は強かったよ。さすが吉原さんが育てたトップの選手だけあるな〟と言っていましたよ。でも、木村は東プロ時代の弟子でしょ。猪木さんにとっては、〝お前、顔じゃないよ〟と。猪木さんはレスリングのことになると凄く上から目線になるんだよね」

――さらに吉原社長は、〝こういう他団体を見下した態度では統一コミッショナーや日本選手権の開催なんてできるわけがない〟とコメントしました。この件で、東プロ時代に生まれた猪木アレルギーがピークに達した感じです。

「ああ、そこから続いているんだね(笑)。せっかく国際から来た話題なのに追い返しちゃってさ。もったいなかったね。私に任せれば、ファン感覚で面白いことができましたよ。選手はレスラーの視点でしか物事を考えられないんだよね」

国際プロレスは全日本プロレスに旗揚げ時から協力し、吉原社長とジャイアント馬場は絶大なる信頼関係で結ばれ、幾多の対抗戦を重ねてきた。だが、78年になって日本マット界の図式は大きく変わる。

この年、新日本は『プレ日本選手権』の開催を計画。馬場は吉原社長を焚き付けて同時期に国際のリングで『日本リーグ争覇戦』を開催させ、ジャンボ鶴田、ロッキー羽田、ミスター・サクラダ（ケンドー・ナガサキ）、グレート小鹿&大熊元司の極道コンビ、大木金太郎、キム・ドクを貸し出した他、アメリカからプロフェッサー・タナカもブッキングし、『プレ日本選手権』潰しに出た。しかし、国際が建前上、「他団体からも参戦してほしい」という趣旨の文章を全日本と新日本に送ったことで話はややこしくなる。

　新日本はここぞとばかりに、「ヤマハ・ブラザーズを参加させたい。その代わりにプレ日本選手権にも誰か出してほしい」と返信。これを受けて、おそらく馬場は「新日本の選手を出場させるなら、ウチは協力できない」と吉原社長に迫ったのだろう。9月21日、吉原社長は新日本の品川プリンスホテル大会に足を運び、猪木の控室を訪れて「ヤマハの参加を白紙に戻したい」と断りを入れる。さらに、この時の会談で「いずれは協力して日本選手権をやりましょう」と前向きに合意したが、実は水面下ですでに国際は新日本と手を結んでいたのだ。

　それが表面に現れたのは11月25日。国際の蔵前国技館大会に、これまで交流のなかった新日本からストロング小林と小林邦昭が特別参加する。さらに12月16日、吉原社長は木村と阿修羅・原を引き連れて、新日本の『プレ日本選手権』決勝が行われる蔵前国技館に来場。3人はリングに上がり、木村は猪木、原は藤波辰巳に宣戦布告した。

――国際は全日本と長年ギブ&テイクの友好的な関係を続けてきましたが、78年末に突然、提携相手を新日本に鞍替えしました。この年の4月に剛竜馬を引き抜かれて吉原さんは激怒していたはずですが、この提携話は国際側から持ち掛けられたんですか、それとも新間さんの仕掛けですか？

「剛の件で国際が東京地裁に〝新日本への出場停止〟の仮処分申請までしたんだけど、〝団体同士でよく話し合いなさい〟と却下になったのよ。それがキッカケで国際の総務部長だった鈴木利夫（リングアナ）さんは中央大学の先輩でもあるから、よく話し合うようになったんだ。そんな折り、国際から〝リーグ戦で他団体に門戸を開放する〟という文書が届いて、ウチはヤマハを出すと即答したんだけど、〝馬場との約束があるから…〟と吉原さんが頭を下げに、わざわざウチの会場に来たんだよね。その後、今度は私が高田馬場の事務所へ行って、吉原さんと会ったんですよ。一対一で話すのは11年ぶりかな。〝そっちがいろいろ掻き

78年9月21日、吉原社長と鈴木利夫総務部長が新日本プロレスの品川大会を訪問し、猪木、新間氏と会談を持った。両団体は犬猿の仲にあったが、ここからまさかの業務提携がスタートする。

回すから、大変だよ〟なんて言われてね（笑）。〝吉原さん、あの時に私を国際の営業で使ってくれれば良かったんですよ。今の新日本の隆盛を見てくださいよ〟、〝いや、新間さん、本当だなあ〟って和気あいあいだったよ（笑）。その時に〝全日本と組んでいて何かメリットがあるんですか？〟と尋ねてみたわけ。そうしたら、吉原さんが突然こう言ってきたのよ。〝新間さん、アンタが国際の社長をやってくれないか〟って。入社を断られた男が11年後にいきなり社長だからね（笑）。でも、そこで咄嗟に閃いたのよ。〝これは面白い。俺が国際側に付いた形で、アントニオ猪木に食いついたら！〟と。その手始めに木村と原を新日本のリングに上げて、猪木、藤波に挑戦させたらどうかとね。でも、レスラーやレスラー上がりの人はリングの中のことをファン上がりの人間に言われるのが嫌なんだよ。猪木さんがそうだもん。私が国際の社長になるという話を会社に帰って伝えたら、猪木さんは大反対したよ。〝新間、お前が国際の社長なんかになって、何が面白いんだよ。俺の下にいる人間がそっちへ行って、俺と五分に話ができるのかよ〟と言うわけ。〝ああ、何でこの人、わからないかなあ〟と思ったよね」

——猪木さんとしては、新間さんを手元から離したくなかったんじゃないですか。

「そうだろうね。でも、その話だって猪木さんのため、新日本を面白くするための壮大な対抗戦プランだったのに…理解されなかったよ」

――新日本は手始めに、ストロング小林と小林邦昭の2選手を派遣しましたよね。『日本リーグ争覇戦』は吉原社長のプロレス生活25周年の記念事業だったので名目はそのご祝儀としての参加でしたが、小林は電撃離脱以来、4年ぶりとなる古巣のリングでした（ミスター・ヒトに勝利）。

「その前に私は小林を吉原さんに会わせて、和解させたんですよ。だから、その大会で吉原さんは彼を使ったんだよね」

――その日、小林邦昭は寺西に敗れましたが、鶴田らも出場していたので、国際&全日本&新日本の3団体が同じリングに上がった史上初の興行ということになります。

「ああ、そうか。夢のオールスター戦より前に3団体が出た試合があったんだね（笑）。確かに〝3つの団体を同じリングに上げるのが本懐だ〟と吉原さんは言っていたよ。私は猪木さんと一緒にヨーロッパ遠征に行っていたから、その3団体が出た蔵前の大会は観ていない気がする」

――今になって振り返ると、吉原社長は『日本リーグ争覇戦』で全日本勢の力を借りながら、裏では新日本とすでに密約を結んでいたことになりますね。

「それ、馬場さんが一番嫌がることだよね（笑）。吉原さんのことだから、馬場さんに断りを入れていたかもしれないけどさ。まあ、そういうこともすべて含めて、この時点で国際の経営状態は気の毒になるほど厳しい状況だったということだよ」

――12月14日、新日本の大阪府立体育会館に吉原社長とアニマル浜口が来場し、猪木さん&新間さんと会談後に対戦を申し入れ、リングにも上がりました。その2日後、新日本の蔵前大会にアニマル浜口&寺西勇が出場し、新日本側はポリスマン的な長州力&木戸修をぶつけています（30分時間切れ引き分け）。

「いいカードですよ。小鉄ちゃんが特別レフェリーだったよね。その日は、猪木vsヒロ・マツダ（『プレ日本選手権』決勝）の前に木村と原がリングに上がったでしょ。だから、ここが正式な開戦だね」

――同月26日に後楽園ホールで行われた藤波辰巳のファン集会で、新間さんは〝79年10月から1週間の予定で国際と共催で日本選手権シリーズを開催する。全日本にも呼びかけ、3団体共催にしたい。大都市で猪木vs木村を含めて日本選手権を賭けて戦う〟と爆弾発言をしました。これはかなり具体的なプランでしたね。

「そのファン集会は、吉原さんが原を連れて来てくれた時だよね。その前に吉原さんとはいろんな意見を出し合って、そういう計画を作成したのよ。他にIWA世界タッグと北米タッグを賭けて戦うとかね。あれは私が一方的に言ったわけじゃなく、吉原さんと合意の元に発表したんだ。その構想自体は実現しなかったけど、あれが夢のオールスター戦の原型だったように思うよ」

――79年に入ると本格的に対抗戦がスタートし、1月21日の国際の後楽園ホール大会に小鉄&星野が乗り込んで、草津&浜口からIWA世界タッグ王座を奪取しました。ヤマハは向こうからのリクエストですか？

阿修羅・原は78年12月26日、FCイベント『第2回ドラゴン・フェスティバル』に剛竜馬（この時点では国際を退団してフリー）と共にゲスト出演。藤波辰巳との対戦に向けて気運が高まったが、実現までに1年半を要した。

「いや、最初から〝猪木と坂口は出せませんよ〟と言ってあったし、こちらから〝タッグならば、ヤマハがいいでしょう〟と。日本リーグ争覇戦にヤマハを出すと言って、引っ込めたという経緯もあったでしょ。だから、すぐ納得してもらえましたよ。ヤマハはテネシーでもタッグチャンピオンになったというけど、日本でのベルト姿はこれが初めてだもんね」

――その日は永源遙も寺西と対戦し、回転エビ固めで敗れています。

「それ、東プロ対決ですよ（笑）」

――IWA世界タッグ王座は2月に井上&浜口に奪還されましたが、その直後の同月

26日に大磯武がフィリピンでアジア・レスリング・コーポレーション（AWC）のジム開きを行い、新日本からは永源さんが出席しましたよね。

「大磯も東プロ仲間だからね（笑）。その話は吉原さんから来て、ウチはシリーズ中だったけど、喜んで永源ちゃんを出したよ」

――ところで、79年の年始早々に新日本と国際が二階堂進衆議院議員（後の自民党副総裁）をコミッショナーに立てて、日本プロレスリング・コミッションを設立しましたよね。

「それはテレビ朝日の三浦（甲子二）専務直々の命令だったね。その話を吉原さんに持っていったら、了承してくれて。馬場さんはどうするかということも話したけど、吉原さんが〝俺が言っても馬場は今、頭が尖っているから無理だろう〟と言うから誘わなかったんですよ。でも、私がマスコミを通じて〝全日本も賛同すべきだ〟とか余計なことを言うから、馬場さんもカッカなっちゃって（笑）。これも私から言わせてもらえば、全日本に対する嫌がらせ以外の何物でもないよね（笑）」

――6月7日には新日本の蔵前大会で藤波vsカネックのWWFジュニア戦が行われ、原が激励のためリングに上がりました。吉原社長としては、彼をクリーンなイメージで全国放送に乗せたかったみたいですね。

「その頃の吉原さんは原の売り出しに熱を入れていたから。それにウチは視聴率が良かったしね。そうそう、原がベルト（WWU世界ジュニアヘビー級王座）を獲った相手のミレ・ツルノも私が呼んであげたんだから。ツルノとは、猪木さんのヨーロッパツアーでずっと一緒だったからね」

――6月14日には馬場、猪木、吉原社長が揃って『プロレス夢のオールスター戦』の会見を行いましたが、その9日後には国際の後楽園ホール大会で吉原&新間会見が開かれ、新間さんからアンドレ・ザ・ジャイアント、ヘイスタック・カルホーン、ダイナマイト・キッドの3名をシリーズ後半に特別参戦させるというプレゼントが発表されました。

「ツルノもそうだけど、対抗戦をやるだけじゃなく、外国人選手も斡旋するといういい雰囲気の交流だったよね。アンドレもキッドも元々は国際だけど、その時分は新日本に来ていて吉原さんは欲しがっていたから。逆にこちらからアレックス・スミルノフをリクエストしたら、ドタキャンになったよ（80年6月）」

――9月27日にはヒルトンホテルで馬場さんと新間さんが

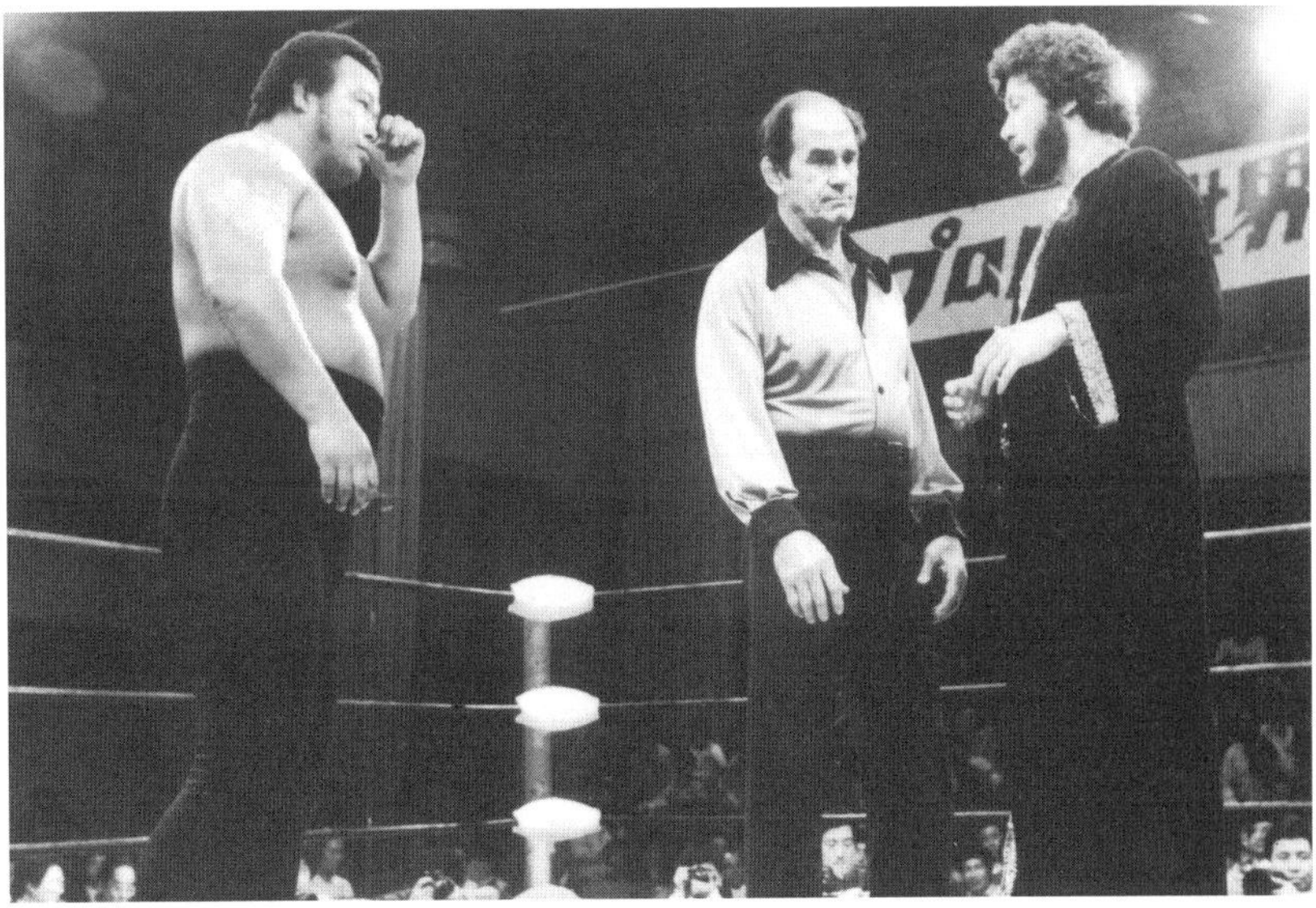

国際プロレスは東京12チャンネルの金銭的バックアップを得て80年3月21日、後楽園ホールでラッシャー木村vsジョニー・パワーズのIWA世界戦など4大タイトルマッチを組んだ。新日本は所属選手を送り込むだけに留まらず、外国人レスラーのブッキングでも協力。

共同で会見を開き、〝国際に来日するネルソン・ロイヤルのNWA世界ジュニアヘビー級王座は無効である〟と主張しました。この2人が揃って会見すること自体が考えられないことでしたが、それでも国際側はロイヤルvs原のNWA世界ジュニアヘビー級戦を怪しいベルトで強行しましたね（10月5日＝後楽園ホール）。

「まあ、吉原さんも頑固なところがあるから（笑）。あれは馬場さんもそうだけど、決して国際に対して悪意があってやったことではないからね。NWAのメンバーとして、間違いを正すために開いた会見ですよ」

――80年3月21日、後楽園ホールで国際は4大タイトルマッチを敢行し、木村のIWA世界王座にジョニー・パワーズが挑戦しましたが、あれも新日本が貸し出したんですよね？

「吉原さんからのリクエストですよ。確かこっちが出した候補の中から、吉原さんがパワーズをチョイスしたんだと思う。その日は木村健悟と永源ちゃんがタッグ王座に挑戦しているでしょ」

――浜口&井上のIWA世界タッグに挑戦しました。この試合で木村のプランチャを受けた浜口が右足首を骨折し、長期欠場を余儀なくされたんですよ。

「対抗戦は相手の手の内や持ち技がわからないから、危険も多いよ。ビールで床が濡れていて、足を滑らせたみたいだね」

――この日は原vs剛のWWU世界ジュニアヘビー級戦も組まれましたが、剛が感情的なファイトを見せました。

「その後、ウチの蔵前大会（4月3日）で藤波vs原をやったんだよね？　いい試合だったような記憶があるんだけど……」

――藤波さんがキャリアの違いを見せつけたというか、原の経験の浅さが露呈した感もありましたね。その翌日には新日本の大田区体育館で山本小鉄の引退試合が行われ、最後にヤマハと対戦したのは鶴見五郎&大位山勝三の独立愚連隊でした。

「最後だから、相手がヒールの方がやりやすかったんだろうね。吉原さんの気の利いた配慮で彼らを借りたんですよ」

――先ほど話に出た浜口の欠場により空位になったIWA世界タッグの王座決定戦は6月29日に国際の後楽園ホール大会で行われ、ストロング小林&永源が井上&寺西を破って新チャンピオンになりました。新日本vs国際の対抗戦の特徴は、永源さんが頻繁に駆り出されたことです。

「永源ちゃんは融和剤であり、ポリスマンみたいなものだよ。東プロ出身だから、向こうにも知っている選手が何人もいたしね。それとまだストロング小林に対して悪い感情を持っていた人間もいたようだから」

IWA世界タッグ王座は7月15日、国際の富士市民体育館で井上&浜口が奪還に成功。タイトル絡みの対抗戦が連発された上半期と打って変わって、ここから年末まで両団体の交流は一旦途絶える。

12月13日、新日本の東京体育館では藤波&木村健悟vs浜口&寺西のタッグマッチが組まれ、藤波が寺西をジャーマン・スープレックスで撃破。セミでは木村がストロング小林の挑戦を退け、IWA世界ヘビー級王座を防衛した。

遂に国際のエースがベルト持参で新日本に乗り込んできたわけだが、これが結果的に最後の対抗戦となる。

「その東京体育館大会は、『MSGタッグリーグ戦』の追撃戦という形でね。私が蔵前（11月3日）で〝12・13の東体で全面対抗戦をします〟と発表したら、国際の選手会が〝そんな話は聞いてない！〟と紛糾したみたいだけど、吉原さんが〝俺の一存で決めた〟と収めたらしいよ」

――それでもマイティ井上は〝俺は出ない〟と出場を拒否し、藤波&木村の相手は井上&浜口でしたが、寺西さんに変更されました。

「新日本に憎悪を抱く選手が多かったみたいだね。それで全面対抗戦の形が崩れたんだよ。目先のお金が必要な大変な時に、彼らは自分のプライドを取ったということですよ」

――最後の対抗戦となった東京体育館大会に出場したのは木村、浜口、寺西の3人…後の『新国際軍団』でした。

「この時、3人が吉原さんの意を汲んで素直に出場したから、新日本も彼らを信頼したんですよ」

――小林を破って防衛した木村さんは試合後に〝これで区切りが付きました。ファンのみなさんのご協力を得て、猪木選手に挑戦したい〟と宣言しましたが、81年に入ると交流は自然消滅します。

「その東体の日にIWGP構想を発表したんだよ。そこから先、私の頭の中はIWGPに向いていたんだろうね。それと新日本の中では、一丸にならない国際に対して気持ちが引いたよね。猪木さんは、〝何で潰れそうな団体を手助けしなきゃいけないんだ。そんな団体と同じ条件で全面対抗戦ができるかよ〟と言っていたよ」

――3月に国際は東京12チャンネルのレギュラー中継を打ち切られましたが、そこで全日本も新日本も手を貸しませんでしたね。

「馬場さんは国際に一度裏切られているから、知らん顔でしょ。猪木さんも〝潰れるものは潰れればいいんだよ〟と。私もIWGPやアブドーラ・ザ・ブッチャーの引き抜きに目が向いていたから、吉原さんを助けられなかった」

――吉原社長は最初に馬場さんのところに出向いて〝選手全員を預かってほしい〟と頼んだものの、断られたそうです。

「そうなんだ…吉原さんも必死だったんだね。その後、ウチに同じことを頼みに来たんだな。猪木さんは〝全員は引き取れない。必要なのは、あの3人だけだ。あとは国際プロレスの名前を自由に使えるようにしろ〟と言っていたよ。あの時、テレビ朝日の永里（高平）さんが早稲田大学のレスリング部繋がりで吉原さんと仲が良かったから事情を説明して支度金を用意したんだよね」

――金額は5000万円とも言われています。

「支払う日の朝に、猪木さんから〝新間、そんなに払う価値ないよ。3分の1にしろ〟と連絡が入ってね。私が〝国際の名前がずっと使えるならば、妥当な額だと思いますよ〟と言い返したら、〝冗談じゃない。早く経理に回せ〟

と言われて。結局、永里さんも逃げちゃって、私に吉原さんの応対をさせるんだもん（苦笑）。小切手を受け取りに来た吉原さんは顔色を変えて、ガックリしていたよ」

経営難に陥った国際は81年8月9日の羅臼町民グラウンド大会を最後に興行活動を停止したが、その裏で吉原社長は新間氏と再びスクラムを組み、大掛かりな計画に着手していた。

同月27日、新日本の事務所で新間氏と吉原社長が共同会見を開き、両団体の全面対抗戦プランを発表する。概要は10月5日に国際が押さえていた大阪府立体育会館で第1弾、さらに11月末までに東京、福岡で計3回の対抗戦を行うというものだった。

会見の席で新間氏は、「今度の話がまとまる段階で吉原社長とも話し合ったが、もしウチがこの対抗戦で圧勝するような結果になったら、国際プロレスがウチに統合され、日本プロレスリング・コミッションの下に一本化されることもありうる」とコメント。それを受けて、吉原社長が「私としても、それは否定しない。現在の3団体は多すぎる」と弱腰とも取れる言葉を口にする場面もあった。

しかし、この3連戦計画も実現せず、9月7日に改めて共同会見が開かれ、国際側からは吉原社長の他、木村、浜口、寺西、原が出席。10月8日に蔵前国技館で全面対抗戦を開催し、カードは猪木vs木村、藤波vs原、タイガーマスクvsマッハ隼人、長州vs浜口、星野&剛vs寺西&鶴見、さらにスペシャルタッグマッチとしてスタン・ハンセン&ハルク・ホーガンvsアレックス・スミルノフ&バッドニュース・アレンの外国人対決も発表された。

「最初に対抗戦ツアーをしようとしたのは、吉原さんに少しでもお金を払おうとしたんだろうね。結局、そこも猪木さんに反対されて、大阪と福岡はできないってことになったんじゃないかな。最終的に10月8日の蔵前大会で全面対抗戦をやるという話になったけど、あの発表されたカードは坂口さんと吉原さんで決めたんじゃないかと思うよ」

——しかし、この数日後に国際の選手たちがミーティングを行い、不参加を表明する人間が続出したため全面対抗戦の開催は不可能になりました。彼らが反対した理由のひとつは、木村、浜口、寺西の3人だけがその後も新日本に継続して上がる契約を水面下で交わしていたことが発覚したからです。

「うん、それは正しいですよ」

——改めて、この3人を選んだ理由は？

「選手目線ならば、仕事ができること。フロント目線ならば、さっきも言ったように信頼できるかどうかですよ」

——不参加だった国際サイドの選手たちは、〝新間さんが浜口さんを一本釣りして、浜口さんに残りの2人を説得させた〟と言っています。

「（無言で頷く）。私が浅草へ行って、（浜口に）会ってます。それが木村が〝こんばんは〟と挨拶した田園コロシアム（9月23日）に繋がるわけですよ」

——そして、10月8日の蔵前大会で猪木vs木村の一騎打ちが実現し、ここから抗争が始まりました。直後の『闘魂シリーズ』では、あの3人にストロング小林と剛竜馬も加わって『新国際軍団』を名乗りましたが、小林は腰痛で途中欠場、剛も欠場ばかりで結局、5人が一堂に会したことはありませんでしたね。

「あれはもったいなかった。もっと国際軍団を大きくすれば良かったんですよ。3人だけだったから、後で維新軍に飲まれちゃったんだよ」

——猪木vs木村の抗争は加熱し、82年9月21日には大阪府立体育会館で敗者髪切りマッチが行われました。木村さんが敗れたものの、逆に国際軍団が猪木さんの髪を切って逃走したので観客が帰らずに暴動寸前になりましたが、最終的に新間さんがリング上で〝私が責任を取って髪を切ります！〟と宣言して鎮めましたよね。

「全部、アドリブですよ。小鉄ちゃんも出てきて、その場をうまく収めましたよ」

——シリーズ終了後、新間さんが本当に坊主になったのは驚きました（笑）。

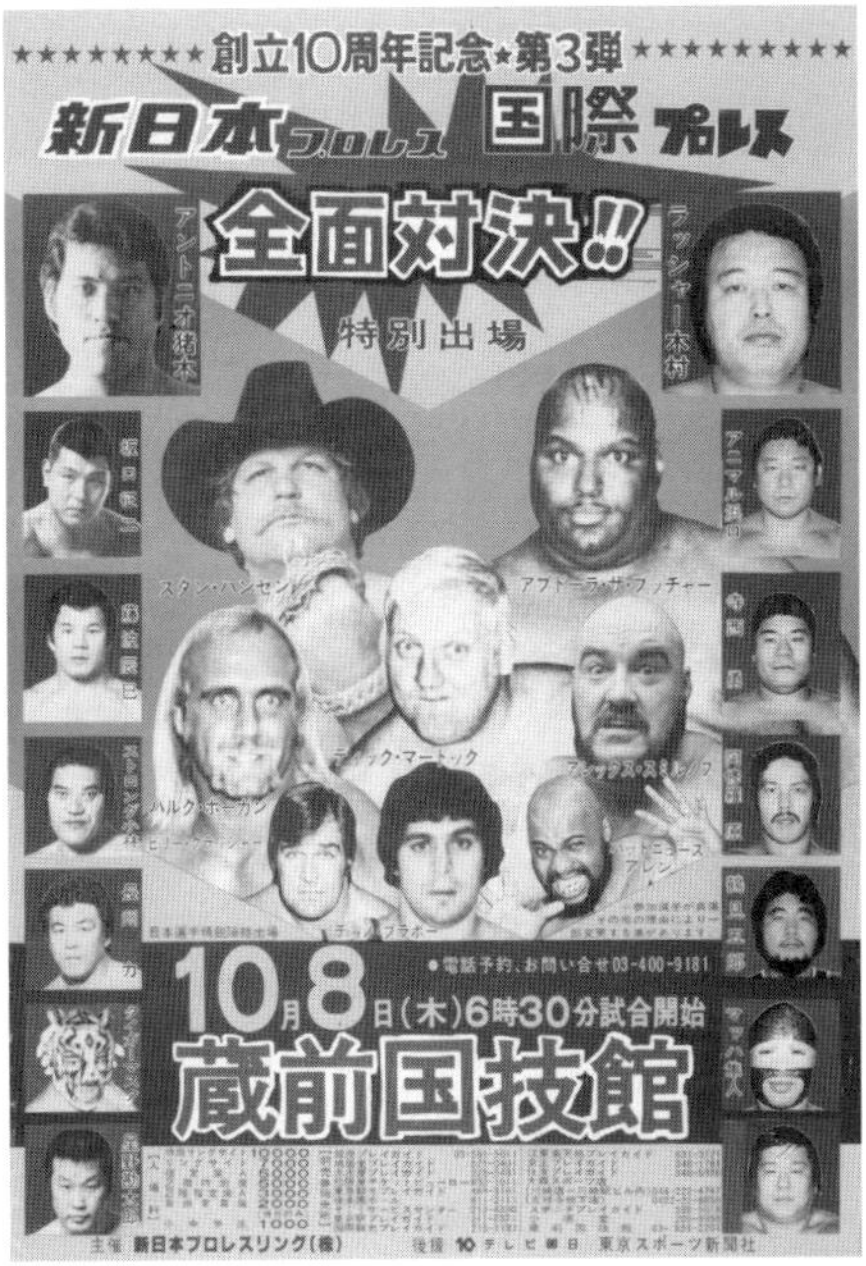

幻に終わった新日本vs国際の全面対抗戦。ポスターに顔写真が掲載されたメンバーで出場したのは木村、浜口、寺西だけで、他に特別レフェリーとして若松市政も参加した（その後、カナダに遠征）。

「ファンに対するケジメですよ。それに私は実家がお寺だから、坊主になることに抵抗がないからさ（笑）」

――82年11月と翌83年2月には、猪木さんと国際軍団の1vs3ハンディキャップマッチもありました。あれは木村さんたちにとって、屈辱的なマッチメークだったでしょうね。

「そうだよね。寺西なんか、会場で私と会っても顔を背けていたもん。でも、バラバラに使うよりも、あの形で良かった。私は試合を観て、そう思ったよ」

――その後、新間さんは83年夏に新日本を退社し、翌84年4月に旧UWFを旗揚げするわけですが、国際出身の木村と剛に声をかけたのは何か理由があったんですか？

「単純に2人のことが好きだったからですよ。木村は東プロ時代からの古い付き合いだしね。木村なんかが食えない時代に、田中マサが合宿費を使い込んだりしたでしょ。その田中マサがみんなを焚き付けて私をリンチしようと計画したことがあったけど、それを止めたのは永源ちゃんと木村だったからね。彼には、そういう恩義もありましたよ」

81～83年の「新日本ブーム」において、タイガーマスクと共に起爆剤となった新国際軍団。猪木と木村の抗争は高視聴率を獲得し、結果的に"一本釣り"は大成功に終わったと言っていい。

――では、最後に国際プロレスという団体は新間さんにとって、どういう存在だったんでしょうか？

「新日本と全日本の熱いせめぎ合いを冷静に、公平に見ていたのが国際プロレスだよね。ビル・ロビンソン、アンドレ・ザ・ジャイアント、ダイナマイト・キッド…彼らを発掘した選手を見る目の素晴らしさもあったけど、決して大きなものを望んだわけではなく、国際が新日本と全日本の間にあったことによって日本のプロレス界の三国志が成り立ったんですよ。本当に凄い時代だったと思うよね。国際プロレスを抜きにして、昭和のプロレスは考えられないですよ」

――三国の中で最初に滅びてしまったのは、国際プロレスには『新間寿』という名軍師がいなかったということですかね。

「〝その通り〟と私が言うわけにはいかないよ（笑）」

[証言]

アポロ菅原

2009年3月発売のGスピリッツ11号から連載がスタートし、後に書籍化された『実録・国際プロレス』だが、どうしてもコンタクトが取れない選手の一人がアポロ菅原だった。残されている試合記録を辿ると、菅原は02年10月を最後にリングに上がっていない。その後の足取りについては「○○に住んでいるらしい」、「○○の店に顔を出した」といった情報はあったものの、本人に取材交渉を行えるまでには至らなかった。

念願のインタビューが実現したのは2020年の春。コロナ禍の最中で感染防止のために対面取材はできなかったが、菅原には国際プロレス時代のみならず、全日本プロレスへの移籍、新日本プロレス参戦、さらにパイオニア戦志旗揚げ以降まで23年間のレスラー人生すべてを振り返って

小佐野景浩＝聞き手
interview by Kagehiro Osano
山内 猛（P408、424、429、435、445～447）、
梶谷晴彦（P411、413）、
原 悦生（P422、441）＝撮影
photographs by Takeshi Yamauchi,
Haruhiko Kajitani, Essei Hara

もらった。

——菅原さんの最後の試合は02年10月1日、国立代々木競技場第二体育館におけるＩＷＡジャパン8周年記念大会で高杉正彦のパートナーを務め、ジプシー・ジョー＆ドクター・デスに勝利した時になりますか？　このタッグマッチは高杉さんのレスラー生活25周年記念試合でした。

「そうですね。確かに高杉さんの25周年が最後だったと思います。その頃、鎖骨から上腕二頭筋の上、肩の辺りを怪我して握力がほとんどなくなってしまって。引退した横綱・稀勢の里関の怪我と同じような感じだと思うんですけど、例えばスーパーに行って買い物をしても、せいぜい1・5キロくらいの重さの袋も肘を曲げて持ち上げることができなかったんですよ。ちょっと有名な先生に診てもらったら、〝菅原さん、まだリングに上がりたいですか？手術すれば1年後くらい、手術しない場合には10〜12年くらいすれば完全にとは言わないけど、元に戻っていきます〟と言われて。もう48歳になっていたし、自分としては〝この辺が潮時かなあ〟と考えまして。引退という形は取らなかったですけど、ずっとプロレスとは関係のない仕事をしていましたから、プロレス界とは全然接触はなかったですね」

——まずは順を追って国際プロレス入門前の時代から、いろいろとお聞きしたいと思います。前から疑問に思っていたことなんですが、菅原さんは高校時代にアマチュアレスリングをやっていたのに、国際のパンフレットに掲載されたプロフィールでは〝県立秋田工業高校時代には柔道に熱中〟となっているんですよね。

「アマレスのことは別に隠していたわけじゃないですけど、自分から言ったことはなかったかもしれませんね。言う顔じゃないですから。でも、国際プロレスに紹介してくださった遠藤（光男）会長は知っていたと思うし、会社も知っていたと思うんですけどね。全日本プロレスに行った時にはちゃんと経歴を言ったんですけど、プロフィールに載せてくれなかったですね。まあ、同じレスリング出身の三沢（光晴）、川田（利明）がいたからじゃないかな。三沢、川田の先生は秋田商業高校レスリング部の僕より1つ下の小柳美代志ですからね。76年のモントリオール五輪の時に、フリー74キロ級の日本代表を伊達（治一郎）さんと争った人間ですよ」

——菅原さんの高校時代のレスリングの実績は、なかなかのものですね。一般的には3年生だった71年8月のイン

25歳の菅原青年を国際プロレスに紹介した遠藤光男レフェリー。後年に第60代横綱・北尾光司がプロレスラーに転身した際には、後見人として菅原にトレーニングパートナーを依頼した。

ターハイではフリー75キロ級で準優勝、同年10月の黒潮国体少年の部フリー81キロ級では優勝とされていますが…。

「国体は優勝してますけど、インターハイ準優勝は違いますね。結果的に4位です。東北大会の個人の決勝戦で負けている八戸工業高校の吉田幸雄さんとインターハイの準決勝でも当たって、この時も負けたんですよ。〝またアイツに負けたか。もういいや…〟って感じになっちゃって、3位決定戦で力が入らなかったです。前の年に自分と同じ階級でスネーク奄美さん…栄勇さんがインターハイも国体も優勝しているんですけど、当時は面識がなかったですね。奄美さんが優勝した年はスパーリングで腕の内側を痛めて、軟骨が固まったみたいになっちゃって。先生の〝まだ2年生なんだから軟骨を取ってから、やった方がいい〟という言葉に従って、国体は出られなかったんです」

――菅原さんが高校でレスリングを始めたのは、やはりプロレスラーになりたかったからですか?

「そういう気持ちがないこともなかったですけど、僕はレスリングよりも前にボディビルを始めていて、中学校2年の時には鉄アレイとかを持っていたし、3年生の時には60キロのバーベルをセットで買ったんですよ。父親がベンチプレス台を作ってくれて、基本の種目を全部やってました。

ちょうど馬場さんとブルーノ・サンマルチノがやっていた頃ですよ。ゴングも月刊の創刊号（68年5月号＝3月27日発売）から持ってましたよ」

──中学生の頃から、しっかりプロレスファンじゃないですか（笑）。

「力道山の頃から好きでしたけど、やっぱり馬場さんがサンマルチノやジン・キニスキーとやった頃から本格的に観るようになりましたね。馬場さんの試合で一番好きなのは、フリッツ・フォン・エリック戦なんですけどね。そういうのを観てプロレスラーに憧れましたけど、身長とかを考えると〝とても俺なんかがなれるわけがねえな〟って」

──ボディビルを始めたのは、サンマルチノなんかに憧れたからでしょうか？

「大好きでしたね。ブルーノ・サンマルチノ、ディック・ザ・ブルーザー・アフィルス、クラッシャー・リソワスキーとかを観て、〝よし！〟と思ったことはありました」

──プロレスラーへの憧れがありながら、高校卒業後は就職していますね。

「三井造船の千葉造船所に入りました。やっぱり、自分の身体ではプロレスラーになれるとは思わなかったので就職しましたね」

──働きながら、遠藤光男さんのボディビルジムで鍛えていたんですよね？　遠藤さんの推薦で国際に入門したということになっていますが。

「遠藤さんの紹介で入ったのは間違いないですけど、事実とはちょっと違いますね（苦笑）。遠藤会長とはある人を通じて知り合っていまして、錦糸町の会長のジムに行ったら大きな人がいて、〝会長、あの方は？〟と聞いたら、〝アニマル浜口だよ〟って。プロレスラーを見たのは、その時が初めてで〝やっぱりプロレスラーはゴツいな〟って。話なんかできなかったです。近づけないですよ、凄味があって（苦笑）」

──国際プロレスに入門するには、しばらく時間がかかるわけですね。

「そうですね。それが18歳の時ですから。三井造船は1年で辞めたんですけどね。僕は図面を描いて設計をしていたんですけど、先輩は東京大学の造船科で、係長が横浜国立大学の造船科ですよ。だから、〝ああ、ここは俺のいるところじゃないな〟と思って、会社を辞めて3ヵ月くらい失業保険で食べていました。その後にガソリンスタンドとかを保守点検するトキコメンテナンス（現・トキコシステムソリューションズ）に入って仕事をしていたんですけど、そうやって毎日を過ごす中で〝ああ、やっぱりプロレスが…〟と思って、とりあえず国際、全日本、新日本と3団体の試合を全部観に行きましたよ」

――行った大会を憶えていますか？

「全日本はブルーザー・ブロディが初来日した正月の後楽園ホールですね（79年）。国際は千葉公園体育館で、ラッシャー木村さんが『スカイダイバー』で入場していた頃ですよ（笑）。石川隆志（孝志）さんが参加したシリーズです」

――78年11月30日、『日本リーグ争覇戦』の優勝戦ですね。木村さんがプロフェッサー・タナカに勝って優勝しました。

「新日本も千葉公園体育館でしたね。リングに上がったお客さんが上田馬之助さんにメッタ打ちにされたのを見て、〝怖いな！〟と思って（笑）」

――その新日本の大会は、79年2月23日の『ビッグ・ファイト・シリーズ』開幕戦だと思います。

「3団体を生で観て…こう言うと生意気かもしれませんけど、〝もしかしたら、下の方なら俺もやれるかもしれないな〟と思いました。もちろん中堅から上になったら、みんな凄い身体をしていましたけど、〝もしかしたら、リングに上がることはできるかもしれない〟と思って遠藤さんに相談したら、〝いいんじゃないか〟という感触を得たんで会社をポンと辞めちゃったんですよ。戻れる道を絶っちゃったわけです。遠藤さんには〝どこでもいいぞ〟と言われたんですけど、その時に国際でレフェリーをされていたんで、〝会長、国際プロレスは何とかならないでしょうか？〟と」

――3団体を比較して、国際が良かったということですか？

「とにかく、〝どこかに入ってリングに上がれれば！〟というのが正直な気持ちでしたね。実はトキコで働いていた19歳の時に仕事の関係で川崎に1週間くらい泊まっていて、近くのキクスイ・ボディビルセンターで練習していたんですけど、そこの人に〝プロレスやらないか？〟と言われたんですよ。〝今、猪木さんが新団体を立ち上げたばかりで選手を探しているみたいだから、君は身体も大きいんだからどうだ？〟って。でも、その時には決心がつかなかったですね。その時に行っていれば、また違ったプロレス人生になっていたでしょうね」

――それから5〜6年経ち、遂に25歳にしてプロレスラーになる決心をしたんですね。

「年齢的にもそこで決心しなければ、なれなかったでしょうね。遠藤さんの紹介で国際の後楽園ホールに行って、最初に高杉さんとお会いして、〝おっ、待ってるぞ〟と言われたのを憶えてます。それから下に降りていったら、冬木がイスに座っていて。彼は高校卒業したばっかりだったんじゃないかな。試験というのは、なかったように記憶していますよ」

——それが79年5月6日の後楽園ホールですね。当時のプロフィールでは、その日に菅原さんは遠藤さんの推薦で、冬木さんは吉原功社長に直訴して入門したことになっています。ちなみに冬木さんは後年、テストをやらされて何もできなかったものの、浜口さんから〝荷物をまとめて合宿所に潜り込めば、何とかなるから〟と言われて大宮の合宿所に住みついたと言っていました。

「冬木の方がレスラーらしいエピソードを持ってるじゃないですか（笑）。当時の合宿所にはデビル紫さん、若松さんがいて、後からマッハ隼人…肥後（繁久）さんが入ってきたのかな？　鶴見さんとか高杉さんは通いでしたね。合宿所には3部屋あって、2段ベッドが置いてあるんです。紫さんと若松さんが1部屋ずつ、僕と冬木が同部屋だったのかな」

——当時のコーチ役は誰ですか？

「スクワットとかの基礎体力は若松さんでしたね。スクワットは普通の時で500回やってましたよ。これは巡業に行っても一緒。〝今日は！〟という時は1000回やって。受け身とかは道場によく来ていた鶴見さんから指導を受けたりしていました。当時の練習は、とにかく受け身です。後ろ、横、ボディスラムで投げられたりとか。覚えるのはそんなに大変ではなかったですけど、1種類につき100本取らされましたからね。確かにキツかったですよ。でも、国際のリングが一番硬かった記憶があるんで、全日本や新日本に行った時に〝国際でやってた受け身が役に立ったんだな〟と思いましたね」

——スパーリングは、どなたが強かったですか？

「ラッシャー木村さんとか浜口さんとはやったことがないですけど、スパーリングはやっぱり鶴見さんが強かったですよ。鶴見さんもレスリングをやっていたんで、技の極めるポイントとかもよく教えてくれました。奄美さんとも、よくスパーリングをやりましたね。〝菅原、この野郎！　お前もレスリングやってたんだな。手加減なしでいいぞ〟って」

——一緒に入った冬木さんは、本人が言っていたように何もできなかったですか？

「冬木は身体がまだできていなかったですからね。後に理不尽大王になりますけど、当時はあまり喋っていなかったです。ボソボソという感じでね。でも案外、理不尽大王の方が本性じゃないの（笑）」

菅原は入門から僅か4ヵ月後の79年9月9日、後楽園ホールにおける『ダイナマイト・シリーズ』開幕戦で行われたバトルロイヤル（7人参加）でプレデビューした。4分そこそこで退場者第1号になってしまったが、会社側から合格点をもらい、シリーズ第7戦となる9月17日の福岡九電記念体育館で高杉の胸を借りて早くも本デビューを果たす。

「あまり憶えてないですけど、バトルロイヤルはみんなから集中攻撃を受けましたね（笑）。当時、デビューできるかできないかは吉原社長が決めていたと思います。社長からは〝菅原、100キロにならなきゃリングに上げねえぞ〟と言われていたんですよ。デビューした時も実際には100キロなかったんですけどね。当時、吉原さんは埼玉の浦和に住んでいて、よく道場に来てベンチプレスとかをやっていましたよ」

――本デビュー戦は、いつ聞かされたんですか？

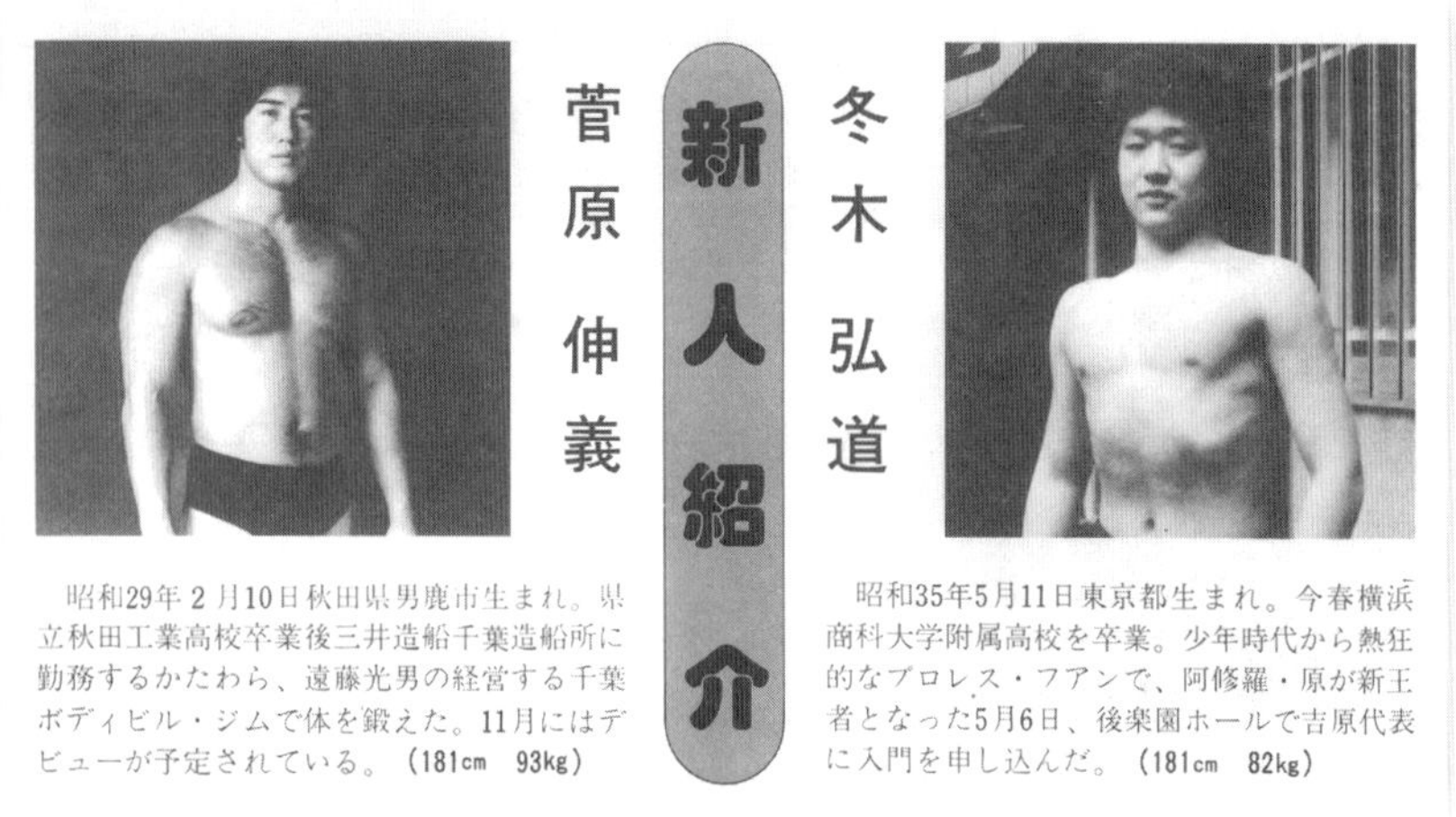
新人紹介
冬木弘道
昭和35年5月11日東京都生まれ。今春横浜商科大学附属高校を卒業。少年時代から熱狂的なプロレス・フアンで、阿修羅・原が新王者となった5月6日、後楽園ホールで吉原代表に入門を申し込んだ。（181cm　82kg）
菅原伸義
昭和29年2月10日秋田県男鹿市生まれ。県立秋田工業高校卒業後三井造船千葉造船所に勤務するかたわら、遠藤光男の経営する千葉ボディビル・ジムで体を鍛えた。11月にはデビューが予定されている。（181cm　93kg）

79年9月開幕『ダイナマイト・シリーズ』のパンフに新人として掲載された菅原と冬木。菅原は同シリーズで早くもデビューしたが、弱冠19歳だった同期の冬木はリング運搬の補佐などをしながら基礎練習を繰り返す日々だった。

「いつだったんですかね？　当日だったような気もするし。〝ああ、俺、今日デビュー戦か〟って感じだったと思います。タイツは先輩からもらって、リングシューズは〝その辺にあるのを履け〟という感じで。自分で作れるだけの金もないですからね」

——デビュー戦の内容は憶えていますか？　結果は10分50秒、逆片エビ固めでギブアップ負けでした。

「逆片エビで負けたのだけは憶えてます。試合時間が10分以上ですか？　じゃあ、結構やったんですね。緊張はしましたけど、アガるということはなくて、ヘッドロックとか練習で覚えた技をキッチリやらなきゃと思って試合をしていましたね」

——日本プロレスや全日本プロレスではデビューが近くなると、いわゆるプロレスの練習試合もやっていたと言いますが、国際はどうだったんですか？

「例えば首を取って投げて、それをシザースで返すとか、そういう練習はした記憶はありますけどね。本当に基礎的な技と動きは、やった記憶はあります。本番の試合では…まあ、言われなくても大技はやらなかったですね。僕らの時は一番の大きな技といったら、ドロップキックくらいですよ。あとはボディスラムとか基本的な技で試合していましたね。技なんて10種類もないですよ。それで10分くらいの試合を成り立たせていたんですから」

——デビューしたシリーズでは高杉さんと8回、米村勉さんと3回、若松さんと2回、奄美さんと2回、紫さんと1回対戦しています。当時の印象は？

「高杉さんとの対戦は多かったですね。高杉さんは動きが軽快でしたよ。米村さんは頭突きですよね。ゴーンって来るから、〝うわっ！〟って（苦笑）。それとベアハッグなんかを掛けられちゃうと、〝力、強えなあ〟って。これは余談ですけど、僕が新日本に上がっていた時、九州の巡業を抜けてパイオニア戦志の後楽園ホールに出たことがあったんですよ。羽田空港から後楽園ホールまで星野勘太郎さんと一緒に向かったんですけど、その時に星野さんに〝菅原、米村は何ができるんだよ？〟と聞かれて、〝ヘッドバットですかねえ〟と答えたら、〝米村はヘッドバットができるのか。それで十分だ。もう大丈夫だ〟と笑っていたことを思い出しました。それで試合がちゃんと成立したんですよ」

——それは90年6月16日のパイオニア戦志1周年興行ですね。第3試合で米村vs星野のシングルマッチが実現し、星野さんが腕絡みで勝っています。菅原さんの若手時代の話に戻すと、若松さんとはどんな試合を？

「いやあ、若松さんは…やっぱりロックアップしてヘッドロックを取ったり、足を攻めたりとか…今も現役でやってるから、滅多なことは言えないんですけどね（苦笑）」

――奄美さんとは、いい試合になっていたんでしょうね。

「奄美さんは身体が柔らかいし、何の技でも対応してくれましたよ。奄美さんの試合はプロフェッショナル。見ていて面白い…不謹慎ですけど、セコンドに付いていて吹き出しそうになるんです。韓国の選手とやる時のパターンがあって、相手が奄美さんにヘッドロック投げをやるんですけど、奄美さんはキャンバスに膝をトントンと突きながらヘッドロックから抜けていくんです。それで相手が〝あれっ？〟って、もう一度ヘッドロック投げに行って、また奄美さんが抜けていく。これを繰り返すんですよ。それで韓国の選手に〝おかしい。頭に何か塗ってるんじゃないか？〟と抗議されたレフェリーのミスター珍さんが奄美さんの頭をチェックして、〝ハゲてるだけだ！〟って（笑）。珍さんがそう言うと、場内が爆笑になるんです。お馴染みのワンパターンなんですけど、それで試合が4～5分持つんです。大したもんですよ」

――変な話、相手が下手でも試合を成り立たせることができますよね。

「相手はヘッドロック投げをやるだけで、奄美さんが全部試合を転がしちゃう。それでスモールパッケージホールド、逆さ押さえ込みとか器用な技を持っていましたよ、奄美さんは」

――大先輩の紫さんは？

「どう言っていいんだろう…まあ、普通の試合ですよ。一番印象に残っているのは、冬木がデビューした日の対戦ですね（80年5月4日＝紋別スポーツセンター）。試合後に〝ありがとうございました〟と挨拶に行ったら、〝菅原、珍しく今日はカタかったな。冬木がデビューしたから、ちょっと力が入ったか〟と言われたんです。そんなことを憶えてますねえ…」


当時としては遅い25歳でのデビューだったが、ボディビルで身体が出来上がっていた菅原は団体にとって〝期待の新人〟だった。

デビューから3シリーズ目となる80年1月4日、後楽園ホール『新春パイオニア・シリーズ』開幕戦では格上の先輩・鶴見と、同月9日の大分県立荷揚町体育館ではマッハ隼人と初対戦。同月19日の和歌山県串本町立体育館では、奄美を相手にデビュー僅か39戦目でキャリアが6年8ヵ月も上の先輩から首固めで初勝利を挙げている。同月25日の津島市民福祉会館でも再び奄美に勝利した。

「じゃあ、国際プロレスが潰れなければ、僕もちょっとはいいところまで行けたかもしれないですね（笑）。鶴見さんには国際の時からそうなんですけど、全日本時代にオーストリアに行った時にもお世話になったし、NOWの時とかもよく相手をしてもらって、やっぱり感謝してますよ。肥後さんは…茨城の高萩大会で初めて鶴見さんとシングルマッチをやったんです（79年11月1日）。メキシコのルチャ・リブレの試合をやるから、〝こんなのがあるんだ！〟ってビックリしましたよ。肥後さんとの試合というのは、肥後さんの技を受けることが大事なんです。大先輩に対して失礼な言い方になってしまうかもしれませんけど、肥後さんが空中殺法を使えるように持っていくという感覚があれば試合は成り立ちます。それと肥後さんは疲れてくると、メキシコ流の関節技を使うんです。だから、〝ああ、休んで息を整えているんだな〟って。肥後さんの技で一番怖かったのは…麻雀をやってる時のリーチですね（笑）。練習が終わった後、麻雀はよくやりましたよ。肥後さん、マイティ井上さん、阿修羅・原さんと。井上さんも〝マッハ、お前、もうリーチかよ⁉〟、〝リーチですがな！〟って（笑）。巡業に行ってもやっていた記憶がありますね」

――そして、記念すべき初勝利の相手は奄美さんでしたね。

「それはラッシャー木村さんの付き人が奄美さんから僕に変わった頃だと思うんですよ。それに対する餞別みたいなものだと思ってます。木村さんと奄美さんと自分で居酒屋でちょっと飲んでいる時に、奄美さんから〝菅原、もう明日から木村さんに付けよ。頼むぞ！〟と言われた記憶がありますよ」

――奄美さんはこの1月シリーズを最後に欠場に入り、3月28日に札幌市の中村脳神経外科病院で脳腫瘍の手術を受けるんですよね。

「木村さんの付き人を交代する時点で、もうリングに上がるのは難しいかなと考えていたのかもしれませんね。まだまだ自分なんかは何ともならないんだけど、餞別に勝利をくれたようなもんじゃないかなと解釈してます」

――木村さんの付き人業務は、いかがでしたか？

「会場に着いたら木村さんのためのテーブルを用意して、スーツケースを開けてシューズとかを置いて、その日に着るガウンを用意して…という感じですよ。木村さんは手がかかる方ではなかったですね。アドバイス的には一度だけ怒られたことがあります。それは木村さんが流血して、その血を自分が拭こうとした時に〝拭くな！〟って。〝ああ、俺はボケてたな。血を流しているところを見せるのがプロなんだな〟と反省しましたね。その一回だけです。木村さんの付き人をやっていて一番嬉しかったのは、シリーズが終わる日に〝菅原、ありがとうな〟って1万円もらったことですよ。だって、本当に金がなかったですもん（笑）。毎シリーズ1万円もらっていましたから、非常に助かりました」

——ちなみに、デビュー前の新弟子時代は会社からお小遣いが出るような形だったんですか？

「いや、それもなかったですね。〝合宿所に入れば、飯くらいは食えるだろう〟と思っていたんですよ。ところが、全部自分持ちですよ。全日本に行った時にはちゃんこ銭が出て、道場でちゃんこを作って食べていたし、新日本の場合には当時は道場に料理をする専門の方がちゃんといらっしゃって」

——しかし、新弟子で一銭も出ないというのはキツいですね！

菅原は戦列を離れたスネーク奄美と入れ替わる形で、IWA世界ヘビー級王者ラッシャー木村の付き人となった。木村が80年12月、新日本プロレスのリングに乗り込んで〝怨敵〟ストロング小林の挑戦を受けた際も同行している。

「貯金を90万円持ってたんですよ。ほぼ1年でなくなりました。冬木は親から仕送りをもらっていたのかな」

——練習後のちゃんこもないんですか？

「ないです、ないです。食事は各自ですよ。僕が大好きだったのはドンブリいっぱいの大根おろしに酢と醤油を入れて、そこに魚肉ソーセージを3本くらいぶち込んで、それでビールを飲んでました」

――道場に来た先輩たちに奢ってもらうことは？

「鶴見さんには、よく与野の駅前にある店に連れて行ってもらいました」

――ということは、デビューして、やっとギャラで生活できるようになったと。

「いや、デビューしてもギャラはほとんどなかったですよ。1ヵ月の給料が3万とか5万という感じではなかったです。唯一入ってくるのがバトルロイヤルの時。例えば優勝賞金が5万円だったら、それを参加した選手とレフェリーで分けるんですよ。それと巡業に出た時には、1日＝1500円の手当が出るんです」

――全日本、新日本もそうでしたが、昼飯代として出る弁当銭ですね。

「そうです。それが全日本では3000円で、新日本では5000円だったんですよ。いや、4000円だったかな？　いずれにしても、〝違うもんだなあ！〟って（苦笑）」

――そんな状況だと、木村さんから毎シリーズもらえる1万円は大きかったですね。付き人ということは、夕食も木村さんにご馳走になっていたんですか？

「基本的に国際プロレスの場合は旅館が多かったから、みんなで食べるという感じで。お酒は米村さんが強かったような記憶がありますよ。食事を含めてなら鶴見さんです、やっぱり。米村さんは飲んでいるというイメージで、鶴見さんは食いながら飲んでいましたから。自分もそれなりに強かった方だと思います。ほとんど酔わなかったですからね」

――どれぐらいの量を飲むんでしょう？

「金に関係なく、いわゆるごっちゃんだけだったら、みんな本気を出しますよね。でも、自分の金で飲まなきゃいけないとなると、ささやかだったんじゃないですか？　ビール2〜3本とか。だから、タニマチからしたら〝迷惑な選手が来たな〟と思っていたと思いますよ（笑）。80年に大木金太郎さんが国際に来られた時に、秋田の本庄の旅館で大木さんが選手全員と一席設けたんですよ。自分はご祝儀を1万円もらって、〝いやあ、やっぱり日プロの三羽烏は凄いなあ〟って（笑）。大木さんが来てくれたお陰で興行も売りが増えたんですよ」

――では、国際時代に勉強になった先輩や外国人選手はいましたか？

「稚内の屋外の会場で初めて寺西さんと試合をさせてもらった時に、〝プロレスって、こういうことか！〟って（80年5月5日＝稚内市ショッピングセンター・タイガー駐車場）。身体の移動の仕方が巧いんですよ、寺西さんは。簡単に言えば、やっていて疲れないんです。あれは本当に勉強になりましたね。寺西さんは酒が入ると、軽快なフットワークが重厚になるんですけどね（笑）。外国人ではオックス・ベーカー、アレックス・スミルノフ、ジプシー・ジョーさんが印象に残ってます。ジプシー・ジョーさんのスタミナは凄いと思いましたね、あの食生活で。24個入りのカップヌードルを買ってきて、1日に1個か2個しか食べないのに、あの驚異的なスタミナなんですよ。遠藤会長もビックリしてましたよ、〝あれこそ超人だ！〟って（笑）。さすがにそれが毎日ではないでしょうけど、それだけインパクトを受けた選手ですよ」

――ベーカーの名前が出るとは意外でした。

「いつも七面鳥か鶏肉を食いながら出てきて、〝ああ、怖いな！〟と思ったんですけど、普段は眼鏡をかけていて大人しい人で。その時は外国人と同じバスに乗っていて、隣に座っていたんですけど、〝このおっさんがリングに上がる時には、あんな凄い形相になるんだなあ〟って。スミルノフも普段は温和な顔をしているんですよ。山形のホテルでスミルノフ、紫さんと3人で飲んでいて、〝僕がスミルノフさんと試合をするには、どれぐらいかかりますか？〟と聞いたら、2人に〝10年はかかる！〟と言われましたよ（笑）」

――80年7月26日には午前零時過ぎにタクシーが大宮の合宿所に突っ込んでプロパンガスが爆発し、全焼するという大惨事が起きましたよね。選手たちは『ビッグ・サマー・シリーズ』の最終戦を終えて札幌に泊まっている時でしたが、菅原さんは損害は？

「あの時は冬木が怪我して居残りだったから〝あいつ、大丈夫かな？〟って、みんな心配したんだけど、実家に帰っていて無事でした。合宿所が焼けちゃった当時、僕は千葉市の浜野にまだアパートを借りていましたね。だから、そのアパートに着る物とか荷物は結構置いていたと思うんで、合宿所が焼けちゃっても被害はそんなになかったと思います。会社が火災保険に入っていたのかどうかはわからないけど、あの時は鈴木（利夫＝総務部長）さんから〝焼失した物は少し多めに書いておけよ〟と適切なアドバイスを受けましたよ（笑）。それで〝スーツが5着…〟とか書いたけど、一銭も入ってこなかった（笑）」

80年11月25日、岡山武道館における米村天心戦。この時期は米村、冬木、大位山、高杉の他、韓国から来ていた南海山（姜成英）、梁鎮五らと第1～2試合で対戦するのが菅原の定位置だった。

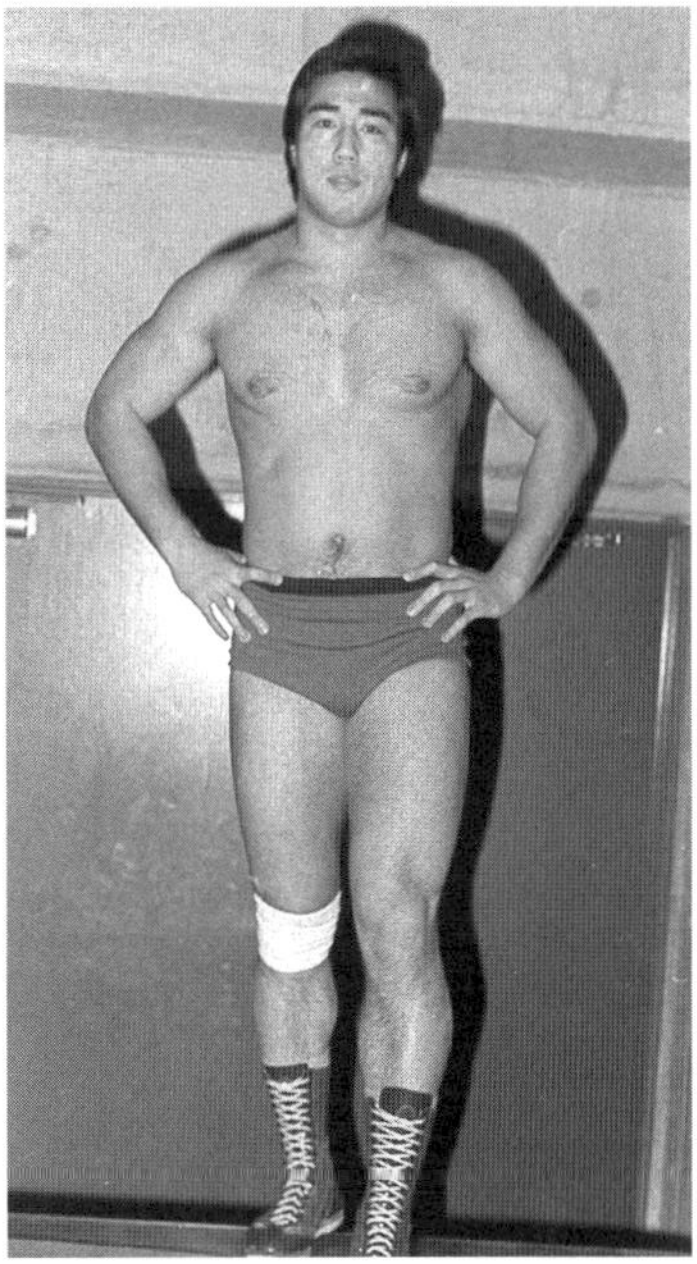

――81年2月に新たな合宿所が完成するまで、他の選手はどうやって過ごしていたんですか？

「浦和にアパートを借りていたんですよ。練習は自主トレーニングで、シリーズが始まったらリングでの練習をやるという形だったと思います。元々、みんなで一生懸命に練習をやろうという感覚はなかったですからね。それぞれにって感じで」

――じゃあ、国際には合同練習はなかったんですか？

「メンバーを見てくださいよ。合同練習をやるようなタマじゃないですよ。円陣を組んで、スクワットをやる姿なんて想像できないですよ（笑）」

――話をリング上に戻すと、キャリア1年を迎えた80年9月24日に大分県蒲江町民グラウンド前で高杉さんに首固めで初勝利していますね。その後も11月シリーズでは13日の倉吉市中央体育館、27日の千葉公園体育館と連勝していますが、高杉さんは以前、本誌のインタビューで〝菅原はアマレスの国体で優勝したことを伏せていたけど、社長がアマレス関係者から聞きつけて一時的にプッシュした〟と言っていました。

「まあ、千葉は地元みたいなものだから高杉さんがちょっと花を持たせてくれたんじゃないですかね（笑）。確かパイオニア戦志旗揚げの時（89年4月30日＝後楽園ホール）もやって、自分が勝ったのかな？」

――そうですね。ヨーロピアンクラッチで菅原さんが勝っています。

「じゃあ、シングルで最後に勝ったのは僕ということになりますね（笑）」

――若手が試合で先輩に勝つには普通2～3年かかりますから、1年で奄美さん、高杉さんの2人に勝ったというのは大したものだと思います。80年11月1日の後楽園大会では、デビューしてすぐに足を怪我して長期欠場していた冬木さんの復帰戦の相手を務めて、以後は菅原vs冬木の同期対決も多く組まれるようになりますね。結果は、菅原さんの勝ちか時間切れ引き分けでした。

「僕が冬木に負けた記憶があるのは、全日本をクビになる直前の秋田ですよ」

――86年3月1日、秋田県立体育館で鶴見さんと組み、井上＆冬木と対戦した時ですね。最後は菅原さんが冬木さんの逆さ押さえ込みに敗れました。

「秋田は僕の地元だから体育館の館長とかも先輩だし、いい恥をかかされましたけど…まあ、冬木からの餞別ですよ（笑）」

――国際の若手時代は、冬木さんとどんな試合をしていたんですか？

「道場で覚えた技を普通にやるという試合ですよ。ガチンコではないですけど、それに近いような試合ですよね。冬木とはずっと一緒に練習をしていたから、その延長のような試合ですよ」

――80年後半には冬木さんだけじゃなく、留学してきた韓国の若い選手たちとの対戦も増えましたね。

「李王杓（イ・ワンピョウ）と対戦する時に、吉原社長から〝李はこれから韓国の英雄になる男だから〟と言われたのを憶えてますよ。彼はテコンドーをやっていて、プロレスで言えばトラースキックでやられました。韓国の選手はレスリングの攻防に持ち込むと違う技で返してくればいいのに、〝それは俺もできるぜ〟という感じで同じ技で来る傾向がかなり強くて。だから、試合をしながら〝違う技！〟って。大木さんの弟の金光植はヘッドバットが強かったけど、韓国勢の中で一番センスがあったのはやっぱり李王杓でしたね。一番破壊力あるフィニッシュを持っていましたし。韓国遠征に行った時にはジャンプしながらテコンドーのキックをやっていて、インパクトがありましたよ」

――80年11月8日の新井市民体育館では、独立愚連隊の大位山勝三さんと初対戦していますね。

「その時、ミスター珍さんが大位山さんのマネージャーとして付いていたんじゃないかな。僕はやられて、やられて、そこからカムバックして…でも、大位山さんと珍さんにストップされるという展開だったと思うんですけど、それでお客さんが盛り上がったんですよ。〝ああ、これがプロレスなんだな〟って、わかりましたね。試合後、珍さんに〝菅原、こういうのがプロレスなんだからな〟と言われたことを憶えてますよ」

――そして年明けの81年1月7日、館山市民センターで珍さんの復帰戦の相手を務めたんですよね。当時、珍さんは48歳でした。

「珍さんの反則負けですよね（笑）。あの人は、いつもタイツの中に粉を持っているんですよ。その粉をかけられて、いつも僕の反則勝ちですよ。確か珍さんは全試合反則負けという記録を作ったはずです（笑）」

――ある意味、珍さんと試合をするのは難しいと思うんですが。

「珍さんをコーナーにバーンと振ると、前にパタッと倒れる受け身があるじゃないですか。あれをお客さんに見せら

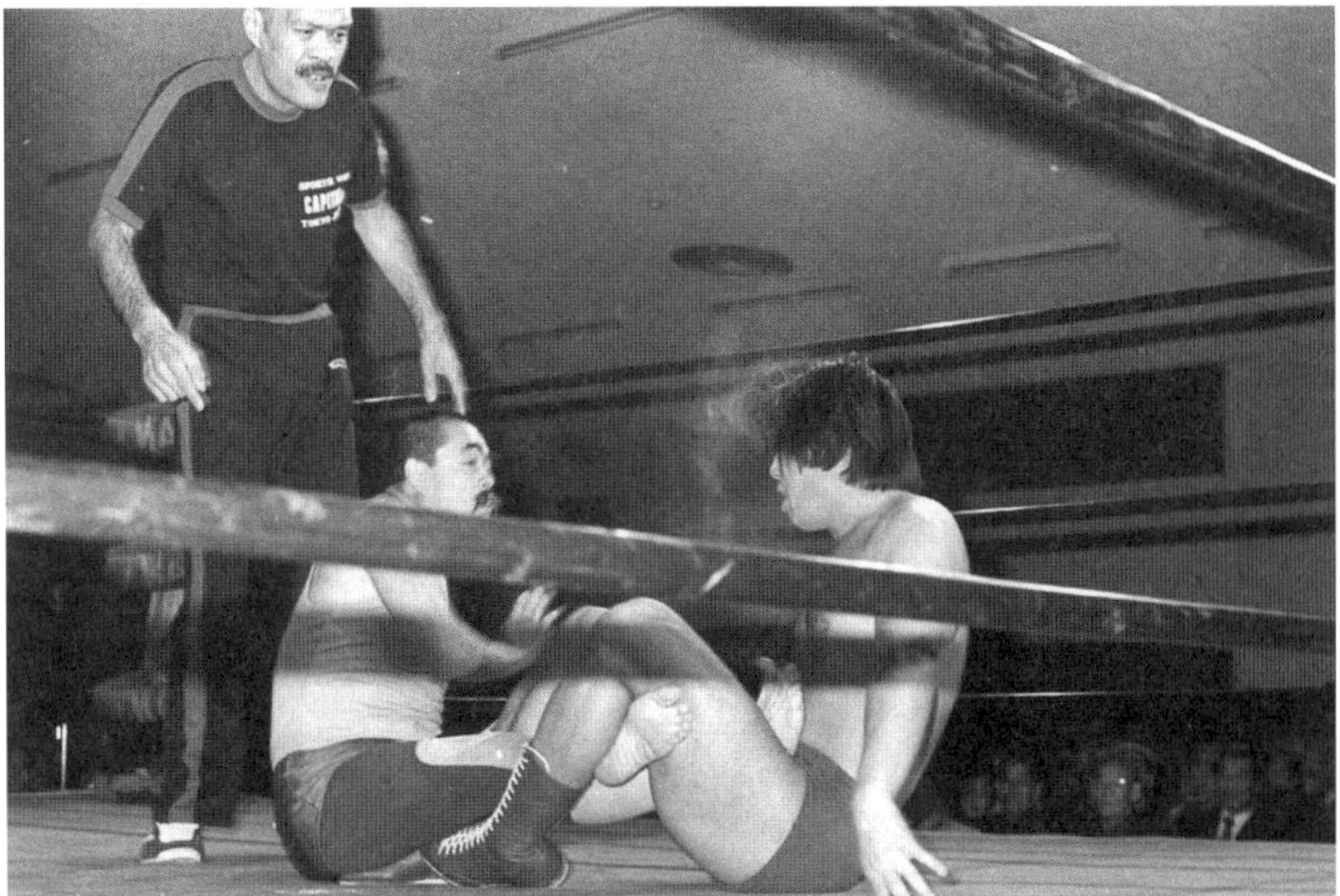

81年3月12日、府中市みのり会館におけるミスター珍戦。この年の1月に、珍は独立愚連隊の一員として現役復帰した。菅原がインタビューの中で語っている通り、足4の字固めを掛けられると十八番のパウダーで反撃！

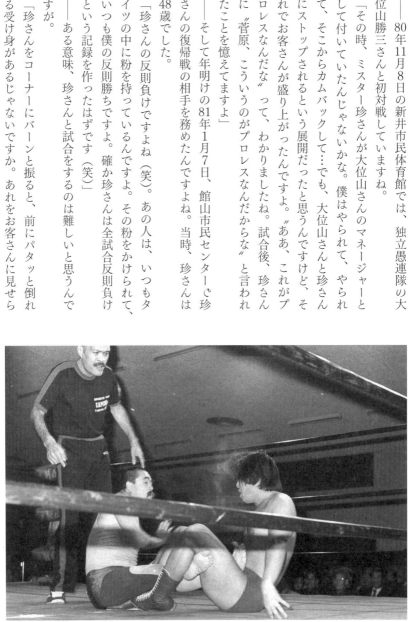

れれば、あとは適当にという感じで（笑）」

――前に倒れる受け身は、昔からの珍さんの見せ場でしたね。

「あのパタッは芸術品ですね。そして、〝珍、この野郎！〟って足4の字固めを掛けようとした時に、タイツから何やら怪しい粉を出して僕の顔にバーンとかけるわけですよ。それで珍さんの反則負けというのがパターンでしたね」

――わかっていても面白いところがミソでした。

「全日本に行ってから越中（詩郎）が珍さんとシンガポールに遠征することがあって、〝菅原さん、珍さんってどういう試合するの？〟と聞かれたから、〝珍さんはコーナーに振ってパタッと倒れるやつと、最後にタイツから粉を出すから、それだけは気を付けた方がいいぞ。試合前にレフェリーがタイツをチェックするんだけど、なぜか粉に気付かないんだよね〟って。それで遠征から戻ってきた越中が〝菅原さん、やられちゃったよ、粉に〟って（笑）」

――ところで、先ほどギャラがほとんどなかったという話が出ましたが、81年3月には東京12チャンネルのレギュラー中継が打ち切りになりましたよね。金銭的な面は、どういう感じだったんですか？

「会社はずっと厳しかったですからね。日当の1500円がすべてですよ。潰れる前に〝久しぶりに金が出るらしいぞ！〟という噂が出て、寺西さんとかが2万円で、僕は1万円でした。グレート草津さんに〝大事に使えよ〟と言われましたよ」

――そして、『ビッグ・サマー・シリーズ』最終戦となる81年8月9日、羅臼町民グラウンド大会で遂に国際プロレスは終焉を迎えます。

「その何日か前に岩手の宮古で興行をやった時（8月4日）は、狂い咲きみたいに人が入ったんですよ。宮古に入ったのが前日で、木村さんに呼ばれて〝近いうちに最後になるんだから宴会でもやろうか？　これでツマミになるようなものを買ってこいよ〟って3000円を持たされて。歩いていたらサンマが一匹50円で売っていたんで、〝これ、3000円分、刺身にしてもらえます？〟って聞いたら、〝おう。ところで、あなたは何なの？〟と言われて、〝自分は明日、プロレスをやる選手です〟って答えたんですよ。そうしたら、〝そうか、そうか。どこ泊まってるんだ？　6時ぐらいに刺身を造って持って行ってやるから〟って。その魚屋さんがいい人で、〝3000円分だけど、2000円でいいから〟と言ってくれて、1000円ゲットですよ（笑）。国際の最後の巡業というと、そういうことを思い出しますね」

――羅臼で終わりだというのは、いつ知ったんですか?

「シリーズに入る前には大体わかっていましたよ。〝今回が最後のシリーズなんだな〟って感じで巡業に参加しましたから。最後の羅臼では、第1試合で新人の秋吉(豊幸)に逆エビ固めで勝って…〝ああ、これで終わりだな〟って。夜が長かったですよ。井上さん、原さん、肥後さんと明け方近くまで麻雀をやってました。夜中の1時くらいに井上さんが金を出して、〝菅原、これでジュースか何か買ってこいよ〟と言うから、外に行ったら寒いのなんの。Tシャツと短パンだから寒いのは当たり前なんですけど、それにしても8月だからね。それが羅臼の思い出かな」

――麻雀をやりながら、今後どうするという話はしなかったんですか?

「そういうのは、なかったですね。動いたのは東京に帰ってきてから…木村さんと浜口さんと寺西さんが新日本に行くことになってからですね。鶴見さんからは、〝菅原、カナダでも行ってくれば?〟と言われたんですよ。向こうには、国際に来ていたミスター・ヒトさんがいましたからね。それで〝どうしようかなあ…〟って考えていたら、井上さんから電話が来て〝馬場さんのところに行かないか?〟って。それで米村さん、冬木も一緒に全日本に行って。米村さんはその前に合宿所の調理器具一式を持って〝イチ抜けた!〟って会津若松でちゃんこ屋(『やぐら太鼓』)を始めていたから、会津若松限定出場という形になったんですよ。自分は…国際が解散した時に新しく建てた合宿所からテレビを持っていったのを憶えてますね」

――当初、国際は吉原社長の主導で新日本と提携し、対抗戦をやっていく予定でしたよね。

「たぶん、新日本に吸収されるという話は…新日本の方が欲しい選手を選別したんだと思いますよ。僕は井上さんから声がかからなかったら、カナダに行っていたかもしれません。羅臼が終わった後、秋田の実家に帰ったんですけど、〝何やってんだ、お前!〟って感じで親とか姉さんからボロクソに言われて。プロレスに入る時に相談しないで、〝プロレスをやります〟って手紙を送っただけでしたから。それじゃあ、やっぱり嫌われますよ。だから、〝やってやる!〟って感じになったんですけどね。それにせっかくプロレスラーになれたんだし、まだ27歳だったから辞める気持ちはなかったですよ。冬木に〝どうする?〟って聞いたらキリリとして言いましたよ、〝僕は絶対に辞めません!〟って。だから、〝そうか。俺もそうだよ!〟って」

――冬木さんは世田谷区砧にあった全日本の合宿所に入りましたが、菅原さんは入らなかったですね。

「その頃は千葉市のアパートに移っていて、解約するタイミングを失ったような感じで。そこから道場には週2〜3回くらい通ってました」

――全日本での練習は、いかがでしたか？

「正直、先輩方はたまにしか道場に来ていなかったんじゃないかな？　石川さんなんかは、たまに来ていた記憶はありますけどね。だから、自分も含めた若手で練習をやっていて、特に誰がコーチだったという感じではなかったと思います」

――入団するにあたって条件はあったんですか？

「ギャラは今までと一緒という形で。もらっていなかっただけで、一応は数字があったんですよ（笑）。いや、言いたくない数字なんですけどね」

井上、別ルートで入ってきた阿修羅・原は10月2日の後楽園ホールにおける『ジャイアント・シリーズ』開幕戦から出場したが、菅原と冬木は同月8日の栃木県体育館から全日本のリングに上がった（菅原は第2試合で百田光雄の首固めに敗北）。

その後、5戦目となる同月13日の古野市民体育館ではデビュー2ヵ月の三沢光晴に初白星を献上する一方、17日の向大同青果市場では若手のトップだった越中詩郎から全日本マット初勝利を挙げている。

ちなみに81年10月当時の若手をキャリア順に並べると越中、菅原、冬木、後藤政二（ターザン後藤）、三沢になるが、越中は菅原より5ヵ月先輩で年齢は4歳下だった。さらに1年後の82年10月には川田利明がデビューする。

――全日本の若手陣の印象は、どうでしたか？

「越中は、三沢とはまた違って骨のあるファイトをしていましたよ。三沢は何をやっても上手だったんですけど、2人を比べたら越中の方がファイト的にちょっとだけ迫力がありましたね。後藤はトップロープからのボディプレスをやるようになった頃からは迫力を感じましたけど、それまではあまり記憶にないんです。川田は後であんなに大化けするとは思わなかったけど、それでも三沢の高校の後輩だけあってレスリングの力は持っていましたよ。後藤とは、そこが違いますね。後藤はお相撲さんタイプだから」

――人間関係の方は？

「道場の中では上下関係みたいなものはなかったですよ。

81年9月16日、全日本プロレスがマイティ井上、米村、菅原、冬木の参戦を発表した（米村以外は10月7日に正式入団）。菅原は最初のシリーズでグレート小鹿、佐藤昭雄、プリンス・トンガ、越中詩郎らとタッグを組んだ他、外国人レスラー（マスクド・X＝サイレント・マクニー）とのシングルマッチも経験した。

いい感じだったと思いますけどね。レスラーって本当に親しくならないと呼び捨てにはしませんよ。たいていは〝○○選手〟という呼び方をしますから。僕の場合は〝後藤、○○か？〟みたいな感じで、普通に名字で呼んでいましたね。三沢にしても10歳近く下ですから。それに僕があまり気を遣って喋ったら、向こうも恐縮しちゃうんじゃないの（笑）」

――越中、三沢は〝佐藤昭雄さんがブッカーになってから伸び伸びやれるようになった〟と言っていましたが、いかがでしょう？　実際に佐藤さんは全日本の未来を考えて若手の底上げに着手していましたよね。

「バスの中で佐藤さんに〝何を使ってもいいよ。でも、使うんだったら様になるやつを使ってくれ〟、〝普通の基本的な技にアレンジを加えて、それで試合を組み立てていけよ〟と言われました」

――菅原さんがブロックバスターを使い始めたのは、いつからですか？　国際時代は使っていなかったと思いますが、全日本では若手の頃から使っていましたよね？

「いつ頃から使ったのかな？　大分の荷揚町体育館で試合があった時、試合前に冬木とリングの上で練習していたんですよ。その時に馬場さんが〝おっ、やってるな〟って感じで来てくださって、冬木を肩に担いだら〝そのまま後ろに倒れてみな〟と言われて。ただ後ろに落とすのは見た目が良くないから、自分の足をバーンと振り上げて落としたんですよ。もしかしたら、その時から使い始めたのかもしれませんね」

――意外にもヒントは馬場さんからもらっていたと。それ以外に馬場さんから何か言われたことは？

「別になかったですね。自分の方から声をかけるなんて、とんでもなかったし。〝社長、サインを5枚ください〟と言ったくらいの記憶しかないですよ（笑）」

――当時の前座には義浩さんと光雄さんの百田兄弟、ミスター林さんなどの古株もいましたが。

「いやあ、名前で負けちゃいますよね（苦笑）。やっぱりいい意味で〝教えてもらったな〟というのはありますよ、特に光雄さんからは。林さんは急所をポーンとやるのが得意で、それで反則勝ちとか、そういうパターンで（笑）。林さんはバトルロイヤルの時に張り切っていた記憶があります。賞金がかかると、〝ここは俺の出番だろう！〟って感じで」

――全日本で試合をしてみて、国際との違いは感じましたか？

「あまり変わっていなかった気がします。対戦する人が違うってだけで。たぶん、自分なんかはロッキー羽田さんやグレート小鹿さんと大熊元司さんの極道コンビとやっていて…先輩に対してこう言うのはアレですけど、試合としてはやりやすかったです。大熊さんは、〝菅原、別に遠慮しなくていいから。ガンガン来ていいよ〟って感じでしたよ」

――上の人たちとの人間関係も問題なかったわけですね。

「麻雀が好きな人が多いですもんね（笑）。巡業中にオフ日があると、集合がかかるんですよ。バスが2時くらいに現地に到着すると、荷物をホテルに放り込んで3時集合ですよ。羽田さん、小鹿さん、井上さん、原さんなんかとよくやっていましたよ」

83年4月には『ルー・テーズ杯争奪リーグ戦』が開催されて、百田兄弟、越中、菅原、冬木、後藤、三沢、川田がエントリーした。

リーグ戦は1位の越中が2位の三沢との優勝戦に勝利して幕を閉じたが、菅原はそれに続く3位と好成績を残している。公式戦では越中、冬木、後藤、川田に勝利し、三沢とは20分時間切れ引き分け。若手勢には無敗だったものの、百田兄弟に敗れたために、あと一歩で優勝戦進出はならなかった。

「越中には長崎国際体育館で、首固めで勝ったのは憶えてますね。三沢とは茅ケ崎かどこかの市場でやったのかな？」

――この時の公式戦は、4月15日の津市体育館ですね。

「じゃあ、テーズ杯の時とは違う試合かもしれないけど、三沢と15分いっぱいやって試合が終わって帰ってきたら、井上さんに〝いい試合だったよ、今日〟って褒められたことを記憶してるんですよ。本当に15分いっぱい動いたなという感触がありました。〝俺もそうだけど、やっぱり三沢が巧いんだよ〟と思っていましたけどね」

――その1年くらい前から若手の中で越中、三沢がプッシュされましたが、全日本の中で菅原さんは外様だと感じることはありましたか？

「いや、感じることじゃなくて、〝外様だもんな〟という感覚ですよ。原さんもそれはよく言ってました。〝菅原、俺たちは外様だから。だからといって、馬鹿負けしちゃいけないよ〟って感じで」

――以前、井上さんに取材した時にその外様扱いの話になって、〝馬場さんが試合を見て『菅原はいいな。アメリカに行かせてやろう』って話になったわけよ。菅原に『アメリカに行かせてやるって話だから頑張れよ』と言ったんだけど、何日か経って馬場さんがまたチラッと菅原の試合を見た時に『あいつはしょっぱいな』って。それでアメリカ行きがパーになっちゃった。それはないだろうって。しょっぱいのはわかってるわけでね。だから、修行に行くんだから〟と言っていたことがあります。

「確かに82年の1月に鹿児島で〝菅原、お前、どこに行きたい？〟って馬場さんに聞かれて、〝できれば、アメリカに行きたいです〟と言った記憶はありますけどね。その後に、小鹿さんから〝今すぐに外国に行けるかはわからねえぞ〟と言われて。その頃、本当か嘘かわからないけど、井上さんからは〝バーン・ガニアが欲しがっていたみたいだぞ〟って聞いたことはありますね。たぶん、その話だと思いますよ」

――結局、菅原さんの海外武者修行は、その2年半後のオーストリアになりましたね。

「どういう経緯でオーストリアに行ったんだろう？　鶴見さんが先に行っていて、僕がそれを追う形だったんですけどね。鶴見さんが日本人のゴロー・タナカだから、自分は

高杉がウルトラセブンとして全日本に合流後のオフショット。ターザン後藤、越中詩郎、マジック・ドラゴン（ハル薗田）、大熊元司ら全日本勢と仲良く酒盛り中。

韓国人のキム・コーリアになりました。プロモーター兼トップスターがオットー・ワンツ、あとはスティーブ・ライト、ミレ・ツルノ、アメリカのエド・ウィスコスキーとかがいましたね。その後にドイツのハノーバー・トーナメントに参加したんですけど、その前に鶴見さんは帰っちゃったんですよ。ハノーバーは同じ場所で試合をやるんで、ホワイトホテルに泊まっていました。たぶん、参加した日本人選手のほとんどがそこに泊まってるんじゃないかな？　僕より前に木村健悟さんも泊まっていたと思います。鶴見さんが〝木村健悟が雨の日に窓を開けて、唄を歌ってた〟と言っていましたから。やっぱりヨーロッパのホテルは情緒があるから、雨が降っていたら唄のひとつも出てきますよ」

――ずっと向こうにいようという気持ちはなかったんですか？

「ハノーバーが終わった後に、〝ブレーメンのトーナメントに行かないか？〟という話があったんです。ブレーメンはクリスマス前までだから、クリスマスをドイツで過ごして、1月からイギリス、その後にフランス、そしてウィーンというサーキットが組まれていたんですよ。あの時に〝いや、こっちに残ります〟って決断していたら違ったことができたかもしれないですけど、日本からの帰国命令に従った形ですね」

この時、菅原の凱旋帰国は発表されず、いきなりマスコミの前に姿を現したのは84年12月8日の愛知県体育館だった。

当日、『世界最強タッグ決定リーグ戦』公式戦として馬場&木村vsジャンボ鶴田&天龍源一郎が行われたが、木村が馬場と仲間割れし、そこに木村と共に同年9月に旧UWFを離脱していた剛竜馬、さらに鶴見が乱入して加勢。そして、木村の控室には私服姿の菅原がいた。

こうして木村をリーダーとした国際血盟軍が誕生。翌85年1月から全日本マットは正規軍、長州力率いるジャパンプロレス勢、国際血盟軍、外国人選手による群雄割拠の戦国時代に突入する。

——あの時は元国際プロレス勢で新ユニットを結成するために日本に戻されたんですか？

「いや、帰国命令が出た時点では国際血盟軍の話はなかったですよ。帰国してからですね、〝敵になってやらないか？〟と言われたのは。まあ、自分の気持ちとしては〝これはこれでいいんじゃないの？〟って感じで、そんなに気にしていなかったです。嫌ではなかったですよ」

——剛さんと会ったのは国際血盟軍の時が最初ですか？菅原さんが国際プロレスに入門した時には、すでに退団して新日本プロレスに行っていましたから。

「その前に一回くらい会ってるのかな？鶴見さんに〝菅原というのはちょっとアレだなって剛が言ってたぞ〟と言われて、〝ああ、そうですか〟と軽く返した記憶がありますから。どこかで会って自分は普通に挨拶したんだけど、それが気に食わなかったんでしょうね。剛さんにしてみれば、自分が先輩でも年下ということもあったと思いますよ。こっちも〝別に俺はお前のことを何とも思ってねえんだから〟って感じでしたからね。あまり言いたくないけど、自分に対してよりも原さんに対する態度がね…。〝年が10歳近く上なのに、たかがプロレスに先に入ったからって、そういう態度はねえだろ〟という感じを自分は持っていましたから」

——85年5月に高杉さんも国際血盟軍に加入し、10月から原さんも共闘という形で合流しますが、コミュニケーションはどうでしたか？

「自分らはガイジンのバスで巡業していたんですけど、後

ラッシャー木村、剛竜馬が旧UWFを離脱し、全日本に合流してきたことで『国際血盟軍』が誕生した。菅原は馬場と木村が仲間割れした翌日、84年12月9日の姫路市厚生会館から全日本マットに復帰し、第1試合で後藤に勝利。85年1月2日から「アポロ菅原」に改名する。

ろの席でカードゲームをやるのがコミュニケーションでしたね。自分と高杉さん、剛さん、ジョー樋口さんでやっていて、そこにハーリー・レイスを誘ったりしていましたよ」

――国際血盟軍に入った後、リングネームが本名の菅原伸義からアポロ菅原に変わりましたね。改名した理由というのは？

「パンフレットに〝アポロのような肉体〟と書いてあったんですよ。3文字って言いやすいし、〝これはいただきだな〟と思って営業の人に〝アポロ菅原でお願いします〟って自分から言ったんだと思います」

――リング上ではジャパンプロレスとして参戦してきた浜口さん、寺西さんとの再会がありました。

「通路で顔を合わせた時に〝寺西さん、お疲れ様です〟と挨拶したら、〝おい、菅原、手加減してくれよ〟って笑ってました。寺西さんは相変わらず柔らかくて、巧いと思いましたよ。浜口さんは自信に満ち溢れていましたよね。〝自分たちが引っ張っていってるんだ！〟という自負をファイトに感じましたよ」

――ジャパンの選手たちの印象は？

「多少気負っているという感じがしましたけど、保永（昇男）さんは感覚的に三沢みたいでしたね。巧かったですよ」

――全日本マットは85年からジャパン勢も参入してきたことで人員過多になり、菅原さん、剛さん、高杉さんは秋頃から全試合出場ではなくなってしまいます。鶴見さんは以前、本誌の取材で〝高杉と菅原が馬場さんと食事をした時に『プロレスの試合というのは…』とアドバイスしてくれたのに反論したというのを聞いて、2人とも全日本では長く持たないと思った〟と語っていましたが。

「その話は違います。だって、馬場さんと食事をしたことは一回もないですから。ましてや、馬場さんに口答えすることは100％有り得ません」

――調べてみると、86年1月の『ニューイヤー・ウォーズ』はフル出場していて、馬場さんとはタッグマッチや6人タッグで3回対戦しています。

「まあ、ひとつの餞別みたいなものじゃないですか？　馬場さんは身体が大きいし、懐が深いなあという感じがしましたよ…それ以上、馬場さんについて語るのは顔じゃないですから（苦笑）」

――全日本はヒエラルキーがキッチリとしていて、さらに国際血盟軍の中でも序列がありますから、菅原さんの中でいろいろな葛藤があったと思いますが。

「今考えると、40歳くらいになったら〝これがプロレスだな〟という確信に近いものを持ったんですけど、まだあの時は若くてね…。だから、40歳くらいの時にあのポジションでやっていたら、もっと違うものができたと思いますね」

菅原が馬場から解雇を通達されたのは、86年の2シリーズ目『エキサイティング・ウォーズ』の東北巡業を終えて帰京した3月3日だった。前日、陸前高田市民体育館で鶴見と組んで井上＆冬木と対戦し、井上に逆さ押さえ込みで敗れたのが全日本ラストマッチになる。

一緒に解雇となった高杉は以前、Gスピリッツの取材で「東北巡業が終わって、リングアナの原軍治さんに〝明日、事務所に来て〟と言われて指定の時間に行ったら、菅原さんが先に来ていて泣いていた。馬場さんには〝悪いけど、こんな状態だから少し休んでろ。確定じゃないけど、何シリーズかは出してあげる。でも、試合がしたかったら、新日本に行こうがどうしようが構わない〟というようなことを言われました」と証言していた。

「前のシリーズの札幌（2月5日）で、小鹿さんとちょっと飲んだんですよ。その時に、小鹿さんから〝菅原、難しいけど、他に行っても…〟という感じで匂わされたんです。それで〝ああ、俺はもう…〟って直感しましたね。小鹿さんは、たぶん言い辛かったと思います。あとは高杉さんの言う通りだったと思いますね。馬場さんから言われたのも同じ感じですよ。要は人が多いってことで。ちょっと悔し涙はあったのかもしれないですね」

——その時、菅原さんは32歳になったばかりですよね。

「当然、プロレスを辞める気はなかったですね。ただ、あの時は馬場さんの全日本と猪木さんの新日本しかなかったですから。自分らがパイオニア戦志を旗揚げしてからでしょう、みんなが〝じゃあ、俺も！〟ってなるのは。そこからの人生は大変でしたよ。だからといって、全然後悔してないんですよ。あまり上手く行ったとは思っていないけど、腹の中では〝悪くないぞ〟と思ってますから。だから、こうやって喋れるんだと思うし。今考えれば、いろいろあったけど、そんなのは大したことじゃないですよね。やっぱり楽しかったことを思い出すし、案外、苦労は忘れていますよ。そこがあるから、今があると思っていますしね。最初が国際プロレスでしたけど、あそこでプロレスラーにならずに普通に生活していて、結婚して、子供がいて、家がそれなりにあって、それなりの金を持っていたと

86年1月2日、後楽園ホールで菅原は鶴見、剛とトリオを組み、馬場＆石川隆士＆サムソン冬木と対戦。この2ヵ月後に馬場は人員整理に着手し、剛、高杉、菅原は全日本を解雇される。

しても、今絶対に後悔していたと思います。〝何で、あの時に踏み出せなかったんだ〟って。そう感じますよ」

――全日本を離れた後、我々が再び菅原さんの名前を耳にするようになったのは、TPG（たけしプロレス軍団）のコーチになったという話が入ってきた時ですが、あれはどういう経緯だったんですか？

「ビートたけしさんがラジオの『オールナイトニッポン』で〝プロレスラーになってみないか？〟って募集したら、凄い数の応募が来たらしいんですよ。それで当時、たけしさんの人気テレビ番組『風雲！たけし城』に出演していた上田馬之助さんから、〝ひとつ形をつけなきゃいけないから、もし暇だったら少し教えてやってくれないか？〟という話があったんです」

――上田さんとの繋がりは全日本時代にできたんですか？

「というよりも、たまたま共通の知り合いがいて、〝上田さんも出ているから、ちょっと見に行かない？〟と言われてTBSの緑山スタジオに見学に行ったんですよ。その時に上田さんに言われて、〝だったら、やってみましょう〟ってことで」

――TPGの新人オーディションの審査をしたのはマサ斎藤さんでしたが、新日本プロレスルートでの話ではなかったんですね。

「新日本とは関係ないです。それで西馬込のウォーリー山口さんのプロレスショップ『マニアックス』の地下のリングで教えていたんです。コーチ料は週いくらという形でテレビ朝日から出ていました」

――その時に教えていたのが現在の邪道、外道、スペル・デルフィンになりますね。

「そうですね。彼らだけじゃなく、生徒さんは14～15人いましたね。彼らが仮にプロレスの世界に入ってきたとしたら、その時に困らないぐらいのものは教えてやろうというところから始めました。基本的なところからですね」

――その当時の練習メニューは憶えていますか？

「かなり厳しかったと思います。最初に自分がやったことは、〝プロレスラーの強さをどう考えているかわからないけど、一回味わってみろ。自分のやり方でいいから俺を寝転がせてもいいし、関節を極めてもいいよ。そうすると、強さがわかるから〟ってアマレススタイルの四つん這いになって、一人一人に攻めさせました。柔道何段という人もいましたけど、正直言って、あっという間にみんな潰しましたよ。とはいっても、袈裟固めとか裏返しにする程度で〝参ったらタップしろよ〟くらいですけどね。普段の練習は夕方の5〜6時ぐらいから、2時間ぐらいだったと思います。まず2〜3キロのロードワークから始まって柔軟体操、ブリッジとか基礎的なものをやって、それから受け身ですよ。ボディスラムの時にはみんな踏ん張っちゃうから、そうじゃなくて身を任せる怪我をしない受け身、それから相手に怪我をさせない投げ方も教えました。その後にスパーリング。最後にスクワットという感じでしたね」

——結局、最後まで残ったのが邪道、外道、デルフィンということなんですか？

「ほとんどみんな最後までいましたよ。ある時、たけしさんから直接じゃないんですけど、〝せっかくだから『ビートたけしのスポーツ大将』（テレビ朝日）でプロレスをやってもらえないか？〟という話があって、シングルマッチとタッグマッチの2試合をやってみたんですよ。シングルマッチは脇田（洋人＝デルフィン）と誰かだったと思います。タッグマッチの方は邪道、外道が出たのかは記憶にないですけど、確かアベ君というのがいて、彼は自分から見たら身体はまだまだでしたけど、キャラクター的にはいいと思いましたね」

——帝京大学プロレス同好会にいたダメおやじという選手ですかね？

「たぶん、そのコですよ。言い方は悪いけど、〝ああ、このコは使えるな〟と思いました。いくらテレビのバラエティー番組でのプロレスでも、ちゃんとしたものではないと成り立たなかったと思います」

——菅原さんがＴＰＧを指導していたのは、どれくらいの期間ですか？

「2ヵ月ぐらいだと思います。これは自分の推測ですけど、たけしさんは本気でプロレスラーをデビューさせる気はなかったと思いますよ。でも、多くの志望者が集まってきちゃったから、〝何かを与えてやらないと示しがつかないかな〟という感じだったんじゃないかな」

——最後は、どういう形でＴＰＧは終わってしまったんでしょう？

「その『スポーツ大将』でやったプロレスの評判がかなり良かったと思うんですよ。それで関係者の人から〝2回目もすぐにできないか？〟という話があって、自分は〝何も知らない人をリングに上げるのは非常に危険だと思いますよ〟と言ったんですけど、やっちゃったんですよ。そうしたら、ホントに〝ああ…〟というものになっちゃって。基礎をしっかりとやっていなければ、無理なんですよ」

——それによりＴＰＧに参加していた人たちは、志半ばでプロレスラーの道を絶たれてしまったと。

「まあ、自分としては生徒さんたちにプロレスラーになるためのことを教えたつもりだし、脇田、高山（圭司＝外道）、秋吉（昭二＝邪道）はオランダに行って自力でプロレスラーになったわけですからね」

――彼らはウォーリーさんとヨハン・ボスのラインから89年3月19日、アムステルダムにおける『ファイティング・ギャラ』でデビューしましたね。

「自分から見たら、あの当時の彼らはまだまだ線が細くて〝なかなか難しいだろうな〟と思ったんですけど、彼らにあったプラスアルファが凄かったということですよね」

このTPGのコーチはあくまでも裏方の仕事で、菅原が86年3月に全日本を去って以来、プロレス界の表舞台に初めて出てきたのは88年11月15日、東京・浅草のアニマル浜口トレーニングジムで行われたパイオニア戦志の設立記者会見だった。

――あの時、剛竜馬、高杉正彦と新団体を立ち上げようとしたキッカケは何だったですか？

「剛さんから〝今、リングに上がってないんだったら、もう一回やってみないか？〟と連絡があったんです。そこには高杉さんも参加すると。全日本が終わった後、TPG以外はプロレスの仕事には関わっていなかったんで剛さんとも高杉さんとも全然連絡は取っていなくて、それまで彼らがどういう活動をしていたのか知らなかったんですけどね」

――剛さんの話に乗るのもひとつの大きな賭けだったと思いますが。

「剛さんは、藤波さんと話をしたみたいなんですよ。それで〝イチからやりたいと思います〟と言ったら、藤波さんに〝イチじゃないだろう。ゼロだろう〟って言われたらしいですよ（笑）」

――当時、剛さんは藤波さんだけでなく、大仁田厚、グラン浜田らと空手の士道館を合体させた形で新団体を設立しようとしていた新間寿氏やジャパンプロレスの大塚直樹氏にもアプローチしていたようです。

「たぶん、いろいろアプローチはしていたんだと思いますよ。実際にパイオニア戦志の旗揚げ戦のリングは新日本から借りましたからね。自分はそういう水面下の話は聞いていなかったですけど、〝もう一回リングに上がるんだったら、性根入れてやるか〟という気持ちでしたね」

戦うリングを失った剛、高杉、菅原の３人は日本初のインディー団体『パイオニア戦志』旗揚げへと動き出した。自前のリングは持たなかったものの、新人レスラーの育成にも着手する。

——年が明けて、89年2月22日には千葉県浦安市に事務所兼一般のフィットネスクラブとしてパイオニアジム『ぽぱい』がオープンし、そのパーティーに浜口さん、新間さん、大塚さんを招待するなど剛さんはイケイケでしたよね。

「剛さんを贔屓にしている建設関係の方がやってくれたんだと思いますよ。その後、旗揚げ戦に向けての写真用に伊豆や西丹沢で合宿して…」

——その合宿の写真を見ると、松崎駿馬や板倉宏が練習生として参加しているんですよね。

「懐かしい名前だなあ（笑）。彼たちは剛さんを贔屓にしている方の関係の仕事をしていて、その上でパイオニアに参加していたんだと思います」

パイオニア戦志は、89年4月30日に後楽園ホールで旗揚げした。

試合は剛vs大仁田、高杉vs菅原の2試合のみだったが、かつて菅原の国際プロレス入門をバックアップした遠藤光男氏の協力によるアームレスリング大会、練習生によるエキシビションなども行われて超満員の１６００人（主催者発表）を動員。浜口の他、剛のラブコールに応えた藤波、さらにスポーツ冒険家として活動していた元横綱・双羽黒こと北尾光司も来場して華やかな大会になった。

「お客さん、入りましたよね。雰囲気が良かったですね。試合は3年ぶりでしたから、やっぱり感動はありましたよ。相手は気心が知れている高杉さんだし、思い切りやれました。まあ…勝たせてもらったようなもんですよ（笑）」

――ここから菅原さんの運命が再び大きく動き出しますね。6月2日に北尾光司がプロレス転向を表明して、相談役になっていた遠藤会長と6日に渡米してバージニア州ノーフォークでルー・テーズが主宰していた『バージニア・レスリング・アカデミー』に赴き、菅原さんも16日にトレーニングパートナーとして合流しました。

「横綱は、以前から遠藤会長のジムで練習していたんですよ。それで会長から〝菅原君、パイオニア戦志もあるだろうけど、北尾に付いて行ってくれないかな？〟という話をされて。ホントに急な話でしたよ。遠藤会長と横綱が一足先にアメリカに行く時には成田空港まで見送りに行きましたけど、横綱と会うのはパイオニア戦志の旗揚げ戦の後の打ち上げで飲んで以来でしたから。打ち上げでの印象は…天下の横綱に対してアレですけど、ちょっと幼いかなと思いましたよ（笑）」

――パイオニア戦志も旗揚げしたばかりで、いろいろと考えるところもあったんじゃないですか？

「正直、横綱に付いて行った方がいいなというのはありま

89年4月30日、後楽園ホールにおけるパイオニア戦志旗揚げ興行で菅原は高杉とのシングル対決に臨み、15分56秒、欧州式エビ固めで勝利。アニマル浜口、遠藤光男レフェリーら元国際プロレス関係者のサポートを得て、滑り出しは順調だった。

した。でも、剛さんから〝これからも出てくれるよな〟と言われていたし、結果的にはできなかったですけど、最悪の場合には日本にトンボ返りして試合に出ようと思っていましたよ」

――北尾はプロレス入りを決めた時点で新日本と話し合い、翌年2月10日の東京ドームでデビューすることが決まって、それまで新日本側が全面バックアップすることになっていたと坂口征二さんに聞いたことがありますが、菅原さんは裏事情を把握していたんですか？

「ノーフォークに行った時に、大剛さんが来てくれていたんですよ。その頃、大剛さんは新日本の外国人選手のブッカーとかやっていましたよね。秋にミネアポリスのブラッド・レイガンズの道場に行った時には坂口さんがいらっしゃって、そこで話した時に〝ああ、これはデキてるな〟という感じはしましたね。でも、自分は新日本ではなく、横綱から毎月の給料をもらっていましたから。向こうでの飲み食いも横綱持ちでした」

――北尾は6月から8月までの2ヵ月間がテーズ道場、舞台の仕事で帰国した後には10月から12月までレイガンズの道場で練習を積みました。最初のテーズ道場では、どんなメニューをこなしていたんですか？

「テーズさんの道場ではマーク・フレミングが師範代みたいな形で教えてくれたり、自分がちょっと教えたりという感じで。テーズ道場で教えるのは、大きな技じゃなくて関節の極め方とかですね。後に蝶野（正洋）さんも行ってSTFとかを教えてもらったと思うんですけど、そういうのが多かったですよ。立ち技は横綱ぐらいの身体があれば、ポイントさえ掴めばすぐにわかるんですけど、細かい関節技は丁寧にやらないと。まあ、なかなか横綱の太い腕を極めるということはできないんですけど、それはそれとして覚えておいた方がいいわけですから」

――そういうベーシックな部分以外に、ロープワークなど覚えなければいけないプロレス特有の技術については？

「それはどちらかというと、レイガンズの道場に行った時にやりました。レイガンズの道場には身体が大きいプロレスラーが何人もいて、横綱の練習相手にはちょうどいいんで。タックルの受け身の練習でも〝横綱はぶつかっても倒れることはないだろうけど、これは練習なんだから倒れてよ〟って感じでやってました」

――あとは肉体改造のウェイトトレーニングですか？

「テーズ道場の近くに、テーズさんが47歳の時の一番カッコ良かった頃の写真が飾ってあるジムがあるんですよ。そ

北尾光司〃テーズ道場〃卒業
「教えた技はよくわかっている。大事なのは、それを自分の個性としてどう生かすかだ。ゴージは今、踏み出したばかりだ」（テーズ）
北尾光司
同行日記
from
Norfolk,VA

89年当時、週刊ゴングに連載されていた「アポロ菅原の北尾光司同行日記 from Norfolk,VA」。タイトル通り、菅原がバージニア州ノーフォークのルー・テーズ道場で特訓する北尾の様子を日記形式で克明に伝えた。

このジムの会長にテーズさんが話してくれて、〃いつ来てもいいから〃と。そこでウェイトトレーニングもしましたね」

――北尾の練習に対する姿勢は、いかがでしたか？

「ジムでウェイトをやって、テーズさんの道場で基本を習って…〃横綱、単調だから嫌だろうけど、相撲と一緒で積み重ねだと思うから辛抱だよ〃って。本人も久しぶりに身体を動かして、気持ち良かったんじゃないですか？ 住んでいたアパートの目の前が海だから、朝は走ったり、散歩をして。相撲を取っている時は砂浜をランニングするなんて滅多になかっただろうし、新鮮だったんじゃないかな」

――菅原さんはノーフォークに行く以前に、ルー・テーズと会っていますよね。81年1月には国際プロレスに来日していますし、全日本時代には82年暮れと84年春にレフェリーとして来て、ジャンボ鶴田にバックドロップを伝授しましたから。

「正直、国際の時の記憶はないんですけど、全日本に来た時にエキシビションマッチの相手を2回やったんですよ。最初、自分がやって、越中がやって、三沢がやるという順番だったはずなんです。自分が最初に綺麗にバックドロップで投げられて、次に越中がやられて…そうしたら、3番目もなぜか自分だったんですよね。拙い英語で〝テーズさん、何で3番目にも俺をチョイスしたんですか？〟と聞いたら、〝いや、巧いから〟と言ってくれて。自分はプロレスラーからサイン色紙をもらうことはないんですけど、テーズさんからは1枚もらいました」

――テーズのバックドロップは、やはり違いますか？

「いやあ、自分が見てきたバックドロップでは1番がテーズさん、2番目が長州さんという感じかな。テーズさんは持ち上げて、ちょっと自分がブリッジするような形で投げるんですよ。長州さんは上にバーンと持ち上げてドーンと投げるから、見た目は長州さんの方が迫力あると思います。現代的なバックドロップは長州さんじゃないかな」

――ノーフォークに行った当時、テーズさんは何歳でしたかね？

「73歳だったと思いますけど、元気でしたよ。マーク・フレミングが教えていると、〝いや、違う！〟ってポロシャツとズボンのままリングに上がってきて横綱に技を掛けるんです。それは素晴らしいんですけど、なぜかポケットから小銭がチャラチャラッと出ちゃうんですよ。それがちょっと笑えましたけど（笑）。まあ、それだけ一生懸命に教えてくれるんだなあと。その時、何でテーズさんが73歳なのを憶えているかというと、49歳の奥さんがいたんですよね。〝俺はもう73歳でちょっとオールドだけど、若いワイフがいるから、あっちの方はまだまだだぜ！〟って拳をグッと持ち上げて言っていたのが印象に残っていて（笑）」

――そのテーズさんは、北尾をどう評価していたのでしょうか？

「〝身体も大きいし、細かいレスリングなんかすることはない。圧倒するレスリングでいい〟という感じでしたよ。でも、〝別にリングで使う必要はないけど、細かいレスリングも覚えておいた方がいいから〟ということで、さっきも言ったような関節の極め方なんかを2ヵ月間、教えてくれましたね」

――8月6日にテーズ道場での練習を切り上げて一時帰国した後、9月27日に再渡米してジョージア州アトランタで伝説のボディビルダー、リー・ヘイニーが主宰していた『アニマル・キングダム』にも行っていますね。

「ヘイニーはミスター・オリンピアですよ。世界チャンピオンのジムですから、マスコミ用の絵作りじゃなくて、ちゃんとトレーニングをやりました。僕らが行く3週間ぐらい前にミスター・オリンピア89年大会に優勝したばかりで、その時のコンディションで教えてもらったんですよ。ボディビルダーは逆三角形って言いますけど、ああいう人たちは菱形です。幅といい、厚さといいね。あれは貴重な経験でしたね」

――そこから最終仕上げということで、ミネアポリスのブラッド・レイガンズ道場に行ったんですね。

「タイガー服部さん、マサ斎藤さんも来ていましたし、さっき言ったように坂口さんもいらしたんで、もう新日本の路線だということはわかっていましたけど、〝菅原、言わなくてもわかってるだろ？〟って感じで詳しいことは聞かなかったですよ。マサさんは横綱を教えに来たというより…毎晩、バーに飲みに連れて行ってもらいました（笑）。〝これは俺がリクエストした特別なオリジナルカクテルのスイート＆ストロングだから、飲んでみろよ！〟って感じで。まあ、マサさんにしてみれば、横綱の仕上がり具合を見て〝何となく仕上がっていれば、それでいいや〟って感じだったと思いますよ。横綱は体重が落ちて、身体もそれなりに締まっていましたから。プロレス転向前は160キロから165キロぐらいあったと思うんですけど、146キロまで絞りましたからね」

――北尾は12月10日にミネアポリスでの練習を切り上げて、ハワイで身体を焼いてから17日に帰国しました。テーズ道場から約半年パートナーを務め、プロレスラーとして成功できると感じていましたか？

「何て言うのかな、コツを覚えるのは早かったと思いますよ。相撲はたぶん全力でずっと力を入れてなきゃいけないと思うんですけど、〝ここは力を入れなくてもいいんだよ〟というコツを覚えるのは早かったです。だから、プロレスに来ても大丈夫だと思っていましたけど…」

――年が明けて90年2月、東京ドームでのデビュー戦はハルク・ホーガンのようなイメージで、さらにレガースを着けてUWF的な打撃も取り入れ、本人がやりたいキャラクターが全部入ってしまって残念ながらスベってしまいましたよね。

「あとは映画の『ターミネーター』も入っていましたよね（苦笑）。自分はああいうので出てくるとは、まったくわかっていなかったですから。横綱本人、新日本さんがその方向で行くというのであれば、自分が口を挟むことはないですけど、煌びやかじゃない方が逆に凄味が感じられたんじゃないかなと思います。相手のバンバン・ビガロが派手めだから、余計にそう思いましたね。それとビガロは運動能力がある人で、横綱の技をそれなりにきちっと取ってくれるだろうから、ファイトもキックを使ったりせず、習ったように組んだり投げたりで良かったと思いますけどね。投げられたら、ビガロだったら大きくピシッと受け身を取りますから。そうしたら、凄味が出ますよね」

北尾がデビューした後、菅原自身も同年5月4〜6日、新日本の後楽園ホール3連戦『3DAYS BATTLE超実力派宣言』にフリーとして初参戦した。

初戦は木戸修の脇固めに敗れ、2日目は馳浩と組んでスーパー・ストロング・マシン&ヒロ斎藤に反則勝ち。そして、最終戦では剛竜馬との一騎打ちがセッティングされた。

この後楽園3連戦にはパイオニア戦志の剛と高杉も参戦しており、旗揚げ興行のみでパイオニアを去った菅原と剛の激突は「遺恨マッチ」として組まれたが、結果は剛がジャンピング・ネックブリーカーで裏切り者（？）の菅原を仕留めている。

「ああ、剛竜馬から挑発されて、自分がリングに上がって馳さんに止められたことは憶えてます。それが2日目で、最終日にシングルが組まれたのかな？」

——この3連戦はフリー参戦でしたが、同月24日の東京ベイNKホールで開幕した『クラッシュ・ザ・スーパーヘビー』から新日本所属になったので剛さんたちとは完全に別の道を歩むことになりましたね。

「後楽園3連戦で一緒になったのも自分の意思ではないですから。記憶に間違いがなければ、ミネアポリスで横綱と俺と坂口さんとマサさんで飲んでいた時に、〝菅原、来年になったらウチに来ればいいじゃないか〟と坂口さんに言われました。〝北尾にちょっとだけ付いていてもらわないと困るからな〟って形ですよ」

——国際、全日本に続いて新日本入団というのは、さり気なく凄いことですよね。新日本の居心地は、いかがでしたか？

「選手からすれば、新日本プロレスが一番いいと思います。やっぱり、いろんな面で選手をキッチリ扱ってくれている感じがしました。どう言ったらいいのかな…プロレスラーをスポーツ選手としてキッチリとケジメをつけてくれていた感じがします。いい意味で、なあなあ感がなかったと思いますね」

——すでに10年以上のキャリアを積んでいた菅原さんですが、合同練習にも参加していたんですか？

菅原が新日本プロレスに上がるようになったタイミングで、ちょうどパイオニア勢も参戦してきた。写真は文中で触れた後楽園ホール3連戦における剛との遺恨清算シングルマッチ。

「個人でやる以外に、もちろん合同練習にも参加していましたけど、みなさんキッチリやっていましたよね。山田（恵一＝獣神サンダー・ライガー）選手と武藤（敬司）選手はウェイトの器具の扱い方を見ていて、力が強いなというのが印象に残ってます。練習が終わってから、ちゃんこもいただきましたよ。専門のちゃんこを作ってくれる方がいたと記憶してます。そこだけ見ても他の団体とは違いますよ（笑）」

――シングルでは木戸、馳、星野勘太郎、マシン、佐々木健介、飯塚孝之（高史）、小原道由らと対戦していますが、スタイルの違いはどうでしたか？　国際と全日本は、そんなに変わらなかったと言っていましたが。

「特にやりにくい人はいませんでしたけど、新日本の試合はちょっと速いですね。俺が遅いのかもしれないけど（苦笑）。たぶん、全日本より3割増しのスピードですよ。だから、間合いが取りづらいんですよ。もちろんパパッと速い時はいいんですけど、展開の中で緩急とか間を作ったりするのが難しかったかもしれない」

――新日本に入団してからもパイオニア戦志として参戦してくる剛、高杉と何度か対戦していますが、その時はどういう気持ちでしたか？

「いや、別に感情的にどうこうというのはないですよ。リングに上がれば…カッコ良く言えば、〝潰してやる！〟という感じでやってましたけど。まあ、会ったら挨拶程度はしていても新日本時代はそんなに話をしてないと思いますよ」

――新日本の中で仲良くなった人はいますか？

「そんなに多くはないですけど、橋本真也さんが誘ってくれましたね。橋本さんの知ってる方にフグ料理の店に連れて行ってもらったり。あのフグの豪快な食べっぷりには目を丸くしましたよ（笑）。たぶん、自分が寂しそうにしていたから気を遣ってくれたんじゃないですか（笑）。横綱は…すぐに例の事件が起こってしまいましたからね」

北尾が新日本を解雇されたのは、同年7月23日だった。この日、新日本は十和田市民体育館で試合があり、午後4時に八戸グランドホテルから選手バスが出発することになっていたが、北尾が手ぶらで現れたため現場責任者の長州が「帰れ！」と一喝。北尾が「帰っていいんですね？帰りますよ」と返答するや、長州が駆け寄って胸倉を掴むと、北尾は「やるのかよ⁉」とジャケットを脱いで手招きするという事態に発展した。

この時、闘魂三銃士、菅原、越中詩郎、レフェリーのミスター高橋らが間に入ったものの罵り合いになり、北尾は長州に対して暴言を吐いたという。最終的にバスは北尾を置いて出発し、会場に到着した長州はその場で「追放」を宣言した。

「ほぼ…っていうか、100％当たってますよ。そんな感じでした。長州さんが〝北尾、お前、何も持って行かないのか？〟と言ったら、横綱が〝今日は挨拶だけなんで〟と。そうしたら、長州さんが〝挨拶だけっていったって、練習しなきゃいけないだろ。練習道具を持ってこないんだったら、帰れ！〟と言ったんですよ。その後は小佐野さんの言われた通りですね。ヤバかったですよ。何とかその場を収めて、自分が横綱をホテルの部屋に連れて行って。横綱はかなり怒っていましたね。そうしたら、橋本さんか誰かが〝菅原さん、長州さんが呼んでるから、もう行きましょう〟って呼びに来たんですよ。だから、〝横綱、俺は会場に行かなきゃいけないから富岡（信夫＝北尾が所属していた芸能事務所アームズ社長）さんに相談して〟と」

――その後、菅原さんが間に入るのは無理でしたか？

「横綱が負傷して欠場を申し入れていたのは知らなかった

んですけど、ああやって言い合いをしたら、こじれるしかないなという感じでしたね。長州さんには責任者として言わなきゃいけないこともあるし。横綱はカッとなっちゃうと、ちょっと自分を制御できなくなっちゃうのかな…。その後ぐらいに自分もちょっと新日本とあったんですよ」

――北尾解雇の3ヵ月後に、菅原さんも新日本を去りますよね。10月14日のNKホール大会が最後の試合（木戸&星野&ブラック・キャットと組んで、浜口&マシン&ヒロ&保永と対戦）で、10月18日に退団しているんですが、そこには何かあったと？

「夏…横綱の事件の後に千葉公園体育館で興行をやった時（8月16日）、自分もそれなりにチケットを売ったと思うんですけど、試合を組まれなかったんですよ。それで応援してくださる方たちから〝菅原、身体の具合でも悪いのか？〟と言われて、〝ああ、こうやって顔を潰すんだな〟という不信感が芽生えたんですよ。横綱の件も尾を引いていたと思うんですけど、そこで自分の気持ちも冷めちゃって、〝ここは自分の居場所じゃねえな〟って」

――それで退団の道を選んだと。

「坂口さんには、〝本当にお世話になったのに申し訳ない〟という形で。倍賞鉄夫さんとも話をして…そこは大人ですから、〝一身上の理由〟ということでね」

――退団から約3週間後、11月6日にSWSに入団しましたが、その経緯というのは？

「SWSというネーミングでは知らなかったですけど、本当は新日本に入る前から〝何かがあるな〟というのは自分の中にあったんですよ。新日本に行くか行かないかという状況になった時に、〝訳のわからないところに行くよりは…〟ということで新日本を選択したんです。自分らがアトランタのヘイニーのジムで練習していた時に、若松さんがちょうどアトランタに来てるんですよ。それを週刊ゴングで見て、〝若松さんがヘリコプターに乗って来たの？　この金、誰が出してるの？〟って。当時、WCWにいた武藤さんを口説きに来たというのを後から聞いたんですよね。話の辻褄が合ったのは自分が新日本に入ってからですよ。そんなことがあって、SWSに入っていた横綱に〝俺も新日本を辞めちゃったよ。俺も行けるかなあ？〟って聞いたんですよ。そうしたら、横綱が天龍さんとかに聞いたみたいで、〝菅原だったらいいんじゃないか？〟という形になったって聞きました。それで若松さんから連絡があって新横浜のSWSの仮道場に呼ばれて、〝知らないわけじゃないから〟って何とか滑り込んだ感じですよね」

——若松さんは『道場・檄』の道場主でしたが、菅原さんはそこに所属するのではなく、フリーランスという形での入団でしたね。

「自分は横綱もフリーでやってくれると思ったんですけど、天龍さんの『レボリューション』に入ったから、〝あらら…〟って感じだったんですよ（苦笑）。でも、自分は別にどこかに入らなくてもいいかなと思っていました。ハッキリ言って、条件は良かったです。契約は5年だったと思います」

——他業種のメガネスーパーが母体となり、企業プロレスと呼ばれたSWSはいかがでしたか？

「選手の方から言えば、ああいういい扱いをされたことはあまりなかったと思いますよ。だから、それに選手が少し甘えちゃったところがあると思うんですよ。もう少し律しなきゃいけないところを調子に乗っちゃったというか」

——あとは週刊プロレスの〝金権プロレス〟というバッシングもあって、ファンの反応が薄かったですよね。

「自分はフリーだからアレなんですけど、天龍さんの『レボリューション』、ジョージ高野の『パライストラ』、若松さんの『道場・檄』の3つに分かれていて対抗戦をしていたものの、今の言い方をすれば噛み合わなかったですよね」

——そこで〝いい試合をしよう〟という感じではなく、試合が噛み合わないぐらい険悪な関係というか。

「団体としてまとまってどうのこうのという感じは、ほとんどなかったと思うんですよ。レスラー同士っていうのは…もちろん手が合わない人もいますけども、それなりにみんな仕事としてやるわけだから結局は手が合うはずなんですよ。それが対抗戦の緊張感を出すためなのか移動もホテルも控室も別にして、変に行動を共にしない環境だったから刺々しくなるというか。それが観ているお客さんにも伝わったんじゃないかなあ」

——旗揚げした年のホテル・サムソン箱根での忘年会は、日頃のギクシャク感が爆発して修羅場でしたね！

「自分は、ああいうのは大嫌いなんですよ（苦笑）。あれは選手たちが調子に乗った最たるものですよ。普通はレスラー同士があんなナマで喧嘩なんかやらないですよ。それをやっちゃうことに幼さも若干感じたし、〝何か情けない奴らだな〟って。〝レスラーの強さをそこで発揮するんじゃないよ〟って思いましたよ。自分はさっさと寝ちゃったから。もう構っていられない。忘年会はあの一度きりでしたけど、メガネスーパーの人たちも呆れちゃうでしょ」

――まあ、いろんなことがありましたよね。

「よく田中八郎社長のことを〝プロレスを理解していれば…〟って言いますけど、〝こちら側（プロレスラー側）が理解させることができなかった〟と言った方が正しいんじゃないでしょうか。もし、それがわかっていたら上手く行ったような気がしますけどね。まあ、これはなかなか難しいところですけど。揉めた試合もありますけど、本質的な部分で一番揉めたのは、やっぱり神戸ワールド記念ホールでしょう。確かに自分と鈴木みのる選手のこともあるし、横綱とジョン・テンタのこともあるけど…」

91年4月1日の神戸大会における鈴木みのる戦はSWSとプロフェッショナルレスリング藤原組の対抗戦としてマッチメークされたカードだったが、まったく攻防が成立せず、最後はリングを降りた菅原がレフェリーのミスター空中に「試合放棄」を宣告されるという不穏試合になった。

この一戦について、かつて鈴木みのるはGスピリッツでこう証言している。

「あの時はUWFに対するアレルギーがSWSという会社ではなく、SWSの選手たちにありましたね。特に全日本プロレスや元国際プロレスにいた人たちに多かったと思います。それは感じていました。試合は普通に始まったんですよ。でも、試合が始まったらタイミングが合わないというか、技が掛からないとか、向こうも変な仕掛け方をしてくる。そんな時に指をパッと持たれて、反対側にギュッと曲げられたんですよ。バキバキッって。明らかに折りに来たわけですよ。俺は〝何だ、これ？〟ってパニックですよ。あの当時の俺は実力的にも弱かったし、精神的にも弱かったんですよ。だから、いきなりやられたことが理解できてないんですよ。パッとセコンドを見たら、カール・ゴッチさんだけがジッと見ていて。で、アゴでずっとこうやってる（行けの合図）んですね。そんな状態の中、コーナーで髪の毛を持って〝何だ、これ!?〟って捕まえたんですよね。そこから口論が始まったんですよ。そうしたら〝うるせえ、小僧！〟って目に指をキューッと入れてきて、その手をバッと払って頭突きを入れて、髪の毛をむしったのは憶えてますね。それから向こうは金玉を狙って変な蹴りをやってきたから、こっちもそれなりの構え方に変わって見切りながらやってたんで試合にはならなかったですね。それで向こうが外（場外）に出たのをキッカケに、レフェリーのミスター空中さんが〝やらないんだね!?〟と言って終わりにしちゃったという結末なんですけど、終わってからホントにいろんな意味で反省しましたね」

このコメントを率直に菅原にぶつけてみたところ、次のような答えが返ってきた。

「鈴木選手とマッチメークされた2日ぐらい前に、道場で田中社長とお会いしたんですよ。〝菅原君、今度の試合は期待してるからね〟なんて言われたから、〝社長、今度の試合は難しくなります〟って言ったんです。個人的には彼らに対して何もないんですけど、ただ彼らが週刊プロレスなんかで〝自分たちは真剣勝負で強い〟と言ってたんですよ。当然、そういう雑誌を田中社長も読んでる可能性が十分あるわけですよ。ということは、僕が負けたら〝何だ、菅原は弱いんだな〟ってことになっちゃうじゃないですか。そこは絶対に自分は譲れなかったですね。〝彼らが言う真剣勝負だったら、俺はそんなに弱くないから〟と思っているから、〝やるんだったら、やりますよ〟って。その方がスッキリしますからね。それだけなんですよ。だから、田中社長に〝難しい試合になります〟と言ったんですよ。鈴木選手は〝金的を狙って蹴ってきた〟と言ったんですか？　狙ってないですよ。だから、それだけ信用できなかったってことですよね」

——指を折りに行ったのは？

「指は確かにグッとやりましたよ。しかし、あの程度でどうのこうの言われたら困る。指1本だったらダメだけど、別にルール違反でもないし。向こうの打撃について言えば、心が通じていれば掌打でも何でもバンバンと受けてやりますよ」

——結局、お互いに疑心暗鬼になってしまって試合が成立しなかったように感じます。

「でも、もし逆の立場だったと考えたら…自分だったら行ってる。結果として負けても行くね。まあ…どっちが正しいのかわからないけど。プロレスに正解はないから。まあ…いいのか悪いのかは知らないけど、二十何年経ってもその試合が語られるっていうことは、それはそれとしていいかなと思っていますけどね」

——試合放棄という裁定を下されて引き揚げた菅原さんに対して、控室での選手の反応はどうだったんですか？

「いや、別に何てことないという感じでしたけどね。もしかしたら、自分自身は冷静なつもりでも話しかけられるような雰囲気じゃなかったのかもしれないけど」

——その神戸大会ではジョン・テンタと対戦した北尾が2本の指を突き立てて目潰しのポーズで威嚇し、レフェリー

SWSの91年4月1日、『レッスル・ドリームin神戸』は歴史に残る大荒れの興行となった。菅原vs鈴木みのる戦は握手からスタートするも、噛み合わない攻防に終始。公式記録は9分3秒、菅原の「試合放棄」だが、勝者は泣きじゃくり、敗者はリング下でこの表情…対照的な2人の姿が“異変”を物語っていた。

を蹴っ飛ばして反則負けになると、〝この八百長野郎！〟と暴言を吐く一幕もありました。

「若松さんに〝この後、荒れますから横綱を連れて帰りますよ〟と言ってタクシーを呼んでホテルに帰ったら、〝逃走した〟って書かれるし（苦笑）」

――確かメガネスーパーの常務だった田中社長夫人に〝うるせえ、クソババア！〟と暴言を吐いて、大変だったんですよね。

「よく知ってますね（苦笑）。そんな感じですよ。〝これはダメだ〟と思ってタクシーを呼んだんです。あの日は本当に大荒れですよ」

――結局、北尾は解雇、菅原さんは厳重注意及び罰金20万円という処分になりましたが、それについては？

「うーん、騒動を起こしたのは確かだけど、横綱の解雇はどうなんだろうなという思いはありましたよ。長州さんの時もそうだけど、余計な一言が出ちゃうんだよね。もったいなかったな」

菅原は、SWSで起きた大事故の当事者にもなっている。92年1月8日、大阪府立体育会館で片山明がトペ・スイシーダに失敗。前額部から場外フロアに突っ込んで第4頸椎脱臼骨折の重傷を負い、半身不随になるというアクシデントが起こったが、この時のカードがアポロ菅原&中原敏之vs片山明&平井伸和だった。

「片山選手とは、その前の東京ドームでもやってるんですよ（91年12月12日＝鶴見五郎&菅原&新倉史祐vsドン荒川&大矢健一&片山）。その試合で片山が自分にトップロープ越しのトペをやってきたんだけど、爪先がトップロープに引っ掛かっちゃって急降下しちゃったんです。その時は自分が下に入って支えて受け身を取らせたから、何ともなかったんですよ。だから、片山には〝トペをやりたかったら、俺に来ればいいから〟と言っていたんですけど、あの日はデビューして2ヵ月ぐらいの中原に行っちゃったから。たぶん、中原は怖かったんじゃないかな。だから、ロープに足を引っ掛けた片山を受け止められなくて、そのままフロアに突っ込んじゃったんですよね。〝ああっ！〟と思ったけど、レフェリーもどうしていいかわからないから、〝カウントを取って、場外KOで試合を終わりにしろ！〟って。で、すぐにカブキさんとかが来てくれて…」

――私も現場に取材に行っていましたが、片山は意識があるんですけど、カブキさんたちが手や足を触って感覚を確かめても〝わかりません〟と。

「片山選手は確か結婚したばかりで、会場に親御さんとかも来てたんじゃないかな。だから、余計に張り切っちゃった感じで。あれは…辛い事故でしたね」

菅原がSWSに入団してから1年半後、団体内で激震が起こる。92年5月14日、『道場・檄』道場主（前年11月に若松から交代）の谷津嘉章が天龍体制への不満をぶちまけて選手会長辞任及び退団を表明。内部の派閥争いが一気に表面化したのだ。

5月シリーズには谷津も参加したものの、『レボリューション』と『パライストラ』＆『道場・檄』連合軍が絡むカードは組まないという異例の事態となり、6月の九州シリーズ終了後に『レボリューション』と『パライストラ』＆『道場・檄』は2派に分かれて、それぞれ新団体を設立することが発表される。

「前年夏（91年7月19日）にSWSの社長が田中社長から天龍さんに交代して…天龍さんも努力されたと思うけど、分かれてしまったバラバラ感は何ともならなかったような気がします。谷津さんが辞めると言った頃の空気は最悪ですよね。結局、5月のシリーズは取り組みにしても〝お前らはお前らで勝手に作ってやってくれ〟って感じですよ。取り組み表には何も書いてないんです」

――あのシリーズでは石川敬士さんと鶴見五郎さんが話し合って、『レボリューション』とWWF絡みのカードを石川さん、『パライストラ』＆『道場・檄』のカードを鶴見さんが作っていたと聞いています。

「そうですか。で、自分らは谷津選手の復帰嘆願書に署名して。綺麗に辞めていくならいいけど、実力者なんだし、もう一度戻ってもらいたいという気持ちはありましたよ」

――何人かの選手が田中社長の家を訪れて天龍体制に付いていけないと直談判したとか、いろんな話が入り乱れていましたよね。

「それぞれが何人かでやっていたんじゃないの？　自分は富山市体育館（5月19日）の『パライストラ』と『道場・檄』の10人タッグに組み入れられた時に、みんなと一緒に円陣を組んで手を挙げたぐらいですよ。結局、解散して天龍さんのWARと『パライストラ』＆『道場・檄』のNOWに分かれることになりましたけど、その前に選手の全体会議があったんですよ。その時に阿修羅・原さんが〝メガネスーパーに残るという選択肢はないんですか？〟って聞いたんですよ。〝あっ、やっぱり原さんだな！〟と思って。その選択肢があるんだったら、俺もメガネに残っていましたよ。でも、田中社長はピシャリと〝それは許しません！〟と。もしそれが認められていたら、意外とみんなメガネに残っていたりしてね（笑）。僕だって〝原さん、いいこと言ってくれる〟と思ったもん、腹の中で。SWSでの1年7ヵ月を一言で言うと、お金の苦労はいりませんでした。でも、本当に…仲のいい団体ではなかったな」

——その中で菅原さんが親しくしていた選手は？

「維新力関、畠中浩（浩旭）とかとは仲が良かったですよ。維新力関は相撲時代から知ってるし、畠中とは今でも交流があるしね」

——振り返ると、あの時は菅原さんと新倉さんはフリーなのにNOWに行く流れができていましたよね。

「プロレスを続けようと思ったら、それ以外になかったですね。向こう（天龍派）とはちょっと意見が合わないというか、反りが合わなくなっていましたからね、どうしても」

——NOWは当初、ジョージと俊二の高野兄弟の団体という見方をされていましたが、すぐに2人が離脱して、社長の桜田（一男＝ケンドー・ナガサキ）さんと鶴見さんが切り盛りする団体になりましたね。

「鶴見さんから聞いた話ではメガネスーパーから準備金として天龍さんの方は6000万円、NOWは4000万円が渡されたらしいんですよ。僕自身は直接、数字を見ているわけじゃないんですけど。鶴見さんが〝これを分けて、みんなが手元に一度収めて、それで団体をやりたい人が金を出してやればいいんじゃないの？〟と言った時に、自分はいいアイディアだと思いましたけどね」

——確かに鶴見さんは〝メガネからの金を一度もらって、その上で金を出し合って作る合資会社でいいんじゃないかと言ったんだけど、いつの間にか株式会社になって莫大な金がかかって、ギャラは1シリーズ目から出ていなかった〟と言っていました。

「新倉さんに聞いてもらえばわかると思うけど、NOWで一回もギャラをもらってないですよ。全然なかったんです。20万円ずつでももらっていればアレだけど、みんな家賃とかがあるんだから食い潰しですよ。鶴見さんとか家庭のある方は大変だったと思います」

——日本人選手にギャラは出なくても、後にWCW世界王者になるブッカーT、WWE世界王者になるJBLとか、いい外国人選手が来ていたんですよね。

「後から考えれば凄いよね（笑）。ブッカーTはブレイク

SWSが崩壊すると、菅原はケンドー・ナガサキ率いるNOWに参加。92年8月9日、後楽園ホールでのプレ旗揚げイベント『THE PRELUDE』では入場式の際に選手会長としてファンに挨拶した。

ダンスでスピンして立ってくるパフォーマンスをやっていたけど、ああいうのをひとつ持っているだけで違いますよね。ジャンプしてのハイキックも凄かったし。ロッド・プライスとかも、いい選手だったし」

――でも、経営的にはダメだったと。

「ダメでしたね。どういうやり方をしていたのか知らないですけど、君津で興行をやった時に自分が切符を売った客しか来てないんですもん。ガッカリしちゃった」

――93年4～5月のシリーズに参加した栗栖正伸さんが桜田さんとギャラで揉めたと鶴見さんが言っていましたね。

「確か栗栖さんは名古屋の試合（5月19日）で、桜田さんにイスで頭をカチ割られたんですよ。その2日後に長崎の大瀬戸町…今の西海市で試合があったんだけど、前の日に栗栖さんから電話がかかってきて、〝菅原君、怪我は大丈夫だけど、俺は行きたくないよ〟と言うから、〝栗栖さん、絶対に来てくださいよ。俺がそういうマッチメークはさせないから〟って。それで〝ホントに？〟って長崎に来てくれて。その日は俺と栗栖さんのシングルマッチにしたんです（菅原の反則勝ち）。試合後には、みんなでどんちゃん騒ぎをやりましたよ。〝これでチャラね！〟ということで（笑）」

——結局、第1次NOWは旗揚げから1年2ヵ月しかもたず、93年10月に幕を閉じました。
「僅か1年でしたけど、その間にはいろいろありましたね。直井（敏光）君の事故とかね…」

93年1月7日、NOWは福井県鯖江市総合体育館で正月シリーズ『バトル・ダッシュ』の最終戦を行い、翌8日朝、直井は川畑輝（輝鎮）と共にリング機材を積んだ4トントラックを運転して東京に向かった。

だが、午前10時55分頃、福井県敦賀市葉原の北陸自動車道上り線を走行中に道路右側の斜面に衝突してトラックが横転。車外に放り出された直井は福井県武生市内の林病院に運ばれたものの、午後0時40分頃、頭蓋骨骨折で亡くなった（享年26）。

直井は92年5月、分裂直前のSWSに入門。団体崩壊後はNOWに参加して、同年10月にデビューしたばかりだった。なお、同乗していた川畑は左上腕部と右足に重傷を負ったが、全治6週間で一命を取り留めている。

「自分はトラックの運転に慣れていたから、前の日に直井、川畑と話している時に〝直井、俺がトラックを運転しようか？〟と言っていたんだけど、〝菅原さん、俺、大丈夫です〟、〝そうか。とにかく気を付けて。慌てないでいいから〟って。後で聞いたら、カーブでブレーキを踏んでるんですよね…」

——生前、桜田さんも涙を浮かべながら〝金銭的にも、できる限りのことをした。それから10年間、1月8日には直井のお墓もお参りした。あの事故で俺はもうダメだった〟と。
「あの事故が一番ショックでしたよ。彼はガッツがあって、いい意味でボディビル選手でした。たぶん、直井が亡くなってから兄貴の遺志を継ぐみたいな感じで、妹さんがボディビル…というよりもフィットネス競技で何回も大会に優勝していますよ。今は結婚されたから直井じゃなくて、山中輝代子の名前で活躍されていますね」

——話を戻すと、菅原さんは維新力や畠中らがNOWを退団した後も残り、93年10月3日、千葉・白里サンビーチでの最後の大会まで出場しましたね。
「まあ、そこは終わりだと思っていてもケジメですよね。金もないし、〝やれやれ〟ですよ。最後は握手して別れたいところですけど、握手した記憶もないし…」

——でも、これで終わりではなく、翌94年2月26日に後楽園ホールで再始動した第2次NOWにも参加しています。

国際プロレスの先輩・鶴見五郎もNOWに合流。ナガサキに代わって社長代行になった鶴見は93年9月下旬にNOWの閉鎖凍結を表明し、団体は翌月に一旦崩壊。鶴見は自らの団体・IWA格闘志塾に活動の場を移したが、菅原は第2次NOW参加を決める。

「そうですか？　ああ…大建工事の社長がバックに付いた時ですね。自分の名前が入っているのは、〝名前、入れちゃったからな〟って大建の社長に言われたからじゃないかな？」

——その後、桜田さんは単身でWARに上がるようになり、逆にWARの冬木軍がNOWに上がったりするんですが、同年10月27日の八王子マルチパーバスプラザ大会を最後に活動停止になりました。

「第2次NOWは、〝そういえば、大建の社長が新しい団体を創ったような感じがあったな〟くらいの記憶しかなくて…それがダメになったところに、グレート小鹿さんが入ってきたんじゃないかな？」

——それが大日本プロレスです。12月21日に小鹿さんと桜田さんが団体設立を発表しましたが、菅原さんはそれ以前の12月7日、石川産業展示館2号館における石川敬士率いる東京プロレス旗揚げ戦に参加していますね。

「東京プロレスの旗揚げに参加した経緯は、維新力関の結婚式（94年6月18日、『八芳園』で元LLPWの穂積詩子と挙式）に遡るんですよ。当時、維新力関はWARに所属していて、天龍さんや原さんも出席していました。その当時、石川さんはある会社のガードマンみたいなことをやっていたんですよね。その結婚式で石川さんから〝菅原、ちょっとガードマンみたいなやつなんだけど、背広を着てやらないか？〟と言われて、自分も退屈だから二つ返事で〝はい、わかりました〟って。それで石川さん、俺、ダンク・タニ（初代・嵐＝大黒坊弁慶）、三宅（綾）で、その仕事をやっていたんですよ。八重洲口のビルの一等地にあった女性下着の会社です。そこには国際プロレスのリングアナだった鈴木利夫さんもいて、〝菅原君、何やってんだ？〟、〝こっちがビックリしましたよ！〟って。そうした中で、石川さんに〝そんなに金をかけなきゃ団体をできるかな？菅原、選手は集まるか？〟と言われて、〝じゃあ。何とか力の限り集めてみますよ〟という感じだったんですよ」

維新力の結婚式から3ヵ月後の9月25日に、石川はWAR を退団して新団体立ち上げを示唆。10月15日に東京プロレスの設立、第2次NOW活動休止後の11月11日には参加メンバーを発表したが、そこに菅原の名前もあった。

旗揚げ時の所属選手は石川、菅原、タニ、三宅、元NOWの畠中、川畑、山川征二（後に大日本に移籍）の7人。その他、IWA格闘志塾の鶴見、IWA格闘志塾・湘南プロモーションの高杉、ユニオン・プロレスの寺西勇、松崎駿馬、ポイズン澤田、総合格闘技・誠GYMの宮本猛、ボクシング京都・山下ジムの塚田敬などが参加した。

さらに旗揚げ戦には誠心会館の田尻茂一、深谷友一、伊藤好郎（力雄＝後に東京プロレス所属）、FULLの菊澤光信（菊タロー）も出場して、「インディー団体大集結」の様相を呈す。旗揚げ戦のメインは石川&菅原&川畑vs寺西&鶴見&高杉というカードで、石川がサソリ固めで高杉を撃破している。

「そのメンバーのほとんどは、自分が声をかけたと思いますよ。畠中にしても北海道から引っ張ってきました。旗揚げ戦をやった後に石川さんが、ふっと〝ああ、プロレスはいいなあ〟って言ったのを思い出しますよ。初期の東京プロレスは雰囲気が良かったですよ」

東京プロレスは翌95年9月に宝造会社、化粧品会社、旅行社、バイク便会社BSAをスポンサーに法人登記。新体制になって時価3億円のTWAタッグ王座を新設し、96年に入ると初代タイガーマスク、UWFインターナショナル勢、アブドーラ・ザ・ブッチャー、サブゥーなどの大物を投入するなど次第にメジャー化していく。

そして、BSAオーナーの石澤広太郎氏が事実上のトップとなり、96年暮れには石川を追放する形で東京プロレスを発展解消させて「第3勢力」を目指す日本プロレスリング共同機構『FFF』を設立したが、旗揚げ10日前に事業の悪化で資金調達ができなくなり、日本マット界再編成の野望は水泡に帰した。

――95年11月27日に六本木の全日空ホテルで3億円ベルトのお披露目パーティーがあったんですが、翌日は高松市総合体育館でシリーズ開幕戦だったんです。そのパーティーの時、菅原さんが〝ベルトは3億円なんだけどさ、俺らはこの後、夜に移動なんだよね〟と自虐的にジョークを言っていたのを憶えていますよ（笑）。

「まあ、自分らしいよね（笑）。あの頃…お金の匂いを嗅いで、いろんな人が集まってきましたよね。まあ、自分が最初に会社に不信感を持ったのはフィリピン遠征の件ですよ。夏…スポンサーが付く前だと記憶していますけど、鶴見さんとかも一緒にフィリピン遠征に行って、そのギャラが精算されなかったんです。それで年末の後楽園ホールの試合後（12月23日）か、その何日か後に飲み会があって、スポンサーのある方に〝まとまりがないように感じられるんだけど、何かあるのかな？〟と言われたから、〝それはフィリピン遠征のギャラの精算が済んでないからですよ〟って言わなくてもいいことをポンと言っちゃったんです。カブキさんには叱られましたからね。でも、その気持ちはみんなが共有していたと思うし、そういうことは選手会長の自分が言うしかないですから。でも、そこから少しずつダメになっていきましたね…」

――菅原さんは石澤氏の体制になる直前の96年2～3月シリーズ終了後、東京プロレスを退団していますね。最後のシリーズは栗栖さんと抗争していましたが、私は次のシリーズから栗栖さんを土木作業員、菅原さんをとんねるずのバラエティー番組で再ブレイクしていた錦野旦の『スターにしきの』のキャラクターに変身させて抗争させるというプランがあると聞いていました。菅原さんはそれを拒絶して退団したと記憶していますが、どうでしょうか？

「錦野旦というよりも、〝金髪にして、どうのこうの〟という話があったんですよ。自分としては石川さんから言われたら、もしかしたら〝じゃあ、ちょっとやってみましょうか〟と言ったかもしれないですけど、他の人間から言われたら僕の性格は〝いいよ、そんなの！〟ってなっちゃうんですよ。そのうちに選手会長も交代になっちゃって。それも石川さんから直接言われればいいんだけど、川畑が来て〝悪いんですけど、俺が選手会長をやることになったんで〟って。川畑も言いにくかったと思いますよ。そういうことを言わせる体質…結局、お金のこともそうだし、正面から来るんじゃなくて、大事な時にスッと引いちゃうんですよ。そんなことがあったし、会社の路線が変わっていくのもわかっていたんで、〝ここは、もういいや！〟って感じですよ。最後に事務所で石川さんにちょっと会ったかもしれないね。少しだけ、お金を手渡されて…まあ、別に石川さんと直接何があったってわけじゃないけど、行き違いがあったのは確かですよ」

——96年3月5日の郡山セントラルホール大会で栗栖さんに勝利したのが東京プロレスのラストマッチで、その後は5月23日の後楽園ホールにおける藤原組5周年記念ファン感謝イベントに出場して畠中に勝利しています。

「畠中とやったことは記憶にありますけど、どういう縁で上がったのかは憶えてないですね（苦笑）。その後は畠中のアジアン・プロレスによく出ていたんじゃないかな。北海道には結構行ってましたから」

——あとは鶴見さんの国際プロレスプロモーションで素顔のアポロ菅原以外にも、マスクマンのマミーとか…。

「エジプトのマミーですか⁉　まあ、その辺はファンタジーの世界でいいんじゃないですか（笑）。聞くところによると、あのマスクは目がよく見えないんですよ。…あれはね、足下がまったく見えない状態で、それなりの怪我を負ったんだから憶えてないですよ（苦笑）。東京プロレスを辞めてからは、将来に対するビジョンはなかったです。他の仕事もやっていたから、声がかかった時に空いていれ

ば、そこに行くって感じで。とりあえず必要とされているというのがモチベーションでしたね。まあ、アジアンプロレスでは畠中とのタッグが多かったんで、畠中がほとんどやってくれるから自分なんかはホントに味付け程度ですよ。でも、やっぱり若い人とやる時にはバシッとやるし。やってやらないと失礼だからね。だから、手加減はしなかったし」

——声がかかった時に試合ができるというのは、練習していなければ無理ですよね。

「やっていたんですけども、48歳ぐらいになってピタッとウェイトトレーニングはやらなくなりましたね。身体の衰えはある日突然、来ますよ。怪我もあって、引退という形は取らなかったけど、プロレスとは全然関係ない仕事をしていたんです。プロレス人生を今振り返ってみると楽しいんですよ。ひとつひとつを挙げれば〝あの時、苦しかったなあ〟っていうのもあるんですけど、全体で見りゃあ楽しいプロレス人生ですよ」

［証言］

マッハ隼人

国際プロレス崩壊後、海外に転戦した選手たちは最終的に帰国し、それぞれの立場で日本の団体に上がるようになる。放浪癖のあるマッハ隼人も舞い戻ってきたが…それはちょうどマット界の政治的なバランスが崩れていた時期だった。

本項は2017年秋に本人が国際プロレス以降のキャリアを振り返ったインタビューになるが、取材時はロサンゼルス郊外の療養施設にてリハビリ中で、その後に単身帰国。故郷の鹿児島県で療養を続けていたものの、2021年11月8日に残念ながら天国へと旅立った。享年70。現役時代の姿を思い返しながら、この回想記をじっくり噛みしめていただきたい。

＊　＊　＊

「腎臓移植の話があったんですけど、書類が英語でわからんで間違って断る方にサインしてしもうたんです。だから、今まで通り週3度の人工透析をしとるんですよ」

そう言いながら笑うマッハの声は相変わらず屈託なく、明るく、そして僅かに残る薩摩訛りが懐かしい。

マッハには『実録・国際プロレス』で生い立ちからメキシコでのデビュー、中米各国での活躍、そして米国ロサンゼルス地区から国際プロレスのリングに凱旋し、団体崩壊後に再び海外マットを放浪していた時期までの話を詳しく聞いている。今回は、その続編として全日本プロレス&旧UWF時代について再び本人に口を開いてもらおう。

清水 勉＝聞き手
interview by Tsutomu Shimizu

Nieve Mascaras（P453、468）、
国枝一之（P455、457、460、465、467）、
持田一博（P463）＝撮影
photographs by Nieve Mascaras,
Kazuyuki Kunieda, Kazuhiro Mochida

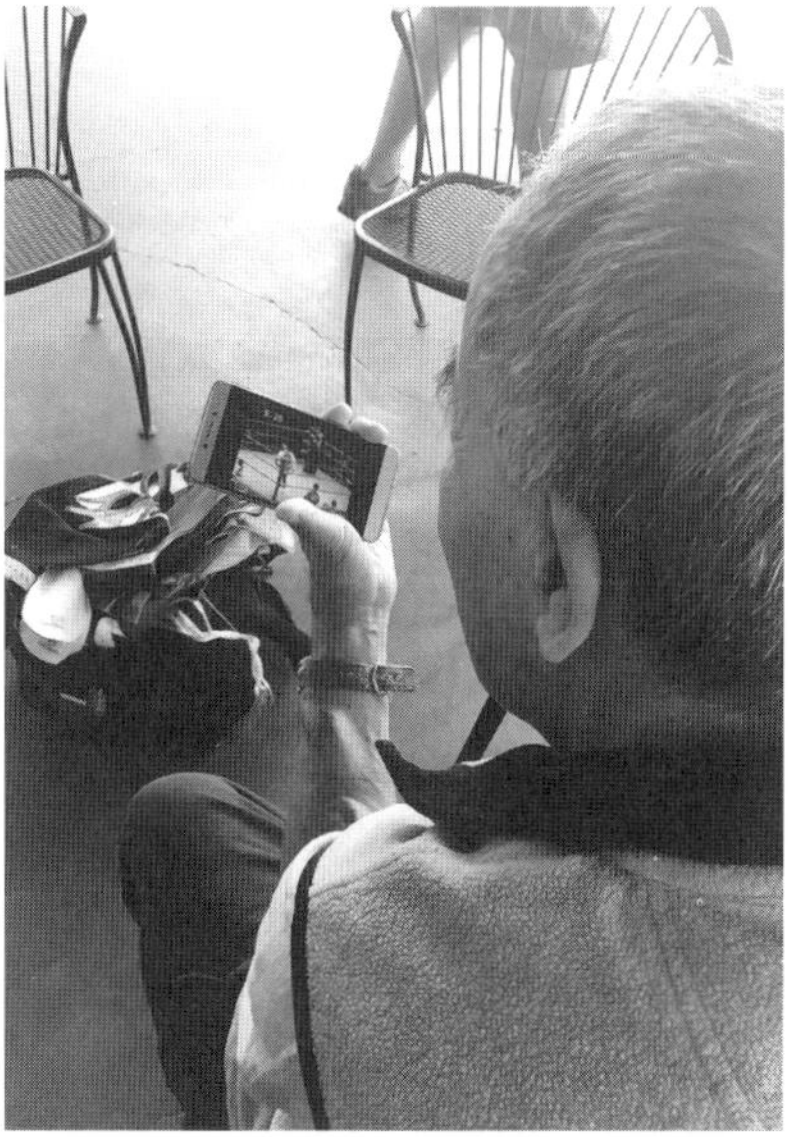
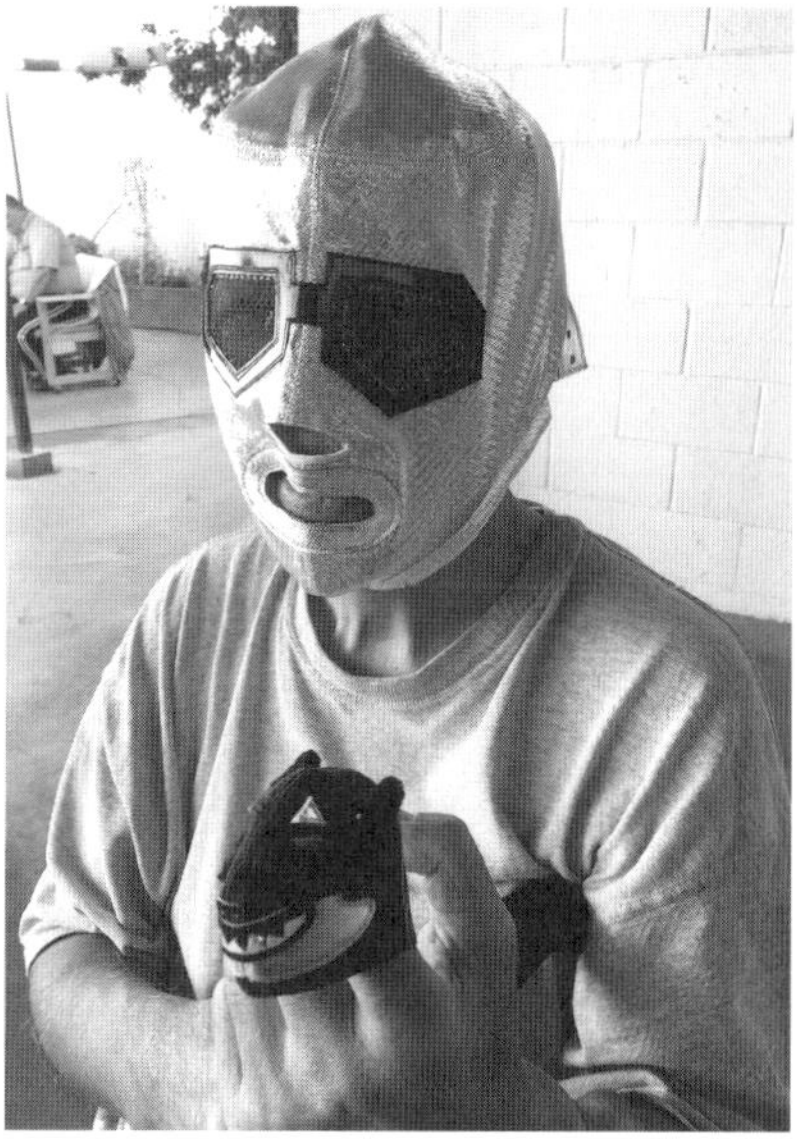

この取材時、まだロサンゼルス在住だったマッハ。スマートフォンで観ているのは国際プロレス崩壊後、全日本プロレス参戦時の自身の試合動画である。

本題に入る前に、全日本参戦前までの歩みを簡潔にまとめておく。１９８１年８月に国際プロレスが活動を停止すると、マッハは吉原功社長の命を受け、ＥＭＬＬでの武者修行が決まった高杉正彦を連れてメキシコへと向かった。

その後、古巣のロス地区を経て、カナダ・カルガリー地区に入り、鶴見五郎、ジェリー・モロー（稲妻二郎）、若松市政ら元国際勢と再会。同地区でのスケジュールを終え、国際プロレスとの接点もこれまでかと思いきや、かつての仲間たちと日本で再び顔を合わせることになった。

――82年11月にマッハさんはカルガリーを引き払ってロスに戻りましたが、その後、全日本プロレスにフリー参戦しますよね。ロスでジャイアント馬場と会われたそうですが、そこに至る経緯というのは？

「カルガリーを出る時に、ミスター・ヒトさんから〝全日本に行けばいいんじゃないか。佐藤昭雄に連絡してみろよ。彼は俺の後輩だし、俺の名前を出していいから〟と電話番号を渡されたんです。それでロスに戻ってきてから、電話してみたんですよ。そうしたら、昭雄（※珍しく呼び捨てだった）の態度が良くなくて（苦笑）。〝何で俺に…〟という態度なんです。嫌だなあと思っていたら、しばらくして馬場さんがロスに来られたんです」

――馬場さんが83年2月11日にセントルイスでハーリー・レイスからPWFヘビー級王座を奪回した後、ロスに寄った時だと思われます。ハワイ経由で帰国したのが3月2日ですから、おそらく会われたのは2月中のことでしょうね。

「ロスのホテル・ニューオータニで、お会いしました。馬場さん以外には全日本で営業をしていた大峡（正男）さん、日本テレビの原章（『全日本プロレス中継』プロデューサー）さん、それと東京スポーツの山田隆（同中継解説者）さんが一緒でしたね。原さんがセッティングしてくれて、積極的に話にも参加していましたよ」

――その時、馬場さんから何と言われたんですか？

「〝思ったより、小さくないな〟と言われました（笑）。馬場さんは、思っていた以上に大きかったですけどね（笑）。結局、その場で〝ウチでやればいい〟という話になって」

――それが83年2月だとして、実際に全日本マットに登場するのは翌84年1月ですから随分と時間が経っていますね。当時、馬場さんは社長職から外れている時期だったので発言力が落ちていたか、それともジュニア路線では大仁田厚をトップにウルトラセブン（高杉）も加わって人手が足りていたからなのか。

「全日本の事情は私にはわからないですけど、具体的にいつ来いという連絡はなかなか来なかったですね」

――マッハさんは、その頃からガーデナー（庭師）の仕事をされていたんですか？

「いいえ、まだですよ」

――全日本に参戦した時、マスクやロングタイツを何枚か新調されていましたよね。あれはメキシコへ仕入れに行ったんですか？

「そうです。またビクトル・マルティネスの店で作りました。注文してもすぐにはできないから、ジムへ行ったり、親友のファンタスマに頼んで、しばらく試合もしていました」

――この時期にメキシコで試合をしていたのは知りませんでしたよ。

「ファンタスマの友人の家が1部屋空いていたので、そこを拠点にしていました。この時は素顔でした。小さな会場や地方で試合をしていましたよ。この時のリングネームは…もしかしたら、また『カラテ・ハヤト』（※76年3月にメキシコでデビューした時の名前）だったかもしれません。名もない小さな会場ばかりでしたけど」

――だから、記録も残っていないし、現地の雑誌にも載らなかったんですね。全日本行きが正式決定した83年暮れに、マスクを作るためだけにメキシコへ行ったのかと思っていました。

「いえ、メキシコには馬場さんにお会いしてから、すぐ行ったように思います。そういえば、向こうで素顔のアトランティスとも試合をしましたな。一緒にジムで練習もして。リングネームは忘れましたけど、素質のある若者だから私は可愛がっていました。その直後にアトランティスに変身したんじゃないですかな？」

——アトランティスが素顔で試合をしていたのも驚きですよ。以前、マッハさんに〝彼は将来性のあるいい選手だから、プッシュしてあげてください〟と言われたことがありましたが、アトランティスとしてデビューしたのが83年6月13日のピスタ・レボルシオンですからマッハさんはその前にメキシコ入りしていたというわけですね。

「その後は、ロスで試合をしていました。マイク・ラベールのオフィス（NWAハリウッド・レスリング）は完全にクローズしていましたが、ダウンタウンで週に2回くらいメキシカンの小さな大会があったんですよ。ギャラは1試合＝35～50ドルくらいでした。友人のアパートに2ベッドルームがあって、そこで何とか暮らせていましたよ」

——そうしたインディーの興行は、なかなか記録が残らないですからね。

「そうこうしていたら全日本から連絡があって、84年の正月から使われることになったんです」

マッハの全日本初参戦は、84年1月開幕の『新春ジャイアント・シリーズ』。この時、元国際プロレス勢としてはマイティ井上、阿修羅・原、菅原伸義、冬木弘道、ウルト

全日本プロレス参戦のために帰国した際のプライベートショット。メキシコで新調してきたマスクを手に宿泊先のホテルでパチリ。

ラセブンが全日本に上がっており、外国人サイドにはジプシー・ジョー、上田馬之助と共闘していた鶴見五郎の顔もあった。

マッハにとって約2年3ヵ月ぶりの帰国となったが、全日本プロレスという新天地の住み心地はどうだったのだろうか?

——初めての全日本プロレスは、いかがでしたか?

「ジャンボ鶴田さんは同じ歳でしたし、よく麻雀に誘ってくれました。天龍さんも79年にサンフランシスコで一緒になって以来の再会で、嬉しかったですね。よく気を遣ってくれましたよ」

——この時期の全日本にはザ・グレート・カブキもいましたね。

「高千穂さんですな。同じ九州人で、私は昔からファンでしたから。実際、この人の試合は参考になりましたし、人柄も素晴らしいですよ。他にもグレート小鹿さん、大熊元司さん…全日本は、みんないい人ばかりでしたな」

——馬場さんも気を遣ったのか、初戦に元国際プロレスの選手を絡めてきましたよね。1月2日、後楽園ホールでの開幕戦は石川敬士&マッハ隼人vsマイティ井上&三沢光晴というカードでした。

「そうそう、井上さんとタッグでいきなり当たったんですよね。国際時代には戦ったことのない上の人でしたけど(笑)。みんな私のことを歓迎してくれて、昔の仲間で飲みに行ったこともありましたなあ。鶴見さんはカルガリー以来だったけど、上田さんと上の方でやっていましたから別行動でした。原さんも上でやっていましたな。菅原や冬木とは戦ったけど、成長していて嬉しかったですよ。高杉さんはメキシコで別れて以来ですね。彼はウルトラセブンになって良かったと思います。ただ、もっと長くメキシコでやっていたら、さらに良くなるのに、スピード感がちょっと足りない感じがしましたな。そんな中で、私のことをボロクソに言うのが佐藤昭雄でした」

——その頃、昭雄さんは全日本のブッカーでしたよね。

「そうです。イチイチ注文がうるさいんですわ。〝ああじゃない、こうじゃない〟と。その最初のシリーズで高杉さんと組んで、三沢&冬木とタッグでやったんですよ」

——1月3日、後楽園ホールの第2戦ですね。

「私がトペをして、さらにエプロンを走って場外の冬木にセントーンを落としてリングアウト勝ちを取ったんですわ。そうしたら、〝何でフォールを取らずにリングアウトで終

全日本マットでは旧友リスマルクの他、マイティ井上、ウルトラセブン（高杉正彦）、菅原伸義、冬木弘道ら元国際勢と再会。しかし、ブッカーの佐藤昭雄と反りが合わず、2シリーズで離脱を決断する。

わらせるんだ〟と昭雄が文句を言ってきたんです。それからも、ずっとガミガミといろいろ言ってきましたよ。百田さんはお兄さん（義浩）はいい人ですが、弟（光雄）の方がうるさくてね。トペはダメ、バックドロップやブレーンバスターもダメとか言われて、グラウンドばかりやらされたんですよ。国際プロレスで、そんなことを言う人はいませんでしたからな（苦笑）」

——ところで、このシリーズにはマッハさんの友人でもあるリスマルクが初来日しました。前年にメキシコへ行った際に再会して、一緒に練習したそうですが。

「確かにリスマルクとは会ったんですけど、このシリーズに彼が来るのは日本に戻るまで知らなかったですから」

——この時は6度もシングルが組まれ、タッグを組む機会もありました。

「日本でまた会えて、試合もできたのは嬉しかったです。でも、76年頃にアカプルコで戦った頃の方が彼はスピードもジャンプ力もありましたよ。まあ、全日本の時はすっかりエストレージャになっていて、貫禄が出ていましたな」

——続く2月開幕の『エキサイト・シリーズ』では、国際プロレスの常連だったアレックス・スミルノフ、そしてジェリー・モローが参戦しましたね。

「ジェリー…二郎さんですね。二郎さんには、国際の時よりもカルガリーで凄くお世話になりましたよ。私は日本側で移動していましたから別行動でしたけど、あの時は全日本の中に国際プロレスがあるみたいでしたなあ（笑）」

——全日本の若手たちとも対戦されていますよね。越中詩郎と三沢光晴は売り出し中でしたし、ターザン後藤、川田利明とも戦っています。

「三沢はメキシコ向きで、スピードがありましたね。越中はパワーがあったという記憶があります。後藤や川田のことは…あまり憶えてないですなあ。でも、ずっと後に後藤がマイアミからロスの私の家に連絡してきたことがありましたよ。〝ロスで仕事はないでしょうか？〟と」

——ところで、全日本に正式入団するという話はなかったんですか？

「ありましたよ。元子さんから、〝マッハさん、ウチでずっとやるつもりはありますか？〟と言ってもらったんです。でも、昭雄がいるから、〝ありがたいけど、結構です〟と断りました（笑）」

——全日本でのギャラは、外国人レスラーと同じ扱いで週払いだったんですか？

「いえ、私は日本人選手と同じで試合給でしたなあ。確か

1試合＝3万8000円でしたか。ロスは1試合＝50ドルでしたから、全然良かったです（笑）。ロスとの往復航空券も付きましたしね」

フリーの立場ながらも全日本マットで順調に役目をこなしていたように見えたマッハだが、続く3月開幕の『グランド・チャンピオン・カーニバルⅠ』にその姿はなかった。マッハは、前年に新日本プロレスを退社した新間寿氏の新団体に合流。4月11日、大宮スケートセンターで行われた旧UWFの旗揚げ戦ではマノ・ネグラと組んで第1試合に出場し、ロス・ミショネロス・デ・ラ・ムエルテのエル・テハノ＆エル・シグノと対戦した。

メキシコのUWAと提携していた旧UWFは全日本よりも個性を活かせる場ではあったかもしれないが、なぜ突然マッハは安定した収入を捨て、未知の団体に足を踏み入れたのだろうか？

――『エキサイト・シリーズ』終了後、ロスに戻ったマッハさんに馬場さんから電話が入り、〝UWFへ行ってくれ〟と新団体へ出向するように言われたというのが今まで語られてきた経緯ですが、これは事実ですか？

「いや、違いますね。まず馬場さんに〝越中と三沢を頼む〟と言われて、メキシコ（EMLL）への同行を依頼されたんです」

――でも、越中と三沢は同シリーズ終了後の3月6日に出発していますが、マッハさんは一緒ではなかったですよね。

「はい。実際には1週間遅れでメキシコへ行っています。たぶん行く前だと思うんですが、東京で新間さんに会ってるんですわ。新間さんの事務所（ジャパンライフ）があった霞が関ビルへ行って、一緒に食事をしました。ゴングの竹内さんも一緒でしたね。そこで新間さんから、〝新団体を創るから協力してもらえないか？〟と言われましてな」

――アントニオ猪木も後から合流するとか新団体の構想を聞いたりはしましたか？

「いや、それはなかったですな。その時は、グラン浜田さんも来るくらいの話は言われたかもしれません。私は馬場さんの許可がないとダメだと思って、電話を入れたんです。そうしたら、馬場さんに〝わかった。せいぜい稼いでこいよ〟とあっさり言われました。すでに馬場さんと新間さんの間では、ちゃんと話ができていたみたいですな（笑）」

――その後、越中と三沢に会いにメキシコへ行ったんですね。

「でも、私は試合はしていません。彼らがリングに上がれるための手続きを確認して、1週間くらいでロスに帰っていますよ」

――旧UWFの旗揚げ『オープニング・シリーズ』の大会ポスターには猪木さんをはじめ、アンドレ・ザ・ジャイアント、ボブ・バックランド、ハルク・ホーガンなどWWFの強豪たちがズラリと並んでいましたが、蓋を開けたら、そんな大物は一人も来ませんでしたよね。マッハさんは、率直にどう思いました？

「そのポスターは見ましたけど、私は政治的なこととか内部事情がよくわからんかったので。ただ、旗揚げ前だったか後だったかは憶えていないですけど、事務所に猪木さんが来たのは見ましたよ」

――えっ、猪木さんが旧UWFの事務所に来たんですか⁉

「はい。星野さんか誰かを連れて、猪木さんが新宿の事務所に来たんです。たぶん、新間さんに会いに来たんだと思いますね。だから、私は〝ああ、こっちの試合に出るのかなあ〟と思っとりました。今でもUWFがどうやってできたのか経緯がよくわからんのですが、私は新日本の子会社なのかと思っとりましたね。前田（日明）さんだけでなく、まだ若手だった髙田（延彦）さんも来たことだし」

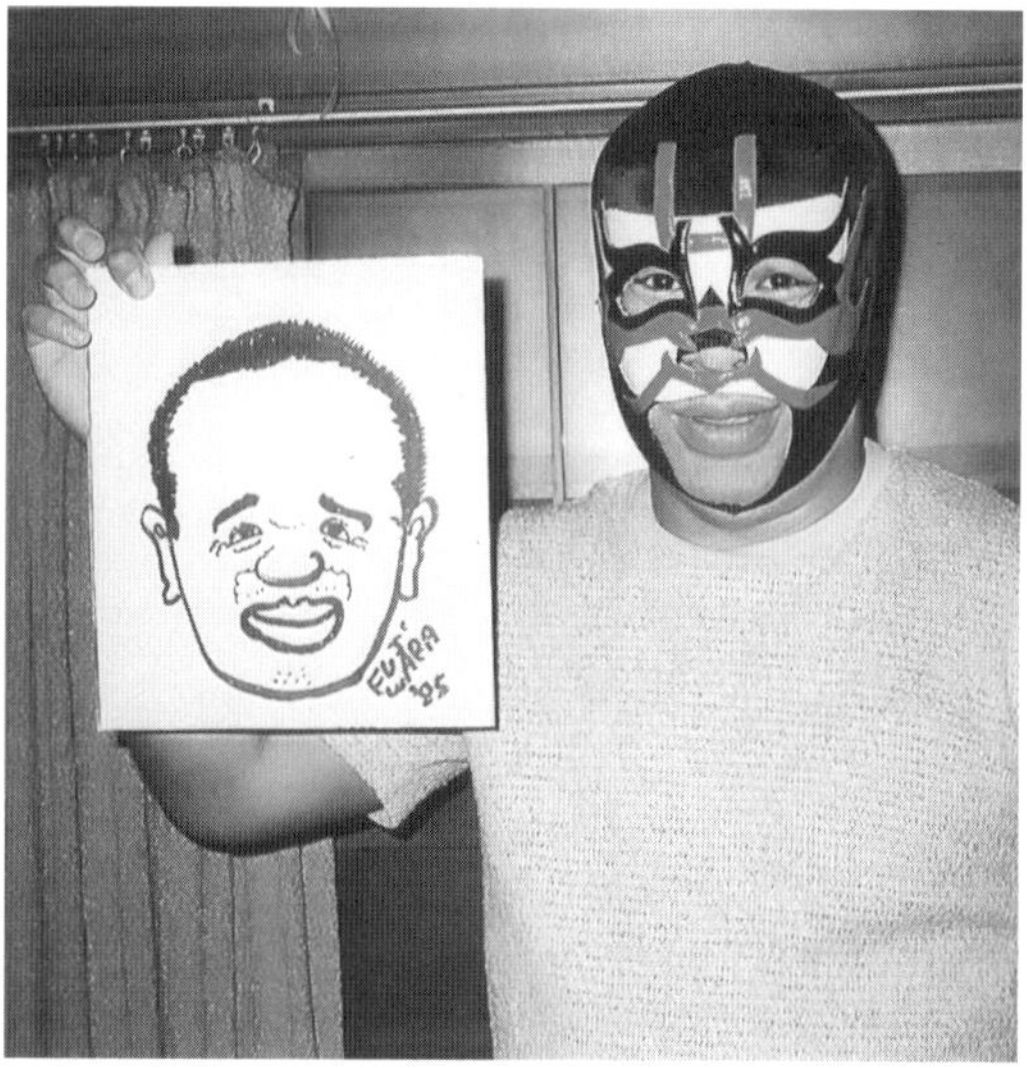

手にしているのは、旧UWF時代に藤原喜明が描いたマッハ（肥後繁久）の素顔。書籍『実録・国際プロレス』には素顔でファイトしていた時代の写真も掲載されているので、興味のある方はご参照あれ。

――結局、新日本の前田、浜田、国際OBのラッシャー木村、剛竜馬、そしてマッハさんの5名が旗揚げメンバーとなり、旧UWFは発進しました。

「木村さんは82年にロスに遠征に来た時、会って以来ですかね。剛は私にいつも生意気な態度を取るんですが、前田さんも髙田さんもいい人でした。浜田さんとは…たぶん73

年に新日本の入門試験を受けた時に、いろいろあって以来ですよ（笑）」

――マッハさんがスパーリングの際に四つん這いになった浜田さんに対してトップロープからニードロップを落とし、怒った浜田さんにボコボコにされた時ですね（笑）。

「そうです（笑）。まあ、浜田さんも根に持つ人じゃないですから。同時期にメキシコへ行ったのに、あっちで一度も会ったことがなかったですからなあ。藤原（喜明）さんも後から来ましたよね。あの人も面倒見のいいハートのある人です」

――旗揚げシリーズの参加外国人は馬場さん経由でテリー・ファンクがブッキングしたダッチ・マンテル、ボブ・スウィータン、スコット・ケーシーらアメリカ勢と新間さんのルートで呼んだペロ・アグアヨ、ロス・ミショネロス、マノ・ネグラというUWAのトップグループでした。

「彼らの誰とも試合をしたことはなかったです。アグアヨなんか私がメキシコへ初めて行った時のトップだから、試合ができて良かったですよ」

――マノ・ネグラはマッハさんが憧れていたレスラーですしね。

「だから、旗揚げ戦で彼と組めて嬉しかったです。ミショネロスは顔を合わせるのも初めてでした。あの頃、彼らは超が付く売れっ子でしたからメキシコ側は凄いメンバーでしたよ。旗揚げした時の印象はUWFはメキシカンが多いということで、私としてはやり甲斐がありましたな」

続く6月の『オープニング・シリーズ第2弾』ではアメリカ勢が強化され、キングコング・バンディ、トミー・リッチ、ジャイアント・キマラらが参加する他、メキシコ勢もアグアヨ、ミショネロスの再登場、さらにスコルピオ、スペル・アストロ、ロス・ファンタスティコスの出場が発表されていた。

だが、新間氏は古巣・新日本プロレスとの提携案を社員に反対され、プランが頓挫した責任を取って退陣。この豪華シリーズは幻に終わり、子飼いの浜田も団体を去る。

残ったスタッフは立て直し策として7月からザ・タイガー（佐山聡）と山崎一夫を加入させて人気回復を図ると同時に、リング上のスタイルも変化し、佐山と藤原が主導する形で格闘技色の強い「シューティングプロレス」を打ち出していくようになった。

――『オープニング・シリーズ』終了後、旧UWFの内部は揺れに揺れましたよね。選手やスタッフの間では、どういう話し合いが持たれたんでしょうか？

「私はシリーズが終わって、すぐにロスに帰ったので、その辺はまったく知らんのです。それでメキシコに行きました。旗揚げシリーズに来ていたＵＷＡのフランシスコ・フローレスとカルロス・マイネスから誘われたんで」

――マッハさんは５月14日から初めてのＵＷＡサーキットに入っていますね。それに先立って剛も同月２日からメキシコへ遠征していますが、どちらもルードでした。

「剛もいましたかね？　憶えてないですな。私はマスクを被って、『カブキ』でやっています。初めてエル・トレオにも出ましたな」

――５月27日、カネック、ドクトル・ワグナーと組んで、相手はドス・カラス&エンリケ・ベラ&マノ・ネグラという極上のカードでした。この１週間前に新間さんは旧ＵＷＦから身を引いて、浜田さんも同調しましたが、マッハさんのトレオ出場もこの日で打ち切られているはずです。業務提携が解消されたことで、試合数も減らされたのでは？

「日本で何が起こったか知らないですけど、確かトレオに出たのは、その一回だけでしたな。試合を減らされたかどうだったか…新間さんからも浜田さんからも連絡はなかったですからなあ。まあ、この時はマスクの買い足しもできましたから、そこは良かったです（笑）」

――結局、旧ＵＷＦは長いオフを経て、７月23日&24日に後楽園ホールで行われた『無限大記念日』で活動を再開しました。この時、マッハさんはメキシコからＭＳ１、エル・ファンタスマ、エル・ガジョ・タパド、アンヘル・ブランコ・ジュニアをブッキングしましたよね？

「いいえ、私はＵＷＦでブッカーみたいなことはしたことがないですよ。ファンタスマは友達だけど、私が声をかけたんじゃないです」

――そうなんですか⁉　今までは、それが定説になっていたんですが。

「私が彼らを成田まで迎えに行ったら誰だったか…メキシコのプロモーターが一緒に来ていたんですわ。オープンしたばかりの新宿センチュリーハイアットがガイジンの宿舎で、そのプロモーターがロビーの大シャンデリアを見て、おそらく〝こんな高級ホテルに泊めるなんて、この団体は金がある〟と思ったんでしょう。選手たちのギャラのアップを要求して、会社と揉めたみたいですよ。それでメキシコとのルートが潰れたんじゃないかと思います」

――たぶん、そのプロモーターらしき人物はミル・マスカ

シューティングプロレスの夜明けとも言える無限大記念日に、マッハは復活したザ・タイガーとシングルで激突。この時点では、遠藤光男氏もレフェリーとして旧ＵＷＦをヘルプしていた。

ラスをスカウトした『ルチャ・リブレ』誌のオーナーのバレンテ・ペレスでしょうね。来日メンバーは彼の息のかかった選手ばかりですから。

「そうだったかもしれないです。でも、誰がペレスとＵＷＦを繋いだんでしょうかね」

――ペレスと旧知の仲で、ベースボール・マガジン社のメキシコ通信員をしていた横井清人氏ですよ（※後日、本人に確認）。横井氏は、佐山さんとも仲が良かったんです。

「なるほど、横井さんでしたか。これで私のブッキングではないことが証明されましたね（笑）。そう言われてみれば、ファンタスマやガジョ・タパドは『ルチャ・リブレ』誌のお抱え選手でしたから」

――ところで、『無限大記念日』２日目にはザ・タイガーとシングルで対戦されましたよね。タイガーマスクvsマッハ隼人は、国際プロレス崩壊直後に新日本との全面対抗戦で一度は発表されながら実現しなかったカードでした。

「そんなこともありましたなあ。あの時もタイガーマスクとは少しやりたい気持ちがあったけど、それから３年が経って実現したわけですね。佐山さんは試合がやりやすい選手でしたよ。蹴ったりしてきますけど、最初の頃は飛んだりもしていましたから」

――佐山さんが加入したことでリング上は徐々にシューティングプロレス化していきましたが、それに対して戸惑いなどは？

「いや、私はこういうスタイルも好きでしたから違和感はまったくなかったです」

――マッチメークは藤原さんと佐山さんが相談して決めていたようですが、やはり技の制限はあったんですか？　この時期はマッハさんの決め手もグラウンドのアバラ折り、変型腕固め、サソリ固め、三角絞めなどになり、国際や全日本でのフィニッシュとは明らかに変わっています。

「全日本みたいに〝それはやるな！〟とか言われたことは一切ないです。周りに合わせて、自然にそういうフィニッシュ技になっていったんでしょう。道場でも、みんなグラウンドの関節技の練習をしておったですからな。私だってメキシコでジャーベの練習をたくさんしましたし、好きですから。UWFの関節技もメキシコのジャーベも元は同じです。それにメキシカン相手じゃないけど、私の場合はガイジン相手の試合が大半でしたからね。カナダ人とはカルガリー時代にたくさん試合をしましたし、まったく苦ではなかったですな。UWFでも自分の持ち味は極力変えないように努力しました」

『無限大記念日』に出場したメキシカン以外の外国人勢はかつて国際プロレスに来日したレオ・バーグ、フレンチ・マーテル、ザ・UFO（ボブ・ダラセーラ）と、その実弟ロッキー・ダラセーラで、彼らは木村と剛のブッキングによるカナダ東部のマリタイム地区、モントリオール地区の選手だった。

8月末には『ビクトリー・ウィークス』が開催されたが、この時もモントリオール勢が主力で、マッハの対戦相手は山崎以外、すべて外国人選手である。

そして、このシリーズを最後に木村と剛は離脱を決める。その原因のひとつは一般的にシューティングスタイルを嫌ったからとされているが、剛が外国人ブッキングの独占を狙い、それにより生じた利害で団体側と衝突したからというのが真相のようだ。

これに乗じて馬場は一早く彼らに触手を伸ばしたが、マッハは団体に留まり、ここを「現役最後のリング」に定めた。その理由は、どこにあったのか？

――84年8月31日、古河市体育館でのジェリー・オルスキー戦でマッハさんは負傷されましたよね。その傷が癒えず、9月2日の戸倉町総合体育館大会でレフェリーの北沢幹之さんがマスクを被り、マッハ隼人を名乗って試合に出たのは憶えていますか？

「何で知っとるんですか！　そんなことがありましたなあ（笑）」

――あの興行の担当だった営業部の上井文彦氏にも確認済みです（笑）。

「上井さんから？　あの人にもお世話になったし、いろいろ励まされましたよ。それとUWFの時、山田（恵一＝獣神サンダー・ライガー）選手が試合を観に来たことがありました。彼は私と同じアレナ・メヒコのルチャ教室にいたらしいですな。もう新日本でデビューしていたみたいだけど、〝こっちに来れば〟と冗談で誘ったんですけどね（笑）」

――その頃もオフは日本とロスを行き来していたんですか？

「ロスに戻った時もありましたが、基本的には帰らずに日吉にある友人宅にいたんですわ。箱根で旅館をしている人で、留守の時は使っていいと言うんで。そこに剛から電話があって、〝俺たちはUWFを辞めるけど、そっちはどうするんだ？　俺たちに付いてこないか？〟という話をされ

旧UWFのジャージに身を包んだマッハ。プロデビューに向けて76年にアレナ・メヒコのルチャ教室に通っていた頃、マッハは現地で武者修行中だったサトル・サヤマの試合を生で観ている。

ましたよ。私は〝残ります〟とハッキリ言いました。まあ、仮に全日本に戻るにしても馬場さんと直接話ができますしね。別に剛を頼らなくても（笑）」

――マッハさんは、どういう理由から残留を決めたんでしょうか？

「私は35歳でプロレスは辞めようと思っていたんです。その時点で33歳でしたけど、もう身体はガタガタでしたからね。UWFは人間関係も良かったし、居心地が良かったんで、ここで終わろうと決めたんです。それは木村さんにも伝えましたよ」

――旧UWFの選手や関係者たちは国際プロレスのレスラーの絆が強いことを知っていたので、マッハさんも一緒に離脱すると思っていたようですね。しかし、『ストロング・ウィークス』の開幕戦（10月5日＝後楽園ホール）にマッハさんが来たから、みんな大感激したみたいです。

「藤原さんなんか、〝来てくれたんですか！〟と握手してきましたね。みんなには〝ここが死に場所ですんで、自分を信じてください〟と言いました（笑）。浦田（昇）社長にも〝そろそろ引退を考えています〟と伝えて、承諾していただきましたよ」

――その時点で、会社側には近い将来に引退する旨を報告していたんですね。

「ハッキリ言うと、国際プロレス、全日本プロレスよりも私はここでした。他はやっぱり外様でしたが、ここは旗揚げからいるし、妙な上下関係もなかったですから。あとは具体的に、いつ引退するかだけでした。そうしたら、社長の浦田さんが逮捕されましたよね」

――浦田社長が佐山さんのマネージャーだったショウジ・コンチャ氏への強要容疑で逮捕されたのは、『ストロング・ウィークス』開催中の10月19日でした。

「そのニュースを知った時にはショックでしたな。私自身も悩みましたよ。このシリーズの最終戦で辞めようかと…。でも、みんなが社長不在の中、一生懸命やっているのを見て、ここでフェードアウトするのは薩摩の男としてイカンと思い、〝社長が出てくるまでは！〟と踏み止まったんです」

――これぞ薩摩隼人ですね。ところで、このシリーズでは途中入団した木戸修、ミスター空中とも試合をしていますね。

「木戸さんは私が昔、新日本の入門試験を受けた時に一緒にスクワットとかをやってくれて。会ったのは、それ以来でしたね。相変わらず寡黙な方でした。空中さんはレフェリーをやられていたのに突然、試合をするようになって。

でも、試合のできるコンディションじゃなかったです。北沢さんの方が強いですよ（笑）」

――そして、旧UWFの最高顧問には旧知のカール・ゴッチが就任しました。

「メキシコのハム・リー・ジムでゴッチ教室に参加して以来ですから、7年ぶりの再会でしたか。ゴッチさんは私のことを憶えていてくれて、練習後には腕を組んでビールを飲みましたなあ（笑）」

――その頃、マッハさんから見て選手間の空気はどうでしたか？

「みんな和気あいあいでしたね。派閥とかは、なかったと思います」

スーパー・タイガーと組んで引退試合を勝利で締め括ったマッハは、前田日明ら所属選手たちに胴上げされて約９年間のレスラー生活に別れを告げた。この後、ロサンゼルスに戻ってガーデナーの職に就く。

――佐山さんと前田さんの関係は？

「一度だけ、どこだったか忘れましたけど、試合中に前田さんが怒って帰っちゃったことがありましたなあ。あれは何だったんだろう…私の見間違いだったのかなあ（苦笑）。負けて怒って帰ったのかも…」

浦田社長は年明けの85年1月18日に保釈され、その直後にはコンチャ氏と決別した佐山が都内・世田谷に『スーパー・タイガー・ジム』を設立。リング上では格闘技ロード公式リーグ戦がスタートし、よりシューティング色が濃くなっていく。さらに4月にはランキング制の導入が発表されたが、マッハの肉体はすでに限界を迎えていた。

引退試合が組まれたのは、『フロンティア・ロード』最終戦となる4月26日の後楽園ホール大会。マッハはスーパー・タイガーと組んでカズウェル・マーチン&タルバー・シンと対戦し、最後はマッハが三角締めでシンを降して有終の美を飾った。

――引退試合は、どういう経緯で決まったんですか？

「1月に浦田社長が保釈された時に再度、相談しました。その時の話し合いで、〝4月には会社も良くなるだろうか

ら、その時に引退試合をやりましょう〟となったんです。最後の2シリーズは日本人選手との対戦が増えて、蹴りをたくさん食って左腕が上がらなくなりました。両手で止めて流すような受け方を知らなかったですからなあ。頭も蹴られて、左の眼球内に血が落ちて…その後遺症で今ではほとんど左目は見えないです。ある意味、最後に組めてラッキーでした。引退試合は佐山さんがパートナーでしたよね。」

――マッハさんは試合後の引退セレモニーで、マスクを脱ごうとしましたね。

「プロレスを辞めるわけですから、マスクを脱ぐのは自分の中で決めていました。でも、マスクの紐に手をかけたら佐山さんが〝脱がなくていいよ〟と声をかけてくださったんです。そうしたら、お客さんからも〝マッハ、マスクを脱がなくていいぞ！〟と声がかかったので脱ぐのをやめました。泣けましたね」

――結果的に旧UWFには約1年間在籍しましたが、国際や全日本に比べると試合数は少なかったですよね。経済的には大丈夫だったんですか？

「UWFでは試合があろうがなかろうが、月に50万円もらっていましたし、引退の功労金も50万いただきました。ギャラは決して悪くはなかったですよ。私はUWFが最後で良かったです。その後、ロスに帰ってガーデナーの仕事を始めたんですが、ファンタスマから〝メヒコに来て、試合をやらないか？〟と連絡が来ましてね。でも、〝本当に辞めたから〟と断りました。プロレスに関しては、何ひとつ悔いがありませんでしたから」

――国際時代のマッハさんのファンからは、〝全日本と旧UWFはいいことが少なかったからキャリアの中で余計だったのでは…〟という意見もありましたが、ご本人の中では正反対だったということですね。

「もし国際プロレスが続いていても、私は前座のマスクマンのままで終わっていましたよ。でも、全日本とUWFで国際時代の私を知らないファンたちにもマッハ隼人というレスラーを知ってもらえたわけです。全日本ではテレビ中継（※若手だけの番組『フレッシュファイト』を含む）にたくさん出られたし、UWFでは身体を張って頑張ったから引退式までやってもらえました。私は日本で試合をした時期は短いのに、みんなに愛されて幸せなプロレス人生だったと思いますよ」

［証言］

高杉正彦

清水 勉＝聞き手
interview by Tsutomu Shimizu
山内 猛＝撮影
（P476〜480、483、485）
photographs by Takeshi Yamauchi

元号が昭和から平成に変わった1989年、たった3人だけでプロレス団体を旗揚げした無謀な男たちがいた。インディー時代の先駆けとなったパイオニア戦志の剛竜馬、アポロ菅原、そしてウルトラセブンこと高杉正彦である。彼らがいずれも国際プロレス出身であることは説明不要だろうが、本題に入る前に3人の関係を簡単に記しておきたい。

高杉は77年3月に入門を許可され、同年9月にデビュー。同学年の剛は高杉にとって5年先輩にあたるが、若い選手が少ないこともあって当時から仲が良かったそうだ。

翌78年5月、剛は家業を継ぐという理由で巡業中に辞表を提出し、団体を離脱する。しかし、水面下では新日本プロレスに上がることが決まっており、「打倒・藤波辰巳」を掲げて当初はフリーとして乗り込んだ。菅原は国際のレフェリーだった遠藤光男氏のツテで79年5月に入門しているので、剛とは擦れ違いだったことになる。

その後、剛は79年10月に藤波を破ってWWFジュニアヘビー級王座を奪取し、悲願を達成した。しかし、2日天下に終わり、80年4月の再戦に敗れると、あくまでも藤波を追う形で新日本に正式入団する。

そして、翌81年8月に国際プロレスが崩壊。高杉はマッハ隼人とメキシコ（EMLL）へ飛び、菅原はマイティ井上らと共に全日本プロレスに合流したため剛と接点が生まれることはないと思われたが、マット界の荒波の中で3人は同じリングに引き寄せられる。

82年正月に一時帰国した高杉は、ジャイアント馬場の誘

85年春、メキシコ遠征から帰国した高杉はウルトラセブンのマスクを脱ぎ、ラッシャー木村率いる国際血盟軍に合流。当時はジャパンプロレス勢の他、フリーのグラン浜田も全日本マットに上がっており、明らかに人員過多だった。

いを受けて全日本への参加を内諾。同年夏にウルトラセブンとして凱旋し、菅原と再会を果たした。

84年暮れになると新日本から旧UWFに転出していた剛がラッシャー木村と共に全日本に合流し、鶴見五郎、菅原らと『国際血盟軍』を結成する。さらに血盟軍には阿修羅・原、素顔に戻った高杉も加わって勢力を拡大していったが…86年3月2日、陸前高田市体育館での試合を最後に剛、高杉、菅原の3人は社長の馬場から解雇通告を受けてしまう。ジャパンプロレス勢も出場していた当時の全日本マットはカードからあぶれる選手が出るほど飽和状態だったため馬場は木村、原、鶴見を残し、血盟軍の下の3人を切り捨てたのだ。

こうして見ると、後にパイオニア戦志を立ち上げるメンバーは馬場によって引き合わされ、その後の運命を決定付けられたとも言える。しかし、この解雇処分がインディー時代幕開けの引き金を引くことになろうとは、あの時点で誰一人予想していなかったはずだ。

戦うリングを失った3人は一旦別れ、それぞれの道を歩む。まずは高杉に団体設立前夜を振り返ってもらおう。

——全日本プロレスから解雇された後、剛竜馬はアメリカへ行き、AWAやテキサスのインディー団体で試合をしたようですね。

「ザ・ニンジャとかいう名でね。でも、しょっぱいから、お払い箱になって日本に帰ってきたんですよ」

——その時期、高杉さんは？

「俺は経営していた湘南高杉ジムが順調で、まあまあ羽振りが良かったたから解雇されても急いでどこかへ行こうというのはなかったんですよね。トレーニングはしていたけど、ちょっと休んでいてもいいかなと」

——解雇された年の夏には、全日本の興行を買いましたよね。86年8月23日、平塚青果卸売市場で発表は2800人の超満員でした。大して儲からなかったそうですが。

「その時に1試合だけやらせてもらって。鶴見さんと組んで、相手は小林邦昭&仲野信市でした。その後は、ずっと試合はしていませんでしたね」

——アポロ菅原は別ルートで、87年の秋からTPGのコーチをしていましたよね。

「菅原は元々、千葉の方にいたんでしょ。社会人の経験もあるから、一度は普通に就職したんじゃないかな。TPGの時に、ビートたけしから〝菅原さんはしっかりしている人なのに何で解雇されちゃうんですかね〟と言われたみたいですよ（笑）」

——この時期、剛さんとの接点は？

「剛は解雇された後、次の年に全日本に1シリーズだけ出ているんですよね（87年夏『サマー・アクション・シリーズ』）。その時、開幕前に剛から連絡があって、何かと思ったら〝実はタイツもリングシューズもないんだ〟と泣きつくんですよ（笑）。それでタイツは貸したけど、俺のシューズが小さくて入らなくてね。結局、小川良成から借りたらしいです。小川も可哀想に（笑）。俺はそのシリーズの相模原市総合体育館（7月17日）へ行って、剛と直接会ってますよ。そうしたら、デストロイヤーに見つかってね。〝何で試合しないんだ？　セブン、セブン！〟って客の前で歌われて（笑）」

——その頃の剛さんの様子は、どうでした？

「試合後に飲んだら、凄くいい人になってるの（笑）。アメリカで相当、苦労したんじゃないかなあ」

——でも、全日本に出してもらったのは1シリーズだけですよね。その後は？

「剛は川崎にタニマチがいて、その人が経営していたお好み焼き屋の店長を任されていましたね。その頃、あいつは浦安の家から川崎の店まで通っていましたよ。ブルーザー・ブロディの日本ラストマッチになった川崎市体育館があったでしょ（88年4月22日）。その試合を観に行った後、鶴見さんを誘って剛の店へ行って一緒に飲んだもん」

――以前、Gスピリッツのインタビューで高杉さんはパイオニア戦志を立ち上げようと言い出したのは自分だと仰っていましたよね。

「俺のタニマチで静岡の三島に鈴木峰謡さんという有名な民謡の先生がいて、〝高杉はまだいい身体をしていて動けるんだから、10人でも20人でもいいから客を集めて試合しろよ〟と言われたんですよ」

――その方の一言がインディー時代の扉を開けたことになりますね。

「その後、剛と会って〝もう一回、やろうよ〟と相談したんです。さらに菅原にも声をかけて。それが設立発表の記者会見をやる数ヵ月前かな。その間、何度も会って話を煮詰めたんですよ。浜口ジムで3人で発表したのが88年11月15日。その2日前に俺は結婚式を挙げたから、日付けもちゃんと憶えてますよ（笑）」

――その1週間前、11月7日に京王プラザホテルで新間寿氏が空手の士道館やジャパン女子プロレスに声をかけて、『格闘技連合』の発足式を行っています。人気絶頂だった新生UWFへの挑発が目的でしたが、そこに参加するメンバーとしてジャパン女子でコーチをしていた大仁田厚、グラン浜田と共に浪人中の剛さんも組み込まれていたとされていますが。

業界きってのプロレスマニアとしても知られる高杉。自宅に保管してある資料を紐解きながら、パイオニア戦志時代を詳細に振り返ってくれた。

「それは俺、知らないですね。新間さんが勝手に言っただけじゃないのかな？　大仁田と浜田さんはジャパン女子のリングで試合したでしょ（同年12月3日＝後楽園ホール）。その辺の流れと、こっちは別の動きですよ」

――『パイオニア戦志』という団体名は、プロレス評論家の菊池孝さんが名付け親ですよね。

「それは本当です。でも、俺と菅原は『新国際プロレス』がいいと思っていたんですよ」

――その名前で良かったんじゃないですか？

「いや、俺と菅原は大丈夫なんですけど、剛は裏切り者だからダメだなと（笑）。ＯＢとかからクレームが付くと面倒だし、諦めて菊池さんに命名を頼んだんですよ。パイオニア（開拓者）は国際が旗揚げした頃から吉原社長のスローガンだし、戦士を『戦志』と当て字にしたのは〝同じ志を持った3人〟という意味らしいです。でも、先に言っておきますけど、剛は同志じゃないですから（笑）」

高杉の発言にもあったように88年11月15日、3人は浅草のアニマル浜口トレーニングジムに報道陣を集め、「我々のプロレスへの熱、意気は失われていない。このまま死ぬわけにはいかない。吉原社長の国際魂の原点に戻ってゼロから再出発する」と再起を宣言。この時に、パイオニア戦志という名称も発表された。

当初は年明け1月の旗揚げを計画していたが、最終的に第1弾興行は89年4月30日、後楽園ホールとなる。ちょうど新日本プロレスが東京ドームに初進出した1週間後のことだった。

組まれたカードはたった2試合で、メインが剛vs大仁田、セミが高杉vs菅原。3人以外にスタッフもおらず、まさに手作り感満載の興行だったが、努力と物珍しさが重なって会場は満員となり、会社組織ではなく、選手主催による「独立興行」という日本マット初の試みは上々のスタートを切ったと言っていい。

――剛さんは、設立発表時からＩＷＧＰ王者・藤波辰爾の名前を挙げていましたよね。89年1月5日の箱根合宿でも藤波さんへの挑戦を最終目標として掲げています。

「おそらく早い時期から、剛は藤波さんと連絡を取っていたと思います。俺たちに内緒で。剛が中学を卒業して日本プロレスに入って練習生として2ヵ月だけいた時、藤波さんは下の方の選手だったから若い者同士で仲間意識があったみたいですね。あの2人には我々にはわからない強い絆があるんですよ。俺が剛を初めて見たのも日本プロレス時代でしたからね。『第13回ワールドリーグ戦』の横浜市文化体育館（71年5月6日）を観戦した時です。剛はジャージを着て、セコンドでウロウロしていましたよ。でも、先輩たちに酒を飲まされて肝臓を痛めてね。入院して、日プロをスカすように辞めたんです」

——藤波さんのデビュー戦は、その横浜大会の3日後ですね。

「剛はその年の9月に国際プロレスの入門テストを受けて、合格するわけですよ。俺もパイオニアの旗揚げ前に、剛に連れられて京王プラザで藤波さんに会いました。それでリングは新日本プロレスから借りられたし、後楽園ホールも新日本の名前で押さえてくれたんだと思います。その辺は剛が動いていましたね。旗揚げ戦当日はリングの設営は新日本側のスタッフがしていたし、料金は50万円だったかな…高いですよ。でも、ちゃんと新日本に領収書を切りましたからね。パイオニアは最後まで自前のリングは持たなかったんです」

——当時、新日本は長州力が現場の実権を握っていましたが、藤波さんとしては自分の手駒が欲しかったという気持ちもあったのでは？

「部屋制度とか考えていた人ですからね。実際、後に自分の部屋（ドラゴン・ボンバーズ）を持って我々と戦うことになりますし」

——団体のエースは剛竜馬で行くというのは、どういう経緯で決まったんですか？

「自然にですね。あいつが出しゃばるから（笑）。まあ、最初は3人で平等にやろうという話になっていたんですよ。とはいっても、藤波さんに勝ってWWFジュニアのベルトを巻いたりして剛が実績では一番でしたしね。剛は、いつも〝俺が俺が！〟って感じでしょ。もう、性格ですね。しかも、菅原と俺は大人しいから（笑）。それと藤波さんありきでスタートを切れたわけですし」

——チケットを売るのは大変だったんじゃないですか？

「いやあ、全然。俺も以前から興行を買って、チケットを売っていましたから苦ではないです。剛だって、新日本の大阪万博お祭り広場（83年4月17日）を買って5000人以上入れて、経費を抜いても1000万円くらい大儲けしてるんですよ。その時は、ベッドの上に札束を並べて寝たらしいです（笑）。まあ、その夏に三次市でも興行をやって、そっちは大損したというオチもあるんですけど（笑）」

——ただ、それは黄金時代の新日本だから売れたんでしょ

89年4月30日、後楽園ホールでパイオニア戦志が遂に旗揚げ。引退していたアニマル浜口も来場し、国際プロレス時代の後輩たちに檄を飛ばした。

うが、スタッフもいない弱小の新団体では話が違ってきますよね？

「でも、資金的なことは心配なかったですね。俺がそこそこ金を持っていたし、タニマチもいましたから」

――この旗揚げ戦の時点で、練習生が数名いましたね。

「新人募集をしたんですよ。剛が住んでいた浦安に鈴屋という不動産屋があって、上の人がタニマチだったんですね。その伝手で潰れた学習塾のプレハブに、剛のジム（パイオニアジム『ぽぱい』）を作ったんですよ。リングはないんですけど、マットを敷いて。募集したら、希望者がたくさん来たんです。その中に後のハヤブサやミスター雁之助もいたけど、剛が落としたんですよね。見る目がないですよ（笑）。結局、板倉宏、松崎和彦、川内英紀、橋詰和浩、上野吉貴とか数人が合格したんです」

――練習生を募集したということは、最初から本格的に団体としてやっていこうと考えていたわけですよね。

「そうです。いずれは高杉ジムと剛のパイオニアジムで対抗戦をしようと。その練習生たちは夜に地下鉄工事の仕事をして、剛が借りたアパートで寝させて、午後にジムで練習するという生活をさせていたんですよ」

――以前、彼らには将来的にシュートの試合をさせる方針

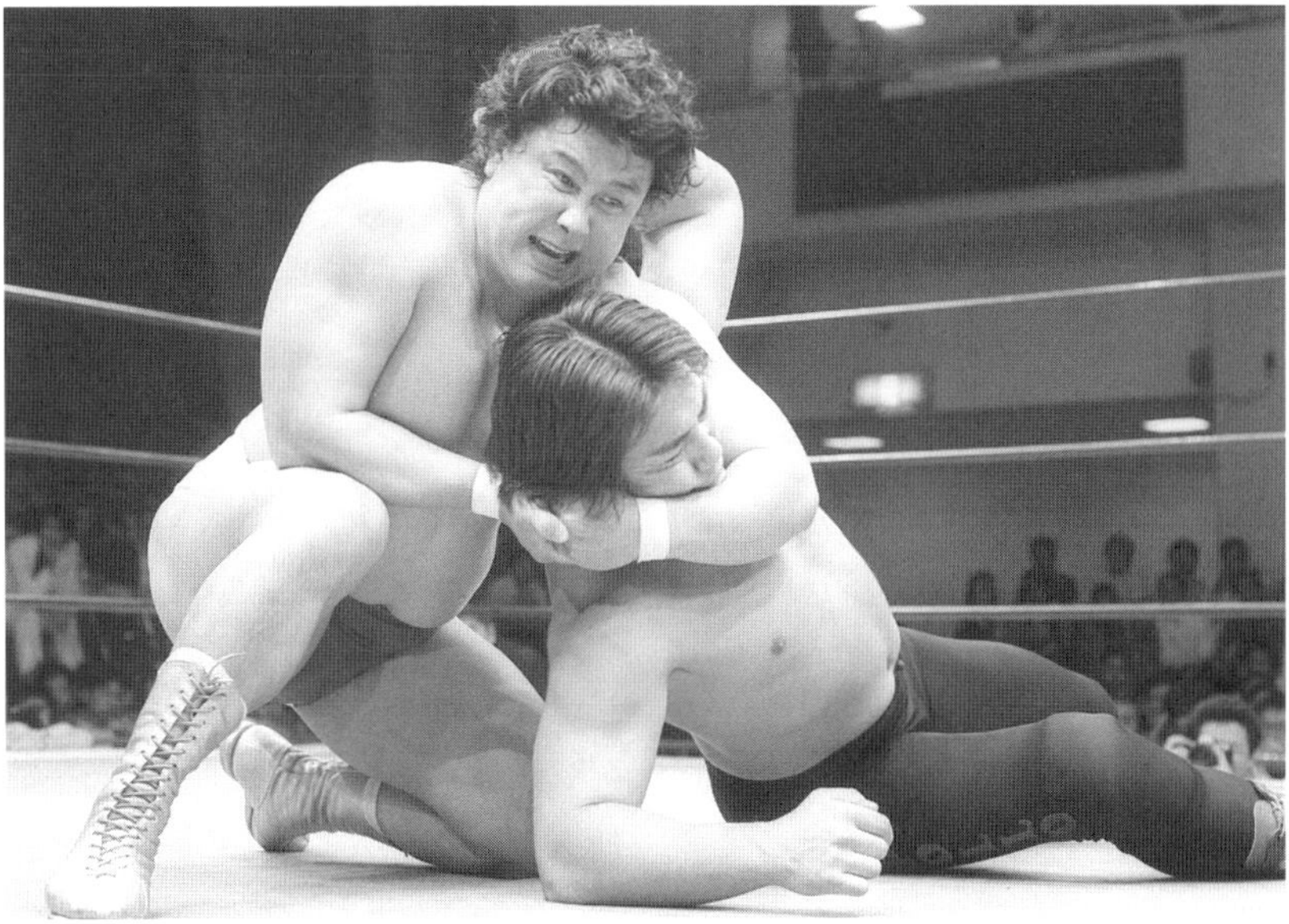

旗揚げ戦で高杉はアポロ菅原に惜敗。団体の方向性として高杉自身は「パンクラススタイル」を目指していたが、いつの間にか新日本プロレスという大河に巻き込まれていく。

だったと仰っていましたが。

「パンクラススタイルですね。剛が新日本流の練習を知っているから、同じくらい厳しく練習をさせていましたよ。だから、最後に残った奴らは根性がありました。でも、さすがにデビューは旗揚げ戦に間に合わなかったですね」

――旗揚げ戦で剛さんの相手が大仁田厚に決まった経緯というのは？　表面上は4月13日のジャパン女子の後楽園大会に3人で乗り込んで、大仁田さんに出場要請をしています。

「あれは大仁田の方から連絡があったんです。でも、俺は反対だったんですよ。俺と菅原はパイオニアはカタイというか、格闘技色の強いスタイルでやりたかったんで。でも、結局は誰もいなくて大仁田になったんです。今になって思えば、韓国から金光植とか李王杓を呼ぶ手もあったんですよね」

――実際、セミの高杉vs菅原戦はＵＷＦを意識したような攻防も見せていましたよね。

「確かにＵは意識しましたよ。ロープに走ったりしないで、ヨーロッパ的なグラウンドレスリングをしました。それだと俺の持ち味が出ないとか言われたりしましたけどね（苦笑）。でも、マスクを被る気はまったくなかったし、そう

旗揚げ戦のメインは剛竜馬vs大仁田厚の一騎打ち。大仁田はこの年の10月にFMWを旗揚げし、インディー時代が本格的に幕を開けた。賛否は別として、各インディー団体は元国際勢を含むメジャー団体からあぶれた選手たちの受け皿となっていく。

いうスタイルを目指そうとしたんですよ」

――では、メインの試合の感想は？

「旗揚げの日、俺は試合でトペなんかする気がないのに、剛が気を利かせて場外のマットをリングより少し離して敷かせたんですよ。でも、剛は自分の試合の前に戻すのを忘れていて、大仁田に投げられて場外に落ちた時、あると思ったところにマットがなくて右肩を脱臼したんです（笑）。さすがに大仁田も困っていましたね。もう…全然、ダメなわけです。剛は怪我を抜きにしても不器用だし、試合がしょっぱい。相手が試合の上手い大仁田だから成立したけど、それでもひどかった」

――試合を観に来ていた藤波さんにも酷評されていましたね。

「そりゃ、そうですよ。ホント、ひどかったもの。あの試合を見て菅原が馬鹿負けして、一抜けしたんです」

――それが離脱の原因だったんですか？

「あいつが抜けた理由は、剛竜馬への不信ですよ」

――パイオニア戦志は結成時の3人のイメージが強いですが、実際は剛＆高杉の物語なんですよね。

「でも、この時に俺も辞めようと思いましたし。試合だけじゃないんです。裏で誰かと繋がっていても、それを俺たちに言わなかったり、嘘をついたり。だから、同志じゃないんですよ（笑）。国際の頃もあいつはシッポの出るような嘘をつくから、鶴見さんは〝タヌキ〟と呼んでいましたね。しかも吉原社長を裏切って、出て行った人間だし」

――その時点で空中分解寸前だったんですね（苦笑）。それにしても、高杉さんはどういう理由で踏み止まったんですか？

「俺まで抜けてしまったら、剛が可哀想だなという気持ちがまだ少しあったからですよ（笑）」

――逆に大仁田厚は刺激を受けたでしょうね。パイオニアの旗揚げ戦が成功に終わったので、〝自分にもできるはずだ〟、〝俺なら、もっと爆発させられるはずだ〟と。

「でしょうね。ＦＭＷの旗揚げがこの年の10月だったから…この時点ではまだ具体化していなかっただろうけど、彼ならそう思ったはずですよ。大仁田には人を惹きつける要素もあるし、人の同情も買えますよね。でも、剛は誰も支持していないのに自分をカッコいいと勘違いしているでしょ。大仁田は腰が低くていい奴だけど、剛は正反対。頑固で、人当たりも悪いもん。ファンにも冷たいですしね。スナックへ行っても隣に可愛いコが来るとデレデレするけど、ちょっとブスなコが来たら不機嫌になって絶対に口を利かないんですから（笑）。実は旗揚げの後、大仁田が俺のところに来て〝ＦＭＷで一緒にやろうよ〟と誘われているんですよ」

――でも、ＦＭＷへ行かずにパイオニアに残ったわけですよね。10月26日、後楽園ホールの第2弾興行では剛さんの相手が新倉史裕になりました。また、菅原さんが去る一方、新人が5名もデビューしましたね。

「新倉はジャパンプロレスの時にカルガリーへ行ったけど、団体が分裂した後、誰も拾ってくれなかったんですよね。あれは新倉の方から出してくれと剛に言ってきたんだと思います。2人は新日本で一緒でしたから。そういうメジャー団体からあぶれた選手が出てきた時代だったんですよ」

――それを考えると、インディー団体が生まれたのも必然だったんでしょうね。

「上がつかえていて、下もどんどんデビューするし、あの時期は海外の受け入れ先が減ったというのもありますよね。まあ、新倉との試合でも剛はしょっぱかった（苦笑）。俺がレフェリーをやったんですけど、今度は膝を脱臼して動けなくなったんですもん（笑）」

――その日、高杉さんは上野吉貴のデビュー戦の相手も務

元ジャパンプロレスの新倉史裕もパイオニア戦志に参戦。89年10年、第２弾興行のメインイベントで剛と対峙し、高杉が試合を裁いた。高杉は国際プロレス末期にもレフェリーを経験済みである。

めました。

「彼は相撲とキックボクシングをやっていて身体もあったし、いい選手になりそうだったけど、辞めちゃった。たぶん、剛と揉めたんじゃないかな。残ったのは、板倉、松崎、後から入った西利郎でしたね」

――第2弾興行は客入りも落ちましたね。

「少しね。その後、俺はもう剛とオサラバしようと、大仁田に誘われてFMWの韓国遠征に一緒に行ったんです。国際に来ていたジョー・ルダックも一緒で、空港でシャツを脱がせてデモンストレーションをしましたよ（笑）。その時はウルトラセブンになって、タッグで大仁田と戦ったりしました。でも、日本に戻ってもFMWには行かなかった」

――その理由は？

「誠心会館の青柳政司から話があったんです。FMWで大仁田とやった試合を見たら、凄く良かったんですよ。青柳は猪木信者で新日本向きのいい素材だったから、彼がパイオニアに来れば絶対にイケると思ったんです（笑）。大仁田とはギャラで揉めたみたいですね。でも、プロレスをやりたいから、こっちへ来たんです。最初は向こうのホームの豊田市体育館（90年3月15日）でやりましたよね、パイオニアの主催で」

――メインは剛＆高杉vs青柳＆松永光弘の異種格闘技タッグで、誠心会館側が勝利しました。

「この試合がお客に爆発的にウケたんですよ。これで次の後楽園ホールはイケるなと確信して（笑）」

――90年4月5日の後楽園大会はタッグでの再戦が発表されていましたが、松永が前日の練習中に靭帯を損傷して急遽、剛vs青柳の一騎打ちに変更になりましたね。

「やる気満々だった俺はガッカリですよ。それで俺はセコンドに付いたんですけど、〝顔をガードしろ！〟と何度も言っていたのに剛は全然しないんですよね。結局、3ラウンドに青柳の上段蹴りをモロに食って、今度は鼻骨を折って（笑）。もう血が噴き出しちゃって、戦闘不能ですよ。しかも4ラウンドの途中で無効試合になったら、客が〝金返せ！〟と言い出しちゃって（苦笑）。その時に試合を観に来ていた浜口さんが機転を利かせて飛び出して、〝剛、お前はそれでもプロレスラーか！〟と喝を入れて何とか収まったんですけどね。あれは浜口さんに助けられました」

――ところで、この日は国際時代の先輩・米村天心が特別参戦しましたよね。米村さんは福島県会津若松市でちゃんこ屋をやりながら全日本の会津大会限定で試合をしていましたが、なぜか全日本が会津に来なくなりリングから遠ざかっていました。

「米さんは俺が誘いました。選手が足りなかったですから。誰かいないかと考えていた時に閃いて（笑）。すぐOKしてくれましたよ」

この4月の後楽園大会の直後、迷走気味だったパイオニア戦志に突然、光が差した。新日本プロレスからオファーが舞い込み、ゴールデンウィークの後楽園ホール3連戦に出場することが決定したのである。

だが、旗揚げ時からの協力者・藤波は前年6月のビッグ

90年4月5日、後楽園ホール大会のポスター。国際プロレスの先輩・米村天心がパイオニア戦志初参戦を果たした他、青柳政司率いる誠心会館勢も出場するようになり、陣容が厚さを増した。

バン・ベイダー戦で腰を負傷し、長期欠場中だった。剛としては最終目標のいないリングに乗り込むことになったが、参戦を前に「藤波選手の部屋制度に非常に興味を持っていますし、パイオニア戦志もある意味で〝部屋〟」と語り、早期復帰に向けてエールを送る。

そして、5月4日の『3DAYS BATTLE超実力派宣言』初日からパイオニアvs新日本のバトルがスタート。偶然（？）にも北尾光司のコーチとなっていたアポロ菅原もフリーの立場で、この3連戦から新日本のリングに上がる。菅原にとってはパイオニア戦志旗揚げ戦以来、1年1ヵ月ぶりの実戦だった。

また、パイオニア勢を応援しながら、新日本マットではブロンド・アウトローズ（スーパー・ストロング・マシン&後藤達俊&ヒロ斉藤&保永昇男）の後見人的立場だったアニマル浜口もこの時に現役復帰を果たす。

――対抗戦の話は新日本の方から来たんですか？

「そう。ゴールデンウィークの後楽園ホール3連戦の中で、新日本vsパイオニアもやるってことでね。その前に露橋スポーツセンター（4月28日）で剛と青柳が再戦して、フルラウンド戦って握手してますよね。それで青柳が我々の側に組み込まれるという流れになったんです」

――新日本との交渉は誰が？

「剛が藤波さんとやっていたんじゃないかな。あの時、剛は俺にはギャラのこと、マッチメークのこと…一切言わなかったんですから。俺としては、自分がどういう扱いなのかよくわからなかったんです。あれは剛にやられましたよ。昔から憧れていた新日本に上がれるのは正直嬉しかったけど、何か乗り切れないものもありましたね（苦笑）」

――プロレス界の昔からの慣習で、ゴールデンウィークは興行を極力避けてきました。理由は移動や宿泊の予約が困難になるからのようですが、それを改革しようというテストケースがこの外国人選手抜きの都内3連戦だったんですよね。

「ああ、新日本としては敵対する日本人勢力が必要だったというわけですね。浜口さんも、この3連戦でカムバックしたでしょ。我々は浜口ジムで一緒に練習したりしていましたけど、あくまで浜口さんは別扱いでしたよ。それから剛と菅原の遺恨マッチも組まれましたよね（いずれも5月6日）」

――菅原さんはパイオニアを離脱した後、遠藤光男さんのラインで北尾のコーチをしていましたね。一緒に渡米して

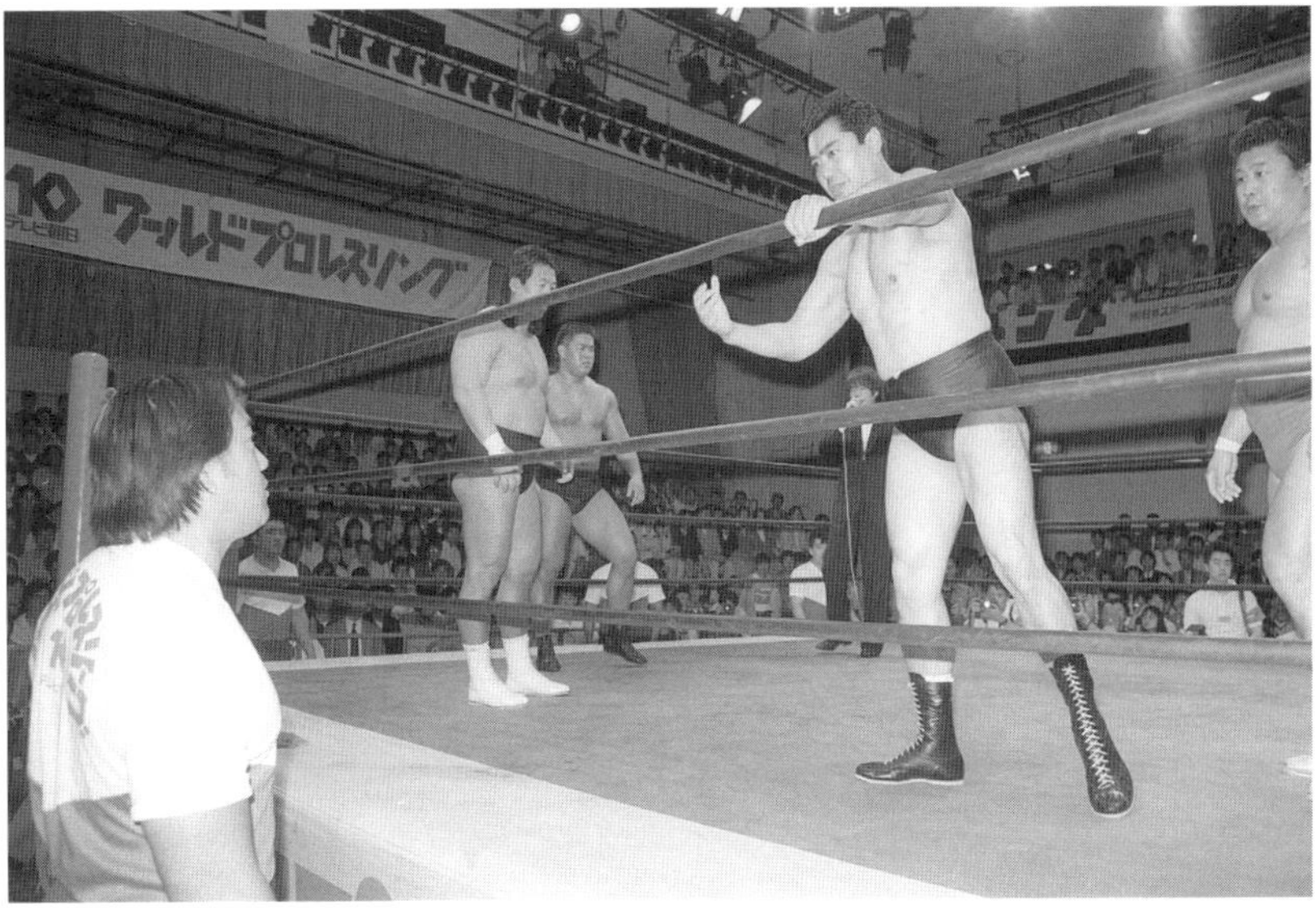

元々、ヤマハ・ブラザーズのファンクラブを主宰していた高杉は遂に憧れの新日本のリングに足を踏み入れた。初戦の相手は長州力＆佐々木健介。剛は新日本側のセコンドに付いていたアポロ菅原を挑発し、遺恨清算の一騎打ちへ。

ルー・テーズやブラッド・レイガンズの道場に北尾を連れて行ったりして、本人もコンディションが良さそうでした。

「北尾は新日本がケアしていましたから、菅原も新日本側に入って俺たちと戦うことになって。剛は知らないけど、俺はパイオニアを出て行った事情を知っていたから、菅原に対して変な感情はなかったですよ」

――3連戦初日に、剛&高杉は長州力&佐々木健介に勝利しました。長州さんはカナダ修行時代に剛さんの世話になっていますし、高杉さんはメキシコ修行時代に同じアパートに住んでいましたよね。ただ、顔馴染みとはいえ、長州さんは現場監督でしたから、この試合は査定マッチという意味もあったと思います。

「当然、そうでしょう。初戦は俺らが取ったけど、試合後にフォールを取られた健介が俺をイスで殴ってきて頭を11針縫ったんですよね。後日、菅原が言っていましたけど、〝あれは故意だよ〟って。まあ、そうなんでしょうね。2日目（5月5日）に俺と健介がシングルをやって負けたけど、ふざけるなって。あんな試合しなけりゃ良かったですよ。でも、試合後に藤波さんが来てくれて、〝今日の試合で一番良かったよ〟と言ってくれましたよ。その後、年内は使ってくれたってことは合格だったんでしょうね」

──6月16日、後楽園ホールでのパイオニア1周年興行には新日本から小林邦昭、星野勘太郎、アポロ菅原が派遣されましたね。

「それも剛が全部、新日本と話をしていました。俺には内緒で」

──ゴールデンウィーク3連戦の成功を受けて、新日本は8月に日本人選手のみで後楽園ホール7連戦を強行します。これは翌年の両国国技館3連戦（第1回G1クライマックス）の雛形になりました。

「8月は昔から商売が低調になるんですよね。お盆も夏休みもあるし。国際なんか、8月はずっとオフでしたから（笑）」

──ところが、新日本の7連戦は爆発的な客入りでした。この時から剛&高杉はブロンド・アウトローズとの抗争が始まります。

「ヒロ斉藤はメキシコで一緒だった仲間ですしね。巧いですよ、彼らは。その時は新日本のいろんな選手とやりましたね。2日目に長州&馳浩とやった後、長州さんが〝お前ら6つしか試合が入ってなかったけど、いいから7つやれ〟と言ってくれましたよ。でも、結局6試合のままでしたけど（笑）」

新日本プロレス勢が参戦した旗揚げ1周年興行のパンフ。高杉は松永光弘とセミファイルで対戦。メインのカードは剛竜馬&青柳政司vs小林邦昭&アポロ菅原だった。

──長州さんは、試合後のコメントでも〝よく頑張っている。認めてやるよ。高杉もだんだん怖くなってきた〟と言っています。この時は浜口さんとも戦うことになりましたね。

「国際の時には当たったことがなかったから嬉しかったですよ（笑）。6試合で俺らが唯一勝てたのは、浜口&保永だけだったんですよね。その試合で栗栖（正伸）さんと握手することになったんですよ」

──8月6日にはノンタイトルながら、武藤敬司&蝶野正洋のIWGPタッグ王者コンビとも対戦されましたね。

「彼らは、いい選手でしたね。馳もそうだけど、新日本の上の選手たちは巧いですよ。試合運びも技も。全日本と比べると、新日本の方が楽というか巧かった。俺は全日本の方がキツかったという印象がありますね」

――この夏の後楽園7連戦も成功に終わったんですが、マット界の話題は8月4日、FMWの汐留大会で行われた大仁田厚vsターザン後藤による史上初の電流爆破マッチに持っていかれましたね。

「そう、あれがFMWの最初の大ブレイクですよね。それをあの2人でやっちゃうんだから、大仁田は大したもんですよ」

新日本のリングでは闘魂三銃士とも肌を合わせた。2018年2月、高杉はウルトラセブンとしてW-1時代の武藤敬司が主宰していた『プロレスリング・マスターズ』に参戦している。

この後も剛&高杉の新日本参戦は継続され、8月19日の両国国技館大会ではパイオニアの板倉、誠心会館の青柳、一匹狼の栗栖と同じコーナーに立ち、浜口を含むブロンド・アウトローズと10人タッグマッチで激突。「混成」とはいえ、パイオニア軍が最も戦力を拡大したのがこの時期だった。

翌日、パイオニア軍は愛知県体育館で獣神サンダー・ライガー&小林邦昭&星野勘太郎&アポロ菅原&松田納（エル・サムライ）と対戦し、以降も新日本から選手を借りながら剛&高杉は何とか自主興行を続ける。

そして9月、部屋別制度を提唱していた藤波が越中詩郎、獣神サンダー・ライガー、飯塚孝之、ブラック・キャットらを率いて『ドラゴン・ボンバーズ』を結成。この時、最初に彼らとぶつかり合ったのがパイオニア勢だった。

そして、対抗戦は最終局面を迎える。剛が長期欠場からカムバックした藤波と遂に雌雄を決することになったのだ。

――この時期になるとパイオニアは新日本の対抗戦要員と

いう感じでしたが、独自のカラーで自主興行をやっていくことは諦めたんですか？

「いや、ゆくゆくは剛のパイオニアジムと高杉ジムと栗栖ジムで対抗戦ができたらいいなとか考えてはいましたけどね、俺は」

――10月には『パイオニア事務局』を千葉県浦安市に作り、新道場を江戸川区に探したりもしたようですが、これはビジネスの拡大を狙っていたわけですよね？

「例の不動産屋関連の人たちが事務局を作ったんですよね。ただ、道場の話は俺も知らない。そういう風に剛は黙って進めるんですよね。でも、剛は付き合った人たちにすぐに見透かされて、見限られちゃうんですよ」

――9月には藤波さんのドラゴン・ボンバーズが発足して、事務所まで作りました。10月25日、新日本のグリーンドーム前橋大会から彼らは始動し、1年4ヵ月ぶりに藤波さんが本格復帰します。

「その興行に本来は剛が出るはずだったけど、交通事故で怪我したから俺が代わりをやりましたよね（ライガー&飯塚vs高杉&青柳）。その次が船橋で、俺たちの自主興行でした」

――11月15日、船橋市運動公園体育館大会のメインは当初、剛&青柳vs越中&飯塚と発表されましたが、飯塚が扁桃腺の手術で欠場になり、代わりに藤波さんが出ることになりました（パイオニア側の勝利）。

「その時点で新日本の博多スターレーン（11月28日）で藤波vs剛というカードが決まっていたから、それを盛り上げたかったんでしょう」

――この船橋大会は、自主興行でメンバーが最も豪華でしたよね。ドラゴン・ボンバーズとの対抗戦だけでなく、ジャパン女子とも提携して神取忍ら主力勢が前座を固めました。

「ジャパン女子も剛が勝手に決めてきたんです。この時は板倉がマスクマン（ザ・スパルタカス）にさせられて。俺もスーパー・セブンとして、ライガーとやらされましたよ。それじゃ、パイオニアの初心とまったく違うのに。俺はライガーなんかとやりたくなかったし、マスクを被るのも剛が決めたんです。そうやって剛は同志を潰すのも平気ですから」

――剛さんとしてはヒーローマスクマン対決をやりたかったんでしょうね。

「俺から言わせれば、スパルタカスとライガーをやらせれば良かったんですよ。今から思うと、馬鹿みたいですね。

船橋の体育館は広いし、不便だし、客は少ししか入らないし。まあ、チケットはそこそこ売れてたから、赤字じゃなかったみたいですけど」

――この後、高杉さんは新日本の九州サーキットに参加し、橋本真也ともタッグで当たっています。

「橋本は身体も大きいし、DDTも回し蹴りも食ったけど、いい選手でしたねえ。三銃士とは全員やったけど、みんな凄くいい選手ですよ。俺は蝶野が一番巧いと思いましたね」

――そして、剛さんが最終目標としていた藤波戦が博多スターレーンで行われました。試合は剛さんが大流血し、藤波さんの復帰後シングル初勝利という結果に終わります。

「あの試合を終えて、剛は新日本から大金をもらっているはずです。その年の暮れに松永の地元の半田市民ホール(12月20日)でパイオニアの自主興行をした後、剛は試合をしなくなっちゃったんですよ。確か、その半田で剛と青柳は揉めたんですよね。青柳が〝剛さん、そんな考えじゃダメだ〟とか言って」

――この博多大会で、新日本とパイオニアの契約は終わりだったということなんですかね?

「剛は、そう聞いていたんじゃないかな。あいつは都合の悪い話はしないですから。普通に考えたら、藤波さんをこっちに呼んで再戦をやったりして自主興行を継続できたわけですよ。でも、新日本から大金をもらって剛が狂っちゃったんです。年収分…とまでは言わないけど、その半分くらいの額はもらったはずですよ。半田の時も剛はお金が入ったからか、急に若手の西とのシングルで楽しやがって(笑)。メインは俺と青柳が組んで、越中&邦昭だったかな。板倉も最後までいましたよ。その後、懐が潤った剛は〝半年くらい休もう〟と言ってきて(笑)」

この90年最終戦の半田大会は、結果的にパイオニア戦志のラスト興行となった。メイン終了後には剛、高杉、スパルタカス、西、誠心会館の青柳、松永、新日本から派遣された越中、小林、ブラック・キャット、金本浩二らによる三つ巴のバトルロイヤルも行われ、最後は高杉がキャットをバックドロップで沈めている。

この6日後、剛との一騎打ちに完勝して「復活」をアピールした藤波は浜松アリーナで長州力を破り、IWGPヘビー級王座に奇跡の返り咲きを果たした。一方、剛は理由はともあれ、表舞台から姿を消す。

しかし、実はこの休止期間、ある計画が極秘裏に進行していたという。剛はSWS入りの話があったが、所属選手たちの強い反対によりリングに上がれなかったものの、メガネスーパーからマンションを提供されていたと言われているが…。

「翌年の4月に松永が半田でまた自主興行（『THE DOG FIGHT』）をやりましたけど、俺は行ってないです。青柳は、そのまま新日本へスライドできましたよね。俺も長州さんに〝何かあったら言ってこいよ〟と言われていたから、連絡すれば仕事をもらえたかもしれないけど…頼まなかったんですよ。ジム経営もあるし、〝半年くらいして、またやればいい〟と思ったのもあるんですけどね。オリエンタルプロレスで再スタートするのは92年夏だから、剛は1年半休んだことになりますね」

――再び剛さんと組んで団体を立ち上げたキッカケというのは？

「その年にジャパン女子が解散になりましたけど、持丸（常夫）社長が〝リングもあるから何かやろうよ〟と言ってきて、そこから始まったんですよ。でも、あの時だって剛は韓国遠征の儲けをピンハネしてクビになったんですから（笑）」

――オリプロを退団した理由は、それだったんですね（苦笑）。

「パイオニアにしても俺が最初に考えた『新国際プロレス』の名前でやっていれば、また違ったと思いますよ。まあ、最初に剛に相談したのが間違いだったんでしょうね（笑）」

――国際プロレスという名前は大きいですから、もっといろんな展開ができたとは思います。

「菅原だって残ったかもしれないし、浜口さんもこちらに合流したりとか…新日本との対抗戦にしても関係のある人たちを呼んで『国際軍団』としてやれば、客のヒートも違ったでしょうね。そこに若松さんもくっ付いていたら、SWSもなかったと思いますよ（笑）。そういえば…オリプロの前には北尾と新団体をやるという話もありましたね」

――そうなんですか⁉ 北尾は遠藤光男さんのジムに通っていたこともあり、パイオニアの旗揚げ戦にも来場しましたよね。

「それとは別ルートで、SWS絡みの話です。北尾が問題を起こして、クビになったじゃないですか？」

――91年4月に、『八百長野郎！』発言が原因で解雇された時ですね。

「メガネスーパーの田中八郎社長は、その後に北尾をエースにして新団体を創ろうとしたんですよ。SWSとは別に。

パイオニア戦志の一員として新日本と交流していた時期には、アントニオ猪木のレスラー生活30周年記念パーティーにも出席した。剛はオリプロ解雇後、『剛軍団』時代に「プロレスバカ」としてブレイク。2009年10月7日に交通事故に遭い、同月18日、敗血症のため亡くなった。享年53。

でも、北尾一人じゃ団体も興行もできないから、田中社長に〝剛さん、高杉さん、協力してください。板倉選手や西選手にも前座で試合をしてもらって…〟とお願いされて、実際に道場の場所も探していたし、お金も練習代として1年間面倒見てもらいましたよ。でも、北尾が1年間遊んでいて、結局は話がボツになっちゃったんです。まあ、この時のお金も剛は誤魔化していたみたいですけどね（笑）」

おおいやま・かつぞう
1945年3月5日、兵庫県宍粟郡山崎町出身。身長180cm、体重115kg。60年、大相撲の三保ヶ関部屋に入門（最高位は前頭12枚目）。70年に廃業し、71年に国際プロレスに入門。同年9月8日、矢坂市体育館における本郷清吉戦でデビューした。72年6月に海外武者修行に出発し、テネシー地区で活躍。帰国後、78年11月に退団したが、80年1月に復帰して鶴見五郎と独立愚連隊を結成した。81年3月に再び退団。後年、鶴見が主宰するIWA格闘志塾に参戦した。

きむら・ひろし
1962年10月29日、東京都中央区出身。国際プロレス後期にエースとして活躍したラッシャー木村の次男。学生時代は日本とフランスを往復する生活を送り、現在はフランス語翻訳及び著述業に携わっている。

たなか・げんな
1944年5月7日、秋田県生まれ。学生時代は空手に熱中し、69年4月に東京12チャンネル（現・テレビ東京）に入社。女子プロレスやキックボクシング、ボクシングなどの中継を担当し、74年9月にスタートした『国際プロレスアワー』ではチーフディレクターを務めた。現在は株式会社ピカソ・ワールド代表。

じぷしー・じょー
1933年12月2日、プエルトリコ出身。身長176cm、体重110kg。1963年、米国ロングアイランドのサニーサイド・ガーデンにおけるルー・アルバーノ戦でデビューした。75年9月、国際プロレスに初来日。その後は全日本プロレスを経て、91年からW★INGに参戦。93年2月3日に後楽園ホールで高杉正彦を相手に引退試合、95年8月20日にはIWAジャパンの川崎球場大会で引退セレモニーを行った。復帰後はIWAジャパン、SMASHに来日。2016年6月15日没。

みすたー・ぽーご
1951年2月5日、群馬県伊勢崎市出身。身長185cm、体重130kg。大相撲を経て、72年に新日本プロレスに入門。同年3月20日、足立区体育館における藤波辰巳戦でデビューした。退団後、単身で渡米し、各テリトリーを転戦。76年9月、国際プロレスにミスター・セキの名で凱旋帰国した。80～90年代には新日本プロレス、FMW、W★INGなどで活躍。2000年に地元・伊勢崎でWWSを旗揚げした。2017年6月23日没。

たかすぎ・まさひこ
1955年6月17日、神奈川県平塚市出身。身長175cm、体重110kg。77年に国際プロレスに入門。同年9月4日、後楽園ホールにおけるスネーク奄美戦でデビューした。団体崩壊後はメキシコ武者修行に出発。82年夏の凱旋帰国に合わせてマスクマンのウルトラセブンに変身し、全日本プロレスに参戦した。89年4月に剛竜馬、アポロ菅原とパイオニア戦志を旗揚げし、以降もオリエンタルプロレス、湘南プロレス、IWAジャパンなどで活躍。

あしゅら・はら
1947年1月8日、長崎県北高来郡森山町出身。身長183cm、体重125kg。ラグビーの日本代表を経て、77年に国際プロレスに入団。78年6月26日、大阪府立体育会館における寺西勇戦でデビューした。79年5月6日、後楽園ホールでミレ・ツルノを破り、WWU世界ジュニアヘビー級王座を獲得。団体崩壊後は全日本プロレス、SWS、WARで活躍し、94年10月29日に後楽園ホールで引退した。2015年4月28日没。

しんま・ひさし
1935年3月28日、東京都新宿区出身。66年に東京プロレス設立に携わった後、72年に新日本プロレスに入社。83年に退社するまで“過激な仕掛け人”として、アントニオ猪木vsモハメド・アリの格闘技世界一決定戦、第1回IWGPなど数々のビッグマッチを実現させた。84年4月に旧UWFを旗揚げするも、同年5月にプロレス界からの引退を表明。現在は初代タイガーマスク後援会代表理事、ストロングスタイルプロレス会長を務めている。

あぽろ・すがわら
1954年2月10日、秋田県男鹿市出身。身長182cm、体重111kg。79年に国際プロレスに入門。同年9月17日、福岡九電記念体育館における高杉正彦戦でデビューした。団体崩壊後は、全日本プロレスに移籍。86年3月に全日本を解雇されると、TPGのコーチを経て、89年4月に剛竜馬、高杉とパイオニア戦志を旗揚げした。以降、新日本プロレス、SWS、NOW、東京プロレスなどで活躍。

まっは・はやと
1951年3月5日、鹿児島県揖宿郡山川町出身。身長175cm、体重90kg。社会人野球を経て、75年にメキシコに渡り、76年に現地でデビュー。その後は中南米やアメリカを転戦し、79年秋に国際プロレスに凱旋帰国。団体崩壊後、84年1月からフリーとして全日本プロレスに上がったが、同年4月に旧UWFの旗揚げに参加した。85年4月26日、後楽園ホールで引退。2021年11月8日没。

プロフィール一覧

よしはら・いさお

1930年3月2日、岡山県出身。身長172cm、体重77kg。早稲田大学レスリング部を経て、55年に日本プロレスに入門。同年7月15日、蔵前国技館における金子武雄戦でデビューした。60年10月に日本ライトヘビー級王座を獲得。66年8月に日プロに辞表を提出し、ヒロ・マツダとインターナショナル・レスリング・エンタープライズ（国際プロレス）を設立した。団体崩壊後の84年、新日本プロレスの顧問に就任。85年6月10日没。

まてぃ・すずき

1938年1月15日、東京都世田谷区出身。身長178cm、体重102kg。高校卒業後、日本プロレスに入門。59年5月1日、後楽園ジムにおける平井光明戦でデビューした。66年10月に退団し、国際プロレス旗揚げに参加したが、2シリーズで離脱。67年暮れに渡米し、各テリトリーを転戦した。73年から75年まで全日本プロレスに助っ人参戦。78年8月に引退し、実業家に転身した。現在はアメリカのアウトドアブランド『ペンドルトン』の極東マーケティング担当として活躍している。

ぐれーと・くさつ

1942年2月13日、熊本県熊本市出身。身長192cm、体重118kg。ラグビーの八幡製鐵を経て、65年に日本プロレスに入門。同年10月7日、釜石昭和園グラウンドにおける本間和夫戦でデビューした。66年10月に退団し、国際プロレスに参加。80年7月、試合中に右足首を骨折して長期欠場に入り、81年8月に団体が崩壊したため同時に引退した。国際プロレス後期は営業の責任者として会社に貢献。2008年6月21日没。

さんだー・すぎやま

1940年7月23日、東京都品川区出身。身長178cm、体重125kg。明治大学レスリング部を経て、65年に日本プロレスに入門。同年10月21日、小松市体育館における平野岩吉戦でデビューした。66年10月に退団し、国際プロレスに参加。70年5月19日、仙台レジャーセンターでビル・ロビンソンを破り、IWA世界ヘビー級王座を獲得した。72年9月、全日本プロレスに円満移籍。その後はフリーとして古巣の国際プロレス、新日本プロレスに参戦した。2002年11月22日没。

まいてぃ・いのうえ

1949年4月12日、大阪府大阪市出身。身長175cm、体重105kg。67年に国際プロレスに入門。同年7月21日、金山体育館における仙台強戦でデビューした。74年10月7日、越谷市体育館でビリー・グラハムを破り、IWA世界ヘビー級王座を獲得。団体崩壊後は全日本プロレスに移籍し、98年6月12日に引退した。以降はレフェリーとして全日本やプロレスリング・ノアで活躍。2010年5月22日、ノアの後楽園ホール大会でレフェリーを引退した。

やす・ふじい

1949年4月27日、大阪府大阪市出身。身長192cm、体重113kg。67年に国際プロレスに入門。68年1月12日、熊本市体育館における仙台強戦でデビューした。70年1月、シャチ横内に連れられて渡米して以降、北米の各テリトリーを転戦した。79年11月、フリーとして国際プロレスに凱旋帰国。その後は再び北米や欧州でファイトし、85年にはストロング・マシン3号として新日本プロレスに参戦した。

だいごう・てつのすけ

1942年3月10日、樺太島出身。身長174cm、体重95kg。大相撲を経て、66年に東京プロレスに入門。同年10月15日、青森県営体育館におけるマンモス鈴木戦でデビューした。団体崩壊後は国際プロレスに合流。73年3月にカナダ・モントリオール地区へ武者修行に出て、トーキョー・ジョーの名で活躍した。74年3月にカルガリー地区へ転戦したが、同月18日に交通事故に遭って右足を切断。これを機に引退し、以後はブッカーとして国際プロレスに貢献した。2017年11月4日没。

びる・ろびんそん

1938年9月18日、英国マンチェスター出身。身長185cm、体重113kg。地元のビリー・ライレー・ジムでレスリングを学び、プロデビュー。68年4月、国際プロレスに初来日。同年12月19日、『IWAワールド・シリーズ』優勝により初代IWA世界ヘビー級王者に認定された。75年の新日本プロレス参戦を経て、76年からは全日本プロレスの常連となる。85年に引退。2014年2月27日没。

みすたー・ちん

1932年10月12日。兵庫県宝塚市出身。身長168cm、体重83kg。柔道を経て、全日本プロレス協会に入門。58年10月、日本プロレスに移籍した。63年11月に引退したものの、66年11月に復帰。70年に国際プロレスに移籍し、74年3月には初の海外遠征に出発した。76年3月に団体を離れたが、78年にレフェリーとして復帰。81年1月には再びレスラーとしてリングに上がった。晩年はFMWで活躍。1995年6月26日没。

つるみ・ごろう

1948年11月23日、神奈川県横浜市出身。身長181cm、体重135kg。71年に国際プロレスに入門。同年7月12日、札幌中島スポーツセンターにおける大磯武戦でデビューした。団体崩壊後は欧州遠征に出発。その後は全日本プロレス、SWS、NOWを経て、93年に自らIWA格闘志塾（後の国際プロレスプロモーション）を旗揚げした。2013年8月22日に新宿FACEで引退。22年8月26日没。

■Gスピリッツ初出一覧

国際プロレス設立前の吉原功（52号＝2019年6月）
マティ鈴木（58号＝2020年12月、59号＝2021年3月）
TBS時代のグレート草津（52号＝2019年6月）
サンダー杉山（53号＝2019年9月、54号＝同年12月）
マイティ井上（46号＝2017年12月、51号＝2019年3月）
ヤス・フジイ（47号＝2018年4月、48号＝同年6月）
大剛鉄之助（46号＝2017年12月）
追悼―ビル・ロビンソン（32号＝2014年6月）
ミスター珍（本書のための書き下ろし）
鶴見五郎×大位山勝三（42号＝2016年12月）
木村宏（46号＝2017年12月）
田中元和（53号＝2019年9月）
ジプシー・ジョー（19号＝2011年3月）
ミスター・ポーゴ（40号＝2016年6月）
マイティ井上×高杉正彦（55号＝2020年3月）
追悼―阿修羅・原（36号＝2015年6月）
新間寿（39号＝2016年3月）
アポロ菅原（56号＝2020年6月、57号＝同年9月）
マッハ隼人（46号＝2017年12月）
高杉正彦（46号＝2017年12月）

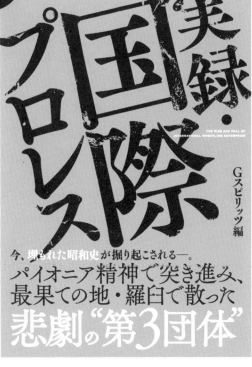

G SPIRITS BOOK Vol.18

国際プロレス外伝

2023年6月25日　初版第1刷発行

編　　著	Gスピリッツ編集部
発 行 人	廣瀬和二
発 行 所	辰巳出版株式会社 〒113-0033 東京都文京区本郷 1-33-13 春日町ビル 5F TEL：03-5931-5920（代表） FAX：03-6386-3087（販売部）
印刷・製本	図書印刷株式会社

デザイン	柿沼みさと
編集協力	大塚 愛、Office Maikai、清水 勉
写真・資料提供	新井 宏、稲村行真、遠藤光男、大田哲男、梶谷晴彦、神谷繁美、木村 宏、国枝一之、小出義明、ジョー樋口、高杉正彦、鶴見五郎、徳永哲朗、トシ倉森、冨倉 太、流 智美、Nieve Mascaras、バーニング・スタッフ、原 悦生、マイティ井上、持田一博、門馬忠雄、山内 猛
協　　力	WWS、永野恵一、桃太郎（夕刊プロレス）〈五十音順〉

Printed in Japan
ISBN 978-4-7778-2971-2